LES ERREURS DE LA GUILLOTINE

— Comme ça, dit-il, il ne parlera pas.

Liv. 1.

PREMIÈRE PARTIE

LES TROIS CADAVRES

I

LE MASSACRE

Vers un point de la rue de la Pépinière, deux immeubles de rapport se font pendant, séparés par une élégante grille qui relie deux pavillons.

La grille s'ouvre sur une allée sablée, qui débouche dans un jardin au milieu duquel s'élève un petit hôtel.

Cet hôtel et les deux maisons de rapport appartiennent à Mme Valph, une veuve d'un peu plus de quarante ans.

Elle vit seule; mais elle est bien gardée, bien servie surtout.

Dans l'un des pavillons logent le portier-jardinier et sa femme, qui aide à la cuisine : le père et la mère François.

Dans l'autre, un second ménage : Anatole Flamet, dit Flambart, ancien maréchal des logis, lui cocher, et sa femme, Justine, cuisinière, cordon bleu.

Dans l'hôtel même, Prosper Lami, valet de chambre, un gars solide et bien stylé, occupe une chambre du second étage, et la demoiselle Lucie Malvet couche dans l'appartement même de sa maîtresse, derrière le cabinet de toilette.

Or, le 24 janvier 1874, Mme Valph avait trois personnes à dîner : le commandant Valbrègue, chef de bataillon retraité, la jeune fille de celui-ci, Mlle Hormance, et le seul parent qui restât à la veuve, son neveu, fils de la défunte sœur de Mme Valph, un grand garçon jovial, Maxime Létang, commis-voyageur en marchandises, intéressé chez son patron.

Le dîner ne se prolongea pas; car, d'une part, la veuve conduisait dans sa loge, à l'Opéra, le commandant et sa fille, et, d'autre part, Maxime disait avoir à prendre le train à la gare d'Orléans, pour commencer une de ses tournées d'affaires dans le sud-ouest de la France.

Dès qu'on fut sorti de table, le neveu prit congé.

— Tu as bien le temps, dit la veuve.

— Oh! non, non! fit-il; j'aime mieux être en avance à la gare.

Il embrassa sa tante, salua les invités, et gagna l'antichambre où il avait à prendre une petite valise contre laquelle, à l'aide d'une double courroie, était fixé un grand portefeuille bourré d'échantillons.

En prenant le colis, Maxime eut un léger mouvement de surprise, et chercha à se souvenir. Il croyait bien avoir bouclé le portefeuille sous la valise. Comment était-il dessus ? Au surplus, c'était sans importance. Un domestique ayant peut-être bousculé l'objet, le portefeuille avait glissé, et on avait sans doute remis les choses en ordre n'importe comment.

Il n'en chercha pas plus long, endossa son pardessus, se coiffa d'un chapeau de feutre mou, mit sa couverture sur le bras et sortit.

Arrivé à la grille, il demanda le cordon. On ne répondit pas. Il ouvrit la porte du concierge.

— Eh bien ! mère François, dit-il, est-ce que vous dormez déjà ?

Personne dans la loge.

— C'est juste ! pensa Maxime ; elle dîne à la cuisine avec son mari.

Il se tira le cordon à lui-même et partit.

A quelques pas, il prit un fiacre et se fit conduire à un café du faubourg Poissonnière. Alors, descendant du fiacre avec sa valise et sa couverture, il entra dans l'établissement, fit un petit salut à différents consommateurs et, poussant au comptoir :

— Madame Guijal, dit-il, voulez-vous bien me garder ça jusqu'à demain ?

— Tant que vous voudrez, monsieur Maxime. Quoique ça soit bien vilain, tout de même ! ajouta-t-elle en riant. Me voilà complice de vos infidélités à « votre dame » !

— Chut ! fit Maxime en riant, lui aussi.

— Ah ! les gueux d'hommes ! s'exclama la cafetière.

Le jeune homme regarda sa montre et remonta vivement dans son fiacre, en disant au cocher :

— Gare du Nord ; aussi vite que vous pourrez. Il y aura un bon pourboire.

Pendant ce temps, Mme Valph et ses invités s'installaient dans une loge à l'Opéra et écoutaient l'ouverture des *Huguenots*.

A l'hôtel de la rue de la Pépinière, tout était tranquille. Seulement, Prosper Lami, en groupant les restes du dîner, tira un papier de sa poche, y enveloppa un blanc de poularde avec un morceau d'aile, y ajouta une tranche de pain et quelques fruits confits du dessert.

Et, traversant l'antichambre pour gagner l'office, il regarda autour de lui pour s'assurer qu'il était seul, ouvrit vivement la porte de la cave et dit à voix basse :

— Francis… voilà.

Ce que contenait le papier, il le posa sur la première marche de la cave, avec le couteau à découper. Puis il referma la porte sans bruit et continua vivement de marcher vers l'office, où, sauf le cocher Flambart, tous les domestiques dînaient.

Comme minuit et demi sonnait, les époux François, assoupis dans leur loge devant un bon feu, tressautèrent en entendant Flambart crier dans la rue :

— La porte, s'il vous plaît.

Le portier s'élança, ouvrit la grille, et les roues du coupé de M⁻ᵉ Valph grincèrent sur le sable de l'allée.

A ce bruit, Prosper, le valet de chambre, dégringola du premier étage, entrebâilla la porte de la cave et jeta dans le trou noir :

— La voilà.

Comme le coupé s'arrêtait au perron, il ouvrit la portière, aida sa maîtresse à descendre et la suivit à l'intérieur, portant la lorgnette qu'elle lui avait remise.

Quand M⁻ᵉ Valph allait au théâtre ou en soirée, on lui préparait un en-cas, dans le boudoir attenant à sa chambre, au premier étage. Elle s'y arrêta, cette nuit-là, et Lucie l'ayant débarrassée de sa fourrure, elle se mit à table.

— Est-ce que vous êtes indisposé, Prosper? demanda-t-elle au valet de chambre. Vous êtes extrêmement pâle.

— J'aurai pris froid, madame, répondit celui-ci.

Un moment après, lui versant à boire, le col de la bouteille frémissait sur le bord du verre.

— Vous tremblez, dit encore la veuve. Allez vous coucher, Prosper. Si vous n'êtes pas mieux demain matin, ne vous levez pas; François fera le gros du service.

Un instant après, M⁻ᵉ Valph, aidée par Lucie, se déshabillait dans le cabinet de toilette.

— Écoutez, dit-elle en s'interrompant. Est-ce que Prosper ne serait pas allé dormir? Est-ce lui que je crois entendre dans ma chambre?

Lucie alla voir.

— Madame s'est trompée, dit-elle en revenant. Prosper a dû monter chez lui.

— Je suis très satisfaite de lui, dit la veuve, comme à elle-même. Depuis trois mois qu'il a remplacé Francis, il s'est mis très exactement au courant du service.

Étant prête, elle congédia la jeune camériste, qui éteignit les lumières du cabinet de toilette et se retira.

Près du lit, où M⁻ᵉ Valph se glissa tout de suite, une table à étagères supportait une lampe et des livres. La veuve en prit un et lut. Un grand silence régnait. Trois heures du matin sonnèrent.

A un moment, elle fut distraite de sa lecture. Il lui avait semblé voir remuer les rideaux de la fenêtre. Ne l'avait-on pas bien fermée? Si fait, sans quoi les rideaux eussent remué constamment. Elle crut s'être illusionnée. Pourtant, son regard se porta plusieurs fois de ce côté.

Tout à coup, une appréhension terrifiante lui serra le cœur. Sous ces rideaux, il lui semblait distinguer deux souliers.

La veuve était brave. Elle sauta à bas du lit, disant :

— Est-ce qu'il y a quelqu'un là ?

Puis elle poussa un cri :

— Ah !... Francis !... A moi ! Au sec...

Elle n'acheva pas. Francis, son ancien valet de chambre, surgissant de sa cachette, lui avait porté un coup du couteau à découper, qui lui entra dans la gorge.

Mais elle ne tomba pas, et, d'un effort surhumain, elle bondit jusqu'à son lit, laissant derrière elle une traînée de sang, et, saisissant un cordon de sonnette pendu au fond de l'alcôve, cordon qui correspondait à la chambre de Prosper, elle tira éperdûment.

Elle n'eut pas le temps de redoubler. Francis l'avait rejointe, et, plongeant de nouveau le couteau dans le corps de la veuve, il l'acheva, s'acharnant sans besoin sur ce qui n'était déjà plus qu'un cadavre, non par férocité, ivresse du meurtre, mais par peur, par terreur aveuglante de l'assassin qui a hâte d'en finir pour veiller à sa sécurité.

Las de frapper, en sueur, écumant, il écouta anxieux. Pas un bruit !

D'après ce qui était convenu avec Prosper, le coup fait, le meurtrier devait tirer précisément cette sonnette pour prévenir son complice. La victime lui en avait évité la peine. Pourquoi Prosper n'était-il pas là ? Il allait descendre, sans doute. En attendant, Francis s'examina. Il avait à la main comme un gant de sang tiède, gluant. En frissonnant, il l'essuya aux draps. Quelques taches sur sa jaquette. Ça ne fait rien. Il les dissimulerait sous son paletot. Le principal est que le pantalon était intact.

Mais, vraiment, que faisait ce Prosper, à ne pas descendre? Le *travail* n'était pas fini. Francis tendit l'oreille. Eh ! oui ! on remuait du côté du cabinet de toilette. C'est ça ! Prosper se *défaisait* de Lucie, la femme de chambre, qu'ils avaient condamnée de même. Autant de fait !...

L'assassin prit la lampe et alla voir. En entrant dans la chambre de la jeune fille, ce qu'il aperçut l'indigna : la malheureuse, évanouie, subissait les derniers outrages !

Voilà ce qui était arrivé. Entendant la sonnette, Prosper s'était dit : — « Madame a son compte !... » Et, descendant quatre à quatre, il était entré dans la chambre de Lucie, éclairée par une veilleuse.

La jeune fille, en chemise, était assise au bord du lit, les pieds nus sur le tapis, cherchant un jupon pour aller à l'appel de sa maîtresse, qu'elle avait vaguement entendu.

— Prosper, dit-elle en le voyant, madame appelle.

Pour toute réponse, le laquais l'étourdit d'un coup de poing terrible. La pauvre enfant glissa à terre, et le misérable s'accroupit pour l'étrangler. Mais ce corps jeune, blanc, tiède, palpitant, qu'il voyait presque en entier, qu'il touchait déjà, éveilla chez le bandit une convoitise infâme.

— Crapule! dit Francis en entrant. Tu veux donc qu'on ait le temps de venir!

Et pour empêcher Prosper de consommer son ignominie, il posa la lampe, saisit les cheveux de Lucie, et d'un seul coup de son couteau, il lui trancha le cou, jusqu'à la colonne vertébrale.

Il ne tremblait plus. Il n'avait plus peur.

— Les clés, maintenant, dit-il. Il ne s'agit pas de s'amuser.

— Sous le traversin de la patronne, répondit Prosper, intimidé.

— Prends la lampe.

Un moment après, tous deux, dans le cabinet de toilette, tournaient les boutons d'un petit coffre-fort dissimulé sous les moulures d'un chiffonnier en marqueterie. Les quatre lettres mises en face de la rainure formèrent le mot : « caro » diminutif de Caroline, le nom de baptême de Mme Valph.

Le coffre ouvert, les deux malfaiteurs furent éblouis.

En or et en billets de banque, il y avait là le montant des termes des locataires de la veuve payés le 15 janvier, et le prix d'une villa sise à Étretat, cédée nouvellement par elle à des connaissances, le tout destiné à un remploi prochain.

On compta. Rien qu'en billets, le paquet montait à cent douze mille francs. Il les prirent, et, sans y regarder, Francis puisa dans l'or à pleine main. Il y avait bien d'autres valeurs dans le coffre : des titres de rente, actions, obligations, etc.

— Pas touche! dit Francis; ça nous ferait pincer! On a les numéros.

Le partage était facile à faire : soixante-deux mille francs à chacun.

— Voilà ta part, dit Francis.

— Où veux-tu que je la cache? répondit Prosper. Garde-la-moi.

— T'as confiance?

— T'oserais pas me la voler; j'te ferais prendre.

Francis eut un sourire singulier.

— A c'te heure, reprit-il, prenons nos précautions. Où sont les lettres du neveu de madame?

Prosper sortit des papiers de sa poche.

— Les voilà, dit-il. Et tantôt, j'ai tiré quelques factures à en-tête de son portefeuille. Ça sera une preuve de plus.

— Bonne idée ! Attends... dit Francis.

Et, rentrant dans la chambre de Lucie, il en rapporta le couteau, dont il essuya le sang à l'une de ces factures. Puis, frottant une allumette, il brûla les lettres du neveu de Mme Valph, de façon à en préserver des fragments, sa signature le plus souvent. De même pour les factures, il s'arrangea pour qu'on en vît l'en-tête, dont l'un était rougi de sang coagulé.

— Ça y est, dit Francis. A toi, maintenant. Tu as toujours ton idée ?

— Oui, oui ! Je ne veux pas me sauver. On me rattraperait trop facilement. Je ne suis pas habitué, moi ! As-tu apporté de la corde pour m'attacher ?

— La voici.

— Bon ! Quant au cou, au lieu de la corde, tu vas me le serrer avec ça.

— Un mouchoir ?

— Le mouchoir de M. Maxime. Je le lui ai pris tantôt dans son paletot.

— Ça !... fit Francis, c'est malin ! T'es plus roublard que tu n'en as l'air. En ce cas, dépêchons. Faut que je file !

Prosper ne le retarda pas. Tendant lui-même ses mains derrière le dos, il se laissa lier étroitement.

— Serre, dit-il. Faut pas que ça ait l'air d'une blague. Mais c'est égal ! je vas rudement m'embêter là, jusqu'à ce qu'on vienne !...

Les ligatures faites, Prosper se coucha à terre.

— A présent, le mouchoir, dit-il.

Francis déplia le mouchoir du neveu de Mme Valph, marqué aux initiales : M. L., Maxime Létang, le roula en corde et le noua au cou de son complice.

Le difficile était d'obtenir un simulacre d'étranglement, sans danger pour le patient. On y arriva.

— T'es bien ? demanda Francis.

— Oui, fit l'autre, quoiqu'il éprouvât de la gêne à parler et à respirer.

Francis le contempla un moment, et il lui sembla que le procédé était bête. La police couperait-elle là-dedans ? Et si elle n'y coupait pas ? Diable ! L'animal de Prosper pourrait bien parler. Il n'avait pas tué, lui. Il en serait quitte pour *la Nouvelle*, surtout s'il mangeait le morceau, dénonçait son complice, qui serait exécuté, sûrement. Pas déjà si à plaindre, Prosper, s'il était parvenu à bien cacher sa part du vol.

Francis regretta d'avoir consenti à cet expédient. Vraiment, c'était dangereux. On débinerait le truc. Et Prosper, par bêtise, inexpérience, ou pour sauver sa tête, parlerait !...

Le bandit eut alors une inspiration atroce, qui lui mit aux lèvres un sourire de sauvage.

Et, ramassant le couteau à découper, il l'enfonça d'un seul coup dans la poitrine de Prosper, qui poussa un soupir, suivi d'un hoquet, et s'allongea tout à fait, inerte, mort!

— Comme ça, se dit Francis, il ne parlera pas!...

Dix minutes après, il faisait jouer l'espagnolette de la grille, la passait, et s'étant assuré que la rue était déserte, il s'en alla, laissant la grille entre-bâillée.

. . . .

Un peu avant sept heures du matin, M. Mathieu-Boulore, député d'une des villes du centre de la France, voyait son domestique entrer dans sa chambre, afin de prendre ses effets et ses chaussures de la veille.

En même temps, le serviteur déposait sur le coin d'une petite table une pile de journaux, de brochures et de lettres, avec une tasse de chocolat. Après quoi, il alluma le feu.

M. Mathieu-Boulore le contemplait du coin de l'œil, avec satisfaction. Extrêmement correct, ce domestique. Propre, soigné, peigné comme un garçon de café — c'est tout dire, et déjà rasé.

Et puis, il faisait son affaire en silence. Un garçon sûr, aussi; car il l'eût eu belle de chiper des pièces de monnaie à son maître. Le député était garçon, fort noctambule, s'attardant volontiers au baccara du cercle ou dans les cabarets nocturnes, en compagnie de jolies femmes. Aussi était-il fatigué en rentrant, et il jetait tout à la volée, pour se coucher plus vite. Souvent, l'argent roulait de sa poche sur le tapis. M. Mathieu-Boulore le retrouvait ensuite sur le coin de la cheminée.

Précieux, ce domestique! Et, voyez les préjugés! il l'avait pris d'emblée d'un bureau de placement où il était entré sans chercher. Précieux aussi, les bureaux de placement!

A vrai dire, dès son entrée en fonctions, le valet de chambre avait prié monsieur d'examiner ses certificats. Références de premier choix! Le député pensait être tombé sur l'oiseau rare une perle!

Ce domestique, c'était Francis.

II

LE FAUX MEURTRIER

Avant d'être une « madame », la veuve Caroline Valph était particulièrement connue des gens de la Bourse sous le nom de : « La belle Caro », car elle tenait un bureau de tabac, rue Saint-Marc.

Parmi ses clients, un certain Valph, Arthur, associé d'agent de change, qu'on se rappelait avoir vu traîner la savate autrefois, s'attardait parfois, à choisir ses

LES ERREURS DE LA GUILLOTINE

Sans frapper, sans appeler, il s'appuya de l'épaule, et enfonça la porte. Mathilde était seule.

cigares, jusqu'au lendemain matin, et, bien qu'il ne fût certes pas le premier à en user ainsi avec l'hospitalière buraliste, il l'épousa sans vergogne.

A barboter toutes sortes d'affaires louches, le boursier était parvenu à tirer de la poche des imbéciles un capital considérable, et, pour compenser les privations de sa jeunesse, « il s'en donnait volontiers jusque-là », comme on dit.

Ce qu'il en résulta de plus clair est qu'il se flanqua le diabète et que, cinq ans après ses justes noces, il rendit sa belle âme au diable, laissant par testament à sa veuve un peu plus de quatre millions; ce qui l'aida, elle, à se consoler. Il y a de quoi, bien sûr !

Cependant, au moment où son ancien valet de chambre, de complicité avec le nouveau, allait l'assassiner, elle était à la veille de se remarier. La solitude lui pesait.

C'est que, de sa famille, il ne lui restait que ce neveu : Maxime Létang, fils de sa défunte sœur. Mais, disait-elle, il a fait un sot mariage !

Voici comment : Maxime, grand garçon jovial, enfant naturel, appartenant comme sa « richarde » de tante, d'ailleurs, à la classe des artisans, était entré tout gamin chez un commissionnaire en marchandises. Ennuyé de son ignorance, il avait pioché la grammaire, tout seul, en prenant sur son sommeil.

Puis, pensant que la possession d'une langue étrangère serait favorable à son métier, il demanda des leçons d'anglais à un brave homme, le père Cognais, un veuf, besogneux, qui prenait vingt sous le cachet.

Firmin, son fils, sage garçon, était employé dans les bureaux d'un chemin de fer. Adèle, sa fille, bonne et intelligente, après avoir fait le ménage paternel, dessinait des bois pour les éditeurs de publications populaires.

Maxime, en prenant ses leçons s'éprit d'elle. Tant, qu'il la demanda en mariage, l'obtint, l'épousa, en eut deux enfants d'un seul coup et continua d'aimer sa femme ; ce qui n'arrive pas toujours.

— Sot mariage !... lui avait dit Mme Valph. « Misère et compagnie ! » Que tu tombes malade ou qu'un accident ou une épidémie t'emporte, les voilà à la mendicité ! Ce n'est pas malin.

— Que veux-tu, ma tante ! avait répondu Maxime. Ce qui est fait est fait.

Et il l'embrassa de bon cœur, parce que, étant naturellement jovial, il prenait toutes choses du bon côté.

Le jour même où nous avons vu Maxime dîner chez elle avec les deux personnes qu'elle menait dans sa loge, à l'Opéra, elle lui dit encore :

— Vois si tu as été bête ! Je vais probablement me remarier à ce monsieur. Si tu étais libre, tu aurais épousé sa fille, et ma succession te revenait en tous cas.

Et le neveu de répéter :

— Qu'est-ce que tu veux, ma tante ! Ce qui est fait est fait !
— Tu l'aimes donc bien, ta femme ?
— Mais oui, ma tante !

Il l'aimait. Pourtant, comme on l'a vu, Mᵐᵉ Guijal, la dame de comptoir du café du faubourg Poissonnière, lui avait reproché de faire des infidélités à « sa dame ».

C'est — encore une fois — que ce garçon était un jovial. Jovial, et très beau garçon, bien découplé, un mâle ! D'ailleurs, sa profession l'obligeant à de périodiques voyages, quand il était loin d'Adèle, si l'occasion se présentait, dame !... Mais, pour rire, par jovialité, sur le pouce ! Le cœur n'y était pas. Tout entier à Adèle, son cœur ! Ces coquins d'hommes sont bien drôles, hein ?

C'est pourquoi, lâchant son fiacre à la gare du Nord, il prit un billet pour Épinay.

En descendant du train, il releva le collet de son paletot, baissa son chapeau sur ses yeux, et donna son billet, en détournant la tête, dérobant son visage au regard de l'employé.

D'un pas gaillard, vainqueur, l'âme exempte de remords, il descendit la pente qui conduit au village.

Mais il n'y entra pas. Et, tournant les habitations par la droite, il enfila un sentier qu'il paraissait connaître.

Il faisait un brouillard épais. On n'y voyait goutte à dix pas. Il marcha un quart d'heure ; puis, arrivé près d'un mur percé d'une petite porte, donnant directement sur la campagne, il regarda par delà ce mur.

Un point lumineux, perçant vaguement l'obscurité grise, le confirma dans la pensée qu'il était attendu. Il siffla d'une certaine façon. Alors, le point lumineux se leva et s'abaissa trois fois. Sur quoi, Maxime ouvrit la porte et entra.

Dans cette maison habitait un ménage : M. Kœrhuen, de son petit nom Fritz, né en France, d'un juif rénégat de Francfort, sale Allemand filé de son pays à la suite de méfaits restés impunis. Fritz, baptisé, n'en restait pas moins de sa race. Il avait fait tous les trafics, et ne s'était affranchi des boues du ruisseau qu'en entrant, lui aussi, à la coulisse de la Bourse. Expert en ce genre de filouterie, que la loi n'atteint pas, il commençait à s'enrichir.

Or, ayant un jour enfoncé un naïf bourgeois, qu'une convulsion des fonds publics rendit son débiteur d'une somme qu'il n'avait jamais entendu risquer, car il ne l'avait pas, Kœrhuen, après l'avoir épouvanté par des menaces brutales de déshonneur judiciaire et d'emprisonnement, lui avait magnifiquement offert quittance, à condition qu'il déciderait sa fille à devenir Mᵐᵉ Kœrhuen. Pour sauver son père, celle-ci s'était sacrifiée, surmontant la répugnance des caresses de cet ignoble individu.

Ignoble, Fritz ne l'était pas pour un peu. Dans ses actes, dans ses paroles il était grossièrement obscène. C'est lui qui se moquait pas mal des pudeurs de sa femme, à peine formée! Il étalait sa lubricité en pleine lumière, exigeant la réciprocité : « Ah ne fais pas les manières! Allons-y! Et aïe donc!... » Et pas toujours en tête à tête. En partie carrée, quelquefois, après boire. Qu'on en vit ce que l'on voudrait d'un couple à l'autre. Parbleu! on sait bien ce que c'est!

Mathilde — c'était le nom de la jeune femme — passa par les dégoûts, par les larmes et les désespoirs. Mais c'étaient des scènes, où il la brutalisait, l'accablant de quolibets et d'injures, comme un charretier, et plusieurs fois il la gifla.

Elle se résignait. Pourtant les poésies dont se berce toute jeune fille, pour étouffées qu'elles fussent dans l'âme de Mathilde, n'en subsistaient pas moins. Rencontrant le beau Maxime qui usait d'un langage choisi, se montrait discret, délicat, la jeune femme sentit éclore en elle un véritable sentiment. Elle aimait enfin! Oui, elle aimait et si bien et si fort, qu'elle rompit net avec les mœurs immondes que son mari lui infligeait. Eh! qu'il se fâchât! elle lui tiendrait tête. Certainement non, elle ne se prêterait plus aux turpitudes dépravées qui lui levaient le cœur. Et si Fritz la frappait, elle s'en irait ; elle demanderait au tribunal l'autorisation de plaider ; elle réclamerait le huis-clos et dirait par le menu pourquoi elle reprochait à son mari de la traiter comme une prostituée de la borne.

— Y a quelque chose! pensa Fritz.

Parbleu! il y avait Maxime. Il s'en méfia et leur tendit un piège.

On voit qu'ils y avaient donné en plein. Ils croyaient Kœrhuen à Londres.

A deux heures du matin, juste au moment où Francis égorgeait Mme Valph, des aboiements réveillèrent Maxime et Mathilde.

— C'est le chien de la maison? demanda le jeune homme.

— Oui, répondit sa maîtresse. Écoute...

— On ferme la grille... On marche.

— Le chien se tait! fit Mathilde. C'est mon mari. Nous sommes perdus!

— Non! répliqua Maxime, en sautant à bas du lit, et en prenant ses habits. Tu m'as dit avoir mis le verrou. Attends qu'il frappe. Ouvre la fenêtre et réponds que tu passes un peignoir pour aller lui ouvrir. J'aurai le temps de m'habiller, et quand je l'entendrai dans l'escalier, je sauterai par la fenêtre de ton boudoir. Ce n'est pas haut.

On frappait déjà, et Fritz appelait, répétant : — Mathilde, Mathilde!...

A l'étage au-dessus on remua. La femme de chambre se levait.

— Laisse-la faire, dit Maxime ; il vaut mieux qu'il te trouve couchée. Tu diras n'avoir rien entendu.

— Qui est là? demanda la femme de chambre, de sa lucarne.

— Moi parbleu! répliqua Kœrhuen. Qui donc a mis le verrou?

— C'est moi, monsieur. Je descends le tirer. Le temps de mettre un jupon et d'allumer une lumière. On croyait monsieur en Angleterre.

— Dépêchons, cria Fritz avec impatience.

Maxime achevait de se vêtir. Il tendait l'oreille, anxieux, suivant ce qui se passait avec une appréhension mortelle. La bonne descendit et toqua à la porte de la chambre à coucher, disant : « Madame, n'ayez pas peur, c'est monsieur qui revient. » Puis elle dégringola plus vite encore, et l'on entendit tirer les verrous.

— Allons! fit Maxime, et surtout, quoi qu'il advienne, nie, nie quand même!...

Kœrhuen croyait entrer sans difficulté chez sa femme. Non! Un tour de clé fermait la porte à double tour. Il eut un cri de joie sauvage. Il croyait les tenir. Sans frapper, sans appeler, il s'appuya de l'épaule et enfonça la porte. Mathilde était seule.

A vrai dire, elle avait les traits bouleversés, pâles et, assise sur son lit, elle ouvrait des yeux épouvantés. Mais quoi d'extraordinaire? N'était-il pas compréhensible que, réveillée en sursaut par le bruit de sa porte enfoncée, elle fût terrifiée? Et puis, la surprise de voir apparaître ce mari, qui était soi-disant à Londres, n'était-elle pas légitime?

Fritz, si déconfit qu'il fût, s'en rendit compte. Loin d'avoir des explications à demander, c'est lui qui avait à en fournir.

— Demain... dit-il, masquant son embarras sous de la brusquerie; demain je te dirai ce qui est survenu. Dors...

Et il gagna sa chambre, après avoir inspecté d'un coup d'œil celle de sa femme.

— L'agence m'a trompé, se dit-il. C'est tout canailles, ces *Tricoches et Cacolets*. Tant mieux au fait!...

Quant au neveu de Mme Valph, il courait à travers champs se rassurant peu à peu. Après tout, quoi? Une fredaine!...

Il essaya d'en rire, et ne put. Non! On eût dit que le goût lui en passait. Vaguement, il s'adressait des reproches. Comme c'est bête et banal, tout ça, en somme! Bon quand on est garçon. Mais un homme marié, père de famille, c'est misérable... oui, c'est mal!

Malgré lui, il songeait aux conséquences de ce qui aurait pu arriver. Kœrhuen était un brutal. S'il les avait surpris?... S'il avait tué Mathilde? S'il l'eût tué, lui-même, que serait devenue Adèle, avec les deux chers jumeaux?...

Un frisson d'épouvante le secoua des pieds à la tête. Pauvres gens, dont il exposait si légèrement la prospérité, l'avenir!... Et pour quel grand charme!

— Allons! se dit-il, c'est absurde, et je suis un malhonnête garçon!

Il rougissait en face de lui-même.

— C'est fini! conclut-il après un sévère examen de conscience. C'est fini; je n'y retomberai plus. Il m'arriverait malheur, et ce serait bien fait!...

Par prudence, il n'avait pas rejoint la route de Saint-Denis. Au cas où on l'eût poursuivi, c'eût été par là, assurément. Il préféra faire un crochet, traverser le double pont d'Epinay, gagner Gennevilliers et rentrer par Clichy. Quatre bonnes lieues; mais il avait tout le temps de les parcourir, car où aller en attendant de reprendre sa valise au café du faubourg Poissonnière et de s'embarquer à la gare d'Orléans?

La lune était en son plein, et rendait le brouillard assez clair, pour qu'il ne risquât pas de s'égarer. Il marchait d'un pas calme à présent. Les transes rétrospectives qu'il venait d'éprouver avaient fait un effet salutaire sur son moral.

Décidément, il enrayait la vie libertine. Il était temps de devenir sérieux, de se consacrer tout entier à la tâche du chef de famille. Il allait retrousser ses manches et s'appliquer à édifier un foyer prospère, qui ne devrait rien qu'à lui, à lui seul, puisque sa tante allait se remarier et disposer de tout son bien en faveur de la fille de son mari. Au surplus, il n'avait jamais compté sur elle; et puis, cet argent-là n'était pas déjà si propre. Feu Valph se l'était acquis par des tours dont il n'y avait pas à se vanter, et, passant par sa tante, cette fortune gardait un certain parfum de galanterie rétribuée qui ne le rendait pas fier.

Lui, c'est vrai, il était enfant naturel; donc sa mère avait sombré, elle aussi, dans l'irrégularité; mais, du moins, elle était morte pauvre!

Tout en se disant ces choses, il approchait du pont de Clichy. Il lui sembla entendre un conflit de voix.

Il écouta et comprit. C'étaient des maraudeurs qui avaient fait des rafles dans les cultures de la plaine, et que les agents prenaient sur le fait.

— Évitons la police, se dit-il. Il est inutile qu'on constate ma présence par ici, à pareille heure.

Et, inclinant à droite, il entra dans Asnières, afin de prendre le pont de bois et de rentrer par Levallois-Perret.

Tout était tranquille de ce côté. Il traversa la Seine, et bientôt arriva près du pont de biais, où la route s'engage sous la ligne de l'Ouest.

Tout à coup, il entendit une voix suppliante qui disait :

— Ne me faites pas de mal!... prenez ce que j'ai!... je vous le donne! je ne crierai pas! Ah! ne me faites pas de mal!...

— Attendez, attendez, cria Maxime, s'élançant; on vient à votre aide, brave homme!

Pour toute réponse, un cri de douleur, puis le bruit d'une masse qui tombe.

— Où êtes-vous? demanda le jeune homme.

— Là, monsieur, à vos pieds. Ils sont partis. Ils ont cru que c'était la *rousse*. Ah ! canailles ; ils m'ont tout nettoyé !

Maxime frotta une allumette et vit un vieillard à demi relevé sur le pavé.

— Ils vous ont frappé?... blessé ? On dirait que votre sang coule...

— Je crois que oui ; mais c'est pas grand'chose. Tenez, je peux me relever.

En effet, presque sans le secours du jeune homme, il s'était redressé. Mais il refusa d'aller jusqu'au poste porter plainte. Les autres le connaissaient, ils « lui feraient son affaire » s'il les dénonçait. Des galvaudeux, pas dix-huit ans, cinq ou six fois condamnés déjà, que ça amuserait de tuer un homme ; curieux de faire le voyage de « la Nouvelle ». S'en méfier ! Ne rien dire ! Non. Le vieux ne demeurait pas loin. Que Maxime l'accompagnât jusqu'à la maison, à deux pas, c'est tout ce qu'il fallait.

— Combien vous ont-ils pris ? demanda Maxime.

— Tout ce que j'avais : sept francs.

Le jeune homme lui glissa un louis et, l'ayant mis à sa porte, continua sa route, tenant son revolver tout armé dans sa poche, mais renonçant à faire sa déposition. Comment expliquer sa présence à Levallois-Perret ?

A sept heures et demie, un fiacre l'amenait de nouveau au café du faubourg Poissonnière. Les garçons balayaient, frottaient les cuivres, et la patronne échafaudait des piles de soucoupes au comptoir.

— Vous voilà, libertin ! dit Mme Guijal en lui passant sa valise.

— Chut ! répondit Maxime ; c'est la dernière fois. Mais prêtez-moi donc un mouchoir, madame Guijal. Je m'aperçois que j'ai perdu le mien.

Un garçon, remarquant une tache à son paletot, l'essuya avec sa serviette.

— Tiens ! fit-il, on dirait du sang figé.

— Ça se peut bien, dit Maxime ; mais je n'ai pas le temps de le nettoyer. Je manquerais le chemin de fer.

A huit heures quinze, le train de Toulouse l'emportait à toute vitesse.

— Allons ! se répéta-t-il, c'est une vie nouvelle qui commence pour moi !...

Hélas ! il ne savait pas si bien dire !...

Calmé par sa bonne résolution, les fatigues de la nuit aidant, il s'endormit confiant dans le lendemain.

A Épinay, le mari de sa maîtresse dormit moins bien. Un doute subsistait, le ravageait. Que croire ?...

— Monsieur, dit le jardinier de Kœrhuen, quand celui-ci descendit, il a dû venir des maraudeurs cette nuit. On a piétiné les plates-bandes, et la petite porte du sentier était entr'ouverte. Et puis, j'ai trouvé ça dans l'allée.

C'était une épingle de cravate de pacotille ; une nouveauté de l'article de Paris, dont Maxime s'était paré comme échantillon.

Le mari de Mathilde la prit et la reconnut. L'agence ne l'avait pas trompé !...

— J'en étais sûr ! se dit-il !

Avant midi, les crieurs de journaux beuglaient sur les boulevards :

— Demandez le crime de cette nuit ; l'assassin de sa tante, trois cadavres. Curieux détails !

III

L'ARRESTATION

Le train rapide avait amené Maxime à Bordeaux, dans la soirée. A l'*Hôtel des Ambassadeurs*, fossés de l'Intendance, où il descendait habituellement, l'heure de la table d'hôte était passée.

Il grimpa lestement à sa chambre, posa son léger bagage sur un meuble, changea de linge et descendit, laissant son paletot retourné sur le lit. Il faisait très doux dehors.

Directement, il se rendit à un établissement de bains, séjourna une demi-heure, entra chez un coiffeur pour faire mettre sa chevelure en ordre, après quoi il alla dîner au restaurant qui fait le coin des Quinconces.

Une douzaine d'huîtres, un potage, une caille rôtie et une grappe de raisin, composèrent son menu, arrosé des deux tiers d'une bouteille d'un médoc très gentil.

Il ne demanda pas les journaux. Pourquoi faire ? Il savait, pensait-il, les nouvelles de Paris, puisqu'il en arrivait !

D'ailleurs, le patron de l'établissement, qui le connaissait de longue date, étant venu le saluer, Maxime l'avait retenu pour causer de la situation des affaires à Bordeaux ; de cela et des cancans de la ville aussi.

Appelé fort souvent dans le chef-lieu de la Gironde, le commis-voyageur était au courant de bien des choses du cru.

Le café pris, il demanda comment il pourrait passer la soirée.

— Té ! fit le restaurateur, vous n'avez donc pas sommeil ?

— Non. J'ai dormi dans le wagon, presque tout le long du chemin ; car je n'avais pas eu mon compte la nuit précédente !

Et il sourit intérieurement, au souvenir de ses amours troublées par la venue de Kerhuen, de sa longue promenade forcée, à travers la presqu'île de Gennevilliers, aggravée par une prolongation de trois heures dans les rues de Paris pour attendre l'ouverture du café du faubourg Poissonnière, où il avait à reprendre sa valise des mains de Mme Guijal, qui gaîment lui avait fait honte de son infidélité.

LES ERREURS DE LA GUILLOTINE

— Où donc ai-je déjà vu cette figure-là ?

— Au fait! dit-il, se rappelant la tache que le garçon de l'établissement avait constatée à son paletot, y a-t-il un dégraisseur, par ici?

— Juste à côté de votre hôtel, monsieur Létang.

— Encore faut-il qu'il fasse vite; car je suis attendu à Bayonne, et je ne poserai guère à Bordeaux, cette fois, quitte à m'y arrêter plus longtemps au retour.

— Vous n'avez qu'à le dire au dégraisseur. Il vous fera votre nettoyage en six heures.

— Merci, fit le jeune homme.

— Quant à occuper le reste de la soirée, reprit le restaurateur, si vous aimez la gaudriole, vous n'avez qu'à prendre un billet au théâtre Louit; une troupe de Paris, en tournée, y donne la dernière opérette des Bouffes-Parisiens. Je ne sais plus ce que c'est.

— Moi non plus. Mais puisque c'est du rigolo, voilà mon affaire. Bonsoir.

Comme le restaurateur n'était pas fier, il tendit la main à son client, après lui avoir présenté une allumette enflammée pour son cigare, et, la serviette sous le bras, le conduisit jusqu'à la porte, qu'il lui ouvrit et tint ouverte pour qu'il passât.

A peine Maxime avait-il fait trois pas dehors, qu'un individu, d'une classe indécise, lui barra résolument le chemin.

— Un peu de feu, s'il vous plaît, lui demanda-t-il.

C'est un petit service qu'on ne se refuse pas entre fumeurs.

Maxime lui tendit son cigare, sans répliquer, ne le regardant même pas, suivant de l'œil de belles filles qui, le chignon enveloppé d'un foulard noué, parcouraient le trottoir opposé. — Des « grisettes », un produit du pays.

Pourtant, l'individu tardait fort à se satisfaire.

— Tirez un peu votre cigare, dit-il en le rendant à Maxime; je craindrais de vous l'éteindre.

— Faisons mieux. Attendez! répliqua le jeune homme.

Et fouillant dans la poche de son veston, il en sortit une boîte d'allumettes-bougies.

Il en frotta une et la tendit à ce passant.

Mais ce dernier ne la prit pas. Saisissant le poignet du commis-voyageur, crûment éclairé par le feu de l'allumette, il alluma son cigare de pacotille en regardant Maxime avec une attention singulière.

— Où diable ai-je vu ce visage? se demanda celui-ci, non sans une sorte d'inquiétude instinctive.

On se sépara.

Quelques instants après, le neveu de Mme Valph riait de tout son cœur à entendre les acteurs du théâtre Louit débiter leurs cocasseries.

Tout en écoutant, il jetait quelques regards circulaires dans la salle. Personne de connaissance, bien entendu.

Si fait! Qui est cet homme, qui se tient debout, à l'entrée des fauteuils d'orchestre?

— Où l'ai-je vu? se demanda le jeune homme.

Il se souvint.

— Eh! oui! c'est le bonhomme qui m'a demandé du feu, tout à l'heure, à la sortie du restaurant.

Il ne s'y attacha pas autrement.

Pourtant, alors, il s'était déjà dit : « Où l'ai-je vu? »

Est-ce que ce spectateur ne s'était pas trouvé au débarcadère du chemin de fer tantôt, c'est-à-dire quand Maxime était descendu du train?

Non! L'homme du débarcadère avait les cheveux poivre et sel, taillés en brosse, militairement, et des moustaches de tambour de l'ex-garde nationale.

Celui-ci, au contraire, avait le visage glabre et des cheveux roux, plutôt longs.

Et puis, habillé autrement.

C'est égal, il ressemblait un peu à l'autre. En tous cas, c'était bien l'individu qui lui avait demandé du feu.

Mais, après tout, qu'importe!...

On vendait, à l'entr'acte, les journaux de Paris, arrivés précisément par le train que Maxime avait pris. Et, tout comme sur les boulevards de la capitale, on criait :

« *Le crime de la nuit dernière. L'assassin de sa tante. Trois cadavres. Demandez les curieux détails.* »

Maxime hésita à acheter un des numéros du journal.

— Bah! se dit-il, quelque canard!

Et, quittant sa place, il alla prendre un bock au café voisin.

C'était le *Café des Artistes*. Tous acteurs parisiens, que le jeune homme connaissait plus ou moins. Trois de ces derniers vinrent à lui. On se serra la main.

— Vous venez de Paris?

— Je l'ai quitté ce matin.

En prononçant cette réponse, Maxime revit encore, à la table toute voisine, l'homme aux cheveux roux, à qui il avait donné du feu, au coin des Quinconces. Celui-ci s'était à demi retourné, et paraissait prêter l'oreille. Pourquoi?

Rien d'extraordinaire, en somme. Beaucoup de provinciaux semblent subir un certain prestige, qu'exerce sur eux tout Parisien. L'individu aux cheveux rouges était peut-être du nombre. Pas à se formaliser de sa curiosité, plutôt flatteuse.

Au surplus, ce n'était pas un inconnu pour les artistes, qui lui parlaient familièrement et buvaient en sa compagnie.

Aussi Maxime continua-t-il de bavarder.

— C'est un four, hein? la première d'hier soir à l'Ambigu? lui demanda-t-on.

— Pourrais pas vous dire!

— Vous n'y étiez pas?

— Non. Je dînais en ville, et le soir... j'étais occupé... fit le commis-voyageur avec réticence.

— Coquin! firent les autres en riant.

On sonna au théâtre. Le rideau allait se relever.

Maxime vit encore un acte, et, la fatigue le prenant, il renonça à voir la fin de la représentation.

Cependant, sur le trottoir, il réfléchit, saisi d'une tentation.

C'est que, parmi les actrices qui jouaient dans la pièce, il y en avait une petite qui avait été sa maîtresse, deux ans auparavant, à Paris. De la scène, elle l'avait reconnu et, tout en débitant son rôle, elle lui avait fait un petit bonjour du coin de l'œil.

A distance, ça serait amusant de renouer. Pas de risques! On irait souper; on rirait, et on achèverait la nuit ensemble, à se rappeler les aimables jours d'autrefois.

Bien facile. Le garçon du café porterait un mot dans les coulisses. Si elle acceptait l'invitation, ça ne ferait pas un pli.

— Voyons, hein? se dit-il.

Eh bien, non!...

Non! Mieux valait être raisonnable. Fini de rire, fini de tromper la bonne Adèle. C'est bête, tout ça. De la dépravation, ni plus ni moins. Commençons sérieusement une vie nouvelle. Il se l'était promis en montant en chemin de fer le matin. Assez de rigolade. Bonsoir la compagnie!

Et il se dirigea vers son hôtel, y entra, prit sa clef et sa bougie et grimpa à sa chambre, au second, sur la rue.

L'homme aux cheveux roux l'avait suivi de loin. Maintenant, effacé dans l'ombre d'une porte, il ne quittait pas des yeux la fenêtre que le commis-voyageur venait d'éclairer en pénétrant dans la chambre.

Un homme en veste, coiffé d'une casquette, la pipe au bec, passa.

— Bismarck!... fit à mi-voix l'individu en observation.

— Ah! monsieur Follet! répliqua l'homme à la casquette, en s'arrêtant, je vous cherchais.

— Qu'est-ce qu'il y a?

— Monsieur le commissaire central vous attend à la gare du Midi.

— Y a du nouveau?

— Une dépêche de Paris. L'inspecteur général de la sûreté est dans le train.

— M. Oscar de la Ville-Viquier?

— Lui-même, avec deux agents ; ils débarqueront par l'express de demain matin.

— Ils sont donc sûrs, à Paris, que notre paroissien est leur homme?

— L'assassin de sa tante, la veuve Valph; absolument. M. Oscar recommande de ne pas le laisser s'envoler, quitte à inventer un prétexte pour le coffrer provisoirement, si besoin est.

— Pas la peine! dit M. Follet. Regardez, tenez, Bismarck. Il est couché; il vient de souffler sa lumière. D'ailleurs, si on veut, je vais le cueillir tout de suite. Ça serait plus sûr.

— J'ai pas d'ordres.

— Eh bien! retournez à M. Trouillebon, le commissaire central, et dites-lui où nous en sommes. Je ne peux pas lâcher ma faction sans être relevé et remplacé par quelqu'un qui connaisse le gars.

— Me v'là pour ça. Je peux rester là, puisque vous me l'avez fait voir au théâtre. Allez retrouver le chef; allez!

— C'est bien! J'y vas. J'crois pas qu'il cherche à s'tirer les pattes. Il a pas l'air d'un malin. Cependant, on ne sait jamais. Mais s'il vous fallait du renfort...

— Craignez pas! J'ai des camarades chez le *troquet* d'à côté. Un coup de sifflet, et ils arrivent.

— Nous v'là parés. Il ne vous manque rien?

— Ma foi si, brigadier!...

— Quoi?

— Du tabac. Mais je m'en ferai acheter.

— Je vous défends de bouger. Tenez, v'là le mien. Méfiance, Bismarck!...

— Craignez pas, monsieur Follet!

Piquant au plus court, celui-ci arriva bientôt à la gare du Midi. Trois agents, en tenue, étaient de planton sur le quai d'embarquement. Bien qu'il n'y eût personne, ils firent semblant de ne pas reconnaître le brigadier, qui entra droit au cabinet que le chef de gare avait mis à la disposition de M. Trouillebon.

— Eh bien, Follet? demanda le commissaire.

— Il dort tranquille comme un agneau.

— Savez-vous ce qu'il a fait?

— Minute par minute. J'l'ai emboîté depuis sa descente du train de Paris.

— Faisons le rapport, afin que M. Oscar l'ait sous les yeux en débarquant. Contez, Follet; j'écris.

— M'y v'là. Seulement, je vous demanderai la permission d'ôter ma perruque, j'étouffe là-dessous.

Si Maxime eût assisté à l'opération, il n'eût plus douté que l'homme à moustaches de la gare fût le même que l'individu à qui il avait donné du feu de son cigare.

S'étant épongé le front, l'agent gradé commença sa narration en un français exempt de toutes prétentions littéraires.

Le commissaire ne s'en préoccupait pas autrement du reste, insistant plutôt sur les moindres détails, s'efforçant d'interpréter chacun de façon à charger l'individu dont, par divers télégrammes pressants, on lui avait recommandé particulièrement la capture.

Ce brave fonctionnaire était dans la joie de son cœur. Il flairait là une de ces aubaines qui mettent en lumière et procurent un avancement inattendu ; l'occasion, qui n'a que trois cheveux — comme Cadet-Roussel — de s'attirer l'attention des chefs, des gratifications, des récompenses honorifiques, la croix peut-être !...

Ça valait ça, au bas mot, à son sentiment. Songez donc ! Un gaillard qui d'un seul coup vous avait massacré trois victimes ; l'une, sa parente ; l'autre, un homme, un fidèle serviteur, solide, bâti à chaux et à sable, et la dernière, une pauvrette qu'il avait eu le cynisme effrayant de violer entre les deux premiers cadavres, encore palpitants, comme celui de la jeune fille, que le bandit avait certainement dû égorger avant !

M. Trouillebon se léchait les lèvres en songeant à cette magnifique affaire. Ah ! le beau crime ! Parlez-moi de ça !...

Et quel moment que celui où il appréhenderait l'assassin !

Il se le figurait terrible, d'une force inusitée, d'une malice abominable.

Quant à douter de sa culpabilité ; jamais ! C'était clair, évident. Le meurtrier était d'ores et déjà convaincu. Pas moyen d'échapper. Pas la peine de plaider. Quoi dire ?

Par l'imagination, le commissaire voyait le misérable dans les mains du bourreau. Eh ! allez donc sur la bascule. Un coup sourd. Toc ! Ça y est !

M. Trouillebon ferait le voyage. Il voulait être là, voir couper le cou à ce cannibale, qui lui aurait valu la croix !

Ne négligeons rien, surtout, pour un si excellent résultat.

— Et puis ?... demandait-il à Follet. Quoi encore ? Cherchez, brigadier. Ainsi, il est allé au bain, voyez-vous, pour faire disparaître le sang qui avait pu filtrer à travers les vêtements dont il a su se débarrasser. Ah ! s'ils étaient donc dans sa valise ! Et puis, il s'est fait coiffer !... Parbleu ! ses victimes lui ont peut-être arraché les cheveux. Que dis-je « peut-être » ? C'est certain. Sans quoi aurait-il songé à aller se les faire tailler, accommoder ? Et il a dîné au restaurant des Quinconces !... Canaille ! il a mangé des huîtres ! une caille !... du raisin !!! Quel cynisme ! On t'en donnera bientôt, du raisin, des cailles et des huîtres !... quand des honnêtes gens n'ont pas de pain. C'est trop doux, la guillotine ; on devrait écarteler des brigands comme ça, ma parole d'honneur!... Et, voyez, il est allé au théâtre... et il a ri! Ça fait frémir; ça passe l'imagination... A mort! à mort! ces rebuts de l'espèce humaine!...

« A propos! continua M. Trouillebon, qu'a-t-il bu? Il s'en est payé, hein? pour s'étourdir.

— Non, monsieur le commissaire; il a bu à peine les deux tiers d'une bordelaise ordinaire.

— Je vois ce que c'est! Ah! il est plus fort que je ne croyais. Pas de danger de se monter la tête. On bavarde, quand on est soûl. Voyez-vous, Follet, voyez-vous s'il est fort! Consignons ça. Il faut le faire connaître. Tout le dénonce, heureusement!

Jusqu'au cigare du malheureux garçon, dont la qualité devenait une charge accablante, au sentiment du commissaire central.

— Un cigare de quinze sous!... Parbleu! ce n'est pas l'argent qui lui manque à présent! Et pendant ce temps-là, moi, Follet, je fume des *soutados* qui sont atroces et me donnent des aphtes plein la bouche. Coupez-moi le cou!... coupez-moi donc le cou, nom de Dieu! à toutes ces fripouilles-là! Tonnerre!... si on me laissait faire, c'est moi qui vous le moucherais, l'avocat. Ah! il ne ferait pas long feu! — « Qu'est-ce que vous venez nous dégoiser? que je lui dirais. En v'là assez; foutez-nous la paix! Votre client est une crapule et vous aussi!... »

« C'est vrai, ça, continua M. Trouillebon, enflammé par l'indignation d'un cœur pur. Vous et moi, Follet, nous nous mettons en quatre, nous nous décarcassons à piger ces gredins, au risque d'y laisser notre peau, et v'là un criquet d'avocat qui nous l'arrache des mains, le plus souvent en nous traînant dans la boue, par-dessus le marché, tandis que le filou, le voleur ou l'assassin nous rit au nez en nous traitant tout bas de « sales roussins »! Cré nom! si celui-ci n'est pas raccourci, ça ne sera pas ma faute! Cherchez Follet, cherchez, mon ami. Qu'est-ce qu'on peut mettre encore? Il lui faut la bonne mesure!...

« Ce qui m'enrage, fit en concluant M. Trouillebon, c'est ce restaurateur, qui lui fait la causette, lui ouvre la porte, la tient pour lui en éviter la peine et le salue jusqu'à terre. Eh bien, allez-y, vous, Follet, vous verrez si ce crétin de gargotier vous tient la porte, à vous! J't'en fiche! Regardez-le bien. Tout en étant poli, par peur, vous lirez dans ses yeux qu'en dedans il se dit : — « Pouah! un mouchard! » Eh! crapule, sans les mouchards, c'est toi que les *escarpes* étriperaient! De la crapule aussi, le gargotier. On devrait guillotiner tout ce peuple-là! Moi, vrai! la société me dégoûte!...

Mais ça ne servait à rien de déblatérer ainsi. M. Trouillebon s'en aperçut. L'inspecteur général de la sûreté arriverait de Paris vers les sept heures du matin, à l'autre gare; il fallait tâcher de se reposer un peu, afin d'être alerte et vigoureux au moment du « coup de chien », c'est-à-dire quand il s'agirait de cueillir l'assassin de Mme Valph. Il devait être armé. Gare d'étrenner une balle dans la margoulette !...

— Enfin, on verra bien ! dit le commissaire. Allez vous coucher, mon brave, et, demain comme demain !...

Il rentra chez lui. Et comme sa femme, endormie depuis longtemps, entrebâillait un œil :

— Vois-tu, lui dit-il, si j'suis pas décoré de ce coup-là, c'est qu'y a pas de justice !

Le train de Paris entra en gare avec un peu de retard. D'une voiture de première classe descendit légèrement un homme correctement habillé d'étoffes foncées, et dont le col de chemise et les poignets étaient blancs ; ce qui après tant d'heures de chemin de fer n'est guère habituel. C'est que, en route, il avait réparé le désordre de sa toilette, grâce à ce que contenait une petite mallette que portait, avec deux châles de voyages, un autre personnage, un peu plus jeune que le premier.

— Ah ! fit le commissaire central, voilà M. Oscar.

Il alla au-devant de lui, le saluant :

— Bonjour, monsieur de la Villé-Viquier, dit-il.

— Chut ! fit doucement le voyageur. Entrons dans votre cabinet.

Puis, présentant celui qui l'accompagnait :

— Mon secrétaire.

Les trois policiers, une fois seuls :

— Notre homme ? demanda l'inspecteur de la sûreté.

— Nous allons le prendre au gîte.

— Bien. J'ai amené deux de mes agents. Voulez-vous bien leur faire savoir où ils devront nous attendre ?

— A la buvette, monsieur Oscar. On leur servira un cordial ou un déjeuner.

— Inutile. J'ai pris mes précautions au dernier arrêt du train. Avez-vous quelque communication à me faire ?

— Le rapport des faits et gestes de l'individu. Le voici.

M. Oscar parcourut le papier que lui présentait le commissaire central, et, n'eût été la courtoisie, il eût haussé les épaules, tant le document était encombré d'appréciations ridicules et d'autant plus inutiles que toutes étaient empreintes de la plus arbitraire et de la plus fausse déduction des faits.

— Vous avez vu cet homme, monsieur Trouillebon ?

— Non, monsieur Oscar ; mais je me l'imagine.

— Tenez, voici sa photographie. Le type est loin de celui que vous vous êtes figuré.

LES ERREURS DE LA GUILLOTINE

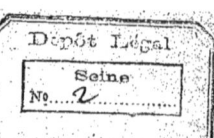

— Au nom de la loi, je vous arrête.

— C'est vrai, avoua M. Trouillebon; c'est un autre genre ; mais le criminel se trahit d'autant plus.

— Voyons, reprit l'inspecteur sans insister, quelles mesures avez-vous prises pour l'arrestation de ce jeune homme?

Le commissaire central le lui dit.

— Eh! mon cher monsieur Trouillebon, c'est bien trop de soin! D'abord, tous vos revolvers sont, je crois, superflus. Je voudrais que la chose se passât sans esclandre. Que vos hommes soient prêts à nous seconder, s'il y a lieu, ce dont je doute, cela suffit. Laissez-en deux dans la rue, en face de l'*Hôtel des Ambassadeurs*. Moi et les miens, nous nous arrangeons de l'affaire.

— Alors, je suis inutile? demanda M. Trouillebon, dépité du rôle secondaire qu'on lui assignait et navré surtout de voir sa décoration s'évanouir en fumée.

— Inutile, monsieur Trouillebon? Bien au contraire. Vous allez, s'il vous plaît, vous rendre à votre bureau de ville, et vous aurez la bonté d'attendre que je vous amène notre individu. Je crois que je parviendrai à le décider à m'accompagner sans résistance.

— Prenez garde, monsieur Oscar; prenez garde de vous illusionner. Le gars qui a fait un coup pareil est fichu de vous servir un plat de sa façon.

— Nous verrons bien, monsieur le commissaire. D'ailleurs, vous en jugez à distance, tandis que moi, j'ai vu.

« Or, du premier examen, il résulte des contradictions très surprenantes dans cette affaire qui, ne vous y trompez pas, est extrêmement obscure.

« D'une part, la nature des plaies dénote une main très exercée, qui ne s'égare pas à frapper mal à propos. C'est le coup de couteau d'un meurtrier qui a réfléchi savamment son opération et visé, avant tout, à empêcher le cri et la plainte, soit par l'étouffement d'un flot de sang intérieur, soit par la section des voies respiratoires.

« Mais, d'autre part, à côté de cette habileté consommée, on s'étonne de maladresses insignes, enfantines, archi-bêtes. Le meurtrier essuie son coutelas ensanglanté à des papiers qui portent l'en-tête de la maison où il est employé.

« Il les brûle, il est vrai, mais incomplètement. Pourquoi? A-t-il perdu la tête? La façon dont il a tué prouve trop de sang-froid pour l'admettre.

« Une seule chose pourrait expliquer le désorientement : la survenue de quelqu'un.

« Ce n'est pas le cas. L'examen des cadavres démontre que trois ou quatre heures se sont passées entre le meurtre et la découverte, sans que personne soit venu. Les autres serviteurs n'ont pas quitté leur lit.

« D'ailleurs, l'assassin a abusé de la femme de chambre, avant ou après la mort de celle-ci. Donc, il avait, il savait avoir tout le temps de brûler parfaitement les papiers qui le dénoncent.

« Enfin, il a méthodiquement tourné les boutons du coffre-fort, dont, certainement, il connaissait les lettres, et il a choisi les valeurs dont la possession ne pouvait le compromettre : de l'or et des billets de la Banque de France. Ce n'est certes pas d'un homme affolé. Or, s'il n'était pas affolé, comment, encore une fois, n'a-t-il pas brûlé complètement les papiers qui devaient révéler son crime ? On dirait qu'il a fait exprès d'en conserver des bribes !

« Eh bien ! tout cela n'est rien. Suivez-moi bien :

« Parmi les trois victimes, il y a un garçon d'environ trente ans, **Prosper Lami**, robuste dix fois plus que ne le paraît le meurtrier; un gaillard qui, quelques jours avant, pour faire preuve de sa puissance musculaire aux yeux des autres domestiques, descendit, seul et sans cordages, une barrique de vin à la cave, et qui, en bas, la souleva à la force des poignets, de façon à la placer sur un chantier élevé de trente-trois centimètres.

« Or cet hercule, capable de se montrer à la foire, le valet de chambre de la femme Valph, ce Prosper Lami, on le découvre, les mains liées derrière le dos. C'est déjà bizarre, n'est-ce pas ?

« Mais voici qui déroute davantage.

« Le malheureux est étranglé. Avec quoi ?

« Non pas avec un bout de corde trouvé près de lui, à terre, mais à l'aide d'un mouchoir marqué aux initiales de l'assassin supposé.

« De quelle force est-il donc doué cet assassin, pour avoir lié les mains de ce vigoureux valet de chambre? Quel imbécile est-il donc, pour ne l'avoir pas étranglé avec la corde qu'il a apportée dans ce dessein, et pour s'être servi d'un mouchoir dont la marque dit son nom et son prénom ?

« Tout cela est confus et confond.

« Qu'y a-t-il sous ces apparences ? Et pourquoi, si Prosper Lami était étranglé, pourquoi lui trouve-t-on, en plein dos, sous l'omoplate, traversant le cœur de part en part, le couteau à découper qui a coupé la gorge de la fille Lucie, après avoir coupé celle de la femme Valph, qui, par surcroît, a été lardée en dix endroits du corps ?

« Eh bien, monsieur le commissaire, toutes ces choses odieuses, effroyables, étant forcément attribuées, sur certains indices, à la seule personne qui eût intérêt à la mort de la veuve, puisque cette mort lui assurait un héritage de plus de quatre millions, je vous parie que cette personne, cet inculpé d'une boucherie affreuse, me suit tout à l'heure à votre bureau, de son libre mouvement.

M. Trouillebon écoutait l'inspecteur avec un déplaisir profond, humilié à ne pas oser le dire.

Ah çà! il n'était donc qu'une mazette, lui qui, loin de croire l'arrestation facile, avait pris des mesures compliquées, comme s'il se fût agi de capturer les quarante voleurs d'Ali-Baba, sans la Lampe merveilleuse.

Et voyez le comble!

Cette arrestation capitale allait s'opérer sans lui!

Bien la peine, vraiment, d'avoir ceint son écharpe sous sa redingote dès le matin, d'avoir assemblé sa brigade, d'avoir débité un joli discours à ces braves gens, en leur recommandant d'avoir le doigt sur la détente de leur revolver et de casser délibérément une patte au malfaiteur si l'un d'eux — lui surtout — était menacé!

Mais ses hommes allaient se moquer de lui à présent!

En voilà une façon de faire la police! Dieu du ciel, ça marchait autrement sous l'empire! Une, deux, crac! et tapons dessus! Le gouvernement donnait toujours raison à ses serviteurs. C'était un gouvernement!

Mais maintenant?... Maintenant, un nouveau régime! Maintenant, pas de bruit, pas d'esclandre. Comment donc! des mitaines avec les *escarpes*.

— Monsieur l'assassin, voulez-vous bien me faire la grâce de m'accompagner chez le commissaire. Passez donc! Après vous; je n'en ferai rien!...

Qué pitié! C'est du propre, le nouveau régime!

Pas moins, M. Oscar était un supérieur. Rien à faire qu'obéir.

Et M. Trouillebon, furieux, se rendit à son bureau de ville, comme un chien qu'on fouette. Et là, maussade, embêté, déconfit, la mine longue, il se tourna les pouces en se disant :

— Je ne suis pas riche; mais je donnerais bien cent sous pour que ce Maxime Létang brûle la politesse à ce fameux M. Oscar, ou lui casse la gueule d'une balle de revolver. On verrait alors qui est-ce qui avait raison!

Pendant ce temps, le policier parisien, bras dessus bras dessous avec son secrétaire, gagnait les fossés de l'Intendance, suivi à quelques pas des agents en bourgeois qu'il avait amenés de la capitale.

Arrivé à l'*Hôtel des Ambassadeurs*, il entra tranquillement.

— M. Létang est-il chez lui? demanda-t-il.

— Oui, monsieur. Au second, numéro 14.

— Merci, madame.

Et l'on monta.

Au second étage, on attendit un moment, en regardant par la cage de l'escalier.

Bientôt, on vit se faufiler les deux agents. Ils eurent vite monté. Ensemble ils approchèrent de la porte numéro 14.

La clef était dans la serrure.

M. Oscar frappa.

— Entrez, fit Maxime.

Les quatre hommes se regardèrent surpris.

M. Oscar tourna la clef et pénétra, son chapeau à la main.

Le commis-voyageur, en bras de chemise, achevait sa toilette en se lavant les mains.

— Je vous demande pardon, monsieur, de vous recevoir ainsi. Je croyais que c'était le garçon de service. Mais ne vous trompez-vous pas de porte? Qu'y-a-t-il pour votre service?

— Vous êtes bien M. Maxime Létang? demanda M. Oscar.

— En effet, monsieur.

— En ce cas, permettez...

Et, rouvrant la porte, il fit entrer son secrétaire et les deux agents.

Maxime n'y comprenait rien, ne trouvait rien à dire.

— Monsieur, reprit l'inspecteur de la sûreté, je suis commissaire aux délégations judiciaires, et je suis porteur d'un mandat d'amener contre vous.

— Un mandat d'amener! répéta Maxime. Je ne comprends pas.

— Il m'importe : au nom de la loi, je vous arrête et vous prie de me suivre.

— Vous suivre? Où donc?

— Chez monsieur le commissaire central d'abord, puis, à Paris, où j'ai mission de vous ramener dans le plus bref délai.

Maxime devint très pâle, et la parole lui manqua. Mais, réagissant aussitôt :

— Si vous agissez au nom de la loi, monsieur, je ne fais aucune résistance. Cependant, je ne vous connais pas, moi, et comme il n'y a rien dans ma vie qui puisse fournir prétexte à mon arrestation, je vous avoue que je me réclame absolument de cette même loi pour vérifier votre dire.

— C'est afin de vous donner toute garantie que je vous prie de m'accompagner chez monsieur le commissaire central. Sa qualité vous assurera de la légalité de mon mandat. Le comprenez-vous ainsi?

— Parfaitement, monsieur. J'achève de m'habiller.

— Faites.

Avec une certaine hâte, Maxime passa ses vêtements.

On ne semblait pas le presser.

— Qui sont, je vous prie, les personnes qui vous accompagnent? demanda-t-il?

— Mon secrétaire et deux agents de la sûreté.

— De Paris?

— De Paris.

— Ah çà ! s'écria le jeune homme, très ému, on me prend donc pour un criminel ? De quoi m'accuse-t-on ?

— Je ne saurais vous en instruire. Mon mandat consiste uniquement à vous conduire au juge d'instruction.

— Volontiers, monsieur, volontiers ! fit Maxime en se remettant. Il y a là une erreur qui s'éclaircira d'un mot.

Puis, avec inquiétude :

— Mais, est-ce que vous allez me faire traverser Bordeaux entre des gendarmes ?

— Pas du tout. Nous marcherons côte à côte, suivis à distance par mes hommes.

— En ce cas, monsieur, partons. Je suis prêt.

— Un moment ! fit M. Oscar. On va grouper vos effets et votre bagage, dont je dois opérer la saisie.

— Alors, nous allons à Paris, dans tous les cas ?

— Dans tous les cas.

— Faites donc à votre guise, messieurs. Mais laissez-moi régler ma note. Voulez-vous bien sonner le garçon ?

On fit selon son désir. Le garçon parut.

— Demandez ce que je dois, fit Maxime. Je pars à l'instant.

— C'est peu de chose ; monsieur réglera en bas, dit le garçon.

— Ça va-t-il ainsi ? demanda Maxime.

— Parfaitement.

On descendit. Les agents, sur un signe, sortirent dans la rue, et Maxime paya.

— Un rude aplomb ! fit l'un des agents à son camarade.

— Ayons l'œil ; il est fichu de préparer un tour. J'ai jamais vu un sang-froid pareil.

Ces gens se méprenaient sans doute. Mais rien ne ressemble tant à certaine effronterie que l'innocence, et le travers des gens de justice est de voir un coupable *a priori* dans tout accusé.

Comme on allait sortir, la femme de l'hôtelier accourut, appelant :

— Monsieur Létang ! Et votre paletot que vous oubliez !

— C'est juste.

— Le voici. Un bonheur, dites donc, qu'on ne l'ait pas encore porté au dégraisseur. Bon voyage, monsieur Létang. A une autre fois.

Ce paletot, que l'inculpé oubliait, fit penser M. Oscar. L'oubli était-il volontaire ? En ce cas, pourquoi ? Ce n'est pas qu'il supposât que les billets de banque volés à la veuve Valph fussent cachés, cousus dans la doublure. Maxime n'eût pas commandé de le donner au dégraisseur. Et puis, il était tout flambant neuf, ce paletot. Un confortable paletot, gris de fer.

— Ne le mettez-vous pas? demanda le policier au jeune homme.

— Plus tard, répliqua Maxime en le jetant sur son bras.

M. Oscar attendit pour pousser ses investigations à ce sujet.

On était sorti de l'*Hôtel des Ambassadeurs*, et l'on marchait tranquillement. Jamais les passants ne se fussent doutés de la situation respective de Maxime et de M. Oscar.

Au coin du cours d'Albret, on rencontra précisément cette petite actrice à qui le jeune homme avait eu un moment, la veille, l'envie d'offrir à souper. Il craignit qu'elle ne s'arrêtât pour lui parler.

Elle n'osa, car elle portait sur le bras un léger paquet qui trahissait une nuit passée hors de chez elle, son corset roulé dans un journal.

Elle se borna à un petit signe de tête, auquel Maxime répondit par un coup de chapeau. L'actrice en prit le change. Elle crut que son ancien amant, comprenant l'affaire, en était vexé.

— Bah! se dit-elle en pressant le pas, c'est sa faute. Ça lui était si facile de m'attendre à la sortie!

Dieu sait si, en continuant sa marche, le neveu de Mme Valph songeait à la petite actrice!

On allait en silence, et le malheureux garçon se creusait la tête, pour deviner à propos de quoi on l'arrêtait. Il y avait certainement malentendu.

Ça allait s'expliquer, sinon ici, du moins à Paris. Mais, encore une fois, à quel propos ce malentendu? Y avait-il eu un vol dans la maison où il était employé? Le caissier avait-il emporté la caisse, fait des faux, et s'était-on imaginé que lui, Maxime, fût son complice? Ou bien le patron s'était-il livré à des spéculations frisant l'escroquerie, entraînant fraudes justiciables de la cour d'assises, où, en sa qualité d'intéressé, Maxime se trouvait impliqué?

Ce ne pouvait pas être autre chose. A moins...

Il songeait à Mathilde Kœrhuen, et son esprit troublé l'amenait à des suppositions dramatiques. Peut-être Fritz avait-il tué sa femme et rejeté le meurtre sur l'amant de celle-ci.

Certes, il eût voulu savoir précisément de quoi on l'accusait. Pourtant il n'osait le demander, crainte de faire fausse route et de dénoncer ses relations adultères avec la femme du boursier.

Ce jeune homme, en dépit de ses origines vulgaires, de son éducation négligée, avait des scrupules très nobles et très tenaces dans l'âme. A supposer que, dans l'erreur qui le mettait sous le coup d'une accusation grave, il ne fût pas question de Mme Kœrhuen, allait-il dévoiler les faiblesses de celle-ci, l'exposer au ressentiment brutal et peut-être sanguinaire de son mari, la rendre plus tard l'objet du mépris de son fils ; car elle avait un fils, encore bambin à cette époque, mais qui, en grandissant, serait édifié sur l'indignité de sa mère, et se transformerait en juge implacable.

Non pas, s'il vous plaît. A aucun prix, Maxime ne recourrait à pareil expédient, fût-ce pour se tirer d'un mauvais pas, pour sauver sa liberté, même sa vie !

Un galant homme n'avoue jamais qu'une femme mariée, une mère, a été sa maîtresse. Maxime n'était pas un pleutre. Ce secret ne lui appartenait pas en propre. D'ailleurs, on se le rappelle sans doute, son dernier mot à la malheureuse femme du boursier avait été :

— Et quoi qu'il advienne, nie, nie quand même !

C'était prendre l'engagement d'honneur de nier *mordicus*, de son côté. Il n'y faillirait pas ; à aucun moment, sous quelque prétexte que ce fût, il ne dévoilerait ce mystère.

Mais, mon Dieu ! qu'était-il arrivé ?

— C'est ici, dit M. Oscar, en l'arrêtant brusquement à l'entrée d'une vieille maison.

On passa sous une voûte sombre.

Le cœur de Maxime se serra. Il lui semblait entrer dans une prison.

Cependant la certitude de sa parfaite innocence secoua la consternation qui l'avait envahi d'abord, et, se redressant, il entra d'un pas ferme dans le bureau où le commissaire central l'attendait.

— J'ai l'honneur de vous saluer, dit le jeune homme, et je viens...

— Tout à l'heure, répliqua sèchement M. Trouillebon, sans rendre le salut.

Maxime se révolta.

— Monsieur, s'écria-t-il avec hauteur, j'ai eu l'honneur de vous saluer, et quelles que soient vos préventions, je suis encore un citoyen, que la loi couvre et à qui tout fonctionnaire doit politesse et protection. Vous êtes payé pour ça. Je vous le rappelle et vous somme, à présent, de m'éclairer sur la légalité de l'arrestation dont je suis l'objet.

« Sans autre preuve, ajouta-t-il, j'admets que vous soyez un dépositaire de l'autorité ; mais il n'en est pas de même de monsieur, qui a pénétré chez moi, se disant chargé d'un mandat d'amener, et j'attends que vous confirmiez son assertion, parce que c'est votre devoir, et que je ne vous laisserai pas y manquer.

— Vous allez être satisfait, monsieur, répliqua vivement M. Oscar, devançant le commissaire central, qui, furieux d'être ainsi interpellé, était devenu violet de rage.

L'intervention de son supérieur l'exaspéra.

LES ERREURS DE LA GUILLOTINE

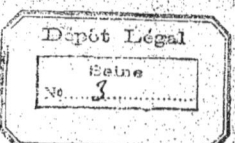

Au moment de monter en chemin de fer, on apporta deux dépêches.

— En voilà des manières ! s'écria-t-il. Attendez voir, je...

— Permettez..., fit l'inspecteur.

— Rien du tout ! répliqua M. Trouillebon. De la politesse à ces cadets-là !... L'honneur de me saluer !... Je ne sais qui me retient de lui faire coller les poucettes !

M. Oscar le prit de très haut.

— Cela, monsieur le commissaire, ne vous appartient pas, du moment que je suis présent, et que vous n'en êtes pas requis. De fait, il est certain que, jusqu'ici, vous n'avez aucune raison de manquer d'égards à un homme qui ne vous en refuse aucun, et réclame, au contraire, votre protection ; ce que vous n'avez pas à lui refuser puisque, aussi bien, les charges qui pèsent sur lui, l'instruction et le jury peuvent les reconnaître mal fondées.

— Mais, monsieur l'inspecteur ! dit le commissaire, il me semble...

— Que je vous blâme ! Vous ne vous trompez pas. Votre zèle est intempestif en ceci. L'inculpé vous demande, selon son droit, de lui certifier la légalité de la mission que je remplis à son égard ; renfermez-vous, s'il vous plaît, dans vos attributions, et répondez-lui convenablement, ou je ferai mon rapport, tant au parquet de la Gironde qu'au ministre dont vous dépendez.

Mon Dieu ! mon Dieu ! que le pauvre M. Trouillebon était loin de la croix qu'il avait rêvée la veille !

Le commissaire central s'exécuta d'un air rogue, exhibant l'ordre reçu du juge instructeur de Bordeaux, en raison de la commission rogatoire à lui adressée par son collègue de Paris.

En rechignant, il mit différents actes sous les yeux du jeune homme ; puis, avec une ironie brutale :

— Aurez-vous maintenant l'extrême complaisance, lui demanda-t-il, de nous permettre d'établir votre identité ?

— Inutile, répliqua M. Oscar. Monsieur a reconnu, à l'*Hôtel des Ambassadeurs*, s'appeler Maxime Létang, âgé de vingt-neuf ans, marié, domicilié à Paris, rue Bergère, exerçant la profession de commis intéressé dans la maison de commission Tournerel et fils, rue des Jeûneurs, ce qui résulte des notes à joindre à votre procès-verbal.

Puis, se tournant vers Maxime :

— Vous ne refusez pas de signer ces documents, je pense ?

— Nullement, monsieur.

Et il signa, d'une main assurée.

Cela fait :

— Comme vous le voyez, monsieur, ajouta-t-il, je me soumets sans réserve à toutes vos réquisitions. En retour, je vous prie, pour la seconde fois, de me dire de quoi je suis accusé.

Carrément, M. Trouillebon haussa les épaules.

— Collez-moi ça au bloc! pensa-t-il.

— Je n'en suis pas chargé, répondit l'inspecteur de la sûreté. Et faute d'ordres, je dois m'abstenir. Mais, débarqué d'hier soir, vous vous êtes promené par la ville. N'avez-vous acheté ni parcouru aucun des journaux de Paris arrivés à Bordeaux en même temps que vous, dans la soirée?

— Non, monsieur. Est-ce que le fait qu'on m'impute y est consigné?

— En détail.

— Dès lors, objecta Maxime, puisque c'est public, je puis bien le savoir.

M. Oscar refusa de s'expliquer.

Et, mentalement, il relevait encore ici une singularité frappante. D'ordinaire, le premier soin des grands malfaiteurs est de chercher dans les journaux tous les détails qui concernent leur dernière entreprise criminelle. D'abord, par délectation de gloriole d'occuper l'attention publique. Ensuite, pour voir s'il y a lieu de prendre un surcroît de précautions. La sinistre vanité et la prudence, l'instinct de conservation, sont d'accord en cela.

Et ce criminel-ci n'avait pas cédé à cette double incitation? Bizarre!...

Était-ce donc un novice? Mais non! Encore une fois, la nature des plaies, faites avec le couteau à découper, trahissait une main qui n'en est pas à son coup d'essai, une main habituée; les blessures étaient *réfléchies*, pour le répéter.

En outre, en admettant une négligence à s'enquérir, de la part de Maxime, au cas où rien ne l'en eût sollicité; au cas encore où il eût supposé que les feuilles parisiennes ne fussent pas déjà renseignées, et que la nouvelle n'eût pu être sue à Bordeaux, il n'avait pu faire autrement que d'entendre, dans la rue au théâtre, durant l'entr'acte, les colporteurs annoncer :

« *Le crime d'hier! L'assassin de sa tante! Curieux détails!* »

Comment admettre qu'il n'eût pas été frappé de cette annonce, entendue vingt, trente fois dans la soirée?

A quelle nature avait-on affaire?

M. Oscar restait perplexe. Il avait envie de lui mettre un de ces journaux sous les yeux, afin de voir quel effet produirait sur lui la relation des faits publiés.

Mais peut-être le juge instructeur, apprenant cette particularité, se réserverait-il de le confondre à brûle-pourpoint.

Et puis... — tout est possible! — si cet homme était innocent, fallait-il lui infliger la torture de préoccupations atroces durant le long trajet du chemin de fer nécessaire au retour à Paris?

M. Oscar croyait qu'on peut concilier le devoir avec l'humanité! C'est pourquoi il se confirma dans la résolution de garder le silence.

Pendant qu'il réfléchissait ainsi, M. Trouillebon procédait à la vérification du léger bagage de l'inculpé, en faisait dresser l'inventaire et mettait, à mesure, le tout sous scellés.

Il pensait en avoir fini; car on avait fouillé, palpé Maxime, lui retirant portefeuille, argent de poche, montre, clefs, porte-cigares, etc., quand on s'aperçut qu'il y avait encore à examiner son paletot posé sur le dos d'un siège.

M. Trouillebon le prit, pour en explorer les poches, et l'étala.

Alors l'inspecteur général remarqua la tache que, avant lui, le garçon de café de Mme Guijal avait constatée, au faubourg Poissonnière. Une tache roux foncé.

— Mais, s'écria M. Oscar, c'est du sang, cela?

— Oui, monsieur, répondit simplement Maxime.

— Et d'où vient qu'il y ait du sang à votre paletot? reprit l'inspecteur en tenant le jeune homme englobé sous un regard inquisiteur.

Celui-ci pâlit; puis subitement devint cramoisi.

— Ah! çà! fit-il, outré, est-ce que je suis accusé d'un meurtre à présent?

— Répondez!

— Certes! c'est facile. Cela vient de...

Il s'arrêta net.

Ce sang venait du pauvre diable qu'il avait sauvé, ramassé, secouru et reconduit à sa porte, après avoir mis en fuite les jeunes bandits qui le dévalisaient et lui avaient fait une blessure. Rien de mal à cela. Et la police eût aisément retrouvé ce vieux homme, qui eût confirmé la déclaration.

Mais cette déclaration équivalait à reconnaître que, vers trois heures du matin, dans la nuit du 21 au 22 janvier, Maxime était près du pont de biais du chemin de fer de l'Ouest, à Levallois-Perret, venant d'Asnières. Et que répondre, quand on lui demanderait ce qu'il faisait là?

Dans son ignorance de l'accusation portée contre lui, il pensait nécessairement à la seule chose que sa conscience lui reprochât: son infidélité en complicité avec Mathilde Kœrhuen, à Epinay.

Or, puisqu'on l'arrêtait, c'est que, décidément, après son évasion, il s'était produit là un fait tragique, qui lui était attribué. Lequel? Quoi, enfin?

En répondant au sujet de la tache de sang qui maculait son paletot, il risquait de compromettre la pauvre femme dont tout le tort envers lui était de l'avoir aimé.

Son parti fut vite pris.

— Monsieur, dit-il posément à l'inspecteur, je commence par vous déclarer — que vous le croyiez ou non; il n'importe en ce moment — que je suis absolument innocent de tout méfait quelconque capable de motiver mon arrestation.

Dès maintenant je pourrais établir des faits, facilement vérifiables, qui ruineraient la suspicion conçue par l'esprit le plus prévenu.

« Pourtant, ajouta-t-il avec un léger sourire, l'ignorance où on me laisse du crime ou du délit qu'on me reproche, à tort, m'engage à me dérober à tout interrogatoire jusqu'à ce qu'on ait formulé nettement l'accusation dont je suis l'objet.

« Loin de revenir sur mon aveu, je le répète : oui, c'est du sang, et du sang humain, qui plus est, dont mon paletot est taché. Quant à la cause de cette tache, je m'en expliquerai, s'il y a lieu, une fois en présence du juge d'instruction, et dès qu'il m'aura, enfin ! édifié sur ma situation devant la justice de mon pays.

« Ne vous formalisez pas, je vous prie, de ma réserve ; elle n'a rien qui vous soit personnelle. Et, quel que soit mon très vif déplaisir d'être appréhendé comme un malfaiteur, je vous remercie des procédés dont vous avez la bonté d'user envers un homme que vous devez d'ores et déjà tenir pour un gibier de potence, l'affreux coquin que voit en moi monsieur le commissaire central. Je vous remercie surtout de me protéger contre son zèle.

« Et, maintenant, vous comprendrez, je pense, continua Maxime, la hâte que j'éprouve à me tirer de ce mauvais pas. Conduisez-moi, s'il vous plaît, le plus tôt possible à Paris, où je me fais fort de démontrer en trois mots que la justice s'égare, incommode et maltraite un très inoffensif citoyen, et que me reprocher une action infâme est en tout et pour tout de la plus parfaite absurdité.

Du coup M. Trouillebon n'y tint plus.

Tant pis que son supérieur l'en blâmât ; mais, étranglé par la colère, il avança sur Maxime et, se plantant sous son nez :

— Ah çà, est-ce que vous n'allez pas finir de vouloir esbrouffer les honnêtes gens, vous, espèce de... ?

— Monsieur Trouillebon ! intervint M. Oscar.

— Ah ! tant pis ! non, tant pis, je n'en puis supporter davantage. Non, un homme dans la position de celui-ci n'aura pas le toupet de parler sur ce ton.

Puis, approchant plus encore de Maxime :

— C'est moi qui te le défends, entends-tu, crapule !

Comme il achevait, il y vit trente-six chandelles.

C'est que, d'un terrible revers de main, Maxime lui avait frappé par deux fois le visage.

Les agents lui sautèrent dessus immédiatement.

— Ah ! maintenant, maintenant, criait le commissaire central, je défie bien personne de m'empêcher de lui coller les poucettes !

Parbleu, oui, il avait reçu des gifles ; mais n'importe ! il était content d'avoir mis Maxime dans le cas de subir les sévérités de la police.

Il l'avoua à M. Oscar, qui lui manifestait du mécontentement.

Quoi qu'il en soit, M. Trouillebon triompha encore, quand il s'agit de gagner la gare. Plus d'incognito, cette fois. C'est les mains attachées et entre deux gendarmes que l'inculpé traversa la ville.

Le bruit de l'arrestation s'était répandu. Dans la rue, on se taisait encore ; mais sur le quai d'embarquement la foule des voyageurs, maintenue par des agents, grimpait sur les bancs, les chariots, montrant Maxime du doigt, disant :

— C'est lui... Le voilà !... l'assassin de cette nuit... le meurtrier des trois victimes.

Le pauvre garçon avait perdu toute assurance.

Cet appareil d'infamie dont il était l'objet, ces regards de curiosité haineuse, ces entraves qu'on ne met qu'aux malfaiteurs dangereux, tout cela lui brouillait les idées.

Devant le public cruel, il faisait encore bonne contenance, tenant haut la tête, gardant un regard assuré.

Mais, dans le wagon, il se laissa aller, accablé, se demandant s'il ne devenait pas fou.

Comme on allait partir, le brigadier Follet accourut avec son subordonné l'agent Bismarck. Ils apportaient deux dépêches télégraphiques adressées à Maxime.

L'une disait :

« *Grand malheur ; tante assassinée. Reviens vite.* »

L'autre :

« *Les journaux publient infamie contre toi. Reviens. Oh! reviens! Je suis folle.* »

Les deux dépêches étaient signées : « *Adèle.* »

Adèle était la femme du malheureux garçon.

IV

LA VISITE DOMICILIAIRE

L'appartement qu'occupait Maxime, rue Bergère, était au cinquième étage.

C'est un peu haut ; mais il y avait un balcon s'étendant devant six fenêtres. En face, les constructions étaient peu élevées ; on avait une large tranche de ciel sous les yeux, ce qui permettait d'apercevoir la butte Montmartre en face, les buttes Chaumont sur la droite, et là-bas, là-bas, les hauteurs boisées de Romainville. C'est gai.

Le logement n'était pas grand ; un petit salon, une moyenne salle à manger, la chambre du jeune ménage, et, à côté, celle des enfants, les deux jumeaux, Charles et Juliette, qui occupaient un double berceau. Enfin, de l'autre côté de cette dernière chambre, un cabinet spacieux et clair, où couchait la bonne, excellente fille, attachée, qu'on traitait en amie.

Encore une fois, ce n'était pas grand, mais tant mieux ; on était ainsi plus près les uns des autres, plus serrés, et, comme on s'aimait, on s'en trouvait bien.

Adèle, au surplus, s'ingéniait à tenir le tout mieux que propre et soigné ; c'était coquet, gentil !

C'est que la jeune femme avait un grand bon sens. Elle était de celles qui pensent que l'intérieur doit avoir de l'attrait, pour que le mari s'y plaise et n'ait pas de raison d'aller au dehors, retenu par l'aimable paix dont le manque fait les mauvais maris, les coureurs, les piliers de l'estaminet du coin !

Aussi, non seulement le côté matériel du nid était-il l'objet de l'attention constante de la jeune mère, mais encore elle s'arrangeait pour qu'à son retour à la maison, ses affaires terminées, Maxime restât étranger à ces menus soins de ménage qui ennuient un homme.

Adèle aimait beaucoup son mari, et lui avait de la gratitude de l'avoir prise sans dot. — Entre nous, c'est assez rare. C'est pourquoi on le fait remarquer.

Or, le 22 janvier, au matin, tout en s'occupant du nettoyage matinal quotidien, elle se disait :

— Maxime débarque à Bordeaux maintenant. Pauvre garçon ! Il doit être bien fatigué.

Elle se trompait, le croyant parti la veille au soir. En réalité, il était à peine à la bifurcation des Aubrays. Mais comment eût-elle pu le savoir ?

On sonna.

Qui donc pouvait venir si matin ? Quelque fournisseur sans doute.

Non ! c'était à la porte du grand escalier qu'on se présentait. Un fournisseur serait venu par l'escalier de service.

Elle écouta. La bonne parlementait avec quelqu'un qui insistait pour voir madame sur-le-champ. Elle entendit ce mot :

— Il est arrivé un horrible événement !

Un horrible événement !... Où ça ? Quand ça ? A qui ?...

Le cœur d'Adèle se contracta et, quoiqu'elle fût en jupon et en camisole, elle ouvrit les portes donnant sur l'antichambre.

Le messager, qu'elle reconnut tout de suite, c'était le cocher de la tante Valph, Flamet, dit Flambard, l'ancien maréchal des logis.

La consternation du brave homme gagna Mme Létaug.

— Entrez, entrez, Flamet, dit-elle précipitamment. Qu'y a-t-il ? Dites vite.

— Il y a...

L'ancien militaire hésita, crainte d'occasionner une secousse à la jeune femme. Mais elle insista. Et lui, ne sachant comment s'y prendre pour la ménager, dit toute l'affaire d'un coup, afin d'en finir.

— Il y a, madame, reprit-il, il y a que Mme Valph est morte.

— Morte ?... répéta la jeune femme, étranglée par l'émotion.

— Oui, madame, morte d'une façon épouvantable.

— Un coup de sang ?

— Non, madame... un coup de couteau !

Adèle chancela ; mais, ramassant son énergie, tendant ses nerfs :

— Assassinée ? fit-elle.

— Assassinée, madame. Elle, la petite Lucie, la femme de chambre, et Prosper, le valet de pied ! Tous les trois !

La femme de Maxime resta bouche béante, inerte, muette, atterrée.

— Nous avons découvert ça tout à l'heure, continua le cocher ; et pendant que le père François, le portier, est allé faire la déclaration au commissaire, je suis accouru pour vous prévenir, puisque M. Maxime est parti hier soir.

— Vous avez bien fait, Flamet, répliqua la jeune femme. Merci. Je passe une robe et j'y vais.

— Dois-je attendre madame ?

— Non, Flamet. On peut avoir besoin de vous. Attendez cependant ; vous aurez l'obligeance de porter une dépêche au bureau et de m'envoyer un fiacre, qui m'attendra à la porte. Je passe une robe et j'accours.

Elle écrivit le premier télégramme dont nous avons donné la teneur à la fin du chapitre précédent, le remit à Flamet avec de la monnaie ; et, décrochant des effets au hasard, les passa tant bien que mal.

Quand elle arriva à la rue de la Pépinière, la portière, Mme François, l'arrêta à la grille.

— N'entrez pas, ma pauv'e dame ! dit-elle en pleurant, ça vous donnerait un coup. Le commissaire y est avec son secrétaire et des sergents de ville en bourgeois.

— Je veux voir ; je veux parler au commissaire, répliqua Adèle, avec une puissance nerveuse qui surexcitait ses facultés mentales.

Et, accompagnée de la cuisinière, Justine, la femme de Flambart, elle parcourut l'allée d'un pas pressé.

Au perron de l'hôtel, un agent la retint.

— Qui êtes-vous, madame ? demanda-t-il.

— Mme Maxime Létang, la nièce par alliance de Mme Caroline Valph, qu'on me dit être assassinée.

LES ERREURS DE LA GUILLOTINE

— Mon mari, un assassin? Vous en avez menti!...

— Attendez un moment, répliqua l'agent. Je vais demander des ordres à monsieur le commissaire.

Et pendant qu'il montait à l'étage supérieur, Adèle, au paroxysme de l'anxiété, questionnait la femme Flamet.

— Comment cela est-il arrivé? Qui a commis cet abominable crime?

La réponse était toujours la même :

— On ne sait pas!...

L'agent redescendit bientôt, accompagné d'un monsieur qui paraissait un chef.

— Vous ne pouvez monter, madame, dit-il à Adèle. Les recherches et les constatations ne sont pas terminées. D'ailleurs les scellés seront apposés aussitôt après. Puis-je vous demander, madame, où vous pensez que soit votre mari en ce moment?

— Mais, monsieur, répondit la jeune femme, je n'ai pas de suppositions à faire à ce sujet. Mon mari, ayant pris le train hier soir, à huit heures quinze, est certainement à l'*Hôtel des Ambassadeurs*, fossés de l'Intendance, à Bordeaux. Je viens de lui adresser une dépêche, pour le rappeler; car il n'y a que lui qui puisse faire procéder aux funérailles de sa tante.

— Nous n'en sommes pas là, répliqua le policier. Voyez...

Ce disant, il lui montra une voiture étrange qui arrivait par l'allée.

— Qu'est cela? demanda Adèle.

— Le fourgon.

— Quel fourgon?

— Le fourgon de la Morgue.

La jeune femme fut violemment secouée d'un frisson que l'homme de police remarqua.

— Ah! mon Dieu! fit-elle en se remettant à pleurer.

— Vous voyez, madame, que vous n'avez rien à faire ici. Rentrez donc chez vous tout de suite. C'est important.

— Pourquoi ça, monsieur?

— Que sais-je? La justice peut avoir des renseignements à vous demander.

— C'est juste. Je rentre. On peut venir quand on voudra.

— La malheureuse! pensa le policier. Elle ne sait rien!

Et il la regarda s'éloigner, avec une commisération instinctive.

Elle n'avait pas quitté son fiacre. Aussi fut-elle vite revenue à la rue Bergère.

— Ah! madame, madame! s'écria la portière affolée, en la voyant paraître. Montez vite chez vous.

— Qu'y a-t-il? demanda Adèle, terrifiée sans savoir pourquoi.
— Il y a des hommes en haut.
— Des hommes?
— De la police, oui.
— Des hommes de la police, chez moi? Que font-ils?
— Une visite domiciliaire.

Du coup, la pauvre femme en eut de l'éblouissement, et si elle ne se fût retenue à la rampe de l'escalier, elle fût tombée.

Tout tournait à ses yeux. Ses jambes fléchissaient.

Mais cela ne dura que l'espace d'un éclair. La vaillance maternelle prit immédiatement le dessus. Elle ne vit plus qu'une chose :

Là-haut, il y avait ses chers petits, ces deux jumeaux laissés sous la surveillance de la bonne, une fillette de quinze ans.

Quelle terreur ne devait pas posséder ces trois êtres ignorants de la vie?

Adèle grimpa les cinq étages et, haletante, le visage contracté, elle s'élança chez elle, par la porte laissée ouverte.

Le long des étages, elle avait vu, sans s'y attarder, la face des locataires des appartements inférieurs, des domestiques de ses voisins, la regarder, au passage, avec des yeux d'une curiosité cruelle.

Sur son palier, comme sur les marches de l'escalier des combles, d'autres groupes, émus, muets, la dévisageaient ou se penchaient pour mieux plonger dans le logement de la malheureuse.

Elle souffrait de tout cela; mais c'était vague, et elle allait poussée par une appréhension indéfinie.

Dès qu'elle parut dans la première pièce, la salle à manger, la bonne, portant un bébé sur chaque bras, fit un pas vers elle.

— Madame, madame... fit-elle en balbutiant.

Et les petits, pleurant, lui tendirent les bras, faisant, avec des larmes plein leur joli visage :

— Maman! maman!

Adèle les embrassa vivement, et dit à la bonne :

— Rassurez-vous, me voilà.

Puis, apercevant des hommes qui fouillaient les tiroirs, retournaient la literie, sondaient les murs, elle les interpella avec brusquerie :

— Qu'est-ce que vous faites là? Qui êtes-vous? De quel droit vous permettez-vous d'envahir mon domicile? Répondez, ou j'appelle au secours, je crie à la garde. Ah çà! pour qui me prenez-vous donc, à la fin?

— Calmez-vous, madame, répondit celui qui paraissait commander les autres.

— Je n'ai pas de conseils à recevoir de vous. Je suis chez moi. Vous y pénétrez en mon absence. Je ne vous connais pas, et je vous somme de vous expliquer, sinon je vous tiens pour des malfaiteurs et j'envoie chercher des agents.

Celui à qui elle s'adressait avec cette véhémence entr'ouvrit son vêtement et montra l'écharpe tricolore.

— Je suis commissaire de police, dit-il, délégué par le parquet pour procéder à une perquisition judiciaire.

— A quelles fins, monsieur?

— Aux fins de m'assurer de la personne de votre mari, s'il est ici, et de saisir tous papiers et objets quelconques qui puissent éclairer la justice sur sa culpabilité dans l'attentat qui lui est imputé.

— Un attentat? Expliquez-vous, monsieur. Quel attentat? Que lui reproche-t-on?

Le commissaire prit un temps.

— Avant tout, madame, reprit-il, quand votre mari vous a-t-il quittée?

— Hier à cinq heures.

— Il vous a dit aller où ça?

— Chez son patron, afin de prendre des échantillons à présenter à ses clients de province.

— C'est exact. Il y est allé. Et puis?

— De là, il a dîné chez sa tante, Mme Walph, rue de la Pépinière.

— Exact, encore. Puis?

— Puis, il a pris le train de 8 h. 15 à la gare d'Orléans, à destination de Bordeaux.

— Vous en êtes sûre?

— Puisqu'il me l'a dit.

Le commissaire se tut.

— Ah çà! mais c'est odieux! s'écria la jeune femme. Et je ne sais quelle épouvantable pensée votre silence, rapproché de l'horrible crime dont sa tante est victime, fait naître en moi. Est-ce que quelqu'un au monde se permettrait de soupçonner mon mari d'être pour quelque chose dans l'infamie de cette nuit?

« Répondez! s'écria-t-elle avec violence, en saisissant le bras du commissaire. Je veux savoir!

— Hélas! madame!... fit celui-ci.

— Quoi!... s'exclama la malheureuse, livide et chancelante, on accuse Maxime de...?

Un spasme lui coupa la parole.

— Mais répondez donc! cria-t-elle aussitôt, les yeux injectés, la lèvre frémissante, se cramponnant de plus belle au vêtement du commissaire.

— Eh bien ! fit celui-ci impatienté, eh bien, oui, on l'accuse !

La jeune femme parut atterrée un moment.

Mais, se redressant de toute sa hauteur et regardant le policier en face :

— Mon mari, un assassin ? fit-elle d'une voix vibrante. Vous en avez menti !...

C'était trop pour l'infortunée !

Ses forces la trahirent, et elle allait tomber évanouie, quand deux bras puissants la soutinrent, et elle reprit son énergie, en entendant une voix amie qui lui disait en l'embrassant :

— Tais-toi, Adèle, tais-toi, je t'en conjure ; me voilà. Tais-toi, il n'y a qu'une erreur facile à éclaircir ; laisse faire, ma pauvre enfant, tais-toi !...

Celui qui lui parlait ainsi était un grand jeune homme de vingt-sept à vingt-huit ans, d'une tenue convenable, qui, s'emparant d'elle, l'assit sur un siège, en la couvrant de baisers.

— Qui êtes-vous ? lui demanda le commissaire.

— Firmin Cognais, frère de Mme Adèle Létang, employé de chemin de fer, domicilié même rue, trois maisons plus bas, et je viens assister ma sœur.

— En ce cas, faites-lui comprendre que notre mission, si pénible qu'elle soit, ne saurait être entravée par des protestations, et qu'il lui convient de nous parler d'une façon plus réservée.

— Votre susceptibilité est excessive, monsieur, répliqua sèchement le jeune homme. Accomplissez votre mandat. Personne ne s'y oppose. Mais gardez vos observations. L'émotion que votre présence occasionne est trop naturelle pour que vous ayez à vous en formaliser.

« Au nom de la loi, vous procédez à des investigations qui vous sont ordonnées. Du moment qu'on n'y fait pas obstacle, vous n'avez rien à dire.

« Ma sœur se taira désormais.

Il n'avait plus besoin de le recommander à la pauvre Adèle.

A la surexcitation du premier moment avait succédé, chez elle, un abattement qui tenait de la torpeur. Elle regardait, sans voir, inerte, muette.

Il fallait la secouer à présent, crainte qu'elle ne se laissât aller.

— Voyons, voyons ! lui disait son frère, en affectant un grand calme. Cette accusation est sans consistance. Suis-moi bien, je t'en prie. M'entends-tu, ma petite sœur ?

— Oui, oui ! faisait-elle machinalement, en lui serrant les mains de toutes ses forces. Parle, Firmin.

— Eh bien ! reprenait celui-ci, ton mari a pris le train à la gare d'Orléans, hier à 8 h. 15 du soir. Il a dû arriver à Bordeaux ce matin, à l'heure réglementaire. En admettant qu'il ait dormi toute la nuit et n'ait rien remarqué, en route, qu'on puisse contrôler, s'il est descendu à l'*Hôtel des Ambassadeurs*, il faut absolument qu'il ait pris ce train, le seul qui ait pu l'y amener. N'est-ce pas?

— Oui, Firmin, oui, mon ami.

— Cela est facile à prouver, puisqu'on lui a donné une chambre. Or, ce train passait à trois heures du matin entre Tours et Angoulême. Donc, puisque Maxime y était, il ne pouvait être en même temps à la même heure, rue de la Pépinière, à Paris.

— C'est vrai! s'écria la jeune femme.

Puis, aux policiers, et d'un accent de triomphe :

— Vous entendez, messieurs. Puisque mon mari était dans le train qui passe entre Tours et Angoulême au moment où l'on assassinait sa tante, ce n'est donc pas lui qui l'a tuée, la pauvre femme!

« Pourquoi d'ailleurs? Pourquoi aurait-il commis cette infamie? Mme Walph n'était pas méchante pour nous. Mon mari l'aimait bien. C'était la sœur de sa mère, une brave femme, après tout...

Et, voyant que les hommes continuaient leurs recherches :

— Mais vous n'entendez donc pas? Vous ne comprenez donc pas que c'est absurde, que cette accusation est bête, et qu'il est horrible de votre part de soupçonner un innocent, un honnête homme, laborieux, qui adore ses enfants, qui...

— Tais-toi! tais-toi, Adèle. Ces messieurs sont des subalternes, lui soufflait Firmin. Ils exécutent des ordres sans examiner s'ils sont justes ou non. Ils n'ont pas le pouvoir de s'arrêter...

— Écoute, dit la malheureuse, avec un peu plus de sang-froid. Tu m'as rassurée. Laissons faire ces gens. Tu as raison. J'ai déjà envoyé une dépêche à Maxime. Expédie-lui-en une autre, où tu lui feras pressentir qu'on l'accuse d'une monstruosité et qu'il faut qu'il revienne aussitôt.

« Je ne vivrai pas jusque-là. Signe-la de mon nom, Firmin. Ça lui fera plus d'effet. Va, va vite, je t'en conjure.

« Et sois tranquille sur moi, je ne dirai plus rien à ces hommes.

On a vu que Firmin avait envoyé la seconde dépêche.

Celle-ci, comme la précédente, avait été remise et retenue au parquet de Bordeaux, qui les avait fait remettre toutes deux à M. Oscar.

La visite domiciliaire ne donna pas grand'chose.

On saisit des mouchoirs semblables à celui qu'on avait trouvé au cou de Prosper Lami; différentes factures à en-tête de la maison où l'accusé était employé, plusieurs échantillons de ficelle et de cordelette, toutes les lettres de Mme Valph à son neveu.

Puis, le tout scellé, on demanda à Adèle de signer le procès-verbal.

— Certainement, non ! s'écria-t-elle. Ce serait, pour si peu que ce soit, admettre l'accusation. Emmenez-moi si vous voulez. Je ne signerai rien.

— Puis-je signer pour elle ? demanda Firmin, qui revenait du bureau télégraphique.

— Oui, monsieur.

— Pourquoi y consens-tu, mon frère ? demanda la jeune femme.

— Pour en finir !

Et il apposa sa signature d'une main ferme.

Il avait hâte d'éloigner les agents de police du regard de sa sœur, redoutant que la prolongation de sa tension d'esprit n'aboutît à une crise de nerfs.

Ils le comprirent sans doute, et se retirèrent saluant silencieusement cette douleur, aussi légitime qu'imméritée, souffrant vaguement peut-être de la provoquer, puisque aussi bien la nature ne perd jamais complètement ses droits, et que, malgré l'habitude de voir des choses cruelles, la sensibilité humaine se laisse surprendre à tous moments.

Délivré d'eux, Firmin se formula deux devoirs pressants.

D'abord, il fallait calmer sa sœur ; car rien ne servait, au contraire, qu'elle usât ses forces dans le vide.

En effet, rien à faire jusqu'au retour de Maxime, ou, à tout le moins, jusqu'à ce qu'on eût reçu réponse aux dépêches à lui envoyées.

Ensuite, il fallait s'enquérir, savoir, si possible, sur quoi reposait l'erreur d'une accusation qui révoltait le bon sens du jeune homme.

Pour cela, il fallait faire des démarches, sortir, voir des personnes en situation de fournir des éclaircissements.

Sans laisser à sa sœur le temps de se retourner, il la prit à part et lui répéta qu'il n'y avait là qu'une fausse alerte, que non seulement, pour qui connaissait Maxime, l'inculpation était ridicule, mais encore que le fait même de constater sa présence à Bordeaux, dès le matin même, constituait un *alibi* devant lequel tout tombait de soi.

Et, insistant sans crainte de rabâcher :

— Tu comprends bien, n'est-ce pas ? fit-il. Du moment que Maxime est à l'*Hôtel des Ambassadeurs* depuis l'arrivée du train, parti hier soir à huit heures quinze de la gare d'Orléans, c'est qu'il lui était impossible d'être rue de la Pépinière, cette nuit, à trois heures.

« Dès lors la police s'est trompée. N'aie donc pas d'inquiétude.

« Au surplus, ajouta-t-il, c'est ce que je vais aller dire au procureur de la République, dès que je te verrai remise de ton émotion.

« Pour le reste, nous verrons après.

— Tu vas me quitter ? demanda Adèle.

— Il le faut, ma chère enfant.
— Que vais-je faire en attendant?
— Tu vas t'occuper des soins de ta maison, de tes chers mignons, que ta consternation inquiète ; car ils ne peuvent pas raisonner.
— C'est juste.
— Tout cela a empêché de songer à leur déjeuner, au tien...
— Le mien!... Je n'ai pas faim, je t'assure, Firmin.
— N'importe! La secousse t'a ébranlée; il faut prendre des forces, ne fût-ce que pour supporter la joie de voir Maxime arriver tout à coup, la vérité reconnue.
— Tu as raison, dit-elle encore. Mais je n'attendrai pas ici. Va chez le procureur, et, sur la réponse de Maxime, tu me conduiras au train qui le ramènera.
Elle l'embrassa avec effusion.
— Que tu es bon! dit-elle. Merci, frère. Va, je suis raisonnable et forte. Je vais m'occuper des petits ; va, va, Firmin.

V

LE MARI-BOURREAU

Assurément, Firmin était sincère, en répétant à sa sœur qu'à la moindre vérification le soupçon porté contre le neveu de l'infortunée Mme Valph s'évaporerait en fumée.

Pourtant un point noir subsistait dans son esprit.

Point vague, indéfinissable, mais persistant.

C'était comme une peur superstitieuse, un effroi indéfini qui reste à l'état d'impression persécutrice et ne cède à aucun raisonnement.

C'est que tout ce qui a trait à la justice, à la police, est si mystérieux, que les plus honnêtes gens ont le frisson rien qu'à la pensée d'y avoir affaire.

Quel est ce grand jurisconsulte qui disait :

« Si l'on m'accusait d'avoir mis les tours de Notre-Dame dans ma poche, je commencerais par filer?... »

Une fois qu'on a mis le pied là-dedans, qui sait ce qu'il adviendra?

C'est pourquoi le frère d'Adèle ne parvenait pas à partager tout à fait la quiétude qu'il s'efforçait d'inspirer à la pauvre Mme Létang.

A vrai dire, rien que le retentissement d'une accusation fausse lui causait par avance un violent crève-cœur.

Que voulez-vous! Il était amoureux, ce brave garçon. Et amoureux d'une personne parfaitement digne de son amour, la fille d'un des chefs de service du chemin de fer où lui-même était employé.

LES ERREURS DE LA GUILLOTINE

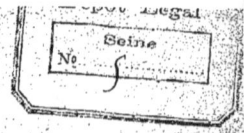

Sans lui porter secours, Kœrbuen contempla sa femme longtemps.

On s'était connu chez des tiers; on s'était plu; on s'était aimé; c'est si facile et si bon, entre jeunes gens!

Mais Firmin s'était bien gardé de laisser paraître son penchant. On aurait pu le suspecter d'intérêt.

Songez donc! Mlle Blanche avait cinquante mille francs de dot qui lui venaient d'un oncle.

D'autre part, sa mère, Mme Henriette Honoré, lui laisserait plus tard la dot qu'elle avait reçue elle-même : quarante mille francs !

Et M. Honoré, depuis la naissance de sa fille, payait une prime d'assurance sur la vie pour que Blanche eût vingt-cinq mille francs à sa majorité.

En tout, si je sais compter, cent quinze mille francs! Excusez du peu!

Eh bien, ce n'est pas tout!

En surplus, M. Honoré avait fait des économies sur son traitement, mieux que convenable.

Partie de ces économies étaient placées en rentes nominatives; l'autre partie en l'achat d'une gentille maison de campagne, sise à Franconville-la-Garenne, en haut de la côte, à mi-chemin de Cormeilles-en-Parisis.

Et Firmin n'avait rien que sa place.

Pas de danger qu'il manifestât l'affection que la fille du chef de service lui inspirait.

Bien trop délicat, le frère d'Adèle !

Bon ; mais, en dépit de sa réserve, le ménage Honoré avait deviné le faible réciproque des jeunes gens.

Ils devinèrent — constatèrent plutôt! — la délicatesse de Firmin, et, touchés de ceci et de cela, ils avaient provoqué une explication au cours de laquelle M. Honoré avait dit :

— Mon cher Cognais, vous êtes honorable et laborieux; ça nous suffit. Blanche sera votre femme, et, peu à peu, je ferai en sorte que le conseil d'administration améliore votre position.

Parole était donnée et même l'époque du mariage fixée aux vacances prochaines.

Voilà qui est convenu !

Hélas ! qu'adviendrait-il, si tout à coup le beau-frère du fiancé de Blanche était sous le coup d'une accusation d'assassinat?...

Comprenez-vous maintenant pourquoi le pauvre Firmin avait peur ? C'est cette question qui se posait à son imagination troublée, en sortant de chez sa sœur.

Et à ce moment, elle se la formulait plus nettement encore, cette question anxieuse ; car il passait sous les fenêtres de l'appartement qu'occupaient les parents de Blanche.

Malgré lui, il s'arrêta pour les contempler, et un sanglot irraisonné lui étreignit la gorge.

Puis, se faisant honte de sa faiblesse, il réagit et continua son chemin, sans remarquer un individu qui, en l'apercevant, s'était arrêté, lui ausssi, se disant :

— Tiens!... Son beau-frère!...

Cet individu, c'était Fritz Kœrhuen, le mari de Mathilde, la maîtresse de Maxime. Il descendait de la gare du Nord, venant directement d'Épinay.

Dans sa physionomie de juif allemand — la pire façon d'être juif, comme la pire façon d'être Allemand! — il y avait je ne sais quoi de sauvage qui eût frappé jusqu'aux indifférents, s'ils l'eussent examiné.

C'est que c'est bien quelque chose de sauvage que son âme louche ruminait à ce moment.

On se souvient qu'en descendant au jardin de sa maison de campagne, le jardinier, lui montrant des pas dans les allées, lui avait dit que des maraudeurs avaient dû s'introduire la nuit dans la propriété.

La trouvaille de l'épingle de cravate de pacotille, ramassée un peu plus loin, lui avait fait se dire :

— L'agence ne m'avait pas volé!...

Dans sa pensée, cela signifiait :

— On ne m'a pas trompé ; me croyant en Angleterre, Maxime Létang, retardant de douze heures son départ pour Bordeaux, était bien cette nuit dans le lit de Mathilde!...

Et, convaincu, il s'était demandé :

— Comment me venger de lui?...

Parbleu! si quelques heures plus tôt, en enfonçant la porte de la chambre à coucher de sa femme, il eût trouvé Maxime près d'elle, il eût vu rouge, et du revolver qu'il tenait tout armé, il eût tiré sur les deux amants doublement adultères.

Maintenant encore, un flot de rage lui envahissant le cerveau, il était tenté de remonter et de brûler la cervelle à Mathilde, bien loin de se demander si, après tout, ce n'était pas sa faute, à lui, si la malheureuse l'avait trahi.

Mais la tuer entraînait du scandale. Il ne pourrait rester à Paris, continuer les sales affaires par lesquelles, en dépouillant des naïfs, il s'amassait une fortune.

D'ailleurs la faire mourir là, d'un seul coup, ça lui semblait bien doux, à cet homme!

Et puis, et Maxime?

Maxime en serait donc quitte pour quelques troubles dans son ménage, les reproches d'Adèle, quelques scènes vite oubliées?

Pas assez!

Un Allemand ne se satisfait pas de si peu!

Il rêva la peine du talion :

Maxime l'avait déshonoré ; le déshonorer à son tour eût été le triomphe.

Mais Adèle aimait son mari qui, ne la brutalisant pas, ne lui donnait pas de raisons de le tromper, en aimant un autre homme.

Et puis, Maxime était joli garçon, plaisant, aimable. Tandis que lui, Fritz, il était laid, de cette laideur combinée du Teuton-juif, qui, par tout son être, son extérieur, son odeur *sui generis*, sa figure, sa voix, sa tignasse jaune fade, je ne sais quoi de gluant, ne provoque que de la répulsion.

Sans y mettre un excès de modestie Kœrhuen était forcé de s'avouer qu'il réussirait difficilement à se faire supporter par une jeune femme aussi délicate et distinguée que Mme Létang.

Un seul moyen serait possible, ce serait de la corrompre par le prestige de l'argent ; l'acheter !

Mais, d'une part, le drôle était avare ; d'autre part, Adèle, outre qu'elle était vertueuse, n'avait besoin de rien, se contentait du bien-être que lui procurait son mari. Il aurait fallu commencer par entraîner Maxime à la ruine, l'entortiller de façon à le rendre débiteur de *son ami* Kœrhuen.

Alors oui, par la menace de la misère, peut-être eût-il pu, pensait-il, triompher des dégoûts de la malheureuse jeune mère.

Et, levant le masque ensuite, le boursier eût dit à Maxime :

— Nous sommes quittes !...

Mais c'était trop long, et ça pouvait lui coûter cher ! Non.

Non. Il lui fallait une vengeance plus prompte, et plus économique ; n'importe laquelle, pourvu qu'il pût se repaître du spectacle des larmes, des douleurs de cette Adèle dont la sagesse et le bonheur l'offusquaient.

Tout à coup l'honnête homme tressauta, et son visage de singe s'éclaira d'un rire hideux.

Il avait trouvé !

Eh ! mon Dieu ! c'était bien simple.

Sans rien dire encore à Mathilde, il allait aller directement à Paris. Bien qu'il fût encore de bon matin, il se présenterait chez Mme Létang et insisterait pour être reçu, donnant le prétexte d'une communication grave et urgente relative à Maxime.

Puis, seul avec elle, il lui dirait brutalement :

— Vous croyez que votre mari a pris le train de Bordeaux hier soir ? Vous croyez qu'il a passé la nuit en chemin de fer ? Eh bien ! non. Votre mari, qui vous aime tant, que vous adorez, que vous respectez, il est l'amant de ma femme.

« Cette nuit, il était couché avec elle, chez moi. Je les ai surpris, et si je ne l'ai pas tué, c'est qu'il s'est sauvé comme un voleur. Mais je ne l'en tiens pas quitte, et il aura affaire à moi.

« En voulez-vous la preuve?

« Tenez! voilà l'épingle qu'il avait à sa cravate en vous quittant hier. Je l'ai ramassée dans mon jardin.

« Il vous trompe, il vous méprise, et rien ne vous servira de le lui pardonner; je vous tiens tous dans ma main. Si l'affaire s'ébruite, je le tue.

« Et je veux que les relations des deux ménages continuent. Je veux que vous veniez chez moi, que vous vous asseyiez à ma table, à côté de Mathilde, que vous lui donniez la main devant les étrangers. Voilà ce que je veux ; sinon, fort de mon droit, je vous fais veuve, ce qui vous condamne à la misère.

« Et au cours du procès qui me sera fait, je rejetterai sur vous, sur tous, le déshonneur dont votre ignoble mari m'a couvert!...

Quitte à ne tenir qu'une partie de ses menaces, du moins le misérable aurait ainsi commencé d'assouvir sa haine.

Il s'y résolut, s'habilla et partit.

Au moment où Firmin le rencontrait sans le voir, absorbé par le pressentiment de son propre malheur, Kœrhuen allait droit à la maison de la rue Bergère.

Le visage ému du frère d'Adèle le fit réfléchir.

N'était-il pas survenu quelque chose? Maxime, se sauvant la nuit, à travers champs, n'avait-il pas fait de mauvaises rencontres, éprouvé quelque accident qui retardât son départ?

Comment se renseigner ?

Fritz eut une inspiration.

En prenant congé de sa femme, la veille, Maxime devait avoir un bagage. Et ce bagage, il ne l'avait pas emporté à Epinay sans doute. Donc, il l'avait déposé quelque part.

Ce ne pouvait être qu'au café de Mme Guijal, faubourg Poissonnière, à deux pas.

Il s'y rendit et, tout en prenant un apéritif, il questionna la patronne.

Elle n'y entendit pas malice, et répondit :

— Votre ami, M. Létang! C'est un joli farceur!

Sur quoi, elle ne fit pas difficulté d'ajouter le renseignement que désirait le juif renégat, et le confirma dans son idée:

Maxime était parti le matin même. Il ne devait pas être encore loin après Orléans. Donc il ne lui était rien arrivé cette nuit; donc Adèle était seule.

Eh bien ! allons !...

Et, sortant du café, il marcha à grands pas, grimpa les étages, et sonna.

Il s'attendait à des difficultés pour pénétrer jusqu'à la jeune femme, à cause de l'heure matinale. Les ménagères n'aiment pas recevoir en camisole.

C'est elle qui lui ouvrit. Elle était habilée.

— Vous, monsieur Kœrhuen! fit-elle avec une émotion qui frappa le mari de Mathilde. Oh! entrez, mon bon monsieur Kœrhuen! Entrez...

Et, amicalement, elle l'attira dans le petit salon.

Tant que son frère avait été là, elle avait pu se contenir. Mais seule, les pleurs avaient débordé, et Kœrhuen, à son visage renversé, à ses yeux bouffis, à l'épouvante de son regard, se faisait circonspect, flairant un coup du sort favorable à sa haineuse intention.

Qu'était-il survenu?

La pauvre Adèle le lui dit, le lui cria plutôt, convulsée, scandant son débit de suffocations spasmodiques, lui tenant, lui pressant les mains, prenant pour de la sympathie le silence avide qu'il gardait, en la couvant du regard comme un fauve qui fascine sa proie.

— Oui, monsieur! disait Adèle; oui, mon cher monsieur Kœrhuen, on ose accuser Maxime du meurtre de sa tante!... Sur quelle infâme insinuation base-t-on une telle absurdité?...

« Ah mais!... poursuivait-elle avec une apparente conviction que démentait le trouble contre lequel elle se débattait, je suis bien tranquille, allez!

« Comment eût-il pu s'en rendre coupable, puisque, hier soir à huit heures quinze, il montait dans le train de Bordeaux?

« Tout est là, voyez-vous!

« Il y était ou il n'y était pas, dans ce train. Or, s'il y était, ce n'est pas lui qui a pu tuer la pauvre Mme Valph, n'est-ce pas?

— En effet, répondit lentement l'Allemand naturalisé!... Était-il ou non dans le train? Tout est là, madame.

« Et même, poursuivit-il, comme se parlant à lui-même, s'il n'y était pas, par supposition invraisemblable, il était autre part. Où? Il le pourrait dire, certainement. Des témoins pourraient, devraient affirmer sa déclaration, établir son alibi...

L'âme du misérable s'épanouissait sous l'impression d'une joie de cannibale. Le ciel lui fournissait une vengeance autrement terrible que celle qu'il avait imaginée d'abord.

Et il n'avait rien à faire pour qu'elle se produisît, pour qu'il pût s'en délecter dans le secret de son cœur de tigre; rien!... rien qu'une chose... se taire!

Certes, il savait de reste où était Maxime à l'heure du crime. Il n'avait qu'un mot à prononcer pour que l'accusation tombât, ruinée; pour qu'on abandonnât la poursuite.

Au lieu d'assassiner sa parente, rue de la Pépinière, l'accusé se rendait adultère, à Epinay, à plus de trois lieues de l'endroit où s'accomplissait le triple meurtre !...

Voilà ce qu'il pouvait affirmer en trop bonne et complète connaissance de de cause.

Et Maxime, lavé de l'inculpation, était rendu à sa femme, à ses enfants, à ses amis.

Bien plus ! Innocenté par la déposition de Kœrhuen, Maxime restait héritier de la veuve, devenait riche de quatre millions, était honoré, heureux !...

Ah bien ! non, par exemple !... c'était trop ; non, Fritz ne dirait rien !

Malgré tout, une réaction se produisit brusquement en lui. Il se fit peur ! Il eut horreur de lui-même.

Il se faisait l'effet du bourreau poussant de ses mains le malheureux Maxime sous le couteau triangulaire de la guillotine !

Et un frisson le parcourut.

Mais ça ne dura pas longtemps. Et, un flot de fiel l'envahissant jusque dans ses moelles, un sourire hideux plissa ses lèvres.

— Tant mieux, pensa-t-il. Me voilà bien vengé !...

Brusquement, une appréhension le saisit. Son ignoble vengeance ne pouvait-elle pas lui échapper ?

Dame !... il n'était pas seul à savoir où Maxime se trouvait au moment du crime. Mathilde, elle aussi, pouvait témoigner de sa présence à Epinay.

Ah ! c'eût été le comble !

Non seulement, sa femme, à lui, Kœrhuen, l'aurait trompé, déshonoré, mais encore, en avouant sa faute, en publiant le ridicule de son mari, elle pourrait sauver son amant du châtiment, du supplice infamant, et le rendre opulent, honoré, quatre fois millionnaire ?...

Ah ! tonnerre ! dût-il mettre le feu aux quatre coins de l'univers, cela n'arriverait pas !

Et, aveuglé par la rage, Kœrhuen condamna une fois de plus le mari d'Adèle à l'échafaud !

Pour cela, il fallait que Mathilde se tût.

Eh bien ! il allait faire en sorte qu'à aucun prix elle ne révélât la vérité.

Aussi, jouant la commisération, prenant les mains de la femme de la victime qu'il sacrifiait à son ressentiment, il lui prodigua quelques consolations banales et la quitta, se sauvant, pressé d'assurer le silence de Mathilde.

» Un quart d'heure après, il entrait dans un restaurant de la place Roubaix, et se faisait servir un déjeuner succinct, en attendant le départ du train de banlieue qui allait le ramener à Epinay.

Comme, le café pris, il traversait la place, le premier crieur public, portant des feuilles sur son bras, commença d'annoncer :

« *Demandez le crime de cette nuit! L'assassin de sa tante. Trois cadavres! Curieux détails!...* »

Kœrhuen lui acheta un numéro et, monté dans le train, le lut. Pas à s'y tromper. Mathilde reconnaîtrait les masques aussitôt!

En le voyant revenir à l'improviste, la femme coupable eut un serrement de cœur.

Avait-il découvert quelque chose?

— J'apprends une nouvelle épouvantable, lui dit-il. Tu sais bien, notre ami Maxime Létang, qu'on croyait si honnête homme?...

— Oui, fit Mathilde en tremblant.

— Eh bien! c'était un assassin!

— Un assassin! répéta Mme Kœrhuen suffoquée.

— Cette nuit même, entre deux et trois heures du matin, il a tué sa tante Mme Valph, sa femme de chambre et son valet de pied.

— Qui?... balbutia Mathilde. M. Létang?... Cette nuit?... Entre deux et trois heures du matin?...

— Lis plutôt! fit son mari en lui passant la feuille volante.

La jeune femme, livide, lut et, devenant folle, s'oubliant :

— Mensonge! s'écria-t-elle. C'est faux, c'est impossible!...

— Qu'en sais-tu?... demanda Kœrhuen, en la regardant dans les yeux.

— Mais!... mais!!... fit-elle dans un hoquet nerveux...

Elle n'acheva pas.

Tout tourna à ses yeux et, les jarrets se dérobant, la malheureuse tomba évanouie sur le parquet.

Sans lui porter secours, Kœrhuen contempla sa femme longtemps.

Bah! les femmes entrent en pâmoison pour un rien!

Était-ce vrai, seulement?

Il y en a qui jouent si habilement cette comédie!

D'ailleurs, quand elle serait morte!... Belle perte! Au contraire, ça simplifierait toutes choses. Aucune révélation à redouter ensuite de sa langue ou de sa conscience, relativement à la présence de Maxime à Épinay!

Pas d'embarras non plus. L'ayant prise sans le sou, il n'aurait pas à restituer de dot ; d'autant qu'elle avait un fils, dont il serait le tuteur.

Et pas de regrets surtout! Comment regretter cette femme souillée par les baisers d'un autre?

Oh! c'est cela qui lui était le plus cruel, à lui! Son amour-propre saignait, déchiré, en lambeaux.

LES ERREURS DE LA GUILLOTINE

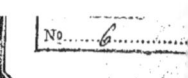

— Si on me les reprenait!

Penser que cette créature qui ne l'aimait pas, qui subissait ses caresses avec répugnance, avait prodigué les siennes avec passion à Maxime.

— Eh! qu'elle crève si elle veut! se disait l'Allemand renégat avec une colère furibonde.

Et, l'instinct de sa race reprenant le dessus, il était obligé de combattre l'envie de lui écraser la tête d'un coup du talon de sa botte.

Mais, encore une fois, c'eût été un châtiment trop humain à son sentiment de brute germanique. La mort de sa femme lui eût fait tort, à lui.

Elle lui eût dérobé la jouissance des tortures morales qu'il se promettait de lui infliger jusqu'à l'accablement.

Ah! elle s'était parfois révoltée devant les obscénités qu'il avait exigées d'elle! Qu'elle essayât maintenant! Il se délectait à la pensée de l'observer en l'y contraignant désormais. Sachant qu'elle avait un amour dans le cœur, il lirait dans la pensée de la misérable adultère, et si l'innocence de Maxime n'était pas reconnue, plus celui-ci serait en péril, plus, d'une âme atroce, Fritz la forcerait à subir les manifestations de son bestial amour!

A un moment, il vit qu'elle commençait à revenir à elle.

Aussitôt, il grimaça une physionomie de mari inquiet et empressé et, lui soulevant la tête, l'embrassant, si tenté qu'il fût de la mordre, il s'arrangea pour que à son complet retour à la vie, elle l'entendît murmurer d'une voix contrite :

— Ah! ma chère Mathilde!... Ah! ma femme adorée! reviens à toi, je t'en conjure!...

VI

L'IDÉAL DE L'ASSASSIN

Deux jours s'étaient passés, terribles, mortels, pour Adèle et son frère.

De nouvelles, aucunes! Partout le silence inquiet, et déjà, autour d'eux, une sorte de consternation muette des tiers, les poursuivant d'une curiosité outrageante.

D'autre part, Maxime n'avait rien répondu aux deux télégrammes envoyés.

On sait qu'il ne les avait pas reçus, puisque, à Bordeaux, le parquet les avait confisqués.

Le malheureux Firmin devinait que le mari de sa sœur était arrêté ; il s'était épuisé en démarches stériles pour obtenir des renseignements.

Tout à coup, il se rappela avoir rendu un léger office à un voyageur, pendant son service, au chemin de fer où il était employé. Ce voyageur, reconnaissant, lui avait, remis sa carte en l'encourageant à s'adresser à lui s'il avait besoin de quelque chose.

Ce voyageur était un député.

Firmin rechercha cette carte et lut :

« MATHIEUX-BOULARE,

« *Rue d'Aumale*, 57. »

Sur l'heure, Firmin se rendit à cette adresse, décidé à exposer sa situation au député et à solliciter de sa bonté une lettre d'introduction près d'un des hauts fonctionnaires de la préfecture de police.

De cette façon, peut-être, le pauvre garçon obtiendrait des éclaircissements sur la situation faite à son beau-frère.

Le 24 janvier, Firmin se présenta à la maison où logeait le député.

— Au second, à gauche, répondit le concierge.

Le jeune homme monta et sonna.

Un moment après, un domestique de parfaite tenue lui ouvrit.

— Monsieur Mathieux-Boulare est-il visible? demanda Firmin.

Le valet de chambre le fit pénétrer dans l'antichambre.

— Je vais voir, répondit-il avec convenance. Qui aurai-je l'honneur d'annoncer?

— Je pense que monsieur le député ne me reconnaîtra pas sur mon nom. Dites-lui, je vous prie, que je suis l'employé de chemin de fer qui a été assez heureux pour lui être agréable il y a quelques jours.

« Quant à mon nom, ajouta le frère d'Adèle, voici ma carte.

Il la lui remit.

Le domestique y jeta les yeux et tressaillit violemment.

Ce domestique, on s'en souvient, était Francis, le véritable assassin de la veuve Valph et des deux serviteurs de celle-ci.

Or, au service de sa principale victime, il lui avait été facile d'apprendre que Maxime avait épousé une demoiselle Cognais, qui avait un frère nommé Firmin.

A quel propos celui-ci venait-il parler au député?

Dans la situation de Francis, tout était motif à terreur; la moindre coïncidence ne cache-t-elle pas un péril?

Mais impossible d'éluder son service et, se raidissant, il entra chez son maître, qui benoîtement, en attendant de se rendre à la séance de la Chambre, fumait un havane en se grillant les mollets à un joli feu de bois sec.

— Ah! bon! ah! très bien! fit le législateur. Me souviens parfaitement!

Charmant garçon! Bon employé! Le recommanderai! Qu'est-ce qu'il veut? Au fait, il me le dira. Faites-le entrer, Francis.

Libéralement, le député se leva sur l'entrée du jeune homme, et lui tendit la main.

Eh! dites donc!... un électeur! On peut changer de circonscription. Faisons-nous des amis.

— Est-ce qu'il voudrait que je fisse des conférences aux ouvriers des ateliers de son chemin de fer? se demanda-t-il. Bonne idée! Moralisons les masses et plantons des jalons!

Puis tout haut :

— Enchanté de vous voir, mon cher ami.

Pour un député, soucieux de sa réélection, tout le monde est son « cher ami ».

— Asseyez-vous donc, continua-t-il. Ah! c'est bien d'avoir tenu votre promesse! Me voilà tout à vous. Qu'est-ce qu'il y a? Parlez sans crainte. Vous savez!... moi, je tiens que tout député est le serviteur des électeurs, même de ceux qui ont voté contre lui. Eh! qui donc les représenterait sans cela?

Ce qu'il y avait, Firmin le dit en pleurant, et Francis, l'oreille appliquée à la porte, quand il ne regardait pas par le trou de la serrure, ne perdait ni une syllabe ni un geste du visiteur.

La sincérité de la peine du pauvre garçon, qui parlait de sa sœur, de ses jeunes neveux, de l'innocence de son beau-frère, toucha M. Mathieux-Boulare.

Mon Dieu! c'était un député comme tant d'autres dans la masse: ni bon ni mauvais, sceptique par expérience de l'imbécillité du régime constitutionnel, dégoûté de l'inutilité des efforts de la démocratie contre la coalition des intérêts bourgeois; mais pas canaille du tout, et très sensible en tant que particulier.

Il ne fit aucune objection à la requête de l'employé.

— Calmez-vous, mon pauvre garçon, dit-il. Je vais vous donner un mot pour un chef de division de la police municipale, qui m'est particulièrement attaché! Tout ce qui est possible il le fera pour moi. Et si, comme je le crois avec vous, il n'y a qu'une erreur, votre beau-frère sera remis en liberté sans retard. A ma recommandation, on abrégera les formalités administratives.

« Et, en effet, poursuivit-il, en se mettant à écrire, ce ne peut être qu'une erreur. Si le mari de votre sœur a pris le train de huit heures quinze du soir à la gare d'Orléans, il ne peut avoir commis crime ni délit à Paris, dans cette même nuit du 21 au 22, à trois heures du matin. Ça tombe sous le sens. Laissez-moi faire. Je vais toucher un mot de la question.

La lettre rédigée, il y revint pour un post-scriptum.

— Savez-vous, dit-il à Firmin. Je le prie de venir déjeuner demain, pour en causer. Venez me demander vers cinq heures au Palais-Bourbon. J'aurai peut-être vu le préfet ou le ministre, par-dessus le marché, et je vous dirai où en sont les choses.

Firmin était ravi.

Francis avait la mort dans l'âme.

Les criminels, qu'on croit si retors, si avisés, des malins, sont très bêtes, en somme. La preuve est qu'ils font ce dangereux métier, où le risque est, à l'habitude, cent fois supérieur au profit — l'exception confirme la règle, bien entendu! — et celui-ci n'avait pas prévu que s'il était établi, chose bien facile, au cas où c'eût été le fait réel, que Maxime était monté dans le train de Bordeaux à huit heures quinze le 21, tout ce que lui Francis, et son complice Prosper Lami, devenu sa victime, avaient imaginé pour mettre la justice sur une fausse piste, tombait de soi; que dès lors on chercherait ailleurs, et qu'en ce cas tout était possible, tout à redouter pour le véritable coupable.

Aussi quand, Firmin se retirant, le bandit eut à le conduire, les jambes lui manquaient, il était vert.

Heureusement, il n'avait pas à parler, sans quoi sa parole eût appelé l'attention.

A ce moment Francis était fou de peur.

C'est qu'il ne s'illusionnait pas. Pris, il ne s'agissait pas de bâtir des châteaux en Espagne, à la *Nouvelle;* c'était *l'abbaye de Monte-à-Regret;* le cou coupé net, sans rémission!

Ce qui aggravait ses transes, c'est que le produit du crime — les cent dix mille billets de banque et la masse d'or dont il avait empli ses poches — il n'avait pas encore pu les faire disparaître, les cacher en lieu sûr.

Le tout était là-haut, dans sa chambre, en un paquet attaché à l'un des ressorts du sommier élastique de son lit.

Pour comble, les habits maculés du sang de la veuve, de Lucie et de Prosper — la manche droite de sa chemise en était entièrement teintée, ainsi qu'une de ses chaussettes et l'intérieur de son soulier! — étaient enfouis dans le fond de sa malle.

Qu'on y regardât, son affaire était dans le sac.

— Enlevé; c'est pesé! se disait-il en claquant des dents.

Or, était-il bien sûr que les portiers de l'hôtel de la rue de la Pépinière ne l'avaient pas aperçu, à l'arrivée ou au départ?

Et ceux de la maison de la rue d'Aumale n'avaient-ils pas constaté sa rentrée, le 22, quand, la porte de la rue entrebâillée pour l'accès des fournisseurs, il s'était faufilé à quatre pattes, grimpant à pas de loup jusqu'à sa chambre?

Et les autres domestiques, ses voisins, ne l'avaient-ils pas entendu ouvrir sa porte?

Avec quelles angoisses le misérable continuait son service, se tendant les nerfs, dévoré d'impatience, attendant, avec mille morts dans l'âme, que son maître partît à la Chambre, pour penser librement et aviser à assurer sa sécurité !

Et dire que demain, sans doute, un chef de division de la police viendrait déjeuner chez M. Mathieux-Boulare ! Et que lui, Francis, lui, l'assassin, le servirait à table, l'entendrait parler du crime, conter les détails, déclarer peut-être qu'on s'était trompé et qu'on suivait une autre trace.

Et puis, qui était ce chef de division ?

Grand point aussi !

Avant d'occuper ce poste, il était probable que le titulaire avait été dans le service actif : officier de paix, inspecteur de la sûreté, secrétaire de commissariat et commissaire de police.

Il y a une filière. Celui-ci l'avait-il suivie ?

Si oui... mon Dieu ! pourvu que ce ne fût pas un de ceux à qui Francis avait eu affaire en un autre temps, alors qu'il était traqué sous les différents noms de « la Limace », ou « le Grand Jules », ou « Pince-le-Pante », etc.

Si le convive de demain avait passé par la division des mœurs, il ne manquerait pas de reconnaître dans le valet de chambre de son ami le député l'ancien souteneur trop renommé, dans un certain monde vicieux, sous le sobriquet galant et caractéristique de « la Belle-Joséphine ».

Ah ! ce n'est pas tout rose, cette profession-là !

Pour les *muffs*, comme il se le disait parfois, pour les criminels grossiers qui tuent pour se payer quelques heures de noce au vin bleu, une soûlographie tapageuse dans des bouges, et une nuit de délices immondes dans des maisons de femmes à soldats, la prison, le bagne, bah ! c'est peu de chose. On y est fait, on y mange à sa faim, on y a chaud, et il y a encore moyen de satisfaire des appétits de monstrueuse dépravation.

Mais Francis, qui en avait goûté, n'y avait pas mordu.

Il les avait lâchés, les *muffs* ! Il les avait lâchés pour faire un coup qui lui procurât la vie aisée et de la considération, pas à Paris, mais en province ou à l'étranger ; en Suisse, par exemple, où, avec de faux papiers, il se serait marié, rangé.

C'était dans ses goûts d'à-présent. D'ailleurs, la noce d'autrefois, le vin bleu, les orgies au tord-boyaux, lui avaient abîmé l'estomac. Il lui fallait une vie régulière, des mets bourgeois et du bordeaux. Sans ça, il ne se serait pas fait valet de chambre.

Larbin, lui !... Pouah !

Mais attendez ! Le voilà venu, le coup de fortune. Il l'avait là-haut, dans son sommier élastique. Plus que patience à se donner pour trouver un prétexte de quitter sa place et de filer en douceur.

Après quoi, ni vu ni connu.

Parti, installé en Suisse, dans une petite ville, *Monsieur* gros comme le bras, citoyen paisible, avec femme et enfants. Pourquoi donc pas? Ça lui serait bien dû!

Mais ne craignez pas! Jour de Dieu! c'est pas lui qui ferait le malin. Citoyen tranquille, on vous dit; ni plus ni moins, voilà tout.

Cela, c'était son rêve, son idéal. Et hier encore, et ce matin, avant la visite de Firmin, il se disait :

— Je le tiens!...

Et voilà que maintenant il entrevoyait un danger! La sueur lui en coulait du front.

Seul, dans sa chambre, après le départ de son maître, le trou de la serrure bouché, il étalait les cent dix mille francs sur son lit, les regardait, les maniait, se grisant à y toucher, les groupant par paquets, puis les remettant en tas, riant à petit bruit d'une joie frénétique; puis, brusquement, tremblant, se disant avec un effroi indicible :

— Si on me les reprenait!...

A cette pensée, il devenait égaré.

Ah! non! tout plutôt! mais qu'on ne les lui reprît pas.

En ce cas, ce n'eût plus été la peine de vivre, et, loin de défendre sa tête, il aurait dit :

— Eh bien! oui, j'ai *suriné* ces trois-là, et des autres, que je vas vous nommer; mais finissons-en!

Donc, avant tout, il fallait cacher cette fortune de telle sorte que lui seul pût la reprendre en temps utile.

Quant aux habits tachés de sang, il avait son plan : il allait les brûler. Pas chez lui! pas si bête!... Non, chez monsieur!

M. Mathieux-Boulare était frileux. Il voulait qu'on entretînt du feu dans tout l'appartement, car il n'y a rien de déplaisant comme de passer d'une pièce chaude dans une froide. Attends un peu!...

Et il sourit!

Ça! c'était drôle, de chauffer un homme, qui fait des lois contre les assassins, avec les preuves d'un assassinat commis par son domestique de confiance!

Le plus difficile, c'était le soulier. Bah! le poêle de la salle à manger avait un tirage terrible. Il en viendrait à bout, et ça ne sentirait rien, l'odeur s'échappant si haut sur les toits!...

Quand M. Mathieux-Boulare dînait en ville, il rentrait passer un habit, après la séance. Mais quand il dînait à son cercle, il restait comme il était, trouvant suffisamment de lavabos, au cercle et à la Chambre, pour rester correct.

Ce jour-là, M. Mathieux-Boulare dînait à son cercle.

Donc François était libre.

C'est pourquoi, remis de ses émotions par la contemplation de son criminel trésor, il résolut de prendre, séance tenante, ses dernières précautions.

Faisant un paquet des effets ensanglantés, il descendit à l'appartement, les déchira, les découpa, les jetant dans le brasier, par lambeaux.

Besogne sinistre !

Il ne riait plus. Malgré son habitude du crime, malgré son expérience, la scène du triple meurtre se retraçait à son imagination. Les trois victimes lui apparaissaient comme des fantômes, le regardant de leurs yeux glauques, montrant leurs plaies béantes, d'où coulait un ruisseau rouge. Et il lui prenait des vertiges. Sa respiration se suspendait, et la flamme, qu'il activait avec impatience, faisait danser, en de nouvelles images, le corps demi-nu des deux femmes, dont la tête, à peine retenue par des fragments de chair, ballottait en tous sens, grimaçant, comme si, de ces lèvres contractées, s'échappaient des imprécations. Et les battements précipités de ses artères sifflaient à ses oreilles des plaintes de moribonds, des râles, tantôt stridents, tantôt strangulés.

L'effroyable vision ! François en avait des envies de crier !

Parfois une goutte de la sueur qui coulait sur sa face convulsionnée lui faisait illusion. Il croyait que c'était le sang de Mme Valph qui lui éclaboussait le visage ; il l'essuyait, avec terreur et dégoût, du revers de sa main crispée, et s'étonnait de ne pas la voir rougie.

Mais aussitôt l'instinct de conservation soutenait son énergie, la décuplait, et, ajoutant de nouveaux morceaux d'étoffe, il tisonnait le feu, regardant... regardant toujours, comme fasciné par l'ardeur du brasier.

Enfin !... ce fut terminé !

Il était temps. Il n'en pouvait plus.

Et, pris de faiblesse, il se jeta dans le fauteuil où le matin son maître dégustait son cigare, avant la visite de Firmin.

Longtemps, il resta ainsi épuisé, ne pensant plus, sorti de lui-même, et absent du monde entier.

La pendule tinta deux heures.

Cela lui fut comme un coup de fouet ; et, se secouant, il reprit toute sa lucidité.

Avec précaution, il examina les cendres. Rien ; nulle trace, nulle parcelle de ce que le feu avait décomposé, anéanti.

Voyons à la salle à manger, maintenant.

LES ERREURS DE LA GUILLOTINE

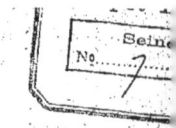

Si quelqu'un lui avait demandé : Qu'est-ce que vous faites donc là, vous ?

Le poêle ronflait toujours.

Il y fourgonna. Aucun vestige de la chaussure révélatrice.

N'importe ! Ici et là, il rajouta du combustible.

Deux prudences valent mieux qu'une,
Et le trop, en cela, ne fut jamais perdu !

Ah çà ! mais qu'est-ce qu'il avait donc, tout à l'heure, à trembler ?

Vraiment, il avait honte de lui. En voilà des émotions de femmelette ! Lui, un meurtrier ? Lui, l'assassin de « l'ex-belle Caro », de la jeune Lucie, de cet imbécile de Prosper ? La preuve ? Fournissez-la donc, si vous pouvez !... Et, remarquez bien ! C'est à vous de la fournir, à lui et aux jurés. Lui, il n'a qu'à vous dire :

— J'attends !...

Il restait l'or et les billets, sans doute — et par bonheur ! — Eh bien ! vous les chercherez, messieurs les *roussins*. Il allait parer à ce risque.

En effet, tranquille désormais sur la disparition des habits et du linge, qui auraient pu le trahir, il plaça des garde-étincelles devant les cheminées, régla le tirage de poêle et remonta à sa chambre en affectant de chantonner dans l'escalier.

Là-haut, il s'habilla de vêtements sombres et descendit d'un pas calme.

— Vous v'là parti *balader*, monsieur Francis, lui dit amicalement la portière. La place est agréable, hein ?

— Je ne dis pas non ; monsieur n'est pas difficile à servir. Pas moins, vous savez !... on aimerait autant un ménage ; c'est pas drôle de dîner tous les jours chez le marchand de vins !

Il passa sans ôter son chapeau.

On le remarqua ; lui, si poli d'ordinaire. Une distraction sans doute.

Pourtant, il lui allait drôlement, son chapeau, cette fois-ci.

— On dirait qu'il ne lui *entre pas dans la tête*, fit la portière.

Francis était déjà loin, descendant à la gare Saint-Lazare, par les rues Blanche, de Turin, Clichy et d'Amsterdam.

Il prit une seconde pour Clichy-Levallois, et, quoiqu'il fît frisquet, il grimpa sur l'impériale, où il se trouva seul.

C'est ce qu'il recherchait.

A la station, où il arriva cinq minutes après, il descendit, tourna à droite, fit quelques pas, entra chez un marbrier, à qui il acheta une couronne funèbre, et, suivant sa route, il entra bientôt au cimetière, où plonge le regard du haut du chemin de fer.

A part les jours consacrés à la mémoire des morts, le cimetière de Levallois est habituellement désert, en semaine surtout.

Il en était ainsi au moment où Francis le parcourut, poussant, par de petites allées, jusqu'à l'extrémité, là où le terrain s'abaisse vers la berge de la Seine, dont un mur le sépare.

Sans chercher, il arriva à une tombe, proprette, dont l'entourage était peint en blanc.

Le carré, entouré de buis, portait, de même en touffes de buis taillé, une croix dessinée. Pour l'entretenir convenablement, il suffisait de racler les folles herbes autour.

A la tête s'élevait une croix de fer, implantée dans un bloc de pierre massif, solidement fiché en terre et maintenu par son propre poids.

Sur la croix blanche on lisait, à la face, en lettres peintes :

CÉLESTE ANTOINE,
Décédée à quatre ans.
Priez pour elle.

Dans la pierre même du soubassement, les mots : — « *Concession à perpétuité* » étaient gravés.

Cette enfant défunte était la nièce de Francis, la fille de sa sœur.

Ouvrière blanchisseuse, en son enfance, celle-ci, Célestine Antoine, avait mal tourné, elle aussi, sombrant dans la basse galanterie des *bastringues*.

Entretenue, au jour le jour, de-ci de-là, faisant des fugues avec des sans-le-sou, quand elle se prenait d'un *béguin* pour l'un d'eux ; elle était encore jeune et fraîche, très *rigolarde*, malgré tout.

Tantôt elle se pavanait à Nice, allant le soir à la roulette de Monaco, tantôt elle battait le pavé, ne possédant plus rien que ce qu'elle avait sur le dos, restant couchée dans son garni jusqu'à ce que la blanchisseuse d'en face lui rapportât son unique chemise.

On l'avait vue figurer dans des théâtres du boulevard. Puis elle s'était fait pincer par le service des mœurs, avait passé par Saint-Lazare et restait à l'état d'*insoumise*, toujours sous le coup d'une rafle.

Mais pas mauvaise fille, cette Célestine, étrangement nommée. Un seul respect : la mémoire de son enfant.

Une fois, comme elle était en fonds, elle avait acheté ce terrain à perpétuité. A vrai dire, ça n'est pas très cher à Levallois. Une autre fois, elle avait commandé la pierre, la croix et l'entourage.

Assez souvent, entre deux noces, elle venait là apporter une couronne, s'agenouiller, réciter une prière en pleurant ; pas par pose : il n'y avait personne qui pût la voir.

Et puis elle raclait les herbes parasites, afin de dégager la croix de buis.

A cet effet, elle avait apporté une petite binette, un jouet d'enfant que l'opération terminée, elle cachait à même le buis, déjà haut et touffu.

Elle ne voyait pas son frère. Il était trop canaille à son gré. Un jour, il avait voulu abuser d'elle. Ça l'avait fâchée tout à fait. Pas même l'excuse d'être saoûl! Non, elle admettait bien des choses, mais pas ça. Entre frère et sœur, ça la dégoûtait.

Et puis, ce n'est pas à elle qu'il fallait apprendre pourquoi il avait été surnommé : « La Belle-Joséphine ». Pouah !

Enfin, elle avait appris qu'il s'était fait domestique. Un « videur de pots de chambre !... »

Ç'avait été le coup de grâce. Elle n'en parlait plus qu'avec un souverain mépris.

— Vous verrez ! disait-elle, il finira dans « *la rousse* »; il se fera mouchard ! Si papa était encore de ce monde, il le crèverait !

Pas de danger !

Papa était mort à Poissy, juste au moment où il allait achever ses cinq ans. Ça ne fait rien. Sa fille en parlait avec attendrissement.

— Pauv'père !... Par exemple, quand il tapait, c'était pas pour rire !

Quant à sa mère, elle n'en savait que peu. Elle était laveuse au bateau.

Paraît qu'un jour, racontait-elle, elle a glissé *dans la limonade*, ousqu'elle s'est *néyée*.

Une créature comme il y en a tant, cette échouée. Qui sait si, dans ce mélange incongru de crapuleries, de sensibilités et de vices inconscients, quelqu'un d'honnête, en la prenant de bonne heure sous sa protection, n'en eût pas fait une brave fille et une bonne femme ?

Francis ne savait pas toute son histoire, mais on voit qu'il connaissait le fait de la concession à perpétuité ! S'il y venait, c'est qu'il avait son projet.

En effet, après s'être assuré qu'il était bien seul, il se pencha, saisit vivement la binette et, passant derrière la croix, s'accroupit et creusa en biais, de façon à parvenir jusque sous le bloc de pierre qui supportait la croix de fer peinte en blanc.

Son travail fait, il ôta son chapeau, et, après un regard circulaire autour de lui, il en tira une de ces boîtes en fer blanc dans lesquelles les épiciers vendent des biscuits de luxe.

C'est là dedans qu'il avait enfermé les billets de banque et l'or de la veuve Valph. C'est cela qu'il venait cacher sous la pierre tumulaire de sa nièce.

Il y réussit sans effort. Pourtant la terreur d'être surpris l'affolait, le rendait livide et tremblant. Que répondre si tout à coup quelqu'un, surgissant, lui avait demandé :

— Qu'est-ce que vous faites donc là, vous ?...

A cette pensée, il chancelait.

Mais non, pas un bruit, personne !...

Alors, ramenant la terre, soigneusement enlevée, il boucha la trace, appuyant de son pied, puis nivelant bien exactement tout autour.

Afin que l'endroit remué ne jurât pas avec les autres parties de la tombe, il fit ce que faisait sa sœur: il racla les mauvaises herbes, tailla les branches de buis qui dépassaient, et quand la toilette générale fut achevée, il remit la binette à sa place.

— Ouf!... c'est fini !

Tout cela avait pris du temps. A ce moment de l'année la nuit tombe tôt. Il fit semblant de s'attarder à prier, de façon à ce qu'on ne vît plus bien clair quand il sortirait.

Restait la couronne funéraire qu'il avait achetée. La laisser sur la tombe de sa nièce eût pu être une indication. Chemin faisant vers la sortie, il en gratifia une autre au hasard, en la laissant s'accrocher à la pomme d'un entourage.

Il n'avait plus peur maintenant. Plus d'émotion pénible.

Au contraire, sorti sans encombre du cimetière, il se trouva gai, railleur.

— Je les défie bien de trouver ma cachette! se dit-il.

Puis, craignant de chanter victoire trop tôt, il s'observa de nouveau.

La nuit n'était pas encore tombée; d'ailleurs on allumait le gaz. Des gens du pays pourraient le remarquer, le reconnaître.

Dame! c'est là qu'il était né, là que s'était passée son enfance, là qu'il avait commencé ses premiers exploits de mauvais garnement.

— Défions-nous de nous trouver nez à nez avec quelque ancien copain!...

Il résolut de rentrer par Asnières. Dès qu'il aurait trouvé le pont, il ne craindrait plus rien.

A la porte du cimetière, il y avait un mendiant.

Voyant sortir Francis, celui-ci murmura sa requête. Ce fut en vain. Mais le cas n'est pas rare, et il n'avait pas sujet d'y prendre garde.

Cependant le mendiant le suivit des yeux assez longtemps, cherchant à rappeler ses souvenirs.

— Eh ! oui, se dit-il après un moment... c'est la *Limace !*... J'en jurerais pas; mais je parierais un litre...

« Si c'est lui, ajouta-t-il mentalement, cré chien, qu'il est rupin à c'theure! En a-t-il des *frusques !*... A qui qu'il les a volés ?...

Quand Francis sortit de la gare Saint-Lazare, il était tout à fait remonté sur sa bête.

— Eh bien ! se dit-il, avec assurance ; c'te fois-ci, j'crois que j'le réaliserai tout d'même, mon idéal !...

VII

AU DÉPOT

Par suite d'ordres particuliers, M. Oscar s'était arrangé pour que Maxime, qu'il était chargé d'arrêter — ce dont, on l'a vu, il s'était acquitté sans difficulté — ne débarquât à Paris qu'à une heure où il ne convenait plus de le conduire au cabinet du juge d'instruction.

C'est que celui-ci voulait avoir le temps de recueillir un complément de renseignements, sur ce point :

L'assassin présumé avait-il, oui ou non, pris le train de Bordeaux, le 24 à 8 h. 15 du soir ?

S'il le niait, il fallait pouvoir le confondre séance tenante.

Or le juge avait reçu une lettre, offrant spontanément de déposer sur cette question.

La lettre était d'un nommé Achille Mangrelu, garçon de café, chez Mme Guijal, faubourg Poissonnière.

Comme le ton indigné de la lettre faisait pressentir des révélations défavorables à l'accusé, et que — par profession ou amour-propre — tout juge d'instruction ne demande que plaie et bosse, et se pique — tout comme l'atroce M. Trouillebon, de Bordeaux — d'accabler n'importe qui lui tombe sous la griffe, celui-ci voulait questionner Achille Mangrelu, avant d'avoir vu Maxime.

C'est pourquoi le malheureux garçon ne revint à Paris que le 24, vers cinq heures du soir.

Un agent attendait M. Oscar sur le quai de débarquement.

Ils échangèrent quelques mots, et Maxime, enchaîné, dut traverser la foule des voyageurs dans l'attitude d'un misérable.

Il pensait qu'on le conduirait — Où ? l'avait demandé, sans qu'on daignât l'informer — dans un fiacre, qu'il offrait de payer.

Ah bien ! oui !

« *Le panier à salade* », c'est assez bon.

Voyez-vous qu'on fît fléchir le règlement — ô saint règlement ! — pour cet assassin ! Allons donc !

M. Oscar n'était plus là, du reste.

Un commissaire de police quelconque avait pris sa place.

C'est dur de monter, devant deux cents curieux malveillants, dans cet ignoble véhicule. Mais le moyen de résister ?

Maxime, serré de près, monta et se trouva dans un couloir étroit, percé de portes exiguës.

Un geôlier l'attendait tenant une de ces portes ouvertes.

Au delà une cellule qui vous emboîte exactement, un banc. Puis, la porte refermée, pas possibilité d'allonger les jambes ; les genoux touchent

On roula.

Quarante minutes après, on arrêtait quai de l'Horloge.

On fit descendre le prisonnier.

— Où me conduisez-vous ? demanda-t-il.

— A la Permanence.

On passa par des portes massives, par des endroits obscurs, puis on arriva devant l'inspecteur de service.

On lui remit des papiers. Il les parcourut sans mot dire ; après quoi, il prit un imprimé ainsi disposé :

Le directeur du Dépôt recevra le nommé...

Agé de...

Né à...

Département de...

Et l'y gardera jusqu'à ce qu'il en soit autrement ordonné.

L'inspecteur principal :

Cet inspecteur principal remplit les blancs, après questions posées à Maxime.

Puis il écrivit en marge :

Triple assassinat et viol.

Et il signa.

Le tout, transcrit sur un registre, fut remis à un brigadier.

— Suivez-moi, dit celui-ci au jeune homme.

Sans résistance, le pauvre garçon, abîmé, désorienté, obéit machinalement.

On traversa une cour.

Le battant d'une porte s'ouvrit devant lui, et il entra de plain-pied dans le vestibule du Dépôt.

D'un côté, la geôle ; de l'autre, le greffe.

En face, une cage vitrée. Un brigadier y trône. Il va falloir aller à lui.

Dans cette cage, deux portes latérales se faisant face.

On lit à droite : — *quartier des hommes* — à gauche : — *quartier des femmes*.
Mais avant d'être distribué dans son quartier, Maxime dut subir les formalités réglementaires.

On le fouilla, on palpa la doublure de ses vêtements ; on le mesura en le faisant passer sous la toise, on examina s'il n'avait pas quelques signes distinctifs, et tout ce qu'on constata fut consigné sur le *livre d'écrou*.

L'état d'esprit où en était arrivé le malheureux garçon le rendait presque insensible.

Il se laissait faire, il obéissait sans comprendre, brisé de corps, inerte, idiot.

Pourtant, quand les formalités remplies, on le fit entrer dans le *quartier des hommes*, tout son être réagit, se réveilla, sous le coup d'horreur que lui valut ce qu'il vit.

Une salle encombrée d'une foule hideuse, de gens en haillons sordides, repoussants, ignobles, immondes ; des êtres fangeux, glauques, terrifiants, suant l'infamie, le crime bas, la dépravation effrontée, l'avilissement à son dernier degré d'abjection.

Quelques becs de gaz jetaient une clarté sinistre sur ces visages blêmes, marqués de l'empreinte de tous les vices.

Une odeur nauséabonde, écœurante, serrait la gorge, levait le cœur.

Assis à terre, roulés sur des paillasses crevées, debout dans les angles, groupés ici et là, ces spectres produisaient un murmure de voix éraillées, crapuleuses, pleines de mots révoltants, d'obscénités et de grossièretés horribles.

Ils étaient bien deux cents, dans ce cloaque infect.

Deux cents fantômes, rebut, écume de ce grand Paris, où, à des distances diverses, d'autres vices, d'autres crimes, s'étalaient triomphants, dans la soie et l'or, se gorgeant de plaisirs.

Pour le coup, c'était trop ! Maxime se révolta.

— Je réclame d'être mis à la *pistole*, dit-il à un guichetier.

La *pistole* consiste en cellules séparées. Il y en a quatre-vingt trois.

— Aurait fallu vous lever plus matin, lui répondit le gardien. Il n'y en a plus de libres.

— Et je vais rentrer là-dedans ?

— Comme de juste.

— Jusqu'à quand ?

— Jusqu'à ce que le *petit parquet* ait examiné votre dossier et vous envoie à Mazas ou vous fasse mettre en liberté. Vous saurez votre affaire demain, sans doute.

Il n'y avait rien à répliquer.

Maxime se tut.

LES ERREURS DE LA GUILLOTINE

— Atout! fit la *Demoiselle*.

A tout le moins, il fallait passer la nuit là, dans ce grouillement, dans cette vermine humaine, rongée elle-même d'une vermine d'insectes dégoûtants, dont le pauvre garçon ne parviendrait pas à se préserver.

Non ! car malgré l'indifférence de ces misérables, dont la plupart sont habitués du lieu, l'extérieur de Maxime avait provoqué leur attention.

— En v'là un qu'est rupin !... avait dit un petit que ses camarades appelaient « la Demoiselle ».

Ça les froissait que le nouveau venu fût relativement si propre ! Il avait l'air de faire « son fier », son dégoûté.

— Attends, on va l'occuper !

Et, par farce, par une pratique où ils sont habiles, ils lui lançaient de cette vermine sur ses habits, sachant qu'avant peu l'insecte pénétrerait jusqu'à la peau, et commencerait son travail.

Lui ne s'apercevait de rien. Il n'avait qu'une idée en tête :

— Que déciderait le petit parquet ?

Il se savait bien accusé d'un crime. Mais de quel crime ?

Évidemment, c'était un meurtre, puisque la tache de sang de son paletot avait paru accablante.

Une erreur, encore une fois, erreur que les magistrats du petit parquet reconnaîtraient peut-être d'eux-mêmes.

Il croyait qu'il serait appelé devant eux.

Non. L'office du petit parquet, composé de deux substituts et de deux juges d'instruction, consiste à faire un tri dans le tas des gens amenés constamment au Dépôt.

Du moins, puisque Maxime avait de longues heures à passer dans ce repaire de bandits, espérait-il se confiner dans un coin, tranquille, s'efforçant de ne pas voir, de ne pas entendre, de s'isoler en s'absorbant en lui-même.

Vain espoir !

Il intriguait certains de ses compagnons de captivité, la Demoiselle particulièrement.

Pourquoi était-il là ? De quoi était-il inculpé ?

Etant si *rupin*, ce n'était sans doute qu'un noceur qui, fautif de quelque esclandre, s'était vu appréhendé, avait résisté aux agents et s'était fait *coffrer*.

C'était l'opinion d'un ami de la Demoiselle, un nommé *Trukard*, qui avait été arrêté en même temps que lui.

— Ce *pante*-là doit avoir de la *braise*. Bonne connaissance à faire !

Son aspect consterné mettait dans l'esprit de ces deux filous des rêves productifs de *chantage*.

Relâché probablement le lendemain, il aurait honte de sa mésaventure, la cacherait soigneusement.

En se faisant son camarade ici, on lui tirerait des sommes; à le menacer, ensuite, de divulguer son secret. Ces bourgeois ont des préjugés; ils se font un point d'honneur de dissimuler qu'ils ont passé une nuit au Dépôt.

La complaisance à ne pas les dénoncer à leurs amis peut rapporter gras!.

— T'as raison! fit un troisième malfaiteur, trop connu de la justice, sous le sobriquet de *Crève-la-Gueule*, et qui semblait dominer les deux premiers d'une autorité incontestée. Allons-y!...

Un moment après, tous trois tournaient autour du jeune homme, qui, tout en voyant leur manœuvre, n'en devinait pas la portée.

D'autre part, un guichetier, par un signe de connivence, avait appelé à lui deux des détenus, les plus propres de la bande.

Tout bas il leur avait parlé en désignant Maxime du regard.

Certes, ces deux-ci étaient bel et bien des malfaiteurs archi récidivistes, mais en relations néanmoins avec la police.

C'étaient ce qu'on appelle des *indicateurs :* des mouchards qui, dans les prisons, font le rôle de *moutons*, c'est-à-dire qui, par tous moyens, certains pis qu'infâmes, à force de dépravation, tâchent de faire jaser les accusés, de leur inspirer confiance et de leur arracher des confidences qui aident aux recherches de l'instruction.

A ce honteux métier, ces misérables délateurs gagnent une gratification et des adoucissements à la peine que les tribunaux leur infligent.

Ayant reçu leurs instructions du guichetier, ces deux-ci se disposèrent à remplir leur fangeux office.

Diable emporte! Les trois autres les avaient devancés.

En effet, la Demoiselle, s'approchant délibérément de Maxime, lui avait adressé la parole, lui parlant le pur argot du bagne.

— Je ne vous comprends pas, répondit le jeune homme. Du reste, je ne vous connais pas, et je vous prie de me laisser en paix.

Le son de cette voix parut frapper le pâle voyou.

Il resta coi et regarda ses camarades.

Eux, de même, semblaient faire appel à leurs souvenirs.

— T'as pas entendu ce *galoubet*-là? demanda le premier à Trukard.

— Si. Et y a pas longtemps.

— Mais où ça?

Crève-la-Gueule s'appliquait à dévisager le commis voyageur.

— Je peux me fourrer le doigt dans l'œil, dit-il; mais, à mon idée, il ressemble à ce *pante* que nous avons pris pour un *roussin*, l'autre nuit, au pont de Biais, quand nous *nettoyions* la *profonde* de c'tte vieille charogne de père Baraboin, et qui nous a fait nous *tirer les pattes*.

— T'es fou! Un confrère, alors?

— T'as pas pu le voir plus que nous.

— Oh! m'en faut pas beaucoup pour me graver une *tronche* dans la mémoire ! Pourtant, j'en répondrais pas pour celui-ci.

C'est par ces prétentions que Crève-la-Gueule en imposait à Trukard et à la Demoiselle, dont il était virtuellement le chef.

— Faut voir, continua ce dernier.

Et la Demoiselle revenant à Maxime :

— Monsieur *fait sa poire!* reprit-il en jouant la susceptibilité. Son Excellence ne veut pas se commettre avec les camarades. Excusez, Philibert!

Puis à ses amis :

— Qui qu'a une paire de manchettes à me prêter pour parler à monsieur le marquis?

Cela parut une plaisanterie du meilleur goût aux deux autres, qui s'esclaffèrent de rire au nez du jeune homme.

Et, renchérissant, ils rivalisèrent de propos joyeux du genre le plus ordurier, posant en problème de définir le genre de délit qui amenait parmi eux l'infortuné garçon.

— C'est y un caissier qui a mangé la grenouille?

— Eh! non! C'est un jaloux qui a crevé la paillasse à sa maîtresse.

— Pas du tout! C'est quelque Alphonse du grand monde qui aura barbotté les bijoux de sa *gonsesse*.

— Vous n'y entendez rien!... Il a dû se faire *chiper* soit à *travailler* dans quelque grand magasin de nouveautés, ou dans les omnibus, ou dans une salle de banque publique.

— Ça un *pick-pocket?* Pas assez de vice... C'est quelque oiseau d'urinoir des Champs-Élysées.

A chaque interprétation la galerie, qui s'était approchée, riait brutalement, dévisageant Maxime, s'amusant de le voir pâlir.

Il lui montait des flots de colère au cerveau, se tenant à quatre pour ne pas leur tomber dessus, quitte à se faire écharper.

A un moment, sur une nouvelle apostrophe, il n'y tint plus, et, avançant d'un pas sans mot dire, il envoya un coup de poing formidable entre les deux yeux du bandit, qui se vantait peut-être en se faisant appeler Crève-la-Gueule.

— Atout! fit la Demoiselle.

L'effet en fut foudroyant. Un silence étonné suivit, mais ne dura guère.

Par un retour étrange de ces natures vulgaires, c'est du rossé qu'on se moquait, à présent, par un éclat de rire général.

Étourdi d'abord, Crève-la-Gueule dit simplement à mi-voix :

— Toi !... j'te ferai ton affaire !

Mais il n'insista pas. Familier du lieu, il en connaissait le règlement, et il n'avait pas envie que, les gardiens intervenant, on le ligotât ou qu'on le fît passer par « le tabac ».

Patience ! on se retrouverait !

— T'as eu tort, dit la Demoiselle à Maxime, mais en se tenant à distance. Crève-la-Gueule est rancuneux comme un cheval vicieux. S'il t'attrape, il te mettra les tripes sur le pavé.

La fin de la scène avait causé de la déception aux curieux.

On en avait du déplaisir. Et puis, même là, il y a des péroreurs sentencieux qui se posent en arbitres. Plusieurs de ces prud'hommes de prison se mirent à prêcher Maxime, lui remontrant que la brutalité n'est pas un argument et qu'entre *camarades*, il est bien permis de plaisanter.

Maxime les laissa dire, bien que ce mot *camarades* lui eût fait froid dans le dos.

Les deux indicateurs s'étaient approchés.

— Laissez donc cet homme tranquille, dit l'un d'eux, pendant que l'autre, par un clignement d'œil, informait la galerie de la mission reçue du guichetier.

Oh ! oh ! quelque criminel d'importance, en ce cas, que ce nouveau venu, puisqu'on lui dépêchait des *moutons*.

Pas à le blaguer alors !

Au contraire, une sorte de considération naquit en sa faveur dans les idées de ceux qui d'abord s'en étaient fait un jouet.

— Qui que c'est donc ? demanda tout bas la Demoiselle.

— Tu sais bien, ce qu'on criait dans les rues y a deux jours : *L'assassin de sa tante. Trois cadavres !*...

— Oui, je me souviens ; rue de la Pépinière.

— C'est lui !...

— Ce *pante*-là ?...

Et la considération se changea en admiration.

Libres encore l'avant-veille, puisqu'ils n'étaient pas sortis du Dépôt pour une autre destination, les *blagueurs* de Maxime avaient lu la relation de l'attentat, en avaient savouré les détails.

L'extérieur de l'accusé les rendait perplexes.

— Et il a exécuté ce *travail*-là à lui tout seul ? demandaient-ils, vivement intéressés.

— C'est ce qu'il faudrait savoir.
— Ah! bon!...
Ils comprenaient l'intervention des deux codétenus. Et, bien qu'ils s'en méfiassent pour eux-mêmes, ils n'étaient point tentés d'entraver leur honorable mission.

Lentement, ils s'éloignèrent pour que les deux *indicateurs* eussent toute liberté d'opérer.

Mais puisque ce nouveau venu était le héros de l'affaire de la rue de la Pépinière, Crève-la-Gueule se trompait en croyant le reconnaître pour le *pante* qui les avait dérangés sous le pont de Biais. Il ne pouvait pas être là et à l'hôtel de sa tante en même temps. Un vantard, ce Crève-la-Gueule!

Du reste, c'est pas lui qui l'avait crevée, tout à l'heure, au contraire.

Ce simple fait le faisait tomber dans l'estime de ses *copains*. Fichu chef de bande! Des coups de rien du tout, avec lui.

Ah! que ça allait autrement, jadis, quand la Limace commandait! Ah! les belles affaires avec lui. Et c'est pas la Limace qui *fouinait* devant les *sergots*. Pisst! Il les roulait, les *sergots*; il les mettait dedans, que c'en était à mourir de rire.

Tandis que Crève-la-Gueule, il ne crevait rien du tout! Un méchant *roussin* le faisait filer comme un lièvre. Et puis vaniteux, *épateur*. A preuve que, pour avoir voulu faire le *fadar*, il les avait fait *piger* tous les trois.

Ils avaient volé un fiacre — une victoria — à un cocher *poivreau*. Au lieu de *remiser* la boîte dans quelque bois et de *laver* le cheval tout de suite, non! c'tte rosse de Crève-la-Gueule avait voulu se *rigoler* à conduire comme un gommeux. Il avait été chercher sa *gonsesse*, on s'était empilé dans le berlingot; et lui, couvert des *frusques* du *poivreau*, il s'avait baladé à la campagne pendant deux jours!...

Dame! quand on avait voulu vendre le *canasson*, tantôt après ce coup-là, la *rousse* leur avait mis le *grappin* dessus. C'est pas malin.

Pas un chef, Crève-la-Gueule!

Ah! qui nous rendra la Limace!...

Voilà ce que se disaient avec mélancolie et amertume Trukard et la Demoiselle.

Pendant ce temps les deux indicateurs tâchaient de s'insinuer dans la confiance du neveu de Mme Valph. Mais ça ne prenait pas

Du reste, on leur enleva leur sujet.

Le guichetier en chef survenant appela :

— Maxime Létang!

— Me voici, fit le jeune homme.

— Suivez-moi.

Il eut une espérance poignante.

— On me relâche ? demanda-t-il

— J'crois pas. Je pense qu'on va vous mettre tout de suite à Mazas. Vous avez de la chance, vous !

De la chance !...

La chance consistait en ceci qu'au grand parquet on avait cru indispensable de le mettre au secret tout de suite.

Et l'on avait donné des ordres spéciaux pour cela.

Cette fois, c'est en fiacre qu'il fit le trajet.

VIII

LA FAMILLE LOUPARD

A l'occasion du jour de l'an, nombre de boutiques avaient eu permission de s'établir sur l'entre-voie des boulevards extérieurs.

Cette année-là, le temps avait été atroce ; la neige était tombée en abondance. Le gâchis, le froid avaient empêché les infortunés petits marchands de faire des affaires.

Et voyez la guigne !

Pas plutôt épuisé, le délai de la tolérance, vlan ! Le vent avait tourné au sud, l'atmosphère s'était subitement adoucie, à se croire à la fin de mars, au début du printemps.

Ma foi ! nombre de ces pauvres diables avaient sollicité une prolongation de permission, et la Préfecture l'avait accordée.

C'est pourquoi, au boulevard des Batignolles, on se fut cru à l'époque de la fête ; à tout le moins le dimanche.

En semaine, les clients eussent manqué dans la journée ; on fermait. Mais le soir, autre affaire !

Ouvriers et ouvrières sortis de l'atelier, artistes et « leurs dames » du quartier, nombre de gouapeurs des deux sexes aussi, mêlés aux commères et aux filles de boutique, se baladaient à même ce qui restait de la foire, riant, se faisant peser, tournant sur les chevaux de bois, tirant des macarons, *massacrant* des poupées cléricales, faisant le tour du monde pour deux sous en regardant par les lucarnes des panoramas, et poursuivant la folle ambition, toujours déçue, du reste, de gagner un lapin à différents exercices d'adresse et « de société ».

Le plus intéressant dans tout cela, le plus *chic*, c'était l'établissement de la *Famille Loupard !*

Oh! mes amis! quelle rigolade d'entrer là dedans!

Tous les plaisirs, toutes les émotions ; l'admiration que commande la force surhumaine et le démanchement de la rate à voir et à entendre des pasquinades d'un comique achevé.

C'était tout à la fois un cirque, une arène et un théâtre.

Dans le cirque, on exhibait des animaux savants qui jouaient aux cartes, dansaient sur la corde, et, du premier coup, désignaient la personne la plus amoureuse de la société.

Dans l'arène s'exécutaient des tours de force et d'équilibre, invariablement suivis d'une séance de lutte courtoise et à main plate, avec tous amateurs qui voudraient se mesurer avec le champion de la maison.

Et, sur le théâtre, on jouait une comédie à chaque représentation, comédie d'une littérature peut-être un peu négligée, mais où il y avait de quoi se tordre le ventre.

Parbleu! pas à crier merveille. On voit ça à toutes les fêtes des environs de Paris!

C'est ce qui vous trompe.

L'originalité, ici, est que tout ce spectacle était fourni par cinq personnes tout juste, la famille Loupard uniquement : le père, la mère, leur fils, leur fille et une nièce.

On ne parle pas des musiciens, bien sûr! c'était en plus. Il y en avait quatre qui, sur l'estrade extérieure, faisaient un boucan terrible à cracher leurs poumons dans des machines en cuivre plus bossuées que le chapeau d'un « poivreau » qui a roulé dix fois dans le ruisseau.

Mais un moment !... Quand la nièce Loupard, Mlle Eulalie, que ses bons parents appelaient de préférence « Ulalie » approchait de son petit bec rose l'embouchure d'une clarinette sentimentale ou bien se disposait à grater la corde à boyau soit d'une guitare, soit d'un *stradivarius* qui avait eu des malheurs, à force de recevoir des cabochons dans le trimballage perpétuel de la baraque, et qui, rapiécé par places, avec du zinc, valait bien trente sous avec l'archet, les quatre musiciens, costumés en Polonais de la grande époque, se restreignaient à baver en douceur dans leurs mécaniques défoncées.

Ah! fallait pas qu'ils fissent les malins, à couvrir les harmonies de la jeune *Eulalie*. Le public les aurait attrapés de la bonne façon, quelque sympathie qu'un cœur français conserve pour les nobles exilés de Varsovie!

C'est qu'aussi elle était tout bonnement charmante, la nièce aux Loupard!

Petite, élégante, adroite, avec un gentil museau d'adolescente spirituelle, et bonnement roublarde, elle excellait en tout ce qu'elle faisait pour amuser l'auditoire.

LES ERREURS DE LA GUILLOTINE

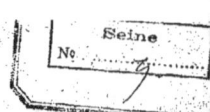

La patronne, un poids de 50 kilos à bout de bras du côté gauche, présentait le caleçon de la main droite, en hurlant son invitation et son héroïque défi.

Personne capable de piger avec elle pour jongler, en se tenant en équilibre sur le goulot d'une bouteille.

Au trapèze, bonsoir les gymnasiarques de profession ; fallait lui tirer son bonnet.

Quant à danser sur la corde raide, elle eût parié un litre au président de la République des États-Unis, qu'elle l'eût fait passer au-dessus du Niagara en le portant sur ses épaules ; car elle était très forte, par-dessus le marché !

Eh bien ! ce n'était rien encore : une musicienne comme on en voit pas ! Clarinette, violon, guitare, flûte à bec ou sans bec, harpe, contrebasse, cornet à piston, cor de chasse, ophicléide, tambour de basque, accordéon, etc., elle en jouait avec un talent remarquable, ce qui serait peu de chose ; mais, la mâtine, y mettait une expression, une âme qui vous remuait les moelles et vous faisait filer des frissons des talons à la racine des cheveux.

Et quand elle chantait ! Y a pas !... fallait crever de rire ! On aurait donné dix sous pour s'asseoir ; — les dames en éprouvaient un petit inconvénient ; chut !

Voilà du moins ce que disaient les habitués.

Oh ! oui, il y avait de quoi payer sa place ! D'un petit air décent, ingénu, « rosière de Nanterre », elle en débitait d'un raide... oh ! mais d'un raide !... que les vieux polissons, échinés, finis, se frottaient des coudes à leurs voisines, oubliant que... « les lauriers sont coupés », et que ce n'était plus la peine.

La même chose quand elle faisait le boniment.

On s'en régalait de la rigolade. Et pas appris, les traits qu'elle lançait à la foule. Ça lui venait comme ça, tout de go ; tant elle avait d'esprit naturel.

Enfin, très agréable à voir en son costume de clown ; — car Mlle Ulalie était le clown de l'établissement.

Un maillot sur la peau, pas plus, avec un bouffant de la taille au haut des cuisses, bien entendu, pour la décence.

Tout noir, le maillot, tranchant au décolletage sur sa peau d'un joli rose mat, ni plus ni moins claire et rosée qu'au visage, le tout surmonté d'un paquet de cheveux blond cendré à croire qu'elle en ajoutait.

Oh ! mais non ! Et la preuve, c'est que durant chaque représentation, quand elle était pendue par les pieds au trapèze, elle s'arrangeait pour faire tomber son peigne et dérouler son chignon, qui était plus long, plus fourni que la queue d'un cheval arabe.

A la voir ainsi, quand elle se remettait debout, on ne comprenait plus que notre mère Ève se soit amusée à se confectionner une robe de feuillage, puisque avec une crinière pareille il y avait amplement de quoi se draper des pieds à la tête.

L'autre jeune fille de la maison avait du talent aussi. Mais, vous savez, ce n'était plus ça ! Des traits agréables, mais déparés par un coquin de nez en l'air, à ne pas oser sortir par le mauvais temps. Pour sûr, il devait pleuvoir dedans ! Ce n'est pas sa faute.

Les hommes de la troupe, le père Loupard et son fils, suffisants, si vous voulez, mais pas à épater le monde.

Quant à la patronne... quelqu'un !

Une gaillarde de trente-huit ans, bâtie en marbre, sauf les appas, qui tremblotaient un peu quand elle s'agitait avec excès.

Mais, pour le reste, inflexible. Ça se voyait bien ; car elle aussi elle était en maillot, avec un bouffant en peau de tigre, image de sa force. Car c'était elle qui personnifiait cet élément dans la famille.

Non seulement elle jonglait avec des poids énormes, des essieux de charrettes, des barriques pleines, mais encore c'est à elle qu'avaient à parler les adeptes de la lutte courtoise et à main plate.

Ses exercices achevés, elle esquissait un sourire à l'assemblée, et en termes choisis, distingués, tout à fait faubourg Saint-Germain, elle *offrait le caleçon* à messieurs les amateurs.

Or, on en était là précisément.

Les Polonais soufflaient comme des phoques les joues gonflées à éclater, comme les fils d'Éole, les yeux leur sortant de la tête, la trogne congestionnée à faire craindre un coup de sang.

Papa Loupard se démanchait le bras à taper comme un sourd sur la grosse caisse, ficelée au dossier d'une chaise de paille en mauvais état.

Loupard fils s'aplatissait le crâne à y heurter un tambour de basque en se désarticulant, dans son costume de Bobèche.

Sa sœur esquissait un honorable pas de chahut, levant la jambe jusqu'au pif d'un singe qui, enchaîné à une traverse, se cherchait les puces sans s'occuper de tout cela.

Au milieu, la jolie Ulalie se déformait la bouche à sucer l'anche de sa clarinette pleurarde, dans laquelle semblaient gémir des canards.

Et la patronne, un poids de cinquante kilos à bout de bras, du côté gauche, présentait, de la main droite, le caleçon, en hurlant son invitation, son héroïque défi *à tout quelconque d'assez téméraire pour se bercer du fol espoir de la tomber* selon les règles de la lutte courtoise et à main plate.

Mais les autres avaient beau se décarcasser pour appeler l'attention, — ô prestige de la grâce innée ! — on n'avait d'yeux que pour Ulalie !

Tout à coup la physionomie de la jeune fille marqua un étonnement profond.

Tel que la clarinette faillit lui tomber des mains.

Et il s'en échappa un *couac* vraiment douloureux.

Mais le charivari était trop intense pour qu'on y attachât grande attention.

Et les autres Loupard étaient trop occupés à attirer la foule pour s'apercevoir de l'incident.

Qu'était-il arrivé pourtant ?

Tout simplement Eulalie venait d'apercevoir, dans le grouillement de têtes humaines qui regardaient bouche béante, quelqu'un qu'elle connaissait sans doute et dont la rencontre inattendue la fit tressaillir.

Ce quelqu'un c'était Francis.

Mais il faut croire qu'elle n'était qu'imparfaitement au courant des faits et gestes, comme des origines et de la condition de celui-ci, car elle se dit :

— Tiens ! M. Eugène !

Et, dans sa pensée, elle compléta le nom :

Eugène Marloy.

Pour elle, Eugène Marloy était un brave et honnête garçon, qu'elle avait connu alors qu'elle était toute gamine.

Il était soldat, lui ; il arrivait de Cochinchine et venait d'obtenir sa libération.

Il vivait sur un petit capital qu'il avait hérité d'un oncle, disait-il, un oncle de province, et il cherchait une place de commis aux écritures, dans quelque administration.

Dès qu'il l'aurait obtenue, il épouserait la fille d'une lingère, une veuve, qui avait une douzaine de mille francs dans un coin.

Ça n'avait pas abouti. Ça s'était rompu brusquement.

Pourquoi ?

Eulalie ne l'avait jamais su. Elle était trop petite pour qu'on lui parlât de ces choses-là.

Elle savait seulement qu'Eugène Marloy n'avait plus reparu chez la veuve, et que celle-ci, ainsi que sa petite-fille, avait beaucoup pleuré.

Eulalie était la fille de la portière de la maison où demeurait la lingère, dans un quartier perdu, rue des Folies-Méricourt, proche du canal Saint-Martin.

Si elle fût restée là, peut-être eût-elle appris ce qui s'était passé.

Mais sa mère vint à mourir d'un terrible accident resté mystérieux. Un matin on l'avait trouvée dans les escaliers, la poitrine défoncée. Dans la nuit elle avait dû glisser et tomber en plein de l'estomac sur la pomme de la rampe.

Provisoirement un brocanteur des environs avait recueilli la petite.

Puis un jour il lui avait dit d'aller avec un monsieur que, depuis quelques jours, l'enfant avait vu causer avec le brocanteur, comme s'il s'agissait de débattre les conditions d'un marché.

Eulalie avait suivi le monsieur.

Ce monsieur, c'était Loupard. Il l'avait tout tranquillement achetée au brocanteur, et longtemps la fillette avait cru qu'il était réellement son oncle.

Pas un mot de vrai.

D'ailleurs, elle ne se plaignait pas du saltimbanque ; de lui ni de sa femme, pas plus que des deux autres jeunes gens, qui n'étaient pas plus leurs enfants qu'elle n'était leur nièce.

Jamais un coup ni une brutalité.

Car c'est une erreur profonde de croire qu'on apprend aux enfants le métier d'acrobate en les frappant.

Tout le contraire.

Les enfants sont exactement comme les animaux à cet égard. Battez-les, ils se rebutent, et c'est fini ; ils ne feront jamais rien de bon ; ils ont peur !

La peur les rend gauches et maladroits.

C'est par les gâteries qu'on les pousse — par le sucre aux animaux — et, chez les enfants, par l'émulation d'amour-propre.

Et puis, par les dépravations qu'on suppose.

Les Loupard, du moins, mariés pour de bon, avaient des mœurs très régulières.

En dehors de la parade et des exercices, c'étaient comme des artisans rangés, économes.

Vous ne croiriez pas : la patronne, qui offrait le caleçon à qui voulait, qui débitait des coq-à-l'âne épicés au public et se montrait comme nue à tous les yeux, quand le dimanche arrivait, s'il n'y avait pas affaire à ce qu'elle appelait la *maison* — la baraque roulante — elle s'en allait entendre une basse messe à l'église de l'endroit.

Et si son mari se moquait d'elle :

— Bah ! disait-elle, si ça ne fait pas de bien, ça ne peut pas faire de mal, pas vrai ? Et puis ça me change. Il me semble que je redeviens une personne naturelle.

Ce qui taquinait Loupard, c'est qu'elle donnait deux sous à la quête pour le curé.

— Tiens, c't homme ! répliquait-elle, il vit de son métier comme moi du mien !

Et puis, avec les deux jeunesses, on tenait l'appartement ambulant propre comme un sou.

Pas de danger non plus qu'on laissât des trous au linge ou à la défroque. Toutes trois vous poussaient l'aiguille avec acharnement.

Du reste quand ils sortaient en bourgeois, vous les auriez pris pour des voisins petits rentiers ou boutiquiers en promenade.

On ne les reconnaissait pas.

Depuis plusieurs années la petite Eulalie vivait là dedans, très sage et pas mécontente de son sort.

Elle rêvait bien un peu d'amour de temps en temps. C'était de son âge. Mais elle rêvait d'amours régulières, propres, tranquilles, avec le mariage au bout.

Et, ses souvenirs de gamine aidant, le futur, le fiancé qu'elle entrevoyait vaguement prenait la figure de l'amoureux de la fille de la lingère, dont son imagination de fillette s'était frappée.

C'est ça un amoureux !

Et voilà pourquoi elle avait tressauté en reconnaissant dans l'assassin de Mᵐᵉ Valph celui qui pour elle n'était toujours qu'Eugène Marloy.

C'est bien par hasard que Francis était venu là, après son opération au cimetière de Levallois-Perret.

On l'a vu, il avait gagné Asnières, pris le train et était débarqué à la gare Saint-Lazare.

Mais durant le court trajet ses pensées s'étaient reportées en arrière. Avec une certaine complaisance il avait repassé les tragiques et honteux épisodes de sa vie.

Il y avait souri. Et une tentation, commune aux criminels, qui d'ailleurs les trahit assez souvent, l'avait pris de revoir les différents lieux où s'étaient accomplis ses exploits.

Levallois lui avait rappelé ceux de ses débuts, alors que, chef d'une bande de mauvais gars dont l'aîné n'avait pas dix-huit ans, son nom de la Limace avait été la terreur des communes avoisinantes : Clichy, Courbevoie, Neuilly, dans l'ancien parc du roi Louis-Philippe surtout !

Ça l'avait mis en goût.

Si bien qu'en descendant à Paris il avait eu envie de passer rue de la Pépinière pour jeter en passant un regard à travers l'allée sur l'hôtel de Mᵐᵉ Valph, où, accomplissant son coup de maître, il s'était enfin procuré une fortune.

Mais c'était encore bien récent.

La police devait y maintenir des agents déguisés.

— Ça brûle par là, se dit-il. Méfiance !

A vrai dire, il n'avait que l'embarras du choix des souvenirs.

Ah ! le bon temps de rigolade quand, ajoutant une corde à son arc, il s'était fait une réputation sous le nom de la Belle-Joséphine.

Il tenait le haut du pavé parmi les rôdeurs de barrière, entre Batignolles et Montmartre.

Filles et souteneurs lui faisaient une ovation quand il pénétrait dans les bastringues de cette région.

On ne s'embêtait pas avec lui. Toujours quelque bon coup en vue, quelque campagne tout emmanchée pour faire *danser* un pante !

Et qu'on s'en payait ensuite, quand celui-ci avait *casqué;* des trois jours de suite, sans dessouler !

Flatteuses souvenances de la première jeunesse, fâcheusement interrompues par le service militaire.

Eh bien ! faute de pouvoir revenir aux jours envolés, du moins il était doux de revoir les endroits où l'on s'était tant amusé.

C'est entraîné par ce désir que Francis, remontant la rue d'Amsterdam, avait gagné les anciens boulevards extérieurs et s'était arrêté à la parade de la famille Loupard.

L'émotion de la jeune Eulalie lui échappa. Il n'en eût pas attribué la cause à sa présence, en tout cas. Elle s'était tellement développée depuis le temps où il l'apercevait sans y prendre garde, quand il faisait sa cour à la fille de la lingère, et elle était si extraordinairement costumée aujourd'hui qu'il était à cent lieues de reconnaître dans le clown de la famille Loupard l'adolescente qui gaminait jusque sur le trottoir de la boutique de sa fiancée.

La parade finit et le père Loupard, embouchant un porte-voix, se mit à crier :

— Entrez, entrez, suivez la foule. Il faudrait être bien pauvre ou bien rapia pour ne pas donner vingt-cinq malheureux centimes pour assister à un spectacle qui a fait les délices des têtes couronnées du monde civilisé. Entrez, messieurs et dames. Les *ceusses* qui ne seront pas contents, on leur rendra leur argent... l'année prochaine.

On montait.

Francis voulut voir ça.

Mais Francis n'était pas du petit monde, à vingt-cinq malheureux centimes la place.

Francis voulait être aux premières.

Or, c'est Ulalie qui distribuait les cartons de cette catégorie aristocratique. Cinquante centimes ici !

Il donna cent sous, et la jeune fille lui chercha la monnaie.

— C'est-il que vous êtes devenu fier ou que vous ne me reconnaissez pas, monsieur Eugène ? dit-elle en lui rendant sur sa pièce.

A ce nom, prononcé à l'improviste, Francis éprouva intérieurement une émotion troublante.

Mais il se remit aussitôt et, regardant le clown féminin dans le blanc des yeux :

— Etes-vous sûre de ne pas vous tromper ? fit-il. Où donc m'auriez-vous connu ?

— Rue des Folies-Méricourt, lorsque vous deviez épouser la fille d'une veuve établie lingère, et que vous reveniez du régiment. Je ne l'ai pas rêvé, n'est-ce pas ?

« Je vous remets bien allez ! ajouta-t-elle, tant vous me paraissiez comme il faut en ce temps-là. Ce n'est pas dire que vous le soyez moins à présent ; au contraire.

— Et comment se fait-il, reprit Francis, que je ne me rappelle pas vous avoir vue, moi ?

La jeune fille se mit à rire.

— Ah ! répondit-elle, c'est que dans ce temps-là, qui n'est pas déjà si loin, après tout, on ne faisait guère attention à moi. On ne m'aurait pas donné mes onze ans. J'avais l'air d'une mioche de huit, avec mes jupes qui ne me descendaient pas même aux genoux, ma tignace embrouillée et ma trompette de figure pas toujours bien propre.

« Voyez-vous, c'est moi qui étais la fille de la concierge. Vous ne preniez pas garde à moi, qui pourtant faisais vos commissions chez le marchand de tabac et au petit café, quand vous régaliez votre future et sa mère d'une tournée de bocks à domicile.

« Je vous vois encore. Vous me faisiez l'effet d'un prince des contes de fées, et quand vous me laissiez deux sous sur la monnaie, je vous croyais quasiment plus riche que Rothschild.

« Croiriez-vous ça ? Dans ma tête de gamine, je m'imaginais que j'étais jalouse de votre fiancée. Qu'on est bête, hein ? quand on est petite !

« Oui, poursuivit Ulalie, ça me taquinait que vous en soyez amoureux, de la petite lingère. Ça ne me regardait pas, sans doute, et si vous aviez changé d'idée, c'est pas à moi que vous vous seriez adressé faute d'elle.

« Eh bien ! ça ne fait rien. Quand j'ai su que c'était rompu, votre mariage, j'ai été contente comme si vous alliez venir me faire une déclaration.

« Mais, fit-elle, pourquoi donc que vous y avez renoncé ?

A cette dernière question, Francis poussa un soupir de soulagement.

Ulalie n'avait pas appris le drame qui s'était passé alors.

Pour être certain de son ignorance absolue, il lui posa une question insidieuse.

— Vous n'avez pas su ça ? Votre mère a dû le dire devant vous.

— Non ; juste au même moment la pauvre mère, entendant une nuit remuer dans la maison, s'était imaginé d'aller voir ce que c'était.

« Faut croire qu'elle aura fait un faux pas et qu'elle aura dégringolé ; car, le lendemain matin, on l'a trouvée en bas des escaliers, les os de la poitrine renfoncés jusque dans le dos...

LES ERREURS DE LA GUILLOTINE

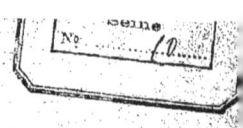

Francis lui avait crevé l'estomac d'un coup de talon de botte.

Eulalie s'interrompit, frappée de la physionomie de son interlocuteur.

— Ça vous fait de l'effet, je vois, monsieur Eugène. Vous êtes tout pâle.

— Et, quand on l'a relevée, demanda Francis en s'efforçant de dissimuler son anxiété, qu'est-ce qu'elle a dit ?

— Dire ?... Ah ! bien oui ! pas moyen !

— Elle était morte sur le coup ?

— Non. Elle respirait encore un peu, et durant trois jours elle a traîné comme ça ; mais c'est à peine si elle a ouvert les yeux au dernier moment. Tout le reste du temps, elle est restée sans connaissance.

— On n'a pas appelé un médecin ?

— Qui qui l'aurait payé ? Du reste, le pharmacien d'en face était venu et, après l'avoir examinée, il avait dit :

— Pas la peine. Il n'y a rien plus rien à faire.

Pour tout médecin, il n'est venu que celui des morts ; mais il ne l'a seulement pas regardée, la pauvre femme.

A mesure que la jeune saltimbanque arrivait à la fin de sa narration, Francis se remettait, respirait plus librement.

Cependant une nouvelle appréhension lui vint, quand Eulalie ajouta :

— Il n'y a qu'une chose que je ne me suis pas expliquée, figurez-vous, monsieur Eugène.

— Quoi donc ?

— J'avais bien senti que maman sortait de notre lit pour se lever ; mais à l'âge que j'avais, on se rendort vite, pas vrai ? Je n'ai donc pas su ce qui se passait dans l'escalier.

Seulement, je suis bien certaine de m'être encore réveillée après. On ouvrait la porte de notre loge, tout doucement. Je croyais que c'était elle ; car on a tiré le cordon. Et un peu après j'ai entendu fermer la porte de la rue, en même temps que notre coucou a sonné trois heures.

Or, il a été établi que c'est vers une heure et demie du matin que maman a reçu le coup qui l'a emportée. Il paraît que ça se voit à la couleur verdâtre du sang extravasé sous la peau.

Mais, alors, n'est-ce pas monsieur Eugène qui a tiré le cordon et est sorti à trois heures ?

— Vous avez dit ça à quelqu'un ? demanda Francis.

— J'ai pas osé. Du reste, sur le premier moment, je pleurais tant que je n'y pensais plus. Ensuite, à quoi que ça aurait servi ? Je ne m'en doutais pas.

Il n'y a que plus tard, en grandissant, que je me suis dit qu'il y avait peut-être quelque chose là-dessous. Peut-être qu'un voleur s'était glissé là-haut et que, se voyant surpris, il aura effondré la poitrine à maman pour s'en débarrasser et filer.

Qu'est-ce que vous en pensez, vous, monsieur Eugène ?

— Dame !... je pourrais pas vous dire ! répondit le prétendu Eugène, très gêné, malgré son cynisme, par la candeur de cette jeune fille.

— C'est que le quartier des Folies-Méricourt n'est pas sûr la nuit.

— Je ne dis pas non, répondit Francis. Mais vous étiez bien enfant quand c'est arrivé, et c'est peut-être dans votre sommeil que vous avez cru qu'on ouvrait la porte de la loge, qu'on tirait le cordon et qu'on sortait dans la rue.

— Ah ! pour ça, non ! Je suis bien sûre de ne pas avoir rêvé ; car je me suis relevée en chemise pour refermer la porte de la loge. Je m'y vois si bien que je n'hésiterais pas à en jurer en justice.

Tout en contant cette histoire, la jeune fille faisait son office, c'est-à-dire qu'elle distribuait les cartes de *premières* et recevait l'argent.

Cependant Mme Loupard, dans son maillot couleur chair, avec son caleçon peau de tigre, la suivait du coin de l'œil.

— Qui que c'est que ce coco-là qui cause à la petite ? se demandait-elle. Elle y en dit ben long !

Ce n'est pas qu'elle craignît quelque intrigue galante, oh ! Dieu non. La petite clown, si chaste et vierge qu'elle fût, savait de quoi il retourne le plus souvent à ces saletés-là !

Elle en avait vu des jeunesses comme elle qui pour s'y être fait prendre s'en étaient mordu les doigts. Toutes lâchées dans la misère ; combien qui avaient claqué à l'hôpital !...

Pas de risque avec Ulalie ; le mariage ou « vous pouvez repasser ! » Et encore, elle voulait choisir quelqu'un de bien. Difficile à trouver, possible ; mais elle n'était pas pressée.

Mme Loupard n'avait peur de rien sur ce chapitre-là.

Mais plus d'une fois des concurrents lui avaient fait des propositions d'engagement, à la *p'tite*, et des belles ! et de la monnaie, vous entendez bien !

A Nantes, le directeur d'un cirque américain qui montrait plus de soixante chevaux, quatre éléphants, six chameaux et deux girafes, lui avait offert cinq cents francs par mois et un cachet de cinquante balles quand on jouerait deux fois le même jour.

Mme Loupard avait voulu lui crever les tripes, à cet Américain, dans une lutte pas du tout courtoise, ni à main plate.

Mais Ulalie l'avait rassurée.

— Vous êtes de braves gens, lui avait-elle dit ; je vous aime bien, parce que vous ne m'avez pas battue ni rudoyée, parce que vous m'avez appris un bon métier, et puis que l'hiver vous m'avez envoyée à l'école ; enfin, parce que vous m'avez bien protégée, surveillée et fait de moi une honnête fille.

« Pour lors, c'est pour vous que vous avez travaillé. Vous m'avez donné de bons sentiments, c'est ce qui fait que je vous suis reconnaissante.

« Vous ne m'êtes de rien, d'après la loi, c'est vrai ; mais, moi, je vous adopte avec mon cœur, et vous tiens pour mes parents; aussi, je ne vous ferai jamais de la peine.

« En tout cas, je ne vous quitterai jamais pour aller avec des concurrents. Si ça arrivait, que je travaille ailleurs, ça serait que j'entrerais au cirque de M. Franconi. Ça, c'est mon ambition et vous n'y voyez pas de mal. Mais dans ce cas-là, je gagnerais assez pour que vous puissiez vous reposer, et tout s'arrangerait à notre commune satisfaction.

Là-dessus, voyant qu'ils pleuraient, elle les avait embrassés, en leur disant :

— C'est-il bête de s'attendrir pour ce que je vous dis là ! C'est-il pas naturel ? Si je ne suis pas une ingrate, c'est parce que vous m'avez appris à avoir bon cœur ; c'est donc vous que vous devez féliciter et remercier.

Et, recollant son gentil museau aux terribles joues de la dame qui *tombait* un fort de la Halle, en se jouant, elle redoubla ses caresses, disant :

— Pleure donc pas, ma tante ; ça t'amollit !...

Eh ! mon Dieu, oui ! elle leur avait dit ça, la p'tite, et sincèrement, de son libre mouvement, en pleurant aussi, de ses grands beaux yeux tendres et intelligents.

Mais ces coquins de concurrents sont si enjôleurs ! M{{me}} Loupard avait l'œil tout de même et se répétait :

— Qui que c'est que ce coco-là ?

Singulière coïncidence ! Sans s'en douter, il lui eût été bien facile de le savoir.

Pour cela, elle n'aurait eu qu'à le demander à l'un des quatre Polonais de son orchestre qui, tout en soufflant dans son affaire en cuivre, était tombé en arrêt sur Francis, et ne le perdait pas de vue.

— La Belle-Joséphine ! s'était-il dit. Crédié ! qu'il est rupin à c'tt' heure !

Il contemplait avec envie le chic habillement du misérable, qui vous avait l'air d'un bourgeois cossu. Il avait dû se ranger, pensait le Polonais. Par quelque truc, il avait dû se faufiler en bonne place, en se faisant passer pour ce qu'il n'était pas, à l'aide de faux papiers fabriqués ou volés.

— Qué veinard !...

Tandis que lui, le Polonais, la *guigne* tout le temps !

Tel que vous le voyez, il sortait de Poissy.

Un bon récidiviste ; pas trente ans, et vingt-trois condamnations sur la planche. Ah ! c'est pas lui qui était un inconnu pour les juges de la correctionnelle ! Il leur disait bonjour comme à de vieilles connaissances en y revenant

Pour un peu, il leur aurait serré la main, car il n'était pas fier, pas rancuneux non plus.

Il l'avait dit à l'un d'eux :

— Faut pas me dire des sottises. Je vous en dit-il, moi ? Chacun son état, pas vrai. Moi, je *grinche;* vous, vous *collez à l'ómbre.* Faut pas nous dire des choses désagréables, puisque après tout on est destiné à se revoir.

Les *roussins* aussi, il les connaissait bien. Il ne les méprisait pas. Seulement il cognait dessus, et il répétait au juge :

— C'est mon état qué qu' vous voulez !...

Or, il faut vous dire que s'il était maintenant Polonais dans la baraque des Loupard, ce n'était pas par vocation. Non! fallait trop trimer. Mais, avec le shapska sur la tête, on voyageait gratis, sans se faire ramasser par les gendarmes. Et il en avait assez de Paris. On le connaissait trop. Il voulait opérer autre part.

Pourtant, en apercevant Francis, une autre idée, une idée drôle et pratique lui était venue.

— Lui qui a *fait chanter* tant de *pantes,* se dit-il, ça serait bougrement malin de le *faire chanter* à son tour !

Pas difficile. Le Polonais avait été le complice de la Belle-Joséphine dans presque toutes les affaires de ce bon temps-là.

Il y en avait une collection ! Rien que l'embarras du choix : effraction de clôture, de porte, de meuble; coups et blessures ayant entraîné la mort; viols suivis ou non de meurtres, attaques nocturnes, assassinats, incendies; tout le répertoire.

Pas tous connus ; nombre d'affaires *classées,* c'est-à-dire abandonnées faute de renseignements, mais qui, sur un mot, remonteraient à flot.

Pour en empêcher son ancien camarade, la Belle-Joséphine *casquerait* raide. Et, au lieu de s'essouffler à faire le Polonais sur l'estrade du père Loupard, quelle *balade* en *flambard,* mes enfants !

A nous les cigares de trois sous, les filles à dix francs, les extras *épatatoires,* précédés de la douzaine d'huîtres avec un citron, — ô luxe oriental! — et suivi du café, pousse-café, rincette, sur-rincette, coupe-gueule et tord-boyaux ! Les somptuosités de l'Olympe, sans compter le complet de soixante francs à la Belle-Jardinière, les souliers vernis à vis, avec des chaussettes chinées, et adieu, la casquette à trois ponts, un vrai bolivar tuyau de poêle sur la tête, comme un « monsieur » qui vous a jusqu'à des quarante francs qui lui battent la cuisse dans la poche de son pantalon.

Voilà ce que le Polonais voyait en perspective, et sa joie intérieure était si vive que, malgré le frisquet du soir, il en avait des moiteurs qui dégoulinaient sous son shapska.

Aussi, tant pis pour le quatuor du papa Loupard ; à la représentation suivante ils ne seraient que trois au quatuor.

Tout à son projet, le Polonais, reprenant ses *frusques* « d'homme du monde » *filerait* la Belle-Joséphine jusqu'à son *perchoir*.

Demain on s'arrangerait pour savoir sous quel nom et dans quelle condition le bon apôtre se gobergeait.

Puis un petit avertissement et... *aboulons la braise à Bibi !*

Si attrayante que fût la représentation, Francis n'en attendit pas la fin pour s'en aller.

Ce que lui avait dit Eulalie lui trottait par la tête. Il réfléchissait malgré lui, et le résultat de ses réflexions était à peu près celui du Polonais.

— Je suis brûlé à Paris !

On l'y connaissait trop. A tout instant une rencontre fortuite pouvait renverser l'échafaudage de la prospérité qu'il s'était acquise, enfin, par le coup de la veuve Valph.

Il fallait filer dans les départements où à l'étranger, s'il voulait jouir en paix du produit de son *travail*.

Il avait eu de la chance jusqu'ici. Pas une condamnation. Une seule fois il avait passé aux assises ; mais, faute de preuves, il avait été acquitté.

Ça pouvait changer.

Et vraiment ça serait trop bête de se faire couper le cou ou seulement envoyer en réclusion, quand, au bas mot, il avait cinq mille livres de rente.

Bon pour les pleure-pains et les vagabonds de manger les légumes secs du gouvernement.

Aucun goût pour la « la Nouvelle » non plus.

Il faut travailler là-bas.

Lui, il n'aimait pas travailler. Il n'avait pas été élevé à ça.

Donc, adieu Paris !

Facile de quitter M. Mathieux-Boulare sans donner l'éveil. Il lui dirait qu'il allait se marier. Ça ne ferait pas un pli.

Pourtant ça lui coûtait de quitter la capitale de la France. Il n'y a que là qu'on s'amuse, là qu'on trouve des gens intelligents, des plaisirs délicats, les théâtres, la bonne musique et des jolies femmes qui ont de la conversation.

Oui ; mais trop dangereux !

En se rappelant ce que venait de lui dire la petite clown, il en avait encore des sueurs froides.

On l'a deviné certainement, la mère d'Eulalie n'avait pas glissé dans l'escalier.

C'est lui qui, surpris par elle, l'avait étourdie d'un coup de poing en plein visage, puis, la voyant à terre, lui avait crevé l'estomac d'un coup de talon de botte.

Après quoi, il l'avait descendue sur son dos pour faire croire qu'elle était tombée et s'était tuée toute seule.

En dépit de sa forfanterie à ne pas se laisser émouvoir, ça l'avait dérouté de se trouver inopinément en face de l'enfant de sa victime.

Et quand elle lui avait dit qu'elle était si sûre d'avoir entendu ouvrir la loge, tirer le cordon et sortir, comme trois heures sonnaient au coucou, qu'elle en jurerait en justice, les pulsations du cœur de Francis s'étaient arrêtées net.

Il avait eu peur.

Puis l'instinct de conservation réagissant aussitôt, s'il n'eût pas été en public il eût étranglé la fillette pour l'empêcher de répéter jamais ce qu'elle venait de dire là !

De quoi le faire guillotiner, ni plus ni moins.

Car, que faisait-il dans cette maison à cette heure-là ?

Si Eulalie l'avait su, elle eût compris que la rupture du mariage de celui qu'elle appelait M. Eugène Malroy, avec la fille de la lingère, avait justement fait pleurer les deux femmes.

Grâce à des papiers volés par lui, en Cochinchine, à un camarade du régiment qui avait reçu un coup de sabre à travers le ventre, dans une ambuscade, un jour que tous deux et quelques autres étaient allés à la maraude, il s'était fait passer près de la lingère pour celui-ci : Eugène Malroy.

Sachant que la veuve possédait un petit avoir d'une douzaine de mille francs, il avait demandé la fille en mariage.

Pour avoir dévalisé une boutique de bijoutier quelque temps avant il était bien assis et montrait des billets de banque dans son portefeuille.

Il disait être sur le point d'être nommé comptable chez un grand industriel.

On l'agréa. Il fit sa cour et plut.

Un jour, trouvant la jeune fille seule, il l'avait pressée de lui accorder un acompte sur la nuit des noces. Elle avait résisté, lutté, mais, la violentant tout à coup, il l'avait forcée.

La honte avait retenu sa fiancée de crier, de se plaindre ensuite.

Ces dames couchaient au premier étage.

Un dimanche, il avait voulu les régaler à ses frais. Pas au restaurant, chez elles.

Du voisinage on avait apporté un dîner et du vin.

Et au dessert il avait voulu faire des crêpes.

Mettant un tablier, pétrissant la pâte, il les avait bien amusées.

Cependant, un peu alourdies déjà par les vins trop capiteux sans doute, dès qu'elles eurent mangé des crêpes, une envie de dormir extraordinaire les prit.

Il les plaisanta, leur disant qu'elles étaient *poivrotte*.

Mais il les laissa se coucher.

Seulement, il vola la clef de l'appartement. Et, loin de descendre l'étage pour s'en aller, il s'assura qu'il n'y avait personne dans l'escalier et grimpa au sixième, se cachant dans un réduit fermé au verrou, où la portière mettait des défroques, de vieux paillassons et des balais hors d'usage.

Là, il attendit, sûr que les deux femmes étaient plongées dans un sommeil factice, grâce au narcotique contenu dans le vin, le café, et les crêpes.

Vers une heure du matin, pensant que tous les locataires étaient rentrés, il sortit de sa cachette et descendit.

Au second, son pied glissa sur une pelure d'orange et il fit quelque bruit en se retenant.

C'est ce bruit qu'entendit la mère d'Eulalie, qui alluma une chandelle et alla voir ce que c'était.

Il l'attendit dans l'ombre, et l'on sait ce qu'il fit de la malheureuse.

Sur quoi, il entra dans l'appartement de la lingère, força un meuble, prit le trésor, sortit, se tira le cordon et...

— Au plaisir!

Rentré à un garni où depuis un mois il s'était fait inscrire sous le nom de Francis Antoine et où il allait de temps en temps, se disant domestique en quête d'une place, il eut de la déception en examinant son vol.

La moitié était en titres nominatifs.

Rien à en tirer, à moins de se faire prendre.

Pas si bête!

Soigneusement il les brûla, en recueillit les cendres, que le lendemain soir il éparpilla au vent du haut du Pont-Neuf.

Cherche à présent!

Il lui restait six mille francs, c'était déjà joli.

Un autre les eût croqués avec fracas. Oui! pour que, sur la plainte des volées, on s'inquiétât de ses libéralités!

Fini ce temps-là! Bon pour les débutants, les *grinches* de seize à dix-huit ans, qui, sitôt le coup réussi, s'en vont gobichonner dans les maisons de tolérance, dont le *patron* est un indicateur de la préfecture de police

Lui se tint tranquille. On rigolera un peu plus tard, quand l'affaire sera étouffée.

Précautions superflues en cette circonstance!

Les volées ne se plaignirent pas. La mère en parla. Mais la malheureuse

LES ERREURS DE LA GUILLOTINE

— Enceinte d'un malfaiteur ! Taisons-nous ! et pleurons en silence.

jeune fille avoua que, violée d'abord, crainte d'être quittée, elle s'était livrée ensuite, et qu'à présent elle était enceinte.

Enceinte d'un malfaiteur!

Taisons-nous! Et pleurons en silence.

Elles vendirent le fonds de lingerie. On rattrapa les sommes représentées par les titres nominatifs et on ne sut pas pourquoi le mariage avait été rompu.

Six semaines après la mère et la fille disparaissaient, allant se cacher au loin, on ne sait où.

Un haut policier en retraite disait à l'auteur de ce livre :

— Sur vingt crimes commis, dix restent ignorés, faute de dénonciation, crainte de scandale des victimes, indifférence des voisins, répugnance à se faire délateur, ennui d'aller témoigner, préjudice de temps perdu, effroi instinctif pour tout ce qui touche à la police et à la justice.

« Sur les dix restants sept restent impunis faute de découvrir les coupables,

« Sur les trois arrêtés, deux sont relaxés faute de preuves matérielles, par ordonnance de non-lieu ou acquittement du jury.

« Il reste un accusé, qui paye pour les vingt autres.

Nous ajouterons :

Et parfois ce dernier est un innocent!

En tous cas ce n'était pas celui qui avait *travaillé* jusqu'ici sous les noms de Francis Antoine, la Limace, la Belle-Joséphine, Eugène Marloy, etc.

Mais il était libre, tandis que Maxime Létang était à Mazas.

Ayant quitté la représentation de la famille Loupard, il rentrait chez son maître, le député Mathieux-Boulare, en se répétant :

— Oui, tout bien vu, tout considéré, maintenant que j'ai fait mon affaire ; maintenant que j'ai *le sac*, il faut m'évanouir en douceur, voir des contrées où je puisse faire peau neuve.

Il était plongé si avant dans ses réflexions qu'il ne remarquait pas une ombre qui, longeant les murs, le suivait à distance.

Cependant la rue d'Aumale est peu fréquentée.

Après quelques pas, il entendit un pas traînant qui emboîtait le sien.

Il se retourna par habitude de prudence; mais, ne constatant rien d'insolite dans les allures de l'individu, il poursuivit jusqu'à sa porte, au n° 57.

Là, il fit semblant de sonner.

L'individu venait à lui; Francis se promettait de le dévisager au passage.

Ça ne réussit pas.

Un peu avant, celui qu'il voulait voir et qui chantonnait à mi-voix tourna la rue.

Francis sonna.

Mais comme on ouvrait, il tressauta en entendant son homme chanter d'une voix canaille une chanson de bouge à malfaiteurs où il était fort assidu jadis, et qu'un assassin-poète avait composée à son intention en s'affranchissant des règles de la prosodie.

Le refrain était :

> *Cré chien qu'elle est fine, fine, fine,*
> *La Belle-Joséphine.*
> *Pour amuser le* PANTE *à* DANSER,
> *Il faut qu'il* TURBINE ;
> *Car elle est bien fine, fine, fine,*
> *La Belle-Joséphine !*

Était-ce rencontre de hasard ?
Était-ce menace ou avertissement ?
Francis ne sut se répondre et resta perplexe.

Son maître n'était pas rentré. Prudemment, il visita les cendres refroidies des différentes cheminées, celles du poêle de la salle à manger plus exactement encore.

Rien nulle part, aucun vestige des vêtements ni des souliers brûlés.
Toutefois, il ralluma du feu partout.

> *Deux prudences valent mieux qu'une,*

A dit le fabuliste,

> *Et le trop en cela ne fut jamais pendu.*

Eh bien ! n'importe ! tout en ordre, tout en règle, le produit de son dernier crime caché, les preuves de son attentat détruites, la justice lancée sur une fausse piste, un innocent livré en son lieu et place, des papiers suffisants, cachés de même ici et là en endroits sûrs, par lesquels il pouvait se faire telle ou telle individualité, à son choix, il n'était pas complètement rassuré, tranquille.

C'est qu'on ne saurait se prémunir contre le hasard, qui déjoue toutes les habiletés.

Voyez-vous cette Eulalie, cette *gonzesse*, cette clown de la famille Loupard qui, du premier coup, avait reconnu en lui l'ancien fiancé de la fille de la lingère de la rue des Folies-Méricourt !

A y repenser, l'assassin de la portière sentait son sang se figer dans ses veines.

Malgré son cynisme, il frémissait à se revoir en face de l'enfant de la malheureuse que d'un coup de pied il avait tuée en lui effondrant la poitrine.

Rien à craindre de ce côté pourtant.

La police, si méticuleuse en certains cas, avait fait preuve en celui-ci d'une légèreté incompréhensible, mais si fréquente... !

Pas de trace de vol, ça lui avait suffi pour admettre la version d'un accident. Qui se plaignait, du reste ? Personne, puisque l'enfant n'osait.

Et puis, la mort d'une femme de ce niveau inférieur, est-ce bien intéressant ?

Bah ! le médecin des morts concluait à admettre l'accident. Vu comme il est dit. Voilà le permis d'inhumer, sans l'autopsie légale.

Vrai ! le meurtrier avait eu de la chance !

Finie, cette affaire-là !

Eh bien, non !

Au moment où il y songeait le moins, voilà qu'une petite saltimbanque surgissait à ses yeux, ravivant la personnalité que le bandit pensait avoir enterrée, anéantie, pour sa plus grande sécurité.

Allait-il se voir obligé, par souci de cette sécurité, de risquer un nouveau meurtre ? Fallait-il qu'il cherchât le moyen de tuer la fille après avoir tué la mère, afin de l'empêcher de le trahir ?

Ah çà ! ça faisait donc la boule de neige ? C'était donc comme un engrenage ? Une fois le doigt entré dans les rouages, tout le corps devait y passer ?

Sacré sale métier ! On ne serait donc jamais tranquille !

D'ailleurs, faire une victime de plus, c'est bientôt dit. Mais où l'occasion ? Quel tracas encore !

La menace, au surplus, n'était pas de ce côté-là.

Voyez cet arsouille, qui venait de lui fredonner le refrain de la *Belle-Joséphine*.

Qui était fine, fine, fine.

Qu'est-ce que ça cachait au juste ?

Il ne manquerait plus que de retomber nez à nez, avec quelque ancien *camaro* embrigadé autrefois sous le commandement de *la Limace*.

En voilà encore des cadets dont il ne serait pas commode de se débarrasser ! Trois surtout : cette rosse de *Trukard*, ce mufle de la *Demoiselle* et cet idiot de *Crève-la-Gueule*, qui faisait le malin et qui ne crevait jamais rien à personne, lâche et *fouinard*, qui tirait toujours son épingle du jeu, quand il fallait jouer du couteau, de façon à s'assurer les circonstances atténuantes !

Fichue rencontre à faire tout à coup, si ces trois *galvaudeux*-là n'étaient ni à Passy ni à Clairvaux !

Tout cela, Francis se le répétait dans son lit, d'où le sommeil le fuyait.

Et il arrivait toujours à la même conclusion :

— A tout prix, il faut filer !...

Un rude assaut encore, c'était tout à l'heure, quand l'ami de M. Mathieux-Boulare, le haut policier, viendrait déjeuner !

Par avance Francis en avait la sueur froide.

Mais il fallait payer d'audace. Du premier coup il verrait son affaire.

Son service prêt, on sonna.

— A la grâce du diable ! se dit-il ; si l'argousin me reconnaît, zut ! je les *chaurine* tous les deux !

Et livide, les dents serrées, il alla ouvrir, en tâtant dans sa poche, le revolver qu'il y tenait tout armé.

En face de l'invité du député, il se rassura.

Il ne le connaissait pas.

Nulle part, il ne s'était trouvé devant ce policier.

— Qui aurai-je l'honneur d'annoncer ? demanda-t-il d'une voix ferme.

— M. Oscar de la Ville-Viquier.

— Monsieur veut-il prendre la peine d'entrer ?

Et Francis ouvrit le petit salon, où se trouvait son maître.

— Bonjour, mon cher ami, dit M. Mathieux-Boulare. Vous êtes bien aimable d'avoir accepté mon invitation impromptue et intéressée.

— C'était le moins que je vous dusse, mon cher député. Mais je ne pourrai rester longtemps en votre amicale compagnie.

— Ce crime au sujet duquel vous avez désiré causer avec moi me taille une satanée besogne.

— Ce matin a eu lieu le premier interrogatoire de l'inculpé, et à trois heures nous avons sa confrontation avec les victimes à la Morgue.

— Monsieur est servi, dit Francis.

Il avait tout préparé, de façon à ce que son service lui permît d'assister à la conversation des deux hommes.

— Eh bien ! à table ! fit le député en faisant passer son hôte à la salle à manger.

Pendant que les deux amis grignotaient les hors-d'œuvre, le meurtrier, debout près de la desserte, levait les filets d'une sole au vin blanc qu'il avait soignée. Elle baignait dans une sauce délicate où s'éparpillaient des queues de crevettes, des moules et d'appétissants champignons.

— Mais, cher député, disait M. Oscar en arrosant des radis roses d'un doigt de haut-barsac, cette affaire me jette dans une perplexité que je n'ai guère éprouvée jusqu'ici. Je ne sais qu'elle conviction me faire. Mais, parole d'honneur, je n'en ai pas encore rencontré de pareille.

D'abord, cet interrogatoire de ce matin a été terriblement dramatique.

— Et comment ?

— Ne fût-ce que par l'attitude de l'inculpé.
— Il était désorienté, abattu?
— Pas du tout! C'est lui qui avait l'air d'être l'accusateur.

« — Ah çà! disait-il au juge d'instruction, vous n'avez donc aucune intelligence. Comment, vous ne voyez pas, du premier coup que votre accusation ne tient pas; c'est simple, ridicule.

« Mais j'aurais tué ma tante? Pourquoi faire?

« C'est élémentaire en criminalité : la présomption du crime doit se porter vers qui a intérêt à ce crime, à qui il peut profiter.

« Or, où est mon intérêt, à moi?

« Je voulais l'empêcher de se remarier, n'est-ce pas? Je voulais ses quatre millions?

« Eh! renseignez-vous! On vous dira que je vis très à l'aise et très content avec les dix à douze mille francs que je gagne par an.

« Que sauf la galanterie — ce dont je m'accuse et me repens — je n'ai ni vices ni habitudes coûteuses.

« Que j'adore ma femme et mes enfants.

« Que je ne dépense rien pour moi.

« Que diable voulez-vous que je fasse de quatre millions?

« Et puis, à moi seul, j'aurais tué d'un seul coup, ma tante, sa femme de chambre et un valet qui d'un coup de poing aurait pu m'envoyer rouler sur le parquet.

« Bien plus, je l'aurais lié, je l'aurais étranglé, et avec mon mouchoir, par-dessus le marché!

« Mais, c'est idiot!

« Mais, monsieur le juge, vous ne savez pas votre métier.

« Mais vous volez vos émoluments.

« Loin d'être un défenseur de la société, vous êtes son pire ennemi, un fonctionnaire dangereux à force d'insuffisance.

« Pour Dieu! mettez des lunettes ou demandez conseil.

« A force de zèle et d'ineptie, vous devenez odieux!

« Sur quoi, le juge se fâchant, ce Maxime Létang le reprit.

« Oui, fit-il, je vois ce que c'est! Votre amour-propre entre en cause!...

« Il ne s'agit pas d'assurer la justice. Qu'est que ça vous fait?

« Il s'agit que vous ne vous trompiez pas!

« Il vous faut un coupable; en voilà un, vous ne le lâcherez pas. Qu'on lui coupe le cou; s'il est innocent, tant pis!

« Vous n'en aurez pas moins acquis du droit à l'avancement!

« Votre vanité et votre intérêt sont d'accord ici.

« Guillotinez-moi ça ; j'aurai peut-être la croix.

« Eh bien ! encore une fois, vous êtes inepte et odieux, et je veux vous apprendre votre état.

« Rien que sur ce que vous me rapportez, je vous dis moi, qu'un homme seul n'a pu faire le coup.

« Je vous dis qu'il fallait qu'ils fussent au moins deux.

« Et quand vous me dites en quelle attitude on a trouvé le valet de chambre Prosper Lami, je trouve que vous n'êtes guère malin de ne pas voir tout de suite qu'il était l'un des coupables, dont l'autre ou les autres se sont débarrassés afin de ne pas partager avec lui.

« Il a fallu qu'il se prêtât à ce qu'on lui attachât les bras.

« Et s'il était à demi étranglé avec un de mes mouchoirs, c'est que pendant le dîner, on me l'a volé dans mon paletot.

« Voilà, monsieur le juge, ce que vous devriez avoir honte de vous laisser apprendre par un tiers, par moi, qui, si arrêté que je sois, suis un honnête homme, et vous jette une réprobation souveraine à la face quand je vous vois l'aplomb d'accuser un innocent sans réfléchir à l'iniquité que vous commettez.

— Diable ! fit le député pendant que Francis changeait les assiettes, voilà un gaillard !

« Et que disait le juge ?

— Il rageait à blanc.

— Et vous, mon cher Oscar ?

— Moi, j'étais très frappé.

— Vraiment ?

— C'est qu'il y a beaucoup de vrai dans ce que dit cet accusé. Il est impossible d'admettre qu'un seul homme ait commis ce triple crime, et je croirais volontiers que ce Prosper Lami ait été complice.

— D'ailleurs, ajouta le policier, la facture des plaies dénote une main exercée à manier un couteau.

A ce moment Francis, tout oreilles, dépeçait un faisan truffé avec une dextérité de fin maître d'hôtel.

— Le meurtrier, à mon sentiment, poursuivit M. Oscar, doit être, non pas un commis voyageur, non pas un père de famille qui divise plus ou moins habilement le gigot, le rosbif, le poulet, le pot-bouille du ménage bourgeois ; mais un aide d'amphithéâtre, ou un boucher, ou un charcutier, ou encore un de ces valets de bonne maison qui tranchent une pièce de victuaille avec le talent spécial à ces gens-là.

— Tenez ! fit-il en désignant Francis, comme fait votre domestique, mon cher, qui a vraiment le talent requis.

Ce qu'il fallait d'énergie au valet de M. Mathieux-Boulare, pour ne pas se trahir, est indicible.

Il voyait rouge.

Un mot de plus et, saisissant son revolver, il eût brûlé la cervelle au policier et au député, à tout risque.

Après comme après!

— Mais au fait, dit le législateur, vous avez servi chez cette Mme Valph, vous, Francis.

M. Oscar ouvrit l'œil.

Le sang du domestique ne fit qu'un tour. Il lui sembla que le plancher s'effondrait, qu'il allait s'évanouir.

Mais se raidissant :

— Effectivement, monsieur, répondit le meurtrier sans broncher.

Et la main ferme, l'attitude correctement servile, il présenta le plat à M. Oscar, lui offrant le meilleur morceau du faisan.

— Combien de temps ? demanda celui-ci en se servant.

— Six mois, monsieur.

— Vous avez connu Prosper Lami ?

— Il m'a succédé chez Mme Valph.

— Vous avez eu des rapports avec lui ?

— Durant trois jours. Le temps de le mettre au courant du service de madame.

— Était-il aussi fort qu'on le dit ?

— Je n'ai pas eu occasion de le remarquer.

— C'est vous qui lui avez appris à découper ?

— Je lui ai donné quelques notions.

— Où avez-vous appris vous-même ?

— Au cercle de *Ganachons*, où j'étais maître d'hôtel.

Tout ce dialogue mettait Francis à la torture.

Non seulement il fallait répondre librement, mais encore accomplir son service d'un air aisé; car, par habitude de la profession, M. Oscar de la Ville-Viquier le tenait sous un regard scrutateur qui, à chaque minute, faisait incliner le misérable à y couper court, en tuant les deux hôtes, si le moindre vertige de soupçon apparaissait sur la physionomie de l'un deux.

Il n'en fut rien.

Mais les malheureux ne se doutaient pas qu'en sablant le Léoville, que le valet de chambre leur servait, ils côtoyaient de si près la mort tragique dont les menaçait le bandit domestique.

Et lui, voyant qu'il échappait, se faisait goguenard intérieurement.

LES ERREURS DE LA GUILLOTINE

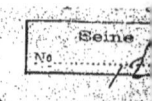

— Ficnus bêtes! s'ils savaient qu'ils sont servis par le chourineur de la femme Valph!...

— Fichues bêtes! pensait-il. S'ils savaient qu'ils sont servis par le *chourineur* de la femme Valph!... Pas fort, le *roussin!*...

« Et dire, ajouta-t-il avec pitié, dire que j'en avais peur !... j'suis encore bon enfant, par exemple !

De fait, on ne faisait plus attention à lui.

— En sorte, reprit M. Mathieux-Boulare, que ce neveu de la principale victime, vous le croyez innocent, mon cher Oscar.

— Doucement! répliqua celui-ci.

— Que croyez-vous pourtant?

— Je crois que s'il est coupable il ne l'est pas seul.

— Il aurait des complices?

— S'il a pris part à l'attentat, c'est forcé.

— Mais y a-t-il pris part?

— Je ne saurais me prononcer.

— Le secret professionnel vous retient de me dire votre pensée?

— Ce n'est pas ça. C'est que de graves charges s'accumulent contre lui. La principale est qu'il refuse de dire quel a été l'emploi de sa nuit du 21 au 22 janvier.

« Il aurait dû prendre le train de 8 h. 15 le 21 au soir et, de fait, il n'a pris que celui du lendemain matin, 22.

« Où a-t-il passé la nuit?

— Que répond-il?

— Rien. Il s'embarrasse. Il fait pis, il pleure.

« Plus encore, il essaye de se raccrocher à une excuse vieille comme le monde, une ficelle dont les romanciers ont abusé. Il fait semblant de prétendre qu'il y a une intrigue galante, adultère là-dessous, et que, par délicatesse, il ne veut pas compromettre une femme.

« C'est usé jusqu'à la corde.

« Et, du reste, cela ne saurait expliquer pourquoi il y avait une tache de sang à son paletot.

« Toutefois, se hâta d'ajouter le haut policier, il y a un mystère qui plane sur sa conduite, et je crois que l'instruction sera très difficile, très longue surtout !

— C'est vous qui en êtes chargé?

— Jusqu'ici. Mais le juge se méfie de moi. Et je ne serais pas étonné qu'il me fît reprendre l'affaire pour la confier à quelqu'un de plus soumis que moi qui, après tout, cherche exclusivement la vérité.

— Bon à savoir, pensa Francis.

Au total, ce déjeuner que l'assassin redoutait tant tournait à son avantage.

Lui, du moins, il était hors de cause.

Restait à empêcher que M. Oscar ne fût trop perspicace.

Le meilleur moyen était de lui faire retirer l'affaire.

Ce n'était pas impossible.

Par des lettres anonymes au juge d'instruction, on devait parvenir à mettre celui-ci plus encore en défiance contre le policier.

Cela obtenu, son successeur entrerait dans les idées du magistrat instructeur et adopterait l'idée fixe du parquet, qui, à tout prix, voulait que Maxime fût le seul coupable.

Eh bien ! Francis y pourvoirait.

Imiter écriture et signature était aussi un de ses talents.

— Attends voir ! se dit-il.

Comme il l'avait annoncé, M. Oscar ne pouvait prolonger sa visite, car il devait procéder à l'horrible formalité de la confrontation de l'inculpé avec les cadavres maintenus à la Morgue dans l'appareil frigorifique.

— Nous allons voir quelle tenue gardera le malheureux ! dit-il en prenant congé du député, qui, de son côté, acheva de s'habiller pour se rendre à la Chambre des députés.

Impassible et correct, Francis aida le policier à endosser son pardessus, lui présenta sa canne et son chapeau, et lui ouvrit la porte du carré.

A peine M. Oscar avait-il passé que l'assassin, changeant d'aspect, lui montra le poing à travers la porte refermée.

— Oh ! rosse ! murmura-t-il entre ses dents, si je peux jamais te piger dans un coin, tu me le payeras, le *taffetas*[1] que tu m'as flanqué tout ce matin !

Comme il revenait à son maître pour l'aider, lui aussi, à passer son paletot :

— Qu'est-ce que c'était que cette dame Valph ? lui demanda celui-ci.

— Oh ! monsieur !... répondit Francis, en jouant l'attendrissement, la meilleure personne du monde ! Et si bonne pour ses serviteurs !

— Une ancienne farceuse, m'a-t-on dit.

— Des calomnies, monsieur. Je n'en ai jamais entendu dire que du bien. Et quand j'ai appris l'horreur dont elle a été victime — c'est bête d'un homme, pourtant je suis obligé d'en convenir — j'ai pas pu m'empêcher que d'avoir les yeux mouillés.

« Ah ! si j'étais resté au service de la pauvre Mme Valph, ça ne serait pas arrivé, j'en jure !

M. Mathieux-Boulare en fut touché.

— J'ai là un excellent domestique ! se dit-il. Très attaché à ses maîtres. Oh ! je peux être tranquille avec lui !...

[1]. La peur.

Il ne se doutait pas que peu d'instants auparavant, ce même *excellen domestique* avait été à deux doigts de lui casser la tête d'une balle de revolver, si M. Oscar avait dit un mot de trop.

— Et le neveu de cette malheureuse femme, l'avez-vous connu, Francis?
— Je l'ai entrevu quelquefois.
— Qu'en pensez-vous?
— C'est bien délicat, monsieur!...
— Sans doute, mon ami. Mais entre nous?...
— Je ne voudrais pas paraître ridicule aux yeux de monsieur. Il est permis d'aimer les femmes... mais un homme marié!... ça coûte cher... Faut dissimuler les dépenses dans son ménage, si on en a un ou plusieurs en ville... Enfin!... ça ne me regarde pas ; mais... j'aime pas ça. Un garçon, va!... Mais un père de famille?... J'aime pas ça, voilà tout!

De plus en plus M. Mathieux-Boulare était enchanté.

— Beaucoup de moralité naturelle, mon domestique! pensa-t-il. Ce n'est pas le fruit de l'éducation, ce n'est pas l'influence de la famille, puisqu'il est orphelin. Non. C'est instinct, honnêteté innée. Il a ça dans le sang. Décidément, je ne pouvais pas mieux tomber!... se répéta le député.

« Et, ma foi! comme il prenait des cigares dans une boîte qu'une marchande très jolie — et pas méchante du tout! — lui choisissait, il en mit une poignée dans la main de son fidèle serviteur.

— Dites-moi, Francis, ajouta-t-il pour conclure, la session va finir. Le Parlement aura deux mois de congé. Je les passerai en Bourgogne, dans la propriété de mon beau-frère, où est mon collège électoral. Je compte vous emmener. Vous n'avez pas d'empêchement?

— Je suis aux ordres de monsieur.

Je crois bien qu'il était à ses ordres!

Disparaître de Paris durant deux mois, en voilà une bonne aubaine

C'était la délivrance!

Là, dans un château, couvert par la notoriété du député de l'endroit, à peu de distance de la Suisse, c'était un acheminement naturel et logique vers la réalisation de son fameux idéal.

Il se crut sauvé.

C'est du moins ce qu'il se répétait dans la cuisine en mangeant une aile du faisan truffé dont le haut policier avait pris sa part.

Et le coquin riait!

Quand, on frappa à la porte de l'escalier de service.

Il ouvrit.

C'était la portière, elle lui présenta un papier grossier, assez sale, maladroitement plié et cacheté avec une miette de pain mouillé.

Ce billet singulier lui fit l'effet d'un seau d'eau sur la tête, et il frissonna en apercevant, marquées en creux dans la pâte du cachet séché, deux lettres, singulièrement disposées.

Ces lettres étaient L. P.

Rien d'extraordinaire, sans doute.

Seulement, elles étaient bizarrement disposées. C'est-à-dire que chacune était à l'envers de l'autre.

Ainsi, par exemple : « 7 P ».

De plus, un trait les coupait transversalement.

Eh bien ?...

Eh bien, cette ligne et ces deux lettres, imprimées dans la mie de pain, étaient un signe de ralliement.

Cela, en langage des prisons, voulait dire : « la Pègre¹ ».

La suscription portait :

« *A Mossieu*
« *Mosieu le domestique de*
« *Monieu*
« *Mossieu Matieuboulare,*
« *Représentant du peupe*
« *57, rue Daumalle*
« *à Paris.* »

Francis fit bonne contenance.

— C'est quelque attrape ! fit-il en riant à la portière. Ça vient par la poste ?

— Non, c'est un commissionnaire médaillé qui s'en est allé tout de suite.

— Oui, une bonne farce, une lettre anonyme.

La portière n'en demanda pas plus long.

Et Francis, de nouveau seul, sentit moins la peur que la colère l'envahir.

Lui qui tout à l'heure se flattait de rompre avec le passé ! Voilà que ce passé le ragrippait par la jambe. Quelque ancien complice l'avait reconnu et, le supposant, non sans raison, en bonne passe, cherchait à le faire chanter.

— Voyons ! se dit-il avec une rage ardente qui ne promettait rien de bon à l'indiscret.

Il déchira le cachet, et voyant du premier coup, dans quel style la missive était rédigée, il eut un éblouissement d'épouvante, frappé, abattu par une pensée terrible :

— Je suis flambé !... Tout croule !...

1. Le monde des voleurs et des assassins.

Il y avait :

« J'm'en *ramonne* encore les *chassis* [1]. C'est-y *le mec des mecs* [2] possible, que t'ait pu faire la nique aux *quarts-d'œil* [3] et aux *marchands des lacets* [4] et qu'au lieu de te laisser *embater* [5] t'ait pu éviter *la sauce* [6] et tricher la *veuve* [7] au point qu'à c'tte heure, tu fais tes *esbrouffes* [8] tout *rupin* [9] comme un *sinve* [10]. Crédié! plus que ça de *pelure* [11], plus que ça de *paffes* [12] vernis au bout de tes *flutes* [13] plus que ça de *boîtes à cornes* [14] sur ta *sorbone!* [15]. A te voir les *arpions* [16] dans des gants, quand je *t'emboîtais* [17] hier à la *sorgue* [18] sur le *trimart* [19] et que t'avait *grelotté* [20] à la *lourde* [21] de ta *tolle* [22] je me demandais si j'étais pas *poivreau* [23]. Ah çà! t'as donc bien du *beurre* [24] à présent? Il me semblait entendre la *mousseline* [25] *chanter* [26] dans ta *profonde* [27]. Ah çà qui qui *t'aboule* [28] des *ronds* [29] comme ça?... »

Sur ce ton le correspondant continuait, insinuant d'abord, qu'il ne fallait pas avoir l'air de renier les anciens camarades.

Puis, plantant les pieds dans le plat, il menaçait carrément Francis de le démasquer s'il ne mettait les pouces et ne donnait pas de l'argent au signataire de la missive, qui dérobait son état civil sous le sobriquet de :

Le Sacristain!

Le valet de chambre du député ne s'y méprit pas. C'était là l'homme qui l'avait suivi la veille sur le *trimart* à la *sorgue*, et qui avait traversé la rue en chantonnant le refrain de la *Belle Joséphine*.

— Ah! c'était le Sacristain, se dit-il. Je ne l'ai pas reconnu. Faut dire aussi que je le croyais *à l'ombre*.

« Eh bien! ajouta-t-il, après un moment de méditation, il aurait mieux fait d'y rester à l'ombre, et c'est de la déveine pour lui de m'avoir rencontré!...

« Ah! il te faut de *la braise*, mon garçon!... Soit! T'en auras! Mais tu sauras ce que ça te coûtera, par exemple!...

En prononçant ce dernier mot, les poings crispés, les lèvres blanches, on eût dit qu'il portât l'arrêt de mort du misérable qui en se mettant en travers de son chemin devenait un danger pour sa sécurité.

---

1. Je m'en frotte encore les yeux. — 2. Dieu. — 3. Commissaire de police. — 4. Gendarmes. — 5. Arrêter. — 6. Les condamnations. — 7. La guillotine. — 8. Tu prends des airs réguliers. — 9. Mis en bourgeois. — 10. Honnête homme. — 11. Redingote. — 12. Souliers. — 13. Jambes. — 14. Chapeau. — 15. Tête. — 16. Les doigts. — 17. Je te suivais. — 18. Nuit. — 19. Chemise. — 20. Sonné. — 21. Porte. — 22. Maison. — 23. Saoûl. — 24. Argent. — 25. Pièces de monnaies. — 26. Sonner. — 27. Poche. — 28. Te donne. — 29. Pièces de 5 francs.

IX

À LA MORGUE

Ainsi que l'avait dit Oscar, l'infortuné Maxime Létang, après sa comparution devant le juge d'instruction, avait été réintégré à Mazas.

Quand, en sortant du Dépôt, il y avait été amené la première fois, ça lui avait fait l'effet d'un soulagement.

Le premier soin obligatoire envers tout nouveau venu, dans cette prison préventive, pour le plus grand nombre, c'est de lui faire prendre un bain et de nettoyer ses habits de la vermine.

Le malheureux garçon en était à ce point que ces précautions lui parurent une amélioration considérable de sa situation.

Là, dans cette cellule close, silencieuse, il se trouva tranquille et son esprit, surexcité si cruellement depuis son arrestation à Bordeaux, s'apaisa peu à peu.

A ce moment, il ignorait encore l'horreur de l'accusation qui pesait sur sa tête.

Il continuait à se bercer de l'espoir qu'en deux minutes, le juge d'instruction reconnaîtrait la bévue de la police, et le mettrait en liberté sur-le-champ.

Aussi aspirait-il à paraître devant ce magistrat.

Ne doutant pas de son élargissement, puisqu'il n'avait rien à se reprocher qui pût motiver une action criminelle, il se demandait ce qu'il ferait une fois dans la rue.

Irait-il embrasser sa femme et ses enfants?

Il en avait bien envie.

Mais Adèle n'aurait-elle pas grande émotion à le voir paraître tout à coup?

Irait-il chez ses patrons ?

Non, cela entraînerait des explications à n'en plus finir.

Le mieux serait de reprendre le train, d'arriver à Bordeaux, de descendre de nouveau à l'*Hôtel des ambassadeurs*, aux Fossés de l'Intendance, et de faire ses affaires comme si de rien n'était.

Par exemple, il s'arrangerait de façon à rencontrer le commissaire central, M. Trouillebon, afin de lui montrer que son zèle intempestif s'était exercé à tort, et qu'il avait agi comme un imbécile malfaisant.

C'était sa petite vengeance, à Maxime.

Peut-être, il est vrai, M. Trouillebon se formaliserait-il et, se trouvant en face d'un citoyen comme un autre, demanderait-il réparation, tant de la semonce que du camouflet essuyé dans son cabinet.

Eh ! qu'à cela ne tienne !

Maxime n'était pas homme à lui refuser un coup d'épée.

Quant à Adèle et à ses patrons, il leur expliquerait le contretemps, c'est-à-dire l'erreur des policiers, en leur écrivant.

Dans une lettre, on ne dit que ce qu'on veut.

Et, de cette façon, il éviterait de toucher au point délicat, c'est-à-dire à la différence d'heure à laquelle il avait pris le train.

Le temps passerait sur tout cela, et, au retour, il en serait à peine question.

Donc, pour lui, tout se réduisait à ceci, pour être libre et débarrassé de cette déplorable affaire :

Être amené au juge d'instruction.

On a vu par ce que M. Oscar de la Ville-Viquier en rapporta à son ami, le député Mathieux-Boulare, devant le véritable assassin, que Maxime avait été horriblement déçu.

Loin d'être mis hors de cause, il avait aggravé sa situation.

Aussi, en réintégrant sa cellule, à Mazas, n'était-il plus le même homme.

Son cerveau bouillait.

Il était égaré, comme fou.

Il se prenait la tête à deux mains tant la consternation lui faisait perdre le sang-froid.

Cent idées confuses se heurtaient dans son esprit.

La peur, l'indignation, la colère, la révolte de l'innocence méconnue.

Et le danger aussi.

Danger terrible, effroyable !

Dans son trouble, le chagrin de la mort misérable de sa tante avait le second plan.

C'est celui d'Adèle qui avait le plus d'importance.

Ah ! mon Dieu ! croyait-elle être la femme d'un malfaiteur ?

Admettait-elle qu'il fût coupable ?

Et les patrons, et les amis, les connaissances, tous ceux qu'il fréquentait pour ses affaires, à son bureau, au café, les voisins, les portiers de la maison et jusqu'aux serviteurs de Mme Valph, sans compter le commandant Valbrègue et sa fille, avec qui il avait dîné, le jour de l'attentat, rue de la Pépinière, tous enfin, tout Paris, le tenait-il pour un assassin ?

Son déshonneur lui était une torture morale indicible !

Tantôt il fondait en larmes ; tantôt furieux, il proférait des menaces, et puis il tombait anéanti, idiot, insensé, pour recommencer à pleurer et à menacer.

L'impression était si violente qu'à certains moments il se demandait s'il n'avait pas, en effet, commis ce triple crime.

LES ERREURS DE LA GUILLOTINE

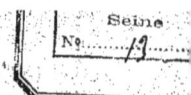

Devant lui les trois cadavres nus!

Il avait la cervelle tuméfiée, dérangée.

Tant que, tout à coup, l'excès de la douleur lui mit une pensée lâche au cœur.

Il chercha autour de lui s'il n'y aurait pas moyen de se tuer.

Ah ! se tuer !... Ce serait fini.

Il ne souffrirait plus !

Mais ce serait presque avouer ! Ce serait laisser subsister sur sa mémoire une tache d'infamie !

Elle réagirait sur Adèle.

Ses enfants maudiraient leur nom, rougiraient toute leur vie d'un tel père.

Il ne pensait pas à cela.

La solitude du régime cellulaire produisait son effet accoutumé.

L'incarcéré placé en face de lui-même, en face de son impuissance à dissiper l'erreur qui le couvrait de honte, il subissait un châtiment immérité dont rien au monde ne pourrait donner une idée.

Ses intentions, ses aspirations premières étaient changées du tout au tout.

Le matin encore, au réveil, comptant sur sa relaxation, il ne voulait voir ni Adèle, ni son patron, ni personne.

Maintenant, il demandait à les voir tous.

Il se serait concerté avec eux, en aurait appelé à leur témoignage.

Il leur aurait demandé du secours, de l'aide, des conseils.

Plus encore : des consolations.

Il se faisait l'effet, dans cet isolement et dans ce silence sépulcral, d'un homme tombé d'un bateau, la nuit, en plein Océan.

Personne à bord ne s'est aperçu de l'accident.

Le navire suit sa route, sans entendre les cris du naufragé.

Il va, il disparaît.

Et lui, seul, dans ce désert liquide, il se débat, prévoit son sort et désespère de la lutte.

Autant vaut se laisser couler.

Cela coupera, du moins, court aux angoisses !

Voyons, n'y a-t-il pas moyen de se pendre dans cette cellule ?

Non ! Pas un clou, pas une aspérité à laquelle accrocher un nœud coulant fait de sa cravate.

Sa cravate ! Au fait, il n'en avait plus.

C'est la première chose qu'on retire aux prévenus.

Ils pourraient s'en servir pour faire faux bond à la justice, pour se dérober au martyre de l'instruction.

La mesure est générale.

Voyons, alors, pouvait-il se fendre la tête en se précipitant contre le mur?
Très attentivement il étudiait cet expédient lugubre.
En montant sur la table et en se jetant à terre, les jambes en l'air, comme les amateurs font, à l'école de natation quand ils piquent une tête, ne se tuerait-il pas?
Non! ce ne serait pas tomber d'assez haut.
Ainsi, le suicide même lui était interdit.
Mais c'est une abomination!
Quoi! rien à faire pour abréger son supplice? — Rien!
Il lui venait alors des incitations de criminel endurci.
Quand le geôlier se présenterait, il l'assommerait à l'aide du tabouret relié au mur par une chaîne.
Que fallait-il?
Briser cette chaîne.
Il s'en faisait fort, par adresse, force et patience.
Mais que ce serait long!...
Et le désespoir le clouait sur place, abruti, déchiré à l'intérieur.
Comme il en était là, on vint le chercher.
Qui?
M. Oscar de la Ville-Viquier.
— Prenez votre chapeau, Létang, dit celui-ci.
— Pourquoi faire?
— Pour venir avec moi.
— Chez le juge?
— Non.
— Où cela, dès lors?
— Vous le verrez.
— Non! fit Maxime. Je veux rester ici. Je veux voir ma femme, embrasser mes enfants.

« Je veux conférer avec eux, avec mon beau-frère Firmin Cognais.

« Je veux un avocat pour me défendre.

— Tout cela viendra à son heure, dit M. Oscar.

Puis se faisant bienveillant :

— Voyons, Létang, ajouta-t-il, soyez raisonnable. Il faut me suivre, quand même.

« Si vous résistez, on vous emmènera malgré vous.

« On vous remettra les poucettes.

« Et peut-être la camisole de force.

« A travers tout Paris, en plein jour, vous traverserez les rues entre quelques gendarmes.

« Si, au contraire, vous êtes sage, vous monterez dans le fiacre que j'enverrai chercher.

« Deux agents en bourgeois et moi nous vous accompagnerons, et les passants n'y verront rien.

« Vous serez libre de vos mouvements.

« Cela ne vaut-il pas mieux ? »

Cette douceur relative toucha le jeune homme.

Certes ! il n'y avait pas de quoi.

Mais dans l'état maladif de son système nerveux, toute impression prenait, en lui des proportions exagérées.

Il se laissa conduire, suivant docilement le chef de la sûreté à travers ces couloirs pleins d'une lumière grise, silencieux et mornes comme ceux d'un cloître.

On passa la porte de fer où veillent quelques gardiens, après avoir croisé divers condamnés revêtus du costume de la prison, qui, n'ayant que quelque temps à faire encore, sont employés au service intérieur.

Ce costume tirait l'œil de Maxime.

Est-ce que, lui aussi, il aurait l'ignominie d'en être affublé quelque jour ?

Horreur !

Et son cœur se contractait.

Il en était à ce point de désorientement où tout paraît possible ; où l'on s'aperçoit vaincu, écrasé par une fatalité irrésistible, à la merci de règlements inconnus, de consignes inflexibles, d'hommes sans pitié, muets, impassibles : machines humaines que rien n'ébranle ni n'émeut ; instruments d'un pouvoir écrasant, contre lequel toute réaction est folle à force de stérilité.

C'est la lutte d'un seul, désarmé, contre la société tout entière, un monde, l'univers.

Pas même le plus vague espoir d'en appeler à un Dieu indifférent, incertain, et si lointain que la prière, les sanglots ne monteront pas jusqu'à lui, dont, d'ailleurs, la volonté est insondable, et qui, peut-être, a décerné — pour quelles fins ? — l'auréole du martyre à l'éprouvé qui le supplie en vain.

Dans la cour intérieure, en face du pavillon occupé par le directeur, après le greffe, un fiacre attendait.

Autour, deux agents en bourgeois attendaient aussi.

Voyant le prisonnier, l'un des deux monta le premier dans la voiture.

Dame ! il y a des « roublards » qui passent par la portière opposée et essayent de « se tirer les pattes ».

Maxime prit place à ses côtés.

Puis, M. Oscar le rejoignit, suivi du second agent.

Alors, la porte qui donne sur le boulevard Mazas s'ouvrit et le fiacre roula.

Pas bien longtemps.

Mais qu'importe! Maxime épuisé ne demandait même plus où on le conduisait.

Par la portière, il voyait des passants aller et venir, causer.

Certains cafés avaient déjà des consommateurs attablés sur le trottoir; car, en dépit de l'époque, le soleil oblique rendait l'atmosphère tiède.

On croisait des omnibus bondés jusque sur l'impériale.

Nous voici au quai.

Au-dessus du parapet, Maxime regardait le mouvement du fleuve.

Des bateaux-omnibus filaient comme le vent.

Des remorqueurs traînaient une queue de péniches.

Et de l'autre côté, immobiles sur la berge, des gens pêchaient à la ligne.

— Sont-ils heureux! pensait vaguement le pauvre garçon.

Brusquement on arrêta.

On le fit descendre.

Du premier regard, il se reconnut.

On était à la Morgue.

Aussitôt il devina ce qui se préparait.

Une confrontation avec les victimes qu'on l'accusait d'avoir assassinées.

Il eut un mouvement de recul involontaire.

Mais réagissant aussitôt, toute sa lucidité lui revenant, il se redressa, fort de son innocence et entra dans le lugubre établissement.

Rien de saisissant, d'abord.

Un bureau, des employés, des messieurs debout.

Parmi ceux-ci, Maxime reconnut le juge d'instruction.

Près de lui, le greffier.

Ni bonjour, ni bonsoir.

On se parlait à voix basse, par groupes.

Et l'inculpé, entre les deux agents, attendait en silence.

Il avait fait provision d'énergie en entrant, pensant que ce qui allait se passer, se passerait tout de suite.

A rester là, immobile, son courage s'en allait, fondait.

Enfin, une porte s'ouvrit, un vieux homme, quelque manœuvre, parut et fit un signe.

Aussitôt le juge d'instruction, le greffier et trois messieurs passèrent avec M. Oscar.

Puis, un temps encore, et M. Oscar reparut.

— Venez, dit-il laconiquement.

— Venez, répéta l'un des agents à Maxime.

Il obéit, passa la porte, fit un pas; puis recula, en jetant un cri d'horreur, devenant livide.

Et ses membres tremblèrent, sa gorge se sécha, ses yeux s'ouvrirent démesurément, tandis qu'un frisson de fièvre le parcourut des pieds à la tête.

Il était devant quelque chose d'épouvantable.

L'un à côté de l'autre, les cadavres nus de sa tante, de Lucie et du valet de chambre, Prosper Lami.

Il n'y eut pas de courage, de volonté qui tînt.

Maxime éperdu s'élança vers sa tante, saisit sa main glacée par la mort et par le procédé réfrigérant qui permet de préserver les cadavres de la décomposition, et tomba à genoux.

— Ma tante, ma pauvre tante! s'écria-t-il en pleurant.

On le laissa un instant.

Puis le juge intervint.

— Létang, dit-il, relevez-vous. Il n'y a pas que votre tante sur cette table; il y a cette jeune fille et ce pauvre garçon, les reconnaissez-vous aussi?

Maxime s'était relevé.

— Oui, monsieur, dit-il. L'une était la femme de chambre de ma tante. L'autre était son domestique. L'une m'a ouvert à mon arrivée, le 24 décembre. L'autre m'a servi à table. Et puis?...

— Est-ce vous qui les avez assassinés?

— Je vous ai déjà répondu : « non » dans votre cabinet.

— Vous niez donc?

— Comme j'ai nié ce matin.

— C'est votre système.

— Mon système! répéta le jeune homme avec une amertume méprisante. Vous l'avez belle de m'insulter, puisque je suis impuissant à risposter. Mais êtes-vous sûr, monsieur, de ne pas commettre une lâcheté en agissant ainsi?

« En somme, vous m'accusez; mais vous n'êtes certain de rien. La preuve est que vous m'amenez ici pour tâcher de surprendre un indice, pour tâcher de découvrir dans mes yeux, dans mon attitude, quoi que ce soit qui vous permette de pousser vos investigations plus avant.

« Surprenez, monsieur, découvrez; mais ne me questionnez plus, vous y perdriez votre peine.

« A un homme équitable, sans parti pris, respectant ma situation de prévenu non convaincu, c'est-à-dire présumé innocent, je répondrais franchement, afin de chercher la vérité avec lui. C'est mon intérêt, d'ailleurs.

« Mais à vous qui affectez de me croire coupable, qui me traitez comme tel, et me tendez déloyalement des pièges, je ne dirai plus un mot.

— Si vous croyez améliorer votre situation, répliqua le juge, vous faites un faux calcul.

— Si je refuse de répondre à vous, qui me devez protection et qui au contraire vous faites mon antagoniste, je répondrai à d'autres mieux intentionnés, à d'autres qui ne chercheront pas à avoir de l'avancement en trouvant un coupable quand même.

— Taisez-vous! dit le juge.

— Pourquoi donc me tairais-je? répliqua Maxime. Quel mal plus grand que celui que j'éprouve peut-il m'arriver? Aucun. Je ne vous crains pas, hélas! tant mon infortune est au comble. Faites-moi mettre au cachot, faites-moi lier. Qu'est cela à côté de l'horreur de l'accusation que par ambition, intérêt, légèreté ou insuffisance vous portez contre moi? Rien, monsieur. Et mon malheur est à tel point qu'il n'y a pas moyen d'y ajouter.

« Je vous le répète donc, je vous brave, parce que vous êtes un être méchant et bas et je ne répondrai rien qu'un mot à vos questions : Non, je n'ai tué ni ma tante ni ces deux pauvres gens.

« Et vous, en refusant de me croire, fût-ce provisoirement, vous commettez une mauvaise action, une action qui vous déshonore et vous avilit.

— Vous reconnaîtrez, du moins, que j'ai de la patience.

— Qui vous en prie? Ce n'est pas moi. Manquez-en, si vous voulez, qu'est-ce que ça me fait, dans l'état où je suis?

« Comment! continua le jeune homme en s'animant, vous avez déjà en main un dossier volumineux de mes faits et gestes depuis l'âge de raison.

« Tout y est régulier, honorable.

« Parents, patrons, connaissances d'affaires et d'agrément, tous témoignent en faveur de mon caractère, de mes habitudes, de ma probité, et cela ne vous met pas un doute dans l'esprit sur la culpabilité du crime horrible qu'on m'impute?

« Sur quoi se base-t-elle donc cette culpabilité?

« On a trouvé des papiers brûlés avec l'en-tête de ma maison, des lettres à ma tante avec ma signature.

« On a trouvé au cou de ce pauvre domestique, roulé en corde, un mouchoir qui m'appartient et que je reconnais sans difficulté.

« Voilà vos preuves.

« Et quand je vous ai dit, ce matin, que ce mouchoir m'a été volé le 21, jour du crime, et dans l'habitation de ma tante, pendant que je dînais avec elle, à preuve que j'en ai emprunté un à la maîtresse d'un café où je vais d'habitude : Mme Guijal, faubourg Poissonnière, vous mettez tout cela à néant.

« Quoi que je dise, pour vous, j'ai tué ma tante et ses deux serviteurs.

« Tout ce qui va contre, vous ne l'écoutez pas.

« Mais tout ce qui paraît pour, vous sautez dessus, comme un fauve sur sa proie. Vous êtes mon ennemi.

« Il vous faut ma tête !

« Eh bien ! monsieur, je la défendrai.

« Vous l'aurez, peut-être, quand même ; mais ne vous en vantez pas ensuite, car, en ce cas, vous serez couvert du sang d'un innocent.

« Au fait ! fit-il, en s'interrompant, à quoi sert tout cela ?

« Vous m'accusez ?

« Je nie.

« Marchez. Nous verrons bien ! »

Si le juge l'avait laissé dire à son gré, c'est qu'il espérait que dans un éclat de colère, d'emportement, il se compromettrait par un mot de trop.

Il en fut déçu.

Mais il n'en désespéra pas.

C'était un habile homme, il avait plus d'un tour dans son sac.

Les malfaiteurs sont retors ; force parfois est de l'être autant, sinon plus qu'eux.

En réalité, ce juge n'avait pas sa conviction faite.

Mais deux sentiments le rendaient dangereux en l'espèce.

D'une part, il inclinait instinctivement à croire Maxime coupable.

D'autre part, son amour-propre était en jeu ; il ne voulait pas être dupe de ce garçon qui, s'il avait fait le coup, se montrait bien habile dans sa façon de se défendre.

Il s'en prenait au juge, il le tarabustait, l'injuriait même.

Question accessoire, à côté, qui distrayait de la principale.

On ne parlait pas du crime, pendant ce temps-là.

Si c'était voulu, combiné ; c'était ma foi ! très fort !

Et le juge, qui se le disait intérieurement se tenait en défiance.

— Tenez, Létang, dit-il avec une apparente bienveillance, je ne relèverai pas vos paroles à mon sujet. Il importe peu que vous ayez telle ou telle opinion. C'est moi qui ai à vous juger, et non vous à porter un jugement sur moi. Vous le reconnaissez du moins.

« Mais vous avez parlé d'un mouchoir emprunté à Mme Guijal.

« C'est exact. On l'a saisi dans votre paletot.

« Il fait partie des pièces à conviction.

« Donc, vous le lui avez emprunté, ce mouchoir.

LES ERREURS DE LA GUILLOTINE

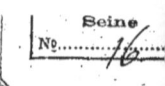

— Parle, Maxime, que tu nous sois rendu!

« A quelle heure? Voulez-vous le dire ?

— C'est inutile.

— Je vous le dirai, moi. A huit heures moins dix environ.

« Or, à huit heures moins dix, vous étiez faubourg Poissonnière.

« Pourtant vous avez dit devant le commandant Valbrègue et sa fille que vous preniez le train de huit heures quinze, gare d'Orléans.

« Il vous restait peu de temps pour une si longue course.

« D'ailleurs, votre fiacre, une fois que vous y fûtes remonté, prit une direction opposée.

— Tout cela, dit encore Maxime, est également inutile. Je n'ai pas caché que devant prendre le train de huit heures quinze à la gare d'Orléans je ne l'ai pas pris.

— Vous l'avez manqué ?

— Peut-être.

— En tous cas, vous convenez n'avoir pris que l'express du lendemain matin.

— En effet.

— Eh bien! reprit le juge, je vous fais mettre en liberté sur-le-champ si vous me répondez franchement à cette question :

« Qu'avez-vous fait entre huit heures moins dix du soir, le 21, et le départ de l'express d'Orléans, le matin du 22 décembre?

Maxime se tut.

Il y eut un regard du juge à M. Oscar.

— Voyons, Monsieur, dit celui-ci au jeune homme, répondez ; vous voyez bien que, sur une raison plausible, tout tombe.

« Dites ce que vous avez fait.

« Où vous avez passé la nuit.

« On n'en saura rien, si bon vous semble.

— Je ne puis pas le dire, répondit Maxime avec accablement.

— Vous ne pouvez pas! N'est-ce pas plutôt que vous ne voulez pas?

— Je ne veux pas.

— Qui vous retient? Une crainte? Une question de délicatesse?

« Voyons, invita M. Oscar, vous occuperiez-vous de politique? Faites-vous partie d'une société secrète? Y a-t-il eu réunion quelque part des conjurés? Êtes-vous complice d'un complot?

« L'avouer vous exposerait moins que l'accusation d'un meurtre.

« Je m'engage à ne pas vous demander le nom de vos affidés.

« Dites un mot, donnez-moi une indication.

« La police est partout. Je pourrai vérifier.

— Non! fit Maxime.

— Alors, il y a une femme en jeu.

— N'insistez pas, monsieur, dit doucement le jeune homme. Je ne dirai rien.

— Comment! pour une femme, vous risquez de porter votre tête sous le couteau?

— Regardez le sourire de monsieur le juge, répondit Létang. Il n'y croit pas, lui.

— Avouez qu'il faudrait une forte dose de crédulité.

— Aussi je ne prie personne de croire. Au contraire.

— En ce cas, sur quoi comptez-vous?

— Sur une seule chose : l'absurdité de l'accusation. Je ne serai pas toujours au secret, je pense. Je pourrai communiquer au moins avec mon avocat.

— Sans doute.

— Eh bien, lui et moi nous parlerons au jury, et nous lui prouverons que la police et la justice se sont égarées.

Le juge, qui s'était tu, observant, regarda sa montre et reprit la parole.

— Je vais lever le secret. On va vous ramener à mon cabinet pour une dernière formalité.

Il partit devant, et Maxime resta seul avec les deux agents.

Il contemplait le visage de sa tante, et des larmes silencieuses coulaient de ses yeux.

Sur un signal, les agents l'invitèrent à le suivre.

Alors il se pencha sur sa tante et l'embrassa au front.

— N'est-ce pas, ma pauvre tante, murmura-t-il, que je ne suis pas ton meurtrier?...

— Eh bien! pensa un agent, si c'est lui qui l'a *refroidie*, en voilà un qui a un fier toupet, par exemple!

X

LE MARI ET LA FEMME

Les terribles émotions qu'avait subies Maxime ne lui avaient pas permis de réfléchir.

Maintenant remonté dans le fiacre, il se souvenait de la parole du juge.

Il lui avait annoncé son retour à son cabinet, au Palais de Justice.

Il devait y avoir quelque chose là-dessous : une surprise, un fait destiné à provoquer une nouvelle émotion profonde, grâce à laquelle on espérait qu'il se départirait de son silence systématique. A tout hasard, il se tint sur ses gardes.

Bientôt, on arriva. Il fallut attendre un moment, dans une antichambre très sombre.

Tout à coup une porte s'ouvrit, et le juge dit :

— Venez, Létang.

Le cœur du malheureux garçon se serra brusquement, sans savoir pourquoi. Il avança, et une joie, âcre comme une douleur, le secoua des pieds à la tête. Sa femme était devant lui.

D'un élan irrésistible, elle se jeta sur sa poitrine, lui entourant les épaules de ses bras, l'embrassant avec passion, tout en inondant son visage de pleurs brûlants.

— Maxime, ô mon Maxime ! disait-elle, scandant ses paroles de sanglots, quel malheur nous accable !

La voilà, la surprise qu'un instinct secret faisait pressentir au jeune homme.

La scène était bien préparée pour troubler ses idées, ébranler sa résistance à faire ce que le juge appelait « des aveux », ou tout au moins pour l'amener à se trahir.

Car il n'en démordait pas, c'est un coupable qu'il avait dans les mains.

Et, devant l'obstination de celui-ci à parler, il avait combiné cette scène dramatique et déchirante.

Debout dans un coin sombre, le magistrat observait d'un œil avide.

M. Oscar, un revolver dans sa poche, gardait la porte, derrière laquelle les deux agents attendaient, l'oreille tendue.

Maxime et Adèle, dans les bras l'un de l'autre, tenaient le milieu de la pièce.

Et près de la cheminée, Firmin Cognais, le frère de la jeune femme, restait immobile et silencieux, pleurant de grosses larmes qui roulaient le long de ses joues et tombaient sur son habit, sans qu'il s'en aperçût.

Lentement, Maxime se dégagea de l'étreinte de sa femme.

Puis, la regardant en face, avec une anxiété douloureuse :

— Adèle, dit-il, réponds-moi :... me crois-tu coupable ?

— Toi ? fit la jeune femme.

— Oui, moi ! répéta-t-il, les dents serrées. Crois-tu que j'aie tué ma tante ?

— Tu es fou, n'est-ce pas ? de me faire une pareille question.

— C'est bien vrai, Adèle ; c'est bien vrai qu'en ton esprit il n'y a pas l'ombre d'un doute ? C'est bien vrai que tu ne me crois pas criminel ?

— Jamais ! s'écria la jeune mère.

Tiens ! ajouta-t-elle avec animation, demande à mon frère.

— N'ayez aucune appréhension là-dessus, Maxime, dit Firmin en avançant, la main tendue.

A aucun moment, elle ni moi, nous n'avons senti se voiler du plus fugitif soupçon la certitude que vous êtes victime d'une erreur de la police.

— Pourtant, objecta Maxime, c'est à moi que ce crime profite. Si j'en suis innocent, me voilà quatre fois millionnaire.

— Tu n'as jamais compté sur cet héritage; tu n'y as jamais tenu non plus.

— Parfois même, ajouta Firmin, vous avez manifesté devant moi et devant d'autres quelque répugnance à posséder cette fortune, dont l'origine a quelque chose qui vous choque.

Ces autres, on pourra les retrouver, les faire témoigner devant M. le juge d'instruction.

— Pas la peine! fit vivement Maxime. Monsieur le juge y verrait une habileté de ma part, une présomption de préméditation.

Il ne s'agit ni de juge ni de justice à l'heure présente. Il s'agit de toi, Adèle, de la mère de mes enfants. Tout est là pour moi : tu me crois innocent.

— Soit! poursuivit-il. Mais tu le sais, n'est-ce pas? Il y a des preuves contre moi ; mon mouchoir trouvé au cou du valet de chambre; des papiers brûlés avec ma signature et l'en-tête de ma maison.

Il y a plus. Il y a une tache de sang à mon paletot.

Et ce n'est pas tout. On me demande l'emploi de mon temps entre le train du soir, le 21 janvier, et celui du matin du 22, et je refuse de répondre.

Cela, Adèle, n'ébranle-t-il pas ta conviction?

— Non! répliqua nettement la jeune femme. Je te crois; je te sais innocent, pur du sang de ta tante. Cela, je te le jure, Maxime, sur ce qu'il y a de plus sacré pour toi et moi, sur nos chers petits, nos enfants!...

Maxime qui, jusque-là s'était tenu ferme, succomba brusquement à l'attendrissement.

— Nos enfants! répéta-t-il en cachant son visage dans ses mains.

Quand il les abaissa, il vit sa femme agenouillée à ses pieds.

— En leur nom, dit-elle en joignant les mains et d'une voix suppliante, en leur nom, Maxime, je te conjure de rompre le silence; je te supplie de dire où tu as passé cette nuit horrible.

« Écoute! dit-elle en s'accrochant à lui avec désespoir... il y a une femme en jeu, n'est-ce pas? Tu m'as trompée... Je te le pardonne. Jamais tu n'entendras un reproche sortir de ma bouche. Je t'aime quand même. Mais parle. Oh! parle, Maxime! Parle, que tu nous sois rendu.

« Oui, continua-t-elle, éperdue, affolée, je le devine, cette femme est mariée. Tu ne veux pas la compromettre. Tu crains pour elle, si son mari apprend la vérité; voilà pourquoi tu te tais!

« Mais songe à ce qui peut arriver! Nos petits, nos chers petits ont besoin de toi. Puisque tu es innocent, garde-leur un nom pur.

« Ah! songes-y! ajouta la pauvre femme en se tordant les bras, ton silence, qui te retient déjà en prison, peut être pris par le jury pour une preuve de culpabilité.

Te vois-tu condamné, flétri, forçat, ou bien...

« Ah! fit-elle en jetant un cri d'épouvante, à la pensée qu'elle n'osait exprimer.

Elle était écrasée.

Mais reprenant ses énergies aussitôt :

— Voyons, Maxime, reprit-elle, ce n'est pas possible. Pour une femme, tu ne peux pas risquer ta tête, te laisser couvrir d'infamie, condamner ta femme et tes enfants à la misère, à la honte de veuve et d'orphelins de supplicié!

« Tes enfants ni ta femme n'ont mérité une telle horreur.

« Tu ne peux pas la leur infliger.

« Tu n'en as pas le droit.

« Non! répéta-t-elle avec force, tu n'as pas le droit d'abandonner le triomphe de ton innocence.

« Ton honneur n'est pas à toi seul. Tu me l'as confié; j'en ai ma part, et tu ne peux pas en frustrer tes enfants.

— C'est vrai, dit le juge. Votre femme à raison.

« Si, sur un mot de vous, vous pouvez être libre, honoré, vous trahissez devoirs, famille, ceux dont vous avez charge d'âme, et l'honneur lui-même.

« Vous devenez criminel, non plus envers votre tante, mais envers cette femme, qui vous pardonne une infidélité; envers vos enfants, dont vous sacrifiez les droits, la considération, l'avenir, et que vous réduisez à manquer de pain, que cruellement vous leur refusez.

« Criminel encore envers la justice que vous induisez en erreur, que vous poussez à commettre un assassinat juridique en vous envoyant à l'échafaud.

« Et pourquoi? Par délicatesse d'amant?

« Considération bien mince, comparée à vos obligations de chef de famille.

« Quoi! par votre silence obstiné, vous accordez sécurité, honneur à une femme impudique, adultère, et vous refusez cette même sécurité, ce même honneur à la femme chaste, vertueuse, honnête qui est à vos genoux; à ces innocents petits êtres qui, sans votre travail, votre direction, sans votre protection morale et effective, peuvent mourir de faim et mal tourner?

« A la première, votre maîtresse, qui a trompé son mari, qui est une femme galante, sans mœurs, méprisable, vous assurez paix et jouissance de la vie, continuation cynique de ses écarts avec un autre, et à votre femme, à cette épouse, à cette mère dévouée, fidèle, vous ne laissez qu'un avenir de larmes, de peines, d'humiliations, de besoins, de charges au-dessus de ses forces, avec la honte de porter votre nom qu'elle respecte, elle, quand vous ne le respectez pas assez pour vouloir qu'il échappe à la flétrissure d'un jugement et d'une exécution capitale ?

« Quel homme êtes-vous donc, Létang ?

« Et vraiment votre conduite est faite pour dégoûter les honnêtes femmes de rester telles, puisque vous n'avez de sollicitude que pour une créature qui n'a ni vertu, ni décence.

Et, vraiment, ce serait si illogique, monstrueux et répréhensible que vous feriez douter que ce soit à de telles amours que vous avez passé la nuit du 21 au 22 janvier.

— Ai-je dit, répliqua posément Maxime, que j'eusse passé la nuit chez une femme, mariée ou non, qui fût ma maîtresse ?

— Non, vous ne l'avez pas dit.

— Dès lors, à quoi sert votre plaidoyer.

— Que dites-vous en ce cas ?

— Rien.

— Ainsi vous persistez à refuser de nous apprendre ce que vous avez fait pendant qu'on assassinait votre tante ?

— Oui, je persiste.

— Alors c'est que vous êtes l'assassin.

— Vous n'en savez rien, monsieur. Et jusqu'à ce que le jury ait prononcé, je vous interdis de me déclarer coupable.

Adèle et Firmin étaient anéantis.

— Quant à toi, mon amie, reprit le jeune homme, ne t'arrête à aucune supposition.

— Que croire pourtant ?

— Ce que tu voudras.

— Comment ?

— Crois même que j'ai tué ma tante...

— Cela, Maxime, jamais je ne le croirai !

— Bien !

— Non, jamais, sois en sûr. Et fusses-tu condamné !... mort ! jamais mon esprit, mon cœur, ma raison n'admettront que tu te sois sali d'un forfait de cette nature.

Adèle était transfigurée.

— Tu ne veux pas parler, continua-t-elle avec fermeté ! Je m'incline ; je me tais.

« Tu es mon mari, tu es le maître.

« Je subirai le sort que tu décideras de me faire à moi et à mes enfants, et si...

— Si je suis condamné ?

— Oui, fit-elle, avec un spasme dans la voix ; si...

— Si je suis guillotiné ?

— Oui, répéta-t-elle en se raidissant de toutes ses forces, je dirai que le jugement est inique, que la justice humaine est monstrueuse, et loin de me cacher, loin de baisser la tête avec honte, je porterai ton deuil la tête haute, et garderai ton nom comme un honneur.

— Adèle !... fit le jeune homme en sanglotant.

— Si je m'étais appelée Mme Lesurques, répliqua-t-elle, loin de me cacher, j'aurais voulu que tous vissent en moi le spectre du remords de la société aveugle, inepte et barbare !...

— Va ! dit Maxime ; l'heure venue de paraître devant le jury, je n'aurai que peu à faire pour te revenir tel que je dois être à tes côtés, c'est-à-dire innocent, honnête et respecté, comme une victime d'institutions vieillies et odieuses !

Sur ce dernier mot, il embrassa sa femme avec effusion, et serrant la main de Firmin :

— Veillez sur eux, dit-il.

— Ne craignez rien, mon ami, répondit le frère d'Adèle. Je vous remplacerai jusqu'à votre retour.

— Merci.

Eux partis, Maxime retomba dans un calme indifférent qui frappa Me Oscar, si frappé qu'il fût déjà de la scène à laquelle il venait d'assister.

— La justice s'égarerait-elle ? dit-il tout bas au juge.

Celui-ci le regarda avec pitié. Et haussant les épaules :

— Vous en êtes dupe ? demanda-t-il. Allons-donc ! Il est très fort, ce bandit-là !

Le chef de la sûreté ne fut pas convaincu.

XI

BONHEUR PERDU

En sortant du cabinet du juge d'instruction, Adèle était brisée.

Deux fois, en descendant l'escalier qui ramène à la grande cour du Palais de Justice, elle fut prise d'étourdissements.

La seconde fois, elle fût tombée sans le secours de son frère, qui la retint dans ses bras.

LES ERREURS DE LA GUILLOTINE

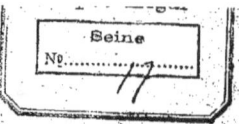

— Il me semble que je suis déjà veuve! dit Adèle.

Elle voulut réagir, et ne put.

S'abandonnant alors, elle cacha son visage dans la poitrine de Firmin et pleura en silence.

C'était sur les carrés.

Le jeune homme était appuyé le dos à la muraille, soutenant la malheureuse.

Elle suffoquait.

On n'entendait rien. Mais ses épaules se soulevaient par mouvements convulsifs qui se précipitaient.

Des gens jouaient, montant ou descendant.

Par un sentiment de pudeur pitoyable, ils faisaient semblant de ne rien remarquer.

Ils détournaient les yeux, graves; émus en dedans; compatissant à cette douleur, dont ils ignoraient la cause.

Mais, là, la douleur est fréquente.

Venez-y en curieux, examinez les visages.

Sauf celui des avocats et des avoués, qui parfois, en attendant l'heure de l'audience, forment des groupes où l'on rit, tous les autres ont, dans la physionomie l'empreinte d'une anxiété, d'un chagrin, d'une préoccupation pénible.

C'est un coin de l'enfer.

Ici l'on souffre!

Sous le voile baissé des femmes, regardez bien.

Vous verrez des visages altérés, des lèvres pâles, des yeux rougis et bouffis.

Regardez certains de ceux qui sortent d'une salle, après un jugement rendu.

Celui-ci, abattu, l'œil terne, la démarche incertaine, a le cœur gros, et ne songe même pas à dissimuler.

Celui-là, un peu trop animé de ton, s'efforce de dompter la colère, l'indignation, la rage que lui cause la perte de son procès.

Passe encore au civil.

Mais à la correctionnelle!

Mais aux assises !

Voyez, aux abords, des hommes et des femmes de toutes les conditions qui vont et viennent insoucieux de se donner en spectacle.

Au centre d'un groupe, une femme, un vieillard, un brave homme pleure à chaudes larmes, gémit, se plaint.

C'est la femme d'un mari qui vient d'être condamné à la prison, c'est son père, des parents.

Le pis, c'est de voir des enfants, de grands adolescents mordre leur mouchoir pour ne pas crier, parce que papa est flétri par un arrêt qui l'arrache aux siens.

Qu'a-t-il fait ?

Ce que font le plus grand nombre de ceux qu'on accompagne en cet épouvantable endroit.

Moins pour lui que pour sa nichée, que la misère, il a commis un abus de confiance, un détournement; il a acheté à crédit, revendu à vil prix ; il a disposé d'un dépôt, gratté, surchargé des livres de comptabilité.

On avait si faim chez lui !

Il fallait des médicaments pour la mère, la femme ou l'enfant malade.

Et il n'y avait pas le sou à la maison !

Drames de la misère !

Que voulez-vous ! on n'a pas eu le courage de se tuer.

L'homme a eu celui de devenir escroc, faussaire, banqueroutier frauduleux, pour tâcher de préserver quelque chose des revendications de l'usurier, du créancier, et de l'huissier surtout qui, en frère, a triplé le chiffre de la dette réelle. Il étrangle froidement lui. Les autres font des avances, des scènes, traitent le misérable de canaille, et demain ils jetteront toute la famille dans la rue, sans scrupule ; ne fût-ce que pour se venger d'avoir perdu quelques sous.

La pauvre femme pouvait pleurer dans cet escalier; on n'y trouverait rien d'extraordinaire.

Elle-même s'inquiétait peu qu'on la vît ainsi. Qu'importe !

Cependant elle retrouva quelque sang-froid peu à peu, en songeant qu'elle affligeait son frère, qui la serrait sur lui, l'embrassait et dévorait ses pleurs.

— Il me semble que je suis décidée !... dit Adèle.

L'entraînant doucement, Firmin s'efforça de la rassurer.

— Il faut qu'il soit certain de son acquittement, répondait-il, pour se tenir si ferme devant le juge. Ne t'alarme pas à l'avance.

Le secret va être levé; car il faut bien qu'il se choisisse un avocat et qu'il prépare sa défense.

A ce moment, tu obtiendras de le voir.

— A Mazas !

— Que veux-tu ! c'est ainsi. Il faudra surmonter ton émotion, ma pauvre sœur. Tu le verras, tu causeras avec lui. Ce qu'il refusera de dire à ce juge, il te le confiera à toi.

— Crois-tu ?

— A qui, sinon à toi ?

— Si c'est chez une femme qu'il est allé.

— Je ne le crois pas, dit le jeune homme.

— Tu admets plutôt un complot politique ?

— Pas davantage.

— Alors quoi ?

— Je ne sais ; mais, encore une fois, nous ne pouvons rien préjuger de la conférence présente. Il est bien clair qu'il ne veut pas parler devant ce juge.

Attendons avec résignation, Adèle. Attendons qu'il ne soit plus au secret. Alors, après avoir causé librement avec lui, nous pourrons nous faire une idée exacte.

Jusque-là le chagrin, la crainte nous fait imaginer des suppositions arbitraires, qui nous éloignent de la vérité.

Et même, si je me trompais, si en effet il y avait une femme, une maîtresse là-dessous, et qu'il ne veuille pas te l'avouer à toi, il s'en ouvrira avec moi, un homme.

— C'est vrai, dit la jeune femme.

Firmin avait appelé un fiacre, qui les ramena à la rue Bergère.

Ils montèrent à l'appartement.

Quel contraste !

Les enfants de ce père accusé d'un crime capital ; les petits de cette mère désolée, éperdue, à qui il semblait qu'elle fût veuve, ces jumeaux gais, joyeux, jouaient insouciants, riaient de tout leur cœur, se roulaient sur le tapis du petit salon, surveillés par la bonne, qui riait de les voir rire.

Rire !... en un pareil moment, rire, jouer, eux qui peut-être dans un temps prochain seraient sans ressource, sans abri, sans pain ; des orphelins, ou le fils et la fille d'un supplicié.

Ce spectacle creva le cœur d'Adèle.

Elle voulut les interrompre.

— Non, non ! dit Firmin. Laisse-les, respecte leur ignorance ; cache-leur ta peine ; n'attriste pas ces innocents !...

Il resta un moment pour être sûr que sa sœur reprenait un peu de calme, puis il se leva, lui tendit la main et l'attira tout près de lui.

— Ecoute, sœurette, dit-il à voix basse. Je ne sais ce qui arrivera. Mais jusqu'à ce que ton mari ait repris sa place ici, c'est moi qui tiendrai lieu de chef de famille.

Ne te préoccupe pas des exigences de la vie.

Ne t'impose aucune privation, et encore moins à tes enfants.

Je suis en mesure de satisfaire à tout.

Et d'abord, ajouta-t-il en lui glissant cinq billets de cent francs, prends cela.

— Pourquoi ? demanda-t-elle. Je n'ai besoin de rien, Firmin. Nous avons des économies.

— Où cela ?

— En dépôt, à la caisse des patrons de Maxime : MM. Tourneroy et fils.

— Prends, insista le jeune homme.

— Il y a quelque chose que tu me caches, mon ami ? Est-ce que je ne puis disposer de cet argent, qui nous appartient bien légitimement ?

Firmin hésita. Puis se déterminant :

— Vos économies sont sous séquestre.

— Pourquoi cela ? Maxime les a épargnées sur son traitement et sa part d'intérêts dans les bénéfices de la maison.

— Soit. Mais on a volé environ cent quinze mille francs chez Mme Walph, et puisqu'on accuse ton mari de l'avoir tuée, on saisit tout ce qu'il possède ; ne fût-ce que pour payer les dépenses du procès.

Prends donc ces cinq cents francs Adèle et, surtout, vis comme à l'ordinaire. Quand tu n'en auras plus, je t'en apporterai.

— Mais tu as besoin de cet argent-là, toi ? fit la jeune femme.

— Non. N'aie pas de scrupules.

— Non ? Mais si, puisque tu vas te marier. Cet argent est destiné à t'installer, à acheter un mobilier, à faire face aux frais de premier établissement. Tu nous l'as dit quand Maxime t'a offert de t'avancer le nécessaire, si tu manquais de quelque chose.

Le malheureux garçon combattait une émotion violente.

Se marier ! Était-ce encore possible !

Pouvait-il y prétendre, lui, le beau-frère d'un homme accusé d'assassinat ! Non ! Et il voyait tout son bonheur perdu !

Et tout l'amour qu'il portait à sa fiancée, tout cet amour qu'elle-même lui avait avoué partager, il fallait se l'arracher du cœur.

Il se garda bien de dire sa pensée à sa sœur.

Elle avait trop de peine pour qu'il y ajoutât en lui laissant voir la sienne !

Il fit bonne contenance, au contraire.

— Mon mariage est reculé, dit-il.

Adèle pâlit subitement.

— A cause de... ?

— Non !

— Tu me trompes, Firmin. Ton mariage n'est pas reculé, il est rompu. On ne veut pas s'allier à un homme dont la sœur est la femme d'un accusé de meurtre.

— Non ! te dis-je, appuya le jeune homme ; mon mariage est simplement reculé, parce que la mère de Blanche, Mme Honoré, vient de perdre un proche parent, et qu'on attendra la fin du deuil.

Il mentait.

Mme Honoré avait bien perdu un parent. Mais un cousin éloigné qu'elle avait à peine connu en son enfance et qui était resté en province.

Nulle affliction profonde, capable de retarder l'union de sa fille.

Néanmoins elle en portait le deuil, elle, sa fille et son mari. En sorte que si prochainement Adèle les rencontrait — on était si voisin — elle se confirmerait dans le prétexte que lui donnait son frère.

Ses propres préoccupations empêcheraient la jeune femme de remarquer le temps qu'il durerait, ce deuil.

On voit que Firmin avait du mérite à rassurer sa sœur; car il avait lui-même l'âme meurtrie.

Cependant Adèle hésitait toujours à prendre les cinq cents francs.

— Si tu en avais besoin, pourtant, dit-elle encore.

— Aucun besoin jusqu'à mon mariage. Et alors Maxime m'aura rendu ce que je t'aurai avancé.

— S'il est acquitté.

— Justement. Le séquestre étant levé à ce moment...

— Mais s'il est condamné ? objecta la jeune femme frémissante et plongeant dans les yeux de son frère un regard d'acier.

— Tu es folle, dit Firmin légèrement.

Puis sentant que sa sœur n'était pas dupe, il lui saisit vivement la main.

— Si Maxime était condamné, fit-il avec une sombre énergie, c'est qu'il n'y aurait pas de Dieu ; c'est que la justice commettrait une horreur, et dès lors, renonçant à tout, je prendrais sa place ici, je m'instituerais le père de tes enfants, et je consacrerais mon intelligence, mes activités, toute ma vie, jusqu'à mon dernier souffle, à découvrir celui qui aurait échappé à la justice, celui à qui elle l'aurait substitué.

« Car je te le dis, je suis sûr, moi, je suis certain que tu es la femme d'un honnête garçon, d'un homme de cœur et de toute probité.

— Ah ! Firmin ! Firmin ! s'écria la jeune femme avec un élan de tendresse, que tu es bon, et que je t'aime de rendre à mon cœur la force qui m'échappe parfois.

« Oh ! sois béni, mon frère. Dicte-moi ma conduite ; je t'obéirai en confiance, heureuse et fière de t'avoir inspiré tant de dévouement pour moi, qui suis bien incapable de rien faire pour t'en récompenser.

— Tais-toi ! tais-toi ! dit doucement le jeune homme. Je ne fais rien que mon devoir.

Nous avons perdu nos parents, je te dois protection et amour fraternel. Viens embrasser tes enfants et aie confiance.

Quelques instants après, il était dans la rue. Ce n'était plus le même homme. N'ayant pas à se contraindre pour rassurer sa sœur, il se trouvait très ferme et très résolu. Il avait parlé de devoir. Eh bien ! ce devoir, il se le formulait nettement ; il était double : le premier était d'aller loyalement à la famille de sa fiancée, et de rendre la parole qu'on lui avait donnée. Le second était de percer à tout prix le mystère du silence de son beau-frère.

Dès le premier moment, Firmin, connaissant le faible galant de Maxime et apprenant qu'au lieu de partir le 24 par le train du soir, il n'avait pris que le train du matin le lendemain, il s'était dit :

— Il a passé la nuit chez une femme qui est sa maîtresse.

Instruit ensuite du refus du mari d'Adèle de s'expliquer sur l'occupation de son temps de cette nuit lugubre, il s'était dit encore :

— Sa maîtresse est une femme mariée.

C'était déjà certain dans l'esprit de Firmin. La confrontation chez le juge d'instruction lui en avait confirmé la conviction. Et il s'y était ajouté cette réflexion :

— Cette maîtresse est mariée à un homme qui ignore la trahison de sa femme.

C'est un homme redoutable, c'est-à-dire capable de tuer l'infidèle.

Et Maxime étant un galant homme ne peut pas, ne veut pas d'abord déshonorer une femme qui lui a fait l'honneur de se donner à lui, qui lui a sacrifié ses pudeurs, qui, par amour pour lui a exposé sa réputation, risqué la mort.

Il ne peut et ne veut pas ensuite, encore bien moins, la faire tuer par son mari.

Voyez-vous que pour sauver sa vie, à lui, il livrât celle d'une femme qui l'a aimé ? Il y en a peut-être qui le feraient. Qui ça ? Pis que des lâches : des pleutres ! Des hommes ignobles, abjects ; rien de moins ! A vrai dire, il s'agit de la tête. C'est cher. Ah ! tant pis ! Il n'y a qu'un honneur ! On en a, ou l'on n'en a pas !

Supposez un prévenu dans sa situation. Il est là, en cour d'assises, devant les jurés, les juges, le président, les témoins, le public. Il s'est tu jusqu'ici. On lui a arraché l'aveu qu'il a passé la nuit du crime avec cette femme. Mais la preuve ?

Une seule est admissible, une seule vérifiable :

« — Qui est cette femme ? Nommez-la.

« — Je ne puis, répond-il, son mari la tuerait.

« — Alors vous mentez. C'est un prétexte, et l'on va vous couper le cou.

« — Eh bien ! dit-il épouvanté, abîmé, c'est Mme Une-Telle !

Franchement, y aurait-il rien de plus odieux ? C'est-à-dire que jurés, juges, président, avocats, journalistes et public le couvriraient de honte, le siffleraient. Acquitté, on l'attendrait à la sortie pour le conspuer comme un drôle, le plus méprisable des êtres. Plus moyen de se présenter nulle part. On s'éloignerait avec dégoût du misérable qui aurait le sang de sa maîtresse sur la conscience. La vie lui deviendrait impossible, tout le mépris universel le poursuivrait. Il n'aurait plus qu'à se tuer.

Et si cet homme-là était Maxime, en le voyant rentrer à la maison, Adèle en aurait horreur et, lui mettant une arme dans la main, lui dirait :

« — Suicide-toi ! »

Voilà ce que pensait Firmin.

Son beau-frère ne pouvait rien dire, nommer, dénoncer sa maîtresse.

Soit !

Mais lui, Firmin, il n'était pas l'amant de cette femme. Il ne lui devait rien. Et sans la dénoncer à son mari, sans exposer ses jours, lui qui était libre, il pouvait bien chercher cette femme, la découvrir et l'amener à sauver un père de famille, en faisant au juge une confidence que celui-ci garderait secrète, selon l'usage et mille exemples plus ou moins connus au Palais, au ministère et à la police, qui n'ont jamais été divulgués au public.

Cela sauverait Maxime.

Et cette femme aurait-elle la cruauté de se refuser à lui éviter l'opprobre immérité de l'échafaud !

Non ; car ce serait s'exposer à ce que les parents de sa victime, délivrés de tous ménagements envers une âme aussi noire, missent l'autorité sur sa trace.

Dame, Firmin se jurait de trouver cette femme et d'agir en conséquence, une fois qu'il l'aurait découverte.

Tout était là : la découvrir ; car ensuite il n'était pas possible qu'elle consentît, en se taisant, à faire couper la tête à l'homme qu'elle avait embrassé, caressé, et qui, par respect de son repos à elle, de sa sécurité et de la considération qu'on lui accordait, taisait son nom jusque sous le couteau de la guillotine.

— Je la trouverai ! se répétait Firmin, et mon pauvre beau-frère sera rendu à sa femme et à ses enfants !

En effet, l'aveu de la maîtresse obtenu, Maxime parlerait. Les preuves seraient fournies, et le juge d'instruction signerait une ordonnance de non-lieu.

Tout en se disant ces choses, pour la vingtième fois, depuis l'arrestation du mari d'Adèle, Firmin était arrivé à la maison qu'habitait la famille de sa fiancée ; M. et Mme Honoré.

Depuis cinq jours — on était le 28 janvier — on ne l'avait pas vu.

D'un pas ferme, il monta les étages et sonna.

— M. Honoré est-il là ? demanda-t-il à la bonne.

LES ERREURS DE LA GUILLOTINE

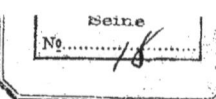

— Firmin, mes parents m'autorisent à vous le dire, je vous aime!

Monsieur, madame et mademoiselle, oui, monsieur Firmin, entrez. Je crois bien qu'on était un peu inquiet de vous et qu'on avait envie de vous voir.

La salon de la famille Honoré avait ce caractère de vieille bourgeoisie qu'on rencontre avec une certaine surprise en ce temps de loyers à bon marché et nécessairement de pacotille qui singe l'aristocratie.

Près de l'une des fenêtres, une très gentille table à ouvrage, meuble particulier de M{^lle} Blanche.

Pendule et candélabres démodés.

Mais nombre de sièges d'un cachet bien caractéristique.

Ici, une bergère à oreillons pour madame.

Là, le fameux fauteuil Voltaire pour monsieur. Le comble du confortable, à l'époque où Batignolles était « la campagne » et où pour aller à Saint-Denis il fallait prendre le coucou ou la pataché, à l'auberge du *Plat d'étain*.

Quand Firmin entra dans ce salon patriarcal, propre comme un sou, frotté, époussété jusque dans les recoins, les trois hôtes du lieu s'occupaient en silence.

M. Honoré lisait la *Revue des Deux Mondes*.

M{^me} Honoré ourlait des serviettes neuves.

Et Blanche raccommodait tout bonnement des bas.

— Enfin, mon pauvre enfant, vous voilà ! dit-elle à Honoré en tendant les deux mains au jeune homme.

— Nous étions bien inquiets de vous, Firmin, dit la maman avec un bon sourire ému.

Et la jeune fille, sans parler, en dit plus long encore par un doux regard sympathique d'une grâce exquise.

Le jeune homme touché se démoralisa.

Il était venu avec l'intention de dégager ces braves gens des conventions arrêtées entre eux.

Certes ! à contre-cœur et l'âme gonflée de chagrin, mais fort d'une délicatesse qui ne raisonne pas.

Il ne doutait pas, d'ailleurs, d'aller par là au-devant de leurs vœux.

Et voilà que leur accueil lui faisait apprécier tout ce qu'il perdait en rompant le projet d'union.

Quel chagrin !

Pauvres gens ! qui semblaient contents de ce projet !

Il fallait, pour le recevoir ainsi, qu'ils ignorassent encore le terrible événement survenu : l'assassinat de la veuve Valph.

Ou du moins, s'ils en avaient lu les relations dans les journaux, ils ne savaient pas quel lien unissait le futur de Blanche à celui qu'on accusait du triple meurtre — de cette boucherie.

Que ça allait être dur à leur apprendre.
— Allons ! courage, se dit-il.
Et il commença.
— Depuis que je ne vous ai vu, dit-il, il s'est passé un événement effroyable qui me touche de près...
— Nous savons, mon ami, dit M. Honoré en l'interrompant avec bonté ; nous savons...

Firmin les regarda étonné.

Mme Honoré ne prenait aucun soin de dissimuler la grosse larme qui du bord de sa paupière descendait lentement le long de sa joue.

Blanche baissait la tête pour cacher les siennes.

Et le père le regardait avec des yeux pitoyables.

— Ainsi, reprit Firmin, vous savez que le mari de ma malheureuse sœur..
— Est accusé d'une action monstrueuse, incarcéré ; oui, mon pauvre garçon, nous le savons.

Le jeune homme ne put dompter le sanglot qui lui étreignait la gorge.

Un léger silence suivit.

Puis Firmin, faisant appel à sa volonté, se leva.

— Monsieur, dit-il en s'adressant directement au père de Blanche, la situation que la solidarité familiale me fait, par cet épouvantable malheur, est de nature à modifier non pas, j'espère, les sentiments dont vous m'avez honoré, mais, sans doute, vos intentions à mon égard.

« J'ai la douleur de ne le comprendre que trop bien, ajouta-t-il vivement, et je ne saurais faire la moindre observation.

« C'est pourquoi je me suis permis de me présenter pour vous dire que je vous rends votre parole, que je vous respecte, que je vous aime, et comptant sur votre bonté je n'ajoute qu'un mot :

« Plaignez-moi ; car, je vous le jure, je n'ai pas mérité le coup qui me frappe.

Le pauvre diable suffoquait.

Ne voulant pas pleurer devant eux, il fit un pas de retraite, ajoutant :
— Adieu !...
— Firmin ! s'écria M. Honoré en se levant à son tour.

Le jeune homme s'arrêta avec regret.

Ce père croyait lui devoir quelques mots de condoléance, quelques banalités de circonstance.

Il eût préféré se sauver pour se plonger librement dans sa peine.

— Firmin, reprit le père de Blanche, votre démarche est pour nous une preuve de plus que nous avons raison de vous estimer et de vous affectionner.

« Vous êtes bien le garçon loyal, d'humeur susceptible, de cœur haut placé que nous avons reconnu en vous.

« Vous me rendez ma parole. C'est bien.

« Mais... je ne la reprends pas, Firmin.

« Je vous ai promis ma fille, de son consentement à elle et d'un commun accord avec sa mère.

« Quelle raison aurais-je de revenir sur ma promesse ?

« Parce que, vous le dites, un événement épouvantable vous frappe ; parce que, éprouvé par le ciel inclément, vous êtes malheureux ?

« Quel homme serais-je donc, si j'agissais ainsi ?

« Non, Firmin. Ce qui est dit est dit. Ce qui est convenu se fera.

« Ma femme et ma fille sont d'accord avec moi pour vous en donner l'assurance.

« Déjà je vous tiens pour mon fils, et... entendez bien cela, mon ami ! — quoiqu'il advienne... quoiqu'il puisse advenir, Firmin, Blanche sera votre femme !

C'était trop pour la sensibilité de l'honnête garçon.

Il tomba sur un siège, le visage noyé sous le mouchoir dont il l'avait couvert.

Honoré lui avait pris la main. Mme Honoré lui entourait les épaules de ses bras.

Blanche s'approcha et s'agenouillant devant lui, comme eût fait une sœur :

— Firmin, dit-elle, mes parents me permettent de vous le dire : je vous aime !...

Il voulut parler, les remercier. On l'en empêcha.

— Calmez-vous d'abord, mon ami. Vous nous direz ensuite ce que vous comptez faire, dans tous les cas possibles, pour votre sœur, pour vos neveux. Nous nous y associons d'avance. Nous vous soutiendrons de notre affection, de notre tendresse.

« Dès ce jour, Firmin, vous êtes ici chez vous, vous êtes de la famille.

« Quelle que soit l'époque à laquelle il sera convenable d'accomplir votre union, de célébrer le mariage, nous le tenons pour fait.

« Ne vous inquiétez de rien.

« Venez, soyez ici comme un enfant adoptif, un enfant d'élection.

« En partageant vos peines, il nous sera peut-être donné de les adoucir.

« Nous espérerons avec vous ; nous nous associerons à vos efforts ; nous réclamons notre part de vos devoirs.

« Et, comme vous l'a dit Blanche :

« Nous vous aimons !

Il les écoutait, croyant entendre des harmonies célestes.

L'horizon de sa pensée se teintait de tons radieux.

Un sourire de profonde et grave joie éclairait peu à peu son visage, et il ne trouva qu'un mot à leur répondre :

— Vous êtes d'une suprême bonté !

Il prit la main de Mme Honoré, y appuya ses lèvres, et Blanche s'étant relevée lui présenta son front.

Alors, resté seul avec le père et la mère de sa fiancée, il leur dit tout, sa croyance, ses suppositions, ses projets.

Non! son beau-frère n'était pas coupable; mais le point d'honneur l'empêchait de faire éclater son innocence au prix d'une divulgation qu'un galant homme réprouve.

Voilà la vérité.

Eh bien! lui, Firmin, il la mettrait en lumière, cette vérité.

— C'est votre droit et votre devoir, Firmin, lui dit Honoré. Et si je puis vous aider, disposez de moi.

— Vous le pouvez, répondit le jeune homme.

— Comment? Parlez, mon cher enfant.

— Il faut que j'aie du temps à moi pour agir.

— C'est juste.

— Je vais solliciter un congé d'un mois de l'administration, quitte à en donner la raison à mes chefs. Si vous voulez bien appuyer ma demande, je réussirai.

— Ne sollicitez rien, Firmin. Je m'en charge. Je verrai ces messieurs, et ainsi je vous éviterai une confidence pénible.

« Et si un mois ne suffit pas, je vous obtiendrai la prolongation nécessaire.

Non seulement Firmin était un homme de grand sens et de grand cœur, mais c'était encore un caractère de décision prompte.

Ne remettons pas à demain ce qui peut se faire aujourd'hui.

Ce proverbe était sa règle de conduite.

C'est pourquoi, quittant cette famille, la sienne désormais, il se mit en campagne sur-le-champ.

Un axiome de police criminelle dit :

« Cherchez la femme. »

La femme fera découvrir le coupable.

Ici c'était le contraire.

La femme ferait éclater l'innocence de l'accusé.

Firmin n'en doutait pas. Il connaissait le faible de son beau-frère à courir les aventures galantes. Ce n'est pas que de cœur il méconnût Adèle. Oh! Dieu non! Adèle, il l'aimait. Elle était à part. A Adèle tout son amour. Mais aux autres son caprice.

Quand il voyait une jeunesse, sinon jolie, du moins gentille, vlan! le voilà parti, emballé!

Il lui courait après, il en avait envie; il la lui fallait.

Mais ça n'allait pas plus loin.

Et il revenait à Adèle, plus attaché que jamais.

Il se payait de la grande raison des hommes mariés, qui courent la pretentaine :

« Ma femme, ça n'est pas la même chose! »

D'ailleurs, puisqu'elle n'en savait rien, qu'est-ce que ça pouvait lui faire ?

Et de fait, il n'est pas une de ses maîtresses, la plus belle, la plus charmante, qu'il n'eût quittée, s'il eût craint de causer du chagrin à Adèle.

Tant que ses liaisons éphémères se bornaient à des créatures légères et faciles, d'un niveau banal, il n'y avait pas danger qu'il fût ébloui et s'attachât :

— Ça vous va-t-il? — Oui. — Allons! — Nous aimons-nous ? — Guère ! — C'est fini, alors? — Volontiers.

Et à une autre.

Liaisons de plaisir, sans plus; et pour peu qu'il y eût de la difficulté, il y renonçait.

Une seule fois, il avait donné des inquiétudes à son beau-frère et à ses amis.

Il s'était épris d'une femme d'un milieu relevé. Non plus une femme, mais « une dame », veuve d'un homme titré qui avait occupé une situation dans le monde officiel ; une baronne dont les parents étaient officiers supérieurs dans l'armée, dont un oncle était évêque, un frère préfet, et dont le père avait été ministre en son vivant.

Là, Maxime avait trouvé des élégances, des luxes, des raffinements de goûts, de tenue, d'extérieur, qui l'avaient grisé, lui commis voyageur, d'origines vulgaires et un peu louches; lui tout mince bourgeois, presque artisan, instruit à peu près; mais sans éducation première, sans distinction.

Au sentiment de Firmin, la femme près de qui le mari de sa sœur avait passé la nuit du crime devait être une personne du même genre ; une femme qui avait nombre de considérations à observer.

Le malheur est que, pour avoir été parfois grondé par son beau-frère, Maxime se cachait de lui.

Mais Maxime ne menait pas cette existence-là tout seul. Il avait des compagnons de plaisirs avec qui il ne faisait pas difficulté d'avouer ses bonnes fortunes; à charge de revanche.

Or, parmi ces camarades, le juif Kœrhuen était son plus intime confident.

Lui aussi, il courait les femmes, à coups d'écus, par exemple.

Vilain comme il était, il ne pouvait guère compter sur l'attrait de sa personne. Et puis il était d'une lubricité telle qu'il fallait vraiment qu'on eût un intérêt pécuniaire à s'y prêter.

Eh bien! Kœrhuen devait connaître la femme mystérieuse que Maxime refusait de nommer.

Or, Kœrhuen était un ami de la famille. Les deux ménages se fréquentaient. Certainement Kœrhuen parlerait pour sauver son ami Maxime et rendre le bonheur à cette pauvre Mme L'Etang qu'il estimait si fort.

C'est dans cette conviction que Firmin se mit à la recherche du coulissier.

Sachant quelles étaient les dispositions de celui-ci à l'égard de Maxime, on voit si le pauvre Firmin était malheureusement inspiré.

N'importe!

D'abord, il chercha Kœrhuen à la Bourse.

Mais il était déjà bien tard. Elle allait fermer quand il y arriva.

Kœrhuen en était parti.

Firmin se rendit à ses bureaux.

— Vous ne l'avez pas rencontré? répondit un commis. Il sort à l'instant.

Mais je ne crois pas qu'il soit en train de parler d'affaires sérieuses, ajouta celui-ci avec un petit air plein de réticences malignes.

Il a dépouillé le carnet en deux temps, est allé se bichonner dans le cabinet de toilette, en est ressorti tout flambant et, prenant de l'or plein sa poche, il a filé avec des airs de conquérant.

La pauvre Mme Kœrhuen dînera seule ce soir à Epinay; et il est à parier que, seule aussi, elle se couchera cette nuit.

Ah! c'est un gaillard, le patron!

Firmin écoutait attentivement.

Il pensa que s'il insistait sous prétexte de communication sérieuse, il n'obtiendrait rien.

Il se fit léger, au contraire. — Dieu sait pourtant s'il y avait le cœur.

— Vous ne m'apprenez rien, répondit-il, car je suis de la partie. Seulement j'arrive en retard au rendez-vous qu'il m'avait donné, et je ne sais plus où le rejoindre.

Le commis en fut dupe.

— Gagnez la gare Saint-Lazare, dit-il confidentiellement. Prenez un billet pour Chatou. Descendez et suivez la route de Croissy jusqu'au pont de Bougival. Puis tournez à droite sur le quai.

Bientôt vous apercevrez une villa en briques, avec deux toits en pointe.

Ne sonnez pas à la grille dorée, on ne vous ouvrirait pas.

Mais faites le tour par le terrain vague de gauche. Vous trouverez une petite porte réservée aux gens de service.

Tournez le bouton et entrez.

Un domestique viendra à vous. Dites-lui :

La petite Pologne est un grand pays.

C'est le mot de passe.

On vous introduira. Peut-être les convives seront-ils déjà tous tout nus ; mais vous n'aurez qu'à faire comme eux.

— Tout nus! répéta Firmin.

— C'est une surprise, une originalité.

Les hommes n'ont sur le corps que des chaussettes et des bottines, un habit noir et un faux-col avec la cravate blanche.

Les femmes n'ont qu'un corset de satin et des bijoux.

Ça sera très rigolo.

— Et les domestiques? objecta le frère d'Adèle.

— Rien que des femmes, travesties en esclaves, pas habillées non plus. Vous vous amuserez ; car, au dessert, on danse, et à onze heures et demie précises on éteint toutes les lumières.

C'est vraiment original, pas vrai ?

Firmin fit mine d'être enchanté.

Mais dans la rue, il hésita de se rendre à la gare.

Aller parler de son beau-frère en pareille orgie l'intimidait.

Il consulta sa montre. Il était quatre heures, et il se décida à poursuivre.

Au moment où il arrivait, on était encore loin de se mettre à table ; donc il verrait Kœrhuen *habillé, et pourrait lui parler*

XII

LES BONS COMPTES FONT LES BONS AMIS

A l'heure où Firmin quittait la famille Honoré, après la scène que nous avons rapportée, le député Mathieux-Boulard se faisait aider par son précieux valet de chambre, Francis-Antoine, pour enfiler son paletot, afin de se rendre à une commission de la Chambre, qui se réunissait dans les bureaux avant la séance publique.

Francis s'empressait, car il avait hâte de voir partir son maître.

Il en avait de bonnes raisons.

D'abord, n'ayant pas déjeuné, il avait faim.

Mais ce n'était pas la meilleure.

LES ERREURS DE LA GUILLOTINE

— Nom de d'là, que t'es changé, ma vieille.

On va le comprendre.

On se rappelle la lettre de pur argot qu'il avait reçue de son complice, que nous avons vu transformé en musicien polonais sur l'estrade de la famille Loupard ; Polonais-artiste que Francis appelait : le Sacristain.

Cette lettre de compliments sardoniques, mêlés d'insinuations menaçantes, avait judicieusement paru un danger grave à l'assassin de la veuve Valph, de Lucie et de Prosper Lami.

Si le Sacristain parlait, dévoilant la personnalité et les antécédents du criminel, gare !...

Aussi Francis s'était-il vu dans l'obligation de parer la tuile dans le plus bref délai.

Et répondant à la missive, il avait envoyé un mot laconique au libéré de Poissy ! mot portant :

« *Demain, vers une heure et demie, déjeuner au* Bœuf rouge. *C'est bibi qui régale. — Fais ouvrir les huîtres, demande un cabinet et commande un joli vin blanc.*

Signé : « *Joséphine.* »

Dès que monsieur le député eut tourné le coin de la rue, Francis, très proprement et très bourgeoisement nippé, se regarda à la glace.

Il se trouva à son gré.

Alors il tâta ses poches pour s'assurer qu'il n'oubliait rien. Sur quoi il passa à la cuisine et sortit une canne de moyenne grosseur d'une armoire où il remisait les balais et les brosses.

Un moment après, il sortait tranquillement, comme un homme qui va faire un tour de promenade.

Tant qu'il fut dans la rue d'Aumale, il affecta une certaine lenteur.

Mais quand il eut monté de cent mètres la rue de La Rochefoucault, il hâta le pas.

Arrivé au boulevard — jadis extérieur, — il piqua droit à une pissotière.

Et là, sûr de n'être pas vu, il se coiffa d'une perruque brune. Puis sortant de sa poche une petite fiole de vernis, avec un pinceau et un petit miroir, il se barbouilla les joues et y colla deux côtelettes de crêpé taillées au préalable, ce qui modifia sensiblement sa physionomie.

Le visage, glabre à l'habitude, se trouvait maintenant encadré de favoris épais.

Lui, blond naturellement, était châtain foncé à présent.

Pour compléter la transformation, il se planta sur le nez un pince-nez en corne massive, à verres teintés en bleu.

Ainsi déguisé, il sortit, se dirigea vers une rue en pente qui précède le carrefour de la place des Martyrs, rue au début de laquelle s'ouvrait la boutique d'un marchand de vin-traiteur, à l'enseigne du *Bœuf rouge*.

Personne, à ce moment, dans l'établissement.

Les déjeuneurs étaient partis. C'était le tour du patron et du personnel de prendre leur repas.

A son entrée, un garçon se leva.

— Il est venu quelqu'un qui a demandé un cabinet? dit Francis.

— Oui; montez. On vous attend au 16. C'est pour déjeuner?

— Oui. Les huîtres sont commandées?

— Deux douzaines; on les ouvre.

— Donnez du chablis pour boire avec.

— Et avec ça?

— Omelette aux fines herbes, deux chateaubriands aux pommes soufflées, demi-homard, salade de laitue, fromage et fruit.

— Et comme vin?

— Bordeaux vieux; pomard avec les chateaubriands.

— Café?

— Et liqueurs, bien sûr! — Vivement, hein?

— Dans l'instant.

Francis monta un escalier en colimaçon, vit le n° 16 sur une porte, entra et tout d'abord crut s'être trompé en apercevant celui qui occupait le cabinet.

Certes! il le connaissait bien, le Sacristain. Ils avaient assez fait la noce ensemble; la noce et combien de mauvais coups, d'expéditions.

Mais, vraiment, la prison n'avait pas été favorable à l'ancien camarade.

Lui si jovial, joufflu, rubicond, agile, et vraiment pas mal bâti, il était morne, maintenant, efflanqué, terreux, tout grêle. Un *échigné* à crever d'une pichenette.

Une petite toux sèche expliquait le changement; il crachait ses poumons.

Et puis, vrai, sans faire l'aristo, Francis le trouvait drôlement couvert, cet ancien Lovelace des maisons de tolérance, dont la cravate cerise et les rouflaquettes assassines domptaient les plus difficiles.

En Polonais, ça allait encore. Mais en « *bourgeois* » quel déchet, mes amis!

Sur le dos, un gilet de tricot, effrangé aux manches. Un pantalon immonde. Au cou, un chiffon noir, et du linge... une autre fois.

Quant à la chaussure, des machins sans nom, fendus, laissant voir le pied nu.

Et sur la tête, quelque chose de tout à fait démodé, la casquette à huit ponts. Ça ne se porte plus.

Là, vrai! aucun chic, le Sacristain!

— Nom de d' la! qu' t'es changé, ma pauv' vieille! dit Francis avec une apparente commisération amicale.

— Ma foi! j' t'en dirai autant. Mais toi, c'est à ton avantage. A ça près, cependant que je t'aimais mieux en blond. Tu te teins donc à c'tt heure? T'as des cheveux blancs?

— Chut! fit le valet de chambre, j' t'expliquerai tout ça et bien d'autres choses. Et si tu es toujours un lapin, j' te vas remettre à flot, ça ne va pas traîner!

— Un lapin? répéta le Polonais. Écoute bien, mon vieux : j'en suis à un tel point que, pour un rond, j' refroidirais ma mère si des fois que j'en aurais jamais eu une!

— Chut! chut! fit de nouveau Francis. Ce ne sera pas si compliqué et ça te rapportera davantage, si tu es toujours le lapin dont j'ai besoin.

« Ah! j'ai bien souvent pensé à toi. Mais où que t'étais?

— A Poissy! Chien d'endroit, nom de Dieu! J'm'y ai à moitié crevé, tu vois, et si je ne t'avais pas rencontré, j'allais faire quelque affaire bête pour y retourner cependant; car j'en peux pu de baver dans la trompette au père Loupard. J'ai failli me décider à violer Ulalie, ça m'aurait envoyé à la Nouvelle. Mais elle est plus forte que moi, et la mère Loupard m'aurait étripé.

— Te v'la sauvé, j' te dis. Je veux que t'aies bientôt de quoi te retaper. Laisse-moi faire.

— C'est vrai, tu me tends la perche?

— Abandonner un camaro? Ça serait du propre! J'suis bien rosse; mais y en a que je mets à part!

Le Sacristain n'était pas d'esprit bien subtil. Il était touché. Il n'imaginait pas que son ancien chef le fit poser, cherchât à lui inspirer confiance, pour lui ôter l'idée qu'en venant à lui, il cédait à la peur d'être démasqué.

Francis s'en rendit compte, et pour le confirmer dans son aveuglement :

— Mais, dit-il, c'est pas tout ça. Pour ce qu'il y a à faire, tu ne peux pas rester fichu comme te v'là. On te remarquerait tout d'suite.

« Tiens, ajouta-t-il, en lui passant un billet de cent francs, voilà toujours pour parer au plus pressé.

— J' vas m'acheter des frusques à la place Clichy, dit le Polonais enchanté ; c'est pas loin, mange les huîtres en m'attendant.

— Veux-tu bien rester là! répliqua Francis avec autorité.

— Pourquoi ça?

— Tu veux donc te faire coffrer.

— A quel propos?

— Ah! t'es pas malin, mon pauvre Sacristain.
— Dis voir.
— Si tu te présentes en tels haillons au magasin de la Place Clichy, les roussins en bourgeois qui surveillent les clients ne te quittent plus de l'œil, et quand tes frusques achetées, tu donnes ton billet de cent francs, on t'arc-pince.
« En deux temps, chez le commissaire, qui te reconnaît et te demande :
« — Où avez-vous volé ça? »

Le Sacristain ouvrait de grands yeux. Il était en admiration devant son ex-complice, qui lui semblait un colosse d'intelligence et de roublardise; un Napoléon, tout bonnement.

— Cré dié! fit-il, t'es tout d'même rudement fort, toi!
— Je sais mon état, v'là tout.
« Donc, continua Francis, déjeunons tranquillement. Au dessert, je te prends mesure, je vas acheter ce qu'il te faut, je te le rapporte, nous fichons tes haillons aux ordures, et bras dessus, bras dessous, comme deux fadards, le cigare au bec, nous allons nous balader, afin que je t'explique l'affaire pour laquelle j'ai besoin de toi, et où il y a gros à se partager, sans risquer de se faire flanquer la tronche¹ entre les jambes, dans le panier des guillotinés.
« C'est-y dit?
— J'te crois que c'est dit! — Mais ces cent francs là?
— C'est pour que tu te payes une chambre propre dans un beau garni, et pour que tu te la coules en douceur, en attendant le partage de l'affaire en question.
— Ah! dis-moi-z-en un mot tout de suite! fit le Sacristain, avide de savoir.
— Entre des cloisons en planches?... quand on peut entendre de l'autre côté?... Pas si *gnoll*!... Dans la rue. Pas aut' part. Là, on voit autour de soi.
— Tiens! s'écria le Polonais, avec conviction, tu m'épates; là vrai. Et je te fais des excuses.
— Des excuses?
— Oui, je t'en dois!
« Avant hier, en te voyant si rupin, en te suivant jusqu'à la porte de ta cambuse, et après, quand je t'ai eu quitté, je te l'avoue, et je me le reproche : je t'ai jalousé!
« Oui, je me suis dit : — C'est pas juste qu'il soit heureux comme ça quand je suis à bout.
« Eh bien! je suis un muff d'avoir pensé ça.
« Si, c'est juste que tu sois à ton aise, estimé, heureux, parce que tu es un gars énorme, le malin des malins, et pas feignant, et un bon cœur.

1. La tête détachée du tronc, par le couteau.

« Là, me v'là soulagé.

« Et j'te l' dis à c'tte heure : Tant mieux que tu sois heureux! »

Francis lui tendit la main.

Mais, intérieurement, il le tenait dans le plus profond mépris.

Cet imbécile, qui *coupait dans le pont*, qui croyait à la sincérité entre gens qui ont tout à redouter les uns des autres!

Il ne voyait pas qu'on l'endormait, qu'on le roulait dans du sucre pour se débarrasser plus aisément de lui ensuite, c'est-à-dire afin de l'empêcher de ruiner la sécurité, les ambitions et les projets de son camarade!

Idiot, ce Sacristain! qui se faisait soumis, humble devant un complice qui tremblait à la pensée que d'un seul mot cet animal pourrait le perdre.

Il s'en amusait, Francis, en songeant à ce qu'il lui préparait, pour se mettre à l'abri d'une indiscrétion.

Il le tournait et le retournait, comme un chat joue avec une souris avant de la croquer.

Tout en le bourrant du menu qui paraissait au sacristin un festin royal, tout en l'*émêchant* par des rasades successives, il se divertissait à chatouiller sa sensibilité de gredin inconscient.

Il le faisait pleurer.

Le déjeuner fini, Francis régla et alla acheter des habits, du linge, des chaussures et un chapeau melon.

Mon Dieu! que le Polonais était beau!

Et surtout qu'il était content!

Ah bien! son ami pouvait faire de lui tout ce qu'il voudrait, par exemple!

Il se mettrait au feu; il *surinerait*[1] qui le gênerait.

En voilà, un ami, un bienfaiteur, un zig!...

Au moment de sortir, il n'y tint plus, il l'embrassa.

— Maintenant, dit Francis quand on eut fait quelques pas, v'là vingt sous, va te faire raser et couper les cheveux chez le merlan d'en face.

L'autre obéit.

Le jour tombe de bonne heure en hiver. Francis en tirait parti, car il calculait son affaire avec un sang-froid atroce. On verra pourquoi il comptait sur l'obscurité.

Quand le sacristain fut barbifié, tondu, méconnaissable, ayant un peu de temps à laisser écouler, le meurtrier de Mme Valph continua de s'amuser avec sa dupe.

Comme il eût fait au confesseur de la Roquette avant de se présenter au bourreau, il se livra à lui pieds et poings liés, lui conta tous ses crimes en détail,

1. Tuerait à coups de couteau.

éprouvant, d'ailleurs, cette satisfaction que tout homme a à parler de soi, à se vanter, à se grandir.

Et l'autre admirait de plus belle.

Et il se disait :

— Faut-il qu'il ait confiance en moi pour me conter tout ça, quand un mauvais cœur pourrait en abuser pour le faire passer ensuite par le trou d'une aiguille.

Vraiment, Francis était un dilettante de la canaillerie ; car il fournissait des preuves de chacun de ses méfaits, riant sous cape des réflexions que l'autre se faisait et qu'il devinait.

Oui, il se livrait ; oui, il lui mettait la tête entre les mains.

Mais quel danger ?

Aucun! Bien sûr, le sacristain n'en divulguerait pas un mot.

Francis s'était arrangé pour ça.

C'est qu'au fond, en plus du soin de sa sécurité, il l'avait en haine, son ancien camarade.

Ah! il avait voulu le faire chanter.

Soit! Chantera bien qui chantera le dernier.

Quand il eut tout confessé, il aborda la question importante : le coup à faire en commun.

— Tu m'écoutes bien ? dit-il.

— Oui, oui ; parle.

— Eh bien ! il y a à Rueil, c'est-à-dire sur la route de Rueil à Bougival, à un point qui s'appelle la Petite Jonchère, une vieille gonzesse à moitié folle qui a fait la noce autrefois.

« C'tte farceuse-là a eu un enfant sans que son mari le sache.

« C'est un marin, un officier, qui naviguait alors.

« Il ne l'a pas su, mais il s'en est méfié.

« Il n'a pas connu le père du môme ; mais il a su à peu près que la drôlesse l'avait fait cornard avec quelques autres.

« Pour lors, il s'est séparé de sa femme.

« Il ne vit plus avec elle, mais il a l'œil sur elle ; car il ne navigue plus.

« Or, c'tte gonzesse est très riche.

« Sa fortune, comme de juste, revient à ses deux enfants légitimes. Seulement, elle s'est mis dans la tête d'enrichir l'autre aussi.

« Par des donations, des actes de notaire, y a pas moyen. La loi le défend, et puis ça mettrait le mari sur la piste.

« Il connaîtrait le bâtard, et c'est un gars qui lui ferait un mauvais parti.

« Si bien qu'elle amasse en secret pour remettre à son fils — le bâtard est un garçon, sous-lieutenant dans un régiment de cavalerie — pour lui remettre de la main à la main une grosse somme en billets de banque.

« Comprends-tu?

— Si je comprends! fit le Polonais décrassé. Y a qu'à entrer la nuit, lui couper le sifflet et palper la bonne braise.

— Si on veut se faire piger, oui; y a que ça à faire, en effet.

« Et puis faudrait savoir d'abord ousqu'il est, le magot.

— Tu le sais, toi?

— Non! Et le temps de le chercher, de forcer les meubles permettrait d'accourir aux gendarmes.

« C'est pas ça, mais pas ça du tout.

« J'ai déjà trop donné de coups de surin; ça me ficherait malheur à la fin.

— Dégoûté! fit le sacristain. J'm'en charge, à ta place, si tu veux.

— T'aimes ça?

— Sans l'aimer. Mais sentir que ça entre... voir le rouge couler... voir le corps trembloter... Ça me fait un effet qui me remue des pieds à la pointe des cheveux. On dirait qu'on est saoul... On a envie de taper encore!

— Bon p'tit cœur! pensa Francis.

— Et à toi, continua l'échappé de Poissy, t'éprouves pas la même chose?

— Moi... moi, répondit le valet de chambre du député, c'est autre chose; j'ai peur de manquer mon coup et de ne pas en finir assez vite pour pouvoir filer.

— Mais, poursuivit-il, il ne s'agit pas de tuer, cette fois-ci.

— De quoi qu'il s'agit alors?

— Il s'agit d'aller voir la vieille avec une lettre de son bâtard. Une lettre dans laquelle il dit qu'il s'est laissé entraîner à perdre sur parole vingt-cinq mille francs au jeu, et que, s'il ne les paye pas dans la huitaine, il est déshonoré, chassé du régiment, dégradé; ce qu'il ne peut supporter. Aussi, en cas de refus, il dit qu'il se brûlera la cervelle.

— Où la prendre c'tte lettre-là?

— La voici, dit Francis, en tirant un papier cacheté de sa poche.

— Comment l'as-tu eue?

— Je l'ai faite.

— Elle est fausse?

— Parbleu!

— Mais la gonzesse reconnaîtra l'écriture.

— Je l'en défie. Je l'ai imitée avec le modèle sous les yeux. Ce fils, mon patron le connaît. J'ai su toute l'histoire en écoutant à la porte, et j'ai manigancé ça.

Seulement, il me fallait quelqu'un pour aller voir la mère.

LES ERREURS DE LA GUILLOTINE

Le beau-frère du neveu de madame Valph!... se dit l'assassin.

Car, le tour joué, la frime découverte, si c'est moi qui me suis présenté à elle, la mâtine me reconnaît, et au bloc !

Tandis qu'un autre une fois sorti, ni vu ni connu.

— Mais si elle ne veut pas confier vingt-cinq mille francs à un tiers.

— C'est qu'elle se décidera à les porter elle-même.

Et, elle partie, la maison est vide, alors...

— Compris, fit le Polonais.

— Ça te va-t-il ?

— Tu penses !

— En ce cas, prends la lettre.

— On y va tout de suite ?

— Non ; il est trop tard ; mais demain avant son déjeuner.

— Tu me diras bien où c'est. D'ailleurs, avec l'adresse, je demanderai.

— Pour qu'on ait ton signalement ensuite.

— Diable ; c'est vrai. Mais alors...

— Écoute bien. Tu vas me quitter au coin de la rue, et tu descendras posément à la gare Saint-Lazare.

Je m'y rendrai par un autre chemin.

Tu prends un billet de seconde pour Rueil, aller et retour.

— Avec mes cent francs.

— Non, laisse pendre ta main, et prends dans la mienne, huit ou neuf francs de monnaie.

Suis-moi bien maintenant.

— J' t'écoute.

— A la gare, tu ne me connais pas.

— Bon.

— Tu restes dans la salle des Pas-Perdus jusqu'à la dernière minute, comme si tu attendais quelqu'un.

— Y a ben des sergots !

— Te v'là avec des habits propres, ils ne te reconnaîtront pas.

— C'est juste.

— Au dernier moment, tu montes, tu traverses les salles d'attente et tu regardes dans toutes les voitures.

Alors tu me vois dans l'une d'elles, et tu y grimpes, sans seulement me regarder.

C'est bien entendu ?

— Entendu !... Après ?

A cette question, Francis eut un sourire étrange, empreint d'une réticence qui eût peut-être inquiété son compagnon, s'il eût pu le voir.

Mais le jour tombait, il ne vit rien et resta confiant.

— Après, répéta Francis, je te dirai les détails en route, une fois sorti de la station de Rueil.

« Sache seulement que le but unique de notre petit voyage de ce soir est de te montrer le chemin de la villa qu'habite la vieille gonzesse, et d'en explorer les alentours.

« Sur ce, conclut-il, quittons-nous.

« Tu as bien la lettre, les cent francs et la monnaie ?

— Dans ma poche.

— Eh bien! à tout à l'heure.

Le sacristain s'éloigna.

Il était enchanté. Jamais il ne s'était vu à pareille fête. La perspective de palper douze mille cinq cents francs par une simple escroquerie le ravissait.

Une opération charmante, enfantine. Poissy tout au plus, si l'on était pincé.

La tête restait sur les épaules.

C'est bien quelque chose, convenez-en.

Mais son admiration pour « la Belle Joséphine » ne faisait que s'accroître.

Quel trukeur! Vous combinait-il les affaires ce brave garçon-là. Et sûr de son fait. A preuve qu'il payait d'avance.

Pensez que les frusques lui avaient coûté plus de cent quatre-vingts francs. Joignez-y le billet de banque, la monnaie, le déjeuner : trois cents balles pour le moins !

Ah! tonnerre, il opérait en grand!

Quant à l'affaire de la vieille gonzesse, le Sacristain la tenait pour un chef-d'œuvre.

Malheureusement pour lui, cette affaire ne prouvait qu'une chose, c'est que Francis avait beaucoup d'imagination.

Et sa dupe perdait le temps à préparer les phrases qu'il dirait à la mère de l'officier bâtard, à se composer une attitude convenable pour l'aborder.

C'est que, dans tout cela, il n'y avait pas un traître mot de vrai.

Tout cela était inventé, improvisé.

Et la preuve, c'est que la lettre cachetée que le sacristain serrait soigneusement sur sa poitrine était simplement la circulaire d'une association religieuse sollicitant une souscription pour une œuvre de bienfaisance.

Quand Francis se présenta au guichet des billets, à la gare Saint-Lazare, il se trouva en face d'un monsieur qui passait son argent en même temps que lui.

Tous deux se regardèrent.

— Où ai-je vu cet individu? se demanda le monsieur.

Malgré son cynisme, Francis eut un frisson.

— Le beau-frère du neveu de Mme Walph! se dit l'assassin.

Ce monsieur, c'était, en effet, Firmin, qui se rendait à Chatou, afin de relancer Kœrhzen.

Il ne reconnut pas sur-le-champ, en Francis, le valet qui l'avait introduit deux jours auparavant chez M. le député Mathieux-Boulare. Pourtant cette physionomie le frappa singulièrement et, suivant son chemin, il se retourna plusieurs fois pour l'examiner.

— Il m'embête celui-là! pensa Francis.

C'est exactement ce qu'il avait déjà dit du sacristain, après la lettre d'argot que celui-ci lui avait adressée.

Mais il était loin d'avoir prise sur le frère d'Adèle, comme il l'avait sur l'échappé de Poissy, qui, docile et naïf, suivait servilement les instructions qu'il avait reçues de son bienfaiteur (!), de son *zig!*

En effet, rentré dans la salle des Pas-Perdus, il attendit qu'on sonnât et que l'employé criât, en fermant le guichet de la délivrance des billets :

— Allons, les voyageurs de la ligne de Saint-Germain, en voiture !

D'un pas un peu incertain — car il lui restait du pomard dans la tête — l'ex-Polonais de la famille Loupard gravit l'escalier, traversa les salles d'attente et parut sur le quai.

A un moment, il pensa s'être trompé.

Il n'avait pas aperçu Francis, et il était presque au bout du train.

Non, il ne s'était pas trompé. Le voilà juste dans le premier compartiment en tête.

Francis paraissait absorbé par la lecture d'un journal.

Il était seul.

C'est qu'à ce moment de la journée la circulation se ralentit. La banlieue, habitée par une masse d'employés, de commis, de gens d'affaires, de boursiers, emplit les trains du matin et du soir.

Tout à l'heure, après la sortie des bureaux, après la fermeture des établissements de coulisse, on ne saura plus où se placer.

Mais il était encore trop tôt; les disques de la voie et les lampes des wagons n'étaient pas encore allumés.

D'ailleurs, c'est une remarque que Francis avait faite; au départ de Paris, la foule se porte toujours à l'arrière, sautant dans les premières voitures qu'elle aperçoit.

Et souvent on s'entasse de ce côté, tandis qu'à l'extrême avant il y a des compartiments vides.

Sur les lignes, c'est tout le contraire.

Aux stations intermédiaires, le public court avec le train, qui n'est pas tout à fait arrêté. Il se précipite à l'avant. Et l'on voit, le dimanche, des grappes de voyageurs, femmes, enfants, vieillards, sur les escaliers des secondes, pendant qu'à la queue il y a des voitures inoccupées.

Pourquoi ? On ne sait. C'est toujours comme ça.

Francis l'avait observé, c'est pourquoi il s'était porté à l'extrémité du convoi, juste après le fourgon à bagages.

Une grosse dame avait bien eu idée d'y monter ; mais le malfaiteur avait tiré de formidables bouffées d'une pipe qu'il avait à la bouche, et la grosse dame s'était éloignée en grognant, d'autant que le compartiment n'était pas celui des femmes.

Le Sacristain, reconnaissant son compère, monta lestement.

Le voyant seul, il fit mine de lui parler.

Mais d'un signe, Francis le réduisit au silence et lui indiqua d'aller s'asseoir à l'autre bout de la banquette.

Puis, à mi-voix, il lui souffla :

— Regarde par la vitre, que l'employé ne voie pas ton visage.

Le sacristain obéit encore, pensant :

— Ah ! la rosse !... qu'il est malin !...

En fait, le pauvre diable ne savait pas jusqu'à quel point son ancien chef de file était malin ! S'il s'en était douté, il se fût sauvé à toutes jambes.

En tous cas, le domestique du député donnait l'exemple de la prudence

Son journal cachait absolument ses traits.

Si bien que le conducteur en refermant la portière ne remarqua pas ces deux voyageurs.

Mais si attentif à la lecture que fût Francis, il est un point sur lequel son attention était tendue avec persistance.

Quelqu'un montait-il sur l'impériale ?

Adossé à la paroi où s'accroche l'escalier qui y conduit il était bien sûr que personne n'y était monté de ce côté.

Mais il y avait un autre escalier à l'extrémité opposée de la voiture. Et tendant ses facultés, le bandit avait écouté si l'on marchait au-dessus.

Il n'avait rien entendu.

Cependant, le sifflet des locomotives, le roulement des chariots à bagages n'avaient-ils pu dominer le bruit d'un voyageur s'installant là-haut ?

Non ! Francis, raisonnant judicieusement, s'était dit :

S'il était monté un voyageur de l'autre côté, il ne se fût pas assis là-bas.

D'abord, parce que le temps s'est vivement refroidi, et qu'il aurait le vent en plein visage.

Ensuite, parce qu'on était trop près de la machine. La vapeur et la fumée noire l'eussent incommodé.

Donc s'il était monté quelqu'un à l'autre bout, ce quelqu'un eût longé la plate-forme, et serait venu s'asseoir à l'avant, afin de s'abriter derrière la cloison.

Et s'il était venu là, juste au-dessus de sa tête, Francis l'aurait entendu.

Voilà pourquoi il était certain qu'il n'y avait personne sur l'impériale.

Restait un point : le si proche voisinage du fourgon à bagages, où se tient le conducteur-chef.

Certains sont tellement aguerris à l'intempérie des saisons que par ennui d'avoir à tirer perpétuellement la porte à coulisse la laissent ouverte durant le trajet, à moins qu'il ne gèle trop fort.

Mais Francis s'était rassuré en regardant celui-ci. Toujours observateur, il avait constaté que cet employé était très maigre.

Les maigres sont frileux.

Et la preuve, c'est qu'il avait le collet de son pardessus relevé, sur un volumineux cache-nez de laine, deux fois enroulé à son cou.

Et puis, il toussait.

Donc il fermerait la porte à coulisse de son fourgon.

Et le fourgon n'était pas pourvu de cette lanterne qui en surmonte beaucoup, par laquelle, faisant office de garde-frein, les conducteurs peuvent voir en avant et en arrière toute la longueur du train.

Tout était au souhait du misérable, qui, bien qu'un peu nerveux, sinon ému, riait intérieurement de la conscience que le Polonais apportait à regarder au dehors en tournant le dos.

Enfin, toutes les portières furent fermées.

— Demandez la voie, dit le sous-chef de gare.

La machine siffla deux fois.

Après un moment la corne d'un aiguilleur lointain fit entendre un son pleurard prolongé.

Une minute encore passa. Le chef de gare dit :

— En route !

Le conducteur-chef souffla dans un sifflet à roulette.

Aussitôt la locomotive siffla à son tour.

Puis la vapeur crachée dans la cheminée produisit un éternuement métallique.

Et le train démarra lentement.

Le Polonais crut pouvoir se retourner.

— Bouge pas ! fit Francis, regarde dehors.

Lui aussi il regardait... sa montre et, résumant l'étude que le matin il avait faite de l'itinéraire des trains montants et descendants, il se dit :

— Le train du Havre est en retard, car nous passons le croisement avant lui. Il sera sans doute à Batignolles en même temps que nous. — Derrière lui, à deux minutes et demie environ, suivra le train circulaire. Puis, à peu près à la même distance, nous croiserons le train de Cherbourg, suivi de près du train de Gisors.

Cela fait quatre trains, sans compter la machine de service, venant du dépôt de Batignolles, qui passeront à côté de nous sur la voie descendante.

Il fait noir comme dans un four sous le tunnel, les mécaniciens ne s'apercevront de rien, puisque les lampes de l'avant ne sont pas allumées.

Et s'étant fait ce raisonnement, il conclut d'un seul mot :
— Allons-y !...

On passait sous le pont de l'Europe, où les employés tenaient les aiguilles ouvertes.

Au delà on s'engageait entre les deux grands murs, d'où aucun regard ne peut plonger dans les wagons.

Et le Sacristain, observant la consigne, tournait toujours le dos, regardant toujours au dehors.

Profitant de la demi-obscurité du passage sous le pont de l'Europe, Francis, tournant le pommeau de sa canne, en sortit vivement ce qui s'y emmanchait : une lame d'acier carrée et finement pointue.

Puis, se levant, il approcha de son camarade, lui mit la main gauche sur l'épaule, comme s'il eût voulu regarder à l'intérieur par-dessus sa tête et, choisissant bien l'endroit, d'une poussée robuste, ferme, assurée, il plongea vivement la canne à épée sous l'omoplate du pauvre diable, juste où il fallait pour lui perforer le cœur.

Ce fut si vite fait que la victime eut à peine le temps de faire un mouvement en arrière et d'articuler un « Ah ! » où la surprise dominait la douleur.

Puis il s'affaissa.

Pas une goutte de sang ne jaillit.

S'il y eut hémorragie, elle fut intérieure.

Un crime très propre, en somme.

Sans broncher Francis remit la lame de l'épée dans la gaine de sa canne, se gardant de l'essuyer, crainte de laisser une trace.

Puis il baissa la vitre du côté de l'entre-voie, attendant le moment prévu d'achever sa besogne.

Il ramassa son ami, le tint assis sur la banquette.

On passait le croisement de voie qui précède de vingt mètres l'entrée du tunnel de Batignolles.

Le Polonais n'était pas mort.

Un souffle éraillé sortait de ses lèvres entr'ouvertes.

Les cahots de la voiture faisaient branler sa tête livide de droite et de gauche, en avant et en arrière.

Les yeux restaient grands ouverts, avec une expression de stupéfaction qui malgré tout incommodait son meurtrier.

Celui-ci maintenait ce quasi-cadavre à la force du poignet, le trouvant lourd, et une sueur glaciale lui dégoulinait dans le dos, le long des tempes, mouillait son col de chemise, dont l'empois fondait à cette humidité tiède.

Au moment d'entrer sous le tunnel, on entendit à l'autre bout le sifflet de la machine du train du Havre qui, malgré le disque rouge, avançait par la force acquise.

Francis en tressaillit d'aise.

Dans cette obscurité absolue, il avait toute liberté d'action.

Mais pas une minute à perdre, par exemple !

Il s'en garda bien.

Tout en maintenant l'assassiné, il ouvrit la portière et, saisissant feu le Sacristain à deux mains, il le dressa debout sur le marchepied ; après quoi, le poussant par le haut, il le lança en travers de la voie descendante.

Il ne fallut qu'un moment.

Déjà la portière était refermée.

Mais ce n'était pas tout !

Le plan atroce du sinistre misérable comportait une seconde partie : le soin de sa sécurité personnelle.

De la façon dont il s'y était pris, le train du Havre, voyant substituer le feu blanc au feu rouge, avait rouvert son régulateur et, cherchant à rattraper son retard, allait écraser son naïf camarade.

Ceux de la banlieue, de Cherbourg et de Gisors suivant à quelques minutes en feraient une bouillie, un hachis informe.

Soit ! Mais il ne fallait pas que l'assassin sortît visiblement du compartiment de la victime.

C'est pourquoi, s'élançant à l'autre portière, Francis l'entre-bâilla juste assez pour pouvoir se glisser sur le marchepied.

Une fois là, il referma vivement la poignée et le verrou ; puis, gagnant en rampant l'escalier de l'impériale, il y grimpa comme un chat

Mais y rester n'était pas encore bien sûr.

A quatre pattes, il en gagna l'extrémité, et se penchant un peu, chercha à voir si la suivante était occupée.

L'obscurité de la voûte s'y opposait.

Tout à coup une vive lumière se produisit.

LES ERREURS DE LA GUILLOTINE

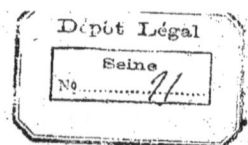

Le poussant par le haut, il le lança en travers de la voix descendante.

Voici comment :

Les trois voûtes du tunnel communiquent par des baies, d'où l'on peut passer de la ligne de Saint-Germain à celle de Versailles et de la Ceinture.

Or, sur celle de Versailles, une équipe d'ouvriers de la voie opérait une réparation.

Selon l'usage, leur travail était éclairé par des torches de résine, produisant une lumière violente et crue.

Devant l'une de ces baies de communication, trois de ces torches fichées en terre brûlaient.

Aplati le long du petit garde-fou de son impériale, Francis put voir que la suivante était déserte.

Sitôt la zone lumineuse passée, il gagna l'escalier, enjamba la double rampe, et avant de sortir du tunnel, il était installé, paisible, sur la voiture qui suivait celle où il avait tué le Sacristain.

Il poussa un « ouf ! » de délivrance.

Décidément, le diable était dans son jeu.

Cependant, il n'était pas homme à négliger le moindre détail, et profitant des minutes qu'il avait avant d'arriver à la première station, il prit un surcroît de précaution.

On pouvait avoir remarqué qu'il avait un journal. — Il le tira de sa poche, le déchira en tout petits morceaux et les sema au vent, comme le Petit-Poucet semait des cailloux pour retrouver son chemin.

On avait pu remarquer un homme brun, à favoris épais. — Il ôta sa perruque, y mit quelques balles de plomb dont il s'était muni, et ajouta les favoris postiches qu'il décolla ; après quoi, vivement, formant du tout un petit paquet pesant qu'il entoura d'une ficelle, il le posa à côté de lui.

Cela fait, il attendit.

En longeant la gare des marchandises, il croisa le train circulaire.

Aux fortifications, celui de Cherbourg sifflait comme un enragé, et à moins de trois cents mètres celui de Gisors avançait prudemment, retenu par les signaux et les pétards qui lui commandaient de faire attention.

— Ça va bien ! se dit-il.

Au départ, comme au retour, les trains se suivent de fort près, partant assez souvent à la même minute, par des voies différentes ; plusieurs guichets délivrent des billets en même temps.

Sachant trop exactement ce qu'il voulait faire, Francis s'était bien gardé de prendre un *ticket* pour Rueil.

Comme on en trouverait un pour cette destination sur le cadavre du Polonais, on aurait peut-être idée de rechercher qui avait pris l'autre.

Prudemment, il avait demandé un aller et retour pour Saint-Germain.

Puis, grimpant à la salle des Pas-Perdus de Versailles, il avait demandé un billet simple pour Asnières.

C'est là que, s'étant débarrassé du sacristain, il entendait descendre, non pour rentrer à Paris, comme on va voir.

Mais, à tout hasard, il ne voulait pas, s'il arrivait quelque chose, si le télégraphe avait marché, il ne voulait pas qu'on trouvât sur lui son aller et retour pour Saint-Germain. Le déchirer, le semer en l'air ne le satisfit pas. On pouvait découvrir les fragments.

Il le déchira cependant; mais, mâchant les morceaux, il les avala petit à petit. Cherche !

Quand il eut fini, le train longeait la station de Levallois. Déjà on apercevait le cimetière. Il eut de l'émotion. Ce lieu funèbre lui fit l'effet d'un coffre-fort. C'est là vers telle partie, que se cachaient les cent dix mille francs de la veuve Walph !... Quand donc pourrait-il les reprendre pour en jouir ? S'il n'eût fait nuit — elle tombe précipitamment en janvier — il eût pu reconnaître la tombe de sa nièce, qui gardait son trésor.

Mais le train s'engageait sur le pont.

Alors, saisissant le paquet plombé de sa perruque, il le lança à l'eau. Puis ce fut au tour de sa canne. Le poids de la lame, la masse de fer qui constituait la pomme l'entraînerait au fond du fleuve. Cherche encore !

L'opération terminée, il se trouva en humeur joviale et railleuse.

— Eh bien ! se dit-il, ça n'est pas plus difficile que ça.

A Asnières, il descendit. Le train circulaire montant passait cinq minutes après. Il descendit, prit un billet pour Paris-Nord, et une heure après, libre de souci, léger, content de lui et très en appétit, ma foi, il entrait dans un restaurant de la rue Lafayette et se faisait servir un dîner délicat.

Néanmoins, il lui restait une vague préoccupation. Il lui semblait qu'à Asnières le beau-frère de Maxime, le voyant passer blond et sans favoris, avait fait un mouvement de surprise.

Mais était-ce bien sûr ?

Dans la lumière indécise des quinquets de la gare, il avait pu se tromper.

Pourtant, il répéta son exclamation, qui, dans sa bouche, avait un caractère de lugubre menace :

— Il m'embête, celui-là !...

XIII

LE JOYEUX KŒRHUEN

Le sale juif allemand, que, pour ses péchés, la pauvre Mathilde avait pour mari, apportait dans sa lubricité crapuleuse un esprit méthodique très remarquable.

De sang-froid, il préparait tous les détails de ses orgies.

Non seulement il en composait un programme méticuleux mais encore l'œil du maître présidait aux préparatifs.

C'est pourquoi il s'était rendu à la villa longtemps avant l'arrivée de ses complices, afin de voir par lui-même si ses ordres avaient été exécutés avec intelligence et ponctualité.

Il goûtait aux sauces, y ajoutant le piment nécessaire, c'est-à-dire capable d'émoustiller les sens de la compagnie.

Il faisait décanter les vins dans des carafes, où préalablement il versait quelques gouttes d'une préparation contenant de la cantharide, de telle sorte que les plus épuisés retrouvassent des vigueurs factices et ne fissent pas tache dans l'honorable tableau qu'il entrevoyait à l'avance en se léchant les lèvres.

Et qu'on ne suppose pas que ce que nous rapportons ici soit imaginations arbitraires de romancier.

Les tribunaux sont là pour dire que nous n'inventons rien.

Bien plus, nous sommes obligé, par le respect de nous-même et par respect pour les lecteurs, de ne pas appuyer sur des dévergondages inouïs qui, s'ils étaient dépeints, feraient ressembler notre livre à la *Justine* du marquis de Sade?

Les avait-il vues ces scènes de folie ignobles?

Qu'importe! S'il a cru qu'elles fussent la caractérisque de son temps, il s'est trompé.

Avant lui, il en était tout de même.

Et peut-être est-ce encore pis aujourd'hui!

La preuve : voyez combien de fois, on est obligé de réclamer le huis clos en cour d'assises et à la correctionnelle.

Rappelez-vous les scandales de la rue de Suresnes.

Souvenez-vous des histoires de grands personnages surpris dans les buen-retiro des Champs-Elysées.

Et tant d'autres!

« Vices français ! » diront les étrangers.

C'est commode ! Mais allez voir en Italie, où les pères offrent leurs filles, les maris leurs femmes, les frères leurs sœurs aux voyageurs, et non pas au coin des rues sombres, mais en plein jour, à l'hôtel même où l'étranger est descendu.

Allez voir surtout en Allemagne.

Nulle part plus que là, la débauche payée, la prostitution ne s'exerce plus ouvertement.

Et pas besoin d'aller dans des maisons borgnes.

Du tout, en famille, en pleine famille, sous l'œil non offusqué des parents, qui saluent « l'amateur » au passage, dans leur propre appartement.

Comment donc, ils vous offriront de trinquer avec eux, et papa, maman, les frères et sœurs vous proposeront de ces jeux de cartes transparentes, de ces images immondes qu'on ne fabrique que là.

Et nos bons voisins d'outre-Manche !

C'est là encore que les mœurs sont respectables et dignes !

Nous en savons quelque chose depuis les révélations du *Pall-Mall-Gazette*, assurément.

Hélas ! nous ne valons guère mieux, non en France, peut-être ; mais à Paris.

Il est vrai que Paris est la ville la moins française de la France. Sur dix habitants, huit étrangers.

Et précisément ces étrangers lubriques et dépravés d'Italie, d'Allemagne, d'Angleterre, etc., qui déshonorent notre capitale et font que leurs nationaux honnêtes nous attribuent l'ignominie dont leurs concitoyens sont seuls coupables.

Quoi qu'il en soit d'ailleurs, Kœrhuen, venu de bonne heure, organisait la fête avec soin.

Grâce au mot de passe, Firmin fut introduit au salon.

— Attendez un moment, dit une friponne de femme de chambre, qui, sans doute, jouerait un rôle dans les divertissements ultérieurs, quand la société saoule, excitée, affolée, en serait au moment où l'on éteindrait brusquement le gaz.

Le bon Fritz Kœrhuen, prévenu, s'étonna.

— Un de nos amis déjà ! fit-il.

Cependant, un doute lui vint.

Quand on fait des choses illicites, on a, malgré tout, une inquiétude latente, indéfinie, informulée dans l'esprit.

Cela se traduit par un point d'interrogation constant.

« Quelqu'un aurait-il bavardé ?... »

C'est ainsi qu'à ces saturnales on entraînait des filles mineures.

« Y aurait-il plainte à la police ?... »

Grave appréhension !

Et aussi :

« Les parents seraient-ils de la fichue canaille, qui, ayant fermé les yeux au début, se croiraient en situation de *faire chanter* les délinquants ?

« Ce ne serait plus seulement la police en ce cas.

« Ce seraient les juges, le parquet qui s'en mêlerait.

« Le moins désagréable qu'il en pourrait suivre serait d'être forcé d'éteindre « l'affaire en *désaquant* » beaucoup d'argent; des billets de mille !

« Diable ! ça serait dur !

« Car, ceci est de remarque, que ces vicieux, qui ne regardent pas à la somme, pour assouvir leurs monstrueuses passions, deviennent avares, ladres, chiches, fesse-mathieux après, c'est-à-dire quand ce qu'ils débourseront ne leur procurera pas une jouissance nouvelle.

Fritz était fort perplexe en rejoignant les visiteurs au salon.

Mais que son désorientement fut profond en reconnaissant le beau-frère de l'amant de sa femme.

« Firmin!... Firmin ici, un tel jour ! Pourquoi ? Que voulait-il ? Comment avait-il su rencontrer le boursier à la villa ?

Logique eût été de le lui demander.

Son trouble intérieur l'en empêcha.

Gauche, dérouté, bête, comme si déjà il eût été surpris tout nu au milieu de ses camarades, il balbutia des formules de politesse vague, attendant craintivement que l'autre l'informât du motif de sa venue.

Firmin ne le fit pas languir du moins.

— Vous penserez, mon cher M. Kœrhuen, dit-il avec animation, que si je viens vous relancer jusqu'ici, c'est qu'une raison majeure m'y oblige.

— Sans doute ! sans doute ! mon cher Cognais.

— Mais je ne vous retiendrai pas longtemps.

— Parlez, parlez, mon cher ami. Qu'y a-t-il ?

Le frère d'Adèle n'avait pas à lui apprendre quel épouvantable malheur frappait le ménage de sa sœur.

Ne fût-ce que par les journaux, Fritz devait être informé.

Du reste, le lendemain du crime, la femme de Maxime lui avait tout appris, avec effusion d'amitié, quand il s'était présenté chez elle, dans les instructions que l'on sait.

Aussi le fiancé de M*lle* Blanche Honoré se borna-t-il à un résumé en quatre phrases établissant l'horrible situation de son beau-frère et de sa famille.

Il pensait émouvoir l'Allemand.

Il y parvenait, mais non dans le sens qu'il supposait.

L'émotion de Kœrhuen ravivait sa haine contre le mari d'Adèle, bien loin de lui inspirer quelque pitié.

Mais Firmin ne pouvait le deviner.

Aussi, poursuivant sa communication :

— Mon beau-frère est innocent, dit-il. Est-ce votre avis, mon cher monsieur Kœrhuen.

— J'aime à le croire, répliqua celui-ci.

— Moi, je vous le certifie. Et je vous certifie encore qu'au lieu d'être à l'hôtel de sa tante, au moment du crime, il était dans le lit d'une femme...

— Ah !... fit le juif allemand, avec une intime et poignante inquiétude.

— Et qui plus est, continua Firmin sans remarquer l'altération des traits de son interlocuteur, une femme mariée.

— Il l'a dit ? demanda Fritz, vert de crainte et de fureur.

— Malheureusement non !

— Ah ! il n'a pas avoué que ?...

— Il s'y refuse absolument.

Kœrhuen respira.

— Il croit que sa délicatesse le lui interdit.

— Cela lui fait honneur.

— Sans doute ! pourtant...

— C'est un galant homme.

— Raison de plus, dit Firmin, pour s'intéresser à lui.

— Je ne dis pas non.

— Voyez-vous qu'il la poussât cette délicatesse jusqu'à se laisser condamner, exécuter peut-être, plutôt que de révéler la faiblesse d'une femme qui a été sa maîtresse ?

— Ce serait d'un grand caractère.

— Mais ce serait horrible ! Car enfin, sa femme à lui n'a pas eu de faiblesses coupables ; ses enfants non plus. Et la délicatesse de l'époux du père, poussée à ce point extrême, les châtierait injustement de l'inconduite d'autrui.

Ma pauvre et innocente sœur, mes innocents neveux, seraient ruinés, condamnés à la misère et déshonorés.

— Très malheureux ! fit l'Allemand du ton dont il eût dit : « Je m'en fiche ! » Oui, très malheureux. Mais qu'est-ce que vous voulez que j'y fasse, moi, mon cher monsieur Cognais.

— Vous, monsieur Kœrhuen, vous étiez le compagnon de plaisir de Maxime.

Qu'il vous ait fait ses confidences ou non, vous devez connaître sa maîtresse, vous devez savoir son nom...

Fritz verdit de nouveau et se garda de rien répondre, crainte de se trahir.

— Eh bien ? fit-il évasivement.

— Eh bien ! je viens vous demander le nom de cette femme.

— A moi ? s'écria le mari de Mathilde avec un mouvement de recul.

— Oui, à vous, qui êtes un ami de Maxime, d'Adèle et de leurs petits enfants.

— Quoi ! fit Kœrhuen avec animation. Au cas où je connaîtrais le nom de cette femme adultère, vous voudriez qu'en vous le divulguant je l'exposasse à la colère, à la vengeance de son mari.

— Il me semble...

— Et s'il la tuait ?

— Vous ne me comprenez pas.

— Expliquez-vous donc.

— Je n'entends ébruiter aucun fait qui puisse amener un drame tragique, un malheur en remplacement d'un autre drame tragique et d'un autre malheur.

— Cependant...

— Je n'ai besoin de rien révéler au mari.

— De quoi donc avez-vous besoin en ce cas ?

— Du nom et de l'adresse de cette femme.

— Pourquoi faire !

— Pour la supplier à mains jointes de déclarer, sous le sceau d'un secret inviolable, qu'à l'heure du meurtre l'accusé était couché avec elle.

Ce ne serait pas la première qui, sans risques, eût fait sa confession à la Justice.

Bien d'autres en ont surmonté la honte pour sauver la tête d'un innocent.

Et jamais, jamais, la police ne s'est crue obligée de divulguer un aveu de ce genre pour faire justice à tous, pour relâcher un malheureux et éviter de frapper la femme et les enfants d'un accusé.

On n'en a rien su. Ses parents, son mari surtout, sont restés ignorants de sa confidence, et, une ordonnance de non-lieu intervenant, tout a repris son cours normal.

Kœrhuen tombait des nues.

— C'était à lui qu'on demandait d'innocenter l'homme qui lui avait pris sa femme, en déclarant tout haut qu'il était cornard.

— Non seulement il eût abandonné sa vengeance, mais encore il eût proclamé son déshonneur et son ridicule.

LES ERREURS DE LA GUILLOTINE

— Attendez un moment, dit une friponne de femme de chambre.

Il la trouvait un peu forte!

Si forte qu'il en restait bouche béante, ahuri, ne sachant que répliquer.

Mais la haine dissipa vite l'embarras du premier moment, et se faisant cauteleux :

— Mon pauvre ami, dit-il en serrant les mains de Firmin, je donnerais ma fortune pour être à même de faire ce que vous désirez.

Pauvre Maxime ! Quand bien même il serait coupable, je le plaindrais de tout mon cœur !

Un ami, un garçon que je recevais chez moi, chez qui j'allais avec tant de plaisir ! Le voir là, le voir sous le coup d'une accusation si terrible !

Oui, même coupable, je le plaindrais.

A plus forte raison s'il est innocent ! vous pensez, mon cher Firmin !

Mais qui je plains plus encore, c'est sa malheureuse femme, votre digne sœur.

Ah ! il peut se vanter, dans son malheur, d'avoir encore la bénédiction du ciel de ce côté-là !

Quelle femme digne, honnête et grande que la sienne !

Et ces deux petits enfants, si charmants, si jolis.

La pensée qu'eux et leur mère peuvent se trouver tout à coup flétris par la solidarité d'une condamnation infamante me fait frémir.

Et vous même, mon cher Firmin, quelle douleur imméritée pour votre cœur d'honnête homme !

C'est épouvantable, inique tout à fait.

Car, enfin, qui dit, après cela, que votre avenir ne sera pas entravé ?

Voudra-t-on toujours que vous épousiez Mlle Honoré, que vous aimez, qui vous aime !

Que d'existences compromises, que de douleurs ineffaçables !

Et dire que sur un mot, peut-être, le simple aveu d'une femme, disant :

« — Pendant qu'on assassinait la veuve Valph, Maxime Létang, qu'on accuse de ce meurtre, ne pouvait certainement pas l'accomplir, car à l'heure même, il était dans mes bras !... »

Oui, mon cher Firmin, il n'en faudrait pas plus.

Et aussitôt votre cher beau-frère serait rendu à la liberté, à sa femme, à ses enfants, à ses amis !

Bien plus, étant innocent du crime, il resterait héritier de sa tante ; héritier de plus de quatre millions ; car elle ne dépensait pas tout son revenu, étant seule à vivre !

Quelle joie, quelle prospérité, dès lors, pour Maxime !

Et tout cela, cette horreur d'une part, ce bonheur de l'autre ; cette honte et ce triomphe dépendant d'un mot, d'un seul mot prononcé par une femme !...

A quoi tient la destinée! ajouta Kœrhuen philosophiquement.

Mais voilà : où est cette femme?

Ah! mon cher Firmin, poursuivit-il en redoublant de manifestations amicales, si je la connaissais, j'irai me jeter à ses genoux.

Et si elle résistait à mes prières!

Si son cœur était assez dur pour laisser condamner un innocent, plutôt que d'avouer une faiblesse...

Ah! je vous le jure, mon cher Firmin, je le sauverais le cher Maxime!

Oui, en toute sûreté de conscience, par devoir, je le crierais tout haut le nom de cette femme, je la dénoncerais à la police; tant pis! car je ne pourrais plus me regarder en face si, pouvant sauver un innocent d'un supplice ignominieux, je taisais le secret qui assurerait sa délivrance.

Voilà ce que je ferais, Firmin.

Malheureusement, je ne connais pas cette femme.

Je ne me doute même pas du monde auquel elle appartient.

Est-elle fille, femme ou veuve?

Belle ou laide, pauvre ou riche, bonne ou mauvaise?

Je n'en sais rien.

Les maîtresses que j'ai connues à Maxime sont des femmes qui n'en sont certes pas à faire des difficultés pour avouer leurs amants.

Elles s'en vanteraient plutôt.

S'il avait passé la nuit chez l'une d'elles, ça se saurait déjà.

Ces filles sont sans mœurs.

Mais elles ont plus de cœur qu'on ne croit.

Et comme, après tout révéler que, dans la nuit du 21 au 22 janvier, Maxime couchait avec l'une d'elles n'entraînerait aucun inconvénient pour celle-ci, Maxime l'eût dit sans scrupule.

Et, à son défaut, cette fille-là serait allée spontanément faire sa déclaration au commissariat.

Donc, mon cher Firmin, ce n'est pas là qu'il faut chercher.

Ah! que je suis désolé; ah! que je m'en veux de ne rien pouvoir pour vous pour votre chère famille, et pour ce pauvre diable de Maxime qui, en s'obstinant à garder le silence, peut se faire couper le cou!

Tel est en substance le discours perfide dont l'Allemand paya le pauvre garçon.

Avec quelle complaisance, quelle âcre jouissance intérieure il appuyait sur les horribles solidarités de la famille d'un supplicié!

Et le monstre en arrivait à paraître ému, sincère.

Les larmes que répandait Firmin lui étaient un baume onctueux sur sa blessure d'amour-propre.

Et — de joie, peut-être ! — il en arrivait à avoir les yeux humides.

Le résultat, pour Firmin, était celui-ci :

« Rien à espérer de Kœrhuen. Il ne sait pas!

Pauvre dupe! »

Il n'avait pas fermé les portes derrière lui que Fritz, changeant de physionomie, laissait éclater sa hideuse satisfaction par le rire nerveux d'une âme parvenue au dernier degré de l'avilissement.

Ah! la saturnale érotique et crapuleuse à laquelle il allait prendre part tout à l'heure serait doublement délicieuse.

Cependant, dans ce qu'il avait dit lui-même, il y avait un point qui lui restait en mémoire.

Il avait flétri idéalement la femme supposée qui, pouvant sauver Maxime par sa confession, sans risques, à la police, se tairait et laisserait exécuter son amant.

Qui sait si Mathilde n'en viendrait pas là?

Mathilde était catholique.

Bien qu'elle ne pratiquât pas sa religion et qu'elle se fût mariée sans passer par l'Église, car elle épousait un juif soi-disant converti, il se pouvait que le chagrin lui fît demander des consolations et des encouragements à la divinité dont le culte lui avait été enseigné.

Le cas est fréquent.

Devant une grande peine, nombre d'indifférents retournent à leurs croyances premières.

Si Mathilde allait revenir à ses dévotions?

Si elle allait se confesser?

Quand bien même le prêtre n'oserait divulguer le secret de la confession, il ne pourrait faire moins que d'imposer à sa pénitente de révéler la vérité, si elle voulait l'absolution.

Et il lui en faciliterait les moyens.

C'est-à-dire qu'il lui assurerait le parfait silence.

Ces gens-là ont des ramifications partout. Dans ce complot permanent pour la domination universelle, tous les affidés sont d'une discrétion indéconcertable. Du haut en bas de l'échelle sociale, du bedeau, du donneur d'eau bénite jusqu'aux grands de l'État, tous s'entendent, obéissent à un mot d'ordre, à une consigne inflexible.

Mathilde pourrait parler sans danger.

Parler!... Et Maxime serait sauvé !

Et ce Maxime qui avait déshonoré le juif allemand serait quatre fois millionnaire, époux d'une femme chaste et digne, père d'enfants affectionnés.

Et tous seraient heureux.

Tandis que lui, mari d'une femme flétrie par les baisers d'un autre, mari d'une femme adultère.

« — D'une coterie!... » se disait-il avec fureur.

Il mènerait une existence difficile.

— Ah! non! s'écria le cannibale, cela ne sera pas!

Maxime aura le cou coupé; sa famille sera misérable et méprisée, à moins qu'il ne dise lui-même qu'il était l'amant de ma femme.

Mais il ne le dira pas. Il est affligé de préjugés idiots sur la délicatesse.

Il croirait commettre une lâcheté.

Et il est assez bête pour s'arrêter à cela.

Quant à Mathilde, c'est à moi de l'empêcher de parler.

J'y arriverai!

Ce qui l'y déterminait encore, c'étaient les derniers mots de Firmin, en le quittant.

A la peine éprouvée en écoutant le mari de Mathilde avait succédé une sorte de colère sourde.

— Merci, monsieur Kerhuen, avait-il dit, les dents serrées. Mais je me suis mis dans la tête de découvrir cette femme, et à tout prix je la découvrirai.

« Que Maxime ait scrupule de dévoiler sa liaison avec elle, soit.

« Mais moi, je ne les ai pas, ces scrupules.

« Moi, je ne vois que ma sœur et mes neveux.

« Et si je la trouve, je lui donnerai le choix entre déposer en secret elle-même, ou être dénoncée par moi publiquement.

— Une femme mariée! avait objecté Fritz.

— Eh! s'était écrié le jeune homme, qu'est-ce que ça me fait qu'elle le soit!

« En devenant la maîtresse de mon beau-frère, n'a-t-elle pas donné l'exemple d'oublier qu'elle l'est?

— La déshonorer?

— Elle laisse bien son amant exposé à un bien autre déshonneur. Elle consent bien à ce que sa femme, ses enfants, ses parents le soient à jamais et terriblement.

— Mais si son mari la tuait?

— Ce serait un châtiment très dur, trop dur, mais encouru cependant.

« Et celui dont elle laisserait frapper Maxime tomberait sur un innocent.

« Mort pour mort, la mort de cette femme rendrait sa mémoire intéressante.

« La mort de mon beau-frère laisserait sa mémoire avilie; un objet de mépris et de dégoût, conséquences aggravées en cela que cet avilissement et ce dégoût rejaillirait sur sa famille, qui ne le mérite pas.

« La comparaison montre qu'il n'y a pas équivalence entre la mort d'une femme coupable, qu'on plaindrait, et celle d'un honnête homme qu'on couvrira d'abjection, lui et les siens.

« Et puis, tant pis, encore une fois !

« Je défends la tête de mon parent. Que sa maîtresse défende la sienne !

« Je ne reculerai devant rien !

C'est sur ce dernier mot, prononcé avec une singulière énergie, que le frère d'Adèle s'était retiré.

Kœrhuen en avait souri d'abord.

Maintenant il y repensait.

Ce Firmin avait peut-être les moyens de poursuivre une enquête.

Dans la nuit du 21 janvier, quelqu'un avait peut-être vu Maxime venir à Épinay.

Dans la même nuit, quelqu'un l'avait peut-être vu se sauver.

Si Firmin arrivait jusqu'à l'une de ces « quelqu'uns », il pouvait se faire qu'il fût éclairé.

Le jardinier avait peut-être parlé des traces de pas relevées dans les plates-bandes, de la petite porte entre-bâillée, de l'épingle de cravate ramassée dans l'allée.

Tout cela, recueilli, conduirait aisément Firmin à soupçonner Mathilde et à entreprendre de la circonvenir.

Il fallait y veiller.

Ce fut la conclusion de l'Allemand.

Mais ce n'était pas le moment de se creuser la tête là-dessus.

Les camarades des deux sexes arrivaient, et déjà, dans les différentes chambres de la villa, ils se mettaient *en tenue*.

On sait ce que cela veut dire ; ils se déshabillaient !

Pendant ce temps, le pauvre Firmin regagnait la station afin de rentrer à Paris.

Son énergie était tombée.

Kœrhuen n'ayant pu lui fournir aucun renseignement, il se demandait avec anxiété de quel côté porter ses investigations.

Cependant, il se confirmait dans la supposition qu'il y avait une femme d'un certain niveau sous jeu.

Mais à quels indices la reconnaître.

Ils se le demandait encore quand le train arriva à la gare Saint-Lazare.

Tout absorbé qu'il fût, il remarqua que les choses ne se passaient pas comme à l'ordinaire.

Il semblait qu'il y eut de l'émoi parmi les employés.

Des gens allaient vivement de côté et d'autres, rejoignant un groupe compacte qui obstruait le bureau du commissaire.

A l'endroit où l'on remet son billet, quelques sergents de ville, auxquels se mêlaient des agents en bourgeois, examinaient attentivement les voyageurs. Et de ci de là on apercevait le bicorne des gendarmes.

Était-il survenu un accident sur la ligne?

Deux trains s'étaient-ils rencontrés? Un déraillement?

Il se rappela qu'en passant sous le tunnel, habituellement sombre, il avait été surpris de la vive clarté que jetaient, tout du long, un grand nombre de torches.

Il en avait vu à l'allée, mais bien moins.

Pourtant, il avait pensé qu'elles brûlaient pour éclairer des ouvriers occupés à quelques réparations de la voie, ou de la muraille de la voûte.

— Qu'y a-t-il? demanda le jeune homme à un homme d'équipe.

— Rien, rien, monsieur, répondit brusquement celui-ci, obéissant à la consigne, toujours la même, qui est de cacher au public tout ce qui se produit d'anormal sur la ligne.

Mais Firmin, attaché à la Compagnie du Nord, était au fait de cet usage, et la brusquerie de la fin de non-recevoir de l'homme d'équipe le confirma dans le soupçon qu'il avait conçu.

C'est pourquoi il aborda un sous-chef de gare.

Il lui dit qui il était, quelles fonctions il remplissait à l'autre chemin de fer, et demanda de nouveau ce qui était arrivé.

A un collègue, le sous-chef crut sans inconvénient de dire la vérité.

— On a relevé sous le tunnel le cadavre d'un homme que deux trains ont abominablement écrasé, presque réduit en bouillie.

On a cru à un accident.

Mais le médecin de service, appelé, a marqué un doute raisonné en voyant que l'écrasement n'avait produit à l'extérieur aucun épanchement de sang.

— « Si cet homme eût été vivant quand la première machine l'a atteint, a-t-il dit, le sang eût jailli et se serait répandu en abondance à la place même.

« Or, il y en a à peine.

« Donc, quand il a été écrasé, il était déjà mort; exsangue.

« Le sang n'étant pas lancé par les contractions du cœur, et peut-être déjà coagulé dans les artères et dans les veines, est resté dans ses enveloppes et dans les tissus.

« Je crois qu'en définitive on n'a écrasé qu'un cadavre plus ou moins refroidi déjà.

— Il y aurait donc crime? fit Firmin, frappé tout à coup d'un souvenir.

— Il y a de fortes présomptions, dit le sous-chef de gare.

« La preuve, c'est qu'en ce moment le corps est dépouillé de ses vêtements, afin de procéder à un examen attentif dès que deux autres médecins seront arrivés.

— Ne sont-ce pas ces deux messieurs qui marchent d'un pas pressé, suivant un troisième personnage.

— Justement...

— Mais, fit le frère d'Adèle, il me semble connaître ce dernier.

— L'inspecteur général de la sûreté, qu'on a prévenu.

— M. Oscar?

— M. Oscar de la Ville-Viquiers, oui.

— Un dernier mot, reprit Firmin.

— Dites, mon cher collègue.

— A quel moment suppose-t-on que cela se soit passé?

— Cela n'a pu arriver que vers quatre heures quarante du soir; car le premier train qui a atteint la victime est celui du Havre qui, ayant un peu de retard, n'est en gare qu'à quatre heures quarante-six.

— En ce cas, continua le beau-frère de Maxime, si la supposition du cadavre écrasé, au lieu d'un être vivant, était vérifiée, il faudrait que le corps eût été jeté sur la voie, par quelqu'un qui aurait pris à Paris le train de Saint-Germain à quatre heures trente-cinq minutes?

— C'est cela même.

— Eh bien! j'étais dans ce train.

— Vous avez vu quelque chose?

— De l'action criminelle, rien.

« Mais j'ai fait quelques remarques qui peuvent éclaircir l'enquête, et puisque M. Oscar de la Ville-Viquiers est là, vous qui pouvez passer, mon cher collègue, voulez-vous bien lui faire savoir qu'un voyageur dudit train offre de déposer ce qui l'a frappé en deux circonstances.

« Peut-être cela sera-t-il de quelque utilité.

— J'y vais. Attendez là.

Le sous-chef de gare revint presque aussitôt.

— Venez, mon cher collègue, dit-il; M. Oscar vous attend dans le bureau du commissaire.

En quelques pas Firmin y fut parvenu.

Il trouva M. Oscar occupé à transcrire des notes.

— Je suis à vous, monsieur, dit-il à Firmin sans lever les yeux.

Puis ayant terminé :

LES ERREURS DE LA GUILLOTINE

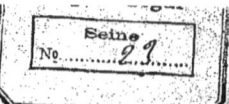

— Eux... et vous aussi, ajouta-t-il en tendant la main au jeune homme.

— Je vous écoute, monsieur, fit-il. Voulez-vous d'abord me dire vos noms, domicile et qualités ?

Ce disant il regarda Firmin.

Et il pensa :

— J'ai déjà vu ce garçon quelque part.

Obtempérant au désir du policier, le jeune homme dit :

— Je m'appelle Firmin Cognais, je demeure rue Bergère, et j'appartiens, comme employé, à la Compagnie du Nord.

— Je vous remets, fit M. Oscar. Vous êtes parents de...

— De Maxime Létang, mon beau-frère, faussement accusé d'assassinat, oui monsieur.

Et j'ai eu l'honneur de me présenter à votre bureau de la préfecture de police, muni d'une lettre de M. Mathieu-Boulare, député.

— Parfaitement, mon pauvre garçon. Je vous connais et bien plus que vous ne supposez ; car j'ai dû m'enquérir de vos antécédents, et je sais que vous méritez la plus sérieuse estime, comme la sympathie, hélas ! la mieux fondée.

« Malheureusement, quand vous êtes venu, je ne pouvais faire ce que vous désiriez, puisque votre beau-frère était au secret.

Mais il n'en est plus ainsi maintenant.

Aussi, tout ce qui me sera possible en votre faveur, comme en faveur de votre très honorable et respectable sœur, je le ferai avec empressement.

« Nous y reviendrons.

« Pour l'instant il s'agit d'une déposition spontanée que vous voulez faire relativement à l'homme trouvé écrasé tout à l'heure sous le tunnel, n'est-ce pas ?

« Dites. Peut-être nous devrons-vous de voir un peu plus clair en cette affaire, qui a tout le caractère d'un crime mystérieux.

— Du crime en lui-même, répondit Firmin, je ne sais rien. Je n'ai point entendu de cris ni bruits de lutte.

« Ce que j'ai vu, certainement, c'est un quelque chose informe, qui, le temps d'un éclair, a passé dans l'axe de ma vue.

— Sous le tunnel de Batignolles ?

— Sous le tunnel.

— Comment cela a-t-il pu se faire, puisqu'il y règne une obscurité constante ?

— Elle était grande, en effet. Mais le train du Havre, déjà engagé probablement à l'autre extrémité de la voûte, avait son feu blanc allumé, projetant déjà une clarté vague à un certain nombre de mètres devant la machine.

— C'est juste. En sorte même que, si vous vous étiez penché un peu à la fenêtre, vous auriez pu voir ce qui était tombé sur la voie.

— Je n'y ai pas songé.

« J'étais absorbé dans un autre courant de réflexions, puisque je me rendais près de quelqu'un dont j'espérais obtenir des renseignements capables d'établir l'innocence de mon beau-frère.

— Vous êtes donc certain de son innocence? lui demanda M. Oscar en le regardant dans les yeux.

— Certain comme de ma vie, monsieur.

« Maxime n'a tué personne, n'a trempé dans aucun meurtre, et si jamais il eût attenté aux jours de quelqu'un, ce quelqu'un n'eût pas été sa tante, dont il se moquait un peu, entre nous, mais qu'il aimait tout de même.

« Non! s'il se tait, c'est qu'il y a une question de délicatesse qui le retient.

— Une femme?

— Une femme.

— Mariée!

— J'en suis sûr. Eh bien! cette femme, je veux la connaître, aller à elle, essayer de la convaincre, de déclarer la vérité, et tout révéler moi-même si elle refuse d'avouer.

« C'est pourquoi, par le train de quatre heures trente-cinq, je me rendais à Chatou.

— Chez ce quelqu'un qui pourrait, pensiez-vous, avoir connaissance de la femme en question?

— Oui, monsieur. Un ami de Maxime, avec qui il courait un peu — un peu trop! — ici et là, les aventures galantes.

— Puis-je vous demander son nom?

— C'est, je crois, sans inconvénient; car lui ne se pique pas de fidélité à son ménage.

— Il est marié?

— Oui, monsieur.

— Vous l'appelez?

— Kœrhuen.

M. Oscar prêta l'oreille.

— Fritz Kœrhuen? fit-il, coulissier à la Bourse, juif prétendu converti, fils d'Allemand?

— C'est bien cela.

— Ah! il est à Chatou, aujourd'hui...

« Oh! ne craignez rien, mon ami, ajouta le policier, vous ne commettez aucune délation.

« Le renseignement doit être déjà à mon cabinet.

« Je connais le personnage, et je sais ce qu'il fait à Chatou, en compagnie d'hommes et de femmes qui renouvellent les orgies de Lesbos et de Sodome.

« Jusqu'ici la police a été désarmée contre ces ignominies, qui se passent à huis clos, dans une habitation bourgeoise.

« Mais déjà une tentative d'embaucher une mineure s'est produite.

« Elle n'a pas réussi.

« Ces dépravés seront plus heureux une autre fois peut-être, et alors nous leur causerons du déplaisir.

« En attendant, poursuivit M. Oscar, revenons aux relations de ce Kœrhuen avec votre beau-frère.

— Ne croyez pas, dit vivement Firmin, que Maxime ait pris part aux saturnales dont vous parlez, monsieur.

« Il n'allait pas, que je sache, à Chatou.

— S'il y avait été, je l'aurais su, répliqua le policier.

« Et, ce qui est plus important, j'aurais su de même qu'il était en relations d'amitié avec le coulissier.

— Relations suivies, de ménage à ménage.

— Mme Kœrhuen fréquente votre sœur?

— Autrefois, très fréquemment, on dînait les uns chez les autres.

— A Paris?

— A Paris, quand c'était chez ma sœur.

— Et à Épinay?...

— Fort souvent durant l'été.

— Voilà qui est particulier, dit l'inspecteur général de la sûreté.

— Quoi donc, monsieur?

— Ce fait, que votre beau-frère a donné le nom et l'adresse de beaucoup de personnes, amis et simples connaissances, près de qui on pouvait se renseigner sur son passé, ses habitudes, etc.

« Lesquelles personnes seront nécessairement témoins à décharge, si l'affaire va jusque devant le jury.

« Et lié comme il l'est, dites-vous, avec ce juif, il ne l'a jamais nommé.

— Je l'ignorais.

— Puisqu'il est son ami, il était tout naturel qu'il recourût à son témoignage favorable.

— Il aura craint que la déposition de celui-ci ne dévoilât les infidélités qu'il faisait à ma sœur.

— Non!

— Pourquoi?

— Parce que Kœrhuen, en parlant de cela, eût dévoilé celles qu'il faisait lui-même à sa femme.

— C'est juste.
— Alors pourquoi Létang n'a-t-il pas parlé de Kœrhuen
Firmin, frappé de la question, crut deviner.
— Cet oubli...
— Volontaire.
— Peut-être !
— Soyez-en persuadé.
— Soit ! Et, en ce cas, cet oubli me confirme dans la seule supposition qui l'explique.
— Voyons ?
— Kœrhuen doit connaître la femme mariée que mon pauvre beau-frère ne veut pas nommer.
— L'avez-vous vu tout à l'heure ?
— Un instant.
— Que vous en a-t-il dit ?
— Il m'a dit ne rien savoir.
— Diable ! fit M. Oscar.

Et comme se parlant à lui-même :

— Il n'est guère possible que, si canaille que soit ce tripoteur de sales affaires, il refuse de sauver un camarade de plaisir du terrible danger qui le menace, par pure discrétion, pour une femme légère après tout.

— Il faudrait qu'il eût intérêt à garder le silence.
— Je ne lui en vois pas.
— En effet !... à moins...

Le policier à son tour parut s'absorber dans ses réflexions.

Puis, tout à coup, comme saisi d'une inspiration subite :

— Si cette femme... était la sienne ? dit-il brusquement.
— Oh ! non... oh ! non, monsieur ! répliqua vivement Firmin. Mme Kœrhuen est une honnête personne, fille d'un homme très honorable, qui l'a élevée dans d'excellents principes.

« Mieux qu'une femme honnête ordinaire.

« C'est pour sauver son père d'un désastre attentatoire à sa considération, pour lui épargner la misère qu'elle s'est dévouée à accepter Kœrhuen pour mari.

— C'est vrai, dit M. Oscar. Il y a presque là un acte de vertu, une abnégation qui ne cadre guère avec une faiblesse adultère.

« Cependant, malheureuse en ménage, humiliée, confinée dans un coin à la campagne, rudoyée par un mari brutal et sot, grossier et d'un libertinage odieux, qu'elle n'a subi que par un sacrifice filial et qu'elle ne peut pas aimer...

— N'importe! répéta le frère d'Adèle. C'est une femme de devoir. Je crois pouvoir répondre d'elle.

« D'ailleurs, si, à ma grande surprise, Maxime avait passé la nuit du 21 janvier à ses côtés, quitte à être battue, martyrisée par son mari, elle ne laisserait pas couper la tête à celui qu'elle aimerait en gardant le silence.

— Voilà qui est d'un raisonnement plus solide, dit le policier.

Il aurait poursuivi; mais on vint le prévenir que l'homme écrasé sous le tunnel était déshabillé; ce qui avait été difficile et long.

Les médecins attendaient la présence de l'inspecteur général pour procéder à l'examen.

— Je l'oubliais! dit-il.

« Voyez par là quel intérêt je porte à l'affaire de votre frère!

« Oh! je vous l'avoue, mon pauvre garçon, je donnerais beaucoup pour découvrir la preuve de sa non-culpabilité.

« Car c'est vrai : malgré tout, malgré lui, son silence, malgré les fautes qu'il commet et qui sont si préjudiciables à sa cause, il y a peu à dire, je le crois innocent!

« Mais je ne désespère pas de le sauver.

« Ce que vous m'apprenez de ses relations, de son amitié avec Kœrhuen m'ouvre peut-être une piste.

« Et, certes! je ne l'abandonnerai pas sans l'avoir parcourue jusqu'au bout.

« Je m'en fais un point d'honneur!

— Dites plutôt, monsieur, répliqua Firmin les larmes aux yeux, que votre bonté vous entraîne vers des malheureux...

— Sa femme, ses enfants... oui! fit le policier très ému lui-même.

« Eux... et vous aussi, ajouta-t-il en tendant la main au jeune homme.

« Que voulez-vous!... Pour être de la police — un mouchard comme disent les bourgeois, qui sottement nous méprisent et qui sans nous seraient dans de beaux draps! — on n'en a pas moins quelque chose qui bat dans la poitrine, et la passion de la justice!

Puis, secouant son léger trouble :

— Au fait, dit-il, m'avez-vous tout dit au sujet de l'homme écrasé?

— Non, monsieur.

— Bon. Eh bien, si la vue d'un cadavre ne vous répugne pas trop, venez avec moi.

Vous compléterez votre déposition ensuite.

— Je vous suis, monsieur, dit Firmin.

Le corps du sacristain avait été porté derrière le bureau du commissaire, dans un cabinet vivement éclairé, qui lui servait de lavabo.

Quand Oscar et Firmin y arrivèrent, le cadavre, dépouillé de ses vêtements, était étendu sur une table de bois blanc.

Les jambes, la tête, l'un des bras ne formaient qu'une bouillie épouvantable. Le torse seul était intact.

Du premier coup d'œil, les médecins appelés avaient découvert la vérité.

— Tenez, monsieur, dit l'un d'eux à Oscar en lui montrant une petite tache rouge sous le sein gauche :

— Qu'est cela ?

— Une plaie, produite par l'extrémité de la pointe d'un instrument pointu : la lame d'une canne à épée, probablement.

« Avant de trouer l'épiderme de ce côté, cette lame a traversé le cœur.

« C'est ce que M. le docteur Brouardel constatera par l'autopsie à la Morgue.

« Donc cet homme a été frappé dans le dos.

« Le coup a été porté sous l'omoplate, entre les côtes supérieures, peu après le première attache.

Retournez le sujet, dit le docteur aux aides.

On mit le sacristain sur le ventre.

— Voyez-vous ? La plaie est plus large de ce côté.

« Le fer a été poussé de haut en bas.

« Facile est de reconstruire la scène.

« La victime était assise à l'extrémité de la banquette allant en avant;

« Elle devait regarder à l'extérieur par la vitre.

« Ce n'est donc pas sous le tunnel qu'elle a été frappée.

« En effet, qu'est-ce que cet homme eût regardé dans la voie ?

« D'ailleurs, l'assassin n'eût pas été sûr de son coup, n'y voyant rien lui-même.

« C'est avant que le meurtre a été commis.

« Très peu de temps après la mise en route du train.

« Ce malheureux regardait donc au dehors.

« Et ainsi il présentait le côté gauche du dos à l'autre partie du compartiment nécessairement vide.

« Le meurtrier a pu tout à loisir viser la place où il fallait pousser l'épée pour que l'homme fût mort du coup, sans cris, sans lutte, sans excessive effusion de sang à l'extérieur.

« Il est supposable que sa victime et lui se connaissaient, peut-être voyageaient-ils de compagnie.

« L'assassin a dû s'approcher, restant debout comme pour voir ce que l'autre regardait.

« L'épée nue à la main droite, il a dû appuyer familièrement la gauche sur l'épaule du pauvre diable et, choisissant le point précis, il a fait entrer la pointe d'un mouvement furieux, mais ferme et décisif.

« Cet assassin connaît son affaire, ce n'est pas un novice. Il a la notion de la construction humaine.

« Si vous le prenez, monsieur Oscar, vous pouvez établir sans scrupule la préméditation.

« Elle est évidente et complète, tout le travail est parfait.

« Après le meurtre, que s'est-il passé?

« Je ne saurais le dire.

« Mais il est clair que le cadavre, tenu à bout de bras dans l'entre-bâillement de la portière, a été projeté en avant.

— A quoi reconnaissez-vous cela, docteur? demanda M. Oscar.

— A ce que les roues du train qui l'ont écrasé l'ont pris de biais.

« Pour cela, il faut que la tête ait porté la première sur le sol. Les jambes restant en l'air ont continué de subir le mouvement de la vitesse acquise, et le corps s'est trouvé de travers sur la voie descendante.

— Dans quel compartiment vous trouviez-vous? demanda le policier à Firmin.

— Dans le premier de la seconde voiture.

— Seul?

— Non. Avec deux ouvriers, une paysanne et un vieux monsieur à mine de militaire retraité.

— Ont-ils vu comme vous une ombre tomber?

— S'ils ont remarqué quelque chose, ils n'en ont rien dit.

— Et vous?

— Moi non plus.

— Tant pis.

— Pourquoi?

— Parce que plusieurs témoignages eussent donné plus de poids à votre remarque.

« Quoi qu'il en soit, ce que vous rapportez tend à établir que le drame s'est passé dans l'un des compartiments de la première voiture du train de quatre heures trente-cinq, à destination de Saint-Germain.

— Et voici ce que j'ajoute, continua le frère d'Adèle.

— C'est juste. J'oubliais que vous n'avez pas terminé votre déposition. Parlez.

— Voici : comme je prenais mon billet au guichet de la salle des Pas-Perdus, je remarquai un homme qui demandait un billet de seconde classe pour Rueil.

« Si je remarquai ce voyageur, c'est qu'il me semblait vaguement quelqu'un que je devais connaître plus ou moins, quelqu'un que j'avais déjà vu.

LES ERREURS DE LA GUILLOTINE

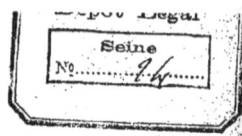

C'était un papier blanc plié en quatre.

« Où cela ? En quelle circonstance ? Quelle était sa position sociale ?

« Impossible de rien formuler de précis.

— Comment était-il ?

— Assez grand. Pas mal de figure. Vêtu proprement d'habits qui ne semblaient pas avoir été faits pour lui, quoiqu'ils fussent à sa taille.

— Je ne comprends pas la nuance.

— J'entends qu'ils étaient d'une coupe dont l'élégance ne correspondait pas à la condition apparente de celui qui les portait.

— Un valet de chambre couvert des vêtements défraîchis de son maître ?

— Peut-être. Ou encore un homme qui se fournit chez ce que l'on appelle les « décrochez-moi ça », les marchands d'habits d'occasion.

Ses fortes mains, un peu rouges, juraient avec le « chic » de son accoutrement.

Me Oscar, plus expert par état sans doute, s'en tint à sa première interprétation.

— Un domestique ! se répéta-t-il mentalement.

Firmin continua.

— A ce moment, dit-il, et retenez bien ceci, il avait les cheveux bruns, et de chaque côté du visage des favoris longs et abondants de même nuance.

— De quelle importance cela est-il ?

— Attendez. Vous allez voir.

« Il avait donc pris un billet pour Rueil.

« Ayant pris le mien pour Chatou, je monte à la salle d'attente.

« Elle était déjà ouverte sur le quai.

« Je traverse, je suis la foule et, sans choisir, je monte dans le compartiment que je vous ai dit.

« Sous le tunnel, je crois voir une ombre tomber.

« Mais je n'y arrête pas ma pensée, préoccupé d'autre chose et oubliant mon voyageur de Rueil à favoris et à cheveux bruns.

« Bientôt le train ralentit, puis s'arrête.

« — Asnières, crient les employés.

« Alors par la fenêtre, je vois passer un homme vêtu, coiffé comme celui de la salle des Pas-Perdus, mêmes mains fortes, même démarche, seulement...

— Seulement ?

— Seulement il est blond et n'a pas de favoris !

— Et il descend à Asnières ?

— Je l'ai vu.

— Sans billet.

— Si fait, je l'ai vu remettre son billet.

— Et ce blond, réveille-t-il le souvenir de quelqu'un que vous auriez connu ?
— Ce blond, plus encore que le brun.

« Pourtant, impossible de savoir à qui je trouve que l'un et l'autre ressemblent.

« Mais ce dont je suis certain, par exemple, c'est que le brun avait une canne, et que le blond n'en avait pas.

— Ah ! ah ! fit l'inspecteur général de la sûreté, voilà qui devient tout à fait intéressant.

« Répondez-moi.

« Croyez-vous que le blond et le brun ne fassent qu'une même personne ?
— Comment voulez-vous ?
— Une perruque est bientôt mise.
— Ou ôtée. C'est vrai.
— C'est plutôt « ôtée » en effet, puisque les favoris avaient disparu de même.
— Et que le blond vous frappe plus encore que le brun.

« Donc supposant que c'est le même individu.

« Si cet homme s'est déguisé, c'est qu'il avait le dessein de commettre une action dont il voulait que la responsabilité ne lui fût pas attribuée.

« Cet acte, si c'est celui d'assassiner un autre homme, son désir est compréhensible.

« Or justement, il se trouve qu'un homme a été assassiné dans ce train !

« Et vous dites que le brun (donc déguisé) avait une canne...
— J'en suis sûr. En approchant du guichet de la buraliste à Paris, j'ai failli me heurter à la pointe, car pour tirer sa monnaie, il l'avait sous le bras.
— Bien. Et en sortant de la gare d'Asnières, il n'avait plus de canne. Vous en êtes sûr de même ?
— Oui, car, attendant son tour de sortir, il avait la main droite appuyée sur la balustrade, et de la gauche, il tendait son billet à l'employé chargé de le recueillir.
— En ce cas, inutile de chercher ; cet homme a perforé le cœur du pauvre diable qui est là.

« Après quoi, il l'a jeté sur la voie, devant la train du Havre, comptant que l'écrassement détruirait les traces du coup d'épée.

« Puis, arrivé à un endroit, il a jeté canne, perruque et favoris et s'est transformé.

« C'est assurément au pont d'Asnières qu'il a dû prendre cette précaution.

« Demain un bateau dragueur nous ramènera ces objets du fond, car la canne y est allée, rien que par le poids de l'épée, et il devait s'être pourvu d'un corps pesant capable d'y entraîner ses postiches.

« Reste un point.

— Lequel?

— Pourquoi a-t-il pris un billet pour Rueil?

« Au fait! ajouta le limier de police, en s'adressant à ses agents, a-t-on fouillé la victime.

— Oui, monsieur Oscar.

— Et qu'a-t-on trouvé?

— Un billet aller et retour à destination de Rueil.

— Nous y voilà.

— Une centaine de francs.

— Donc le vol n'est pas le mobile de l'attentat.

— Plus une lettre cachetée, adressée à une dame à la petite Jonchère de Bougival.

— Donnez, fit M. Oscar.

La lettre lui fut remise.

Elle était froissée, mais intacte.

Il déchira l'enveloppe, déplia la feuille et ne vit rien.

C'était un papier blanc plié en quatre.

— Eh bien! l'information est complète, dit-il.

« La victime gênait l'assassin.

— Pourquoi?

— Nous le saurons.

« Afin de s'en débarrasser l'homme blond lui a tendu un guet-apens très bien ourdi, ma foi!

« Affaire quelconque à traiter avec la dame de la Jonchère.

« Démarche faite en commun, soi-disant.

« Puis en route, quand l'autre naïf à confiance, le crime.

« C'est très habilement imaginé.

« Plus habilement exécuté, du reste.

« Mais la prétendue affaire relative à la dame de La Jonchère devait être une gredinerie.

« Ces deux hommes devaient se valoir quant à la moralité.

« Deux complices de méfaits précédents.

« L'un a tué l'autre pour s'en débarrasser.

« Mais qui est le tué? Comment s'appelait ce cadavre?

— Mon Dieu, monsieur, dit un des agents, il est bien défiguré. Pourtant je lui trouve quelque ressemblance avec un gars de notre connaissance.

— Qui ça?

— Le Sacristain.

— Le Sacristain ? répéta M. Oscar. De la bande de la Belle Joséphine ?
— C'est cela même.
— Pas possible. Il est à Poissy.
— Sorti il y a une douzaine de jours.
— Vous êtes sûr ?
— Sûr et certain. Le brigadier l'a reconnu dimanche dernier sur l'estrade de la *Famille Loupard*.
— Avec ces braves gens-là ? Vous m'étonnez.
« Qu'est-ce qu'il faisait là, le Sacristain ?
— Il jouait de la trompette, déguisé en Polonais.
« A l'entr'acte il est descendu et a fait signe au brigadier de venir lui parler derrière la boîte.
« Il l'avait reconnu aussi.
« — *N'mangez pas le morceau* [1] auprès d' la mère Loupard, lui a-t-il dit. Vous voyez, j' *turbine* [2] à c'tt' heure. J'veux plus *grinchir* [3], mais faut pas m'empêcher de gagner ma vie.
« Or, si c'est lui qui est le *machabée* [4], monsieur Oscar, j' serais pas étonné que ce soit son ancien chef qui l'ait *refroidi* [5].
— La Belle Joséphine ?
— Ou la Limace, ou le grand Jules. C'est toujours le même. Un fier malin ! qui en a gros à régler et qui a disparu tout à coup, soi-disant pour filer à l'étranger.
— Je ne l'ai pas connu, ce héros du crime. Du temps de mon prédécesseur, on ne prenait pas encore la photographie des malfaiteurs.
« Je sais seulement qu'il était blond.
« Mais il y a tant de blonds !
« Ce n'est pas un indice.
« Quant à le croire à l'étranger, j'en doute.
« Comment vivrait-il ?
« Non, il doit purger une condamnation quelque part, à Clairvaux, par exemple, cinq ans, sous un faux nom.
— Eh bien ! moi, monsieur Oscar, j' l'ai pas connu non plus ; mais d'après ce qu'en disent les *escarpes*, j'crois plutôt qu'il est à Paris, l'endroit du monde où l'on se dissimule le plus facilement — rien qu'en changeant de quartier, — et qu'ayant fait peau neuve il se fait prendre pour un honnête garçon, tout en risquant des affaires sûres.
« Et quand je vois un crime comme celui-ci, tenez ; un crime propre, roublard, bien établi, *pensé* en un mot, j' me dis :

1. *Ne me dénoncez pas.* — 2. *Je travaille.* — 3. *Voler.* — 4. *Cadavre.* — 5. *Tué.*

« — Y a d' la Belle Joséphine là-dessous !

« Savez-vous, monsieur Oscar ? — tant je connais son talent ! — quand j'ai su l'affaire de la rue de la Pépinière...

— L'assassinat de la veuve Valph ?

— Oui, monsieur Oscar. En v'là encore un coup malin, un crime combiné, *pensé*, comme je vous disais, et proprement fait !...

L'agent paraissait saisi d'admiration.

— Et quand, surtout, j'ai vu à la Morgue les blessures des victimes, je me suis encore dit :

« — Ça sent la Belle Joséphine, ça sent le grand Jules ; c'est le coup de couteau de la Limace !

— Vous vous trompez, mon ami, objecta Oscar, non pour l'interrompre, mais pour le pousser.

« Vous vous trompez, puisqu'on a arrêté quelqu'un, et qu'on a un accusé sous la main.

L'agent regarda son chef et cligna un œil, en haussant les épaules.

— C'est pas vous, monsieur Oscar, c'est pas jamais vous qui croiriez que le pauvre oiseau qu'on a encagé a rien fait de c'tte besogne-là !

« Bon pour les juges d'instruction de se monter le baluchon sur une idée pareille !

« Je vous dis — et vous le savez mieux que moi, — que pour *travailler* [1] de c'tte manière-là faut avoir fini depuis longtemps son apprentissage !...

L'agent eût sans doute continué.

Mais on vint dire que le fourgon de la Morgue était arrivé.

Le cadavre de l'écrasé avait été enveloppé dans des couvertures.

Les médecins s'étaient retirés après avoir signé des papiers.

Tout le monde partit, sauf M. Oscar et Firmin.

Ce qu'avait dit l'agent leur avait fait impression à tous deux.

Quand tous les procès-verbaux furent classés dans la serviette de l'inspecteur général, il prit le bras du jeune homme pour s'en aller avec lui.

— Comme tout s'enchaîne ! lui dit-il, et comme il ne faut jamais désespérer dans notre métier.

« Assurément, continua-t-il, ce que vous venez d'entendre de cet agent ne constitue pas un élément concluant en faveur de votre beau-frère.

« Mais c'est un indice.

« J'entends un indice, pour nous policiers.

« Nous *sentons*, nous *flairons*, si l'on peut dire, qu'une piste est bonne ou fausse, et si parfois nous suivons quand même celle-ci, c'est que toute fausse

---

[1]. Assassiner.

piste contient une partie de la vérité, et assez souvent nous conduit à la bonne piste.

« Malheureusement le parquet ne veut pas s'en fier à nous, qu'il tient pour des collaborateurs infimes.

« Mais n'importe ! je vais voir le juge d'instruction, et je tâcherai de lui faire prendre mes doutes en considération.

XIV

L'AUDIENCE

Depuis quelques jours, on lisait dans les journaux, à l'article :
CHRONIQUE JUDICIAIRE

« La session de la deuxième quinzaine d'avril promet d'être intéressante à la cour d'assises de la Seine.

« En plus de quelques affaires scandaleuses, qui donnent une triste idée des mœurs de la classe dirigeante, nous aurons un procès très retentissant sur l'accusation de malversation et de concussion, agrémentée d'adultère et de chantage, portée contre un sénateur, ancien ministre de la période du second empire.

« Nous comptons aussi quatre viols avec violence, dont les prévenus appartiennent à la haute bourgeoisie.

« Cinq à six vols avec effraction.

« Un seul assassinat.

« Mais non, un assassinat vulgaire.

« Ce sera le *great attraction* de la session ; car ce crime a eu à l'époque où il a été commis un énorme retentissement.

« C'est le crime de la rue de la Pépinière ; le triple assassinat commis par le neveu de la principale victime, Mme Caroline Valph, ancienne débitante de tabac, connue dans le quartier de la Bourse sous le nom de « la belle Caro », qui, pour avoir enjôlé un associé d'agent de change, s'être fait épouser par lui et en être devenue veuve, possédait une fortune qui, avec les plus-values de ses propriétés et ses économies, est évaluée à près de cinq millions.

« Son neveu, son seul héritier, la voyant sur le point de convoler en secondes noces, aurait, dit l'accusation, voulu hâter l'héritage en la faisant passer dans l'autre monde. »

Suivait le récit circonstancié du drame.

Puis venaient les appréciations personnelles du chroniqueur.

Il y en avait de cruelles, soit par la déclamation indignée de l'écrivain un peu prud'hommesque, soit par le ton de *blague* du fantaisiste rédacteur.

Aucun qui parût admettre le doute.

Ni pitié ni sympathie.

Certains, devançant l'audience, publiaient des colonnes de réquisitoire.

Toute la vie de Maxime était étalée, fouillée, incriminée, salie à plaisir.

On lui jetait au nez sa qualité d'enfant naturel — comme si c'était sa faute !

Constatant qu'il était laborieux, économe et fidèle à ses patrons, on en concluait que son hypocrisie était ignoble.

On le raillait de ce que, en refusant de dire où il avait passé la nuit du 21 au 22 janvier, il tâchait de faire croire à une bonne fortune.

« Une bonne fortune ! Une galanterie !...

« Et quelle femme aurait jamais voulu être la maîtresse d'un monstre si hideux d'âme et de sentiment !

« Hideux de visage aussi.

« Non que les traits fussent laids ; au contraire : visage régulier.

« Mais une physionomie qui trahissait son âme criminelle !

« Regard louche, lèvres pincées, crâne de bête fauve ! »

A vrai dire, c'est comme un cliché *omnibus*.

A chaque accusé d'un crime un peu bruyant, les mêmes chroniqueurs rééditent le même portrait.

Chez eux aussi, il y a tendance à ne voir que des coupables.

L'atmosphère de la criminalité les influence.

Et il semble qu'acquitter un innocent est leur causer un préjudice, les froisser, leur dérober quelque chose !

Aussi, gare au jury !

Il n'y a pas de reproches, d'injures qu'on ne lui prodigue dans les journaux.

Pour un peu, on accuserait chaque juré d'être le complice de ceux qui, bien que reconnus innocents, n'en restent pas moins pour les journalistes d'infâmes assassins.

Cette fois, du moins, on s'y prenait à l'avance.

Dans presque toutes les feuilles, on entreprenait les jurés.

« Ah ça ! nous allons voir cette fois s'ils auront la sottise, l'imbécillité d'acquitter ce bandit-là !

« Ils sont si bêtes, les jurés !

« Parions qu'il s'en trouvera pour voter les circonstances atténuantes ! »

C'était merveille qu'on ne les traitât pas déjà de canailles.

Quoi qu'il en soit, ces articles montaient l'opinion publique, poussaient à la sévérité.

Si bien que les particuliers en en causant prononçaient contre l'accusé avant que les débats ne fussent ouverts.

LES ERREURS DE LA GUILLOTINE

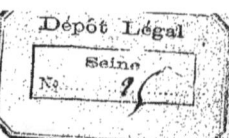

Cette porte s'ouvrit, et l'on vit entrer Maxime Létang.

Et s'il se trouvait quelqu'un qui réclamait qu'au moins on attendît pour prononcer; on le tarabustait en paroles.

Il en résultait une sorte d'intimidation générale, qui pouvait avoir la terrible conséquence d'influencer ceux des jurés qui seraient choisis par le sort, pour connaître du procès du malheureux mari d'Adèle.

Les choses étaient poussées très loin dans ce sens.

Après avoir donné le nom des trente-six jurés de la session, on les avait épluchés, comme pour estimer leurs dispositions.

Eux aussi, on les mettait sur le gril; eux aussi on les déshabillait, en fouillant dans leur vie actuelle et passée.

« M. Desrivel, lisait-on, quarante-cinq ans, négociant retiré, chevalier de la Légion d'honneur, père de famille, membre du conseil de fabrique de la paroisse de Saint-Gervais.

« Ce juré est de ceux qui ont trop souci des principes d'ordre, de la famille et de la religion pour laisser échapper un malfaiteur au châtiment qu'il a encouru!

« M. Delavernet, contremaître à l'usine de Charonne, trente-six ans, habitué des réunions publiques, candidat aux élections municipales.

« Un énergumène, pauvre d'intelligence, haineux, mesquin, ridicule, bouffi de vanité, a dans sa vie des côtés obscurs.

« Nous espérons que le sort ne le désignera pas pour juger Maxime Létang.

« Ce niais, imbu des turlutaines anarchistes, peu scrupuleux sans doute sur les revendications de la plèbe, cette lie de la société, serait capable d'oser hésiter à appliquer la peine de mort. »

Et chacun des trente-quatre autres citoyens, contraints et forcés par la loi, de quitter leurs occupations, au détriment de leurs intérêts, étaient ainsi houspillés, notés, désignés aux rancunes de l'opinion.

On eût dit qu'il y eût une vaste conspiration pour demander la tête du pauvre Maxime, et qu'on entreprît d'imposer aux jurés, aux juges et au public sa condamnation à mort.

En tout cas, il y avait prévention absolue contre lui.

C'est le huitième jour de la session que son affaire arrivait.

Dès dix heures, les trente-six jurés étaient réunis au second étage de l'escalier qui conduit au cabinet du président de service et au bureau du ministère public.

On sentait que c'était le grand jour.

Tous avaient de l'émotion.

Tous avaient de la défiance.

Et tous espéraient esquiver la responsabilité du jugement par la chance de ne pas entendre leur nom sortir de l'urne.

Plusieurs avaient pris leurs précautions pour en éviter le désagrément.

Désagrément plus grave qu'on n'imagine.

Car ce n'est pas tout que d'être vilipendé par la presse.

Dans l'intérieur même, jusque dans la famille, à table, sur l'oreiller conjugal, il subsiste et s'accentue, s'exaspère.

Madame, qui a lu le journal, intervient.

— J'espère bien que tu vas faire couper le cou à ce misérable, dit-elle à l'époux incertain.

Et s'il fait ses réserves, déclarant ne se déterminer qu'après l'audition des témoins et des plaidoiries, la belle algarade.

— Qu'as-tu besoin de rien entendre ?

« Sa culpabilité est démontrée, claire, irréfutable.

« Ah! bien, si tu vas t'en rapporter à son avocat!...

« Le journal a raison : vous êtes tous des imbéciles.

« Les avocats!... Encore quelque chose de propre !

« Des gens qui disent le pour ou le contre, à tour de rôle, selon le prix qu'on y met.

« Des êtres sans conviction, à la disposition de quiconque leur graisse la patte.

« Compères et compagnons avec les assassins ; acceptant, à titre d'honoraires, une partie de ce que leurs clients ont volé ; de l'argent souillé du sang des victimes.

« Ah! si tu ne condamnes pas ce bandit-là, c'est que tu n'auras ni moralité ni cœur.

« Je rougirai d'être ta femme.

« Il me semblera que tu ne vaux pas mieux que l'accusé.

Tout cela, qui est d'ailleurs stupide et odieux, de la part d'une femme surtout! — finit par troubler un pauvre diable d'homme, honnête et bon, à qui tout à coup et pour la première fois on dit :

— Décidez, monsieur, ne faut-il pas couper la tête à cet accusé qui est devant vous, entre deux gendarmes ?

Aussi plus d'un, comme nous l'avons dit, cherche à se dérober à la responsabilité de sa conscience, comme aux criailleries d'une mégère qu'il a l'excessive et coupable bonté de ne pas envoyer au diable, en lui intimant l'ordre de se taire, c'est-à-dire de lui « f..... la paix », quand elle se mêle de ce qui ne la regarde pas et échappe nécessairement à son entendement infirme.

S'y dérober n'est pas très difficile.

Un mot à l'avocat de l'accusé ou à l'avocat général y suffit le plus souvent.

Si le nom du juré sort de l'urne, l'un des deux avocats dit simplement :

— Récusé.

Et c'est fait.

Récusé. Pourquoi ?

On n'est pas forcé de le dire.

Chaque avocat a le droit d'exercer douze récusations sans s'expliquer, sans fournir le moindre motif.

Ce jour-là, il y avait trente demandes de récusation.

Preuve que l'opinion des trente-six citoyens appelés à se prononcer n'était pas faite, sauf sur un point : décliner la corvée.

A dix heures et demie, un appel des salles inférieures invita MM. les jurés à descendre.

Tous, descendus, se rangèrent en demi-cercle d'un côté de la salle du conseil.

Au milieu, une table recouverte d'un tapis vert.

Deux fenêtres à gauche.

Face aux jurés, une grande cheminée de marbre noir.

Le pan de droite, nu.

Dans cette salle, ayant précédé les jurés, deux hommes en robe rouge.

Un peu à l'écart, un autre en robe noire.

Des deux en robe rouge, l'un est le président de la session.

L'autre l'avocat général de service.

Quant au troisième, en robe noire, c'est l'avocat de l'accusé.

Tout le monde réuni, un quatrième personnage, en robe noire, parut une liste à la main.

C'est l'huissier audiencier.

Sur l'invitation du président, il fit l'appel des jurés.

Il prononça trente-six noms.

Trente-six voix répondirent :

— Présent.

Chaque fois que ce mot : « Présent » était prononcé, le président prenait, sur un casier *ad hac*, une boule où le nom était inscrit, et la laissait tomber dans une sorte de bouteille en bois, ressemblant à la bouteille d'osier dans laquelle on mêle les numéros des joueurs d'une *poule* de billard.

L'opération terminée, le président donna un ordre.

Peu après une porte, faisant face à celle par laquelle les jurés avaient pénétré, s'ouvrit.

Un brigadier des gendarmes de la Seine entra, suivi d'un garde.

Immédiatement après Maxime parut.

Puis un second garde ferma la marche.

L'accusé entré, les deux gardes se rangèrent debout contre le mur nu.

Un silence suivit.

A ce moment, Maxime était méconnaissable.

Proprement vêtu d'effets que son beau-frère lui avait fait tenir à la Conciergerie, où il avait été transféré l'avant-veille, exactement peigné, tenant à sa main gantée de noir un chapeau dit *melon*, il était correctement habillé, à cela près qu'il n'avait pas de cravate autour de son col de chemise très blanc.

Mais quels ravages sur son visage !

Très pâle, la joue creuse, l'œil cerné d'une teinte bistrée, le front coupé de rides précoces, il avait l'air de relever à peine d'une longue et dangereuse maladie.

Pourtant, il s'était physiquement bien porté depuis son incarcération.

Mais que de souffrances morales l'avaient assiégé, lui avaient meurtri, déchiré l'âme !

Il n'y paraissait que trop !

Pourtant, rien dans sa physionomie n'indiquait un état de révolte contre les hommes, contre la destinée ou contre le ciel.

On eût dit, au contraire, qu'une impression de soulagement détendît ses nerfs.

C'était vrai.

Fort de sa conscience, il comptait que le jugement, après lequel il aspirait ardemment depuis quatre mois, allait, enfin, faire éclater son innocence, le rendre à la liberté, à sa femme, à ses enfants, à ses amis ; à la vie, pour tout dire d'un mot.

Chose étrange ! qui prouve qu'en somme la nature humaine s'habitue à toutes les situations prolongées.

Il ne souffrait pas de paraître dans cette attitude, entre deux gendarmes, devant trente-six personnes, trente-six citoyens comme lui, que peut-être il retrouverait pour la plupart, après sa sortie de prison.

Au début, cette pensée l'eût douloureusement humilié.

Maintenant, il n'y songeait même pas.

Après un moment, le président lui adressa la parole.

— Dites vos nom et prénoms, profession et dernier domicile.

D'une voix claire, il répondit :

— Julien-Frédéric-Maxime Létang, employé de commerce, demeurant rue Bergère, à Paris.

— Létang, reprit le président, nous allons tirer au sort les jurés qui vous jugeront.

« Votre défenseur est là ?...

— Oui, monsieur le président, répondit à mi-voix l'avocat du jeune homme.

— Monsieur l'avocat général et vous avez le droit de révoquer chacun douze de messieurs les jurés.

Sur quoi le président agita la bouteille de bois et appela les noms sortis de l'urne.

Si l'un était récusé, il mettait la boule à part et en tirait une autre.

Trente et un noms furent appelés.

Le trente et unième complétant la composition du jury de cette affaire, on emmena l'accusé.

— Ceux de vous, messieurs, dit le président aux jurés, dont les noms sont restés dans l'urne et qui ont été récusés sont libres jusqu'à demain matin dix heures et demie.

« Il n'est pas supposable que l'affaire nécessite plusieurs audiences ; je vous recommande donc d'être exacts demain.

Puis à ceux que le sort avait désignés :

— Nous commencerons dans une demi-heure très exactement, messieurs. Si vous n'avez pas déjeuné, allez vite. Vous savez qu'on ne saurait vous attendre.

Scrupuleusement, la demi-heure passée, tous les jurés appelés à juger Maxime étaient revenus.

On les pria de prendre place à leur tribune.

Ce ne fut pas facile.

Grâce aux journaux, l'affaire avait pris le caractère d'un de ces événements parisiens dont tout ce qu'il y a d'interlope à Paris, étrangers tapageurs, filles de joie de haut rang, bohèmes de la politique, de la finance, des arts, des lettres, est si friand.

La salle était bondée de public.

Écrivains, acteurs, boursiers, gens de cercles, *gouapeurs* de tous les mondes s'étaient faufilés par mille petits moyens.

Çà et là quelques sénateurs et députés.

Quelques attachés d'ambassades étrangères.

Et une masse de ces tristes individus qui recherchent les émotions fortes, pour se persuader qu'ils sont encore en vie, envahissait jusqu'aux bancs des témoins.

Une vieille actrice que tout Paris avait vue, sur qui trois générations avaient passé, partageait le siège exigu du greffier de service.

Est-ce tout ?

Non ! Jusque derrière le président et les deux juges, deux rangées de chaises étaient occupées par des dames du « meilleur monde », accompagnées quelques-unes de leur mari, mais toutes de leur amant.

Et de tout cela se dégageait une curiosité malsaine, qui levait le cœur.

Tous ces heureux venaient pour se repaître des angoisses d'un malheureux qui allait avoir à défendre sa tête des sales pattes du bourreau.

L'horreur !

Il faudrait ressusciter Juvénal pour fouailler toute cette tourbe de l'humanité, qui se croit la suprême expression de la civilisation.

Le moins qu'ils — et qu'*elles* surtout ! — eussent mérité, eût été d'être fouettés en place publique.

Pourtant, on leur rendait des hommages.

En attendant que la tragédie commençât, on détaillait la toilette de ces effrontées de haut parage, qui minaudaient et se donnaient en spectacle.

Spectacle hideux, dégoûtant d'immoralité et de cynisme inconscient.

Au fond de la salle, à l'extrême bout, là-bas, c'est-à-dire à la partie publique réservée aux premiers occupants, quels qu'ils soient, un grouillement de petites gens entrés là sans intention, ignorant même de quoi il s'agissait.

Dans le nombre, pourtant, des mines étranges, *fleurant* le Dépôt et le bagne à plein nez.

Mêlés à ceux-ci, cinq à six hommes muets, discrets, mais doués d'une étrange mobilité de regard.

Des policiers, ceux-ci ; des agents en bourgeois, cherchant quelque malandrin assez imprudent pour venir voir comment ils auraient à se comporter si un argousin leur mettait le grappin dessus.

C'était un brouhaha général dans cette vaste salle.

On causait, on riait, on se disait des mots spirituels et gais, qui faisaient un lugubre contraste avec ce qui était étalé sur la table des pièces à conviction.

Des horreurs répugnantes.

Le couteau à découper qui avait tranché la gorge de Mme Valph et de Lucie, et qu'on avait retiré du corps de Prosper Lami.

Il était là, ce couteau, rouillé de sang humain.

Le manche gardait des épaisseurs de sang coagulé séché avec le temps.

Puis c'étaient des draps de fine batiste tachés de plaques rouges, la corde qui avait attaché les bras du valet de chambre de la veuve, le mouchoir, marqué aux initiales de l'accusé, détaché du cou de ce même domestique ; enfin le paletot de Maxime, portant à l'un des côtés une plaque noirâtre, que les experts chimistes avaient analysée et déclaraient être de même du sang.

Dans une boîte de verre, on apercevait des bouts de papier brûlé, où, avec une jumelle, on pouvait déchiffrer l'en-tête des factures de la maison de commission où le mari d'Adèle était employé.

A l'entrée du jury, un silence se fit

On allait commencer.

En effet, un moment après, le greffier, paraissant sur l'estrade par une porte de droite, frappa quelques coups d'un marteau tenant à cette porte et clama :

— La cour, messieurs.

Tout le monde se leva, jusqu'aux jurés — on ne sait pourquoi, par exemple, — puisque ce sont eux qui prononcent, ceux pour qui on procède, ceux à qui président, ministère public, avocats et témoins s'adressent.

N'importe !

Tout le monde debout, le président et ses deux assesseurs, tous trois en robe rouge, parurent par la même porte.

Ils s'assirent, et l'on en fit autant.

— Messieurs les jurés, dit le président, nous allons procéder à la formalité du serment.

Sur quoi il lut une formule, puis il appela les noms.

Et l'un après l'autre, les jurés articulèrent :

— Je le jure.

Cela fini :

— Faites entrer l'accusé, dit le président.

En face de la tribune du jury est une autre tribune, traversée par trois bancs de bois disposés en amphithéâtre.

Dans le mur, une porte.

Cette porte s'ouvrit, et l'on vit entrer Maxime Létang.

Deux garde l'accompagnaient, suivis du brigadier.

On lui fit enjamber deux banquettes, et il vint s'asseoir sur la première, séparé de son avocat par une balustrade au-dessous de laquelle se développe une sorte de comptoir, qui place le défenseur en infériorité visible, presque blessante à l'égard de la cour et de l'accusation.

Les gardes s'assirent l'un à droite, l'autre à gauche de lui, tandis que le brigadier, gardant la porte, prenait place au plus haut des gradins.

Dès l'entrée de l'accusé, un mouvement se produisit par toute la salle.

Les yeux de cette foule indifférente ou hostile le dévisageaient avec une cruauté ignoble.

Les femmes, plus encore que les hommes, semblaient se délecter de ce spectacle douloureux.

Et, avec une impudeur horrible, les élégantes braquaient sur le malheureux des jumelles d'Opéra.

On analysait ses traits, on commentait son attitude.

— Quelle face de gredin !

LES ERREURS DE LA GUILLOTINE

D'un mouvement déterminé, Maxime s'était levé, et d'une voix ferme : — J'ai à dire, répliqua-t-il, ce que j'ai déjà répondu au juge d'instruction.

— Cette pâleur dénote bien la méchanceté.

— Il fait semblant d'être tranquille.

— C'est par bravade.

— Tout en lui a bien le caractère d'un abominable criminel !

— Pourvu que ces imbéciles de jurés n'aillent pas lui accorder les circonstances atténuantes !

— Ils n'oseront pas.

— Laissez donc !

— Non ! les derniers acquittements ont trop scandalisé le public. Les journaux les ont trop vertement houspillés pour qu'ils s'exposent à de nouvelles attaques.

— Alors vous croyez qu'on lui coupera le cou ?

— Ah ! Seigneur ! il faut bien l'espérer !

— Il n'y aurait plus aucune sécurité sans cela !

Les murmures étaient tels qu'à plusieurs reprises le greffier dut crier :

— Silence !

Déjà, à l'appel des témoins, certains noms avaient provoqué le rappel à la discrétion, tant la haine animait l'assemblée.

Ce fut surtout quand le greffier appela :

— Firmin Cognais.

Un murmure courut :

— Le beau-frère de l'accusé.

Et l'antipathie se donna libre cour. Un témoin à décharge sans doute.

L'assistance protestait déjà contre ce que le témoin pourrait dire de favorable au pauvre garçon.

— Ces débats seront curieux, dit un vieux journaliste à son voisin.

— Oui. Et l'avocat aura du fil à retordre.

Celui-ci s'en rendait compte.

Il sentait tout le monde contre lui.

— Ne vous intimidez pas, lui souffla un confrère.

— Je crains plutôt d'aller trop loin, répliqua le défenseur de Maxime. C'est que, véritablement, je suis révolté des manifestations qui se produisent. Le jury en est influencé.

« Mais gare ! ajouta-t-il, les dents serrées.

« Plus d'une de ces belles dames ne sortira pas d'ici si fière qu'elle y est venue.

— Et vous ferez bien de les flageller, mon cher confrère. C'est une honte que ces toilettes et cette gaîté, quand il s'agit de choses si graves et lugubres.

Sur l'injonction de l'huissier audiencier, on avait fait silence enfin.

Tout était prêt. Le président avait dit :

— La séance est ouverte.

Les jurés, après avoir prêté serment de juger « en hommes libres », s'étaient assis.

— Levez-vous, dit le président à Maxime.

« Vous vous appelez Julien-Frédéric-Maxime Létang ; vous avez trente et un ans, vous êtes marié, père de deux jumeaux, vous exercez la profession de voyageur de commerce, employé intéressé dans la maison de MM. Tourneroy et fils, et votre dernier domicile est à Paris rue Bergère. Est-ce exact ?

— Oui, monsieur, répondit l'accusé.

— Asseyez-vous. Vous allez entendre l'acte d'accusation porté contre vous Prêtez-y toute votre attention.

Puis se tournant vers la tribune du jury:

— J'engage messieurs les jurés à écouter très attentivement la lecture de cet acte.

Le greffier, debout à un petit bureau placé à la gauche du tribunal, lut le document relatant le crime et les circonstances qui l'accompagnaient, crime et circonstances que le lecteur connaît.

Puis il termina par l'ordonnance du tribunal des mises en accusation, renvoyant Maxime Létang devant la cour d'assises de la Seine.

Plusieurs mouvements s'étant produits durant cette lecture, le président reprit la parole quand elle fut terminée, déclarant que toute manifestation serait immédiatement réprimée.

Puis à l'accusé :

— Létang, avez-vous tout entendu de ce qui vient d'être lu ?
— Oui, monsieur.
— Eh bien, levez-vous. Qu'avez-vous à dire ?

D'un mouvement déterminé, Maxime s'était levé, et d'une voix ferme :

— J'ai à dire, répliqua-t-il, ce que j'ai déjà répondu au juge d'intruction.

« Tout ce qui, dans cet acte d'accusation, m'est attribué est faux. Mon passé, mes mœurs, mon caractère, tout en moi le dément de la façon la plus formelle, la plus éclatante.

« J'aimais ma tante. Je gagnais ma vie largement, et à aucun moment, je n'ai convoité sa fortune.

« Quant à avoir eu l'infamie de la tuer, c'est une absurdité que de m'en croire coupable.

« Voilà ce que j'ai à dire, monsieur le président.

— En ce cas, vous niez ?
— De toutes mes forces.
— Ce n'est pas vous qui, armé de ce couteau à découper qui figure sur la

table des pièces à conviction, lui avez fait les horribles blessures qui ont amené sa mort?

— Non.

— Ce n'est pas vous qui avez tenté de violer la jeune Lucie, sa femme de chambre et qui, pour l'empêcher de crier, lui avez coupé la gorge.

— Non! répéta Maxime en haussant les épaules.

— Ce n'est pas vous enfin qui, voyant survenir le domestique Prosper Lami, vous êtes jeté sur lui, l'avez terrassé, lié avec la corde qui est à côté de l'instrument du triple meurtre, et, roulant votre mouchoir en corde, avez essayé de l'étrangler, puis, par surcroît de précaution, lui avez enfoncé ce même couteau à découper dans la poitrine? Ce n'est pas vous? Vous n'avez rien fait de cela? Ce qu'on vous attribue n'est pas exact?

— Non, monsieur.

— Messieurs les jurés apprécieront.

« Vous saviez, n'est-ce pas, que votre tante devait se remarier?

— Oui, monsieur.

— Qu'en pensiez-vous?

— A son égard, rien. Elle était bien libre d'agir à son gré.

— Pourquoi dites-vous à son égard?

— Parce qu'à l'égard de son futur mari je pensais autrement.

— Expliquez-vous?

— Je ne suis pas forcé d'apprécier sa facilité de conscience.

— Ainsi vous le blâmiez d'épouser votre tante.

— Je me borne à dire que si ma tante eût été pauvre, je n'y eusse rien trouvé à reprendre.

— Mais votre tante avait été enrichie par son premier mari, et vous insinuez que cette fortune avait à vos yeux un caractère de galanterie qui vous répugnait.

— Au point de refuser la succession.

— Cette déclaration est nouvelle.

— Je n'avais pas à la faire au juge d'instruction, qui m'a traité non en prévenu, mais en coupable avéré.

— Voyons, Létang, le scrupule que vous manifestez, pour la première fois, a besoin d'être expliqué.

« Il est vrai que votre tante a été épousée par son amant, qui n'était pas le premier.

« Mais, vous-même, n'êtes vous pas enfant naturel?

« Votre mère vous a reconnu; mais non votre père.

« Or, vous dites, et cela est acquis, avoir aimé votre mère. Comment donc êtes vous si sévère pour sa sœur, votre tante?

— Parce que la faiblesse de ma mère était dégagée de toute préoccupation d'argent.

« Ma mère a aimé un jeune homme, mais gratis !

« Il lui avait promis de légitimer leur union, dès qu'il aurait atteint sa grande majorité.

« Comme de juste, il n'en a rien fait.

« Il est des vôtres, aujourd'hui, messieurs ; il siège dans la haute magistrature ; il est décoré, honoré, riche.

« Son sang coule dans mes veines, je ne le dévoilerai pas.

« Je m'en abstiens, moins pour lui d'ailleurs, à qui je ne dois rien, puisqu'il m'a abandonné, renié, et qu'après s'être fait le jouet de ma mère, l'objet de ses plaisirs, il l'a repoussée au risque de la voir tomber dans la boue de la prostitution ; non, ce n'est pas pour lui que je m'abstiens de lui jeter de ce banc d'infamie un suprême cri de malédiction ; c'est pour des innocents de sa lâcheté, sa femme et ses deux fils, mes frères, qui, eux, ne m'ont rien fait.

« Ma mère est simplement une fille séduite, abusée, bernée.

« Elle a eu un amant, — mon père, — c'est vrai ; mais un seul.

« Délaissée du père, exploitée par un fils d'heureux du jour, elle a accepté les conséquences de sa faute avec courage.

« Elle a travaillé pour m'élever ; tant travaillé qu'elle est morte à la peine, tuée par les privations et le chagrin.

« Elle est morte pauvre.

« Voilà la différence qu'il y a entre ma mère et ma tante.

« Voilà pourquoi j'entendais refuser la succession de ma tante.

— Savez-vous à combien peut monter cette succession ?

— Plusieurs millions, je crois.

— Environ cinq millions, en effet.

— Que m'importe !

Dans les dispositions où était le public, ce que venait de dire Maxime avait fait un déplorable effet.

Voulant qu'il eût assassiné la veuve Valph, on s'indignait de l'entendre parler de ses mœurs.

— Non content de l'avoir massacrée, disait-on, il l'insulte, le misérable !

Quant à sa répugnance, au sujet des millions de sa tante :

— Pure comédie ! faisaient les dames.

— Comédie maladroite ! ajoutaient les philosophes au petit pied ; dédaigner des millions !...

— Ça n'a vraiment pas de bon sens !

— A qui ce bâtard, ce fils de fille-mère, le fera-t-il accroire ?

— Il nous prend pour des niais.
Un juré même dit tout bas à son voisin :
— Il a trop d'aplomb !...
Le président n'insista pas.
— Létang, dit-il, puisque vous prétendez que l'information se trompe, en vous accusant d'être le meurtrier de votre tante et de ses serviteurs, vous avez un moyen bien simple de prouver son erreur.

« Ecoutez-moi bien :

« Le crime a été commis vers trois heures du matin, rue de la Pépinière, dans la nuit du 21 au 22 janvier dernier.

« Eh bien ! où étiez-vous à ce moment ?...

Maxime se tut.

— Vous aviez dîné chez elle, en compagnie du commandant Vallbrègue et de sa fille.

« Vous le reconnaissez ?

— Oui, monsieur.

— Sous prétexte de prendre le train de 8 heures 15, à la gare d'Orléans, vous la quittez aussitôt le dessert. Est-ce exact ?

— Oui, monsieur.

— Cependant, c'est seulement le lendemain matin que vous montez dans le train à destination de Bordeaux, où l'on vous a arrêté.

— Tout cela est la vérité, dit le mari d'Adèle.

— En ce cas, dites-nous où vous avez passé la nuit du crime.

« Sur votre déclaration, je suspens les débats, afin de faire vérifier votre déclaration.

« Vos dires confirmés, monsieur l'avocat général abandonne l'accusation et vous êtes immédiatement remis en liberté, rendu à l'affection de votre femme ainsi que de vos petits enfants.

« La police s'est trompée, la justice a été induite en erreur.

« Vous voilà victime des imperfections de toute institution humaine.

« Vous êtes réhabilité, honoré.

« Et si vous persévérez dans vos scrupules, vous donnez un grand exemple en refusant la succession de votre tante, qui vous appartient intégralement.

« Voyons, Létang, parlez, il ne faut qu'un mot :

« Où étiez-vous à trois heures, du matin le 22 janvier ?

Il se fit un grand silence.

On savait que là était le nœud du procès.

Maxime se tut de nouveau.

— Vous refusez de répondre ? demanda le président.

— Oui, monsieur.

— C'est votre système, en effet.

« Vous voulez laisser supposer que vous êtes l'amant d'une femme mariée, dont, par délicatesse, vous ne voulez pas dénoncer les écarts de conduite.

— Veuillez remarquer, monsieur le président, répliqua simplement Maxime, que c'est là une interprétation gratuite et arbitraire de mon silence.

« Pour moi, je n'ai rien dit ni rien fait qui autorise à établir que ce soit « mon système ».

« Moi, je ne dis rien. Je laisse la question sans réponse.

« Mais je proteste contre l'insinuation que ce soit avec l'arrière-pensée de faire croire ceci ou cela.

— Sur quoi comptez-vous donc pour obtenir un acquittement.

— Sur deux choses :

« La première est l'absurdité de l'accusation d'un crime qui démentirait toute ma vie, toute ma conduite passée.

« Un crime dont je n'ai pas besoin pour assurer ma prospérité et celle des êtres qui me sont chers.

« Un crime enfin, compliqué de trois meurtres dont, au moins l'un, celui du domestique Prosper Lami, est au-dessus de mes forces physiques.

« Et voyez si l'absurdité est éclatante !

« Moi, j'aurais si habilement combiné ce triple assassinat et, en même temps, j'aurais commis l'indigne maladresse d'étrangler une victimes avec mon mouchoir, quand — l'acte d'accusation le dit — il y avait à terre un bout de corde bien plus commode à employer à cette opération.

« Et non content de commettre cette inconcevable imprudence, j'aurais brûlé des lettres de moi en préservant ma signature ?

« J'aurais essuyé le sang du couteau à des papiers portant l'en-tête de ma maison de commerce ?

« Où est-elle donc cette habileté ?

« Cela n'a pas le sens commun.

« Et messieurs les jurés en seront frappés.

« Quant à la seconde chose dans laquelle je compte pour sortir d'ici indemne, elle n'est pas moins importante.

« On m'accuse d'un crime ; soit !

« A l'accusation à prouver que je suis coupable.

« L'accusation dit :

« — Le 22 janvier, à trois heures du matin, Maxime Létang a tué sa tante, la fille Lucie et le domestique Lami.

« Eh bien, la preuve ? Je vous la demande ; car vous me la devez.

« Vous la devez surtout au jury.

« Car le jury ne peut pas déduire qu'en effet, à l'heure et au jour dits j'assassinais trois personnes, simplement parce que je refuse de dire ce que je faisais et où j'étais audit jour, à la dite heure.

« J'assassinais? Prouvez-le.

Un murmure d'indignation s'éleva.

On entendit même un coup de sifflet.

— Quel cynisme !

— Quel effronté !

Et le même juré répéta tout bas :

— En a-t-il de l'aplomb !

Quant à l'avocat de Maxime, navré d'abord des dispositions du public, il se sentit monter la colère au front.

Et changeant brusquement ses batteries, il adopta l'attitude qu'on prêtait à son client.

Lui aussi, au lieu de discuter point par point, il le prendrait de haut et répéterait :

— Prouvez!...

Le président, après avoir réprimé les manifestations, revint à l'accusé.

— Ce que vous venez de dire, Létang, est plutôt de la discussion ; je ne vous ai point interrompu, afin de vous laisser la plus entière liberté de vous défendre.

« Mais je ne puis que vous répéter ma question.

« Refuserez-vous, oui ou non de donner l'emploi de la nuit du 21 au 22 janvier?

— Je refuse, monsieur le président.

— Prenez garde d'aggraver votre situation.

« Il est de mon devoir d'insister.

« Si en effet, vous avez passé cette nuit ailleurs qu'à l'hôtel de la veuve Valph, votre tante.

« Si, en effet, vous étiez près d'une femme, votre maîtresse, est-il possible, est-il croyable que vous préfériez mourir par un supplice infamant, qui rejaillira si injustement que ce soit, sur votre famille, plutôt que d'en faire l'aveu?

— Permettez-moi de vous remercier de votre insistance, monsieur le président, répondit le jeune homme.

« Mais permettez-moi aussi de m'en étonner.

« Quoi ! S'il était vrai, en effet, que j'eusse passé cette nuit près d'une femme, — nécessairement mariée, — jouissant, à tort en ce cas, d'une certaine considération, de la confiance de son mari, du respect de ses enfants, si elle en a, — vous, monsieur, un galant homme, vous me conseilleriez de la déshonorer publique-

LES ERREURS DE LA GUILLOTINE

Je frottai une allumette et je vis un vieillard accroupi sur le pavé.

ment, de provoquer son mari à la vengeance, peut-être vengeance sanguinaire, de faire que ses enfants la méprisent ?

« Eh bien, non ! je ne commettrai pas la lâcheté de sauver ma tête à ce prix.

« Ah ! je le sais ! s'écria-t-il, ce scrupule est bien invraisemblable de ma part.

« Bon ! si j'appartenais aux classes privilégiées.

« Mais qui suis-je, moi ?

« Un enfant naturel, le fils d'une fille-mère, un bâtard !

« Et quelle est ma condition sociale ?

« Méchant petit employé de commerce.

« Un vrai gueux, un pauvre.

« Un commis voyageur, c'est tout dire :

« Une espèce de loustic de table d'hôte.

« Pourquoi pas un pilier d'estaminet ?

« Un enfant du peuple, enfin, un plébéien !

« Est-ce que ces êtres infimes peuvent avoir des sentiments élevés, le cœur à sa place, la notion de l'honneur ?

« Non ? cela est réservé aux gentilshommes des aristocraties anciennes et nouvelles.

« Toi, roturier ; toi, enfant sans père, tu n'as pas le droit d'être délicat.

« Dénonce la femme qui t'a aimée, livre-la au revolver de celui qu'elle a trompé pour toi.

« Et je ferais cela, moi ?...

« Pouah !... fit Maxime avec force. Je suis honteux de m'arrêter à de telles pensées ! J'aimerais mieux cent fois mourir sous le coup d'une honte imméritée !...

Pour le coup, le président fut impuissant à dominer le tumulte.

Pour un peu, on eût lynché Maxime.

— Un drôle qui fait la leçon à la cour !

— Un misérable qui insulte le président.

— Coupez-lui donc le cou.

— Mettez-lui les menottes, un bâillon.

— Faites-le sortir.

— Qu'on le juge en deux temps.

C'était un spectacle horrible.

Toute une salle en fureur contre un seul homme.

A ce moment, ce n'est plus la société que les gendarmes protégeaient contre lui, c'était lui qu'ils protégeaient contre des furieux qui lui montraient le poing.

Le président fut sur le point de lever l'audience.

Du moins, il admonesta l'assemblée vertement, déclarant qu'il ferait évacuer la salle si pareil scandale recommençait.

Et parlant de l'accusé.

— Nul ici, dit-il, autre que le président, n'a le droit de trouver à reprendre à ce que le prévenu croit devoir dire pour sa défense.

« Or, je trouve bon qu'il use de toute liberté.

Puis ayant vu, durant le tumulte, le défenseur de Maxime rédiger quelques lignes :

— Entendez-vous soulever un incident d'audience ? Sont-ce des conclusions que vous voulez poser ? lui demanda-t-il.

— C'était mon intention, répondit l'avocat. Mais après les paroles que vous avez prononcées, monsieur le président, je m'abstiens.

L'avocat général intervint à son tour.

— Le ministère public tient à honneur à s'associer aux paroles de monsieur le président. Il est odieux, il est criminel d'intimider, de menacer un homme qui jusqu'au prononcé du jugement peut être reconnu innocent des faits qu'on lui impute.

On se le tint pour dit, et les débats reprirent leur cours.

— Létang, dit le président, je ne relèverai pas ce qu'il y d'amer dans ce que vous avez répondu ; rien non plus sur vos appréciations erronées, sur la différence des positions sociales devant la loi, qui n'est respectable qu'à la condition d'être égale pour tous les citoyens.

« Je resterai à dessein dans la cause, le plus étroitement possible.

« Vous avez dit :

« — Je réclame des preuves.

« C'est votre droit.

« Et comme vous l'avez répété, ces preuves, on les doit de même à messieurs les jurés.

« En voici du moins quelques-unes établies sur la table des pièces à conviction.

« Des fragments de lettres que vous avez écrites à votre tante.

« Ils ont été trouvés dans la cheminée.

— Pouvez-vous expliquer ce fait?

— Elles ont été brûlées à dessein par le ou les meurtriers de façon à diriger les soupçons sur moi.

— Pour cela, il fallait qu'ils en connussent l'existence.

— Ou qu'ils aient découvert ces lettres en ouvrant le coffre-fort.

« Mais la première supposition est la plus vraisemblable ; car, pour moi, j'ai la conviction que le crime a été commis à plusieurs, dont, à tout le moins, l'un était au courant des habitudes de ma tante.

— Qui soupçonnez-vous?

— Vraiment, répondit le jeune homme, je sens autour de moi une telle animosité, un tel parti pris de me condamner que je n'ose dire toute ma pensée, crainte de provoquer de nouveaux éclats de haine sauvage.

— Parlez sans crainte, Létang, vous êtes sous la sauvegarde de la cour, et j'userai au besoin de toute mon autorité pour faire respecter la plénitude de vos droits de défense.

— Eh bien, monsieur le président, je répète que, dans ma conviction, le crime est le fait de gens habitués de la maison.

« La preuve est qu'un malfaiteur étranger n'eût pas su deviner quelles lettres il fallait assembler pour ouvrir la caisse.

— Vous entendrez des témoins qui établiront que la veuve Valph laissait habituellement les lettres en place.

— Quand il y avait peu d'argent dans la caisse, c'est possible. Mais ma tante était fort méfiante; ce qui se comprend de la part d'une femme vivant seule.

« Or, elle venait de vendre un ou deux immeubles, elle venait de toucher les loyers du terme de janvier; une forte somme était dans la caisse, en billets de banque et en or, ainsi que le constate le procès-verbal de perquisition : plus de cent mille francs.

« Donc les lettres de la caisse devaient être brouillées.

« Pour les remettre au cran qui permet d'ouvrir, il fallait qu'on les connût, et ce ne pouvait être qu'une personne de son intimité.

— Vous les connaissiez vous-même, ces lettres.

— Oui, monsieur, ma tante m'avait dit :

« — Si je viens à mourir subitement, tu tourneras les boutons de façon à former tel mot, et tu trouveras mon testament.

— Dites ce mot.

— Je l'ai oublié.

— C'est bien extraordinaire!

— Du tout, puisque mon premier soin eût été de faire apposer les scellés si ma tante était morte subitement, et puisque mon intention était de refuser sa fortune.

— Passons. Avez-vous d'autres raisons d'attribuer le meurtre au fait des habitudes de la victime?

— Oui, monsieur.

— Dites-les.

— La présence dans les cendres de ma cheminée de papiers à en-tête de ma maison de commerce; papiers qu'on a pris soin de maculer de sang.

« Ces papiers, attachés par une courroie à ma mallette de voyage, m'ont été dérobés avec intention de me compromettre.

« De même, mon mouchoir qui est là ; ce mouchoir à mes initiales, qu'on a trouvé roulé en corde autour du cou du valet de chambre, insuffisamment serré pour produire la strangulation, a été pris à dessein dans la poche de mon paletot.

« Et qui pouvait le prendre, sinon un des assassins déjà sur les lieux du crime ?

— En sorte que vous rejetez l'attentat sur quelqu'un même de la maison de votre tante.

— Oui, monsieur.

— Qui ?

— Si je le savais, je n'eusse pas attendu votre question pour le nommer.

« Mais, je vais plus loin, et c'est ici, monsieur le président, que je redoute de provoquer un nouveau scandale, je dis et je prétends que, le triple assassinat n'ayant pu être accompli par un seul coupable, et ce seul coupable ne pouvant pas être supposé de force à lier Prosper Lami, comme il a été trouvé, celui-ci devait être le complice du principal auteur de cette épouvantable boucherie.

A ce mot, il n'y eut pas de président qui tînt, la salle poussa un rugissement d'indignation contre l'accusé.

L'ignoble bandit !

Non content d'avoir tué cet excellent domestique, il crachait le déshonneur et l'infamie sur son cadavre.

— Canaille ! cria-t-on de divers côtés.

Mais ce ne fut qu'un cri.

On craignit l'ordre de faire évacuer la salle, et quand le président voulut parler il se trouva que le silence était complet.

Cette fois, l'avocat de Maxime souleva un incident d'audience.

L'un des jurés lui paraissait avoir prononcé cette invective de « canaille ».

C'était un cas de cassation.

Mais Maxime intervint.

Et se penchant vers son défenseur :

— Je vous supplie, en grâce, de ne pas présenter de conclusions, dit-il. Vous vous êtes trompé. Personne dans la tribune du jury, que j'ai tout intérêt à observer, n'a manifesté une opinion quelconque.

« Il y a illusion de votre part.

« Laissez continuer l'audience ; je veux en finir.

Néanmoins, le président suspendit les débats, après avoir demandé au ministère public s'il avait quelque chose à dire.

Sur sa réponse négative, le président et les deux conseillers se levèrent, conférèrent un moment, puis reprirent leur place.

— L'audience est reprise, dit le président.

Puis, revenant à l'accusé :

— Létang, dit-il, vous avez dîné chez votre tante le 21 janvier, vous l'avez reconnu.

« Vous avez reconnu de même qu'au dessert vous avez pris congé d'elle, ainsi que de ses deux autres convives, M. le commandant Valbrègue et sa jeune fille.

« Vous prétendez être parti, c'est-à-dire avoir quitté l'hôtel de la rue de la Pépinière.

— En effet, monsieur.

— Pourtant, les concierges affirment ne pas avoir tiré le cordon.

— Ils disent vrai.

« A ce moment, la concierge, la mère François, dînait au pavillon avec les autres domestiques.

« Il n'y avait personne dans la loge.

« J'ouvris la porte après deux appels inutiles, et je me tirai le cordon à moi-même.

— Que fîtes-vous ensuite ?

— C'est ce que je refuse de dire.

— Ainsi vous persévérez?

— Je persévère, monsieur le président.

— Soit; messieurs les jurés apprécieront.

Une dernière question avant d'entendre les témoins.

— Le 22 janvier, un peu avant sept heures du matin, vous arriviez faubourg Poissonnière à un café tenu par la femme Guijol. Est-ce exact?

— C'est exact.

— Et là, le garçon du café voyant une tache à votre paletot entreprit de la faire disparaître en la brossant.

« N'y parvenant pas, il mouilla le coin de la serviette et frappa.

« La serviette se teignit de rouge.

« Il lui sembla que c'était du sang, et il vous en fit l'observation.

« Mais prétendant être pressé, vous passâtes outre.

« Telle est du moins la déposition spontanée de celui-ci.

— Avez-vous à la contredire.

— Non, monsieur, c'est la vérité.

— Vous partiez de Paris une heure et quart après. Vous arriviez le soir à Bordeaux.

« Vous descendez à l'hôtel des Ambassadeurs, situé dans la rue nommée :
« Fossés de l'Intendance. »

« Et après avoir pris un bain, après avoir dîné au restaurant qui fait le coin des Quinconces, où vous vous renseignez au sujet d'un teinturier-dégraisseur vous passez à votre hôtel et vous donnez ordre de donner votre paletot à nettoyer à ce teinturier.

— Tout cela est exact, monsieur le président.

— Vous reconnaissez que votre paletot était taché de sang.

— Oui, monsieur.

— Eh bien ! d'où venait-elle cette tache ?

— J'ai refusé de le dire au juge d'instruction, qui m'était ostensiblement contraire.

— C'est vrai ; vous l'avez refusé ?

« Persistez-vous dans votre silence ?

— Non, si vous vous en tenez à ma déclaration.

— Je ne vous comprends pas. Faites-vous donc des conditions à votre aveu ?

— Oui, monsieur.

— Lesquelles ?

— Je consens à conter le fait ; mais je refuse de dire où il s'est passé.

— Dites donc. Le jury appréciera votre réticence.

« Parlez Létang.

— Voilà, dit Maxime :

« J'étais dans un endroit que je ne veux pas désigner.

« Je marchais dans la nuit.

« J'entendis une voix suppliante, effrayée, qui disait :

« — Ne me faites pas de mal... prenez ce que j'ai... je vous le donne !... Je ne crierai pas. Ah! ne me faites pas de mal !...

« Je m'élançai dans la direction de cette voix, criant :

« — Attendez; on vient à votre aide, brave homme....

« Pour toute réponse, j'entendis un cri de douleur, puis le bruit d'une masse qui tombe sur le sol.

« Je pris mon revolver dans ma poche, et je criai de nouveau :

« — Où êtes-vous ?

« La voix répondit :

« — Là, monsieur, à vos pieds. Ils sont partis. Ils ont cru que c'était la *rousse*. Ah! canailles ! ils m'ont tout *nettoyé*.

« Je frottai une allumette et je vis un vieillard accroupi sur le pavé.

« On l'avait frappé ; son sang coulait.

« En le relevant son sang aura taché mon paletot.
Le récit ne fit aucun effet sur l'auditoire.
— Un roman ! se dit-on.
— Roman enfantin.
— Ridicule !
— Il nous prend pour des imbéciles.
— Je le croyais plus fort que ça !
L'huissier cria :
— Silence !
Et le président reprit :
— Assurément, il y aurait là une explication du fait si vous complétiez votre déclaration de façon à la rendre vérifiable.

« Si l'on savait où ce que vous dites s'est passé, on pourrait rechercher l'individu que vous dites avoir secouru, et...
— C'est moi ! cria une voix du fond de la salle.
Un silence anxieux se fit.
— Qui a parlé ? demanda le président.
— Moi, monsieur.
Le président appela l'huissier et lui parla bas.
Ce dernier traversa la longue salle jusqu'à la balustrade qui sépare le public des autres parties du prétoire.
A voix basse, il parla à l'homme qui s'était désigné.
C'était ce même mendiant qui séjournait, par permission spéciale du maire, à la porte du cimetière de Levallois-Perret.
Celui qui avait reconnu Franois, sous le nom de « La Limace », le jour où l'assassin de la veuve Valph était venu enterrer son trésor sous la croix de la tombe de sa nièce, Céleste Antoine.
Celui, enfin, qu'on appelait :
« Le père Barabouin. »
Sur ce que lui dit l'huissier, il quitta sa place et, une demi-porte ayant été ouverte, il avança vers le tribunal.
C'était nécessairement un incident d'audience.
On l'amena jusqu'auprès de la barre des témoins.
— En vertu de nos pouvoirs discrétionnaires, dit le président, et dans l'intérêt de la justice, nous allons questionner l'homme qui s'est désigné comme ayant reçu du secours de l'accusé.

« Selon ses réponses, le ministère public et monsieur le défenseur entendus, la cour statuera sur les conclusions des parties, s'il en est déposé, soit pour réclamer un supplément d'instruction, soit pour passer outre aux débats.

LES ERREURS DE LA GUILLOTINE

— Je le jure! dit Francis.

« Approchez, et dites qui vous êtes d'abord.

« Nous verrons s'il y a lieu de vous déférer le serment ou de vous entendre à titre de simple renseignement.

— Je m'appelle Victor Barabouin ; j'ai encouru trois condamnations pour mendicité depuis que je suis estropié et incapable de travailler de mon état.

— Quel était votre état?

— Constructeur de bateaux.

— Établi?

— Non, ouvrier.

— En quelles circonstances vous êtes-vous estropié?

— En chemin de fer. Le train dans lequel j'étais en a heurté un autre. J'ai eu le bras droit et la jambe cassés. Sur le lieu de l'accident, un employé de la compagnie m'a promis soins et indemnité si je consentais à me désister de plaider.

« Plaider!... Avec quoi payer l'huissier, l'avoué et l'avocat?

« J'ai consenti.

« On m'a mis à Dubois.

« Et quand j'ai pu sortir, on m'a donné deux cents francs.

« Ça n'a pas duré bien longtemps.

« Crevant de faim, j'ai mendié.

« On m'a pincé, et on m'a mis en prison.

« En me retrouvant sur le pavé, je n'étais pas mieux casé.

« Qu'est-ce que vous voulez? J'ai recommencé.

« Alors, on a eu pitié de moi à la mairie de Levallois, et l'on m'a permis de mendier à la porte du cimetière.

— Continuez, fit le président.

— Eh bien! voilà : dans la nuit du 22 janvier dernier, je m'étais donné une *cuite*[1], et je m'étais endormi dans un bateau.

« Le froid me réveilla.

« Je me disposai à rentrer chez moi.

« Sous le pont de biais du chemin de fer, trois *galvaudeux* de l'ancienne bande de *La Limace*, les nommés *Truckard, La Demoiselle* et *Crève-la-Gueule*, qui viennent d'*étrenner* cinq ans de Clairvaux, à la huitième chambre, la semaine passée.

« C'est parce qu'ils sont à l'ombre que j'ose les nommer, sans quoi, ils me *feraient mon affaire*, bien sûr! — Ces trois canailles-là se jetèrent sur moi pour me *piger* mes *ronds*.

« Je les suppliai de ne pas me faire de mal.

« Quelqu'un m'entendit et accourut.

1. Je m'étais grisé.

« Quoiqu'ils m'eussent pris ce que j'avais, *La Demoiselle* voulut m'empêcher de gueuler en me plantant son couteau à virole dans la gorge.

« Mais je levai le bras, et c'est dans le gras que le couteau entra.

« Je peux vous montrer la marque.

« Le sang coulait, et comme mon sauveur me soutenait pour me reconduire à ma porte, c'est pas extraordinaire qu'il y ait eu du sang à ses vêtements.

« J'avais ça à dire. V'la qui est fait.

Bien que le mendiant parlât de source, dans l'auditoire on ricanait de pitié.

— Une comédie!

— Un compère!

Telles étaient les réflexions échangées.

— Comment se fait-il, demanda le président, que vous vous trouviez juste à point à l'audience où se juge celui que vous croyez être votre sauveur?

— Parce que le portier du cimetière m'a prêté le *Petit Journal*. J'ai lu tout ce qu'on dit de l'accusé.

« J'ai vu qu'il refuse de dire où il était la nuit du crime. J'ai voulu voir si c'était mon homme, afin de lui rendre le service de le sauver malgré lui.

— Et vous le reconnaissez?

— J'ai pas assez vu ses traits pour jurer que je les reconnais.

« Mais ce que je reconnais bien, c'est sa voix.

« Et ce que je reconnais encore plus, c'est son paletot, que l'on vient de développer pour montrer la tache.

« Elle est bien du côté de ma blessure.

Malgré tout, la déclaration du mendiant faisait une certaine impression.

— Quelle heure était-il?

— Six heures du matin, au moins; peut-être un peu plus. J' sais pas au juste : j'étais *poivreau*[1], avec le respect que je vous dois.

— Ainsi, reprit le président en s'adressant à Maxime, si ce que dit cet homme est vrai, vous étiez le 22 janvier dernier, à six heures du matin, au pont de biais du chemin de fer de l'Ouest, à Levallois-Perret.

« D'où veniez-vous, Létang?

Maxime ne répondit pas.

— N'est-ce pas qu'après avoir tué votre tante et ses deux serviteurs, le trouble vous ait entraîné à marcher droit devant vous, sans savoir où vous alliez?

— Libre à vous de le croire, monsieur le président.

— Enfin, admettez-vous le récit de cet homme?

1. Ivre.

Nouveau silence de l'accusé.

— Puisque vous refusez de répondre, nous allons procéder à l'audition des témoins.

« Quant à cette déposition spontanée, messieurs les jurés en tiendront le compte qui convient, étant donné la qualité et les antécédents de celui qui l'a faite.

« Huissier, conduisez-le dans la chambre des témoins, on le fera revenir s'il y a lieu.

« Toutefois, continua le président, quand Barabouin eut quitté l'audience, il est un point resté obscur, sur lequel je vous demanderai de compléter votre pensée, Létang.

« Vous avez porté une accusation contre l'une des victimes.

« Vous n'avez pas craint d'insinuer que Prosper Lami pourrait bien avoir été complice des deux meurtres qui ont accompagné celui auquel il a succombé.

« Sur quoi cette pensée vous est-elle venue ?

« Et comment expliquez-vous qu'on lui ait trouvé le couteau homicide dans la poitrine ?

— Je crois, dit fermement Maxime, que c'est lui qui m'a dérobé mon mouchoir et les factures de ma maison de commerce.

« Je crois que c'est lui qui a ouvert la caisse, pris et brûlé imparfaitement mes lettres.

« Je crois que c'est lui qui a introduit et caché le ou les complices chargés de frapper ma tante et la fille Lucie.

« Je crois qu'il leur a fourni le couteau à découper.

« Puis, tout achevé, il a voulu faire croire à son innocence en se faisant garotter et à demi étrangler.

« Je crois enfin que son ou ses complices le voyant là ont trouvé productif et prudent de le tuer, pour s'approprier sa part du vol et être sûrs qu'il ne les dénoncerait pas.

« Voilà ce que j'ai voulu dire.

« Voilà ce que je crois !...

Etrange chose !

Cette interprétation — la vérité, en somme — parut de la plus misérable absurdité.

On ne protesta même pas.

Il fit pitié. On le trouva trop bête !

A qui pouvait-il faire admettre une bourde de si fort calibre ?

L'avocat général en haussa les épaules, et le président ne répliqua rien.

Il fit un signe pour que le défilé des témoins commençât, et se contenta de dire à Maxime :

— Asseyez-vous.

D'abord on entendit le cocher, la cuisinière et les concierges de la veuve Valph.

Ce qu'ils déposèrent était connu.

Puis vint le garçon de café du faubourg Poissonnière, Achille Maugrelu, parti de cet établissement depuis deux mois.

Rien d'intéressant non plus.

A l'appel des témoins, un n'avait pas répondu : la femme Guijal, titulaire de ce café.

Le défenseur comptait sur son témoignage, quoiqu'il fût plutôt à charge.

Elle eût dit qu'avant huit heures Maxime était venu en fiacre à son café, y avait déposé sa valise ; qu'elle lui avait reproché de courir les aventures galantes. Cela pouvait établir qu'en tout cas l'accusé ne s'était pas caché à l'hôtel après le dîner et que, s'il était l'assassin, il fallait qu'il y fût revenu, ce qui était difficile à concevoir, puisqu'on ne s'en serait pas aperçu.

On avait pensé qu'elle était en retard, et, son tour venu, on l'appela de nouveau. Pas de réponse.

Mais un papier fut remis à l'huissier, qui le transmit au président.

Décidément, le mari d'Adèle jouait de malheur.

Ce papier annonçait que la cafetière, frappée d'apoplexie, était morte le matin même.

On rappela Maugrelu.

Il n'avait pas remarqué la venue de Maxime dans la soirée du 21.

Il ne pouvait même pas affirmer que le lendemain 22, en venant au café vers sept heures du matin, l'accusé eût repris sa valise, ou bien s'il l'avait à la main en pénétrant.

Quand lui, le garçon, était entré dans la salle, Maxime était là depuis quelques instants.

On passa à un autre, puis à un autre.

Puis on appela :

— Francis Antoine.

Et à ce bandit, à ce monstre, à ce gibier de bagne, au réel coupable du triple assassinat qu'on imputait au neveu de la veuve Valph, le président dit :

— Levez la main. Vous jurez de dire la vérité, toute la vérité, rien que la vérité, et de parler sans haine comme sans faiblesse.

— Je le jure ! dit Francis.

Malgré son endurcissement, il eut un frisson et pâlit.

— C'est égal, pensa-t-il, témoigner contre ce malheureux ; c'est raide !...

Ah! mais, pas de bêtises! Il s'agissait de la tête, et la sienne lui semblait autrement précieuse que celle de Maxime!

— Chacun pour soi! se dit-il encore.

Et raffermi, ce n'est pas sans une certaine jouissance âcre qu'il se sentait libre après tant d'horreurs commises.

Il en tirait orgueil.

— Enfoncés, les roussins!

Puis contemplant le président.

— Et cette espèce de daim, qui reçoit mon serment! Vieille bête, va! S'il savait à qui il a affaire!...

Ça l'amusait de se moquer de ce monsieur en robe rouge, qui faisait le malin, s'éreintant à faire avouer un innocent, quand là, en face de lui, l'assassin véritable se fichait de lui à son nez et à sa barbe.

Ses yeux tombèrent sur les pièces à conviction.

Ça lui fit quelque chose.

Un nouveau frisson le parcourut jusque dans la moelle des os.

Si ce couteau allait parler? Si cette corde allait dire :

— Voilà les mains qui m'ont liée autour des bras de Prosper Lami!...

Par une sorte d'hallucination, il croyait entendre des voix fantastiques le dénoncer.

Mais ce ne fut qu'un éclair.

Et de nouveau l'instinct de la conservation, le plus énergique de l'espèce humaine, le ramena au souci de sa sécurité, et il retrouva le sang-froid.

— Vous êtes valet de chambre de M. Mathieu-Boulare, député, dit le président.

— Oui, monsieur.

— Précédemment, vous avez été au service de Mme Valph en la même qualité?

— Oui, monsieur.

— Vous connaissez l'accusé?

— M. Létang est le neveu de madame. J'ai eu l'honneur de le servir à table quand il venait dîner.

Ce « j'ai eu l'honneur » disposa favorablement l'auditoire.

— En quels termes était-il avec sa parente?

— En bons termes, il m'a semblé.

— N'était-il pas contrarié de ce que sa tante se proposait de se remarier?

— J'ignorais que madame en eût l'intention; de mon temps, du moins, il n'en a pas été question, que je sache.

— Vous saviez où était le coffre-fort de votre maîtresse?

— Oui, monsieur.

— Avait-elle l'habitude de ne pas brouiller les lettres, quand elle y avait pris de l'argent ou du papier ?

Francis flaira un piège.

— Mes souvenirs ne me rappellent rien à cet égard, dit-il. D'ailleurs, j'ai entendu dire que madame ne conservait pas ses valeurs chez elle. Si elle eût négligé de brouiller les lettres, c'eût été, je pense, sans inconvénient.

— Avez-vous quelque chose de particulier à ajouter ?

— Rien, monsieur le président.

— Vous pouvez vous asseoir.

Le bandit se tournait à demi pour gagner la place qui lui était assignée, quand le défenseur se leva.

— Un moment, dit le président en retenant le témoin.

Puis à l'avocat :

— Vous désirez poser une question au témoin ?

— Je prie monsieur le président de lui demander s'il savait que le malheureux Prosper Lami était doué d'une force physique au-dessus de la moyenne.

— Vous avez entendu la question ?

— Oui, monsieur le président, répondit Francis, Prosper Lami était en effet très robuste. Sous mes yeux, il a soulevé une barrique de vin par pari.

— En ce cas, puisqu'on lui a trouvé les mains et les bras liés, pensez-vous qu'il a fallu être plusieurs pour le dompter à ce point.

— Je ne sais. Cependant, s'il était fort, il était lourd et maladroit. Il se peut — je l'ignore — qu'un homme agile s'en soit rendu maître plus aisément qu'on ne l'eût supposé.

— Admettriez-vous qu'il pût être à la fois complice et victime du crime ?

— C'est ce qu'on a prétendu, répliqua l'assassin, avec un sourire d'incrédulité. Cela a été publié dans différents journaux. Pour moi, j'en doute fort. Si peu que j'aie eu occasion de voir cet infortuné garçon, je ne l'ai pas tenu capable de jamais combiner un crime de cette sorte.

— Il n'était pas très intelligent ?

— C'était un caractère simple et, je crois, très honnête.

— C'est bien.

Sur ce congé, le domestique de monsieur le député fit un léger salut et tournant le dos au tribunal parut de face aux yeux de l'assistance entassée dans la profondeur de la salle.

Deux personnes poussèrent une légère exclamation de surprise, en apercevant ses traits.

L'une fut le beau-frère de l'accusé, Firmin, le frère d'Adèle.

— L'homme du train de Saint-Germain, pensa-t-il. On jurerait que c'es lui.

L'autre était un vieux malfaiteur relégué au fond. Un de ces habitués des prisons qu'on appelle « un cheval de retour », momentanément en liberté.

— Tiens ! fit-il intérieurement, «le grand Jules !... » Ah ! ben ! si les curieux, savaient qu'est-ce que c'est que ce gars-là, ils ne lui feraient pas tant de politesses.

Puis souriant dans sa barbe :

— C'est p'têtre bien lui qui a fait le coup, le bon apôtre !

« Un crâne homme, y a pas !

Les dépositions continuaient, longues, fastidieuses, ne modifiant pas la situation.

On appela le docteur Brouardel, qui avait fait l'autopsie des trois cadavres à la Morgue.

Lui, du moins, il réveilla l'intérêt languissant.

La description des plaies qu'il avait constatées avait cet attrait horrible qui agit sur les curieux de débats criminels.

Il se faisait tard.

Le jour baissait.

En silence, on éclairait la salle à l'aide de lampes qu'on posait ici et là.

Le président suspendit l'audience une demi-heure.

Après quoi il donna la parole au ministère public pour développer son réquisitoire.

Il fut atroce.

Pour l'avocat général, la culpabilité ne faisait pas doute un instant. Maxime Létang avait tué sa tante par cupidité. Elle allait se remarier, déshériter son neveu.

A tout prix celui-ci avait empêché cela.

Il avait feint de s'en aller, s'était caché, puis...

Le défenseur de la société racontait tout comme s'il eût été là, comme s'il avait tout vu de ses yeux.

Et qu'il était ignoble, cet assassin, qui ne craignait pas de salir ses victimes !

Il l'avait belle, ce bâtard, de faire fi des origines de sa tante. Il prétendait la dédaigner, cette fortune. Comédie !

Et quelle effronterie !

N'osait-il pas insinuer que son autre victime, ce domestique fidèle, Prosper Lami, n'était qu'un complice du meurtrier, qui se serait défait de lui ensuite !

Cela mettait le comble à l'audace du prévenu.

LES ERREURS DE LA GUILLOTINE

— Sept heures déjà et rien! Rien... Oh! mon Dieu, ayez pitié de nous, murmura-t-elle en refermant la fenêtre.

Certes ! monsieur l'avocat général blâmait les manifestations du public ; mais vraiment, il fallait reconnaître que, dans certains cas, il fallait les excuser, tout en les déplorant, au seul point de vue de la majesté de la justice.

Quant à ses conclusions, à ce clairvoyant ministère public, on les devine :

La mort !

Rien de moins !

Ah ! surtout, pas de faiblesse, messieurs les jurés. Songez aux honnêtes gens qui comptent sur vous pour préserver la société des entreprises, etc., etc., etc

Il en dit là-dessus — non sans talent, hélas ! — de quoi intimider les consciences qu'un dernier doute pouvait rendre pitoyables.

Non ! pas de pitié !

Au nom de la famille, au nom de l'humanité, il fallait couper le cou à ce hideux individu.

Pour un peu, quand il termina, on l'eût applaudi.

Du moins était-ce fini ?

Non ; à son tour, un avocat installé au-dessous du tribunal recommença d'accabler Maxime.

Il se présentait au nom des parents de la jeune femme de chambre Lucie.

— Ils ne demandaient pas la tête du coupable, eux.

Qu'en eussent-ils fait ?

Ils réclamaient de l'argent.

C'est plus pratique.

Oui, qu'on leur donnât cinquante mille francs, et ils se désintéressaient du reste.

Mais cinquante mille francs, s'il vous plaît. Ils y tenaient.

Et ne marchandez pas.

Voyons, de bon compte, ça valait ça ! — hein ?

Enfin !... la parole fut à l'avocat de Maxime.

Tout ce que la raison, la justice, le sens commun peuvent fournir d'arguments puissants, fut exposé avec un éclat merveilleux par l'orateur.

Il démontra combien l'accusation était fragile, hâtive, empreinte de partis pris blâmables.

Et, certes ! il ne ménagea pas le juge d'instruction.

Il alla si loin que, par deux fois, le président lui fit une observation.

La seconde motiva une réplique du défenseur de Maxime.

— Votre conviction serait-elle faite, sinon avant les débats, du moins avant la fin du plaidoyer ? lui demanda-t-il.

Heureusement, continua-t-il, c'est à messieurs les jurés que je m'adresse ; à des citoyens dégagés de toute influence judiciaire, et qui ont la ferme intention de se prononcer en « hommes libres », comme ils l'ont juré avant d'entendre le premier mot de cette monstrueuse affaire.

« Monstrueuse, doublement.

« A cause, d'abord, de l'horreur de l'assassinat.

« A cause ensuite de l'enquête qui fait asseoir sur le banc d'infamie un homme que vous ferez sortir d'ici la tête haute.

Puis il poursuivit en redoublant d'éloquence.

Jamais, au sentiment de ses confrères, qui l'écoutaient émerveillés, il n'avait été si puissant, d'une logique si serrée.

On sentait qu'il n'y avait rien d'artificiel dans ses accents.

C'était l'intime, profonde et honnête conviction qui l'inspirait.

— Il est superbe ! dit tout bas un assesseur au président.

— Superbe, en effet ! Et c'est dommage.

— Vous croyez que c'est en pure perte ?

— Vous ne sentez pas que la salle ne rend pas ?

— Si fait. Elle est glaciale.

— Et le jury en subit l'influence.

C'était vrai, hélas !

Les auditeurs en voulaient plutôt à l'avocat d'être si clair et persuasif.

Ils étaient de ces sourds dont parle l'Écriture :

« Les sourds qui ne veulent pas entendre ! »

La pire espèce ; car rien ne sert !

Il y parut quand ce maître de la parole, ayant tout dit, se tut, très épuisé, ému et troublé, finissant sur une supplication aux jurés de laisser loin d'eux tous les bruits extérieurs qui auraient pu leur parvenir.

— Placez-vous en face de votre conscience, leur avait-il dit, et jugez. Je vous mets au défi de trouver cet homme coupable !

« Ah ! surtout, continua-t-il, n'allez pas lui infliger les circonstances atténuantes ! Nous n'en voulons pas. Non ! Nous les repoussons avec indignation.

« De deux choses l'une :

« Cet homme a lâchement assassiné sa tante, puis une pauvre jeune fille sans défense dont il aurait abusé ; puis, non content, il a tué Prosper Lami.

« S'il en est ainsi, que sa tête tombe.

« Mais si ce n'est pas lui qui a commis cette ignominie sanguinaire et sauvage.

« Si ce n'est pas lui, il faut qu'il reparaisse aux yeux de tous tel qu'il était avant le crime.

« Un homme honnête, laborieux et digne de respect !

« J'ai dit !

On remarqua un détail :

Après le réquisitoire du ministère public, l'avocat de la partie civile, réclamant cinquante mille francs de dommages-intérêts au profit des parents de Lucie, avait tout recommencé.

C'est à tour de bras qu'il avait frappé sur Maxime, l'accablant, criant sa culpabilité avec rage.

Le défenseur du malheureux n'avait pas daigné répondre à son confrère, et il l'avait annoncé en ces termes :

— Il ne s'agit pas de gros sous; il s'agit de l'honneur d'un honnête homme !

« Je laisserai donc pour ce qu'elle vaut la deuxième édition d'un réquisitoire sanglant !

L'audience fut levée, et les jurés remontèrent en silence à la salle de leurs délibérations.

A peine y restèrent-ils un quart d'heure.

Ils redescendirent et prirent place, le chef du jury debout, tenant à la main les questions rédigées par le tribunal.

La cour rentra en séance, et la parole fut donnée au chef juré.

Un silence saisissant régnait.

L'anxiété était au comble.

Le chef du jury mit la main sur son cœur et prononça d'une voix ferme :

— Devant Dieu et devant les hommes, sur mon honneur et ma conscience, la réponse du jury est : Oui.

Des bravos indécents éclatèrent. Ils furent aussitôt étouffés, d'ailleurs.

Puis le greffier prit le papier et le déposa sur le tribunal.

Le président conféra avec les deux juges.

Après quoi il donna ordre d'introduire l'accusé.

De nouveau Maxime reparut avec les gendarmes.

— Levez-vous, dit le président.

Et le greffier, debout de même à son pupitre, lut le verdict et la sentence, qui condamnait Létang (Maxime) à la peine de mort, à vingt-cinq mille francs de dommages-intérêts envers la famille de Lucie, et aux dépens.

— Avez-vous quelque chose à dire sur l'application de la peine? demanda le président.

— Rien, monsieur, répondit le jeune homme. Du moment qu'il s'est trouvé douze hommes de bonne foi pour croire que, moi, j'aie pu commettre une action pareille, je n'ai plus qu'à me taire et à m'en remettre à Dieu !

— Vous avez trois jours pour vous pourvoir en cassation.

Sur ce dernier mot, le président leva la séance.

Un murmure confus s'éleva. On s'en allait. On était content.

Rares étaient ceux qui ne partageaient pas la satisfaction générale.

Les malfaiteurs de profession — les *escarpes* — étaient de ce petit nombre pour la plupart.

Groupés dans l'enceinte ouverte au public, sans billet, ils viennent là, soit par amour de l'art — comme les acteurs qui ne jouent pas vont voir jouer les camarades, — soit pour se perfectionner dans la profession ; apprendre comment on *enfonce* la justice, quand il y a acquittement.

Jusqu'à ceux qu'on recherche et qui risquent gros de se faire pincer cèdent à l'attrait de s'occuper des choses « de la partie ».

Ils n'étaient pas d'accord.

Les uns disaient :

— Un *beurgeois* qui *écoppe ;* bon, ça !

Les autres répliquaient :

— Qué rosses que ces jurés ! Jamais c't homme-là n'a fait un coup pareil !

Mais tous en chœur :

— C'est des mufles !

Non loin de ces derniers, les policiers restaient décontenancés.

— Ce jugement-là sera cassé, disaient-ils. Les jurés ont subi la pression de l'opinion. Le malheureux est aussi innocent que l'enfant qui vient de naître.

Dans le beau monde, autre affaire.

— A la bonne heure ! Voilà une canaille de moins.

Et si quelqu'un faisait des réserves :

— Laissez-nous donc tranquilles ! lui disait-on grossièrement. Vous la faites à la pose, ou bien vous êtes encore de ces anarchistes qui rêvent de bouleverser la société !

— Ah ! oui ! la scie de « l'abolition de la peine de mort ! » La rengaine du père Hugo !

— Ah ! oui ! la fameuse question du « droit de punir », la rengaine d'Émile de Girardin ! Un malin qui s'en est fait, des rentes !

— Je suis de l'avis d'Alphonse Karr : « Je veux bien abolir la peine de mort ; mais que messieurs les assassins commencent ! »

— Très drôle !

— Venez-vous dîner ? Je crève de faim !

— S'il était innocent, tout de même ?

— Ah ! bon ! c'est l'affaire des jurés. Moi, j' m'en fous !

— Et moi donc !

Dans la salle des Pas-Perdus, un juré disait :

— Au moins, cette fois-ci, les journaux ne nous engueuleront pas !

En fait, lui et plus d'un de ses collègues, malmenés précédemment, ennuyés par leur femme et leurs amis, n'avaient pas osé faire bénéficier l'accusé du doute de leur conscience.

Plus d'un pensa :

— Le président de la République usera de son droit de grâce.

Au banc des témoins, il s'était produit un douloureux incident au moment du verdict.

Un jeune homme, glissant à terre, s'était à peu près évanoui.

Ce jeune homme, c'était Firmin.

— Qui est-ce ? demanda-t-on autour, pendant qu'on l'emportait hors de la salle.

— Le beau-frère du condamné..

— Pauvre diable !

— Oui ! v'là l'embêtement de ces affaires-là, c'est qu'on condamne en même temps les parents, qui n'ont rien fait, eux.

Quoi qu'il en soit, c'était fini.

Maxime était condamné à mort !

Quelqu'un qui n'était qu'à moitié satisfait, c'était le précieux valet de chambre de M. Mathieu-Boulare, le député : Francis.

Parbleu oui, il était content qu'un autre fût convaincu du triple crime qu'il avait commis.

— De c'tte manière-là, se disait-il, on va me ficher la paix sur cette affaire-là. Bon débarras !

Mais ce qui lui gâtait son plaisir, c'est que Francis l'avait dévisagé avec une persistance menaçante.

— Décidément, s'était-il répété pour la troisième fois, il m'embête ce coco-là.

Il faisait plus que l'embêter, il l'inquiétait.

Francis savait bien, parbleu ! pourquoi le frère d'Adèle le *reluquait* obstinément.

— L'affaire du Sacristain ! se disait-il.

Pourvu qu'en dépit de la perruque et des favoris bruns, il ne l'eût pas tout à fait reconnu !

Aussi, quand il avait vu Firmin perdre connaissance, il avait frémi d'espérance.

— Si ça pouvait être un coup de sang, pensa-t-il.

Et le voyant à terre, il se souvint du coup de botte par lequel il avait crevé la poitrine de la mère à Ulalie, la concierge de la rue des Folies-Méricourt.

Ah ! s'il n'y avait eu personne !

Quelle occasion !

Toc! ça y serait!

Oui; mais il y avait du monde! V'la le chiendent! des gendarmes et des *sergots* surtout.

Et le sacré *pante* au lieu d'un coup de sang était bien capable de ne pas s'en trouver plus mal tout à l'heure.

Qu'est-ce que vous voulez !

Oui, là, vrai! il était enchanté que Maxime fût condamné à sa place.

Mais ça ne fait rien, si on avait pu condamner Firmin par la même occasion, c'eût été encore meilleur!

— Y a pas à dire le contraire !

Toutefois, une fois seul sur les quais, le grand air le ragaillardit tout à fait.

— Faut pas être trop exigeant non plus, se dit-il.

Pourvu que la cassation rejetât le pourvoi, mon Dieu! il n'en demanderait pas plus.

Tout doucement — en douceur — il trouverait un prétexte pour quitter son âne de député; il déterrerait son magot et irait chercher en province (car il avait renoncé à s'expatrier; on est Français, que diable !) et s'y installerait dans une peau neuve d'honnête homme.

Il était à deux doigts de son rêve.

— *All rgiht!* fit-il. Allons manger un morceau; j'ai l'estomac dans les talons!

XV

LES DEUX FEMMES

Tandis qu'à l'audience Maxime subissait le martyre, qui devait aboutir à la plus inique condamnation, Adèle en subissait un autre qui ne le cédait en rien en cruauté.

D'abord, elle avait voulu assister aux débats ; mais son frère, à force de supplications, avait obtenu qu'elle ne quittât pas son appartement.

Quelles angoisses durant cette longue journée !

Et les heures s'écoulaient lentes comme des siècles.

Puis arriva l'heure du dîner.

A l'habitude, Maxime montait lestement l'escalier; son entrée bruyante était une véritable fête pour les bambins, car « petit papa » avait toujours quelques friandises pour eux. On s'embrassait, puis on se mettait à table.

Oh! les joyeux et bons repas de famille, égayés par les gamineries des marmots, la bonne humeur du père et le doux sourire d'Adèle.

Une fois les petits couchés, quel charmant tête à tête où les deux jeunes époux s'oubliaient parfois à redevenir les amants des premiers jours.

Adèle se rappelait tout cela, et ces souvenirs assombrissaient encore sa tristesse.

Ce qui par-dessus tout l'énervait et lui ôtait le calme qu'aurait dû lui rendre sa conviction de l'innocence de Maxime, c'était l'atroce incertitude où elle était plongée.

Elle se reprochait à présent de ne pas avoir eu franchement le courage de transgresser la défense de son frère.

Vingt fois elle avait été sur le point de partir au Palais, mais plusieurs réflexions l'avaient retenue.

D'abord l'audience pouvait être finie, Maxime en route pour la maison.

Que dirait-il s'il ne la trouvait pas?

Et puis Firmin avait insisté à la fin d'un ton si ferme qu'elle n'osait lui désobéir.

Maintenant cette insistance elle-même lui revenait à l'esprit comme une obsession.

Pourquoi cette défense formelle d'assister aux débats?

S'il y avait certitude d'acquittement, pourquoi lui refuser d'être présente à ce triomphe?

— Oui, pensait-elle, je sais bien. Il a voulu m'épargner la vue du pauvre garçon, entre les gendarmes, assis comme un scélérat sur la sellette des assassins.

« Son intention était bonne, mais elle a fait deux malheureux.

« Moi, qui me désespère ici et mon pauvre Maxime qui a sans doute vainement cherché mon regard parmi la foule indifférente.

« Sept heures déjà et rien! Rien... Oh! mon Dieu, ayez pitié de nous, murmura-t-elle en refermant la fenêtre.

Il était temps qu'elle revînt. Les bébés, étonnés d'être oubliés et sentant l'heure du repas, ne jouaient plus.

— Ai faim! ai faim! dirent-ils en tendant leurs petites mains vers Adèle.

— Oui, mes chéris, nous allons nous mettre à table.

La petite bonne alluma et mit le couvert.

La vue de ces préparatifs avait rendu la joie aux enfants.

Le bambin, moins grave que la petite, commença à jouer avec sa cuiller.

C'était véritablement le fils de Maxime que ce bébé turbulent, vivace, gai comme un pinson, qui de ses ébats emplissait le petit appartement.

D'habitude, quand sa joie prenait des proportions inquiétantes pour les assiettes et les verres, un regard que la mère essayait de rendre sévère réprimait ce débordement d'enthousiasme.

LES ERREURS DE LA GUILLOTINE

— Ah!... il est condamné... au bagne?

Mais ce soir-là, comment le gronder?

Au surplus, son attention était ailleurs. Elle ne le voyait pas; elle ne l'entendait point.

C'est pourquoi le petit s'enhardit peu à peu.

Sa petite sœur l'y encourageait d'ailleurs, riant de ses grimaces.

Il se voyait un public; maman semblait laisser faire.

Que voulez-vous!

Les enfants sont un peu singes.

Il fit une singerie qui renversa un verre. Il se brisa sur le parquet.

Le bruit sortit Adèle de sa pénible distraction.

Sur le premier moment, des paroles fâchées lui montèrent aux lèvres.

Et puis un sanglot, sitôt étouffé, la surprit.

Elle songea au malheur qui planait sur la tête du pauvre enfant!

N'avait-on pas déjà assez de peines à la maison, assez de sujets douloureux!

Non! le petit ne pleurerait pas!

Qu'il économisât ses larmes, le malheureux!

D'un mouvement fébrile, elle le prit sur ses genoux et le mangea de baisers, le baptisant de pleurs abondants!

Elle ne savait plus bien ce qu'elle faisait. Et l'effet futile contraire de sa première intention.

Elle voulait le consoler. Mais le chagrin est contagieux.

Il pleura, et sa petite sœur pleura de même.

Eux, du moins, ne savaient pas pourquoi!

— Amusez-les! dit Adèle à la petite bonne.

— Madame ne mange plus?

— Je n'ai pas faim!

On le comprend de reste!

Tandis qu'Adèle allait s'asseoir dans un coin obscur, la bonne prit sa place, conta des histoires aux bébés.

Les petits oublièrent bientôt.

Puis le repas fini, il fallut continuer de les occuper jusqu'au moment du coucher.

Eux debout, pas moyen de lever le couvert.

Eh bien, la bonne noua les deux coins d'une serviette, qui devinrent deux poupées.

Des guignols.

Et elle jouait une comédie de sa façon, pleine de souvenirs de la baraque des Champs-Elysées.

Parfois Adèle jetait malgré elle un regard sur ce tableau.

Il lui faisait illusion.

L'atrocité de l'attente qui lui déchirait le cœur, de l'anxiété, qui lui martelait le cerveau, s'atténuait peu à peu, elle oubliait.

Elle écoutait, contente de l'attention appliquée de ses innocents, ravis de cette farce.

Et les bonshommes de se saluer, de bavarder et de se battre cocassement.

Et les bébés de rire aux éclats !

En ce moment même, monsieur l'avocat général prononçait son réquisitoire.

A coups de fleurs de rhétorique, fleurs plus perfides que les pâles belladones et que les digitales empourprées, il accablait le malheureux Maxime.

Il servait a messieurs les jurés un plat de son éloquence homicide, déchiquetant pièce à pièce, lambeau par lambeau la vie de l'accusé, démontrant par $a + b$ sa perversion, ses instincts criminels si longtemps dissimulés, sa cupidité insatiable le conduisant à cet abominable forfait !...

Il fallait un exemple, n'est-ce pas ? Il fallait une tête.

Cette tête on l'aurait, on l'aurait quand même !

Et les pauvres petits riaient comme des fous, tandis que le rigide représentant de la loi réclamait du jury la vie de leur père.

Heureux âge ! insouciant de toutes les douleurs !

Adèle enviait leur heureuse ignorance de toutes choses, tremblait à toute minute de troubler la joie des chers aimés par une nouvelle explosion de sanglots.

Ah ! si monsieur l'avocat général avait pu les voir, qui sait si sa voix n'aurait pas faibli, s'il n'eût pas hésité à continuer sa tâche sanglante, qui devait faire de ces innocents des orphelins misérables et déshonorés.

Mais l'heure avançait.

Déjà les petits riaient moins fort, fermant par instants leurs paupières alourdies.

Le « marchand de sable », cette figure légendaire de l'enfance, venait de passer tandis que l'horloge du Comptoir d'escompte jetait à la nuit ses huit coups sonores.

— Allons coucher, fit Adèle.

C'était elle qui s'en chargeait, pour permettre à la bonne de dîner à son tour et de tout remettre en ordre.

Quand ils furent dans leurs berceaux, la malheureuse femme dut encore se contraindre pour les endormir à fredonner la chanson naïve, à laquelle nul de nous n'a résisté :

> « *Do, do, l'enfant do*
> « *L'enfant dormira tantôt*

Bercé par le rythme doux et monotone, le petit, déjà fatigué par ses turbulances, ne tarda pas à partir pour le pays des songes.

Sa respiration devint plus calme, il s'endormit.

La petite fille ne fut pas si prompte au sommeil.

Plusieurs fois, Adèle avait cru qu'elle avait suivi l'exemple de son frère ; mais non, ses yeux clos se rouvraient dès que la chanson ne se faisait plus entendre.

Ils avaient, ces grands yeux bleus d'enfant, une expression sérieuse si étrange qu'Adèle s'en inquiéta.

Interrompant sa mélopée et se penchant sur le berceau, elle demanda tout bas :

— Eh bien, mignonne, tu ne dors donc pas?

— Non.

— Es-tu malade?

— Non... je pense.

Adèle ne put réprimer un sourire.

— Voyez-vous cette grande demoiselle qui pense déjà.

« A quoi donc ? demanda-t-elle.

L'enfant la regarda un instant comme étonnée.

— Quand donc qu'il revient papa ? balbutia-t-elle.

Cette question bouleversa tellement Adèle qu'elle se sentit défaillir.

Brusquement elle sortit, donnant d'une voix inintelligible à la petite bonne l'ordre de la remplacer auprès des petits.

Puis elle tomba anéantie sur un canapé.

Combien de temps resta-t-elle ainsi, secouée de sanglots convulsifs, quasi agonisante, elle n'aurait pu le dire.

Tout à coup on sonna.

Une commotion électrique l'aurait moins promptement tirée de sa torpeur.

Elle se dirigea vers la porte, livide, échevelée, comme folle, agitée à la fois des deux pressentiments opposés.

La plus folle joie.

Le plus profond désespoir.

Elle ouvrit.

Dans la demi-lueur du palier se tenait Firmin, pâle aussi, n'osant entrer.

— Eh bien ? fit-elle d'une voix rauque.

Il y eut un silence.

Toute frémissante, elle reprit :

— Maxime est acquitté, n'est-ce pas ?

Et croyant que l'on cherchait à lui éviter une émotion, elle ajouta plus calme :

— Il est là?... dans l'escalier?... Il hésite à se montrer? Oh! je serai forte!...
Et s'avançant à mi-corps elle appela :
— Maxime!
Firmin lui mit la main sur la bouche :
— Tais-toi! tais-toi! bégaya-t-il en sanglotant.
Il l'avait doucement entraînée dans la petite salle à manger.
Elle se laissait conduire ne comprenant pas bien encore.
Quand elle vit à la lueur de la lampe le visage contracté de son frère tout s'expliqua pour elle!
— Ah!... il est condamné... au bagne?
Firmin ne répondit que par un silencieux et triste embrassement.
Un instant leurs larmes se mêlèrent.
Ils n'osaient ajouter un mot.
Cela dura quelques secondes.
Presque sans le savoir elle reprit la parole :
— C'est... à mort?
Le nouveau silence de Firmin confirma la terrible nouvelle.
Alors les yeux d'Adèle s'ouvrirent démesurément, elle fit un geste fou comme pour chasser une hideuse vision et poussa un lugubre éclat de rire.
La parole lui revenait automatique, et elle allait, elle allait comme ces pendules détraquées qui sonnent toutes les heures à la file.
— Dieu que c'est bête de rêver des horreurs pareilles, disait-elle avec soulagement.
« Croirais-tu, Firmin... un rêve... mais quel rêve!
« C'est aussi la faute de Maxime. Il faudra qu'il renonce à ses voyages. Je ne suis pas encore faite à ces longues absences.
« Tu as bien fait de venir, ça m'occupera...
« Peut-on avoir des idées semblables... Je vous demande un peu... Oh! tu ne t'en douterais jamais... Un cauchemar horrible!...
« Devine un peu...
Firmin la regardait accablé par le pressentiment d'un nouveau malheur.
Il sentait sa force d'âme l'abandonner à son tour devant tant de désastres.
Le père condamné, déshonoré, flétri; la mère folle.
Car c'était en effet un accès de folie qui prenait la malheureuse.
Qu'allaient-ils devenir?
Adèle continuait ses divagations :
— J'avais lu des histoires de crimes dans les journaux. Ça m'a trotté par la tête pendant mon sommeil.

« J'ai rêvé que Maxime était accusé... oui, accusé d'avoir tué sa tante... Je ne lirai plus de journaux décidément.

« Quand j'étais petite, papa ne voulait pas que je les lise et il avait raison. Tu t'en souviens bien, Firmin.

« Oh ! mais c'est que ce rêve ne me lâchait pas, il a été jusqu'au bout... La condamnation de Maxime...

« A mort, mon cher !

« Je te le demande. Y a-t-il du bon sens à cela ?

« Et je m'en inquiétais bêtement quand j'ai reçu de lui une lettre de Bordeaux... Il revient la semaine prochaine, lundi ou mardi. Tu dîneras chez nous avec sa tante, toute la famille enfin...

« Il y tient, il l'a souligné sur la lettre. Où l'ai-je mise ?...

Cela dura encore, puis elle se calma sans toutefois revenir à la réalité. Avec des gémissements enfantins elle se plaignit d'une grande douleur dans la tête, fermant les yeux en bégayant des mots sans suite.

Comme le sommeil la prenait, Firmin la conduisit dans sa chambre, la déshabilla et la coucha comme un enfant.

Elle s'endormit ainsi, sans secousse, le sourire aux lèvres.

Bien qu'il fût accablé de fatigue et d'émotions, Firmin s'assit au chevet de sa sœur, réfléchissant, cherchant à rendre son esprit énervé plus lucide, afin de pouvoir prévenir les conséquences épouvantables de ce double sinistre.

Toutefois, l'égarement d'Adèle ne devait être qu'une crise, passagère, au sentiment du jeune homme.

Au surplus, le médecin serait appelé demain.

Il ne voulut point la quitter.

Il voulait garder de l'espoir de l'autre côté aussi.

Tout d'abord il résolut d'écrire à l'avocat.

Il fallait à tout prix aller en cassation.

Si la cour suprême annulait la sentence inique et renvoyait l'accusé devant une autre cour, c'était le salut.

En effet, quelques mois de gagnés et la lumière finirait par se faire.

Les inexplicables fatalités qui s'acharnaient contre Maxime se lasseraient, on verrait certainement surgir de l'ombre un témoignage décisif qui convaincrait l'autre jury.

Firmin songea aussi à M. Oscar de la Ville-Viquier.

L'inspecteur général de la sûreté avait assez montré qu'il doutait de la culpabilité du pauvre garçon.

Peut-être voudrait-il bien mettre son expérience et sa longue habitude de ces sortes de recherches à la disposition de l'infortunée famille.

Firmin lui écrivit comme à un homme de cœur qu'on s'attend à ne pas trouver indifférent.

Tout en écrivant, il s'arrêtait à chaque ligne pour ne pas se laisser entraîner à son indignation.

Ainsi, des années (plus d'un demi-siècle) s'étaient écoulées après le retentissant procès de Lesurques, cet autre innocent, victime d'inexplicables coïncidences du sort, et les législateurs n'avaient pas sauvegardé les innocents de l'avenir.

Oui, Maxime était innocent.

Firmin l'aurait clamé devant un peloton prêt à faire feu.

Il y avait dans cette cause un mystère, connu de l'accusé seul et de Dieu.

Ce secret, Maxime le gardait comme une tombe garde le cadavre qu'elle reçoit.

N'était-ce pas à la justice de le retrouver.

Quel rôle joue-t-elle donc, la justice?

Son devoir se borne-t-il à confondre tout prévenu par des preuves quelquefois douteuses, à ne prouver que des culpabilités?

N'a-t-elle pas également la mission de vérifier ces preuves, de les peser, d'en arracher la vérité?

Hélas! on ne saurait trop le dire : chez nous tout prévenu est considéré comme un coupable.

Tandis que la justice possède mille moyens d'action pour soutenir l'accusation, que reste-t-il au malheureux?

Rien! Car peu à peu amis, parents abandonnent sa cause, effrayés par l'inégalité de la lutte.

Son seul appoint consiste dans le talent oratoire du défenseur.

Encore cette dernière ressource est-elle aléatoire, l'avocat dépensant autant de talent et d'artifices mélodramatiques pour le pire des gredins que pour l'homme injustement et faussement accusé.

Et Firmin, poussant de sourdes imprécations contre ces calamités sociales dont nous sommes affligés et que « *l'Europe nous envie* » à ce que prétendent certaines gens, pleura de rage, se sentant impuissant et désarmé devant cette justice qui venait de déshonorer et de ruiner ceux qu'il chérissait.

Cette journée de torture, si cruelle pour la femme du condamné, avait dû, pense-t-on, être plus terrible encore pour sa maîtresse, cette Mathilde Kœrhuen, dont il respectait la réputation jusqu'à affronter le jury et qui, elle, n'eût eu qu'un mot à dire pour l'arracher des mains de la justice.

Eh bien! pas du tout.

Mathilde avait passé tout ce jour sans émotion.

Est-ce donc qu'elle ignorât que Maxime passait en jugement?
Nullement. Elle le savait depuis la veille.
Un journal du soir le lui avait appris.

Quoi! un homme qu'elle avait aimé, qui se conduisait envers elle avec un héroïsme d'un autre âge, était, en ce moment, aux prises avec une accusation capitale, et quand son abstention pouvait le faire condamner, elle restait muette et insensible?

Oui. Tout au plus avait-elle dit :

— Le pauvre garçon!

Alors elle ne valait donc pas mieux que son mari?

C'était donc une coquine?

Point du tout.

Si Mathilde était calme, c'était que Fritz s'était arrangé pour qu'il en fût ainsi.

Non par menaces.

Par une habileté ignoble, qui était bien digne d'un tel misérable.

Il était parvenu à persuader à sa femme que Maxime ne courait aucun risque, et que, d'ailleurs, il n'était guère intéressant!

Sachant bien que si l'épouse adultère eût continué de croire que son amant pouvait être condamné, elle eût tout révélé au parquet, à tout risque; il s'y était pris de longue main pour qu'elle renonçât à cette courageuse démarche.

Doucereusement, il lui avait dit en causant :

— J'ai eu des nouvelles de Maxime.

J'ai vu des personnes au courant de son affaire et rien n'est plus rassurant que leurs dires.

La justice, qui sait tout, sait fort bien où se trouvait Maxime tandis qu'on égorgeait la pauvre Mme Valph.

A ce mot, Mathilde avait pâli, ce qui intérieurement avait fait sourire son mari.

Et il trouvait que cette pâleur lui allait bien, à sa femme.

Ce dépravé éprouvait je ne sais quelle jouissance à lui causer cette émotion, qui accélérait les battements de son cœur, agitait son sein, lui donnait un aspect nouveau.

Pour un peu, il eût cédé à l'attrait inattendu.

Mais il avait mieux à faire pour le moment.

— Si l'enquête se prolonge, poursuivit-il, c'est que cette grosse affaire a amené la justice sur une autre piste.

Il paraîtrait que le passé de Maxime est entaché de quelques irrégularités... oh! des peccadilles.

LES ERREURS DE LA GUILLOTINE

Kœrhuen avait bondi sur elle, en lui étreignant les deux poignets avec violence.

Des espèces de faux, deux ou trois légers détournements.

Dame ! il lui fallait beaucoup d'argent, car il entretenait un vrai sérail, le gaillard !

Mais, en somme, rien de grave, des peccadilles, encore une fois.

Avant peu une ordonnance de non-lieu sera rendue quant à l'accusation de meurtre ; et s'il est retenu en cour d'assises, ce sera pour des choses de tout autre ordre.

On croit même qu'il sera renvoyé à la 4e ou 5e chambre correctionnelle.

Ce qui est une bagatelle pour un homme qui a manqué d'entendre réclamer sa tête.

Comme l'espérait le misérable juif, cette conversation, rappelée adroitement plusieurs fois, avait produit sur l'esprit de Mathilde l'effet d'un puissant dérivatif.

L'intérêt qu'elle portait à Maxime avait singulièrement baissé.

Une femme éprouve toujours une profonde désillusion en apprenant la bassesse de l'homme qu'elle a aimé.

Un dégoût naît, qui la glace.

Ce n'est pas que celle-ci ne ressentît un reste d'amour pour le malheureux.

Mais il se nuançait de pitié, et elle en avait honte, cherchant à se tromper elle-même là-dessus.

Le côté chevaleresque et mystérieux de cette affaire s'en allait.

Dès qu'elle crut Maxime capable d'une première indélicatesse, la pensée affreuse qu'il gardait le silence sur l'alibi qui pouvait le sauver, pour lui épargner, à elle, la honte et la fureur de son mari, cessa de la persécuter.

Un faussaire ne pouvait y mettre tant de façons. Or, puisqu'il s'en taisait, c'est que Kœrhuen disait vrai.

L'accusation de meurtre ne tenait plus, était abandonnée.

Dès lors, l'intervention de Mathilde eût été inutile.

C'est pourquoi elle le passa tranquillement ce jour des débats, dont nous avons rapporté les lugubres péripéties. Le soir venu, elle lut et s'endormit l'esprit libre.

Vers une heure du matin, un homme entra silencieusement dans la maison.

Il connaissait le verdict, lui !

C'était Fritz ; il paraissait heureux, satisfait, et s'il rentrait avec précaution, c'était pour que Mathilde ne lui en demandât pas de nouvelles avant le lendemain.

Sa vengeance était réalisée telle qu'il la désirait. Il la tenait, il voulait s'en repaître à son gré, tout seul d'abord.

Et tandis qu'il s'endormait après un hideux ricanement, Mathilde, de son côté, rêvait que Maxime était libre et innocent aussi des calomnieuses imputations de son mari.

Voici l'aurore.

Les premières lueurs du jour pénétraient à travers les interstices des persiennes et caressaient les rideaux épais.

Kœrhuen entra chez Mathilde.

Il la contemple avec un sourire diabolique.

L'heure qu'il attendait avec impatience était enfin venue

Il s'approcha d'elle, lui posa la main sur l'épaule.

Elle s'éveilla en sursaut.

L'air radieux de son mari la rassura, elle attendit qu'il lui apprît la bonne nouvelle et, souriant elle-même, elle l'interrogea des yeux.

Et Kœrhuen prit un temps.

Il jouissait par avance du coup qu'il allait lui porter.

— Eh bien, s'écria-t-il brutalement, Maxime va avoir le cou coupé.

Mathilde demeura interdite.

— Maxime... Maxime le cou coupé, bégaya-t-elle, que dites-vous ?

Elle douta, elle essaya de sourire.

Fritz voulait plaisanter, sans doute, l'effrayer.

— Allons donc, fit-elle en haussant les épaules, c'est impossible.

— Je te dis qu'il est comdamné à mort !

Et il lui tendit un journal de la veille — un journal du soir — qui portait en première page, en lettres capitales, ces mots terrifiants :

— *Affaire Maxime Létang.* — *Condamnation de l'assassin.*

Mathilde saisit le journal, y jeta un regard effaré et poussa un cri terrible.

— A mort !!! Maxime !!!

Alors, bondissant hors du lit, à demi nue, échevelée, se tordant les bras, elle se jeta aux genoux de l'homme détesté.

— Oh ! c'est infâme ! cela ne peut pas être... C'est vrai, je suis folle... Vous ne savez pas... c'est ma faute. J'aurais dû tout vous dire... Mais j'avais honte... j'avais peur... Je vais vous expliquer...

Puis faisant effort :

— Eh bien ! oui, Maxime était mon amant ! cria-t-elle.

Cette nuit fatale, c'est auprès de moi, sous ce toit, dans mes bras, qu'il l'a passée !...

Je vous le jure... Tuez-moi si vous voulez... Mais, au nom du ciel ! allez le dire aux juges ; je vous en supplie.

Elle s'arrêta stupide — ne comprenant rien au calme ironique de Fritz.

— Vous n'entendez donc pas?... Vous ne me croyez donc pas que vous restez là immobile, reprit Mathilde.

Que faut-il donc pour vous convaincre, mon Dieu !

Entr'ouvrant sa chemise de dentelle et découvrant son sein, elle lui cria indignée :

— Mais frappez donc !

Quand votre honneur sera vengé rien ne vous imposera plus silence...

Allons, monsieur, faites-vous justice et faites-la à ce malheureux !

Kœrhuen haussa les épaules.

— Oh ! gémit-elle, il ne veut pas me croire !...

— Si fait, dit-il à son tour.

Je vous crois d'autant plus que vous ne m'apprenez rien.

Elle le regarda effarée.

Alors il changea d'aspect.

— La preuve qui vous manque, dit-il, je l'ai en ma possession. Une épingle de cravate que votre bien-aimé a laissé tomber dans sa fuite.

Vous tuer?... mais vous n'y pensez pas. C'est usé, c'est vieux, c'est banal. Aller tout conter aux juges? Vous me croyez donc bien bête.

Vous figurez-vous que pour les beaux yeux de votre amant, je vais bénévolement aller leur dire :

Ouvrez la porte à monsieur, ça fera plaisir à ma femme, qui est sa maîtresse.

C'est chez elle qu'il se trouvait la nuit du crime.

Il n'a donc rien fait de mal, ce jeune homme. Rendez-le donc à la société dont il est le plus bel ornement.

— Mais puisque j'avoue, puisque je vous supplie de me tuer...

— Bon ! si je vous avais surpris ensemble. Mais, maintenant, il est trop tard malheureusement !... On serait capable de me condamner comme lui et vous n'en valez pas la peine.

Mathilde sentit que toute insistance était inutile.

Elle s'abandonna désespérée, lasse de tout, prise d'une crise nerveuse qui la secouait des pieds à la tête.

Et tournant sur elle-même, elle tomba.

Kœrhuen la contemplait du haut de son triomphe. Fatigué de ces hoquets convulsifs et légèrement grisé par la vue de ce corps mignon dont les soubresauts l'emplissaient de pensées dépravées, il s'écria :

— Assez de comédie, n'est-ce pas? Faites-moi le plaisir de vous recoucher.

Il voulut la prendre à la taille pour la relever, mais elle se redressa d'elle-même et le repoussa.

— Ne m'approchez pas, lui cria-t-elle, misérable, ou j'appelle...
— Appeler?...
— Oui... et je crierai tout... tout vous entendez!

Kœrhuen trouva prudent de ne pas insister.

Mathilde cependant s'habillait en toute hâte.

Son mari, qui s'était négligemment jeté sur un fauteuil, alluma son cigare sans perdre aucun de ses mouvements.

Quand elle fut habillée, elle s'approcha du cordon de la sonnette.

Mais avant qu'elle eût le temps d'étendre le bras, Kœrhuen avait bondi sur elle en lui étreignant les deux poignets avec violence.

— Que voulez-vous?
— Sonner.
— Pourquoi?
— Pour avoir mon chapeau et mes gants...
— Vous sortez?...
— Puisque vous ne voulez pas aller au Palais, j'irai, moi.

Kœrhuen saisit brusquement le cordon de sonnette et le coupa.

Puis il alla donner un tour de clef à la porte, sans oublier de mettre la clef dans sa poche.

Cela s'était accompli si vite que Mathilde eut à peine le temps de se reconnaître.

Elle crut qu'il allait enfin la tuer et un frisson involontaire la fit tressaillir.

Mais non. Fritz se rassit tranquillement et l'invita à faire de même.

— S'il vous arrivait de dire un mot de ceci à qui que ce soit, fit-il d'un ton glacial, je vous tuerais...

— Eh que m'importe. Allons! laissez-moi passer.

— Tout à l'heure. Causons d'abord! C'est important.

Ces dernières paroles furent dites d'un autre ton.

Fritz comprenait qu'il était allé trop loin.

Il se refit tartufe!

— Voyons, dit-il, il faut être raisonnable. Je le suis bien, moi qui dévore mon affront depuis des mois. Vous m'avez trompé; j'ai cent moyens de me venger, sans éclat, et je sais attendre. Faites comme moi!

— Mais ce sang innocent qui va couler...

— Vous y croyez, vous? fit-il en haussant les épaules. Combien y a-t-il de condamnations à mort et combien d'exécutions? Une sur dix. Cette fois encore toutes les chances sont pour Maxime.

Mathilde le regardait anxieuse et attentive.

— Son arrêt est entaché d'un vice de forme qui assure la cassation, dit-il.

— En ce cas que va-t-il arriver ?

— La cause sera renvoyée à une autre session.

Autre session, autre jury.

D'ici là les amis de Maxime se mettront en campagne, l'instruction sera recommencée, la lumière se fera, et il en sortira peut-être acquitté.

Admettons que ces avantages lui soient refusés et que la nouvelle sentence confirme la première, Maxime n'est pas de ceux qu'on exécute.

Il a de bons antécédents, des connaissances en haut lieu, qui obtiendraient sa grâce du chef de l'État.

Le voilà donc gracié. On l'envoie à la Nouvelle-Calédonie.

— Y songez-vous ? le bagne... le déshonneur !...

— Le bagne ? Un gros mot, un épouvantail !

« Croyez-vous qu'un garçon bien élevé, instruit et recommandé comme le sera Maxime y mènera une existence bien dure ? Allons donc !

« Il entrera dans les bureaux et s'y conduira bien, ce qui lui vaudra une quasi-liberté.

« Sa femme et ses enfants le rejoindront là-bas. L'État leur donnera un terrain, ils bâtiront. Ils deviendront des colons, de vrais propriétaires...

« Le bagne, mais c'est le paradis ; bien des gens n'assassinent que pour avoir le voyage payé par l'État.

« Reste le déshonneur.

« Ça c'est autre chose ; Maxime m'a déshonoré, j'ai le droit d'exiger qu'il le soit aussi.

« C'est ce qu'on appelle la loi du talion dans mon ancienne religion, et je suis trop fraîchement converti pour ne pas négliger un peu l'Évangile pour la loi de Moïse.

Depuis un moment, Mathilde n'écoutait plus.

On eût dit qu'elle fût sortie d'elle-même.

C'est qu'en fait elle ne croyait rien de ce que son mari lui débitait. Tout cela avait pour but de la convaincre de s'abstenir de toute démarche, capable d'innocenter le malheureux garçon.

Pourquoi eût-elle cru Kœrhuen ?

Il lui avait déjà menti en lui disant que l'accusation de meurtre était abandonnée, mais qu'on le retenait pour escroquerie et faux.

Il mentait alors. Donc il mentait maintenant.

Maxime était un honnête garçon, qui poussait la loyauté jusqu'à se laisser frapper d'une condamnation pour ne pas trahir une femme qui l'avait aimé.

Voilà la vérité.

Eh bien ! il lui appartenait à elle de la révéler cette vérité.

C'était dur, certainement.

Son père la maudirait.

Son fils rougirait d'elle.

Mais, du moins, elle ne laisserait pas tomber sous le couteau de l'infâme instrument de supplice la tête d'un innocent qui n'avait pas mérité ce déshonneur et cet injuste châtiment.

Ce serait se déshonorer elle-même, il est vrai !

Que voulez-vous !

Elle avait eu des amours coupables, non pas tant à l'égard du monstre répugnant qui l'avait épousée malgré le dégoût qu'à l'égard de son amie, Adèle Létang, qu'elle avait trompée, à qui elle avait pris celui qu'elle aimait.

Cela méritait un châtiment. Soit ! Elle se châtierait !

Elle avait son projet !

Par une intuition surnaturelle qui se produit dans le paroxysme des crises aiguës, Fritz, qui l'observait en lui faisant son conte, lisait dans l'esprit de la malheureuse comme si elle eût pensé à haute voix.

— Elle se dénoncera ! se disait-il.

Il en voyait les conséquences :

Maxime relaxé, rendu aux siens, riche, pardonné, aimé par Adèle, estimé, heureux.

Tandis que lui Kœrbuen...

— Non ! se dit-il encore ; cela ne sera pas.

Et en dépit du sang qui lui battait aux oreilles il se fit très calme.

Il avait improvisé tout un plan.

Sans ajouter un mot, il descendit à l'étage inférieur, prit dans le buffet quelques provisions et les remonta.

Il les plaça sur une table.

Puis il grimpa sur une chaise, décrocha les rideaux du lit.

Même opération pour ceux de la fenêtre.

Après quoi il retira du lit les draps et les couvertures.

Cela forma un paquet que, du pied, il poussa dans sa propre chambre.

Mathilde le regardait faire, ne comprenant pas.

Il s'expliqua alors.

— Voici de quoi manger, dit-il.

A dix heures du soir, je viendrai te prendre et nous partirons en voyage.

— Où prétendez-vous me conduire ?

— Tu le verras.

Cela dit, il sortit et enferma sa femme à double tour.

Impossible de songer à une évasion par la fenêtre. Rideaux et draps manquaient. Qu'elle appelât? Personne ne l'entendrait dans la campagne déserte.

Ce n'était pas fini.

Descendu de nouveau, Fritz appela le jardinier.

— Mon garçon, lui dit-il, j'ai acheté tout un lot de plantes rares. Vous irez les chercher. C'est à Amiens, en Picardie. Tout à l'heure vous prendrez le train de Pontoise qui correspond avec la grande ligne, et vous serez de retour demain.

Voilà de l'argent.

Faites le nécessaire. Madame et moi nous nous absentons durant quelques jours.

— Bien, monsieur, fit le jardinier.

Puis Kœrhuen attendit le temps nécessaire pour que cet homme se mît en route.

Alors, venant à la bonne, il lui donna l'ordre de s'apprêter. Elle l'accompagnerait à Paris, madame la congédiait.

Une heure après le train les emportait tous deux à Paris.

Là, Kœrhuen lui régla son compte et, lui donnant deux louis, la renvoya.

Mathilde les avait vus sortir.

Elle s'était rendu compte de sa captivité.

Il n'y avait plus qu'elle à la maison.

Eh bien! tant mieux!

Elle serait plus libre de faire ce qu'elle voulait.

Elle se le dit à haute voix, avec une énergie sinistre.

Mais aussi avec un calme effrayant.

Il ne s'agissait plus de réfléchir. Son parti étant pris, elle avait tout le temps de le mettre à exécution.

Jusqu'à dix heures du soir, personne ne pénétrerait dans cette maison close, que le silence glacial d'une prison enveloppait.

C'était comme un tombeau.

— Un tombeau! se dit-elle... Oui, c'est bien cela.

Elle en était à ce moment où déserter la vie apparaît comme une suprême délivrance.

La vie? Qu'avait-elle été pour elle?

Une série de tristesses poignantes.

Orpheline d'abord! Pas de mère.

Son père?... Un pauvre homme que l'adversité avait accablé, vaincu!

Un malheureux qui, placé entre les menaces d'un de ces malfaiteurs que la loi n'atteint pas et le sacrifice de son enfant, avait laissé accomplir cet odieux sacrifice!

LES ERREURS DE LA GUILLOTINE

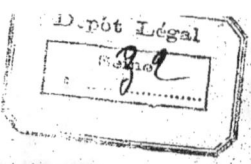

Alors il se retourna et resta cloué sur place, terrifié!

Son mari ? L'être le plus abject que l'enfer eût inventé.

Restait son fils !...

Qu'elle pleura en pensant à lui !

Mais la sensibilité n'est pas développée à cet âge. La mort de sa mère ne l'affligerait pas longtemps.

Et fallait-il la lui conserver, cette mère, au prix d'un silence qui ferait guillotiner le seul être qui eût eu pitié d'elle, qui eût répondu à son amour ?

Non, mille fois !

Les caresses de son fils seraient payées trop cher.

Il lui semblait qu'il se souillerait les lèvres à l'embrasser.

Il y aurait du sang entre eux.

Le sang d'un innocent !

Et puis, voyons, était-ce possible de vivre ensuite ?

Était-il possible un moment qu'elle vécût, qu'elle agît, qu'elle sourît, en pensant qu'il y avait quelque part une honnête femme et deux innocents flétris injustement, ruinés, misérables et méprisés par sa faute à elle, parce qu'elle aurait eu la lâcheté de ne pas dire :

— Maxime n'a pu tuer personne rue de la Pépinière les 21-22 janvier, car, à la même heure, nous étions enlacés dans un spasme d'amour, à cinq lieues du théâtre du crime !

Le laisser décapiter ?

Elle répéta sans le savoir la phrase que venait de prononcer son mari :

— Cela ne sera pas.

Elle prit une plume et écrivit :

« A mon père et à mon fils.

« O vous, les seuls qui m'aimiez et que j'aime, pardonnez-moi de vous abandonner.

« Je meurs accablée par le poids d'une faute dont je ne suis pas, hélas ! la seule victime... »

La plume trembla dans les doigts de Mathilde, une larme tomba sur le papier.

Ses yeux se brouillaient.

Mais elle se ressaisit par un coup violent de volonté, et trempant de nouveau sa plume dans l'encre, elle écrivit sa confession tout d'une haleine.

Quand elle eut terminé, elle se sentit soulagée.

Elle tomba dans une sorte d'extase.

Il lui semblait que déjà elle était affranchie des misères de ce monde, qu'elle en était sortie, qu'elle planait au-dessus.

C'est que ces lignes, c'était la vie de Maxime, sa réhabilitation, son retour dans son digne ménage.

C'était la réparation qu'elle devait à Adèle.

C'était épargner la flétrissure aux deux gentils jumeaux pour qui l'avenir pourrait être prospère et heureux !

Pour tout dire d'un mot :

C'était le devoir accompli !

Pourtant ce n'était pas fini.

Il était trop tôt pour se détacher de la terre.

Ce papier, cet aveu d'une âme agonisante, il fallait qu'il parvînt à ceux qui avaient pouvoir de tout remettre en ordre.

Et elle était enfermée.

Comment faire ?

La laisser là, en évidence ; cette confession *in extremis* n'eût servi de rien.

En rentrant, Kœrhuen l'aurait trouvée.

Il l'aurait détruite.

Elle chercha de l'intelligence et des yeux.

Tout à coup elle aperçut un petit presse-papier, un assez joli bronze.

La beauté de ce bijou ne lui importait guère.

Mais son poids avait du prix.

Elle résolut de s'en servir.

Et l'enveloppant des pages qu'elle venait d'écrire, elle le ficela.

Puis elle écrivit en gros caractères :

« Qui ramassera ce petit paquet devra le porter au commissaire de police le plus proche.

« C'est la preuve de l'innocence d'un condamné.

« Malheur à qui négligerait d'accomplir ce devoir !

« Il se transformerait en bourreau ! »

Le tout préparé, elle ouvrit la fenêtre et, prenant de l'élan, elle le lança par-dessus le mur du jardin, dans le petit sentier où s'ouvrait la porte que Maxime avait passée à leur dernier rendez-vous.

— Et maintenant, se dit-elle, il est sauvé !...

Qu'il soit heureux !

Je l'aime !

XVI

A QUOI TIENT UNE TÊTE

A dix heures précises, comme il l'avait annoncé à Mathilde, Kœrhuen faisait son entrée dans la maison.

Pas de lumière à la fenêtre.

— Bah! elle dort, pensa-t-il.

Allumant une allumette-bougie, il entra dans le vestibule, monta l'escalier et ouvrit la porte de la chambre.

Le courant d'air éteignit l'allumette.

Kœrhuen entra et appela doucement :

— Mathilde?

Le misérable frissonna malgré lui dans le silence.

— Elle ne veut pas répondre, se dit-il, et il avança à tâtons.

A peine eut-il fait quelques pas qu'il heurta quelque chose dans l'ombre.

— Qu'est-ce que c'est que ça?

Ça, c'étaient des étoffes.

Elles étaient en l'air.

Quoi? Les rideaux? Non; il les avait décrochés.

Un frisson le prit sans savoir pourquoi, et il revint à son examen.

Il tâta ces étoffes.

Au milieu d'elles, il y avait quelque chose de solide...

— C'est drôle, se dit-il... c'est lourd... ça remue... ça balance...

— Qu'est-ce que ça peut bien être?...

Nous allons voir.

Contournant l'obstacle, il alla droit au chevet du lit, s'assura que la bougie était à sa place et l'alluma, tournant le dos à la chose qui l'intriguait.

Le lit était vide, et un nouveau frisson le parcourut.

Alors, il se retourna et resta cloué sur place, terrifié.

Il y avait de quoi.

A la rosace du plafond, la pauvre Mathilde pendait, le visage violacé, hideuse avec ses yeux horriblement sortis de leurs orbites.

Il voulut crier. Il ne put, tant l'émotion l'étranglait.

Sa femme le regardait de cet épouvantable regard des morts qui glace le sang dans les veines des plus braves.

Mais un flot de colère l'envahit.

— Nom de Dieu! balbutia-t-il.

C'est tout ce qu'il trouva sur le moment.

Mais la réflexion lui revenant peu à peu, il poussa un cri de rage. Une pensée terrifiante lui venait.

— Me voilà bien, s'exclama-t-il, pris d'une folle terreur...

Je comprends. Elle s'est vengée. Elle s'est arrangée de façon à faire croire que c'est moi qui l'ai tuée.

Et ce qu'il y a de pis, c'est que je l'ai aidée sans m'en douter.

Triple buse que je suis, j'ai fait là un bel ouvrage.

Tout se tourne contre moi avec cette odieuse créature.

N'ai-je pas stupidement éloigné tout le monde, laissé cette femme seule ?

La justice prouvera comme deux et deux font quatre que c'était pour pouvoir la pendre à mon aise.

La coquine a compris ça.

Après m'avoir trompé, bafoué, elle a trouvé drôle de me faire guillotiner !

Et moi qui la croyais bête !...

En monologuant de la sorte, Fritz montrait les poings au cadavre qui se balançait lugubre dans la demi-clarté de la bougie.

Il suffoquait.

— Mais non ! reprit-il tout à coup, elle était trop niaise pour combiner un pareil plan.

C'est pour sauver son amant qu'elle s'est pendue.

Idiot que je suis de chercher midi à quatorze heures.

C'est tout simple !... Elle a dû griffonner sa confession ; je vais la trouver quelque part, dans quelque coin. C'est évident.

Rassuré, Kœrhuen se mit à explorer la chambre.

Rien sur la table que l'encrier et la plume, ce qui confirmait son opinion.

Mais sur la table de nuit, sur la commode, à terre, il n'y avait rien non plus

Vainement le misérable continua sa perquisition, sondant le matelas du lit, levant les tapis, ouvrant les tiroirs l'un après l'autre, examinant tout, jusqu'à l'intérieur du bougeoir où brûlait la lumière.

Il n'y avait rien nulle part.

Alors il eut une défaillance.

Il se laissa tomber dans un fauteuil, vaincu, épuisé.

Ce n'était pas possible cependant ! Les suicidés ont en général la rage de laisser un brin de prose aux survivants.

Tout à coup son visage s'éclaircit.

— J'y suis ! se dit-il. Le papier est sur elle.

Qu'y avait-il à faire en ce cas ? Parbleu ! explorer ses poches.

Tout d'abord, ça lui parut l'opération la plus simple et la plus facile.

En effet, il prit une chaise et la plaça convenablement.

Mais au moment d'y monter, il eut une hésitation.

Puis il fit le brave.

— Allons ! se dit-il, c'est ma peau qui est en jeu !

Il monta et se trouva presque face à face avec la suicidée.

— Brrr ! fit-il en frissonnant, paralysé de nouveau par une violente émotion

Enfin, surmontant sa terreur, il étendit les mains, se disant encore pour se donner du courage :

— Allons ! Qu'ai-je à craindre ? Les morts sont morts.

Alors commença une ignoble perquisition dans les poches de la morte.

— Rien ! fit-il en pâlissant, très inquiet cette fois…

Avec un outrageant cynisme, l'infâme osa porter la main jusque dans le corsage, touchant ces chairs dont le froid lui faisait pousser des sueurs maladives.

Rien encore !…

La colère lui vint contre cette morte qui semblait, pour la première fois, le braver, lui tenir tête, le narguer peut-être.

Il la secoua rageusement, espérant que le billet serait tombé dans les plis de la robe.

Inutile et vaine tentative, son dernier espoir lui échappait !

Une peur étourdissante lui glaça le cœur.

Il tomba plutôt qu'il ne descendit de la chaise.

— Rien à faire décidément ! Il n'y a plus qu'à prévenir la justice.

Prévenir la justice ! c'était facile à dire. L'absence de toute preuve émanant de la main de la morte le rendait perplexe au dernier point.

C'est qu'il n'y avait pas à le nier. L'habile homme s'était pris à ses propres habiletés, et au lieu de s'accuser lui-même des fautes commises, c'était la morte qu'il injuriait grossièrement.

Grotesque et épouvantable à la fois, Kœrhuen apostrophait le cadavre en rugissant :

— Infernale créature ! Où ai-je eu l'idée de l'épouser ! Ah ! si elle en a souffert, l'horrible femme, la voilà bien vengée !… Elle l'a fait exprès, la coquine !… Non ! mais elle aurait voulu peut-être que je sauve son amant.

Et songeant qu'elle avait aimé Maxime, qu'elle lui avait prodigué ses baisers, il lui jeta une ignominie :

— Salope !…

« Si encore, elle avait écrit :

« *N'accusez personne de ma mort, je me la donne volontairement.* »

« Mais non ! trop méchante ou trop bête !

« Ah je te hais ! lui cria-t-il, je te maudis !

« Tu peux te vanter de ton œuvre. Me voilà bien, moi !…

Quand il eut épuisé son répertoire de sottises, Kœrhuen regarda machinalement sa montre.

Minuit ! Déjà minuit.

Il fallait se décider, se rendre immédiatement à la gendarmerie d'Epinay, quitte à inventer un prétexte pour expliquer ce retard.

Il dirait être rentré directement dans sa chambre, croyant sa femme endormie… n'importe quoi enfin.

Il trouverait le reste en route.

Décidé, il prit son chapeau et se dirigea vers la porte.

Au moment de tourner le bouton un nouvel embarras l'arrêta.

Fallait-il couper la corde ou non?

C'est très embarrassant!

S'il la coupait on lui chercherait chicane. La justice n'aime pas que les particuliers dérangent quoi que ce soit sur le théâtre des lieux qu'elle doit explorer.

Mais s'il ne la coupait pas, ne le trouverait-on pas étrange ce mari qui s'abstenait absolument de porter secours à sa femme et de s'assurer qu'il ne lui restait pas un souffle de vie?

« Dans le doute abstiens-toi, » dit le proverbe.

Réflexions faites il ne couperait pas la corde ; il prit soin d'en avertir la défunte en termes que le dernier des goujats n'aurait pas désavoués.

Sa perplexité lui mettait de nouveau un flot d'injures à la bouche. C'est qu'aussi il n'était pas rassuré, le juif converti.

La certitude de l'innocence de Maxime, innocence qui n'avait pas empêché la justice de le condamner, le faisait diablement hésiter.

C'est qu'il se sentait vraiment exposé aux soupçons.

A tout le moins, il y aurait arrestation, prison préventive. Merci bien ! D'autre part, il y avait dans sa conduite antérieure envers sa femme assez de faits sur lesquels pouvait se bâtir une accusation.

Les domestiques avaient assisté à plus d'une scène violente entre les deux époux.

Plus d'une fois, il avait exprimé à haute voix le désir d'être débarrassé de *cette carogne!*...

De la pensée à l'exécution il n'y a qu'un pas.

En présence de cette mort mal expliquée, les voisins ou les domestiques pouvaient jaser.

Dans ces sortes d'affaires, il y a toujours quelque commère qui en dit long comme le bras, et broie du noir à plaisir.

Les actes les plus innocents, un petit soufflet, une aimable bourrade, une agréable bordée d'injures, deviennent autant de jalons pour établir une préméditation longuement dissimulée.

Et puis, en faisant son examen de conscience, Fritz s'avouait lui-même que la justice, dès qu'elle aurait mis le nez dans ses affaires, éprouverait probablement l'envie de le garder même en écartant l'accusation de meurtre.

Et puis encore, le jardinier envoyé à Amiens!

Et la bonne, congédiée le matin même !

Décidément il était plus sage de se dérober aux investigations de la police.

Un autre que lui avertirait qui de droit. Il ne s'amuserait pas à se faire pincer!

Cette décision prise, il ramassa dans les tiroirs ce que sa femme possédait de bijoux, puis il alla chez lui réunir tout ce qu'il possédait d'argent et de valeurs.

— Ça va bien ainsi, soupira-t-il, j'ai tout mon temps.

Le jardinier ne doit rentrer que vers trois heures.

Nous croyant en voyage, il ne trouvera rien d'extraordinaire au silence de la maison.

C'est donc encore une journée de gagnée.

S'assurant qu'il n'oubliait rien, il ferma la porte de sa chambre à clef, revint donner un coup d'œil chez sa femme et, avec précaution, il sortit de la maison, qu'il eut soin de fermer.

Pour plus de prudence, il partit par la petite porte, rentrant à Paris à pied.

Après quelques pas dans le sentier, il vit quelque chose de blanc, qu'il faillit ramasser.

Mais, bah! il avait bien autre chose de plus intéressant en tête.

S'il avait su que c'était ce qu'il avait tant cherché : la confession de Mathilde.

Il passa à côté et gagna la campagne.

Et les heures indifférentes s'écoulèrent.

Et la nuit s'éclaira lentement à l'orient annonçant un jour nouveau, dont la lumière fit peu à peu briller les yeux glauques de ce cadavre immobile et froid, qui semblait regarder la chambre bouleversée.

Tout à coup un coup de cloche retentit dans la maison.

Il était neuf heures du matin.

A la petite porte du sentier, une vieille pauvresse à laquelle Adèle donnait deux fois par semaine soit quelques vieux effets, soit une pièce d'argent, soit des provisions, cette vieille mendiante, disons-nous, attendait en ronchonnant.

D'habitude on ouvrait tout de suite ; son coup de sonnette est connu.

Elle recommença plusieurs fois.

— Ah çà! c'est y qui sont devenus sourds, grogne-t-elle impatientée.

Hideuse, cette mendiante!

Le nez qui bourgeonne donnait à son visage, ridé comme une pomme oubliée sur la planche d'un fruitier, une physionomie d'ivrognesse.

Avait-elle déjà bu, ce matin-là?

Qui eût pu le certifier!

Peut-être l'ivresse de la veille n'était-elle pas encore dissipée.

Tout était supposable chez cette créature dégradée, sans âge, infirme, tenant du gnome et de la sorcière.

Le nom que lui donnaient les gens de son quartier en dit assez, d'ailleurs.

On l'appelait :

LES ERREURS DE LA GUILLOTINE

Avec difficulté elle se baissa et ramassa l'objet.

La mère Licharde.

A la quatrième fois qu'elle sonna, une invective accompagna sa requête.

— Ils seront allés se ballader! se dit-elle.

« Qu'èk ça leur fait que le pauv' monde crève de faim!...

« C'est riche, ça rigole, ça ne pense qu'à soi!

« Ah! ben, zut! j' m'en vas !...

Et elle s'en alla en effet, suivant le sentier désert, en se parlant tout haut, regardant en dedans.

Au second pas, ce que Kœrhuen avait aperçu dans la nuit frappa de même le regard de la vieille mendiante.

Avec difficulté, elle se baissa et ramena l'objet.

C'était lourd.

Il lui vint une méfiance.

C'était peut-être une attrape.

Les galopins lui en faisaient à la journée, de toutes les couleurs.

On savait qu'elle venait mendier à jours fixes à cette porte.

On lui avait monté une farce, sans doute.

Dans ce papier, il n'y aurait qu'un caillou, bien sûr.

Bien sûr encore, des fripouilles d'enfants étaient cachés dans quelque coin, la guettant, pour se moquer d'elle.

Elle regarda autour d'elle.

En dépit de ses yeux affaiblis par l'âge et l'abus des boissons, il fallut reconnaître que les coins manquaient.

Où se seraient cachés les farceurs?

D'un côté un long mur, tout nu, tout raide.

De l'autre la plaine, sans un tronc d'arbre.

Cela lui donna confiance.

Elle défit le lien, puis les plis du papier, qu'elle fut sur le point de rejeter.

Pourquoi?

Bien que la rosée eût légèrement détrempé l'écriture qu'on voyait tracée et que quelques légères taches de boue se remarquassent ici et là, il était propre, ce papier.

Du beau papier aussi. Tout satiné.

Et il y avait deux pages blanches.

Ça peut servir non pas à écrire une lettre — elle ne savait ni écrire ni lire, pas même signer son nom — mais à en faire écrire une, si besoin était, par quelqu'un — un concierge, par exemple — qui aurait de l'éducation.

Et, soigneusement, la vieille plia le papier en quatre.

Après quoi elle le glissa sous les haillons qui lui servaient de corsage.

Un chiffon enveloppait l'objet pesant.

Elle le dénoua et tomba en extase devant le bronze, presse-papier, qui avait servi à Mathilde pour lancer la justification de Maxime par-dessus le mur du jardin.

Si elle admirait, ce n'est pas que la mère *Licharde* eût plus de connaissances artistiques que grammaticales.

Non ; mais, à vue de nez, ce machin-là valait dix francs pour un brocanteur.

Dix francs !

A combien de portes fallait-il qu'elle frappât pour les obtenir !

Que de factions à la sortie des églises, au coin des rues, par le froid, la pluie, les pieds dans la neige, avant d'*en faire* la moitié seulement, surtout quand les passants, pour ne pas se geler les doigts, sont paresseux de tirer la main de la poche.

Et elle avait dix francs d'un seul coup.

Assez travaillé aujourd'hui.

En avant la noce.

Retrouvant de la vigueur, à la perspective du régal qu'elle se promettait, elle se mit en marche, traversa Saint-Denis et, voyant un voiturier qui revenait à vide sur Paris, elle obtint permission de s'asseoir sur son haquet jusqu'à La Chapelle.

A La Chapelle elle connaissait un brocanteur.

Brocanteur officiellement.

Mais peut-être bien receleur aussi.

Les *escarpes* le connaissaient bien.

Un dur à cuir, qui les écorchait tant qu'il pouvait, leur offrant quarante sous d'un couvert d'argent volé.

Tiens ! le risque d'être pincé ! c'est à déduire.

Et puis il avait des frais, cet homme : la patente et les loyers, qui sont si chers à présent.

Sans compter le travail pour faire fondre l'argenterie en lingots.

Les *gens établis* ont des frais généraux écrasants ; c'est bien connu !

Tandis que les voleurs n'ont ni patente ni loyer !

Faut être juste, les affaires sont les affaires !

La police aussi le connaissait.

Deux fois, on l'avait fait passer en jugement.

Mais bernique ! On n'avait pu le convaincre.

Acquitté... faute de preuves.

Mais, vraiment, il fut un peu chien avec la mère *Licharde*.

Elle eut beau lui dire qu'elle n'avait pas volé ce bronze, il ne voulut pas en donner plus de sept francs.

— J'l'ai pas volé, répétait la vieille.

A preuve, elle voulait lui montrer le papier qui l'enveloppait.

Peut-être qu'on disait là dedans pourquoi on jetait ça à la rue. Lui, qui savait lire, écrire et même compter au delà de cent, il verrait bien.

— Pas la peine, faisait le brocanteur. Je m'en fiche. Gardez votre papier. C'est sept francs; pas un clou avec!

Il fallut en passer par là.

Elle les prit; mais, dame! elle lui dit sa façon de penser.

L'autre en riait à belles dents.

Par manie, ses sept francs en poche, la mère Licharde se demanda ce qu'elle allait faire.

Ah bien, ma foi, tant pis! y avait longtemps qu'elle avait envie de manger des huîtres.

Elle allait s'en payer une douzaine.

Ça fait du bien, des huîtres; ça donne des forces.

Une douzaine et une côtelette.

Mais une vraie, avec un manche.

Et grillée, comme pour les bourgeois.

Et puis de la salade.

Et puis du fromage de Gruyère.

Tous les luxes!

Qu'est-ce que je dis? un balthasar!

Du vin cacheté, mes enfants; une bouteille... ou deux :

Comme à un enterrement!

Est-ce tout?

Je t'en moque!

Et le café, donc! et la goutte!...

Mais pas le tord boyau qu'on avale d'un trait sur le zinc.

Pas de ça, Lizette.

De la fine, de la vraie fine.

Laissez faire!

Aux confins de Montmartre et de la Chapelle, dans le haut de Clignancourt, au bas de la butte, elle en connaissait un amour de traiteur qui servait du bon.

En route!

Et si les sept francs y passent, flûte!

C'est pas tous les jours fête, pas vrai?

Ils y passèrent; mais quand ils eurent passé, l'horrible vieille était ivre à faire pitié.

Pitié à ces âmes charitables et de bon sens qui ont le respect de la créature humaine, qui souffrent dans leur dignité de voir se dégrader un de leurs semblables.

Ce qu'il y a de consolant, c'est que ceux-ci sont l'immense majorité.

C'est la foule.

Mais loin d'inspirer pitié, elle provoquait la gaîté cynique de quelques garces qui, à y regarder de près, ne valaient peut-être pas mieux qu'elle.

Des prostituées de bas étage.

Des souteneurs.

Des filous.

La lie du peuple, la honte de ce peuple français, si haut de cœur, si généreux jusqu'en ses colères, si compatissant, même envers ses oppresseurs!

On se moquait de la vieille ivrogne.

Et les gamins, les polissons, écoliers, apprentis, entraînés par les *galvaudeux*, s'acharnèrent après la misérable.

« *Cet âge est sans pitié* ».

Sa vieillesse, sa misère, ses cheveux blancs, rien ne l'en préservait.

Ils se mirent à danser en rond autour d'elle.

Puis ce fut une scène ignoble, dégoûtante, à lever le cœur.

A défaut des *sergots*, qui eussent mis le holà, quelque brave homme eût dû intervenir.

Mais on a peur de se mettre en évidence, de paraître poser!

Elle voulait marcher, fuir ses tourmenteurs.

Ils la suivaient, hurlant :

— Ohé! la mère Fouettard!

Elle essaya quelques pas et trébucha.

Alors ce fut à qui la bousculerait, la tirerait par sa robe.

— Regardez donc, la vieille qui fait la cour au bec de gaz, cria un voyou.

Le voyou disait vrai.

La mère Licharde avait étreint la colonne de bronze, croyant reconnaître un voisin :

— Oui, père Cornouf, lui disait-elle, aidez-moi à chasser cette vermine.

Elle désignait les gamins, qui éclatèrent de rire.

Ces rires exaspérèrent la vieille.

— Tout ça! c'est la faute au gouvernement! balbutia-t-elle.

« Arrière, fils de Satan... Vous périrez sur l'échafaud... garnements! restants de Mazas!

Et lâchant le réverbère, elle voulut courir après eux.

Mais elle tomba le nez dans le ruisseau.

Ce fut un cri de triomphe.

Ceux qui l'entouraient avaient l'air d'une tribu de sauvages.

Pas un qui l'aidât à se relever.

Elle y parvint seule, à la fin.

Par bonheur, elle était grise au point d'être insensible à ces ignominies, qui lui semblaient un vague murmure et qui la suivirent jusqu'à ce qu'elle appelait son domicile, au bas de la butte Montmartre, du côté de la plaine Saint-Denis.

Une masure, ce domicile, ouverte nuit et jour à tous les vents, noire et sale, infecte, dans un coin de laquelle, sous le toit effondré, elle occupait un réduit exigu.

Non sans peine et à quatre pattes, elle réussit à grimper l'échelle de meunier qui conduisait à ce taudis.

Une fois là, elle tourna, oubliant les avanies qu'elle venait d'essuyer et se laissa tomber sur son grabat, grognant des phrases incohérentes.

S'imaginant que les gamins faisaient le siège de sa demeure, elle criait :

— Oui, misérables ! oui... vous périrez ! J'irai chercher mon Francis, le fils de ma défunte fille, un rude gaillard qui vous battra comme plâtre et ne laissera pas insulter sa grand'mère, vauriens que vous êtes !

Et croyant que c'était arrivé, elle était calmée, fière et contente, disant :

Merci, mon petit Francis !

Puis son délire alcoolique changeant de phase et tournant à l'attendrissement, elle se mit à fondre en larmes, à geindre sur sa solitude.

Elle serait mieux au cimetière bien sûr qu'en ce monde, où personne ne prenait soin d'elle.

Elle parlait d'aller à Levallois-Perret se coucher dans la tombe de la petite Céleste.

Elle irait lui dire comme on se conduisait mal à son égard.

Alors, s'imaginant être à côté de la petite dans la tombe couverte de fleurs, elle balbutia :

— Oui, petite, ta mère a tort d'oublier qu'elle est ma petite fille.

« Est-ce que je n'étais pas pour elle une maman gâteau...

« Elle est de la haute à présent, mame Célestine Antoine... Elle fait sa Sophie...

« Elle et Francis son frère ont oublié grand-maman Licharde...

« A pas peur... mon ange, le bon Dieu les punira... Je te le dis : il n'y a que le *vitriol* de vrai... le tord boyau...

« Patron, encore un verre ! encore... un...

La mère *Licharde* jeta un dernier hoquet et s'endormit lourdement.

XVII

LES DERNIERS JOURS D'UN CONDAMNÉ

On l'avait prévu. Maxime, résistant à son avocat, avait refusé de se pourvoir en cassation du jugement qui le condamnait au dernier supplice.

Mené à la Roquette dans l'une des trois cellules d'où l'on ne sort, si l'on n'est gracié, que pour marcher à la guillotine, il s'était enfermé dans un mutisme absolu.

Il avait seulement déclaré qu'il ne voulait recevoir personne de sa famille ni de ses amis.

Personne au monde.

Pourtant, il n'était pas seul; car on n'est jamais seul dans cette antichambre de la mort.

Avec lui, dans cette cellule double, était en permanence un condamné à une peine moindre.

Un faussaire, attendant son envoi à la Nouvelle-Calédonie.

Un homme de quelque éducation.

Il avait essayé de distraire le malheureux en liant conversation, cherchant à le consoler.

Maxime l'avait remercié, mais l'avait prié de ne lui rien dire, décidé à ne pas répondre.

Avec eux était un agent de police.

Un beau garçon, lui aussi, très prévenant envers le mari d'Adèle.

A lui non plus celui-ci ne dit rien.

Ramassé sur lui-même, il les laissait agir, s'occuper de leur mieux pour tuer le temps.

Ils jouaient aux cartes.

Maxime les regardait sans les voir.

On lui avait offert plumes et papier s'il voulait écrire.

— Non. Je n'ai rien à écrire à personne.

— Voulez-vous des livres?

— Pas la peine. Merci.

Ainsi, rien! Il ne faisait rien. Il ne disait rien.

Pourquoi?

C'est que ce qui lui arrivait lui paraissait une chose inouïe, invraisemblable, impossible.

C'était comme un rêve.

Cet homme allait mourir parce qu'il ne voulait pas se conduire comme un pleutre, en révélant la faiblesse d'une femme mariée.

Cela peut paraître du domaine de la fable, du roman.

C'est que le héros, ici, était un méchant courtier de commerce, un pèlerin, un obscur petit bourgeois.

Mais changez-le de condition.

Supposez qu'il fût quelque gentilhomme, quelque prince.

Supposez que Mathilde, au lieu d'être une mince bourgeoise, fût une noble dame du faubourg Saint-Germain.

Oh! alors, ce serait compréhensible pour la foule.

Mais, des petites gens, sans nom, sans fortune?

On se moque du monde!

Mais si Maxime disait la vérité, Kœrhuen, pensait-il, tuerait l'adultère.

Et ainsi, il sauverait sa vie, en condamnant à mort la femme qui l'avait aimé.

C'est possible! Mais un tel héroïsme de la part d'un courtaud de boutique, ça choque, c'est incroyable.

Incroyable pour qui?

Même pour ce peuple dont Maxime faisait partie.

Que voulez-vous! En dépit de l'histoire qui nous montre la noblesse si pervertie, si mesquine, si petite, c'est convenu, on nous le serine dès l'école, il n'y a que les nobles capables d'un tel sacrifice à l'honneur d'une dame.

En dépit des révolutions qui montrent l'homme du peuple si haut, si fier, si généreux à tout moment, si soucieux de l'honneur; non, un homme du peuple comme Maxime ne peut pas se conduire ainsi!

Eh bien! si, Maxime se conduisait de cette façon, et le plus simplement du monde.

Et s'il ne voulait voir personne de chez lui, c'est qu'il ne voulait pas être supplié de faiblir.

Le voyez-vous après, s'il eût faibli, si, disant tout, il avait à se reprocher la mort de Mathilde. Le beau garçon que ça ferait.

C'eût été à lui cracher au nez.

Non, encore une fois, son parti était pris.

Il avait compté sur l'absurdité de l'accusation.

Mais, harcelés, injuriés par la presse et l'opinion, les jurés s'étaient intimidés.

Il y avait une fatalité en tout cela.

L'ordre social en était complice.

Que pouvait-il, à lui tout seul, contre tout et tous?

Rien.

LES ERREURS DE LA GUILLOTINE

— Grâce, s'écria-t-elle en tombant à genoux.

Il baissait la tête.

Que son sang innocent retombât sur cette société qui s'arroge le droit de tuer.

Qu'un homme tue : horreur !

Que la société tue : parfait !

C'est idiot !

Mais en consentant à mourir, Maxime ne trahissait-il pas sa femme et ses enfants ?

Si vraiment. Il le savait. Et c'était pour lui une peine affreuse.

Mais le moyen de faire autrement, sans se rendre méprisable à leurs yeux.

Leur rendre le mari et le père d'autrefois, à la bonne heure.

Mais leur rendre un mari et un père, qui aurait dit :

— Ne me coupez pas la tête ; mais laissez Kœrhuen tuer sa femme, qui a été ma maîtresse.

C'eût été une infamie dont femme et enfants eussent à jamais rougi.

Non. Encore une fois, tant pis !

Voilà, du moins, ce qui se débattait dans l'esprit du malheureux garçon.

Il était résigné.

Qu'on ne lui parlât plus de rien.

Peut-être, s'il avait appris ce qui se passait au dehors :

Le suicide de Mathilde et la fuite de son mari ;

La folie d'Adèle.

Peut-être eût-il modifié ses résolutions.

Mais il n'en savait rien et ne devait jamais rien en savoir.

La folie d'Adèle !

On s'était trop hâté, ce semble, de craindre qu'elle en fût là.

Cependant, il est bien certain qu'elle avait été vraiment folle durant quelques jours.

Puis la lucidité avait pointé par intervalles.

Puis elle s'était mise à pleurer, enfin !

Et les soins qu'on lui avait prodigués l'avaient peu à peu remise en possession de sa raison.

De temps en temps une crise survenait.

Crise de nerfs, qui la faisait tomber sur le parquet.

D'autrefois, une exaltation violente la tourmentait tout un jour.

Mais cela se faisait plus rare.

Et elle n'avait plus qu'une idée : obtenir la grâce de son mari.

Sa grâce, c'est-à-dire grâce de la vie.

Son envoi au bagne de la Nouvelle-Calédonie.

Qu'il vécût, c'est tout ce qu'elle demandait.

Puisqu'il était innocent — car il l'était, à aucun moment elle n'en avait douté — elle lui gardait tout son amour.

Eh bien ! s'il était envoyé là-bas, elle le rejoindrait avec leurs enfants.

On ne compterait plus en Europe.

Mais on s'aimerait toujours.

Il lui fallait donc la grâce de Maxime.

Firmin la voulait aussi.

Maxime vivant, tel événement pouvait se produire qui révélerait son innocence.

Et il ne serait pas le premier forçat qu'on réhabiliterait.

Mais il fallait qu'il vécût.

Et Firmin s'était adressé à M. Mathieu-Boulare.

Mais il n'avait pu le voir.

M. Mathieu-Boulare, branlant dans le manche près des électeurs de sa circonscription, qui lui reprochaient de n'être qu'un beau noceur fort indifférent à leurs intérêts, avait pensé qu'il serait beaucoup mieux au Sénat.

Et il était en province, en train de négocier son élection à la prétenduet *première* Chambre.

Du moins, il avait répondu à la lettre de Firmin.

Pas un méchant homme, ce fichu député !

Très serviable et sensible.

Il avait mis son protégé en relation avec des collègues influents qui l'avaien mené presque chez le ministre de la justice.

Celui-ci avait paru touché !

Mais il n'avait pas le droit de grâce.

Une seule personne l'a, en France, ce droit.

C'est le président de la République.

Il l'a, et il en use; car il est de l'école de ceux qui croient que c'est une sauvagerie que de conserver la peine de mort dans nos codes.

Oui, il use de ce droit suprême.

A preuve qu'on ne lui épargne ni injures ni dégoûts à ce sujet.

Eh bien ! voyons, combinons quelque chose !...

M. Mathieu-Boulare était peut-être un piètre député.

La consolation est qu'il n'était pas tout seul, à ne pas valoir grand'chose comme tel.

Il est même supposable qu'il ne serait pas meilleur sénateur si le suffrage restreint lui était favorable.

Mais, en dehors de cela, c'était un brave homme.

Au risque de laisser le champ libre à son compétiteur, qui pourrait le traiter de coquin, de canaille, de cannibale, de buveur de sang — lui, qui n'aimait boire que du bordeaux! — il ne voulut pas abandonner les pauvres gens dont il avait pitié.

— Traite-moi comme tu voudras ! dit-il mentalement à son adversaire.

« Je vais aller passer quelques jours à Paris pour tâcher d'obtenir la grâce du pauvre garçon.

« Mais gare à mon retour, bon compère !

« C'est que je te les retournerai tes politesses !... Tu verras, mon garçon ! Et il se mit en route.

Il avait prévenu Firmin par télégramme.

Celui-ci l'attendait à la gare.

Ils montèrent dans une voiture et arrivèrent chez le ministre.

Prévenu, lui aussi, il les attendait.

— Voilà où nous en sommes, dit le ministre :

« Le dossier est à la présidence.

« Mais j'ignore où en est l'examen.

« Ce matin, après le conseil, j'espérais en parler à monsieur le président.

« Mais, il se méfiait sans doute; car se faisant un rempart de mes deux collègues de la guerre et de la marine, il les entraîna, ayant l'air de les entretenir si gravement qu'il eût été inconvenant d'interrompre la conversation.

— Il se méfie, dit Mathieu-Boulare ; mauvais signe.

— Oui, mon cher député. Mauvais signe, si on ne pèse pas sur son cœur.

« Et nous allons tâcher d'opérer cette pesée.

« Allez ! continua le ministre, il ne faut pas lui en vouloir.

« S'il n'écoutait que lui, ce condamné-ci, pas plus qu'un autre, ne subirait la cruauté de la loi.

« Mais c'est un honnête homme.

« Il se dit qu'il ne s'appartient pas tout entier.

« On ne l'a pas placé à la première magistrature de la République pour faire prévaloir ses idées personnelles.

« Ce n'est pas un roi — il refuserait de l'être d'ailleurs — il ne s'accorde pas le droit de laisser cours à ses préférences, d'agir à son caprice, de remonter les courants d'opinion.

« Il est là, au contraire, pour faire exécuter les décrets des Chambres, et surtout ceux de l'opinion générale.

« Or, l'opinion du moment est très excitée contre les criminels.

« Je suis convaincu que le jury n'a pas osé s'y soustraire.

« Le président en est influencé.

« Eh bien ! il faut essayer de lever ses scrupules.

« Si la question vient au conseil, je ferai en sorte d'avoir la majorité.

« Tout est là.

« Il faut gagner monsieur le président.

— Comment s'y prendre ?

— Laissez-moi faire, répondit le ministre.

« Dès que j'aurais tout disposé, un avis vous parviendra.

« Et vous n'aurez qu'à exécuter ponctuellement mes instructions.

« Voilà qui est entendu.

— En tous cas, mon cher député, ajouta le ministre, ça ne traînera pas en longueur.

« Quand je songe à l'angoisse du condamné à mort, il me prend des frissons.

« Me représenter ce malheureux, dans sa cellule, tressautant au moindre bruit.

« Est-ce la grâce qu'on lui apporte ?

« Est-ce le bourreau qui se présente ?

« Je vous l'avoue, je suis sans doute un mauvais homme d'État ; mais je ne puis surmonter l'horreur que je m'inspire de prolonger cette agonie, forcé par l'observation des fôormes, comme dit Brid'oison.

« Je n'ai plus d'appétit. Je n'ose me regarder dans la glace.

« Et en écrivant quelque rapport je m'arrête terrifié.

« Il me semble entendre une voix désespérée qui me crie :

« — Mais tuez-moi donc ! Finissez-en ! Vous êtes des meurtriers plus sauvages que les inquisiteurs de me faire languir à ce point !

— Oui, nous en finirons vite. Il le faut !

— D'autant, ajouta le député-candidat, que mon bonapartiste de concurrent, me travaille les côtes avec une impudence terrible en ce moment.

— Je vous demande quarante-huit heures au plus.

Quarante-huit heures suffirent en effet.

Firmin, qui se tenait prêt nuit et jour, reçut un pli, apporté par un gendarme à cheval, à cinq heures du matin le surlendemain.

Il le lut avidement, et courant à sa sœur :

— Espère, ma pauvre amie. Espère, prends courage, et habille-toi.

« Il faut monter dans un fiacre avant une demi-heure.

Adèle, très calme ce matin-là, fut vite prête.

Et l'on partit.

La voiture s'arrêta devant l'Elysée, de l'autre côté de la rue.

Firmin et sa sœur en descendirent et se dirigèrent à pied vers la grande porte.

Un agent, qui les observait, s'avança.

— Votre nom ? demanda-t-il.
— Firmin Cognais.
— Et madame ?
— Adèle Létang.
— Suivez-moi.

Sans mot dire, il les fit pénétrer dans la cour.

Il ouvrit une porte bâtarde donnant sur un petit escalier.

On monta.

Arrivés dans une sorte de cabinet, l'agent leur dit :

— Asseyez-vous et attendez. Je vais prévenir.

Le frère et la sœur obéirent silencieusement, et silencieusement se tinrent immobiles.

Après un quart d'heure environ, un domestique parut.

— Madame, dit-il, venez avec moi.

Adèle se leva comme mue par un ressort et suivit le valet, tandis que son frère, resté seul, ne craignant plus d'impressionner sa sœur, s'abandonnait à son chagrin, plein de pensées torturantes.

C'était ici la dernière étape.

Après cela plus d'espoir.

Il lui était bien permis de pleurer.

Adèle suivait toujours le domestique.

Il lui fit bientôt pénétrer dans des appartements vastes et luxueux.

Il y en avait long ; mais l'éprouvée marchait sans voir.

Enfin, on arriva à une sorte de boudoir, vide.

— Veuillez attendre un moment, dit le domestique, qui sortit.

Mais à peine avait-il disparu qu'une dame jeune se présenta.

D'un regard pitoyable, elle enveloppa la femme de Maxime.

Qui était-elle ?

Adèle ne le savait.

— Espérez, madame, dit en approchant l'inconnue.

« Je sais votre histoire ; je sais combien vous êtes digne d'intérêt.

« Et puis vous êtes mère.

« Et celles qui, comme moi, ont aussi un enfant doivent compatir à votre douleur.

« Espérez ! Mon père vous écoutera.

— Son père !...

Cette personne si compatissante, était-elle donc la fille de celui qui exerçait la suprême magistrature de la République ?

Adèle se le demandait.

— Je pense, continua celle qui venait de parler de son père, je pense qu'on ne tardera pas à vous avertir.

« Parlez-moi de vos enfants, madame.

— Ils sont jumeaux, m'a dit monsieur le ministre.

— Quel âge ont-ils ?

Adèle répondit sans embarras.

Cette bonté la rassurait, la calmait.

Oh! ces enfants! qu'elle les aimait! Comme leur père les gâtait, les adorait!...

Un homme aussi bon père ne pouvait être un criminel.

Encouragée par son interlocutrice, elle contait comment elle s'était mariée, pourquoi elle avait choisi Maxime.

Elle contait les beaux jours de son ménage, leurs joies communes, les délicatesses de son époux, si laborieux, si brave à la fatigue, si dévoué et aimant!

Et voyant que l'inconnue répandait des larmes, elle se laissait aller à en répandre, elle aussi.

— Écoutez, fit la jeune dame en l'interrompant.

Elle tendit l'oreille.

Puis allant ouvrir l'une des portes :

— Oui, fit-elle, on vient nous chercher.

Elle se recula, livrant passage à une autre dame plus âgée dont les traits marquaient de l'émotion.

— Maman, dit la plus jeune, voici cette dame...

Celle que la première appelait maman, s'avança vers la femme du prisonnier.

— Écoutez-moi bien, ma pauvre enfant, lui dit-elle.

Il faut un peu de diplomatie.

— Malgré le droit absolu qu'a monsieur le président de faire grâce de son libre mouvement, il met son honneur, sa probité à ne rien faire sans l'avis des ministres qui ont la confiance du parlement.

« Le conseil va se réunir dans quelques instants.

« Nous allons vous conduire sur le passage de monsieur le président.

« A vous de l'émouvoir.

« Vous y parviendrez, j'en suis sûre.

« Ma fille et moi nous vous y aiderons.

« Dès lors, il abordera la question en conseil.

« Et en ce cas, c'est, je crois, procès gagné.

« Monsieur le ministre de la justice a pressenti plusieurs de ses collègues.

« Il se les est conciliés.

« Quelques autres, sachant la répugnance presque insurmontable du chef de l'Etat à laisser la société se souiller d'un meurtre juridique, ne voudront pas le contrister en lui faisant opposition.

« Quant à ceux qui résisteraient, ils seront en minorité.

« C'est pourquoi je vous répète :

« Espérez, pauvre femme; espérez pour vous, pour vos petits enfants, pour leur père!

Une femme de chambre accourut, dit un mot.

— Venez, reprit la dame âgée, il est temps.

On n'alla pas loin.

Dans la pièce voisine.

Les trois femmes se tinrent dans un coin, près d'une porte.

On attendit.

Bientôt, on entendit des pas.

La porte s'ouvrit, livrant passage à un secrétaire portant une serviette bourrée de papiers.

Derrière lui parut un homme très droit, très ferme, quoique les luttes de la politique, plus encore que les années, eussent laissé leurs traces sur son front pensif.

Dans sa physionomie austère, on sentait le cachet d'une probité rigide et inflexible.

Mais en même temps, la bonté, la haute et intelligente indulgence se lisaient dans ses yeux.

Il était vêtu correctement, avec une simplicité qui semblait non pas affectée, mais voulue, réfléchie.

La simplicité d'un homme qui sait assez valoir, pour n'avoir besoin qu'aucun signe extérieur le mette en lumière.

Cet homme, c'était le président de la République française.

En somme, l'égal, sinon le supérieur des plus grands potentats de l'univers.

Certes! il n'avait rien d'un roi, rien d'un empereur, d'un czar, rien de ces créatures incohérentes qui jurent avec le bon sens.

Personnalités hors de la nature, que l'ignorance et la lâcheté des peuples tolèrent encore, se font l'injure de supporter.

Des maîtres! ceux-ci. Des individualités qui se croient le droit de commander à leurs semblables; droit venu d'où?...

Ils ne le savent pas eux-mêmes.

Droit né de leur orgueil incommensurable!

A la fois odieux et comiques, à force de bonne foi!

Car ils sont sincères!

Voilà ce qui passe l'imagination.

LES ERREURS DE LA GUILLOTINE

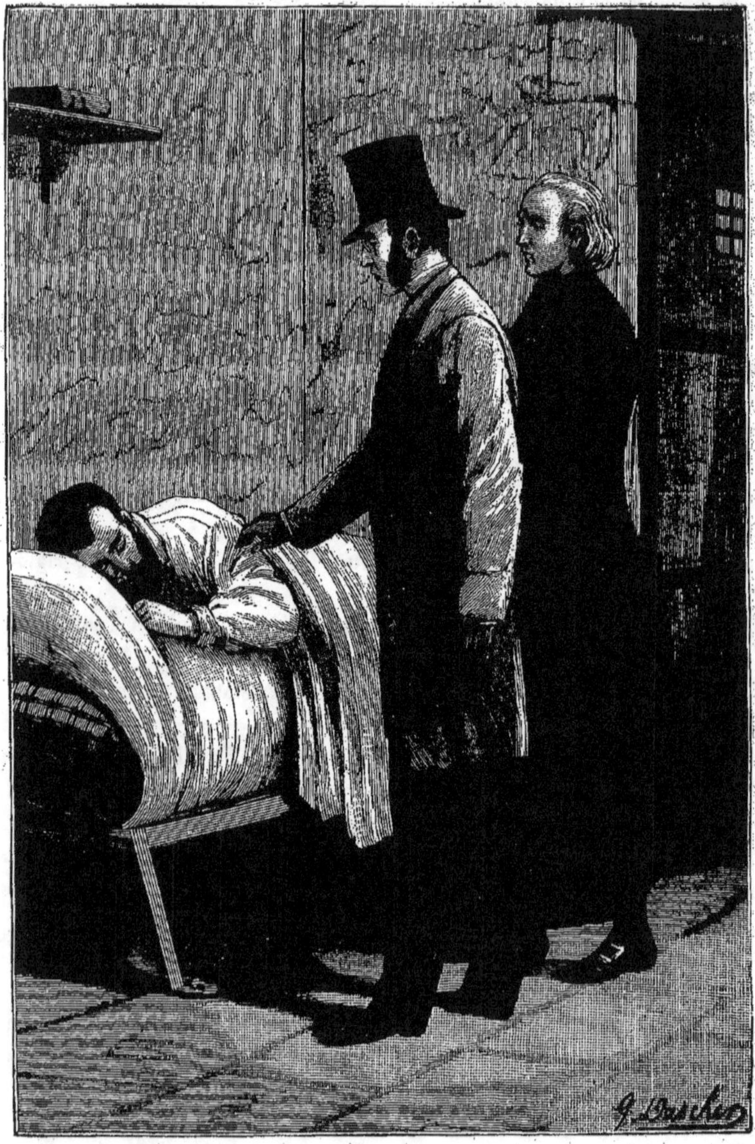

— Létang! répéta-t-il en le touchant légèrement.

En conscience, ils se croient être fabriqués d'une pâte à part, marqués au front du doigt d'un dieu qui n'est pas le même pour tous; dieu des catholiques romains, des catholiques grecs, des mahométans, des Chinois, des Japonais et de tant d'autres peuples d'Afrique et d'Océanie.

N'importe le dieu ; qu'il existe ou non : ça ne fait rien. Ils sont nés maîtres des autres hommes, qui n'ont qu'à leur obéir, se faire tuer pour eux, leur baiser les pieds, et surtout... oh! surtout! leur donner beaucoup d'argent!

Il leur en faut bien pour payer courtisans et maîtresses, pour se passer leurs fantaisies ruineuses d'équipages, de palais, d'espions, d'eunuques et de geôliers.

Des hommes, disions-nous; non, des majestés.

Des majestés, des êtres impeccables, des maîtres, après la Révolution française!

Des majestés après le fou Charles VI, le pédéraste Henri III, le cafard Louis XIII, après l'incestueux Louis XIV, après le putassier syphilitique Louis XV, après les deux Bonaparte, le cagot Charles X et les folles ou les libertines d'Espagne et d'Angleterre, la Messaline, entremetteuse des Slaves, les rois-bourreaux d'Allemagne, les principicules sanguinaires d'Italie, sans compter les nègres, les schahs de Perse, les sultans, les mikados et les monarques mantchous !

Cela fait hausser les épaules.

Ici, en cet homme, rien de royal, à preuve que ses mains sont pures du sang d'aucun de ses concitoyens, et que sa conscience n'est salie d'aucune iniquité!

Ce n'est rien et c'est tout :

C'est le mandataire d'un peuple d'hommes libres.

Ce n'est pas une majesté; c'est mieux.

C'est une honorabilité !

Un honnête homme.

Il ne commande qu'une chose :

L'estime.

— Eh bien! n'avais-je pas raison de dire qu'il est supérieur aux rois, aux empereurs, aux czars?

« Par le respect qu'il mérite, il est le plus grand de tous les souverains.

« Et c'est à cet homme-là qu'Adèle était amenée.

« Que lui dire?

— Grâce! s'écria-t-elle en tombant à genoux.

Le président avait froncé le sourcil, d'abord.

Cette douleur le toucha et, se baissant, il obligea l'éplorée à se relever.

Il a souci de la dignité d'autrui.

C'est debout qu'il veut qu'on lui parle, debout et en face.

Il avait deviné ! La présence de sa femme et de sa fille l'eût éclairé, d'ailleurs, s'il lui fût resté un doute.

Avec bonté, il questionna la femme de Maxime.

Quand les sanglots la suffoquaient, il attendait patiemment.

Quoiqu'il se contînt, on voyait bien qu'il était ému.

Elle s'excusait de l'importuner.

Il la reprit.

— Mon devoir est de vous entendre, madame, de faire tout ce qui m'est possible, tout ce que les lois et la politique me commandent de faire pour chaque Français, quel qu'il soit.

Il lui prodigua les bonnes paroles, lui disant qu'il examinerait scrupuleusement les pièces du procès, qu'il consulterait les ministres et au besoin ordonnerait un surcroît d'enquête, d'information.

Puis il la congédia, en l'engageant à ne pas perdre courage.

Et le secrétaire la reconduisit à Firmin.

— Eh bien ? demanda celui-ci.

— Eh bien !... j'espère ! répondit Adèle.

Pendant ce temps, la femme et la fille du président s'excusaient, elles aussi, d'avoir amené cette scène.

— Ne vous le reprochez pas, leur répondit-il. Vous avez accompli votre mission de femme.

« Vous avez bien fait !

— Et... demandèrent-elles... la grâce ?

Le président baissa les yeux, dissimulant son embarras.

— Trois victimes !... dit-il ; trois !!... Si le conseil désapprouve !...

« Nous allons voir tout de suite, conclut-il, déterminé.

Et il passa, rejoignant les ministres qui attendaient.

. . . .

Quelques jours après, à cinq heures du soir environ, un homme d'une quarantaine d'années, qu'à l'extérieur on eût pris pour un petit bourgeois, descendit d'un fiacre devant une maison du quartier Popincourt.

Sa mise était simple, mais son aspect avait quelque chose de sombre qu'on ne s'expliquait pas.

L'arrivée d'un fiacre dans ces parages est presque un événement.

Des nombreuses fenêtres de la maison, on vit, au moment de la halte de la voiture, surgir des visages étonnés.

La majorité se composait des frimousses mal débarbouillées des bambins que le père et la mère sont obligés de laisser seuls.

Dame ! quand les marmots sont en nombre, il faut bien que les parents piochent dur tous les deux.

Ou, sans ça, qu'est-ce qu'ils mangeraient, les pauvres petits ?

Les autres visages curieux appartenaient aux mères de famille plus heureuses qui pouvaient travailler chez elles.

Elles échangèrent leurs observations de fenêtre à fenêtre :

— Avez-vous vu ?

— Oui, c'est le mossieu du pavillon.

— Y avait longtemps qui n'était pas venu.

— Mais, oui, au moins trois mois.

— C'est égal, en v'là un qui n'vient pas souvent chez sa tante.

— Avec ça qu'elle est agréable, dit une troisième ; parce que ça a quelques sous dans un vieux bas, ça fait les fiers. Oh ! la ! la !

— Moi, je crois que le neveu vient seulement pour lui payer sa rente.

— J' n'en sais rien, mais il a une touche qu'est pas franche...

— Il n'est pourtant pas trop mal.

— Bah !

— Je l'ai croisé sous la porte à sa dernière visite...

— Il ne vous a rien dit.

— Non ! il avait l'air bien ennuyé...

— C'est bien ça. Il vient payer la rente à la vieille et payer le terme.

Tandis que la conversation continuait au milieu des criailleries des marmots l'homme au pavillon passait sous la vaste porte de la maison.

La concierge salua le locataire du pavillon.

Elle avait pour lui une considération toute spéciale.

Cet homme, qui arrivait tous les trois mois environ en fiacre, l'intriguait.

Elle lui trouvait un air imposant.

Il lui arrivait même d'ajouter à ses éloges :

— Si j'en pinçais jamais pour quelqu'un, ce serait certainement pour lui.

L'homme lui rendit son salut et passa.

Ce fut la tête baissée, comme un homme plongé dans une profonde méditation, qu'il franchit la grande cour au fond de laquelle se dressait le pavillon.

Ayant monté les deux marches vermoulues du perron, il sonna.

Une vieille femme vint lui ouvrir.

— Ah ! te voilà, fit-elle.

— Mais oui, ma tante, me voilà répondit-il en soupirant.

Il y eut un moment de silence.

La vieille le regardait se débarrasser de son chapeau et de son paletot.

Elle hésitait évidemment à poser une question qui lui venait aux lèvres.

Puis la curiosité l'emporta.
Elle le regarda fixement en ajoutant :
— C'est pour demain ?
L'homme baissa la tête.
— Oui, répondit-il sèchement.
Et comme pour éviter de nouvelles questions il dit encore :
— Je vais monter à ma chambre.
« Il me reste quelques papiers à mettre en ordre.
« J'espère que nous ne dînerons pas trop tard, car je meurs de faim et de fatigue.
— Tout sera prêt quand tu descendras.
L'inconnu monta au premier.
Il entra dans une modeste chambre.
Pour mobilier un fauteuil, quatre chaises, une commode-toilette et un petit bureau d'acajou.
Au fond un lit de fer.
Sur les murs quelques lithographies.
Il s'assit devant le petit bureau, prit son portefeuille et en tira quelques papiers qu'il classa et épingla les uns aux autres.
Cela fait il s'accouda et poussa un profond soupir.
Il y avait un réveille-matin sur la cheminée.
L'inconnu le prit, le remonta et mit le réveil sur le chiffre onze.
Après quoi, il descendit.
Pendant ce temps-là, la vieille avait mis deux couverts.
Sans être d'un grand luxe, tout était propre et convenable.
La nappe bien blanche.
Les couverts en argent.
On était chez de bons bourgeois cossus.
L'inconnu enleva sa redingote, passa un vieux veston que lui tendait la ménagère et se mit à table.
Elle se plaça en face de lui.
Il semblait avoir hâte de terminer ce repas.
Aussi mangeait-il vite, ne disant rien.
La tante essaya de rompre le silence, disant tout à coup :
— Je ne t'attendais plus, dit-elle, on disait que...
— Assez ! interrompit-il brusquement, assez, ma tante !
« Parlons d'autre chose.
— Mon Dieu, comme tu es agité aujourd'hui ! fit-elle bouleversée.

— Pardonnez-moi, je suis si fatigué que j'ai hâte de dormir; il faut que je sois là-bas vers minuit.

La vieille ne répliqua rien et le repas s'acheva sans une parole de plus.

Quand il eut achevé son dessert et bu une dernière gorgée de vin, l'inconnu se leva de table :

— Vous n'oublierez pas de me réveiller à onze heures précises, n'est-ce pas ma tante ?

— Faut-il te garder du café ?

— Comme toujours !

« Bonsoir ma tante !

— Bonsoir.

Il monta rapidement à sa chambre.

Là, il se déshabilla, mit le réveil le plus près du lit possible et se coucha.

La fatigue ne tarda pas à l'endormir...

Cet homme, c'était le bourreau.

L'exécuteur des hautes œuvres.

Il avait été averti la veille par le parquet.

Maxime Létang était définivement condamné.

L'exécution devait avoir lieu à trois heures du matin.

Au moment précis sa tante l'éveilla.

— Déjà ! fit-il.

Mais il s'habilla en hâte et, quelques minutes après, il montait dans un fiacre qui depuis un quart d'heure stationnait à la porte.

Le cocher n'avait pas besoin d'ordres, sans doute, car il partit dès que la portière fut refermée.

Elle avait véritablement un aspect sinistre, la place de la Roquette.

Dans la nuit sombre, qu'un ciel couvert rendait plus morne, elle n'était que vaguement éclairée par les réverbères clignotants.

Les hautes murailles de la grande et de la petite Roquette formaient un cadre digne du lugubre tableau.

Au milieu de la place, à terre, cinq larges taches blanches surgissaient entre les pavés.

Les dalles légendaires sur lesquelles tant de sang a déjà coulé.

Monsieur de Paris s'était avancé.

Il examinait le terrain et donnait des instructions.

Cependant, le travail avançait.

La guillotine se montait peu à peu.

Des coups de marteau frappaient lugubrement, ajustant les angles des charpentes.

La besogne s'exécutait avec une rapidité indifférente.

Tous ces gens-là semblaient inconscients du but de leur activité.

On aurait dit d'honnêtes machinistes activant la plantation des décors pour *une première*.

Le bourreau pouvait passer pour un directeur de théâtre.

Ce qui rendait la ressemblance plus frappante, c'était le spectacle qu'offrait en ce moment la rue de la Roquette.

Du centre de Paris, des voitures de cercle arrivaient, déposant à la porte des marchands de vin et des restaurateurs des messieurs donnant le bras à des femmes en toilettes tapageuses.

Autour des tables brusquement envahies, c'étaient des reconnaissances, des éclats de rire joyeux, des poignées de main.

— Tiens, c'est vous !

— Comme vous le voyez, toute la bande nous suit...

— Chic, alors !

Avec eux, des femmes entretenues, des actrices.

La foule augmentait.

C'était ceux qui venaient à pied.

Des commis, des étudiants, des petits employés avec leurs maîtresses.

Ils arrivaient en bande.

On aurait dit un régiment.

Ils s'avançaient en chantant un refrain de route.

> En revenant de Meudon
> La digue, digue, digue,
> La digue, digue don !

Ils avaient apporté des provisions, du pain, de la viande froide.

Ils tâchaient de se caser au premier rang.

Des femmes, fatiguées de leur longue course, étendaient leurs mouchoirs sur le rebord du trottoir et s'asseyaient en guignant.

Bientôt une nouvelle catégorie de spectateurs vint se joindre et se fondre dans ce tohu-bohu.

C'était la descente des boulevards extérieurs.

Des filles en cheveux, mal plâtrées, quelques-unes ayant à la main le petit sac de cuir traditionnel.

Les hommes en casquette à trois ponts ou en melon, montrant leurs visages glabres ornés des accroche-cœurs classiques, au-dessus de leurs cravates aux couleurs criantes.

Ceux-là échangeaient aussi des propos pittoresques :

— Attention, les p'tits agneaux, on fait la toilette à *la veuve*.
— Pigez-moi la touche du sergot qu'est à gauche; oh! la! la!
— Qu'est-ce qu'il a ce sale mufle à lorgner ma gonzesse !

Des refrains bizarres se heurtaient.

En bas c'était une « marmite » qui fredonnait en serrant le bras de son souteneur une chanson en vogue dans la *pègre*.

> La dernière fois que je l'ai vu
> Il avait l' torse à moitié nu,
> Il avait l'cou dans la lunette
> A la Roquette !

Là-haut, dans les cabinets du restaurant, on chantait, en reprenant le refrain avec accompagnement de fourchettes sur les verres, la complainte du crime du Pecq.

Le ténor de la bande en était au fameux couplet :

> Je n' sais pas c' que la Cour d'assises
> Va penser de cet accident.
> Mais Gabrielle assurément
> Ne saurait être raccourc...ise.

Ici le chœur s'en mêla! Dix voix glapirent :

> Non, Gabrielle assurément,
> N'aura pas ce triste accident !

La chanson terminée, ces messieurs et ces dames s'applaudirent sans cérémonie.

Des voisins de table, qui en attendant le souper taillaient un *petit bac*, coupaient la chanson de leurs observations de joueurs.

Parmi ces derniers se trouvait un tout jeune homme qui ne jouait pas.

— On dirait que t'es fâché d'être venu, lui dit sa maîtresse.
— C'est vrai, répondit-il.

Puis, désignant ceux qui chantaient :

— Ça m'écœure de voir cette gaieté. On dirait que ces gens-là ne se doutent pas qu'un homme va mourir...
— Pauvre ami, tu sens bien ta province, fit l'autre en lui tapant sur l'épaule ça passera.

Le jeune homme secoua la tête.

Il se mit à la croisée.

Le flot humain montait toujours.

Maintenant, c'étaient les brasseries à femmes qui envoyaient à la rue de la Roquette leur contigent de filles et de clients abrutis.

LES ERREURS DE LA GUILLOTINE

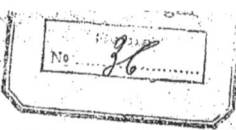

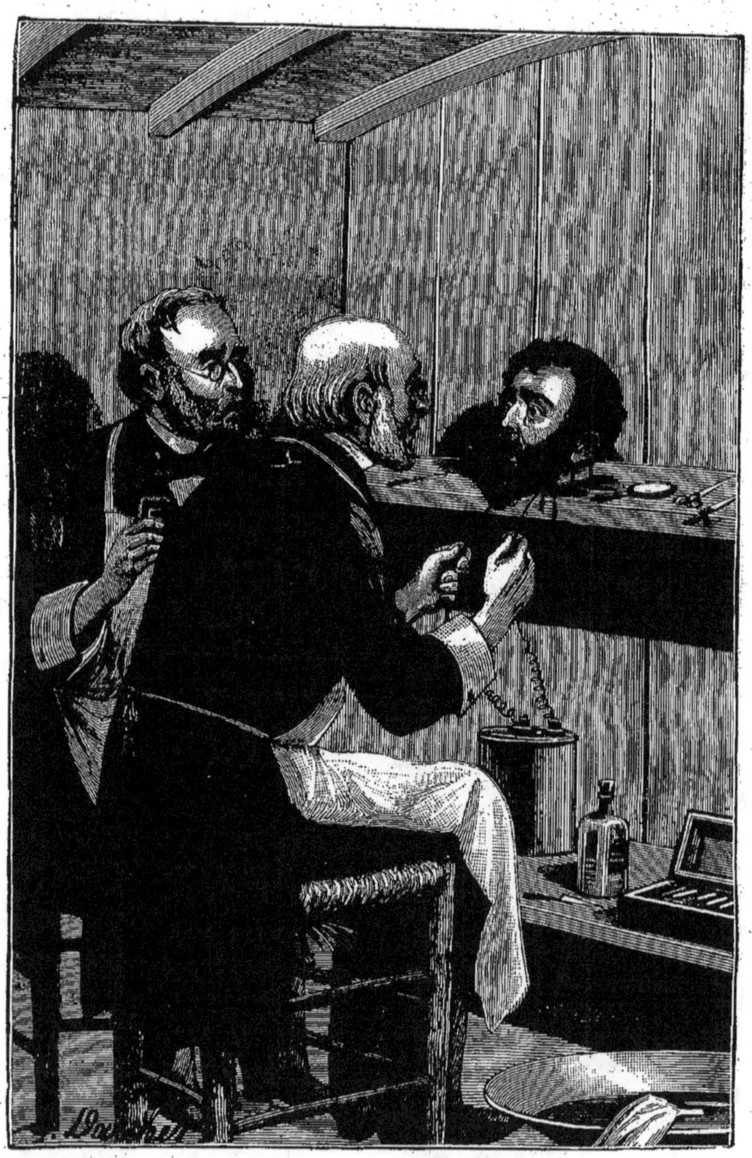

Alors une légère contraction crispa ses traits. La bouche s'ouvrit comme pour parler; les yeux roulèrent hagards et une larme déborda des cils.

Liv. 36.

D'autre part, des voitures traversaient la foule, lentement, au pas.

Les agents laissaient passer avec de grands saluts.

C'étaient les privilégiés.

Les magistrats, les fonctionnaires, des gens du grand monde qui ne se souciaient pas de se compromettre chez les traiteurs du voisinage.

De temps en temps, un piéton passait la ligne des agents après avoir exhibé une carte.

C'était un reporter quelconque.

Il y en avait déjà quelques-uns : une douzaine.

Ils tournaient autour de la guillotine, les uns prenant des notes, d'autres esquissant des croquis.

Ceux-là aussi causaient de toute autre chose que de l'exécution.

Et tous ces rires allaient frapper les murs de la prison morne.

Comme impression générale on se serait cru aux courses.

Des heures s'étaient écoulées.

Un bataillon de gardes municipaux à pied, doublé d'un escadron et des brigades centrales, isolait la place de la rue toute grouillante d'une multitude compacte.

Deux voitures trouèrent la cohue :

C'était le préfet de police et le procureur général.

Ils descendirent de voiture et donnèrent un coup d'œil aux préparatifs.

Le directeur de la prison averti venait au devant d'eux.

Les saluts échangés, il se tourna vers l'exécuteur :

— Quand vous voudrez, fit celui-ci sans attendre la question.

— Allons, fit le procureur général.

XVIII

LE MORT VIVANT

Ce soir-là, accablé de fatigue, Maxime s'était endormi de bonne heure.

La cellule était double.

La première formant comme une antichambre, était occupée à ce moment par un « mouton » et par un gendarme de la Seine.

Ces derniers étaient assoupis sur leur chaise.

Les cartes éparses sur la table témoignaient que la partie avait été abandonnée depuis peu.

Tout à coup le gendarme tressauta sur la chaise.

On eût dit qu'il sortait d'un cauchemar.

Il frappa sur l'épaule du détenu qui lui tenait compagnie :
— Dites donc, fit-il à voix basse, on dirait que c'est pour ce matin.
— Vous croyez? fit l'autre.
— Oui.

Ils se turent.

Tous deux tendaient l'oreille pour saisir un indice du dehors.

Rien.

L'éloignement de la cellule et l'épaisseur des murs ne laissaient pénétrer aucun bruit.

— Espérons que je fais erreur, reprit le gendarme.
« Nonobstant que je ne souhaite pas au pauvre bougre ce fichu réveil.
— Il dort, fit le mouton.
— Je crois bien! Il a passé assez de nuits blanches pour ça.

Ils allèrent regarder dans la seconde cellule :

Effectivement Maxime dormait.

Il dormait du premier bon sommeil depuis son transfert de la Conciergerie.

Cette nuit-là, la nature avait repris ses droits.

Son visage pâle se détachait sur le mauvais traversin de la couchette.

Maxime souriait en dormant.

Peut-être rêvait-il que tout ce qu'il venait de subir n'était qu'un cauchemar infernal.

Les deux compagnons de sa captivité le contemplaient en silence.

Brusquement ils tressaillirent.

Un bruit de pas lointains arrivait jusqu'à la cellule.

Ils pâlirent.

Si indifférent qu'on soit, ces choses-là émeuvent.

— Nom de Dieu, ça y est, sacra le gendarme tout bas.

Le détenu tremblait de tous ses membres comme si on fût venu pour lui.

Ils regardaient la porte avec terreur.

Lentement les pas avançaient.

Enfin, on s'arrêta devant la cellule.

Une clef tourna discrètement dans la serrure.

Le geôlier en chef, qui venait d'ouvrir, s'effaça.

On vit entrer le directeur de la prison et l'aumônier.

Bien qu'accoutumés à cette triste corvée, ils étaient fort pâles aussi.

— Il dort? demanda le directeur.
— Oui, monsieur.
— Restez ici, dit-il aux assistants, monsieur l'abbé m'accompagnera seul.

Ils s'approchèrent de la couchette.

— Létang! fit le directeur.

Maxime ne s'éveilla pas.

— Létang! reprit-il en le touchant légèrement.

Le malheureux se dressa sur son séant.

Tout ensommeillé encore, il avait oublié et ne comprenait pas.

Il les regarda vaguement.

Le directeur prit un temps.

— Mon ami, vous devinez quelle douloureuse mission nous amène, dit-il avec douceur.

« Le chef de l'Etat n'a pas cru devoir commuer votre peine.

Maxime sauta à bas du lit.

Il comprenait.

C'était donc bien fini.

Il eut un grand serrement de cœur qu'il comprima bien vite.

A quoi bon se révolter ou pleurer?

Rien à faire.

— Je suis prêt, messieurs, dit-il.

— Voulez-vous prendre quelque nourriture? reprit le directeur.

— Merci, monsieur.

— Cependant si vous désiriez quelque chose...

— Je vous remercie...

— Vous êtes fumeur, insista le fonctionnaire, peut-être ne refuseriez-vous pas un cigare?

— Votre bonté me touche monsieur, dit Maxime.

« Toutefois, vous comprendrez que je n'ai pas le cœur à quoi que ce soit.

L'unique faveur qui m'eût été précieuse m'est refusée.

« Embrasser une dernière fois ma femme et mes enfants.

« Le reste n'existe plus pour moi.

Le directeur s'inclina :

— Soit, Létang, dit-il. Il ne me reste donc qu'à vous laisser avec monsieur l'aumônier.

— Adieu, monsieur le directeur, fit Maxime.

Le fonctionnaire salua, légèrement ému et lui serra la main.

— Courage! dit-il.

L'aumônier resta seul avec le condamné.

Le gendarme et son acolyte se tenaient discrètement dans la première pièce.

Le prêtre était un vénérable vieillard, attaché depuis longtemps à la prison.

Compagnon habituel des suppliciés, il en avait tant vu qu'il était cuirassé contre les émotions naturelles en pareil cas.

Ce qui ne l'empêchait pas d'être un excellent homme, sachant parler comme il convient en de pareilles occasions.

— Mon fils, dit-il à Maxime Létang, qui achevait silencieusement sa toilette, je viens de voir le peu de cas que vous faites des choses terrestres.

« Cela indique que vous êtes désormais détaché des liens de ce monde.

« C'est-à-dire accessible aux consolations divines.

« Désirez-vous approcher de la sainte table?...

Maxime, qui passait un peu nerveusement sa redingote répondit un peu sèchement :

— Non, monsieur l'abbé.

L'aumônier, loin de se formaliser, lui prit la main.

— Voyons, mon fils, ne vous laissez pas aller à la colère.

« N'oubliez pas que bientôt vous allez paraître devant Dieu...

« Que l'éternité va s'ouvrir devant vous!

« Est-ce en un pareil moment que vous devez refuser sa clémence?

Maxime sourit amèrement.

— Tenez, monsieur l'abbé, dit-il d'un ton radouci, je vous donne ma parole que votre intervention paternelle me touche au cœur.

« Vous êtes mon dernier visiteur, soyez mon dernier ami.

« Vos consolations personnelles me font du bien. Je vous vois ému.

« Je sens que vous êtes bon, que sous vos paroles... officielles se cache une véritable et sincère affliction.

— Oui, mon fils, croyez-le bien, dit le vieux prêtre.

— Eh bien, permettez-moi de vous répondre franchement.

« Vous venez de me parler de Dieu.

« Il ne s'ensuit pas que je sois assez bête pour le nier parce que je refuse les sacrements.

« Certainement il doit y en avoir un.

« L'univers en témoigne!

« C'est la force qui dirige toute la nature.

« C'est la puissance suprême qui crée et qui détruit.

« Je l'admets.

« Mais ce dont je doute avec raison, c'est qu'il descende à s'occuper de nous...

— Et pourquoi mon enfant?

— Pourquoi? fit Maxime avec un léger haussement d'épaules.

« D'abord, *parce que je suis ici*.

« Parce que lui, *qui sait tout*, à ce que vous dites, du moins, doit savoir l'iniquité commise à mon égard.

« Parce qu'il me laisse périr, moi innocent de ce crime, tandis que le vrai meurtrier sommeille peut-être tranquillement à l'heure qu'il est, jouissant de l'impunité et de l'argent volé à ses victimes.

« Direz-vous que je me laisse entraîner à des exemples personnels?

« Il y en a d'autres.

« Un Dieu juste, bon et tout-puissant comme vous le faites, laisserait-il crever de faim la moitié de l'humanité, tandis que l'autre possède mille fois plus de trésors qu'il ne lui en faut?

« Croyez-vous, monsieur l'abbé, que si votre Dieu pouvait entendre ma voix il permettrait qu'une femme et des enfants innocents de tout mal souffrent la honte et soient voués à la misère?

« Allons donc!

Il s'arrêta, la voix étranglée par le souvenir des êtres chers dont il venait de parler.

L'aumônier courbait la tête.

Il ne s'attendait pas à cette logique écrasante et calme.

Maxime l'avait invité à s'asseoir, et assis lui-même sur le bord de sa couchette, il continua :

— Voyez-vous, monsieur l'abbé, à des heures comme celle-ci, on voit les choses de bien haut, comme si on n'était déjà plus d'ici-bas.

« Dieu, votre Dieu du moins, qu'est-ce?

« C'est le barbare Dieu des Juifs.

« Cet impitoyable dominateur qui condamne toutes les générations humaines parce qu'un premier couple lui a désobéi, soi-disant.

« Ce Dieu qui, outre notre faiblesse native, nous a laissé des passions, des appétits, des vices.

« Qui nous abandonne sans défense à la merci de nos mauvaises inspirations.

« Qui nous voue à l'enfer, cet épouvantail d'un autre âge, parce que nous suivons les ordres de nos nerfs, que nous satisfaisons les exigences de notre nature : celle qu'il nous a faite.

« Vous allez, à l'appui de textes falsifiés pour les besoins de votre cause, pour l'établissement solide de la domination cléricale qui veut accaparer toutes les richesses au profit de fainéants et toute la puissance au bénéfice d'hommes qui refusent l'impôt du sang à la patrie, vous allez, dis-je, à l'appui de ces textes, crier que Dieu créa l'homme à son image.

« Hélas! c'est le contraire, dit Maxime avec un triste sourire.

« L'homme, qui spécule sur Dieu même, l'a inventé à son image à lui!

« Il l'a créé despotique, orgueilleux sanguinaire et méchant.

« Pourquoi?

« Pour avoir ce que nous appelons dans le commerce un endosseur responsable.

« Non, monsieur l'abbé, Dieu ne peut exister qu'à la condition d'être meilleur que sa créature.

« Or, le vôtre est plus mauvais qu'elle.

« A tout moment la créature a pitié des éprouvés.

« Parfois elle leur vient en aide.

« Le pauvre soulage la misère du pauvre.

« Il se dévoue pour ceux que votre Dieu laisse accabler.

« Vous voyez bien que c'est une création humaine.

« Le vrai Dieu, celui que nous ne pouvons ni voir, ni entendre, celui-là est trop haut.

« Nos misères ne le touchent pas.

« Il me laissera périr... il laissera les miens dans la misère...

« Ma pauvre femme !...

« Mes pauvres petits !...

L'émotion fut trop forte.

Maxime tomba en sanglotant sur sa couchette.

L'abbé le prit dans ses bras comme un enfant.

— Pleurez, mon fils, dit-il, pleurez...

« Le prêtre vous tiendra lieu de famille et d'ami.

. . . .

En ce moment même, M. de la Ville-Viquier traversait la place de la Roquette sans prendre garde aux saluts de ses collègues de la police municipale.

Il semblait en proie à la plus vive agitation !

Il passa sous le porche et pénétra dans la prison.

Il traversa une première pièce encombrée de monde, dévisageant les personnes présentes sans trouver celle qu'il cherchait.

Il passa dans la salle du greffe.

Il n'y avait que le directeur, le bourreau et un aide.

M. Oscar alla droit au directeur.

— Enfin, je vous trouve, dit-il.

Le directeur parut visiblement contrarié.

— Qu'y-a-t-il pour votre service, monsieur de la Ville-Viquier?

— Il y a qu'il faut à tout prix suspendre l'exécution.

« J'ai la conviction que Létang est innocent.

« Je l'affirme

— Cependant...

— Je sais bien : son silence, voulez-vous dire.

« Eh ! cet imbécile se laisse exécuter pour garder le secret d'une femme.

« Il faut que je lui parle.

« Il le faut.

— Cher monsieur, vous connaissez le règlement...

— Au diable votre règlement, mon cher directeur, il y a urgence.

— Voyons, ne vous emportez pas.

« Je vous jure que je n'y puis rien.

« Eh ! tenez, j'ai un ordre exprès du Parquet qui me défend absolument de vous laisser approcher le condamné.

« Je ne sais pas le fin mot de l'affaire, mais je dois obéir.

Des pas s'approchaient :

— Le voici, dit M. Oscar.

— Oui, mon cher ami, le voici. Allez, allez, je vous en prie.

— Non, je lui parlerai. Il le faut ! Je le verrai malgré vous.

Le directeur réfléchit.

M. de la Ville-Viquier paraissait résolu à tout.

Il fallait éviter un conflit, un scandale que les reporters auraient publié.

— Soit, fit le directeur, je me risquerai pour vous.

— A la bonne heure...

— Mais pas ici... vous comprenez.

— Je vous suis.

Le directeur le conduisit dans son cabinet.

— Je vous l'amène tout de suite, dit-il.

M. Oscar s'assit.

Tout à coup, il bondit d'indignation. La clef tournait deux fois dans la serrure On l'enfermait !

— Ouvrez ! cria-t-il, ouvrez ! Prenez garde à ce que vous faites.

— Calmez-vous, répliqua le directeur, j'agis selon les ordres que j'ai reçus.

— Diable d'homme, murmura-t-il en s'éloignant, le Parquet en a une peur !

« Encore un qui se perd par un excès de zèle !

Il se hâta de revenir à la salle du greffe.

Il était temps, Maxime entrait sous l'escorte du gardien chef et du gendarme.

Outre le greffier, le directeur et les fonctionnaires de la prison, il y avait dans la salle une douzaine de reporters.

Maxime jeta un regard sur ces derniers.

Cependant on procédait aux formalités d'usage.

On levait l'écrou, c'est-à-dire qu'on inscrivait au registre de la prison la date de la remise du condamné à l'exécuteur des hautes œuvres.

Quand ce dernier eut signé le reçu fatal il s'approcha du patient et le toucha légèrement à l'épaule.

Cette prise de possession fit passer un léger frisson dans l'auditoire.

LES ERREURS DE LA GUILLOTINE

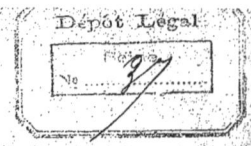

L'homme aux favoris se hâta de la soutenir.

— Nous allons procéder à la toilette, fit le bourreau.

— Pardon, monsieur, dit Maxime.

Et se tournant vers le directeur de la prison :

— Me sera-t-il permis d'adresser quelques mots à ces messieurs?

Il désignait les reporters.

Ceux-ci firent entendre un murmure d'étonnement.

— Mon Dieu, pourvu que...

— Soyez tranquille, monsieur, je resterai dans les limites de la courtoisie la plus stricte.

« Voici donc ce que je voulais vous dire, messieurs :

« En venant ici, vous faites votre métier, c'est le droit de chacun.

« Mon Dieu, pour quelques lignes de plus, vous ne vous demandez pas si votre curiosité ne sera pas une torture de plus à subir pour celui qui va mourir.

« Cela ne vous est pas venu à l'esprit.

« Au contraire.

« Vous supposez peut-être que je suis, comme Lacenaire, à qui vous me comparerez peut-être, avide de publicité.

« Il n'en est rien.

« Votre présence ! Elle me rappelle que demain l'Europe entière saura que mon nom est un déshonneur désormais.

« Mon supplice, mon agonie, mes dernières paroles seront lus par une foule qui me hait.

« Que si je pâlis : vous écrirez que j'étais accablé sous le poids du remords.

« Que si je reste calme vous me traiterez de malfaiteur cynique.

« En résumé, que venez-vous faire ici ?

« Savoir si j'ai peur. Non ! car je suis innocent.

« Si j'ai mangé, bu du cognac, fumé un cigare? Non.

« Si je me suis confessé ? Non encore.

« Vous voilà renseignés maintenant.

Les reporters gardaient le silence.

Il y avait quelque chose d'imposant dans la simple et ferme franchise de Maxime.

La majesté de la mort faisait sur eux son effet.

Aussi, embarrassés de leur maintien, restent-ils cois dans l'ombre.

L'exécuteur avança une chaise à Maxime.

— Merci, monsieur, fit-il en s'asseyant.

L'aide approcha.

Il coupa les cheveux au ras de la nuque.

Il enleva le col de la chemise.

Le froid des ciseaux avait fait frémir involontairement Maxime.

— Je vous ai fait mal, monsieur? demanda l'aide.

Maxime sourit péniblement.

— Non, mon ami.

On était prêt.

— Allez, messieurs, fit le directeur aux reporters.

Il se tourna vers l'aide :

— Prévenez monsieur l'aumônier.

Pendant ce temps, le bourreau mettait les cheveux coupés dans une enveloppe. Il les remit à Maxime, qui le remercia du regard, tandis qu'on lui attachait les poignets.

L'aumônier était revenu prendre sa place près du condamné.

— Marchons, dit Maxime d'une voix ferme.

A ce moment il était pressé d'en finir.

On le guida.

L'aube arrivait sinistre et froide.

Elle colorait les maisons et les êtres d'une teinte blafarde.

Entre les hautes cheminées semblables à des sentinelles vêtues de noir, veillant sur la grande cité, les étoiles devenaient pâles et vagues.

On eût dit que l'approche de l'heure fatale les faisait blémir et qu'elles voulaient se dérober à l'horrible spectacle.

Dans les arbres et dans les corniches des maisons les oiseaux s'éveillaient.

Ils commençaient leurs joyeux gazouillements au-dessus de la tourbe humaine qui grouillait.

La place était funèbre à voir dans la demi-teinte crépusculaire qui tombait des cieux.

La flamme des réverbères clignotait, sa lueur semblait tamisée par le voile de crêpe de la brume matinale.

Dans la foule énervée par une longue attente, c'était une impatience cynique qui débordait.

On eût dit des spectateurs entassés dans une salle de spectacle et furieux du retard que l'on met à lever le rideau.

Aux fenêtres, des visages de gommeux blafards, dans leurs cols droits, des figures fatiguées de cocottes aux yeux bleuis, sur lesquelles la teinte de l'aube détachait sans pitié les couches de fards et de colds-cream.

En bas, une majorité de têtes patibulaires, blêmes, hideuses.

— Est-ce qu'on n'va pas commencer?

« On gèle ici.

Il y avait un contraste étrange entre cette foule hurlante et le silence funèbre de la place.

Là-bas, pas un mot.

La troupe formait un carré autour du périmètre vide.

Les gendarmes silencieux sur leurs grands chevaux noirs.

Les agents éreintés, moulus, massés entre la foule et les soldats.

Au centre, la morne guillotine.

La tueuse d'hommes, la *veuve*, cachant dans les rainures son couperet odieux.

Et autour, comme des ombres vagues, les privilégiés, des messieurs bien enveloppés de fourrures, achevant leur cigare et n'échangeant leurs observations qu'à voix basse.

De temps à autre, un officier à cheval passait et repassait sur le front des troupes.

Dans la rue, l'attention se portant sur les diverses *engueulades* permit à une femme de se glisser de rang en rang sans trouver trop d'obstacles à sa marche.

Elle était jeune et jolie.

Pâle, mais beaucoup d'autres l'étaient aussi.

Ses cheveux étaient brouillés au hasard sous son chapeau mis de travers.

Son regard avait une expression de douceur hébétée.

Sur ses lèvres flottait un sourire niais.

Quelque soupeuse sans doute?

Non!

Sa mise n'était pas celle de ces dames.

Son regard n'avait pas l'ahurissement de l'ivresse.

La folie seule a de ces expressions étranges qui se trahissaient jusque dans sa manière de dire, en se faufilant dans la foule :

— Laissez-moi voir, mon bon monsieur.

Bah! on était trop occupé à se dire des « amabilités » pour réclamer contre cette invasion. Peu à peu elle gagna presque le premier rang.

Devant elle se trouvait alors un homme blond, à favoris soignés, d'une mise convenable.

Comme sa tête masquait la vue de la place à l'inconnue, elle répéta avec son sourire machinal :

— Laissez-moi voir, mon bon monsieur!

Il se retourna.

Elle n'était pas mal cette petite femme.

L'homme aux favoris repoussa ses voisins.

Il lui fit place.

Comme elle semblait fatiguée, il se permit de la soutenir en lui pressant légèrement la taille.

Oh ! légèrement.

Honni soit qui mal y pense !

— Voyez-vous bien maintenant ?

— Oui, mon bon monsieur.

La jeune femme regardait d'un air stupide.

Et pourtant...

Pourtant il y avait quelque chose d'extra vivant dans ce regard.

Un travail se passait dans cette tête.

Elle bégayait des mots, se parlait à elle-même.

Elle tendait l'oreille aux conversations dont elle se répétait des lambeaux.

Le monsieur aux favoris écoutait aussi.

Il avait par moments des tressaillements nerveux.

Derrière lui, tandis que les Alphonses dégoisaient leur répertoire, une exclamation poussée par un d'entre eux l'avait fait brusquement se retourner.

Puis il avait rabattu son chapeau sur ses yeux.

Pur effet du hasard sans doute.

Tout à coup il y eut un remous dans la foule.

Quelqu'un venait de sortir de la prison.

Le dispute cessa comme par enchantement.

Toutes les têtes se retournèrent vers la place.

Il y eut un « Ah ! » de satisfaction qui parcourut les groupes et s'éleva dans l'air pareil au murmure des vagues.

Un groupe d'homme sortit de la Roquette.

C'étaient des reporters.

Nouveau : « Ah ! »

Cette fois on n'en avait plus pour longtemps.

Chacun s'installa du mieux qu'il put.

Un officier leva brusquement son épée.

Un roulement de tambour retentit.

Les sabres des cavaliers étincelèrent.

Les fantassins se mirent au port d'armes.

Le silence devint sépulcral.

La porte de la prison s'ouvrit à deux battants.

Le condamné apparut.

A ses côté se tenaient l'exécuteur et l'aumônier.

Tous deux l'aidaient à marcher.

Un aide venait derrière lui.

Le personnel de la prison et les autorités judiciaires fermaient la marche.

Maxime aperçut la fatale machine.

Il vit aussi comme dans un cauchemar ces milliers de têtes qui savouraient son agonie.

L'aumônier l'arracha à ce spectacle.

— Laissez-moi vous embrasser, dit-il en pleurant.

— Oui, monsieur l'abbé, fit le malheureux, de tout cœur.

« Ah! je vous le jure en cet instant suprême!

« Je suis innocent.

L'aumônier, étouffé par ses sanglots, ne trouva rien à lui répondre.

Et, d'ailleurs, que lui dire?

L'exécuteur s'approcha de Maxime ainsi qu'un aide.

— Allons!

Maxime se sentit enlevé de terre.

En un clin d'œil, il fut bouclé sur la planche fatale.

Celle-ci bascula et d'un brusque mouvement fut poussée en avant.

Le cou du patient était engagé dans la lunette.

Un second aide placé en avant le saisit aux cheveux.

M. de Paris toucha un ressort.

Il y eut un éclair d'acier dans l'air.

Un coup sourd retentit.

Un jet de sang frappa l'aide en plein visage!

La tête tomba grimaçante.

« L'*Injustice* des hommes était satisfaite! »

Cependant, les aides avaient jeté hâtivement le corps dans un panier, et prenant la tête sanglante ils l'avaient placée entre les jambes.

Le funèbre colis fut porté dans le fourgon qui attendait.

Clic! clac! Le cocher fouette les chevaux.

En route pour Clamart!

. . . .

Dans le fourgon, une scène étrange se passait.

Deux hommes, deux médecins avaient enlevé la tête et l'avaient placée sur une espèce de table improvisée.

Les yeux de la victime étaient demi clos.

L'un des deux docteurs appela :

— Létang!...

Les paupières se relevèrent lentement.

Malgré tout, ils eurent un frisson.

Cette tête les regardait d'un air de supplication horrible.

Mais ça ne dura pas; les yeux se refermèrent.

— Hâtons-nous, cher confrère, dit l'autre médecin.

— L'appareil électrique est-il mis en communication avec les piles ?

— Oui, allons, pas de temps à perdre.

Les deux fils sont placés sous la tête, les savants les piquent à la section des nerfs faciaux.

Alors une légère contraction crispa les traits. La bouche s'ouvrit comme pour parler. Les yeux roulèrent hagards et une larme déborda des cils.

C'était horrible.

Qui sait ?

Cette tête pensait peut-être encore. Elle sentait la douleur peut-être !

On eût dit qu'elle demandât grâce !

Mais les savants ne s'arrêtent pas à cela.

La science avant tout !

Infortuné Maxime ! Innocente victime des derniers vestiges de la barbarie de nos pères en matière criminelle !

Son agonie aurait dû pourtant épuiser la coupe des tortures :

L'avide curiosité des reporters.

La bestiale curiosité de la foule.

Il fallait, paraît-il, la féroce curiosité des savants !

Au moment où le couteau achevait et consommait l'iniquité de cette cause lamentable, l'homme aux favoris blonds, qui était devenu très pâle à la vue du condamné, ne put s'empêcher de s'écrier à mi-voix d'un air de triomphe :

« Enfin !!...

Un cri répondit à son exclamation.

C'était la femme au sourire niais qui l'avait poussé.

Maintenant, elle chancelait, elle battait l'air de ses bras.

C'était une épouvantable attaque de nerfs.

L'homme aux favoris se hâta de la soutenir.

A l'aide d'autres personnes de bonne volonté, il la transporta évanouie chez le pharmacien le plus proche.

— C'est votre femme ? demanda le pharmacien à l'homme aux favoris.

— Non ! Connais pas.

Et laissant le pharmacien assommé d'une corvée qui ne rapporte guère, il s'éloigna.

— Enfin, se dit-il lorsqu'il fut seul dans la rue, enfin ça y est !

« On ne cherchera plus le chourineur de la veuve Valph.

« Me voilà tranquille désormais.

On l'a deviné, c'était le beau Francis Antoine, dit la Limace, dit le grand Jules, dit Pince le Pante, dit la Belle Joséphine.

Celui que la petite *Ulalie*, le clown femelle de la famille Loupard, avait reconnu sous le nom d'Eugène Marloy.

Il avait bien eu peur un moment quand la voix d'un des Alphonses perdus dans la foule l'avait fait se retourner malgré lui.

Il avait tremblé après avoir jeté cet « enfin ! » qui pouvait paraître étrange, si les voisins l'avaient entendu.

Peut-être aurait-il tremblé davantage s'il avait su avoir à ses côtés la malheureuse qu'il faisait veuve.

C'est que cette femme au sourire niais qui s'était évanouie, c'était la femme du supplicié, c'était Adèle.

N'importe, c'était bien fini cette fois.

Rien à craindre.

Libre et riche !

Ah ! pour sûr, il en avait assez de servir les autres.

Chacun son tour.

— Je vais donc vivre de mes rentes ! en bourgeois, se disait-il.

Néanmoins, il redescendit vite dans Paris, afin que son maître, monsieur le député, ne s'aperçût pas de son absence.

A onze heures du matin, l'infatigable Francis, correct, entrait dans la chambre à coucher de Mathieux-Boulare.

Il apportait le chocolat et les journaux.

Le député déplia l'*Officiel;* mais s'apercevant que Francis restait devant lui il l'interrogea :

— Vous avez quelque chose à me demander mon ami ?

— Si Monsieur permet.

— Parlez.

— Je prierai Monsieur de bien vouloir m'accorder un congé.

— Pourquoi faire ?

Francis baissa les yeux.

— Je vais me marier au pays.

Le député fit un haut-le-corps.

— Vous marier ? fit-il étonné.

Puis, se ravisant :

— C'est très bien ! très bien, très honorable le mariage.

« Je n'en use pas c'est vrai.

« Mais je n'entends pas en dégoûter les autres.

« C'est entendu.

LES ERREURS DE LA GUILLOTINE

Furieuse de ce qu'on se moquait d'elle, elle saisit une pioche et, avec une vigueur que son âge et son ivresse ne laissaient pas soupçonner, elle en porta un coup terrible à la devanture.

« Quand comptez-vous partir ?

— Mais demain, si cela ne gêne pas Monsieur.

— Non mon ami, j'avancerai moi-même mon voyage.

Francis fit mine de se retirer.

M. Mathieux-Boulare le rappela :

— Et s'il vous faut des références, ajouta-t-il, qu'on s'adresse à moi. Je dirai que vous êtes un excellent sujet !...

Pendant ce temps, on s'appliquait à rappeler Adèle à la vie. Deux agents, informés du fait, étaient dans la pharmacie pour dresser procès-verbal au besoin. On avait craint pis qu'un évanouissement.

Enfin, elle rouvrit les yeux. On lui parla ; elle sourit. Mais il y avait dans son sourire une bienveillance un peu hautaine.

Elle parla, ou plutôt elle divagua. On s'en aperçut vite.

— C'est une folle, dit un agent.

En effet, elle se croyait reine de France.

On pensa à la reconduire chez elle. Mais elle répondait qu'elle habitait au château de Versailles avec son mari : le roi.

On la fouilla. Nul papier, aucun renseignement. Dame ! Il n'y avait qu'à la mener à l'infirmerie du Dépôt.

On allait requérir un fiacre, quand un jeune homme, fendant la foule, arriva agité, inquiet.

— Pardon, messieurs, dit-il aux agents, sur le pas de la porte ; je suis le frère de cette dame ! Que se passe-t-il, pourquoi votre présence ?... Mon Dieu ! n'est-elle pas blessée, morte ? Ah ! messieurs, quel malheur !...

Les agents le prièrent d'entrer dans la pharmacie.

Firmin, dès qu'il s'était aperçu de la fuite d'Adèle, avait eu le pressentiment de la vérité.

Il devina qu'elle ne pouvait être que du côté de La Roquette.

Insensée ! Qu'allait-elle y faire, grands dieux !

Il frémit en songeant aux conséquences de cette fuite.

Sans perdre de temps, il avait pris un fiacre et s'était fait conduire vers le lieu de l'exécution.

Ce n'est qu'avec la plus grande peine qu'il était parvenu à pénétrer dans cette foule houleuse.

Au moment terrible où tout fut fini, quand l'horrible spectacle avait été terminé, le flot de cette tumultueuse descente l'avait repoussé en arrière.

Il regardait avec anxiété chaque femme. Insulté quelquefois par des souteneurs ; le cœur crevé, l'instant d'après par les réflexions des spectateurs.

Quelques phrases échangées à haute voix dans un groupe lui causèront une terreur atroce.

On parlait d'une femme qu'on avait transportée chez le pharmacien.

Les uns disaient qu'elle avait été étouffée dans la foule.

D'autres répliquaient que l'émotion causée par la chute du couteau avait provoqué chez elle la rupture d'un anévrisme.

Firmin, affolé, luttait contre le flot de populace.

A force d'énergie il avait pu arriver à temps, persuadé que cette femme ne pouvait être qu'Adèle.

Quand il eut décliné ses noms et qualités, reconnu formellement sa sœur dans la pauvre folle, les agents le laissèrent monter auprès d'elle dans la voiture, lui offrant de l'accompagner au besoin.

Il déclina leur offre. Adèle ne résistait pas.

Elle disait de temps en temps :

— C'est mon peuple. Il m'aime.

Elle écoutait; puis à des personnages imaginaires :

— Ils crient : Vive la reine.

Et elle saluait.

Quand on roula, elle parla posément à son frère, au point de lui faire illusion.

D'un ton très calme et prenant la question d'assez haut, elle dit que vraiment la peine de mort était une barbarie indigne d'un peuple civilisé.

— Je l'abolirai! fit-elle. C'est par là que je laisserai bonne mémoire de mon règne.

Chez elle, rue Bergère, même paix apparente.

Seulement, voyant ses enfants, elle parut étonnée.

Ils allaient à elle.

Adèle les embrassa.

Puis elle dit à son frère :

— Ils sont à vous, monsieur?

Passe encore si la malheureuse gardait toujours cette douceur.

Hélas! Firmin ne tarda pas à reconnaître qu'il n'y fallait pas compter.

Brusquement, ses sourcils se froncèrent, et voyant la petite bonne qui approchait, elle s'élança vers elle, l'écume à la bouche, brandissant une paire de ciseaux dont elle prétendait la frapper.

Firmin intervint, put la maintenir.

Mais ce ne fut pas sans une lutte affreuse pour le pauvre garçon.

Elle criait. Et ces cris broyaient l'âme de son frère.

A un moment, calmée pourtant, elle ouvrit la fenêtre, prête à se précipiter, disant qu'elle allait au jardin.

Ce jardin, elle le voyait.

Nouvelle intervention de son malheureux frère ; nouvelle lutte.

Par bonheur, elle tomba épuisée sur un siège.

— J'ai sommeil, dit-elle.

Firmin la déshabilla, la coucha comme un petit enfant.

Elle se laissait faire, devenant enfant, en effet, avec de petits rires. Mais si chaste! si décente!...

Folle, mais non burlesque.

Quatre jours durant, Firmin la veilla.

Mais non inactif.

Il avait mandé des médecins.

Tous unanimes. Il fallait la soigner; mais l'enfermer d'abord, sinon les plus épouvantables malheurs étaient à redouter.

Pour qui?

Pour les petits et pour elle surtout!

Allons, il était écrit que l'infortuné Firmin devrait avoir tous les courages.

Sans quitter sa sœur, il fit remplir toutes les douloureuses formalités indispensables.

Et lui, lui encore, et toujours lui, il joua les personnages qu'elle voyait en lui pour l'amener à se laisser conduire... là-bas.

A Charenton!

Quand elle y fut, quand il fut séparé d'elle, alors il lui sembla que le terrain lui manquait sous les pieds.

Les forces, tendues à se rompre jusque-là, s'affaissèrent en un instant.

Tout tourna.

Et si l'interne de service ne l'eût retenu, il tombait.

Tout d'abord, il resta inerte, les yeux demi-clos, comme en syncope.

On redoutait une attaque de nerfs.

Non. Un flot de larmes monta.

Il les retenait depuis si longtemps!

Ce n'est qu'après une heure de soins qu'on lui laissa la permission de se retirer.

— Merci, dit-il. Mais ne craignez rien pour moi.

Comme on paraissait douter.

— Non! dit-il d'une voix grave, je n'ai pas le droit de m'abandonner; ma tâche n'est pas finie.

Elle commence, plutôt!

Et ramassant ses énergies, il remercia de nouveau, recommanda sa sœur et remonta dans le fiacre qui l'avait amenée.

Il était avec elle en venant.

Il était seul à présent !...

Seul et si triste !

Mais son âme avait trop souffert, la lassitude lui venait aussi à lui.

Cette âme d'élite si énergique, elle était maintenant paresseuse de penser.

Il y a des heures, ainsi.

Il semble qu'on préfère ne plus lutter.

On est, comme un pauvre diable, tombé instamment d'un navire en marche à travers l'Océan.

Personne ne s'en est aperçu.

On n'y veut pas croire.

On appelle, espérant être entendu.

On lutte contre la vague qui déferle et engloutit.

On nage, on crie.

Et puis le découragement pointe, on se demande si c'est la peine de dépenser des forces pour rien peut-être.

C'est trop dur, trop affreux !

Autant en finir.

Et l'on se laisse aller, tortiller par le flot ; couler !

Bah !... Adieu !

Firmin en était là, broyé, tordu.

Un sourd désespoir avait raison de sa volonté.

Il devenait insensible.

C'est au point qu'un peu avant les fortifications, il ne s'aperçut même pas que son fiacre était arrêté.

Pourquoi ? Qu'y avait-il ?

Une foule encombrant la chaussée s'amusait à regarder une vieille femme, prise de boisson, qui s'insurgeait contre le maître d'un cabaret qui, en vertu des ordonnances, refusait de lui donner à boire encore.

Il l'avait conduite dehors.

Elle hurlait, l'invectivant de sottises abominables.

L'autre lui riait au nez, à travers les vitres.

Ses clients, des ouvriers, riaient de même.

Certains avaient laissé leurs outils à la porte.

Des terrassiers entre autres.

La vieille intempérante le remarqua.

Furieuse de ce qu'on se moquait d'elle, elle saisit une pioche et, avec une vigueur que son âge et son ivresse ne laissaient pas soupçonner, elle en porta un coup terrible à la devanture.

Grand fracas !

Diable! Ceci passait la plaisanterie.

Elle voulait recommencer à une autre partie de la devanture. On intervint.

Mais elle, brandissant le terrible outil, menaça de fendre la tête à qui approcherait.

Voilà pourquoi le fiacre de Firmin ne pouvait avancer.

D'un œil distrait il regarda.

Il vit des sergents de ville qui traversaient la foule.

Ils appréhendèrent la vieille femme sans difficulté.

— L'autorité! dit-elle en voyant les uniformes, c'est autre chose. Je l'estime et je lui obéis.

Puis, à eux, avec un sourire hideux :

— Quoi qu'y a pour votre service, mes bons messieurs?

« Parlez; c'est pas la mère Licharde qui vous affrontera.

Il s'agissait de les suivre chez le commissaire.

— Avec plaisir! dit-elle. Un bien brave homme. Il colle au clou ; mais c'est son devoir à c't homme. J' lui en veux pas.

Les agents durent l'aider à marcher.

Chez le commissaire, elle ne put rien dire.

On la fouilla selon l'usage.

Dix sous et des vieux chiffons dans ses poches.

On l'eût laissée cuver son vin, quitte à la renvoyer ensuite.

Mais le cabaretier portait plainte.

Il fallut dresser procès-verbal, afin d'envoyer la délinquante au Dépôt, quand passerait le « panier à salade », — ainsi nommé, parce qu'autrefois ces voitures n'étaient pas montées sur ressorts et qu'on y était terriblement secoué.

On la mit au violon en attendant.

Puis, tranquille, le commissaire fit son rapport.

Dans les saletés tirées des poches de la mère Licharde, il y avait un vieux papier, noir aux pliures.

L'écriture, mouillée par places, avait des bavures.

Qu'est-ce que c'était que ça?

Ma foi! le commissaire n'examina pas, et prenant une épingle il fixe le malpropre papier à son procès-verbal.

Si ça les amusait à la Préfecture, ils y regarderaient.

XIX

LA CONFESSION DE MATHILDE KŒRHUEN

Quand Firmin descendit de son fiacre à la rue Bergère, il n'agissait plus que machinalement.

Et puis tout lui était égal à présent.

Il arrive une heure où l'excès du malheur fait paraître idiot.

On en a assez. Frappe qui voudra, on ne risposte plus. On ne sent même pas.

Poussé de droite, on va à gauche ; de gauche à droite.

L'insulte, la douleur, tout glisse.

La sensation s'est évanouie. On n'est presque plus de ce monde.

On a envie d'imiter les animaux arrivés à leur dernière heure :

Se blottir dans un coin et attendre la mort.

Le frère d'Adèle en était à ce degré d'abattement absolu.

Il monta les étages sans s'en apercevoir.

La porte de l'appartement était entre-bâillée, il entra et vit la bonne.

Elle nouait des paquets.

Pourquoi ? Il ne savait.

Il ne le demanda pas, et pénétra dans une pièce, puis dans une autre, dans toutes.

Puis il revint à la bonne.

— Où sont les enfants ? demanda-t-il.

— Ils viennent de partir.

Ça ne parut pas l'étonner.

Pourtant, partir !... A leur âge ? Sans la bonne ?...

Il dut faire un effort pour s'adresser ces questions.

— Partir... tout seuls ?

— Oh ! non, monsieur !

— Qui les a emmenés ?

— Mlle Blanche et sa mère.

— Mme et Mlle Honoré !

— Oui, monsieur.

Firmin restait immobile. On eût dit qu'il ne comprenait pas.

— Ces dames ont laissé un mot pour monsieur.

— Où ça ?

— Là, sous la main de monsieur.

En effet, sur la table, il y avait une lettre.

Le jeune homme l'ouvrit.

Il y avait :

« *Je suis venue chercher nos enfants, mon ami. Venez les embrasser chez*
« *Votre femme,*
« Blanche Honoré. »

Que disait-il donc que Dieu l'abandonnait, Firmin. Ce n'est pas vrai, puisque pour le consoler, lui rendre courage, il lui envoyait un de ses anges.

Deux grosses larmes coulèrent lentement et silencieusement de ses yeux.

Il en avait encore !

Hélas ! la créature humaine en a toujours !

Les paquets que nouait la petite bonne, c'étaient un peu de linge aux enfants.

Rien à emporter du surplus.

La partie civile, les parents de la femme de chambre de la veuve Valph avaient fait mettre les scellés.

Tout allait être vendu à leur profit.

Déjà c'était annoncé par des affiches.

Et il y était indiqué que c'était le mobilier d'*un* supplicié.

Il y a des amateurs. Ça ferait monter les enchères à l'Hôtel des Ventes, sans doute.

— Mais vous, mon enfant, demanda Firmin à la bonne, qu'allez-vous devenir ?

Elle eut un bon sourire.

— Ces dames veulent bien me garder, répondit-elle. A moins que vous ne me vouliez pas.

Oh ! fit-elle, laissez-moi auprès des enfants, monsieur. Je servirai sans gages, s'il le faut.

Firmin tendit la main à cette fillette et l'embrassa.

— Allez les rejoindre, dit-il. Je vous suis.

Il voulait donner quelque argent aux portiers, qui avaient été bons pour sa sœur.

Un préjugé bien injuste que celui qui fait des portiers, une sorte de bête noire.

Ils ont leurs défauts. Qui n'a les siens ? Placés entre un propriétaire exigeant, despote, rapace, et des locataires qui ne sont pas toujours raisonnables, les traitent avec mépris, les brusquent, leur situation est difficile et pénible.

Comment convenir à tout le monde ?

LES ERREURS DE LA GUILLOTINE

Adèle l'embrassa et la garda un moment contre sa poitrine.

L'entreprendriez-vous?

Passe encore pour les locataires. Mais les bonnes, les domestiques, que de tracas graves ils leur causent.

Les domestiques infidèles veulent en faire les complices de leurs détournements.

Les domestiques de mauvaises mœurs veulent introduire dans la maison des filles ou des hommes inconnus, qui peuvent être des malfaiteurs.

Si le portier s'y oppose; s'il refuse de partager ce qu'on vole aux maîtres, plus de paix. Vexations, haines, bataille parfois

Et quel rude métier, quelle responsabilité !...

Tout ça pour trois cents francs par an, le gîte dans une niche fétide.

Eh bien ! la généralité, la presque totalité, restent de bonnes gens, charitables au locataire misérable.

Ces portiers, qui n'ont presque rien, trouvent moyen de donner du leur à qui est plus en peine qu'eux.

Ceux de la maison d'Adèle étaient du nombre.

Que Maxime fût coupable ou non, sa femme ne l'était pas, elle.

Les petits enfants non plus.

Eh bien ! ceux-ci et celle-là étaient écrasés par le malheur ; ces portiers avaient compati à leur infortune.

Les larmes d'un portier honnête homme en valent d'autres.

Le cœur ne connaît pas les positions sociales.

Qui sait si le propriétaire en eût fait autant?

Firmin remercia ceux-ci, leur serra la main.

Et, par là, c'est lui qu'il honora !

A quelque temps de là, les facteurs de la poste distribuèrent une double lettre de grand format.

Sur l'une on lisait :

« M.

« *Monsieur et madame Honoré ont l'honneur de vous faire part du mariage de mademoiselle Blanche, leur fille, avec monsieur Firmin Cognais.* »

Sur l'autre :

« M.

« *Monsieur Firmin Cognais a l'honneur de vous faire part de son mariage avec mademoiselle Blanche Honoré.* »

D'ordinaire un second alinéa porte :

« *Et vous prient d'assister à la bénédiction nuptiale qui leur sera donnée le... en l'Eglise de... à... heures.* »

Ici cet alinéa manquait.
Simplement un « faire part ».
Le jour où on avait uni les deux jeunes gens, trois employés supérieurs de la Compagnie du chemin de fer étaient venus prendre les fiancés et la famille.
Un quatrième témoin s'était joint à eux.
C'était M. Oscar de la Ville-Viquiers.
On s'était rendu à la mairie.
De là, on était allé à l'église Saint Cécile.
Une messe basse avait été dite après l'union des jeunes gens.
C'était tout.
Les témoins avaient déjeuné chez Mme Honoré. Tout s'était passé simplement, et l'on s'était séparé.
A deux heures les nouveaux époux était montés en fiacre.
Où allaient-ils ? Faire un voyage de noce ?
Non. En pèlerinage.
Où ça ?
A Charenton !
Blanche l'avait désiré.
— Elle est calme. Vous pouvez la voir, leur dit le directeur quand ils arrivèrent.
Les précédant, il les conduisit au jardin.
Parmi d'autres aliénées, Firmin reconnut Adèle.
Elle se promenait.
— Voici des personnes qui désirent vous saluer, lui dit le directeur.
La folle leva les yeux et sourit.
— Toi, Firmin, dit-elle. Je suis bien contente de te voir, mon ami.
Puis regardant Blanche.
— Ne me dis rien, ajouta-t-elle. Je devine...
Elle sourit de nouveau.
— Vous êtes ma belle-sœur, n'est-ce pas ?
— Permettez-moi de vous embrasser, répondit Blanche. Je suis venue pour cela.
Adèle l'embrassa, et la gardant un moment contre sa poitrine :
— Aimez-le bien, lui dit-elle à l'oreille, il le mérite, et il vous adore. Mais vous le méritez aussi...

C'est par un nouveau baiser que répondit Blanche.

Et Adèle continua :

— Je suis tranquille ; élevés par vous, mes enfants seront aimés, heureux, honnêtes. Je sais tout, mignonne ; le directeur m'a tout dit.

Puis, parlant à haute voix :

— Maintenant, dit-elle, allez-vous-en. Pour vous voir j'ai fait de grands efforts de volonté, afin d'avoir ma raison. Mais je suis au bout ; je sens que la folie revient, et je ne veux pas vous affliger en vous en donnant le spectacle. Allez-vous-en... Je vous bénis... mais partez !... Ah partez !...

Le directeur entraîna les jeunes gens.

— Elle vous a dit vrai, leur dit-il, quand ils en furent séparés. Quand je lui ai annoncé votre mariage et votre visite, elle s'est transfigurée.

« — Je serai sage ! » a-t-elle dit. Je le veux. Vous verrez.

Elle a tenu parole.

— Pensez-vous la guérir, docteur ? demanda Blanche.

Le docteur secoua la tête.

— La monomanie des grandeurs, dit-il, est, hélas ! un signe désespérant. Elle aura des périodes de lucidité, mais de plus en plus rares.

« Rassurez-vous, d'ailleurs ; à ces moments, elle ne souffre pas moralement. Elle ne se plaint pas d'être ici.

Au contraire ; elle dit :

« — On a bien fait de m'enfermer. J'aurais peut-être commis un grand malheur. Et puis, mes enfants sont en bonnes mains.

Comme on voit, elle ne se trompait pas.

Blanche avait commencé, même avant son mariage, son rôle de mère adoptive.

Déjà les enfants l'aimaient, jouaient avec elle, l'écoutaient.

. . . .

Depuis l'exécution de Maxime, M. Oscar n'était plus le même homme.

Sombre et préoccupé, il négligeait les détails du service, lui l'homme exact par excellence, lui le plus consciencieux des hauts personnages de la police.

Ses collègues et ses subordonnés ne pouvaient en revenir.

Les paresseux et les négligents se frottaient les mains.

Les amendes qui, jadis, pleuvaient dru comme grêle, mais toujours justement, ne rognaient plus leurs appointements.

Quant à ceux qui accomplissaient régulièrement leur tâche, habitués à recevoir une félicitation sincère, un encouragement cordial de leur chef, chaque fois qu'une mission bien remplie les mettait en évidence, ils ne comprenaient rien à l'indifférence subite de l'inspecteur général.

Pauvres diables, qui moyennant un ridicule salaire vont s'exposer à mille périls, ils puisaient du courage dans les bonnes paroles de M. Oscar, et s'en allaient joyeux au devant du danger.

Tout à coup, plus un mot.

Avaient-ils à prendre des ordres au sujet du service ? L'inspecteur les recevait comme impatient de leur départ, donnant ses instructions avec brusquerie, sans la précision et la clarté d'autrefois.

On commençait à en jaser dans les bureaux, et un haut fonctionnaire, averti de ce changement par un de ces espions zélés qui sont la plaie et le fléau des grandes administrations, avait hoché la tête disant :

— Décidément, il décline !

Le propos avait circulé dans le personnel.

Les candidats commençaient à montrer le bout de l'oreille, car la place en valait la peine.

Il ne faudrait pas en conclure cependant que la situation fût désespérée.

Non ! l'inspecteur avait à son actif trop de loyaux services pour qu'on n'y regardât pas à deux fois.

Mais il fallait tout de même ouvrir l'œil.

M. Oscar, lui, ne paraissait nullement s'en soucier.

Dédaigneux des commérages, il n'avait plus qu'une pensée qui le poursuivait comme un vague remords : l'affaire Létang.

Ce souci lui faisait négliger la besogne courante.

Cependant, il y réfléchit enfin, et décida de consacrer une nuit tout entière à remettre au courant la correspondance, à oublier Létang.

Tout s'use aussi ! A force de tourner dans le même cercle, la lassitude le prenait.

On ne s'obstine pas contre le roc.

Et déjà, dans son esprit, il se demandait s'il ne serait pas plus sage d'effacer ce drame de sa mémoire.

Qu'y pouvait-on désormais ? Rien.

On ne rend pas la vie à un mort, la raison à une folle.

C'est ce qu'il se dit en se mettant au travail.

Il y en avait gros.

A cinq heures du matin, il n'en pouvait plus.

Il alluma un cigare, et pour se dégourdir les jambes il fit trois ou quatre fois le tour de son cabinet.

— J'ai presque envie d'aller me coucher, murmura-t-il, j'expédierai le reste demain matin.

« Au fait, non, puisque j'y suis, allons jusqu'au bout ; j'en serai délivré.

Il se rassit.

Tout à coup il s'arrêta devant un procès-verbal crasseux auquel un papier non moins sale était annexé :

— Qu'est-ce que c'est que ça? Ça sent la banlieue.

Il lut l'en-tête :

« Femme dite *la mère Licharde*.

« Vagabondage, ivresse, voies de fait.

« Un mois de prison.

Machinalement il détacha la lettre jointe au dossier.

Il en commença la lecture sans y prêter grande attention, par pure habitude.

Tout à coup il courut à la signature.

Ses yeux se dilatèrent, il passa la main sur son front subitement couvert de sueur.

— Suis-je bien éveillé? bégaya-t-il.

Il y avait un lavabo dans un angle de la pièce.

M. Oscar alla y tremper une serviette et en rafraîchit ses tempes, dont les veines battaient fiévreusement.

Puis il reprit la lettre, et après l'avoir soigneusement dépliée il lut ce qui suit :

« Mon bon père, mon enfant bien-aimé,

« Ne maudissez pas l'infortunée qui se punit elle-même d'une faute qu'elle aura déjà expiée quand vous connaîtrez ces lignes.

« Depuis le jour de mon mariage ma vie n'a été qu'un long martyre.

« L'homme dont je porte le nom m'a fait subir mille morts.

« Je lui pardonne ses torts, l'ayant offensé moi-même, mais ce que Dieu lui-même ne lui pardonnera pas, c'est la basse vengeance dont il s'est flétri, vengeance qui ne me laisse d'autre refuge que le suicide et qui conduirait un innocent à l'échafaud sans le sacrifice de ma vie.

« J'espère que ma mort volontaire effacera la honte de mon aveu.

« A l'heure qu'il est, à l'heure où vous lirez ces lignes, vous que j'ai tant aimés sur terre, je courberai mon front devant le souverain juge.

« A mes côtés, l'ombre de Maxime Létang demande justice.

« Je l'ai nommé celui que j'ai eu la faiblesse et le malheur d'aimer.

« C'est ce fatal amour qui l'a conduit en cour d'assises, qui l'a condamné.

« J'ai avoué ma faute à mon... mari.

« J'ai avoué, ô honte! que cette nuit même où la veuve Valph avait péri l'infortuné Maxime était près de moi.

« Je l'ai supplié d'aller le déclarer aux juges.

« Je lui ai dit de me tuer, mais de ne pas laisser couler le sang innocent.

« Il a refusé.

« Alors j'ai voulu aller moi-même témoigner de la vérité.

« Il m'a enfermée, cloîtrée...

« Je vous conjure de ne pas perdre une minute.

« De remettre immédiatement ce mot à la justice.

« Ne laissez pas cette tache sanglante à la mémoire de celle qui vous aime au delà de la tombe.

« Adieu, adieu, priez pour moi.

« MATHILDE KŒRHUEN. »

La lecture de ce document plongea le chef de la sûreté dans un véritable désespoir.

Il lut la date. Produite à temps cette lettre eût sauvé Maxime.

Hélas ! elle venait trop tard.

La confirmation des pressentiments d'Oscar arrivait lorsqu'elle ne pouvait plus empêcher le meurtre judiciaire.

C'était donc vrai !

Il y avait eu une exagération de délicatesse de la part de Maxime, dans ce que le juge d'instruction avait taxé de *système*.

Dans ce qu'il avait lui-même au début traité de *ficelle*.

Ah ! comme il se reprochait maintenant de ne pas avoir appuyé davantage sur ce point obscur.

Hélas ! le mal était fait.

Il n'y avait plus qu'à s'occuper de la réhabilitation.

Preuve en main, il irait trouver le juge d'instruction.

Ce magistrat, pris de remords, se hâterait de réparer sa lugubre faute.

Il obtiendrait la faveur d'abréger les délais judiciaires.

Oscar n'en doutait pas.

Tout en faisant ces réflexions, il consulta la pendule.

Il était six heures du matin.

Que le temps s'écoulait lentement !

Il ne pouvait décemment se présenter chez le juge que vers dix heures.

Les magistrats n'aiment guère être surpris au saut du lit.

Décidé à ne pas rentrer chez lui, M. de la Ville-Viquier essaya de se remettre au travail.

Impossible !

Les dossiers tremblaient entre ses mains fiévreuses.

Des frissons d'impatience le secouaient des pieds à la tête.

Pas moyen de tenir une plume.

Pris d'un impérieux besoin de marcher, le chef de la sûreté se leva.

Allons! soupira-t-il, il est dit que je rentrerai chez moi.

Après avoir mis tous ses papiers en ordre, il serra la précieuse lettre dans son portefeuille, ferma à clef son secrétaire et sortit.

Il ne put réprimer un frisson involontaire en parcourant ces longs corridors silencieux que le malheureux Létang avait maintes fois traversés.

Bientôt il se trouva sur le quai.

L'air du dehors lui fit du bien.

Cependant, l'obsession de son idée fixe continuait.

Il parlait à haute voix sans le savoir :

— Certainement! certainement, le juge abondera dans mon sens.

« Cette malheureuse famille sera réhabilitée.

« Il faut que tout se fasse au plus vite.

« Et ce pauvre Firmin, va-t-il être heureux !

« Heureux et désolé à la fois !...

Rentré chez lui, il se jeta tout habillé sur son lit.

Un assoupissement lourd et malsain ne tarda pas à s'emparer de lui.

Son imagination fatiguée lui montra le spectre de Maxime, ricanant d'un air sinistre et montrant sa tête à la foule en criant :

— Voilà la justice humaine !

Il se réveilla en sursaut, glacé par une sueur froide.

Enfin, sur le coup de dix heures, il sonnait à la porte du juge d'instruction.

— Monsieur déjeune, dit le domestique.

— Faites passer tout de même ma carte, fit le policier d'un ton bref.

Le domestique fit entrer M. Oscar dans le salon.

Le juge déjeunait en effet.

Tranquille, entre sa femme et deux toutes jeunes filles — ses enfants — il causait en prenant son café.

La carte qu'on lui présenta le fit réfléchir un moment. Oscar avait été témoin des choses dures que Maxime lui avait dites. Cela incommodait le magistrat.

Toutefois, il se leva et passa au salon.

— Quelque affaire grave vous amène, sans doute, dit-il.

— Très grave, monsieur.

— Au fait, dit ce dernier par habitude.

— Je vous apporte la preuve de l'innocence...

— De Maxime Létang, n'est-ce pas? répliqua le magistrat en souriant. Je l'aurais parié...

LES ERREURS DE LA GUILLOTINE

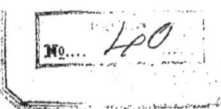

Qu'avez-vous, mademoiselle? s'écria Félix, interrompant son cousin pour s'élancer vers l'institutrice, qui pâlissait et semblait sur le point de perdre connaissance.

— Pardonnez-moi, mais il n'y a pas de quoi rire. Lisez ceci et vous serez convaincu que c'est on ne peut plus sérieux.

— Je n'en doute pas. Voyons.

Le juge d'instruction prit la lettre et lut.

Oscar guettait ses impressions sur son visage.

Peine perdue : le magistrat ne sourcilla pas.

Sa lecture finie il tendit la lettre au chef de la sûreté en disant :

— Je m'en doutais.

« Ce diable d'homme a voulu se taire quand même.

M. de la Ville-Viquier pâlit d'indignation.

— Si vous aviez des doutes, monsieur le juge, il fallait les éclaircir.

« N'aviez-vous pas la police pour obéir à vos ordres?

« Un mot de vous, l'affaire était remise à une autre session

« J'aurais mis mes agents en campagne, et alors...

Le juge interrompit son visiteur.

— Toutes récriminations sont inutiles, désormais, malheureusement.

« Le mal est fait.

« Pour moi, j'ai la conviction intime d'avoir agi comme il convenait.

« Le prévenu n'avait qu'à ouvrir la bouche pour se disculper.

« Il n'a pas voulu le faire. Que voulez-vous ! S'il a voulu se suicider !

« Je ne suis pas responsable de cet entêtement.

« Ni vous, ni la justice, ni personne.

« Brisons donc là sur ce sujet, je vous prie...

— Soit, monsieur, répliqua Oscar, mais il faut réparer l'injustice.

— Je ne vous comprends pas.

— C'est pourtant bien simple : n'est-il pas de votre devoir de réhabiliter ce malheureux, de rechercher le véritable meurtrier...

— Vous oubliez qu'il y a chose jugée.

« Que le jury et le tribunal ont prononcé.

— Mais cette lettre... cette preuve qui anéantit l'accusation, anéantit le jugement, le verdict...

— Doucement ! doucement ! Comme vous y allez !

« Et d'abord, vous si clairvoyant d'habitude, vous appelez ça une preuve !

« Un méchant papier qu'un farceur a pu couvrir d'une révélation de fantaisie.

« Car, enfin, qui vous dit que cette lettre soit authentique?

M. Oscar allait répliquer qu'une personne qui se tue ne s'amuse pas à faire légaliser sa signature.

Il se contint pourtant.

— J'admets vos doutes, dit-il. Mais il y a lieu de prendre des informations, de s'assurer de l'authenticité de cette pièce, et...
— Et? demanda le juge.
— Et j'espère que vous vous joindrez à moi pour obtenir la réhabilitation, pour faire annuler cette sentence inique...
— Vous ne pensez pas un mot de ce que vous dites, monsieur de la Ville-Viquier...

« Vous vous figurez que moi, magistrat, j'irais...
« Oh! vraiment, vous m'étonnez!
— Mais, monsieur, fit le policier, il y là un déni de justice abominable. Un innocent a été supplicié; sa femme est folle.
— Peut-on revenir là-dessus?
— Non. Mais il y a deux enfants deshonorés, ruinés aussi!
— Ruinés?
— Létang reconnu innocent, les millions de la veuve Valph leur reviennent; ils sont à eux.
— Les en dépouiller est fort triste, en effet. Mais l'État, éclairé, peut leur venir en aide.
— Ah! permettez, fit le magistrat, coupant la parole à Oscar, si regrettable que soit tout cela, — si l'innocence était certaine — il y a un intérêt supérieur, un intérêt social qui domine la question particulière.
— Et quel est-il?
— Le prestige de la Justice. Et, certes! il ne m'appartient pas de le diminuer.

Oscar lui rit franchement au nez.
— Avouez, dit-il, qu'il y a encore une autre question en jeu : votre amour-propre!

« Vous gardez rancune à Létang de sa brutale franchise.
« Vous craignez pour votre situation si le jour se faisait sur cette affaire!
« Il faut dire cela aussi, car c'est cela qui vous touche le plus.
— Monsieur l'inspecteur général...
— Quoi donc, monsieur le juge d'instruction?
— Vous allez loin, il me semble, monsieur!
— Eh bien, j'irai plus loin encore.
— Prenez garde! fit le juge... Vous jouez gros jeu, je vous en avertis.

Oscar haussa les épaules.
— Ma situation, n'est-ce pas?
« J'en fais le sacrifice.
— Allons, allons, reprit le magistrat, n'exagérons rien.

« Vous n'allez pas pour des scrupules faire quelque coup de tête que vous regretterez ensuite.

— J'agirai comme bon me semblera, voilà tout.

— C'est votre dernier mot?

— Absolument.

— Soit, fit le juge, très pâle, en faisant un léger salut qui rompait l'entretien. Oscar partit.

Aussitôt, le juge demanda son paletot et son chapeau.

— Allez me chercher une voiture, dit-il.

Il descendit vivement et monta dans le fiacre.

— Au Palais, dit-il au cocher.

Avant de se rendre à son cabinet, il courut à celui du procureur général.

Et là, seul, il raconta la scène qui venait de se passer entre l'inspecteur général de la sûreté et lui.

L'avocat général faisait la grimace.

— Voilà une méchante affaire, dit-il.

« Je ne sais ce qu'il en adviendra.

« Rien de bon, pour personne, ajouta-t-il.

Le juge sentit le blâme.

Mais il ne s'agissait pas de ce juge. L'importance de l'affaire allait plus haut. Aussi le procureur général courût-il au ministère.

Le soir même, il y avait conseil secret.

Trois ministres, de hauts magistrats et le préfet de police.

Ce qui se dit, on le devine : étouffer l'affaire à tout prix, voilà!

C'est pourquoi le lendemain de bonne heure, le préfet fit appeler son subordonné, M. Oscar.

Justement celui-ci allait lui demander audience.

Il se rendit au cabinet.

Le préfet l'accueillit cordialement.

— Eh! bonjour monsieur de la Ville-Viquier, dit-il d'un air affable. Asseyez-vous donc.

Le chef de la sûreté salua correctement et resta debout.

Le préfet renouvela son invitation.

— Asseyez-vous, je vous prie nous avons à causer.

— Je crois une longue conversation inutile, monsieur le préfet.

« J'ai l'honneur de vous apporter ma démission.

« C'est bien simple.

« Vous en prenez bonne note, je me retire.

« Voilà tout!

Le préfet hocha doucement la tête :
— Vous croyez ça, dit-il, eh bien non !
« Je ne l'entends pas comme vous.
« On ne laisse pas partir un serviteur éprouvé et estimé sans lui demander les motifs de sa retraite.

M. Oscar regarda fixement son interlocuteur, si fixement que celui-ci baissa les yeux.
— Les motifs, monsieur le préfet, les motifs ?
« Vous les connaissez aussi bien que moi.
« Quoi ! après m'avoir traité comme on l'a fait, après m'avoir fait séquestrer comme un fou furieux le jour de l'exécution de Maxime Létang.
« Après m'avoir fait espionner par mes inférieurs au mépris des lois de la hiérarchie.
« Après m'avoir enlevé la confiance du Parquet pour ne me confier à moi, chef de la sûreté, que des procès-verbaux de délits de simple police !
« Après m'avoir mis à l'écart comme un lépreux, c'est vous qui venez me demander pourquoi je démissionne ?
« Franchement cela me surpasse, monsieur le préfet.
— Quel homme ! fit celui-ci !
« Mais diable d'entêté que vous êtes, vos arguments sont purement absurdes.
« Qu'on vous ait empêché de provoquer un scandale inutile le jour de l'exécution, cela tombe sous le sens.
« Il n'y avait pas à revenir sur ce point.
« On est peut-être allé un peu loin, mais c'est votre faute.
« Vous dites qu'on vous surveille ?
« Eh ! on me surveille bien moi, votre chef.
« Moi et bien d'autres, vous le savez !
« Vous prétendez qu'on vous met à l'écart !..
— Je ne *prétends* pas, interrompit doucement M. Oscar, j'affirme.
— Vous affirmez, soit !
« Eh bien, à mon tour, je me permettrai de vous affirmer qu'il y a là un regrettable malentendu...
— Comme dans la condamnation du pauvre Létang, dit M. de la Ville-Viquier.

Le préfet de police feignit de ne pas entendre et continua :
— Un simple malentendu.
« Ces messieurs rendent le plus grand hommage à votre habileté...
« Seulement, ils se sont aperçus que cette dernière affaire vous avait surmené.

« L'infatigable était las!

« Ils ont pensé qu'un peu de repos vous rendrait la plénitude de vos forces.

« S'ils n'ont pas agi plus directement c'était par crainte de froisser un précieux auxiliaire.

« La preuve, c'est qu'aujourd'hui même je tiens à votre disposition une autorisation de prendre un congé de quelques semaines.

« Vous irez respirer l'air pur des champs.

« Rien de meilleur, mon cher monsieur, pour les victimes du travail.

Il s'arrêta satisfait, comptant sur l'effet de sa harangue, assuré de voir M. Oscar se confondre en excuses et accepter avec reconnaissance cette offre de congé.

Il n'en fut rien.

Le chef de la sûreté se leva.

— Je vous ai laissé dire, monsieur le préfet, daignez, je vous prie, m'accorder la même attention.

« Vous trouvez mes arguments absurdes ?

« Que sont donc les vôtres ?

« On me croit surmené, dites-vous; oh! que non.

« On sait très bien que jamais je n'ai été plus solide au poste ni plus clairvoyant.

« Les magistrats rendent hommage à mon habileté ; ce sont vos propres paroles, n'est-ce pas?

— « Je le sais bien.

« Ils en ont peur.

— Monsieur, dit le préfet...

— Laissez-moi achever.

« On ne veut pas un homme de conscience dans le poste que je veux quitter.

« Ce qu'il faut, c'est une machine.

« Un mannequin qui se conforme aux ordres et fantaisies des gens infaillibles.

« Quelque chose comme un caissier qui laisserait ses chefs falsifier les livres à leurs gré.

« Cette situation, je la refuse...

— Encore une fois, reprit le préfet, vous vous égarez.

« Vous vous cramponnez à cette affaire Létang comme un beau diable.

« A quoi bon ?

« Qu'y gagnerez-vous?

— La satisfaction de réparer un grand crime.

— Vous êtes fou, mon cher ami.

« J'ai essayé de palier les choses, mais il n'y a pas moyen.

« Vous vous obstinez ?

« Vous avez tort.

« Voyons parlons franchement.

« Oui, cette affaire vous a causé un tort considérable.

« On vous désapprouve en haut lieu.

« Je suis chargé d'intervenir et de vous éviter des ennuis.

« Croyez-moi, laissez de côté cette déplorable affaire qui a dit son dernier mot.

« Vous vous heurteriez à plus fort que vous...

— Peu m'importe ! répliqua fièrement M. Oscar.

« J'ai la preuve de l'incurie des recherches faites.

« La preuve de l'innocence de Létang.

« J'établirai cette innocence en dépit de ceux qui craignent la lumière...

— Vous l'établirez, dites-vous et comment ?

— A l'aide de la preuve dont je vous parle.

« La preuve que le hasard m'a livrée...

— Je vous arrête, fit le préfet.

« Cette soi-disant preuve, à quelle époque l'avez-vous eue !

— Mais... hier.

— Bien, c'est-à-dire pendant l'exercice de vos fonctions.

M. Oscar devint très pâle.

Il s'inclina sans répondre.

— Dès lors, reprit le préfet, cette preuve ne vous appartient pas.

« Elle est à la justice qui a le droit d'en faire usage selon son appréciation.

« Pourquoi ne l'avez-vous pas remise à monsieur le juge d'instruction ?

— Parce que ce magistrat se contenterait de la jeter au panier, monsieur le préfet.

« Parce qu'il l'anéantirait

— Vous allez trop loin, monsieur le chef de la sûreté, dit le préfet outré de la témérité de son subordonné.

« L'appréciation des juges n'est pas de votre ressort.

« Vous n'avez qu'à obéir à leurs mandats.

« Je dois vous le rappeler, ne vous en prenez qu'à vous.

« En attendant et puisque cette pièce est en votre possession, je vous somme de me la remettre.

C'était un coup terrible pour M. Oscar.

Donner cette preuve c'était ruiner tout espoir de réhabilitation.

C'était vouer aux déshonneur définitif les orphelins au moment même de les sauver.

La refuser?

C'était presque un abus de confiance.

Le préfet avait dit vrai.

Elle appartenait à la Justice.

Il y eut un moment de lutte intérieure chez le fonctionnaire.

Puis la voix de sa conscience le décida.

Elle lui disait que cette preuve était avant tout aux victimes.

Que c'était leur seul et dernier bien.

L'honneur de leur nom.

La restitution de leur bien-être.

Entre les deux partis il n'hésita plus.

Les opprimés avaient raison contre les oppresseurs.

Il s'avança vers le préfet :

— Je refuse de vous remettre ce papier, dit-il.

— Prenez garde !

— A quoi ?

« Vous me révoquerez ?

« Non ! Vous auriez trop peur que je parle.

« Je la refuse, vous dis-je, et je maintiens ma démission.

Le préfet avait pâli à son tour.

— Prenez garde, répéta-t-il les dents serrées.

— Je n'ai peur de rien, répliqua M. Oscar.

« Le droit et la justice sont de mon côté.

« Que craindrais-je ?

« Nous ne sommes pas à Venise. Il n'y a pas ici de Conseil des Dix pour me faire assassiner ce soir au coin d'une rue !

« Et vous n'oserez pas me poursuivre.

« L'opinion publique serait pour moi.

« Adieu ! Je quitte ce poste qui n'est pas fait pour un homme de bien.

« J'en suis dégoûté, saoul des vilenies secrètes et des infamies que j'ai vues.

« Mais souvenez-vous-en et dites-le à ces magistrats.

« Rien ne m'arrêtera pour atteindre mon but.

« Rien !

« Et je vous forcerai bien, en dépit de tous, à reviser ce monstrueux jugement... en vous amenant le vrai coupable !

Le préfet eut un ricanement sardonique.

Bien qu'il fut horriblement vexé, il reconduisit son visiteur jusqu'à la porte.

Là, il dit d'un air de commisération :

— Bonne chance, mon ami !

LES ERREURS DE LA GUILLOTINE

Alors, dans le silence que dominait la plainte cadencée des flots, Félix Brignol saisit la main d'Oscar et lui dit avec émotion : — Vous m'avez deviné, mon cousin.

Le policier parti, le préfet envoya immédiatement prévenir le procureur général.

Quant à Oscar il sortit, et montrant le poing au Palais, où s'était accomplie l'odieuse injustice, il murmura :

— A bientôt, j'espère !...

XX

UNE ÉPROUVÉE

Six mois avaient passé sur les événements qui précèdent.

Paris n'y songeait plus; s'en souvenait-il seulement?

Chose étrange ! On eût dit que Firmin eût suivi le courant d'oubli.

Heureux et paisible dans son ménage, exact à son service, très affectionné à sa nouvelle famille, qui n'était pas en reste avec lui, c'est à peine si, en embrassant ses neveux, devenus ses enfants d'adoption, il lui montait de temps à autre une larme aux yeux.

Pourtant, il allait voir sa sœur assez souvent.

Et puis, sans en rien dire, il se rendait au cimetière de Clamart.

Et là, près d'une tombe sans nom, il restait debout, muet et découvert.

C'était tout.

Est-ce donc que Firmin eût oublié les serments qu'il s'était faits de réhabiliter le mari de sa sœur, en retrouvant à toute force le véritable assassin de la veuve Valph ?

Non ! Mais l'ex-policier, Oscar de la Ville-Viquier l'avait pris à part, et lui dévoilant la politique du crime :

— Voyez-vous, monsieur, lui avait-il dit, il n'y a rien à faire en ce moment.

« Nous devons user d'une excessive prudence, étant donné celui ou ceux auxquels nous avons affaire.

« Le vrai coupable a encore de l'inquiétude.

« C'est un gars qui n'en est pas à son premier coup.

« A l'heure qu'il est, il observe, il guette.

« Qui sait même s'il ne vous fait pas surveiller.

« Peut-être est-il au courant de votre démarche chez moi?

— Vous croyez? avait dit Firmin.

— J'en suis sûr.

« Aussi faut-il que de notre côté nous agissions avec circonspection.

« Que nous ayions l'air d'abandonner la partie.

« Ces précautions, inutiles avec le premier venu, sont nécessaires avec l'homme qui a commis ce meurtre.

« J'ai la conviction que ce n'est pas un malfaiteur ordinaire.

« Voyez comme il attend avec sagesse le moment de jouir.

« Les apparences d'impunité le laissent froid.

« Il ne s'y fie pas.

« Avec de semblables garanties, un assassin vulgaire ferait déjà la noce, il attirerait les soupçons.

« Celui-ci s'en garde.

« C'est ce que nous appelons un *combinateur*.

« Un homme qui ayant fait un ou plusieurs coups se sait une fortune assurée et ne compromettra plus en rien sa situation.

« Son idéal atteint, il veut s'assurer toute sécurité.

« Ce n'est pas avant quelques mois qu'il se croira tranquille.

« D'ici là, motus! Battons-le par ses propres armes.

Firmin avait abondé dans ce sens.

Toutefois, une objection lui était venue.

Si le misérable avait eu le temps de filer. S'il jouissait de cette fortune dans le fin fond de l'Amérique, résolu d'y vivre en bon propriétaire, en riche planteur?

M. Oscar s'était contenté de sourire.

— C'est possible, avait-il répondu, mais peu importe.

« Dès qu'il croira tout oublié, il reviendra.

— Vous croyez?

— Parbleu, ils reviennent tous : *Voir !* Oui, revoir le théâtre de leurs exploits, savoir si l'on en parle encore; contents du silence; humiliés pourtant de n'être plus en scène!

« Pour s'en consoler, pour se donner compensation à la blessure d'amour-propre, il mènera une existence qui nous mettra sur sa trace, le trahira malgré lui, l'excès de sa sécurité aidant.

« Une fois là, comptez sur moi.

« En attendant, je ne puis que vous répéter : Taisez-vous, paraissez résigné.

Firmin s'était levé pour prendre congé.

— Si vous avez à m'écrire, avait dit M. Oscar, voici ma nouvelle adresse.

— Vous partez?

— Oui, monsieur Cognais, je vais comme vous le voyez prendre l'air de la campagne. Au revoir donc.

— Bon voyage!

Là-dessus on s'était séparé.

Firmin pour retourner à son bureau, M. Oscar pour achever sa malle.

C'est à Galets-lez-Fécamp, un hameau voisin de la plage bien connue, que la voiture de correspondance déposa le soir même M. de la Ville-Viquier.

L'ancien chef de la sûreté allait prendre sa villégiature dans ce petit pays, chez son oncle maternel, M. Joseph Brignol.

Un brave homme cet oncle!

Juste assez Normand pour ne pas s'être laissé rouler par les clients, alors qu'il était marchand de bestiaux à la Villette.

Dans ce commerce où, à défaut d'une vaste intelligence, il est nécessaire « d'avoir l'œil », l'oncle Brignol avait gagné une certaine fortune.

Pas des millions, bien sûr, mais de quoi se retirer.

Un petit magot rondelet qui valait mieux que certains millions.

A la mort de sa femme, Joseph Brignol, très affecté, s'était retiré du commerce, emmenant ses enfants avec lui.

Il avait acquis à bon prix une ferme relativement importante et un terrain avoisinant sur lequel il avait fait bâtir une maison.

Cette maison, commode, vaste et moderne, était construite comme presque toutes les bâtisses de cette partie de la Normandie, en galets, en briques et en pierres noires.

Pour ne pas ressembler à une demeure féodale ni à un château de la Renaissance, l'immeuble avait bon air.

L'air honnête et tranquille comme celui de son propriétaire.

Tout y respirait l'aisance et la gaieté.

Dans la cour de la ferme, des volailles de toute espèce gloussaient, prenant leurs ébats sur de grands tas de fumier qui dominaient une mare où nageaient des canards.

Sous un hangar des tombereaux dételés, des charrues, une moissonneuse, tout l'attirail nécessaire à la culture, témoignaient que le propriétaire exploitait lui-même les champs d'alentour.

Les étables et les écuries étaient peuplées d'un nombre respectable de bœufs, de vaches et de chevaux.

A l'heure où M. Oscar pénétra dans le domaine de son oncle, tout le personnel de la ferme terminait le repas du soir, servi sur une longue table où s'alignait un bataillon de « pichés » vides.

Au fond de la cour, dans l'ombre, les fenêtres de la salle à manger jetaient une vive clarté·

Les chiens signalèrent l'arrivée du visiteur.

Un valet de ferme accourut.

Mais déjà M. Brignol descendait le perron de sa maison et s'avançait au-devant de son neveu.

— Eh! bonjour, beau neveu!

— Bonjour, mon oncle!

— Ça va bien ?

— Mais oui. Et vous ?

— A merveille. Je ne t'attendais pas ce soir, sacrebleu ! Tu aurais dû m'écrire, j'aurais été te prendre à la gare.

« Enfin tu nous a trouvés, ça va bien.

« Tu vas dîner.

« Un peu plus, tu n'aurais plus trouvé que des os.

Sur quoi le neveu et l'oncle entrèrent dans la salle à manger.

Là, M. Oscar renouvela connaissance avec les enfants de son oncle : Félix, un grand jeune homme de vingt-neuf ans, et Julie, une jeune fille d'environ dix-sept ans.

Il y avait quelques années qu'on ne s'était vu.

Ce fut une joie des deux côtés.

M. Oscar secoua la main du jeune cousin et embrassa sa cousine, qui lui tendait la joue.

Une autre jeune fille, plus âgée que Mlle Brignol, se tenait un peu en arrière.

Quand M. Oscar, qui ne l'avait pas encore aperçue, leva les yeux sur elle et la salua, elle parut légèrement intimidée.

— Mlle Augustine Maccadier, dit l'oncle Brignol en la présentant, l'institutrice et la meilleure amie de Julie depuis deux ans. Elle est de la famille, mon cher Oscar.

Tandis que ces présentations s'accomplissaient, une servante ajoutait un couvert devant lequel s'assit M. de la Ville-Viquier.

Elle apporta la soupière et la soupe épaisse des campagnards ; la soupe aux choux et au lard emplit la salle d'un fumet appétissant.

La grande cuiller d'argent s'y tenait droite.

— Ah çà, cousin, s'écria Félix, c'est donc sérieux ce que disent les journaux ?

— Quoi donc ? demanda M. Oscar.

— Mais que vous avez démissionné.

— Rien de plus sérieux, mon cher Félix, et je viens me fixer parmi vous si toutefois...

— N'achève pas, interrompit l'oncle Brignol, tu allais dire une bêtise, toi le plus malin de nous tous.

« Certainement que nous ne demandons qu'à te garder.

« Tu ne pouvais faire mieux que de venir ici.

Et le brave homme ajouta en achevant de vider la bouteille dans le verre de son neveu :

— Tiens, tu t'y marieras cette année...

— Ou l'autre, répondit M. Oscar en riant.

— Si nous sommes heureux de t'avoir, reprit l'oncle, il y a des gens qui doivent être bigrement contents de leur côté.

« Toute la canaille, la clientèle ordinaire de Mazas doit se frotter les mains.

« Tu leur faisais une de ces chasses à ce qu'on dit...

— Dame, mon oncle, quand un gueux de renard vient taquiner vos poules vous ne le ménagez pas...

— Je te crois... il le paye cher, le pendard, si je le pince...

— C'était la même chose pour moi.

— Oui, et tu étais un fier lapin...

— Je connaissais mon métier et j'avais du flair, voilà tout...

« Et dire que malgré tout il y a encore des crimes impunis.

— Peu, sans doute.

— Oui, mon oncle, peu parmi ceux qui nous sont connus.

« Mais il y a des crimes ignorés.

« Des crimes dont les victimes survivent et se taisent...

— Qu'avez-vous, mademoiselle? s'écria Félix, interrompant son cousin pour s'élancer vers l'institutrice, qui pâlissait et semblait sur le point de perdre connaissance...

— Mon Dieu! Augustine, qu'as-tu? dit à son tour Julie.

La jeune fille essaya de sourire. Elle se remettait peu à peu.

M. Oscar, toujours observateur, remarqua que son cousin Félix avait pâli presque autant qu'elle et que la façon dont il la regardait témoignait d'un intérêt supérieur à celui qu'on porte à une institutrice.

— Oh! oh! pensa-t-il, il y a anguille sous roche.

Mlle Maccadier, bien que remise, demanda la permission de se retirer : elle se sentait souffrante.

— Allez, mon enfant, dit l'oncle avec bienveillance.

Elle s'en alla en saluant timidement le policier.

Joseph Brignol avait hâte de reprendre la conversation.

— Tu disais donc qu'il y a des crimes impunis...

— Oui, d'abord ceux dont les victimes se taisent par terreur ou par crainte.

« D'autres, parce que la justice croyant tenir une bonne piste s'acharne sur ceux qui sont en son pouvoir, au bénéfice du véritable meurtrier, auquel elle laisse le temps de fuir.

— Mais alors non seulement le crime est impuni, tandis qu'on happe un innocent...

— Tout simplement.

— Il faut que je te l'entende dire à toi pour le croire.

— C'est malheureusement exact.

— Mais alors à qui se fier, bon Dieu ?

— A personne.

— Voyons, reprit l'oncle après un court silence, il y a quelque chose que tu nous caches.

« Ta retraite a été bien précipitée.

« Je devine qu'il y a eu un froissement.

« Tes dernières paroles m'ont donné à penser...

— Eh bien, oui, répondit le policier, vous avez touché juste.

« La justice et moi ne sommes plus d'accord...

— Qu'a-t-elle fait cette bonne justice ?

— Elle a fait ce que nous appelons poliment une erreur.

« Elle a fait tomber une tête innocente...

— Bah ! mais il n'y a pas eu d'autre exécution que celle du nommé... Quel nom est-ce déjà, Julie ?

— Létang, papa.

— Oui... un abominable scélérat qui avait tué trois personnes... dont sa tante.

— En êtes-vous sûr ?

— Je le crois. Nous avons suivi les journaux, tout le procès...

— Et, ajouta Félix, M. Mathurin Binet, notre voisin, nous a raconté des détails épouvantables.

— Qu'est-ce que c'est que ce M. Binet, demanda le policier retraité.

— Un charmant homme, employé supérieur ou associé d'une grande maison de Paris.

« Il avait quelques semaines auparavant acheté à la victime principale de ce crime une villa qu'elle possédait à Étretat.

« Il venait justement de régler le payement de cette acquisition.

« Cet événement l'a beaucoup affecté.

M. Oscar réprima le mouvement que lui causait cette nouvelle.

Il feignit la plus grande indifférence, et ce fut d'un ton très simple qu'il demanda si ce monsieur venait souvent dans le pays.

— Oh ! presque tous les samedis.

— Et que disait-il à propos de l'assassin de sa tante ?

— Mais la vérité : c'est-à-dire que ce misérable était un être abominable, qu'on devait lui couper le cou.

« Il était sans pitié pour lui.

« Comment, un homme qui avait déjà une belle position dans le commerce, se laisser entraîner par la cupidité au point d'en venir là !

« On aurait dû le brûler vif.

« Voilà ce que disait M. Binet et je suis de son avis.

— Qui sait cependant si cet homme n'était pas innocent, fit M. Oscar, qui ne voulait pas en dire trop long, le silence redevenant nécessaire pour mener à bien l'enquête qu'il se proposait de faire.

— Tu veux rire? s'écria l'oncle Brignol indigné.

« Innocent, un pareil gredin !

« Allons donc ! Je me rappelle que toutes les preuves étaient contre lui.

— On s'est tout simplement trompé...

— Allons donc !

— Qui vivra verra, mon oncle.

« Ne parlons plus de cela; voulez-vous?

« Vos idées à ce sujet sont arrêtées, les miennes aussi.

« A preuve que j'ai donné ma démission à la suite de cette affaire.

« Gardons donc nos convictions personnelles jusqu'à nouvel ordre.

— Sois tranquille, Oscar! D'ailleurs, que tu sois parti pour ça ou pour autre chose, je ne t'en félicite pas moins.

« Ton poste était trop dangereux.

« J'avais peur tous les jours d'apprendre qu'un de ces chenapans t'avait escofié.

« Ça me tranquillise de te savoir ici...

Une heure durant, on bavarda du passé, de ceux qui n'étaient plus. Puis l'oncle se leva :

— Je te dis bonsoir, fit-il. Je me couche comme les poules.

« Si le voyage t'a fatigué, tu peux en faire autant. Félix te conduira à ta chambre.

— Oh! nous ne nous couchons pas si tôt à Paris.

— Dame ! Vous n'êtes pas debout avant l'aurore non plus...

— Plus souvent que vous ne le croyez...

— Allons, bonsoir !

Le brave Brignol serra la main de son neveu et embrassa ses enfants.

Julie ne tarda pas à le suivre.

Comme elle embrassait son frère, celui-ci lui fit à voix basse une recommandation relative à l'institutrice, que le policier en retraite saisit au passage.

Restés seuls, les deux hommes gardèrent un moment le silence.

Félix paraissait inquiet, préoccupé.

Oscar l'observait.

Certes ! il n'avait pas besoin d'être bien perspicace pour lire dans l'âme du jeune homme. Quand l'institutrice avait pâli, il avait pâli; donc !...

Soit ! Mais pourquoi et à quel propos avait-elle été émue, cette institutrice ?

Quand on parlait de coupables impunis, quel souvenir avait-on éveillé en elle?

Oscar en était intrigué.

LES ERREURS DE LA GUILLOTINE

— Célestine, fit-il, c'est-il possible! toi...

— Cousin, dit-il tout à coup, est-ce que je me trompe; est-ce tu ne serais pas amoureux de l'institutrice de ta sœur?

Félix rougit sous le regard fixe et perçant de son interlocuteur, il balbutia quelques mots et finit par dire : Eh bien, oui !

M. de la Ville-Viquier prit le bras de son cousin.

— Allons prendre l'air, dit-il.

Il y avait un petit jardin derrière la maison.

Félix le fit traverser à son parent.

La petite porte du fond donnait sur les champs.

Il l'ouvrit.

Les deux cousins, une fois sortis, se trouvèrent en pleine campagne.

Les terres labourées, où se dressaient les épis naissants, apparaissaient sous la clarté fantastique de la lune, dominant une grande nappe argentée d'où s'élevait un grand murmure.

C'était la mer.

La mer, cette confidente à laquelle Félix avait plus d'une fois conté ses peines secrètes.

M. de la Ville-Viquier aspirait avec délices la brise chargée de senteurs salées.

Ils s'acheminèrent vers la plage, où les vagues roulaient les galets.

La voix d'une paysanne qui longeait la falaise leur apportait le refrain d'une vieille chanson normande :

> J'aime lon, la,
> Lon la rirette.
> J'aime lon la! Lon la rira!
> Elle était belle, elle le savait.
> Elle aimait qu'on lui dise
> Voyez-vous !

La villageoise passa.

Le vent changeant de direction emporta sa voix du côté opposé.

Alors, dans le silence que dominait la plainte cadencée des flots, Félix Brignol saisit la main d'Oscar et lui dit avec émotion :

— Vous m'avez deviné, mon cousin.

« J'aime Mlle Maccadier.

« Je l'aime depuis le jour où elle est entrée dans la maison de mon père.

« Elle est si bonne, si dévouée...

— Elle a l'air mélancolique, dit Oscar. Pourquoi ?

— La mort de sa mère l'a laissée seule au monde.

— D'où est-elle venue ici ?

— De Paris. Sa mère, veuve d'un ancien officier, après avoir perdu son petit avoir dans des affaires malheureuses, s'était établie dans un quartier populeux de Paris.

« Elle tenait un petit commerce qui les faisait vivre toutes deux.

« A sa mort, Augustine n'avait pas vingt ans.

— Pauvre enfant! murmura M. Oscar.

— Par bonheur, reprit Félix, elle avait de l'instruction. Vivant chichement sur le peu qui restait, elle passa ses examens et obtint ses diplômes.

« Elle trouva une place d'institutrice dans une famille qui l'amena dans le pays.

« Et de cette famille elle passa dans la nôtre.

« Voilà tout ce que j'en sais.

« Mais ce que je sais aussi c'est qu'elle est honnête, bonne et discrète ; papa et Julie l'ont adopté, l'un comme une autre enfant, l'autre comme une sœur.

« Puisse-t-elle avant peu l'être véritablement !

— Ainsi tu veux l'épouser ?

— Certes ! s'écria Félix.

« Je ne suis pas de ces misérables qui abuseraient d'une orpheline.

« Vous ne me supposez pas capable d'une telle infamie.

— Rassure-toi, mon garçon ! fit Oscar, je t'estime trop pour ça.

« Mais dis-moi, se doute-t-on de cela à la maison ?

— Je ne sais, dit Félix.

— Il vaudrait peut-être mieux aller au-devant de tes vœux en avertissant ton père.

— Je préfère attendre, répondit le jeune homme.

— Pourquoi ?

— Augustine ne m'aime peut-être pas.

— Allons donc !

— Qui sait? fit Félix avec tristesse.

« Si elle m'aimait, elle se croirait obligée de partir.

« Mon cousin, j'attendrai pour parler que l'éducation de Julie soit terminée ; alors il sera temps.

Assurément, les amours de Félix intéressaient Oscar.

Mais le scrupule qui retenait le jeune homme de s'en ouvrir donnait le temps d'y songer.

D'ailleurs, sans prévenir le fils, Oscar se proposait de tâter les dispositions de son oncle.

Ce qui occupait davantage l'ancien inspecteur général de la sûreté, c'était ce qu'avait dit celui-ci de l'acquéreur de la villa de la veuve Valph, ce M. Mathurin Binet, dont il avait été question à table.

Ce M. Binet était caissier d'une maison de commerce.

Voilà tout ce qu'en retenait Oscar.

Pour le lecteur, c'est peut-être sans importance.

Pour un policier tel que lui, c'était une lueur d'espérance, peut-être une piste.

Voici comment :

Au cours de l'instruction du procès de Maxime, il avait été constaté qu'un vol avait suivi le meurtre.

Vol d'environ cent dix mille francs.

Le tout formé en partie, — la plus grande, — par des billets de la Banque de France ; le surplus en or.

L'or était à négliger.

Mais les billets, quelle était leur provenance ?

On le savait :

D'une part, les loyers du 15 janvier, payés par les locataires de la veuve.

D'autre part, le prix de cette villa d'Etretat, acquise par ce M. Mathurin Binet, caissier de sa profession.

Or, il est un usage qu'adoptent beaucoup de caissiers pour se préserver du vol ou de la perte de ce genre de valeurs.

Sur un cahier spécial, ils inscrivent à la date de l'entrée et de la sortie le numéro de chaque billet de banque.

Ce Mathurin Binet, en agissait-il ainsi à sa maison de commerce ?

Il importait de le savoir.

S'il ne les inscrivait pas, rien à faire.

S'il les inscrivait, il était présumable que non content d'user de ce soin pour son patron, il en usait de même pour lui, par raison ou routine.

Eh bien ! s'il avait cette raison ou cette routine pour ses affaires personnelles, il était certain qu'il pourrait dire le numéro des billet de banque qu'il avait comptés en payement pour l'acquisition de la villa.

Mais, dira-t-on, après ?

Attendez !

Les numéros connus, Oscar avait les moyens d'en faire surveiller la rentrée à la Banque.

Supposons que le n° 7,208,496 soit un des billets donnés par Binet à la veuve Valph, et volé par l'assassin de celle-ci.

A un moment quelconque, ce n° 7,208,496 revient à la Banque.

Oscar en est averti.

On lui dit en outre de qui on le tient.

Oscar se met aussitôt en campagne.

Celui qui a versé ce billet à la Banque sait ou ne sait pas qui le lui a remis.

S'il ne le sait pas, rien de fait.

Attendons-en un autre, car tous reviennent, et recommençons à remonter la filière.

S'il le sait, voilà un nouvau pas de fait.

Et en procédant de la même manière, force est d'arriver à quelqu'un dont l'état social, les allures, les habitudes permettent de fixer un soupçon.

Un homme à surveiller.

Voila l'idée d'Oscar.

Était-il possible de l'appliquer ?

Oui, si M. Mathurin Binet avait pris les numéros des billets dont il avait payé l'achat de la villa.

Tout se réduisait donc pour l'instant à ceci :

M. Binet est-il en possession de ces numéros?

Eh bien ! cela, il fallait s'en assurer.

Mais s'en assurer avec prudence :

1° Pour ne pas donner l'éveil au malfaiteur.

2° Parce qu'il était bien inutile de mettre le caissier dans la confidence si, faute d'avoir ces numéros, il ne pouvait servir à rien.

Eh bien ! essayons de savoir.

Une chose a sans doute frappé le lecteur, qui s'en est étonné certainement.

C'est qu'Oscar, instruit du suicide de Mathilde Kœrhuen par le papier trouvé sur la mère Licharde, ait paru négliger de s'enquérir du mari de la morte adultère.

En fait, il s'était bien proposé, sur le premier moment, de courir après le juif renégat.

Mais qu'en eût-il appris ?

Rien d'utile sur le véritable assassin de la veuve.

Kœrhuen savait certainement que Maxime était innocent.

Par vengeance de mari trompé, il s'était tu, afin de laisser périr l'amant de sa femme.

Mais il ne savait rien au delà.

Au surplus, on le retrouverait plus tard, si besoin était.

Pour le moment, M. Mathurin Binet pouvait avoir une bien autre importance aux yeux de l'ex-policier.

Comme l'avait dit l'oncle Brignol, le caissier venait à la villa du samedi au lundi de chaque semaine.

C'était peu. J'entends que ça rendait la connaissance difficile à faire.

Durant ce court congé hebdomadaire, cet homme se consacrait sans doute à sa famille.

S'il se montrait dans les lieux publics, — la plage, le casino, — seuls endroits où on put l'aborder, ce devait être entouré des siens.

Oscar se fixa un plan méthodique :

1° Il fallait se faire désigner M. Binet, afin de le reconnaître ailleurs qu'à Etretat.

2° Il fallait, sous prétexte d'excursion, aller un samedi soir, à mi-route du chemin de fer, le chercher dans le train, monter dans son compartiment et entamer la conversation.

Tout cela pourrait être long.

En effet, plusieurs fois de suite, Oscar pouvait trouver son homme dans un compartiment complet.

D'où suit « remise à huitaine », comme on dit au Palais.

Voyons, n'était-il pas possible, en attendant, de s'informer de lui à Paris, sur son caractère, ses habitudes, ses manies surtout?

Si fait. Mais qui charger de la commission?

Parbleu! Firmin, qui ne demanderait pas mieux.

Toutefois, il n'est guère usité de venir dire à quelqu'un qu'on ne connaît pas :

— Dites-moi donc, monsieur, prenez-vous ou ne prenez-vous pas le numéro des billets qui vous passent par les mains?

Il est à parier que, de si bonne composition qu'il soit, il enverra paître le questionneur, lui disant :

— Que je les prenne ou non, c'est mon affaire et point la vôtre ; je vous prie donc d'aller vous promener et de me f... la paix.

Eh bien ! ce n'était pas pour arrêter Oscar.

On ne lui demanderait rien à M. Binet, rien du tout de ses habitudes ou de ses manies.

Et il éclairerait les gens, là-dessus, tout seul!

Oui, tout seul, et avec ostentation, avec orgueil encore!

Pour y parvenir, Oscar s'y prit ainsi.

Il écrivit une lettre à Firmin, dans laquelle il lui traça clairement ce qu'il le priait de faire.

Il ne lui dit pas pourquoi.

Inutile avec le brave garçon qui s'en remettait, les yeux fermés, à son protecteur.

D'ailleurs, instruit du but, Firmin eût eu peut-être de l'émotion ; autant éviter cela.

Donc des instructions précises, sans plus.

Puis, la lettre faite, Oscar y glissa un billet de cinq cents francs, cacheta, fit charger la missive et attendit.

Le surlendemain matin, Firmin était de faction au coin du boulevard et de la rue des Jeûneurs, l'œil fixé sur la porte de la maison de roulage dont M. Binet était le caissier.

Bientôt il vit sortir trois garçons de recettes de la maison.

Il les laissa passer devant lui.

Ils se séparèrent au boulevard, prenant des directions différentes.

Un quart d'heure durant il resta là, puis il entra dans la rue, pénétra dans les bureaux de roulage et demanda à parler au caissier.

Celui-ci, prévenu, leva son guichet, croyant qu'on lui présentait une valeur à payer.

— Non, monsieur, répondit Firmin à la question.

— En ce cas qu'y a-t-il pour votre service?

— Voici, monsieur...

Ce disant il tira de sa poche et étala le billet de cinq cents francs qu'il avait reçu d'Oscar.

— Je viens de trouver ce billet de banque, dit-il. Je crois, sans en être certain, qu'il est tombé de la poche d'un de vos garçons de recettes que je venais de voir grimper en omnibus.

« J'ai fait signe d'arrêter.

« Mais le conducteur m'a montré que c'était complet.

« Or, je vais, comme de raison, déposer ce billet au commissariat de police.

« Et je viens vous en prévenir pour que vous le réclamiez d'abord, et surtout pour éviter de laisser planer un soupçon sur la probité d'un de vos employés.

— Je ne me permettrai pas de vous féliciter, monsieur, répondit Binet, avec une solennité un peu prud'hommesque. Une bonne action porte sa récompense en elle-même.

« Mais je vais vous fixer immédiatement sur la question de savoir si ce billet était ou non aux mains d'un de nos garçons.

Firmin fit l'étonné, et laissa percer un doute.

— Comment pourriez-vous le savoir, monsieur, avant que ce garçon ne soit rentré et n'ait constaté qu'il lui a manqué cinq cents francs?

Binet eut un sourire de supériorité triomphante.

— Oui, fit-il, avec bienveillance, ça vous paraît un peu fort, hein?

« Eh bien! c'est tout simple, et voici comment :

Sur quoi, il plaça sous les yeux de Firmin, un carnet d'une netteté extrême. On y lisait, à la date du jour :

« *Remis à un tel telle somme* : . . . . . . *Tant en billet de 1000 N^{os}*. . . .

« *d° de 500 N^{os}*. . . . .

« *d° de 100 N^{os}*. . . . . etc.

Pour les trois garçons de recette, même mention détaillée.

On vérifia. Puis M. Binet dit :

— Quand bien même, monsieur, un de nos garçons aurait perdu un billet de cinq cents francs, ce ne pourrait être celui-ci.

Et triomphant tout à fait :

— Voilà, dit-il, comment cela se fait monsieur, et si tous mes collègues agissaient avec le même soin, tous les billets perdus se retrouveraient par déclaration à la police.

« Aucun garçon ne serait tenté d'en détourner un seul.

« Et nul d'entre eux ne pourrait être l'objet d'un soupçon injuste.

« Je ne vous en remercie pas moins, monsieur, et suis bien votre serviteur.

Oscar avait demandé à Firmin la relation détaillée de ce qui arriverait.

Quand il la lut :

— Il y a quatre-vingt-dix-neuf à parier sur cent que le soigneux M. Binet en use de même pour ses payements et encaissements personnels.

Voilà un premier et important résultat.

Maintenant amenons M. Binet à faire ma connaissance.

Et voyons d'abord, comment il a le nez fait !...

XXI

HISTOIRES DE FEMMES

Si Francis pouvait se vanter d'avoir de la chance, sa sœur Célestine n'avait point de raisons d'en dire autant.

Tandis qu'un autre était guillotiné à sa place, à lui, ce qui le faisait riche, elle, pour une simple batterie, — ce qu'elle même appelait « un crêpage de chignons ! » — elle s'était vue pour la première fois coffrer, envoyée au Dépôt, inscrite d'office sur les registres de la prostitution et conduite à Saint-Lazare, où, durant quinze jours, — comme elle disait encore, — « elle n'en avait pas mené large !... »

Mon Dieu ! que c'était venu bêtement !

Vous allez voir :

Figurez-vous qu'à ce moment là, elle était bien tranquille avec un marchand de bois du quai Javel.

Quelqu'un de bien, je vous assure !

Un homme marié, s'il vous plaît !

Un homme qui avait eu la croix, ainsi !

LES ERREURS DE LA GUILLOTINE

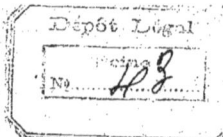

La lutte s'engagea...

Il l'avait bien encore; mais il ne pouvait pas porter le ruban rouge, parce qu'il avait fait faillite.

Et par une petite faillite, qui vous jette sur le pavé, humilié, sans bottes, perdu, promis à la morgue ou à l'hôpital.

Ah! bien, ouiche! Une belle, une grosse faillite, avec un sac quelque part.

Son concordat obtenu, il s'était établi de nouveau, haut la tête et insolent.

Dans ce moment, il faisait racheter ses créances à vil prix, un morceau de pain, à des malheureux, qui n'en espéraient plus rien.

Quand il les aurait tous dévalisés à fond, il se ferait réhabiliter, et il le raccrocherait à sa boutonnière, le ruban rouge.

Voyez-vous si c'était « un homme bien! »

En attendant, il donnait jusqu'à des huit cents francs par mois, à Célestine sans compter les noces, les balthazars, les parties.

Voulez-vous parier que l'été prochain il la mettrait à la campagne, pour canoter, et qu'ils iraient tous les deux aux bains de mer?

Ah! un homme très bien!

Pas très joli, ni tout jeune, non. Du bedon, un fort bedon, pas mal chauvo, la peau flasque; mais si caressant!

Peut-être trop! Parce que faut vous dire, cet homme-là, ce n'était pas sa faute mais il avait toujours trop chaud.

Dame! il suait et ferme! Tout le temps, ça lui dégoulinait du crâne, et ses effets étaient trempés.

Alors, vous comprenez, être caressée par un homme qui a si chaud!... Quelquefois on trouve qu'il est trop caressant.

Mais, à part ça, un homme très bien!

Aussi Célestine ne lui faisait pas d'infidélités. Oh! Dieu du ciel, pourquoi faire! Quand on a commencé si gamine, vous savez, on finit par en avoir son sac. Plein le dos, elle. Elle y eût renoncé volontiers, pendant quelque temps du moins, pour s'en reposer.

Seulement ça, c'était un rêve. Parce que vous pensez bien que si le marchand de bois, qui avait si chaud, lui donnait tant d'argent, ça n'était pas pour des prunes.

N'importe! elle se rangeait. Elle s'attacherait cet homme marié; elle se ferait placer un magot; enfin quoi, elle se ferait honnête femme; voilà!

Là-dessus, un jour, elle sort innocemment, descendant la rue des Martyrs, gentiment. Des jeunes gens la regardaient; des vieux aussi lui faisaient la risette, des petits signes.

— Tu peux te fouiller! pensait-elle.

Dame! puisqu'elle se faisait honnête femme, n'est-ce pas? Elle n'avait que ça à se dire.

Voyant l'église Notre-Dame-de-Lorette, elle pensa tout à coup à y entrer. C'est très « femme comme il faut ». D'ailleurs le marchand de bois avait de la religion. A preuve qu'elle l'avait rencontré avec un curé.

Le marchand de bois lui avait même dit ensuite qu'il avait une maîtresse, le curé.

C'est possible. Mais ce n'est toujours pas elle qui y eût consenti. Non, vous savez, ça ne se raisonne pas ; non! plutôt trois hommes qui ont trop chaud. Mais un curé, elle? Jamais!

La prière faite à Notre-Dame-de-Lorette, elle prit la rue Laffitte.

Brusquement, elle s'arrêta.

Un grand diable de garçon lui barrait le passage, et très volontairement.

Indignée elle voulut le foudroyer d'un seul regard.

Et puis elle se mit à rire.

C'est que le grand diable riait, écarquillant les yeux, l'admirant.

— Célestine! fit-il, c'est-il possible, toi!

Ma foi! Célestine oublia tout son décorum. Et d'un même élan joyeux :

— Toi!... Chose, Machin; comment déjà? fit-elle.

— Michot.

— Michot! oui. C'est toi! Qu'est-ce que t'es devenu?

— Clerc d'avoué, ma chère; principal, à deux doigts d'épouser la fille du patron et de lui succéder. Qui qu'aurait jamais cru ça, autrefois, au quartier latin, hein?

— Ah! ce temps-là, ce temps-là! fit-elle en se léchant les lèvres.

— Comme on s'amusait!

— Comme on était gai!

— Comme on était jeune!

Célestine, très impressionnée, garda un instant le silence. Tout ce beau temps-là, cette gaieté, cette jeunesse papillotaient dans sa mémoire, l'éblouissaient, la fascinaient.

— Qu'ék-tu fais ce soir? lui demanda-t-elle, les yeux dans les yeux.

— Tout c' que tu voudras! répondit-il avec une sourde frénésie de noceur sevré depuis longtemps.

— Dînons ensemble, si ça te va, fit-elle.

« Écoute bien, Michet!

« Si t'as pas le sou, c'est moi qui régale. Je suis en fonds.

Le grand diable lui coupa la parole.

— Tu n' te souviens donc plus pourquoi au lieu de Michot tout le monde m'appelait Michet?

— Parce que t'avais toujours des louis plein tes poches.
— Eh bien, c'est pas changé.
Donne-moi le bras, et ne t'inquiète pas du reste.
Ils allaient. Où? Ça ne fait rien.
Tout l'ancien temps les reprenait.
Ils étaient légers et contents.
Quelle bonne soirée on allait passer!
— Première station! Vermout! Vingt minutes d'arrêt! s'écria le joyeux clerc, en installant sa compagne à une table de café!
Célestine adorait le vermout! Elle ne se borna pas à l'unité.
Quand ils se levèrent, ils étaient déjà légèrement éméchés.
Oh! ces apéritifs, c'est d'un traître!
Après ça il n'y a pas à dire mon cœur! On se becquète dans la rue! Les passants n'ont qu'à se voiler la face si ça les gêne, tiens!
D'ailleurs ça n'allait pas poursuivre en plein air.
Nos amoureux continuèrent leurs épanchements dans le mystère d'un cabinet particulier, n'ayant d'autres témoins que Dieu et les huîtres qu'on venait de servir.
Ah! le bel appétit! Et les souvenirs! et les baisers! et les éclats de rire. Le monde était à eux; les vignobles surtout!
Après le café, le besoin de prendre l'air se fait généralement sentir.
— Où allons-nous? demanda la belle pécheresse, quand ils furent sur l'asphalte du boulevard.
— Poussons une reconnaissance au quartier, hein?
— Tu es un ange! balbutia-t-elle en lui sautant au cou.
Seulement pas moyen d'y aller *pedibus cum jambis*.
« Michet » prononça quelques malédictions contre ces canailles de restaurateurs qui sont d'accord avec les cochers.
Ils vous abreuvent d'un tas de vins qui vous cassent les jambes.
Histoire de vous forcer à prendre un sapin.
Ce n'était pas qu'il regardât à la dépense! Oh! jamais!
Il fit ces quelques réflexions au cocher du fiacre que Célestine envahissait.
Le brave homme se contenta de hausser les épaules.
Le fiacre s'ébranla.
Célestine devenait sentimentale.
Elle se mit à chanter des romances du temps où, enfant, elle travaillait dans un atelier de fleuriste.
Il y en avait une surtout: l'histoire d'un nommé Ernest, qui après avoir séduit la femme de son ami devenait fou de remords.

>Le pauvre Ernest, étendu sur la pierre
>S'en va mourir à l'hôpital des fous!

Cette lamentable histoire la fit pleurer.

Elle jura à son « Michet » bien-aimé qu'elle ne l'avait pas trompé une seule fois, que son image était toujours dans son cœur.

Michet répondait par l'histoire épouvantable de l'ignoble conspiration des marchands de soupe et des cochers.

De là des quiproquos extravagants.

L'air de la Seine au passage des ponts leur rendit un peu de sang-froid.

— Où faut-il débarquer, bourgeois? demanda le cocher.

Célestine indiqua un établissement qu'elle n'avait pas fréquenté depuis longtemps.

Quelques minutes après ils descendaient devant une brasserie, place de la Sorbonne, et connue dans « le quartier » sous le nom de : *Le Chahut!*

A peine eurent-ils ouvert la porte qu'ils se trouvèrent enveloppés d'un nuage de fumée.

On faisait là dedans un tintamarre épouvantable!

Une âcre odeur de bière vous prenait à la gorge.

Quand les yeux étaient habitués à cette atmosphère asphyxiante, le spectacle qu'on apercevait était vraiment singulier.

Des filles en cheveux, légèrement émues elles-mêmes, car les malheureuses buvaient depuis l'heure du vermout presque sans interruption, se vautraient à côté des clients aux mines avachies.

On entendait s'entre-croiser des propos à faire rougir un corps de garde, ou l'abbé de Grécourt, l'émule de Piron en polissonneries libidineuses.

Des ordures criées à plaisir pour dire quelque chose de sale!

C'était ce qu'on appelle la brasserie à femmes.

Le nom vient de ce qu'au lieu de garçons ce sont des femmes qui servent les consommations aux clients.

Mais quelles femmes!... et quels clients!

C'est la maison de prostitution moderne, imitée de Belgique.

Ici aussi, la servante est à la disposition du consommateur. Des chambres sont préparées à l'arrière-boutique.

Ce n'est rien!

Le pis est qu'il y a un salon aussi, où l'on joue le baccarat et la roulette.

Au surplus, ces antres sont connus maintenant. L'ancien chef de la sûreté, M. Macé, les a montrés en tous leurs détails dans ses deux livres poignants, que tout le monde a lus.

Au surplus l'endroit n'était pas pour étonner Célestine et Michot, dit Michet. Que de fois, jadis, ils s'étaient rencontrés là, tantôt à la même table, tantôt faisant partie de sociétés différentes. — Mes amis, les drôles de *sociétés!*

Quelqu'un qui eût assisté à l'exécution de Maxime Létang aurait pu reconnaître plus d'un type abêti des deux sexes qui, au bon moment, s'était montré dans l'encadrement des fenêtres des cabaretiers de la lugubre place.

Mais si Michet et Célestine n'étaient point étonnés d'entrer là, ceux qui s'y trouvaient avant eux n'étaient pas non plus surpris de les voir.

— C'est Célestine, s'était-on dit, de table en table.

Michot provoquait plus de curiosité.

Non qu'on ne le reconnût point. Au contraire.

Seulement son habillement de bourgeois régulier intriguait.

Autrefois, il portait des costumes d'un chic caractéristique.

Ses vestons étaient si courts que, lui eût-on offert cent mille francs pour s'asseoir sur les basques, il eût manqué sa fortune.

Et les pantalons! Ils collaient si fort qu'on se demandait comment il pouvait y entrer ses jambes.

On eût dit des bas Leperdriel pour comprimer les varices.

De quelle couleur aussi! D'aucune couleur. Il avait le don, cet animal-là, de dénicher des étoffes que personne ne pouvait se procurer.

Quant à sa coiffure, jamais, au grand jamais, un chapelier n'eût osé confectionner quelque chose de pareil, à moins que ce ne fût sur commande.

Et encore exigeait-il le prix d'avance, crainte qu'on ne lui fît une farce, qu'on ne lui « posât un lapin », comme on dit dans le grand monde.

C'était haut deux fois comme un « tuyau de poêle », ordinaire, avec des bords si larges qu'il lui fallait l'incliner de biais pour entrer dans les omnibus.

Plus de ça aujourd'hui!

Costume noir, chapeau comme celui de tout le monde et des pantalons de nuance discrète, à la coupe usitée.

Rangé Michot. Mais qu'est-ce qu'il faisait? On ne savait pas.

N'importe! jadis on lui accordait de la considération à cause de ses poches, toujours fournies d'argent.

Que devait-ce être aujourd'hui?

Cette Célestine était vraiment veinarde de l'avoir *levé*.

C'est ce que se disait surtout une grande fillasse, assez jolie, quoique maquillée à outrance, qui buvait des bocks à quelques tables de là.

Elle la jalousait, Célestine.

Elle eût voulu être à sa place. Pour sûr, elle ne s'en serait pas repentie. Michot-Michet n'était pas homme à regarder à cinq louis.

C'est pourquoi sans doute ses yeux revenaient sans cesse se fixer sur le compagnon de Célestine.

Oh! si elle avait pu le lui souffler! Quelle aubaine!

Et dame! en le regardant, elle minaudait, prenait des attitudes, en un mot « lui faisait de l'œil ».

Qu'est-ce qui sait !...

Par malheur, Célestine voyait le manège à la glace.

La patience n'était pas précisément la qualité dominante de la sœur de Francis.

Elle commençait à rager.

Tiens! dites donc! elle qui avait lâché son « monsieur sérieux » pour Michot ne tenait pas à se le laisser subtiliser, bien sûr.

Elle commença par dire à celui-ci :

— Tu sais, toi, si tu regardes c'tte *roulée*-là j' la *dépiote*, que ça ne traînera pas.

— T'es bête, fit Michet, j'y pense pas.

— Mais elle y pense, elle.

— J'y peux rien. Et puis, c'est son droit.

— Son droit?

— Dame! elle est bien libre de me *gober*.

Célestine devint pâle.

— Eh bien! fit-elle les dents serrées, que j' l'y reprenne à te faire des yeux de merlan frit.

— Ah! et puis, ne nous rase pas! répliqua Michot impatienté. Qu'est-ce que tu feras d'ailleurs? Elle te mettrait dans sa poche.

Célestine verdit. La vanité entrait en danse.

— C'tte claquée-là? fit-elle. Attends voir...

— Zut! Fiche-nous la paix, dit Michet.

— Zut! aussi, répondit la sœur de Francis hors d'elle. J'ai amené un homme ici; j' veux pas qu'on y touche.

Et se tournant vers la fillasse :

— Toi, ma p'tite lui dit-elle, tu vas *écoper*, si j' te r'pince à faire ta *retape* du côté d'mon homme.

La filasse la regarda, et haussant les épaules :

— Ce que tu me fais suer des lames de rasoir!... fit-elle dédaigneusement.

— Sale rosse! riposta Célestine.

— Les rosses sont dans ta chemise, si t'en a une, cria l'autre; veille à toi, si je vas y voir!...

Le silence s'était fait.

On les regardait toutes deux.

Comme dans toutes les disputes, loin de mettre le holà, les spectateurs s'amusaient à exciter les deux femmes, qui redoublèrent d'injures et se mirent à se montrer le poing.

Ça allait se gâter.

Michot crut utile d'intervenir encore.

— Voyons à la fin, dit-il à Célestine, tu nous embêtes !

C'était jeter de l'huile sur le feu.

Célestine, la tête montée par tout ce qu'elle avait bu, entra en fureur, criant :

— Toi ! t'es aussi rosse qu'elle. Je vois bien de quoi il en retourne. Tu voudrais me lâcher à l'anglaise pour filer avec cette vache-là.

Toute la brasserie éclata d'un fou rire.

La rivale de Célestine, blessée de son triomphe, répliqua par un geste ignoble, qui mit les rieurs de son côté.

Mal lui en prit.

Pif ! paf ! la chope de Célestine alla la frapper en plein estomac.

Par bonheur, le coup, lancé d'une main hésitante, ne lui fit pas grand mal, mais le corsage fut inondé de bière.

La riposte ne se fit pas attendre.

Avant qu'on eût eu le temps d'y voir autre chose que du bleu, une formidable paire de gifles s'abattit sur les joues de Célestine.

V'li ! v'lan !

— Ah ! canaille ! rugit la sœur de Francis, attends un peu.

La lutte s'engagea.

Les chignons commencèrent à voler dans l'air et à tomber dans les bocks ou dans les choucroutes garnies.

Elles s'étaient empoignées, les coups pleuvaient, elles se mordaient, hurlant.

Et les consommateurs faisaient :

— Kiss, kiss !…

Les corsages, déchirés, montraient la peau bleuie déjà, avec de longues raies rouges sur les seins égratignés et pendants.

Par un croche-pied, Célestine, devenue terrible, renversa son adversaire et, rampant sur son corps, relevant les jupes jusqu'à leur ceinture, restait accroupie sur le creux de l'estomac, se proposant très sérieusement d'étrangler la fillasse, qui les deux bras en avant lui labourait le visage de ses ongles.

On riait, on battait des mains, on criait.

Un farceur, saisissant un siphon d'eau de Seltz, s'approcha et en lança le jet sur le ventre et les cuisses nues de la terrassée !

Ça lui fit plus que tout, elle cria désespérément :

LES ERREURS DE LA GUILLOTINE

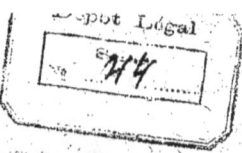

Manquant la barre d'un trapèze elle venait de tomber sur le sol.

— A la garde ! à l'assassin !

On voyait à travers les vitres dépolies de la devanture des badauds se masser devant l'établissement.

Tout à coup, la porte s'ouvrit. Trois agents parurent, et la foule pénétra derrière eux.

On croyait à un crime.

En un tour de main les agents mirent le holà !

Après avoir dressé procès-verbal contre le patron, qui dès le commencement de la dispute laissait faire, n'ayant garde de prévenir la police, ils emmenèrent les deux femmes au poste, malgré les réclamations de « Michet, » qui bégayait d'une voix pâteuse et inintelligible.

Au poste, le brigadier après plus amples informations renvoya la rivale de Célestine et garda celle-ci pour être menée au Dépôt.

La pauvre Célestine n'avait décidément pas de chance.

Vers onze heures la hideuse voiture cellulaire, le panier à salade s'arrêta devant le « clou ».

Elle dut y monter malgré ses larmes et ses récriminations.

Le lendemain, quand elle comparut devant le commissaire du Dépôt, ce fut bien une autre paire de manches.

Elle espérait être relâchée comme la camarade.

Ah ! mais non ! En règle, celle-ci, tandis que Célestine :

— *Insoumise*, ma fille, dit le commissaire ; en route pour Saint-Lazare !

Nouveau voyage dans le panier à salade.

Décidément ça devenait désespérant.

Ça n'est pas précisément drôle, Saint-Lazare.

D'abord, après la visite réglementaire, la fouille et l'inscription au registre, il faut subir une coupe de cheveux qui n'a rien d'élégant.

Puis on vous installe dans une espèce d'atelier sombre où des surveillantes qui ne blaguent pas, je vous le jure, vous enlèvent toute envie de jaser.

Pas drôle le règlement.

Au cachot, si on s'avise de broncher.

Et la nourriture !

Ça manquait complètement de charme.

Célestine se désolait, attendant chaque jour sa mise en liberté.

Est-ce que Michot ne la réclamerait pas ?

Bah ! Michot avait bien d'autres chiens à peigner.

D'ailleurs ses réclamations ou rien, c'était à peu près la même chose.

Enfin le quinzième jour de sa réclusion on se décida à la mettre dehors. Seulement, elle était immatriculée sur les registres des prostituées.

Quand elle se retrouva au grand air, dans le faubourg Saint-Denis, elle se demanda ce qu'elle allait faire.

Piteuse, osant à peine lever les yeux, elle prit le boulevard Magenta et remonta machinalement jusqu'au boulevard extérieur.

Le tramway de l'Étoile était arrêté à la station.

— Tiens! se dit-elle, allons à Levallois.

Elle se promettait de conter ses peines à la pauvre petite morte.

Et puis, depuis près de trois semaines, elle n'avait pu visiter la chère tombe, il était temps d'aller l'arranger.

Célestine monta dans le tramway et prit la correspondance pour Levallois.

Aux abords du cimetière elle acheta une couronne, bien qu'il ne lui restât que quelques sous.

Lorsqu'elle fut devant la petite tombe elle s'agenouilla et pleura abondamment! Ça lui faisait du bien de pleurer.

Lorsqu'elle se sentit plus calme, elle s'essuya les yeux et se leva pour arranger coquettement l'entour du monument, suivant son habitude.

Il fallait d'abord arracher les mauvaises herbes qui s'entêtaient à pousser autour de la croix.

Elles devaient avoir profité de l'absence de la mère, ces vilaines plantes.

Célestine poussa une exclamation.

— Je ne rêve pas, dit-elle, on dirait que la terre a été remuée et qu'on les a enlevées les mauvaises herbes.

« Oui... tout était propre ; la terre remuée jusque derrière le soubassement de la croix.

Elle chercha la binette et la retrouva ailleurs qu'à la place ordinaire.

Cela la rendit rêveuse.

Qui donc avait pris soin de la petite tombe?

Elle ne parvint pas à le deviner. Quand bien même on l'eût mise sur la voie, en lui parlant de Francis, elle ne serait arrivée à croire la vérité, c'est-à-dire à admettre que son frère fût venu rendre visite à cette tombe.

Dans quel but?

Pour sûr, ça n'aurait pas été dans un bon sentiment.

Elle ne se faisait pas d'illusion sur le personnage. Il y avait longtemps qu'elle en avait fait son deuil.

C'était bien lui pourtant.

Mais s'il avait enlevé les mauvaises herbes, il ne fallait pas lui en savoir gré. Bien loin que la piété l'y engageât, c'était pour sa sûreté qu'il l'avait fait, pour se donner une contenance en voyant paraître des visiteurs. Dieu non! s'il était là, ce n'était pas pour son agrément.

Le surlendemain du jour où le sinistre gredin avait fait part à son patron le député de ses intentions matrimoniales, il était venu rendre visite à son magot.

Son intention première était de tout prendre et de filer à l'étranger.

Cependant, quand, après l'alerte, il fut assuré de la solitude au cimetière, et qu'il se trouva en face de son trésor ses idées se modifièrent.

A quoi bon s'embarrasser d'une si grosse somme difficile à dissimuler?

Le moment n'était pas encore venu.

Et puis Francis en homme sage calculait tout.

La possession de cette fortune pouvait le griser malgré son sang-froid, l'exciter à des achats exagérés, compromettants.

Non! mieux valait attendre encore.

Il se contenta de prendre cinq mille francs.

Cela fait, il racla soigneusement la terre au-dessus du précieux dépôt, et comme des pas faisaient de nouveau crier le sable d'une allée, il se hâta de s'éloigner, après avoir fait un hypocrite signe de croix, feignant d'essuyer des larmes qui ne coulaient pas.

Une fois hors du cimetière, il prit un fiacre et se fit conduire aux abords de la gare de Lyon.

Pas si bête que de se faire descendre à la gare.

On ne sait pas ce qui peut arriver.

Il alla dîner dans le voisinage.

A le voir sortir du restaurant, l'air tranquille, fumant son cigare avec toute la satisfaction d'un honnête homme qui a bien rempli sa journée, personne ne se fût douté des crimes dont il était l'auteur.

Au moment d'entrer à la gare, il lui vint une réflexion.

Ces gares de Paris sont pleines de deux sortes de gens qu'il tenait à éviter : les mouchards et les *escarpes*. Parmi les uns et les autres, il pouvait s'en trouver qui le connussent, remarquassent son départ. Pas la peine. Autant reculer le vrai départ de vingt-quatre heures.

Il monta dans un tramway, qui le conduisit à une station de banlieue; ni roussins ni *camarades*, là. En toute sécurité, il monta dans un train omnibus pour Fontainebleau.

Il y coucha, se balada en forêt le lendemain, et le soir prit le rapide qui va à Genève.

Mais pas de danger qu'il prit un billet pour cette localité; non : « première pour Mâcon ». Pour le reste, il payerait le supplément en route. Cherchez-le à Mâcon!

Le voilà parti.

La vapeur entraînait vers le pays des glaciers le meurtrier de la veuve Valph.

Paisiblement accoudé dans le coin du compartiment, Francis regardait défiler les plaines et vallons noyés dans l'ombre de la nuit.

La lune, qui se levait, jetait sa pâle lueur sur les paysages rapidement traversés.

Les arbres prenaient des formes fantastiques.

Des fleuves et des rivières déroulaient leurs rubans d'argent au bas des talus, et brusquement des forêts sombres et épaisses se dressaient comme un rideau noir masquant tout horizon au voyageur.

De temps en temps, dans la nuit, la locomotive jetait son appel lugubre qui se prolongeait dans le silence, dominant le tintamarre des roues du convoi, et un instant après un autre train passait comme un éclair devant la portière du wagon.

Vers minuit et demie le train s'arrêta :

— Lyon-Perrache ! tout le monde descend.

Francis se glissa dans la foule des voyageurs.

Il alla à l'hôtel le plus proche, et donna l'ordre qu'on le réveillât à six heures.

Le train de Genève partait à sept.

Le lendemain Francis déjeunait dans un hôtel de la cité helvétique, où il s'était fait inscrire sous le nom d'Eugène Marloy.

Les premières semaines s'écoulèrent d'une façon passable.

Francis profita de l'occasion.

Il visita les glaciers, les vallons, fit un pèlerinage à la tombe de Jean-Jacques Rousseau, s'offrit l'ascension de quelques pics, ni plus ni moins qu'un touriste anglais.

Mais il arrive un moment où ça devient monotone.

Toujours les mêmes montagnes aux sommets neigeux, dominant les mêmes lacs aux bords desquels se dressent les mêmes chalets.

Décidément, ce n'est pas en Suisse qu'il se fixerait.

Le mal du pays le talonna. Il attendait avec impatience chaque matin l'arrivée des journaux parisiens et les dévorait d'un bout à l'autre en soupirant !

Ah ! les boulevards ! Ah ! la vie tumultueuse de Paris ! C'est ça qui est vrai, c'est ça la vie !

Comme cette ville de Genève, paisible, presque claustrale, avec ses honnêtes maisons qui se mirent dans le lac, était ennuyeuse !

Francis sentait le spleen s'emparer de lui. Il n'avait plus de goût à rien.

Tout ce qu'il mangeait lui semblait fadasse.

Plus d'appétit, plus de gaieté, plus de sommeil.

D'un tempérament vigoureux, taillé pour la lutte, il moisissait littéralement dans ce pays tranquille.

Il soupirait après une émotion, un rien, quelque chose enfin qui le sortît de sa torpeur.

Soupirs perdus! Rien ne venait.

Mille fois, il avait été sur le point de combiner « une affaire » pour se retremper la main, et les braves Genevois ne s'étaient guère douté du péril suspendu sur leur tête.

Mais non! Il fallait rester sage. Ne pas gâter l'avenir qui s'annonçait si beau par un stupide coup de tête.

Cette résolution tint une dizaine de jours encore.

Mais à la fin Francis était à bout; il ne pouvait pas rester comme ça.

Dès le soir même, de deux choses l'une :

Ou il rentrerait en France à tout risque. Ou il « travaillerait » sur place.

C'est en s'habillant, pour sortir, qu'il prenait cet étrange parti.

Il quitta l'hôtel et s'en alla les bras ballants à l'aventure.

Comme il s'engageait sur le pont du Rhône, il entendit quelqu'un pousser un petit cri de surprise et vit venir à lui une femme pimpante, jolie, vraie petite Parisienne, qui lui souriait en se hâtant.

— Qui diable est-ce là? pensa-t-il.

Déjà la jolie personne l'accostait.

— Bonjour, monsieur Eugène!

Francis tressaillit.

Elle ajouta, voyant son air étonné :

— Vous ne me reconnaissez pas!

« Eulalie! La petite Eulalie. Il n'y a pourtant pas longtemps que nous avons refait connaissance! Tenez, c'est la veille du jour où l'un des Polonais de la famille Loupard s'est fait écrabouiller sous la voûte du chemin de fer.

Lugubre souvenir! Cependant Francis regardait la jeune saltimbanque avec admiration.

Ca n'était plus le clown femelle de la foire Montmartre. Très bien et très décemment mise. Une femme, dans la plus attrayante acception du mot.

Après ça, il n'y avait rien d'étonnant. Une jolie fille comme ça ne pouvait pas manquer de trouver un entreteneur.

— Pas dégoûté le monsieur! pensa Francis.

Mais il se trompait grossièrement et Eulalie ne tarda pas à l'en convaincre.

Il venait de lui demander machinalement si elle ne faisait plus partie de la troupe Loupard.

— Hélas! dit-elle avec émotion, la pauvre Mme Loupard est morte. Un coup de sang ! Ça l'a tuée net ! Et elle qui se proposait de se retirer pour vivre un peu à l'aise !...

« Vous pensez quelle catastrophe, monsieur Eugène.

« Le père Loupard en est resté comme fou.

« Le pauvre homme a vendu la baraque, n'ayant plus le cœur à continuer le métier.

— Et vous ?

— Oh ! moi j'ai été tout de suite casée.

« Le directeur d'un cirque américain me guignait depuis longtemps. Il m'a fait des propositions et m'a engagée *illico* à de très forts appointements.

« Nous faisons des tournées en ce moment, mais ça va être bientôt terminé, nous rentrerons sous peu à New-York.

« J'y songe, au fait :

« Nous nous arrêtons quelques jours à Genève.

« Notre première représentation est pour ce soir.

« Venez ! J'ai des exercices très curieux et votre présence me fera bien plaisir. C'est si bon de se savoir un ami parmi tant d'inconnus.

— Soit, dit Francis, je vous le promets.

— Je vous en prie, ne manquez pas surtout !

Elle lui tendit gentiment la main :

— A ce soir !

— A ce soir !

Francis la regarda s'éloigner, saisi d'un trouble extraordinaire qu'il ne s'expliquait pas.

Elle l'avait singulièrement remué, cette petite.

Toutes ses idées mauvaises s'en étaient allées du coup.

Ah çà ! est-ce que, par hasard, il se laisserait prendre de cœur ?

Mais oui, il en était presque amoureux !...

Cette découverte le fit frissonner malgré lui.

Il revit la scène tragique dénouée dans l'escalier de la maison de la rue des Folies-Méricourt.

La mère d'Eulalie râlant sur l'escalier, la poitrine brisée par son talon de botte meurtrier.

Et c'était de la fille de sa victime qu'il était épris !

Quel que fût son cynisme ça lui donnait la chair de poule.

Il eut besoin de faire un bon bout de chemin pour secouer cette impression.

— Après tout, se dit-il, qui est-ce qui le sait ? Personne ! J'ai bien le droit d'avoir des caprices comme les autres.

« Et puis cette petite n'est pas la première venue. C'est une fille sage, on peut s'y attacher. Elle part pour l'Amérique, l'occasion est bonne.

« C'est une compagne de route trouvée.

« En admettant que rien ne se décide, il n'y a pas de mal à me rendre à son invitation.

« J'irai la voir au cirque, ça n'engage à rien...

L'après-midi la ville de Genève fut mise en émoi par la cavalcade, réclame organisée par le directeur du cirque américain.

Un défilé splendide.

Les écuyers à cheval en tête. Puis deux grandes voitures chargées de femmes en maillot, jetant au public des programmes enluminés sur lesquels Eulalie était représentée en grand costume, accomplissant des exercices surprenants du haut d'un trapèze.

Sur l'affiche et sur le prospectus on l'appelait :

La Signora Eulalia.

A la suite des voitures-réclames venaient les huit éléphants du cirque, puis les musiciens.

Ah ! le directeur Yankee faisait bien des choses !

Le soir venu Francis se dirigea vers la place.

Le cirque, une tente immense, occupait un énorme emplacement.

A la lueur du gaz les grandes affiches fortement colorées tiraient l'œil ; pas moyen d'y résister.

Aussi de toutes les rues avoisinantes débouchait un flot de gens qui allaient s'engouffrer dans le cirque.

Très bien aménagé, ce cirque. Une piste magnifique. Des gradins confortables, de quoi empiler deux mille personnes.

Toute la société genevoise s'étalait aux premiers rangs.

Une foule d'étrangers de toutes nations aussi.

Francis se fendit d'aller aux places réservées pour mieux voir, impatient de contempler la petite.

Enfin l'orchestre se fit entendre.

La première partie du spectacle intéressa médiocrement Francis.

C'était ce qu'il avait vu mille fois.

Des chevaux bien dressés, faisant des exercices plus ou moins compliqués.

Des clowns débitant des farces et grimaçant à qui mieux mieux en se flanquant des gifles.

Des écuyères passant dans des cerceaux de papier.

LES ERREURS DE LA GUILLOTINE

Et prenant pied, il le tira de l'eau...

Tout ça du réchauffé.

— Dame! Vous comprenez, on garde les bonnes choses pour la fin.

La *signora Eulalia* était réservée pour la deuxième partie.

Francis l'attendait avec émotion.

Enfin! le programme annonça son numéro. Cinq minutes d'attente et il allait la revoir; le cœur lui battait.

Décidément, le renard était pris, pincé! Il n'eût jamais cru ça de sa part.

Des valets d'écurie étendaient un tapis sur la piste, et d'autres employés décrochaient des trapèzes suspendus à la voûte de la tente colossale.

Quelques banquettes restées vides au début du spectacle s'emplissaient.

Une rumeur de bon augure grondait dans la salle.

Bientôt les musiciens se tinrent prêts. Le chef d'orchestre leva son bâton! Il se fit un profond silence. Un timbre sonna et la musique commença une espèce de marche triomphale comme pour saluer l'entrée de la jolie Eulalia.

Elle apparut, sautant légèrement de la porte intérieure sur le sable de la piste, et souriante, tournant gravement sur elle-même, elle envoya gentiment des baisers au public.

Ce fut une explosion de bravos.

Elle était crânement séduisante tout de même.

Son costume de clown, très riche, orné d'étoiles d'or sur fond bleu, lui allait à merveille et faisait ressortir ses formes élégantes.

Son joli minois, éveillé, émergeait d'une collerette de dentelles, sur lesquelles tombaient les boucles blondes de sa chevelure.

Elle vous avait un petit air à la fois innocent et futé à séduire Dieu le père, s'il était dans la salle.

Cette fois, à ce qu'il éprouva, Francis comprit qu'il était touché!

Elle l'aperçut, et sans affectation lui adressa un gentil sourire qui acheva de le griser.

Légère et souple comme une panthère, elle bondit sur un tremplin et hioup! D'un élan elle se trouva assise sur un des trapèzes du haut.

— Pas plus difficile que ça, mesdames et messieurs!

Alors commença une série d'exercices à faire frémir.

Eh bien! Eulalie était si légère, elle accomplissait ces prodiges avec tant de grâce et de facilité qu'on oubliait de frémir pour admirer.

Pas de danger en apparence; pas même difficile, on eût cru pouvoir en faire autant.

De son côté la jolie acrobate était heureuse.

Elle travaillait de son mieux.

Non pour ces inconnus qui l'applaudissaient.

Non, pour ces gommeux du premier rang qui la lorgnaient en poussant des ah! et des oh! d'admiration.

C'était pour son ami Eugène Marloy qu'elle tenait à se surpasser, lui jetant de temps à autre un sourire victorieux.

Francis devinait ce qui se passait en elle.

Il se passionnait de son succès. Il en prenait sa part. Il lui semblait que cette jolie créature lui appartenait déjà.

Brusquement un « ah! » terrible s'échappa de toutes les bouches.

La malheureuse Eulalie avait mal pris son élan.

Manquant la barre d'un trapèze elle venait de tomber sur le sol.

Les employés du cirque, valets d'écurie, écuyers, clowns se précipitèrent à son secours, la ramassèrent évanouie, l'emportèrent.

On quittait la salle en toute hâte, les femmes se trouvaient mal, les enfants criaient. Vraiment un événement cruel, douloureux pour tous!

Francis, pâle, la sueur au front, était descendu sur la piste, gagnant les coulisses. Il s'informa auprès du directeur, qui lui indiqua l'hôtel où demeurait la pauvre enfant.

On l'y transportait en ce moment, sans qu'elle eût repris connaissance. Prenant le malfaiteur pour un parent de sa pensionnaire, le directeur l'emmena avec lui, dans sa voiture.

Le médecin appelé aussitôt ne tarda à accourir et examina la blessée.

Après l'examen, il hocha la tête :

— Eh bien? demandèrent à la fois le barnum et Francis.

— C'est grave, fit l'homme de l'art.

« Elle a une épaule déboîtée, le bras droit et la jambe droite cassés, et des contusions internes.

« La chute a été terrible.

« J'espère la sauver, mais seulement d'ici deux ou trois mois : elle ne pourra guère être sur pied auparavant.

Le directeur parut très inquiet.

— Et, demanda-t-il, une fois guérie, pourra-t-elle reprendre ses exercices?

Le médecin baissa la voix.

— N'y comptez pas, dit-il.

« Ces complications de fractures ne laissent aucun espoir à cet égard.

« Elle n'aura plus ni la force, ni la souplesse voulues.

— Je le regrette, dit le directeur. C'est un grand malheur pour elle et pour moi-même. Pauvre enfant! C'était un sujet rare!...

« Mais que voulez-vous, chacun a ses propres soucis.

« Tout ce que je puis faire est de lui laisser l'argent nécessaire à ces trois ou quatre mois de traitement. Car nous allons nous rembarquer pour New-York. Mon souci est de savoir qui s'occupera d'elle, seule en une ville étrangère...

— Ne vous en inquiétez pas, dit le faux Eugène Marloy, je m'en charge.

— C'est donc à vous, monsieur, que je remettrai la somme en question, dit le directeur.

Le jour même Francis s'installa dans cet hôtel.

Il s'était fait un plan.

Puisqu'il aimait cette enfant, pourquoi ne l'épouserait-il pas?

Cet amour ne faisait plus de doute pour lui.

Jamais il n'avait ressenti pareille émotion. Eh bien, puisqu'il en était ainsi il se dévouerait à elle. Dans son âme de bandit germait des sentiments inconnus : l'expiation !

Oui, pour expier le meurtre de la mère il sauverait l'enfant.

Puis, une fois qu'elle serait sur pied, il en ferait sa femme, et tous deux iraient vivre comme des bourgeois dans quelque pays perdu, peut-être même trouverait-il le moyen de rentrer en France.

Enfin on aviserait.

Pendant qu'il songeait, la petite, prise d'une fièvre délirante, parlait tout haut, avouant, elle aussi, son naïf amour, naïf, comme aux premiers temps, où gamine, elle l'admirait, ce fiancé de la fille de la lingère, et godichement se sentait jalouse d'elle.

Tout désormais était là pour le prétendu Marloy :

Sauver Eulalie !...

XXII

LA PONCTUALITÉ DE M BINET

L'idée fixe d'Oscar de la Ville-Viquier était de faire connaissance de ce Mathurin Binet, dont les renseignements, pensait-il, devaient lui être si utiles. Il en avait cette certitude morale, qu'on appelle un pressentiment quelque chose le lui assurait. Quoi ? Il ne savait. N'importe!

C'est pourquoi il allait le plus souvent possible à Étretat, surtout le samedi et le dimanche.

Cependant, la chance semblait contraire, car jusque-là, comme par un fait exprès, Mathurin Binet restait invisible.

Des empêchements quelconques le retenaient à Paris pour la plus grande contrariété de M. Oscar.

Depuis longtemps il s'était fait désigner Mme et Mlle Binet, sa femme et sa fille. En l'absence du père, il était difficile de se faire présenter.

Le hasard allait une fois de plus servir l'ancien policier.

Voici comment.

C'était un dimanche matin.

M. Oscar, loin de se laisser décourager par ses premiers échecs, était revenu à la charge.

Après tout c'était une promenade aussi agréable qu'une autre.

Il se trouvait donc vers dix heures sur la plage d'Etretat.

Peu de monde sur cette plage!

De là, M. Oscar pouvait surveiller la villa de Mathurin Binet, une jolie maison perchée sur la falaise et dominant les rangées de cabines.

Un escalier des plus primitifs conduisait de la plage à la demeure des Binet et *vice versa*.

Personne ne pouvait entrer ni sortir de cette maison sans être vu des baigneurs.

M. de la Ville-Viquier était d'autant plus satisfait de cette situation que cela lui permettait de prendre tranquillement son bain sans abandonner une seconde sa surveillance.

Ce jour-là, il agit ainsi. Venu à la plage, il sauta dans une cabine, appela le baigneur et, deux minutes après il se plongeait dans ce que les poètes ont baptisé du nom d'onde amère.

A peine commençait-il ses ébats maritimes que son attention fut attirée du côté de la villa.

Il se laissa aller au mouvement du flot et regarda.

Mme Binet et sa fille, qu'il connaissait déjà de vue, descendaient les marches, accompagnées d'un grand flandrin qu'il n'avait pas encore aperçu dans leur société.

M. Oscar les enveloppa d'un coup d'œil, réprimant une légère envie de rire à l'aspect de ce groupe.

Trois types : la mère, grande, sèche, guindée, portant son ombrelle comme si elle eût tenu l'étendard de la France, la tête raide comme un saint sacrement.

La fille, petite, boulotte, ronde, présentant à distance l'aspect de trois boules superposées, timide et gauche, minaudant.

Quant au troisième personnage c'était le banal gommeux de l'époque.

Veston étriqué, pantalons collants laissant voir des souliers vernis longs et pointus, carreau dans l'œil, stick à la main, et nécessairement l'air godiche.

M. Oscar se demanda quel pouvait être ce personnage.

Sans doute le fils de M. Binet ou le fiancé de mademoiselle.

Visiblement, la mer étant un peu forte, il fallait que ce trio de baigneurs eût un certain savoir de la natation. Néanmoins un maître baigneur accompagna ces dames.

Quant au jeune homme, il s'en passa.

Une imprudence ! Les plages de galets vont le plus souvent en pentes rapides. On perd pied, assez promptement.

C'est ce qui arriva au jeune baigneur. Il nageait. Néanmoins Oscar en prit sinon de l'inquiétude, du moins un peu de souci. Ce garçon faisait des mouvements bien précipités. Il allait se fatiguer vite, la respiration deviendrait difficile. Et le flot, loin de se calmer, commençait à s'élever plus haut, déferlant à une assez grande distance.

Instinctivement, Oscar navigua de son côté.

Bien lui en prit, car tout à coup il entendit un appel. Par malheur, la hauteur des vagues empêchait de voir constamment le présomptueux nageur. Oscar se hâta.

Un frisson le prit en arrivant à l'endroit voulu. Il ne vit rien d'abord ; puis deux mains seulement. Il plongea et, en une brassée, il toucha le malheureux garçon.

Le soin de sa propre conservation lui fit prendre ses précautions. Il ne s'agissait pas de se laisser empoigner, paralyser par le naufragé. Tout ce qu'Oscar eût obtenu eût été de se noyer avec lui, et il n'en avait pas envie.

Mais non ! Pas ce danger à craindre ; le jeune homme était inerte.

Facile alors. Il le poussa devant lui, comme il eût fait d'une bûche flottante, et prenant pied il le tira hors de l'eau.

La mère et la fille Binet jetaient des cris de désolation.

— Mon fils !...

— Mon frère !

— Mort !...

— Non, mesdames, répondit Oscar. Il n'est qu'évanoui. Tenez voilà le médecin de l'établissement qui accourt. Il va le rappeler à la vie.

Transporté dans une grande cabine, on fit le nécessaire et bientôt l'imprudent ayant repris connaissance put être ramené à la villa.

Sa mère et sa sœur ne savaient comment exprimer leur reconnaissance à Oscar. En autre circonstance, il se fût dérobé ; mais suivant son idée, il vit là le joint favorable d'entrer en relation avec ces gens.

Il quitta ces dames en demandant permission de venir le lendemain prendre des nouvelles du jeune homme.

Pour un peu comiques que fussent ces trois personnes, elles avaient du moins le cœur à sa place. Elles jugèrent que c'était au chef de la famille à remercier définitivement celui qui avait empêché son fils de périr. Un télégramme le prévint, et quand Oscar se présenta, c'est celui-ci qui, sur la vue de sa carte, vint au-devant de lui, lui tendant ses deux mains, les yeux humides.

Il fallut qu'Oscar restât à déjeuner. Il ne demandait pas mieux.

Ce n'est pas qu'il trouvât grand attrait dans cette famille. Du premier coup, il les avait jugés tous.

La maman, un peu ridicule par des prétentions aristocratiques peu légitimées. Le fils, affligé de préoccupations au *chic*, plutôt niaises. La fille, un peu *dindonnette*. Quant au père, le monsieur enrichi qui se vante un peu trop d'être arrivé à Paris en sabots, avec quarante sous dans sa poche.

Il poussait le culte de la vérité à l'extrême, ajoutant qu'il était entré chez son patron, où il était caissier général à présent, pour balayer les magasins et laver la vaisselle.

S'il en tirait gloire, sa femme et son fils en étaient fort mortifiés.

Ridicule des deux parts. Mais pour manquer d'esprit, on n'est pas forcément sans cœur, et ces personnes avaient le leur très sensible et bon. Ça vaut bien quelque chose.

Et M. Binet continuait.

— J'avais 20 francs par mois et les rogatons.

« Eh bien, je suis arrivé par ma ponctualité et mon zèle à devenir le caissier général de la maison à 15,000 francs d'appointements, intéressé et neveu du patron par alliance, puisque j'ai épousé sa nièce.

Oscar le laissa tout dire, s'égayant intérieurement de la mine que faisaient la femme et le fils.

Mais on le répète, il suivait son idée.

Aussi, lui faisant compliment, il toucha incidemment à cette villa, qu'il vanta de son mieux.

— Je l'ai achetée à une pauvre femme qui n'a pas eu de chance, dit-il. Mme Valph. Vous connaissez cette affaire.

— En effet, répondit Oscar, se voyant au point désiré.

Et il insinua que si on avait retrouvé l'assassin, on n'avait pas encore retrouvé l'argent.

— Dame ! on ne le retrouvera plus, si le gredin l'a bien caché, dit Binet, puisqu'il est mort.

— Et, ajouta Mme Binet, une fois mort, il ne peut plus dire où il est.

— Si encore on avait les numéros des billets...

— On les a, dit triomphalement M. Binet.

Oscar feignit le plus complet étonnement.

Son hôte le regarda fixement et recommença à dévider son chapelet.

— Venu à Paris en sabots, avec 40 sous dans ma poche, comme j'ai eu l'honneur de vous le dire, c'est par ma ponctualité que je suis parvenu au poste de caissier principal.

« Or, cette ponctualité qui ne m'abandonne jamais m'a fait inscrire les numéros des billets en question.

« Dès que le meurtre a été connu, j'en ai envoyé la liste à la Banque de France. Pour Oscar, c'était de la besogne faite.

Restait à savoir si le caissier, si ordonné, consentirait à lui en remettre une copie.

Il le lui demanda.

— Certainement, cher monsieur, répondit Binet. Je vous devine, allez.

— Que voulez-vous dire ?

— Vous avez beau avoir donné votre démission, vous êtes comme moi : l'amour du métier vous reste. Je pourrais, de même, prendre ma retraite. J'ai les moyens de ne rien faire. Mais qu'est-ce que je ferais si je ne faisais rien ?

« Et puis, comme moi encore, vous dites qu'on a trop négligé ces cent dix mille francs disparus. On n'a rien trouvé chez Létang. Donc, il avait des complices. Vous ne désespérez pas de les pincer.

— C'est cela, dit Oscar.

— Eh bien ! venez dans mon cabinet.

Quand Oscar partit, il avait les numéros en poche.

Quelques jours après, un matin, l'oncle Brignol entra dans la chambre de son neveu la Ville-Viquier. Il avait l'air pensif.

— Qu'y a-t-il, mon oncle ? fit Oscar.

— Il y a que je viens te demander ton avis.

— Mon avis ?

— Oui. Au sujet d'une chose délicate qui nous intéresse tous.

— Voyons.

— Tu n'es pas sans avoir deviné que Félix aime Augustine. Pas vrai ?

Oscar sourit.

— Il y a longtemps, dit-il. Le jour de mon arrivée.

— Eh bien ! puisque cette jeune fille est honnête et digne, puisque nous l'estimons et l'aimons tous... toi aussi, je pense ?

— Assurément !

— Pourquoi attendre plus longtemps ? Si on les mariait tout de suite, elle n'en serait que plus dévouée à son élève. Qu'en penses-tu, Oscar ?

— C'est aussi mon opinion. Loin de voir des inconvénients à cela j'y trouve cet avantage que la situation de chacun en sera plus nette et, par cela même, plus honorable.

LES ERREURS DE LA GUILLOTINE

Il était à peine attablé depuis quelques minutes qu'il sentit une main se poser sur son épaule.

L'oncle Brignol toussa d'un air embarrassé.

— N'en êtes-vous pas d'accord, mon oncle ? demanda Oscar.

— Si fait. Mais, dis moi, voudrais-tu te charger de mener cette affaire ?

— Pourquoi moi, mon oncle ? Il me semble que c'est au plus intéressé, à Félix, d'ouvrir le feu. Tenez, prévenez-le, et, tous réunis ce soir, après dîner, en famille, Félix fera sa déclaration franchement, loyalement.

Brignol réfléchit un moment. Puis :

— Soit, c'est entendu, dit-il. Je vais prévenir mon fils.

Le soir, la famille, groupée autour de la table, achevait le dessert ; les servantes s'étaient retirées. Il se fit un silence.

Alors l'oncle Brignol interrogea d'un coup d'œil son fils et son neveu.

Ceux-ci firent un signe d'acquiescement. Brignol toussa avec émotion et se tournant vers Augustine :

— Ma chère enfant, lui dit-il, Félix a quelque chose à vous dire, en son nom et au nom de toute la famille qui se considère comme la vôtre.

« Je vous prie de l'écouter attentivement et de lui répondre franchement selon votre cœur.

Augustine devint très pâle. Elle devinait de quoi il allait être question.

Cette émotion n'étonna personne et n'arrêta pas Félix, qui commença sa déclaration en ces termes :

— Mademoiselle, depuis que vous êtes entrée dans cette maison, le bonheur semble y être entré avec vous. En peu de temps vous avez su vous faire affectionner de ceux dont vous acceptiez de partager l'existence. On vous estime, on vous honore, chez nous, du premier au dernier. Et il nous semble que vous soyez devenue une sœur pour Julie, une seconde fille pour mon père.

« Mais voilà bientôt votre tâche finie. Vous avez fait de Julie une jeune fille suffisamment instruite pour sa condition, et votre délicatesse vous fait peut-être prévoir le moment de nous quitter.

« Eh bien ! cette pensée nous est pénible. Nous souffrons à songer que vous pourriez partir.

Ici la voix de Félix devint légèrement tremblante.

— Si j'ai pris la parole pour vous dire tout cela, dit-il en surmontant une dernière émotion, si j'ai réclamé le privilège de vous exprimer le vœu de tous, c'est que plus qu'à tout autre votre départ, mademoiselle, me ferait l'effet d'un malheur. Permettez-moi de vous le dire avec un profond respect. Je vous aime depuis longtemps, mademoiselle.

« C'est que, vous voyant si bonne et si seule au monde, je me suis dit que la Providence nous avait réunis, vous pour retrouver la famille qui vous manque, moi pour rencontrer la compagne de ma vie entière. Si je me suis tu jusqu'ici, ne l'attribuez, je vous prie, qu'à un scrupule de discrétion que votre délicatesse appréciera.

« Mais aujourd'hui, la crainte d'une séparation et le désir de mes parents me décident à parler, et je vous supplie en grâce de nous faire à tous l'honneur de devenir ma femme...

Un nouveau et profond silence se fit.

Les regards de tous étaient fixés sur Augustine, et bien que ces regards fussent bienveillants et amis, la jeune fille tenait ses yeux obstinément baissés.

Prévoyant le mot final, elle sentait un indicible trouble l'envahir; tout tournait, la terre manquait sous ses pieds.

Lorsque Félix eut achevé, ils demeurèrent comme suspendus aux lèvres de l'institutrice.

Enfin, la jeune fille parut surmonter son extrême émotion. Elle releva la tête, les contempla un moment, voulut parler. Mais brusquement, elle cacha son visage dans ses mains et éclata en sanglots.

Félix s'élança vers elle et se mit à ses genoux.

L'oncle Brignol, M. Oscar et Julie s'empressaient de même.

Son élève l'embrassait avec effusion, lui essuyant les yeux, la suppliant de se calmer de répondre.

Augustine restait abîmée.

L'oncle Brignol intervint à son tour, l'interrogeant d'un ton affectueux et paternel.

Que craignait-elle? Pourquoi ces larmes et ce silence? N'était-elle pas au milieu de ses meilleurs amis. Il était impossible de les laisser plus longtemps dans l'indécision. On ne lui demandait qu'un mot : — oui ! — on la conjurait de le dire.

L'institutrice réprima ses sanglots et répondit enfin d'une voix étouffée, balbutiant quelques remerciements. Elle était touchée, émue, reconnaissante. Jamais elle n'oublierait ce qu'ils avaient fait pour elle. Mais, hélas! elle ne pouvait se rendre à leur désir.

Pourquoi donc? demanda Julie.

Augustine ne répondit pas à cette nouvelle question.

Les sanglots le reprenaient, secouant convulsivement sa poitrine.

Félix, debout, restait cloué sur place, anéanti.

Il faisait peine à voir.

M. de la Ville-Viquier répondit au coup d'œil suppliant du père en adressant à son tour la parole à la jeune fille.

Il avait vu tant de malheureux dans sa difficile carrière qu'il avait l'art de questionner d'une manière habile et affectueuse à la fois.

Mais Augustine ne voulait pas parler. Elle supplia ses amis de ne plus l'interroger et demanda la permission de se retirer dans sa chambre.

Julie voulait l'accompagner, mais M. Oscar la retint, il comprit que la jeune fille cachait volontairement sous ce silence quelque grande douleur secrète, et qu'elle voulait demeurer seule.

Augustine s'éloigna donc, laissant toute la famille bouleversée.

Félix, qui avait contenu à grand'peine son émotion, ne peut retenir ses larmes :

— Oh! fit-il accablé, je comprends! Augustine ne m'aime pas. Elle n'a pas osé le dire crainte de m'affliger...

M. Oscar s'approcha de son cousin.

— Voyons, Félix, sois homme, dit-il en lui prenant la main. Tout n'est pas perdu. Ecoute, crois-tu que je connaisse le cœur humain? Eh bien! Augustine t'aime, tu peux m'en croire.

— Alors pourquoi ce refus? Où voit-elle le moindre obstacle à notre union? Elle est orpheline, libre; qui l'empêche de me donner sa main?...

— Ah! voilà... il y a quelque chose qu'elle ne veut pas dire...

— Mais quoi, encore?

M. Oscar garda le silence.

— Vous voyez bien que j'ai raison, dit le pauvre Félix. Elle ne m'aime pas, voilà tout.

— Allons, dit l'oncle Brignol très affecté, quoi qu'il en soit, retirons-nous. La nuit porte conseil. Augustine s'expliquera demain.

— Peut-être, observa Julie, ne l'a-t-elle pas osé devant tant de personnes. Seule avec toi, papa, elle ouvrira son cœur, car elle est franche et digne.

Néanmoins la famille se sépara avec tristesse, et chacun rentra dans sa chambre emportant la pénible impression de cette douloureuse soirée.

Félix, en se retrouvant seul, se sentit pris d'un réel désespoir.

Ainsi, le rêve qu'il avait caressé s'en allait en fumée ; sous un prétexte qu'elle improvisait peut-être en ce moment, Augustine repoussait son amour.

Le jeune homme s'était assis, s'accoudant sur la table, sans allumer de lumière.

La nuit convient à ceux qui souffrent.

Les heures s'écoulaient sans pouvoir le tirer de sa rêverie.

Tout à coup, dans le silence, il lui sembla entendre un bruit dans le corridor.

On eût dit qu'on ouvrait des portes avec précaution. Il tendit l'oreille. Inutilement, plus rien!

C'était sans doute quelque boiserie qui craquait ou le bruit du vent qui mugissait au dehors.

Félix n'y attacha pas d'importance. D'ailleurs, le sommeil le gagnait, le sommeil, ce baume des âmes affligées. Il se déshabilla rapidement et s'endormit.

Le jeune homme ne s'était pas trompé cependant sur la nature des bruits qu'il avait entendus.

Augustine, en rentrant dans sa chambre, aveuglée par les larmes, brisée par l'émotion, s'était dirigée d'un pas chancelant vers son lit.

Elle s'y était jetée à corps perdu, et la tête enfouie sous l'oreiller, libre de se livrer à toute sa douleur, elle avait pleuré éperdument.

L'amour de Félix et l'aveu qu'il venait d'en faire était un grand malheur pour elle. Il la frappait de deux côtés. En effet, maintenant que cet aveu l'obligeait à une réponse catégorique, n'était-elle pas forcée de s'éloigner, puisqu'elle ne pouvait accepter.

Elle était si bien là, cependant. Oh! ils n'avaient pas besoin de lui dire qu'ils la regardaient comme une enfant de plus; elle aussi depuis longtemps voyait en eux sa véritable famille. Aussi espérait-elle retarder le plus possible le moment de la séparation, et voilà que ce coup inattendu brisait son âme.

Comment rester après un refus. De quel front regarder cet honnête homme qui l'aimait et qu'elle repoussait sans motif.

D'autre part, c'était un autre déchirement: la malheureuse aimait Félix. Bien loin de supposer qu'il pût partager son sentiment, elle l'aimait d'un amour pur, d'un amour silencieux et sans espoir. Résignée, sachant qu'il y avait entre elle et lui un abîme que sa conscience lui défendait de franchir, elle avait enseveli ce sentiment au plus profond de son cœur.

Et il l'aimait! Ne pas y prétendre, c'était possible. Mais renoncer à cet amour, à ce bonheur qui s'offrait de lui-même. C'était une épreuve trop cruelle.

Il le fallait pourtant. L'honnêteté lui en faisait un devoir. Elle se le dit, et n'hésita pas à se sacrifier.

Cependant, autre angoisse : que dire? La vérité? Jamais! Et puis Augustine ne se sentait pas la force de se retrouver en face de ces honnêtes gens dont elle refusait l'alliance.

Eh bien! le mieux était de disparaître, de s'enfuir tout de suite à la faveur de la nuit.

Tout semblait conspirer dans la nature pour l'aider en ce dessein : le ciel assombri tout à coup par d'épais nuages noirs; le vent sifflant dans les arbres et grondant autour des portes et des fenêtres. C'était comme une entente entre les éléments pour protéger sa fuite.

Augustine alluma sa bougie et jeta un regard déchirant à cette modeste chambre qu'elle allait quitter pour toujours. Puis elle réunit ses effets et son linge, et en fit un paquet qu'elle s'ingénia à rendre le plus portatif qu'elle le put.

Alors, comme elle ne voulait pas abandonner cette demeure hospitalière sans y laisser un adieu, elle écrivit une lettre sur laquelle tombèrent plus d'une larme, la cacheta et la posa d'une façon apparente sur la table.

Cela fait, la jeune fille fit une courte prière, et résolument elle éteignit sa lumière.

Quelques minutes se passèrent avant qu'elle osât se hasarder dans l'obscurité.

En ce moment l'horloge du village sonna trois coups qui s'envolèrent sur les ailes de la tourmente.

— Trois heures, murmura Augustine, il est temps que je parte.

Elle ouvrit avec précaution la porte de sa chambre. Le corridor était plein de ténèbres, mais Augustine connaissait la route.

Il y avait encore une porte à franchir avant de gagner l'escalier qui conduisait à la petite porte du jardin. La fugitive eut quelque peine à en trouver le loquet, et quelque soin qu'elle prît à l'entre-bâiller l'huis grinça sur ses gonds. C'était ce bruit que Félix avait entendu.

Haletante comme un criminel qui s'éloigne du théâtre de son crime, elle descendit furtivement l'escalier, prise de terreurs, n'osant retourner la tête, et elle ne respira qu'après avoir traversé le jardin, dont les grands arbres noirs craquaient sous les attaques de la tempête. Puis elle se hâta de gagner la route.

Une fois dehors, elle demeura comme épouvantée devant la profondeur des ténèbres qui couvraient la campagne. Il y eut encore un instant d'hésitation. Mais non! il fallait fuir — le sort en était jeté.

L'orpheline jeta un dernier baiser à la maison quasi paternelle qu'elle abandonnait et, sur un signe de croix, elle s'enfonça dans la nuit.

On devine que le sommeil de Félix, sommeil lourd, malsain, plein de rêves lamentables, fut de courte durée.

Le ciel commençait à peine à s'éclaircir quand le jeune homme fut sur pied. Un pressentiment auquel il n'osait croire l'agitait. Dieu! que le jour était long à venir.

Le pauvre garçon se berçait d'illusions.

— A quoi bon me laisser aller à ces idées noires! pensait-il. Augustine aura réfléchi. Elle s'expliquera franchement; les scrupules qui l'ont empêchée de se prononcer n'existeront plus. D'ailleurs, je tâcherai d'être éloquent! persuasif! Augustine sera ma femme!

Non moins inquiète que son frère, Julie ne voulut pas attendre le déjeuner du matin pour éclaircir le mystère de la veille. Supposant, elle aussi, que la nuit et la réflexion auraient triomphé des hésitations de son amie, elle courut frapper à la porte de sa chambre, un joyeux bonjour aux lèvres, espérant — qui sait! — apporter à Félix la bienheureuse réponse.

Rien ne répondit à son appel. La porte, entre-bâillée, céda à la première poussée. Julie trouva la chambre vide.

— Oh ! mon Dieu ! s'écria-t-elle, devinant la fuite d'Augustine.

Sur la table se trouvait la lettre cachetée au nom de Félix.

— Pauvre frère ! pensa-t-elle, mieux vaut que ce soit ma main qui lui porte cette triste blessure.

Elle rencontra son frère dans l'escalier.

— Qu'a-t-elle dit ? fit le jeune homme.

— Viens, répondit Julie en l'entraînant.

Quand ils furent dans la salle à manger, où se trouvaient déjà l'oncle Brignol et M. de la Ville-Viquier, elle remit la lettre à son frère.

Celui-ci devint très pâle et déchira nerveusement l'enveloppe, puis lut rapidement des yeux.

— Eh bien ? demanda le père avec anxiété.

— Plus d'espoir ! murmura Félix accablé de douleur.

Voici ce que lui écrivait Augustine :

« Monsieur,

« Le ciel m'est témoin que j'ai pour vous, pour votre père, mon bienfaiteur, et pour Julie les sentiments d'affection et de gratitude que je suis heureuse, que je suis fière de vous devoir. La seule pensée que je puisse vous causer un chagrin me brise le cœur, mais il y a dans la vie des fatalités qui sont inévitables et qui écrasent.

« Ceux qu'elles frappent doivent avoir le courage de repousser le bonheur qui s'offre ; d'autres ont la conscience de n'être pas indignes de leur fait. Je suis de ces éprouvés, et il ne m'est même pas permis de m'ouvrir à vous, si bon pourtant, du secret de mon adversité.

« Voilà pourquoi j'ai dû me taire, voilà pourquoi je dois quitter cette maison où mes seuls beaux jours se sont écoulés.

« Ne cherchez pas à comprendre, pardonnez-moi et plaignez-moi. Je ne suis pas une coupable, mais une malheureuse condamnée à une existence de souffrance et d'abnégation. Oubliez-moi, monsieur.

« Vous rencontrerez sur votre route une autre jeune fille qui, plus favorisée du ciel, pourra devenir votre compagne, répondre à vos sentiments par un attachement facile et doux. Il ne faut pas que mon souvenir reste dans votre esprit. Elle se vouera tout à vous ; soyez tout à elle, monsieur ; l'honnêteté le commande.

« Adieu ! Ne cherchez jamais à me revoir, je vous le dis encore, oubliez.

« Celle qui priera le ciel chaque jour pour que vous soyez heureux vous et les vôtres.

« AUGUSTINE MACADIER. »

Loin d'avoir le résultat que l'institutrice en avait attendu, cette lettre ne fit que redoubler la passion qu'elle inspirait à Félix. L'absence est la pierre de touche de l'amour.

Sur le premier moment, le départ, le refus de la jeune fille produisirent de l'abattement sur toute cette famille de braves gens. Puis on conçut des craintes à l'égard de Félix. Mais cela ne dura pas.

On le savait haut de cœur. Il n'était pas de ces niais trop vantés dans les romans que l'amour détache de toute autre affection. Celui-ci était un garçon de bon sens. Il se fût reproché d'imposer sa peine à ceux qui l'aimaient.

— Sa peine !... Il la gardait pour lui.

— Vois-tu, cousin, dit-il à Oscar, je ferai contre fortune bon visage. Je resterai garçon, voilà tout. Mais à cela près, je ferai en sorte que mon père, que ma chère petite sœur me croient consolé et heureux.

— Tu as raison, mon ami, répondit la Ville-Viquier en lui serrant la main.

Et à part lui, il se dit :

— Il faudra que je sache quelle est cette fatalité qui empêche cette jeune fille de suivre le penchant de son cœur.

XXIII

UNE PISTE

A quelque temps de là, Oscar reçut une lettre de Paris. Il la lut ; puis au dîner :

— Mon oncle, dit-il, je vais retourner à Paris.

— Le diable t'emporte ! répondit Brignol.

— Et pourquoi ça, mon oncle ?

— Parce que tu vas faire un vide ici, vide dans la maison, vide dans nos cœurs. Ah ! coquin ! que tu t'y es fourré au fin fond.

Oscar voulait répondre.

— Pas besoin, mon cher garçon. Tu te connais à présent, tu sais bien que nous te manquerons nous aussi. Mais tu es un homme de jugement. Si tu nous quittes, c'est que tu en as des raisons sérieuses. Va, garçon, et sache que ta place ici est à toi, rien qu'à toi.

Certes ! Oscar avait des raisons de rentrer à Paris. La lettre était de Firmin. Sur les instructions de l'ex-policier, il avait interrompu le congé que son beau-

LES ERREURS DE LA GUILLOTINE

Il le prit d'assaut et donna l'ordre au cocher de rattraper l'omnibus du chemin de fer du Nord.

père lui avait fait obtenir, et qu'il passait près de lui, à Franconville, entouré de sa femme et de leurs enfants d'adoption : les deux jumeaux de Létang, qui grandissaient en santé, si bien soignés par leur parents adoptifs.

Au surplus, Firmin ne les quittait pas. Tout au plus durant plusieurs jours aurait-il à passer huit ou dix heures à Paris pour rentrer le soir à la campagne.

Les démarches résultant des instructions d'Oscar, il les aurait faites. C'est ce qu'il écrivait. Il avait été voir un ami de celui-ci, haut employé de la Banque de France.

Très bien reçu par lui, Firmin s'était vu répondre que les confidences relatives à la rentrée des billets, provenant de l'achat de la villa Nolph par M. Binet, ne pouvaient être faites qu'à Oscar de la Ville-Viquier en personne.

Voilà pourquoi ce dernier quittait son oncle.

Cela prouve, du moins, qu'il n'abandonnait pas le projet de découvrir le véritable assassin de la veuve.

Et puis il n'était pas fâché de se secouer un peu.

— Assurément, je reviendrai, dit-il à son oncle.

— Quand, mon gârs ?

— Je ne saurais vous le dire. Laissez-moi user les économies d'activité que j'ai faites près de vous.

« Ce n'est pas un mal, mon oncle. Je suis si bien ici que je me rouillerais à la fin.

« Je suis comme après une bonne nuit de repos. J'ai besoin de m'étirer les membres, de me dégourdir les jambes.

« Et puis, ça me change un peu trop tout à coup, vraiment. Ça manque de malfaiteurs dans votre pays. Pas un pauvre petit voleur, pas le moindre assassin. Rien que d'honnêtes gens. Ça me trouble. Je ne m'y reconnais plus.

Il faut que j'aille revoir un peu les canailles. Ça leur fera plaisir de me revoir, maintenant qu'ils ne me craignent plus.

— Hélas ! dit Félix, voilà que vous nous fuyez vous aussi.

Oscar prit le bras de son cousin et l'entraînant à part :

— Ne te plains pas, lui dit-il, à Paris peut-être retrouverai-je Augustine.

Le lendemain, Oscar arrivait vers cinq heures à la gare Saint-Lazare, à la Banque. Dès les premiers pas il se trouva un autre homme. Il était redevenu lui-même ; l'air de Paris, le mouvement des rues et des boulevards le retrempait. Il se sentit solide pour la lutte.

Le jour suivant, d'assez bon matin, il se rendit à la Banque de France. Quand il eut monté l'escalier conduisant au cabinet de son ami, le garçon de bureau lui sourit agréablement et lui demanda de ses nouvelles en lui donnant du *mossieu le chef de la sûreté* gros comme le bras.

— Ah! le voilà, cher ami, s'écria le secrétaire à son entrée, je t'attendais presque... Comment va!

— Mais bien, comme tu vois.

— Je vois surtout que tu nous manques, dit finement le camarade en désignant la troisième page d'un journal, où s'étalaient sous des rubriques à faire frémir les récits d'une foule de meurtres dont les auteurs n'étaient pas retrouvés.

— Laissons cela, je te prie, dit Oscar. J'ai à te parler d'une chose sérieuse.

— Je sais : tu veux apprendre ce que sont devenus certains de nos billets qui ont été remis à la victime du guillotiné Létang. Tu tiens donc à t'entêter là-dessus?

— J'ai de bonnes raisons pour cela, mon cher.

— Ecoute, fit son ami, tu sais combien je te suis dévoué. A mes risques et périls je vais te dire une chose qui te fera réfléchir avant de t'enfoncer de nouveau dans des recherches scabreuses. Un certin Rinet, Binet, je ne sais plus au juste...

— T'a envoyé cette liste dès que le crime a été connu.

— Précisément.

— Je le savais.

— Oh! tu sais tout, toi, si bien que j'avais donné l'ordre aux guichets de surveiller la rentrée de ces numéros, ce qui fut fait en conscience.

— Eh bien?

— Eh bien! Trois d'entre eux nous sont rentrés il n'y a pas fort longtemps. Une quinzaine au plus. Renseignements pris, ils venaient de la Banque suisse et avaient été changés à Genève. Je n'eus rien de plus pressé que de transmettre cette nouvelle au parquet...

— Alors? interrogea M. Oscar.

Le fonctionnaire alla à un tiroir fermé à clef, y prit un portefeuille, le portefeuille des documents confidentiels ; il en tira une lettre dont l'enveloppe portait le sceau du ministère de la justice.

— Lis ceci, dit-il en tendant le pli à Oscar.

C'était un ordre portant la mention *confidentiel*, émanant du chef de la direction des grâces, qui priait de laisser cette affaire en repos, puisque la justice avait suivi son cours et avait reçu satisfaction.

— Ah! ah! fit M. de la Ville-Viquier, voilà qui est bizarre

— C'est ce que j'ai pensé, fit l'ami ; mais tu comprends, ordres upérieur, ça ne me regarde plus.

— C'est vrai, soupira ironiquement Oscar. Que t'importe à toi qu'il y ait eu une erreur judiciaire ; tu n'es pas responsable. Je te remercie des renseignements...

— Comment donc! à ton service!

— Au revoir.

— Bon voyage si tu repars à ta campagne.

M. de la Ville-Viquier sortit, laissant son ami remettre sous clef le document confidentiel.

— Je les tiens, pensa-t-il, ils ont peur.

Naturellement, il n'avait pas négligé de prendre les numéros des billets rentrés et, coûte que coûte, dût-il aller en Suisse, il remonterait à la source.

A ce moment, et M. Oscar ne pouvait s'empêcher d'en rire, c'était de toutes parts une violente clameur contre la police. Le préfet, harcelé, conspué, ne savait plus à quel saint se vouer. Il retombait du conseil municipal à la Chambre comme de Charybde en Scylla, et malgré son vigoureux tempérament d'homme politique habitué à toutes les tempêtes, il commençait à fléchir sous le poids des interpellations, des votes de défiance, des rejets de dépenses reconnues inutiles. Et rien à dire! Ces gens-là refusaient de jeter plus longtemps leur argent à la tête d'un personnel incapable; c'était leur droit.

Ecoutez, il y avait de quoi. On en était au douzième assassinat impuni depuis deux mois. La police retrouvait admirablement les victimes; elle faisait faire de pompeux procès-verbaux, d'autopsies, des récits dramatiques reconstituant les scènes du meurtre, mais elle s'en tenait là. Les assassins lui filaient dans les doigts.

Le meurtrier d'une fille avait dû traverser les rues en plein jour les habits encore souillés de sang; son signalement et ses habitudes étaient connus; il n'y avait qu'à étendre la main. Baste! on l'avait laissé passer.

Un émule de Jud avait surgi, et, à la faveur des arrestations les plus arbitraires d'une foule de gens innocents, il avait eu le loisir de décamper sans se presser. C'était à croire qu'on fermait volontairement les yeux.

On comprend qu'un cri général d'indignation s'élevait. Des petits aux grands journaux, c'était un blâme universel, une mise en demeure de remédier à cet état de choses. L'opinion publique était surexcitée au possible.

— Ah çà! disait-on, il n'y a donc plus de sécurité? Cela tournait à la panique; on avait peur chez soi, peur dehors; on n'entreprenait plus un voyage de deux heures en chemin de fer sans se munir d'un revolver. L'indignation était à son comble. Et l'on s'expliquait ce désarroi; car un ancien chef de la sûreté venait de faire paraître deux volumes sagement écrits, sans passion, mais établissant d'une façon absolue l'incurie du système alors en vigueur. Le public était mis au courant d'inepties administratives incompréhensibles. Ces livres dévoilaient bien des choses : les mille difficultés d'un chef de la sûreté qui n'a même pas le droit d'arrestation, n'étant plus magistrat par le fait de sa nomination, qui lui enlevait l'écharpe de commissaire

Les recherches de ses agents contrecarrées et paralysées par les mauvais vouloir des brigades rivales, celles des garnis et des mœurs. Pas d'union, donc pas de force.

Les ordres des fonctionnaires supérieurs se heurtant, se contredisant, de sorte qu'on se trouvait dans l'impossibilité d'agir.

Il critiquait judicieusement la piètre installation d'un des services les plus utiles et les plus importants de Paris. Et comme on sentait que ses plaintes avaient l'accent de la pure vérité, comme cet honnête homme avait dû, ainsi que son collègue Oscar de la Ville-Viquier, se retirer navré et impuissant de cette pétaudière, le public prenait vigoureusement le parti des deux fonctionnaires écœurés.

M. Oscar était au courant et se demandait comment cela finirait.

Ce que lui avait dit son ami de la Banque ne confirmait que trop ses appréhensions ; à l'heure du dîner il entra dans un restaurant du boulevard.

Il était à peine attablé depuis quelques minutes qu'il sentit une main se poser sur son épaule.

— Enfin ! vous voilà, boudeur, dit un homme d'une quarantaine d'années, correctement vêtu.

Le ministre de l'intérieur, s'il vous plaît?

Oscar, très étonné de l'affabilité de l'Excellence, répondit avec une certaine réserve aux avances du haut personnage.

Loin de prendre la mouche, ce dernier se déclara enchanté de la rencontre :

— Je suis seul, vous aussi, dit-il. La solitude est mauvaise pour l'estomac, je m'installe sans façon à votre table.

« Votre conversation me remettra des insipides dîners officiels.

— Très flatté et très honoré, monsieur le ministre.

— Un peu de bordeaux, monsieur de la Ville-Viquier.

— Volontiers.

— Allons ! dit le ministre, je n'y mets pas de façon, moi, et je bois à votre prochain retour parmi nous.

Oscar fit la sourde oreille.

— Votre souhait est infiniment bienveillant, dit-il, mais j'avoue que je n'en saisis pas bien la portée.

— Voyons, mon cher, regardez-moi sans rire. Vous me comprenez à merveille. Vous lisiez le *Figaro*, hein? Eh bien, que dites-vous de la situation de votre ancien service ?

— Peuh!...

— Je vous comprends, il vous répugnerait de médire de votre successeur, qui a pris les choses en mauvais état; mais, entre nous, convenez que tout marche horriblement mal.

Oscar se retrancha derrière un filet de sole qu'on venait de servir. Il feignit d'être occupé au découpage.

Le ministre ne l'entendait pas ainsi. Il renouvela sa question.

— Mon Dieu, dit la Ville-Viquier, avouez que vous l'avez un peu voulu.

— Achevez votre pensée.

— Ce qu'il vous fallait dans ce poste, c'était moins *une tête* qu'un instrument docile et souple à manier. Aujourd'hui vous avez cet instrument. Il vous sert comme il vous convient, mécaniquement, sans initiative. Vous n'avez donc pas à vous plaindre.

— Vous êtes dur, répliqua l'Excellence avec un sourire forcé.

— Non, monsieur le ministre, je dis l'exacte vérité. Au ministère passe encore. Mais c'est le parquet qui vous tracasse, et vous cherchez à le satisfaire pour vous en débarrasser. Permettez-moi de le dire, c'est de la faiblesse.

« Ceux qui sont durs, monsieur le ministre, ce sont les magistrats qui mettent leur amour-propre au-dessus de tout et lui sacrifient d'innocentes victimes.

— Ah! je vois où le bât vous blesse... C'est encore cette éternelle affaire Létang. Écoutez, ne discutons pas là-dessus à présent, ce n'est ni le lieu ni l'heure. Un intérêt, à mon sentiment supérieur, m'occupe. Et c'est en raison de cet intérêt que je vous dis très nettement que nous avons besoin de vous. Eh bien! voulez-vous reprendre votre ancien poste, et si oui, quelles conditions y mettez-vous? Répondez-moi catégoriquement, je vous en saurai gré, et nous verrons si nous pouvons nous entendre.

— Ma foi, monsieur le ministre, dit Oscar, si vous me prenez ainsi, je vous répondrai catégoriquement ceci : — Si vous le croyez utile, je suis prêt à reprendre ce poste, mais à deux conditions : la première, c'est que les réformes que j'ai demandées seront exécutées...

— Soit. Aussi bien l'expérience en montre malheureusement la nécessité. Et la seconde condition?

— La seconde, dit résolument Oscar, c'est que j'aurai liberté pleine et entière de poursuivre *mon enquête* au sujet de l'assassinat de la veuve Valph, quitte à m'engager à n'agir que comme particulier.

Le ministre ne dit ni oui ni non.

— Voulez-vous, fit-il après un moment, être demain soir vers huit heures à mon cabinet?

— A vos ordres, monsieur le ministre.

Les deux dîneurs se séparèrent : le ministre enchanté au fond de cette rencontre, qui lui permettait de consolider son influence chancelante si Oscar tirait au clair la situation et donnait satisfaction à la clameur générale. Oscar était également satisfait d'avoir peut-être en rentrant à la préfecture de plus puissants moyens d'investigation. Et tandis que le ministre se rendait place Vendôme, afin de se concerter avec son collègue de la justice, le policier s'en allait au hasard, réfléchissant aux conséquences probables de cette entrevue.

Il fit une courte promenade, et quelque peu fatigué, il se proposa de rentrer de bonne heure.

Le sort en avait disposé autrement.

Comme il revenait par la rue Trévise, une jeune femme qui suivait le trottoir opposé attira son attention.

— Il me semble reconnaître cette démarche, pensa-t-il en hâtant le pas pour la voir de plus près. A mesure qu'il avançait, il lui semblait que ce fût Augustine !

C'était elle en effet. Mais s'il pouvait la reconnaître, elle était plus avancée. La jeune fille était sûre d'avoir reconnu la nièce du bon Trignol, et elle pressait le pas, afin d'échapper à ses questions. Au coin de la rue Bergère, elle aperçut l'omnibus de la gare du Nord.

Elle fit signe au conducteur et, sans attendre que le lourd véhicule fût complètement arrêté, elle disparut lestement à l'intérieur.

La Ville-Viquier arrivait, il la vit monter dans la voiture, et sans perdre une minute s'y élança :

— Complet ! fit le conducteur.

C'était un contre temps fâcheux ; car, comme s'il fût en retard, l'omnibus s'éloignait au grand trot.

Oscar ne pouvait suivre en courant. Par bonheur, un fiacre déboucha par la rue Geoffroy-Marie, il le prit d'assaut et donna l'ordre au cocher de rattraper l'omnibus du chemin de fer du Nord.

En peu de temps ce fut fait. L'ancien chef de la sûreté examina l'intérieur et ne crut pas y voir Augustine. Peut-être était-elle déjà descendue. Cependant, par acquit de conscience, autant continuer la poursuite.

Le cocher parisien aime assez ces sortes de courses, qui parfois lui valent un bon pourboire. Celui-ci se distinguait. Il *filait* la lourde voiture avec l'astuce d'un vieux limier. Tout à coup, presque au croisement de la rue Lafayette et du boulevard Magenta, un cheval emporté perdit pied et roula sur le pavé, séparant l'Urbaine de l'omnibus et manquant de broyer le cocher, le fiacre et le voyageur.

Un rassemblement compact entoura aussitôt les deux voitures, tandis que l'omnibus filait pour ne pas s'attarder. Oscar paya d'une pièce sans demander la monnaie et, se tirant de la foule, il courut à la gare. Il y arriva comme la silhouette d'Augustine disparaissait dans le vestibule des salles d'attente du train de Pontoise.

En un clin d'œil il prit un billet et s'élança sur sa trace.

Le train allait partir.

— En voiture ! crient les conducteurs en fermant les portières.

Impossible de vérifier dans quel wagon la jeune fille avait dû prendre place. N'importe, au surplus, c'est à la station où elle descendrait qu'il l'aborderait ; aussi monta-t-il dans le premier compartiment venu.

En dépit de son expérience, le bon garçon faisait fausse route ; une jeune fille sans malice avait été pourtant plus maligne que lui en cette circonstance. S'étant aperçue dès la rue Trévise de la poursuite de celui qu'elle voulait éviter, Augustine avait suivi son instinct ; croyant d'abord l'avoir dépisté en rendant complet l'omnibus où elle était montée, elle n'avait pas été peu surprise de l'entrevoir derrière elle sur le quai au moment de monter dans le train. Cette fois encore son instinct la servit. Profitant du trouble occasionné par le départ précipité des retardataires, elle se réfugia dans un angle de bâtiment, gagna un autre train, y monta, et de sa place vit partir Oscar dans une fausse direction, ce qui lui procura du soulagement.

Le train qu'elle prenait avec Oscar était le train circulaire qui aboutit gare Saint-Lazare ; le seul inconvénient c'est que son billet n'était plus valable. Elle le déchira, voyant que le préposé à la vérification des cartes faisait sa tournée dans les wagons.

— Votre billet, madame ? demanda-t-il.

Augustine feignit de chercher.

— Ah ! mon Dieu, dit-elle, je l'aurai perdu. Dites-moi, je vous prie, ce qu'il faut payer.

Le contrôleur lui indiqua le prix et lui remit un billet supplémentaire.

C'était un petit surcroît de dépense, tant pis : du moins, elle était arrivée à ses fins. A la sortie de la gare Saint-Lazare, elle s'assura que personne ne la suivait de nouveau, remonta à pied la rue d'Amsterdam jusqu'à la place Clichy, prit la rue Biot et s'engagea dans la rue Nollet.

La crainte d'être vue l'obsédait sans doute, car elle rasait les murs, évitant les passants, marchant tête baissée malgré une voilette foncée qui masquait son visage. La précaution n'était pas inutile, puisque faute de ce voile la Ville-Viquier l'avait reconnue.

Une fois devant une maison d'assez mauvaise apparence, elle s'arrêta pour jeter un dernier regard et, rassurée, elle y pénétra.

« Il en est des maisons, comme des gens. Il y en a d'honnêtes, il y en a dont le seul aspect pue le vice. C'était précisément le cas, et l'on aurait pu à bon droit s'étonner de voir entrer Augustine dans une pareille demeure. Quel motif, quel intérêt mystérieux l'amenaient dans cette maison de mauvais aspect ? Qui sait !

LES ERREURS DE LA GUILLOTINE

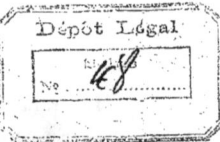

Celui-ci heurta l'angle et, l'essieu se rompant, le lourd véhicule tomba sur le flanc.

l'économie peut-être, et pas plus des maisons que des gens, on ne peut sûrement prononcer sur l'unique apparence.

Quoi qu'il en soit, pendant ce temps, Oscar voyageait toujours, et l'on imagine sa déception quand, à la dernière station, il ne vit pas celle qu'il avait poursuivie :

— Elle peut se vanter de m'avoir roulé, se dit-il.

« Je le lui pardonne en faveur de son habileté, car elle m'a vu à coup sûr. Quelles sont ses raisons? J'ai beau faire, je ne puis admettre que ce soit une fille perdue. L'obstacle qu'elle élève entre elle et Félix doit être un malheur, non une faute. Mais quoi? Et pourquoi ne pas s'ouvrir à ceux qui la plaindraient ?

Impossible de s'en éclaircir à Pontoise; en tout cas, pour l'instant, il fallait rentrer à Paris.

Le lendemain, conformément au désir que lui avait exprimé le ministre de l'intérieur, l'ancien chef de la sûreté se présenta à son hôtel.

Il fut immédiatement introduit.

— A la bonne heure, s'écria le ministre, exact comme un roi !

Il lui indiqua un fauteuil et lui offrit un de ces cigares que la Régie générale réserve aux fonctionnaires.

— Eh bien, monsieur le ministre? demanda Oscar.

— Eh bien, j'ai conféré avec mon collègue de la justice, il partage entièrement mon opinion, et c'est avec regret qu'il a vu votre départ.

Un sourire de fine ironie plissa les lèvres de la Ville-Viquier.

Le ministre surprit ce sourire.

— Oh! je suis sincère, dit-il. Entre augures, on peut se parler franchement. Nous sommes donc d'accord au sujet de votre rentrée; quant aux réformes j'y tiendrai la main, et le préfet de police ne demande qu'à me prêter son concours. Vous pouvez donc y compter, mon cher Oscar.

— Sûrement, monsieur le ministre?

— De ce côté, vous aurez toute satisfaction, je m'y engage.

— Reste l'autre condition.

— Je ne l'oublie pas. Mais que voulez-vous, malgré la meilleure volonté du monde, je ne puis croire à l'innocence de ce Létang.

Mais les preuves, que je possède...

— Ne discutons pas, voulez-vous, mon cher?

— Soit, monsieur le ministre. Mais dès lors, rien de dit, rien de fait.

— Là, doucement, ne vous emportez pas! J'admets que vos soupçons soient fondés; j'admets l'authenticité de vos preuves. Tout arrive ici-bas. C'est donc admissible. Après? réfléchissez au scandale que provoquerait une semblable affaire?

— Qu'importe le scandale!...
— Soit! admettons même le scandale. C'est entendu. Vous tenez le vrai coupable! on le juge, on le guillotine à son tour. Eh bien? fit le ministre, quel résultat positif aurez-vous acquis?
— Comment?
— Aurez-vous rendu du même coup la vie au premier décapité?
— Hélas! non.
— Eh bien alors?
— Mais j'aurai rendu honneur et fortune à sa famille.

Le ministre se leva comme mû par un ressort.

— Fortune! fortune, fit-il en faisant un pas vers son interlocuteur; voyons, mon cher La Ville-Viquier, avez-vous réfléchi qu'il s'agit de reprendre quatre millions à l'État?

Il ajouta avec une pointe de raillerie :

— Pas commode du tout; vous le savez, quand l'État tient quelque chose c'est le diable de le lui ôter. N'espérez pas un tel résultat.

— Alors, monsieur le ministre, je regrette...

— Diable d'homme, laissez-moi achever.

— Ah! ah! pensa M. Oscar, on capitule enfin!

Le ministre revint à son fauteuil·

— Tenez, dit-il comme à regret : je prends sur moi de vous autoriser à poursuivre votre enquête *personnelle*. Êtes-vous content?

— Je devine qu'à votre tour vous allez me poser une condition.

— Un échange de bons procédés, mon cher Oscar.

— J'attends pour me prononcer définitivement.

— Me donnerez-vous votre parole d'honneur, au cas où vos recherches seraient couronnées de succès, de ne rien ébruiter sans l'assentiment du cabinet?

M. Oscar réfléchit quelques secondes; puis, prenant brusquement son parti, il se leva et dit :

— Je vous la donne, monsieur le ministre.

Le ministre poussa un soupir de satisfaction.

— Cela suffit, dit-il en serrant cordialement la main de son nouveau subordonné. Mais nous sommes pressés. Voyez-vous inconvénient à ce que nous vous réinstallions demain?

— A vos ordres, dit M. Oscar en se retirant. Dès demain, soit!

La rentrée de l'ancien inspecteur général à la préfecture fut un véritable événement.

Ses hautes capacités et la certitude qu'il apportait de nombreuses et utiles réformes donnaient satisfaction à ses collègues et à ses subordonnés.

Mais il n'y avait pas qu'à la préfecture que sa rentrée fit sensation. La *pègre* avait l'œil de son côté.

Cependant, rien ne parut changé d'abord. Il fallait le temps d'étudier les affaires en pendance. Et puis le système d'Oscar était d'éviter tout retentissement. Pas la peine de tambouriner les succès obtenus ; ça met les recherchés en défiance. Autant leur laisser l'illusion de leur sécurité, au contraire. Ils ne s'en compromettent que plus imprudemment.

C'est ce qui arriva. Des criminels récents, restés inconnus et introuvables pour le prédécesseur, trois furent happés dans la première quinzaine. Pas un mot dans les journaux. Laissons les autres se dénoncer.

Ces trois captures n'étaient pas de trop pour concilier le parquet à la réintégration du fonctionnaire policier qui s'était permis de bousculer un juge d'instruction. Quoiqu'on eût déplacé celui-ci, et peut-être à cause de cela même, les pince-sans-rire de la magistrature gardaient une dent à Oscar. Ils l'avaient vu revenir avec dépit et, aux premières entrevues, on lui avait fait grise mine.

Mais en recevant livraison de trois bandits que, pensait-on au Palais, on ne retrouverait jamais, force avait été de s'adoucir.

Un quatrième coquin, cueilli en plein tribunal correctionnel sous un faux nom, et démasqué au cours de l'audience par Oscar en personne, qui fit passer un mot au président, acheva de le remettre en bonne posture près des gens de robe à hermine.

Dès lors, Oscar s'estima en règle avec le côté public de ses fonctions, et il se permit de s'occuper de ce qui lui tenait au cœur : l'affaire Létang.

Sa rentrée en fonctions lui rendait les moyens d'action plus nombreux et plus faciles.

Or, parmi ses anciens agents, il y en avait un, nommé Rémy, qui, en son absence, pour une faute légère : avoir blâmé tout haut un acte administratif, avait été bruyamment révoqué.

Une perte ! car c'était un garçon d'une habileté étonnante ; habileté native, doublée de l'expérience. Il était né dans le bâtiment, son père avait été dans la police politique du second empire, et il y avait un peu travaillé avant d'être attaché à la sûreté avant le 4 Septembre.

Oscar n'osait prendre sur lui de lui rendre son poste. On y aurait vu une sorte de bravade. Il fallait attendre une occasion. Mais jusque-là, Oscar pouvait bien l'employer à son compte.

C'est pourquoi, lui en disant juste ce qu'il fallait, il l'avait envoyé en Suisse avec la mission de découvrir, si possible, par quelle filière avait passé l'un des billets de l'affaire Valph, avant d'arriver à la Banque de Genève.

Un matin, Oscar trouva Rémy dans son antichambre.

— Déjà revenu? lui dit-il; tu as du nouveau?

— Pas grand'chose peut-être, patron. Vous en jugerez.

Oscar le fit entrer dans son cabinet. Il expédia les affaires courantes. Puis revenant à Rémy :

— Parle, dit-il.

— Tout d'abord, répondit Rémy, la Banque suisse m'a dit que ce billet lui venait d'un nommé Stoffuel, directeur de l'hôtel de l'Ours, à Berne. Celui-ci, consultant ses livres, a vu qu'il a changé le billet à un voyageur du nom de Eugène Marloy, représentant de commerce venant d'Égypte.

— De quelle ville?

— Du Caire.

— T'es-tu informé du personnage?

— On m'a donné son signalement.

— Ah! bon. Voyons.

— L'individu en question a la barbe et les cheveux roux, une forte moustache, la tournure d'un ancien soldat.

— Et puis?

C'était tout, et c'est pourquoi Rémy était revenu; car après il n'avait pas osé prendre sur lui de pousser ses investigations sans l'aveu exprès de son patron.

C'est qu'il n'en va pas en Suisse comme en France, où tout est centralisé à la capitale. La Suisse est un État fédératif, composé de cantons, qui ont chacun leur police civile particulière. Que de temps il eût fallu pour aller vérifier dans tous les cantons. Encore bien que dans certains les écritures publiques sont en allemand, et dans certains autres en italien. Rémy, ne sachant que le français, était revenu prendre les ordres.

— Bien, dit Oscar; va te reposer, mon garçon. Nous nous remettrons en campagne bientôt.

Certes, le résultat était mince. Toutefois, il mit nom et signalement au dossier Létang. Selon l'apparence on avait fait buisson creux. Mais qui sait si, tout à coup, un fait nouveau ne viendrait pas donner de la valeur à celui-ci? En somme, il était établi qu'un billet volé à la veuve Valph avait été dans les mains d'un nommé Eugène Marloy. D'où le tenait-il? Voilà la question. Mais question subsidiaire, puisque d'abord, pour le lui faire dire, il fallait le trouver.

— Nous verrons bien! se dit Oscar.

XXIV

A QUELQUE CHOSE MALHEUR EST BON

L'omnibus de la tête de ligne de l'Odéon, conduisant à Batignolles-Clichy, était sur le point de partir. Le cocher, après avoir enlevé la couverture jetée sur le dos des chevaux, escaladait son siège. Le conducteur sortait en courant d'une gargote voisine, et sous les arcades de la galerie et sur le trottoir opposé les voyageurs attardés se hâtaient.

L'omnibus fut littéralement pris d'assaut. Alors on entendit le coup de sifflet du chef de station.

A ce moment, une jeune fille arriva en courant de la rue de Vaugirard. Complet! Elle fit une petite mine contrite. Par bonheur, une vieille femme myope et cassée demanda :

— C'est bien à Montrouge, que vous allez conducteur?

Elle s'était trompée. Donc une place libre.

— Montez, dit le conducteur à la jeune fille, et il l'aida avec la galanterie traditionnelle des conducteurs d'omnibus.

La jeune fille s'assit, posa sur ses genoux un rouleau recouvert d'une gaîne de maroquin. De la musique sans doute.

Sa mise était élégante, bien que modeste. De toute sa personne se dégageait un charme honnête et doux. Ses yeux mélancoliques et sa pâleur disaient une vie laborieuse et sage. En un mot, elle produisait une bonne impression à première vue.

Cependant, l'omnibus, qui après avoir descendu la rue de Tournon fait une courte station place Sainte-Sulpice et gagne la rue de Rennes, allait tourner le coin de la place Saint-Germain-des-Prés.

Le cocher rasa l'angle du trottoir. Les cochers affectionnent cette manœuvre; dame! chacun son amour-propre. Malheureusement ils ne réussissent pas toujours. Celui-ci heurta l'angle, et l'essieu se rompant le lourd véhicule tomba sur le flanc.

Les voyageurs d'impériale, projetés violemment sur le trottoir et sur la chaussée, essayaient de se relever en gémissant. Les passants volaient au secours du cocher, étendu à dix pas dans une mare de sang. La place s'emplissait de tumulte. Des agents de police, des ouvriers, des badauds accouraient.

Dans l'intérieur de l'omnibus, secoué par les ruades des chevaux affolés, qu'on maintenait à grand'peine, s'élevaient des cris déchirants. C'était un pêle-mêle indescriptible.

Heurtés les uns contre les autres, aveuglés par les éclats de vitre, les voyageurs perdaient la tête. Comme dans toutes les paniques, ils s'écrasaientles uns les autres par trop de hâte à fuir. Enfin, on parvint à les tirer de là.

Quoique blessés, quinze d'entre eux pouvaient encore se tenir tant bien que mal et sortir avec l'aide des assistants. Mais dans l'omnibus, une personne restait sans mouvement; c'était la dernière venue : la petite voyageuse au rouleau de musique. Celle-ci était évanouie.

Les chevaux détélés, on la prit avec précaution de l'intérieur. Un agent, la prenant dans ses bras comme un bébé, la transporta chez le pharmacien le plus proche.

Sur son passage, la foule, émotionnée par sa jeunesse et sa pâleur, avait des exclamations de sympathique pitié.

— Pauvre enfant!...

— Pourvu qu'elle ne soit pas morte...

— Ni estropiée pour la vie; ce serait dommage une si gentille personne.

— Et qui a l'air si comme il faut...

La foule s'entassa à la porte du pharmacien. Toutes ces bonnes gens attendaient des nouvelles de la blessée. Enfin, quelqu'un sortit de la pharmacie.

— Eh bien? demanda-t-on.

Celui-ci, qu'on interrogeait, hocha la tête.

— Elle est revenue à elle, dit-il.

Un soupir de soulagement s'échappa de toutes les poitrines.

— Malheureusement, reprit-il, elle n'en vaut guère mieux. Le médecin dit qu'elle a une clavicule cassée, le genou droit déboîté. De plus, elle se plaint de vives douleurs dans la poitrine et dans le dos. Mauvais signe! Le plus à craindre ce sont les lésions internes. Il faut la porter à l'hôpital. Je vais chercher une civière. Qui veut me donner un coup de main!

Une dizaine de voix répondirent :

— Moi!

Si le badaud de Paris est curieux, il a du cœur.

Grâce à cet empressement, la pauvre fille fut conduite en dix minutes à l'hôpital de la Charité, qui fait le coin de rue Jacob.

Et bientôt la jeune patiente fut installée dans un des lits vacants.

En pénétrant là, elle eut un serrement de cœur. On a des préjugés contre l'hôpital. Pourtant c'est là qu'on est le mieux soigné, si riche qu'on soit. Mais qui entre là, sait-il combien de temps durera son séjour? Sait-il même s'il en sortira vivant? Tristes pensées pour celui qui franchit pour la première fois le seuil de cet asile de toutes les douleurs.

Il faut quelques jours pour se calmer, pour reconnaître que le dévouement s'installe à demeure au chevet des éprouvés. C'est l'infirmière qui ne marchande pas ses veilles, ce sont les internes que leur rude tâche ne lasse jamais, ce sont les princes de la science qui chaque jour prodiguent des soins que la plus riche clientèle n'obtient pas chez elle faute d'installation. Mais pour qui est seul au monde, ce séjour est si triste! Et puis une peur, celle de servir à des expériences. Rien de plus faux pourtant!

C'était sans doute le cas de la jeune fille. Le hasard l'avait amenée là un jeudi, un des jours où les parents sont admis à voir les malades. Il y avait dans la salle des embrassements, des pleurs, des rires.

Son entrée avait jeté quelque trouble dans ces effusions intimes, dans ces causeries consolantes. Mais le premier émoi passé, elles reprenaient de plus belle.

Quel contraste avec la triste perspective qui attristait la nouvelle venue! Elle regardait, silencieuse, isolée avec de grosses larmes au bord des cils. Personne ne viendrait la voir, elle, et sa pensée se devinait à l'expression de tristesse avec laquelle elle regardait ce va-et-vient des visiteurs. Elle devait être sans famille... sans amis!

Le plus dur fut la double opération que nécessitaient la clavicule cassée et le genou déboîté. Elle la supporta sans défaillance, et comme le chirurgien la complimentait :

— Je sais souffrir, monsieur, répondit-elle avec un mélancolique sourire; j'ai appris de bonne heure!...

Il fallait l'inscrire. Elle déclara s'appeler Augustine Macadier, être institutrice diplômée et demeurer rue Nollet, à Batignolles. Elle venait de donner une leçon quand l'accident s'était produit.

— Avez-vous des parents qu'on puisse prévenir?

— Hélas! non! dit-elle en soupirant.

— Pauvre fille, pensa l'interne, tâchez de dormir, l'infirmière va vous apporter une potion calmante. Bon courage encore une fois, mademoiselle. Il n'y a rien de grave.

Il n'en savait rien, la fièvre pouvant tout compliquer. Mais il voulait lui ôter l'inquiétude; il y parvint, sans doute, car, succombant aux commotions physiques et morales, elle s'assoupit.

Chaque soir, M. Oscar lisait les rapports de la journée. Le procès-verbal de l'accident de l'omnibus n'était pas de ceux qui pouvaient captiver son attention. C'est chose si fréquente à présent à Paris. Mais il en fut autrement quand son regard tomba sur le nom d'Augustine parmi les blessés. Certainement, il était satisfait de la retrouver; mais par quelle affligeante circonstance arrivait-il à ce résultat! Lui aussi, il dit :

LES ERREURS DE LA GUILLOTINE

— Soyez tranquille sur votre protégé, dit-il bas au vieillard; ce dernier lui serra la main.

— Pauvre enfant!

Il eût voulu se rendre immédiatement près d'elle. Mais il eût été dangereux de brusquer les choses. Augustine, encore sous la première impression de l'accident, avait trop besoin de repos. La vue du cousin de Félix lui causerait une émotion capable d'aggraver son état.

Son intérêt pour elle grandissait. Bien qu'il y eût un étrange mystère dans la vie de cette jeune personne, il ne la condamnait pas. Malgré toutes les laideurs et les hypocrisies des criminels dont sa profession lui fournissait le spectacle incessant, il ne concluait pas au mal *a priori*. Il se gardait des jugements précipités, surtout depuis la mort de l'infortuné Maxime.

Il adopta un système de protection secrète, anonyme, qui lui permettrait de surveiller Augustine sans l'inquiéter, quitte à se montrer dès que les circonstances le permettraient sans risques ni inconvénient. Aussi se borna-t-il à envoyer de sa part un de ses secrétaires recommander la blessée au directeur de l'hôpital.

Cependant, il avait grand désir de voir par lui-même où en était la malheureuse enfant.

Facile à un policier.

Le lendemain, à l'heure de la visite réglementaire, un fiacre s'arrêta devant la porte de l'hôpital, et l'on en vit descendre un grand vieillard.

Bien qu'il fût légèrement voûté, sa démarche était ferme. Il était habillé de noir. Sa redingote était correcte, mais de coupe surannée. A sa boutonnière il y avait la rosette d'officier d'Isabelle la Catholique.

La physionomie de ce personnage respirait la bonté. Ses lunettes à branches d'or lui donnaient un air de bonhomie et voilaient l'éclat de ses yeux. Il portait toute sa barbe et avait le teint bronzé.

Son entrée fit quelque sensation dans l'hospice. Les internes et les carabins, qui attendaient l'arrivée du médecin en chef, s'écartèrent sur son passage, se demandant qui ce pouvait être. On leur dit un nom étranger. C'était, leur dit-on, un docteur brésilien, venu pour étudier des procédés nouveaux d'opération. Aussi, lorsque le vieillard fut abordé par le directeur et le médecin chef de clinique, on lui accorda une considération particulière.

Le cortège se mit en marche, s'arrêtant plus ou moins devant chaque lit, suivant la gravité des cas.

Quand les médecins en furent à celui d'Augustine, le vieillard décoré dit quelques mots au médecin en chef. Celui-ci examina avec soin la blessée.

Augustine était fort mal. La fièvre s'était déclarée. Les lésions internes la faisaient sourdement souffrir. Elle délirait doucement, ne reconnaissant ni l'interne ni les infirmières, se croyant au milieu de ses élèves.

Le docteur, après l'avoir attentivement observée, fit un geste de bon augure

— On l'en tirera, fit-il.

Il ajouta des recommandations à l'interne.

— Soyez tranquille sur votre protégée, dit-il bas au vieillard

Ce dernier lui serra la main,

— Merci, docteur, répondit-il.

Au son de cette voix, la malade leva vivement les paupières et braqua un regard ardent sur l'étranger. Oscar se crut découvert, en dépit du soin qu'il avait pris de se transformer en docteur étranger.

S'il l'avait pris ce soin, c'était afin de ne pas impressionner la jeune fille. Seul, le directeur et le chef de clinique connaissaient sa véritable qualité. Tout le monde s'y était mépris, Augustine comme les autres; à l'extérieur du moins. Mais on ne songe pas à tout, et Oscar, en parlant, avait failli manquer le but qu'il s'était proposé.

Il parla encore et changea, travestit aussi sa voix. Puis, ayant passé quelques lits, il se retira.

Quand il se fut fait reconnaître, loin d'Augustine, il appela l'agent qu'il avait envoyé en Suisse et conféra longuement avec lui.

Il s'agissait de mener une enquête établissant ce que la pauvre Augustine était devenue depuis son départ de Galets-les-Fécamp. Il fallait observer le plus grand tact dans ces recherches; non que la Ville-Viquier fût sceptique à l'égard de cette jeune fille. Mais, enfin, il y avait du mystère et, par tempérament, par état, il voulait y voir clair.

Ce qu'il souhaitait savoir était en soi fort simple.

Après avoir erré, en quittant le toit des Brignol, sans savoir de quel côté s'orienter, afin de gagner Fécamp; après avoir passé le reste de la nuit dans la campagne pleine de ténèbres, la jeune fille s'était trouvée à l'aurore dans un petit village des environs.

De là, moyennant quelque argent, un habitant du bourg l'avait conduite en carriole jusqu'à Fécamp.

Elle se hâta vers la gare et prit un billet de troisième classe pour Paris. Il fallait qu'elle attendît trois quarts d'heure. Ils lui parurent trois siècles.

Des commis voyageurs la dévisageaient curieusement, chuchotant entre eux; mais ce qu'elle craignait le plus, c'était de voir apparaître tout à coup Félix ou M. Oscar.

Il n'en fut rien, et une fois dans le train elle se rassura. Elle était seule dans son compartiment.

A Paris, il lui fallait trouver un logement modeste, et cependant assez convenable pour y pouvoir, au besoin, recevoir des élèves. Elle chercha plusieurs jours dans tous les quartiers. Enfin, elle rencontra rue Nollet, aux Batignolles.

Au quatrième, deux pièces et une petite cuisine. Trois cent cinquante francs par an.

La maison ne payait pas d'apparence, il est vrai, mais ailleurs les loyers étaient inabordables. Puis, dans certaines maisons, on l'avait regardée d'un si drôle d'air, tandis que là elle se sentait à l'aise ; c'était une maison de petits employés et d'ouvriers.

Augustine régla le premier terme d'avance. Ensuite, elle acheta un mobilier très simple et loua un piano au mois. Il lui restait bien peu. Alors elle chercha des leçons.

Sa bonne tenue la fit bien accueillir. Malheureusement, les prix étaient modiques. Elle avait beau courir le cachet tout le jour, tant pour le piano que pour la préparation aux examens de l'Hôtel de Ville, elle parvenait à peine à vivre. Sur ces entrefaites, sa malle, qu'elle avait fait réclamer à Galets-les-Fécamp par un messager de Fécamp qui devait la lui réexpédier, lui parvint.

L'arrivée de cet homme dans la famille Brignol avait donné à ces braves gens une lueur d'espoir. Ils avaient compté savoir par lui la nouvelle adresse d'Augustine. Ce fut en vain. Fidèle à la consigne donnée, le messager refusa de parler. On dut se contenter de lui remettre la malle. Augustine, d'ailleurs, l'avait fait adresser en gare, priant le chef de dépôt de Paris de l'aviser sitôt réception.

En ouvrant la malle, Augustine y trouva une lettre à son nom. Elle reconnut l'écriture de Brignol.

C'était en effet un mot du père de Félix.

Le brave homme lui disait tout le chagrin qu'on ressentait de son départ, il lui parlait affectueusement, comme un père désolé de perdre une fille aimée. Il la suppliait de revenir, de leur écrire au moins, afin qu'on ne restât pas dans l'inquiétude à son égard.

En lisant cette lettre paternelle, triste et respectueuse, Augustine pleura amèrement. Oh! comme elle aurait volontiers écrit là-bas pour leur envoyer toutes les tendresses de son cœur! Comme elle aurait avec délices abandonné cette demeure pour revenir parmi ceux qui la rappelaient.

Mais la fatalité lui barrait le passage. Elle lui arrachait violemment des mains la plume déjà prise pour répondre au père de Félix! Implacable, elle se dressait devant elle, lui criant :

— Tu n'as pas le droit de garder une espérance !

Elle baisa cette lettre, la renferma dans le petit coffret où se trouvaient déjà les derniers souvenirs de sa mère, quelques modestes bijoux et des cheveux en médaillon.

— Pauvre Félix! dit-elle en soupirant.

La lettre de Brignol resta sans réponse, et Augustine résolut de s'ensevelir dans l'obscurité la plus profonde. Oh! la dure et cruelle existence. Que de tristesses amères, que de lassitudes! L'isolement était sa plus grande souffrance.

Lutter contre la vie, engager un combat contre la misère, quand il s'agit de le faire pour un être qu'on aime, pour une mère, pour un enfant, cela paraît moins rude. On puise du courage dans le sourire de celui ou celle pour qui on lutte. Mais pour soi-même? Il semble qu'on s'agite dans le vide, que le travail soit sans but, l'existence sans issue.

Et puis quelle situation que la sienne! Malheur à l'institutrice qui n'a pu se placer. Réduite à ses propres ressources, privée d'un fixe qui lui permettrait de ne pas s'inquiéter du lendemain, comment vivra-t-elle?

Humble et honnête, elle compte sur ce diplôme conquis au prix de tant de veilles; elle croit avoir en lui un gagne-pain assuré. Misère! Les leçons? Parlons-en des leçons, si peu payées! Une institutrice? On en trouve tant sur le pavé. Ce sont des marchandages honteux. Heureuse encore quand les agaceries du fils de la maison (quelquefois même du père) ne la placent pas entre la faim et le libertinage.

Si elle résiste, ce sont des vexations qui la contraignent à se retirer. Si elle cède, c'est la honte et le scandale!

Que voulez-vous; tout le monde n'est pas comme les honnêtes Brignol. Les beaux fils de famille n'y regardent pas de si près. Riches, élégants, ils croient faire trop d'honneur à l'humble fille en la prenant pour maîtresse.

Deux ou trois cents francs par mois, des petits cadeaux, et... le déshonneur, n'est-ce pas la plus haute situation à laquelle elle peut aspirer?

Voilà pourquoi beaucoup de ces victimes innocentes des fatalités sociales préfèrent la tâche fatigante et ardue de « coureuse de cachets » à l'humiliante servitude des grandes familles.

A peine gagne-t-elle ce qu'elle use en chaussures; mais elle va la tête haute. Augustine était vaillante et droite. Ne voulant plus s'exposer à d'aussi pénibles situations que celle où l'avait plongée le loyal aveu de Félix, décidée à se dérober désormais à d'irréparables douleurs, elle donnait des leçons à *un franc* le cachet.

Par bonheur, ses manières, son savoir lui valurent l'amitié de ses premières élèves et de leurs parents, qui lui procurèrent de nouvelles leçons.

Ce n'était pas le Pérou, mais elle parvenait à vivre.

Tels sont les renseignements que l'agent rapporta à Oscar.

— Allons! décidément, se dit celui-ci, c'est une brave et honnête fille.

Ce lui fut une raison de plus de s'intéresser à elle. Il songea que ce n'était pas le tout que la guérison. Le traitement, la convalescence, lui feraient perdre ses ressources. Il prit ses intérêts en main. Il fallait qu'en sortant de là elle ne fût pas dans le dénûment.

De plus, il convenait qu'elle fût rassurée sur ce point.

Sans consulter personne, il alla à la direction de la Compagnie des omnibus, et se fit faire des propositions d'indemnité aimables. On offrit dix mille francs. Oscar batailla, et en obtint dix-huit.

Sur quoi, il fit demander à Augustine si elle ratifiait cet arrangement. C'est le directeur de la Charité qui lui posa la question.

Elle ouvrit de grands yeux. Tant d'argent ! Ah ! je crois bien qu'elle ratifiait, des deux mains, si elle l'avait pu. Une seule suffit. Elle signa son désistement de toute plainte et, tranquillisée, elle fut délivrée de l'énervement que lui causait l'inquiétude de sa vie au sortir de l'hospice, énervement qui eût pu entraver la guérison.

Cette guérison, Oscar l'attendit pour souffler le premier mot de l'accident et de ses suites à ses cousins Brignol.

Ils fussent venus, auraient voulu la voir, lui parler. Non, c'eût été causer des émotions à la malade. Qu'importe, après tout. Il savait qu'elle était là, qu'elle ne partirait pas sans qu'il en fût informé. Inutile de brusquer les choses.

Du moins, il ne la perdait pas de vue. Tous les deux jours il envoyait prendre de ses nouvelles. La guérison s'annonçait : déjà elle pouvait quitter le lit, rester assise une partie de la journée. Bientôt, à l'aide de béquilles, elle put aller et venir quelque peu. Dans trois semaines, elle pourrait sortir.

Oscar en laissa passer deux. Puis il lui écrivit un mot, lui demandant une entrevue au parloir. Elle hésita d'abord ; puis elle sentit qu'il y avait là une sympathie. Eh bien ! elle y devait répondre.

Elle consentit.

Le lendemain, prévenue, elle se rendit au parloir, et bravement elle tendit la main à Oscar.

— Je devine, dit-elle ; vous voulez me parler d'eux, n'est-ce pas ?

— Oui, de Félix, qui vous aime et souffre ; de son père et de sa sœur, qui s'affligent.

— Ils sont à Paris ?

— Non. Ils ignorent ce qui vous est arrivé. Ils ne le sauront pas si vous l'exigez. Mais je sais qu'ils sont malheureux.

Augustine parut très frappée.

— Ils ne m'ont pas oubliée ! dit-elle.

— Vous le voyez bien, puisque me voilà.

— Écoutez, monsieur, fit la jeune fille avec une gravité singulière, la persistance d'attachement de Félix me donne une crainte qui émeut ma conscience. Je ne veux pas qu'il gâche sa vie à cause de moi ; je ne veux pas payer les bontés de sa famille en y laissant de mon fait, si involontairement que ce soit, un élément de tristesse et de malheur.

« Eh bien ! continua-t-elle, faites-les venir, amenez-les, Félix et son père. Le secret de ma vie, je le leur dirai. Ils verront dès lors que si je ne puis me rendre à leur vœu, du moins je mérite qu'ils me garde un peu de leur estime.

« Ah ! sans doute, fit-elle encore, il m'en coûtera de parler, devant Félix surtout ; mais c'est mon devoir ; je l'accomplirai.

Trois jours après, Brignol et son fils étaient amenés par Oscar à l'hôpital. Augustine les attendait dans le cabinet du directeur, qui, sans savoir de quoi il s'agissait, l'avait mis à la disposition de l'inspecteur général de la police.

Quelque effort qu'eût fait la jeune fille pour se préparer à cette entrevue, elle avait le cœur gros, les nerfs tendus, comptant les minutes aux battements de ses artères.

Enfin les voici.

D'un coup d'œil, Augustine les englobe tous trois, et tout fondit en elle. A leur physionomie bienveillante, émue, tendre, elle reprit courage, et il lui parut que ce qu'elle avait à leur avouer serait moins pénible qu'elle ne l'avait craint jusque-là.

Amicalement, elle répondit aux premières paroles affectueuses qu'ils lui dirent. Elle leur fit signe de s'avancer autour d'elle, tout près.

— Maintenant, ma chère enfant, dit Brignol, nous attendons.

Il lui prit la main et la garda dans les siennes.

Félix s'approcha à son tour.

— Quoi que vous nous disiez, Augustine, je vous jure que mes sentiments pour vous n'en seront pas ébranlés.

Ces témoignages de bonté rassurèrent définitivement la jeune fille, qui d'une voix assurée commença ses révélations en ces termes :

— A l'époque où je vivais avec ma mère, dit-elle, un jeune homme me demanda en mariage. Le malheur voulut que ce ne fût pas un honnête homme comme vous, mon ami, dit-elle en se tournant vers Félix. Il en avait les apparences pourtant, c'est ce qui me perdit. Je le croyais épris ; il me faisait des serments. J'étais sans défiance. Un jour me surprenant seule, il me pressa de lui donner des marques d'attachement. Je résistai. Mais lui, s'exaspérant par excès de passion, disait-il, abusa de sa force, alors qu'épuisée j'avais à peu près perdu connaissance.

« La honte, la crainte de navrer ma mère, la peur du scandale me fermèrent la bouche...

« Peu de jours après cet homme nous volait notre modeste avoir, les titres de rente qui nous faisaient vivre.

« Après le déshonneur la ruine. J'avais été le jouet d'un misérable !

« C'était notre faute : taisant notre malheur, ma pauvre mère et moi, nous nous réfugiâmes en province, à Compiègne. Six mois après j'accouchai d'un enfant mort !

Augustine fit une pause, étranglée par des sanglots qu'elle tâchait d'étouffer. Félix s'était caché derrière le fauteuil pour pleurer.

— Voilà le fait, dit-elle ; voilà la raison de ma conduite envers vous. Une fois délivrée, j'ai travaillé, passé mes examens, et je suis revenue à Paris, où ma pauvre mère est morte. Je me plaçai alors dans une famille que j'ai quittée, mon office achevé, pour entrer dans la vôtre. Vous savez tout, messieurs. Vous savez le secret de ma vie ; plaignez-moi.

Il y eut un silence. Brignol atterré regardait Oscar de l'air d'un homme que la foudre vient de frapper. Et Oscar restait muet, impassible, regardant Félix secoué de sanglots convulsifs.

Augustine lui fit signe d'approcher. Il s'agenouilla devant elle, comme il eût fait devant une sainte.

Sainte ! Oui, sainte et martyre ! Ne l'était-elle pas, en effet, cette fille que la fatalité frappait si durement !

Trompée, violée, dépouillée par un malfaiteur ; condamnée à étouffer son penchant pour Félix, à repousser le bonheur honorable qui s'offrait, il fallait encore qu'un horrible accident de voiture l'eût mise à deux doigts de la mort, la laissât brisée, meurtrie, infirme pour toujours peut-être !

Pâle, avec ses longues mains amaigries, ses yeux rougis, il ne lui manquait plus, pour être la vivante image des vierges martyres, que l'auréole dont les peintres ont couronné leurs fronts.

Félix lui avait baisé la main ; elle lui sourit, essuya ses larmes, disant d'une voix douce :

— Ne pleurez plus, Félix ; votre chagrin me fait mal. C'est moi qui le cause ; pourtant, vous voyez à présent que mon devoir était de me sauver, quand j'ai su que vous m'aimiez.

« Ah ! pourquoi m'avez-vous cherchée, m'avez-vous retrouvée ! Ne valait-il pas mieux m'oublier, m'abandonner à mon destin, puisqu'il n'est au pouvoir de personne de réparer ce passé. Ce qui est fait est fait ! Consolez-vous et voyez que tout nous sépare ; sans compter que me voilà probablement boiteuse pour toujours.

Félix voulut protester, lui crier qu'il lui importait peu qu'elle boitât ou non. Augustine ne le lui permit pas. Elle l'interrompit.

— Dieu est contre nous, dit-elle gravement. Il ne faut pas résister à ses décrets. Songez à vous, mon ami, à votre père, puisque aussi bien il n'y a pas lieu

LES ERREURS DE LA GUILLOTINE

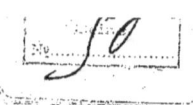

La portière et une bonne de la maison étaient occupées à jouer au bésigue.

de vous inquiéter de moi : l'indemnité de la Compagnie me met à l'abri du besoin et me permet d'attendre. Adieu donc, mon ami, quittez-moi : il le faut!...

— Emmenez-le, mon oncle, dit Oscar à Brignol en lui montrant Félix, dont le désespoir faisait mal à voir.

Le père entraîna son fils, laissant seuls Oscar et Augustine.

— Merci de l'avoir éloigné, dit-elle faiblement, j'étais à bout d'énergie; j'allais m'évanouir.

Oscar attendit qu'elle fût remise, la couvant d'un regard plein d'une bienveillante commisération. Un serrement de main muet acheva de la remettre. Elle parvint alors à pleurer. C'était bon signe.

— Si je n'ai pas suivi mon oncle et mon cousin, dit Oscar, c'est que j'attends de vous un surcroît d'information, mademoiselle. Je vous prie de me dire le nom du misérable dont vous êtes l'innocente victime.

Augustine tressaillit.

— Oh! non, monsieur, fit-elle vivement. A tout autre, je ne ferais sans doute pas difficulté; mais à vous... Je ne veux pas.

— Pourquoi?

— Parce que vous le rechercheriez ; parce que, si vous le découvriez, vous le traduiriez devant la justice. Je ne veux pas de retentissement à mon malheur.

— Rassurez-vous là-dessus, mademoiselle, fit Oscar. Il n'est plus temps ; il y aurait presque impossibilité de réunir des preuves matérielles suffisantes.

— Bien vrai, monsieur?

— Je vous donne ma parole.

— En ce cas, je ne fais plus difficulté. Ce bandit s'appelait Eugène Marloy.

Marloy! répéta Oscar très frappé

Il y avait de quoi. Le lecteur en sait la raison. Pourtant il ne manifesta pas son impression. Et Augustine poursuivit.

— J'ai lieu de craindre, dit-elle, qu'il n'en était pas à son coup d'essai, et que c'était un criminel d'habitude.

— Qui vous le fait supposer?

— Ecoutez!... Pour commettre le vol de notre pauvre petite fortune, il nous avait versé un narcotique, à ma mère et à moi. Aussi n'eut-il pas de précautions à prendre pour fracturer nos meubles. Mais il s'agissait pour lui ensuite de sortir de la maison sans être aperçu, afin de n'être pas convaincu, si nous portions plainte. Il ignorait nos dispositions ; il ne supposait pas que nous préférerions la résignation au scandale qui m'eût montrée enceinte d'un criminel. Il attendit donc un certain temps après minuit pour gagner le dehors. Il eut guetté la rentrée d'un locataire attardé et, profitant de l'ouverture de la porte extérieure, il serait parti.

Mais il est à supposer que, dans l'obscurité de l'escalier, il fit un faux mouvement qui produisit du bruit. La portière alluma une bougie, passa un jupon et alla voir, en montant les étages.

Or, la pauvre femme était retrouvée le lendemain, morte au bas de l'escalier, la poitrine défoncée. On fit une enquête, qui établit qu'elle avait dû tomber du second ou du troisième étage, la poitrine sur la paume de la rampe.

Mais plus tard, une bonne de la maison dit que, cette nuit-là, se sentant incommodée, elle s'était rendue aux cabinets; qu'en en sortant, elle avait aperçu de la lumière sur le palier du troisième étage; que, s'étant penchée, elle avait vu, en l'espace d'un éclair, la portière recevoir un coup en pleine figure, coup porté par un homme, qu'elle n'avait pu qu'entrevoir, puisque la lumière s'échappant des mains de la portière s'était éteinte.

Mais, grâce à un rayon de lune filtrant par une lucarne de l'escalier, elle avait vu cet homme donner des coups de talon de botte sur l'estomac de la malheureuse. Puis elle vit encore cet homme prendre le cadavre sous son bras, et descendre avec précaution.

— Et l'on n'a pas porté plainte? demanda Oscar.

— Qui? La portière n'avait qu'un enfant, une petite fille, qui dormait dans la loge, n'a rien vu ni entendu, et que ses voisines ont recueillie ensuite.

— Mais le médecin chargé des constatations?

— Le médecin a bâclé le permis d'inhumation sans la moindre remarque.

— Et la bonne en question?

— Elle s'est tue...

— Pourquoi?

— Elle avait peur d'être assassinée à son tour!

— Savez-vous le nom de cette bonne?

— Jeanne Lardy.

— Savez-vous ce qu'elle est devenue?

— Non. Elle a quitté la maison longtemps avant nous.

— M. Oscar réfléchit.

— Ainsi, demanda-t-il, cet Eugène Marloy était votre fiancé agréé?

— Hélas!

— En ce cas vous devez avoir sa photographie, dit Oscar.

— Je l'avais en effet.

— Eh bien?

— Elle a disparu le jour même de l'attentat.

— Ma pauvre fille, dit Oscar, vous ne vous trompez pas, vous avez été victime d'un habile coquin qui ne devait pas en être à ses débuts. C'est lui assurément qui, dans la crainte que vous ne portiez plainte, a fait disparaître cette photographie.

« Mais, ajouta-t-il, à défaut de son portrait, vous avez gardé le souvenir de sa figure. Vous rappelez-vous à peu près son signalement ?

— Oh! oui, dit Augustine, et je l'ai revu plus d'une fois dans mes rêves de mes longues nuits de souffrance. Son image m'apparaissait veillant à mon chevet comme mon mauvais génie. Eugène Marloy était assez grand, blond tirant sur le roux. Je me souviens qu'une chose le contrariait dans ses visées d'élégance. C'était la grandeur de ses mains, dont la force m'avait frappée à plusieurs reprises. A part ça, il avait plutôt l'air d'un fils de bonne famille que d'un ouvrier...

— Et de quoi vivait-il ?

— Il prétendait avoir hérité d'un de ses oncles.

— D'où venait-il ?

— Il nous a montré des papiers établissant qu'il venait de Cochinchine, où il était en garnison.

— Quelque faux, pensa M. Oscar.

Puis, tendant la main à Augustine, il la remercia en l'excusant de l'avoir tenue si longtemps.

— Bon courage, mon enfant, lui dit-il. Allez vous reposer et surtout ne vous tourmentez pas inutilement. Si la moindre chose vous tracassait, j'espère que vous penseriez à moi, qui suis tout à votre service.

— Votre bonté me confond, dit-elle, vivement touchée. Ainsi vous ne me méprisez pas, vous !

Le policier haussa les épaules.

— Enfant que vous êtes ! Non ! je ne vous méprise pas, et nul n'en a le droit. Je vous plains et je vous admire. Vivez en paix avec votre conscience, qui vous dit hautement que vous êtes une honnête fille et que vous avez tous les titres à la sympathie et au respect des braves gens.

Il la reconduisit quelques pas, la remit aux mains de l'infirmière et s'éloigna.

Il était fort impressionné. Le signalement donné par Augustine lui rappelait vaguement le type d'un individu qui y répondait, pensait-il, et il ne retrouvait pas les circonstances que ce signalement lui rappelait, comme dans un brouillard. L'ensemble du personnage, des cheveux blonds inclinant au roux. Les prétentions à l'élégance, les grandes mains.

Au fait ! il y avait du rapport entre l'ignoble fiancé d'Augustine et l'homme signalé par Firmin Gognais le jour où le Sacristain avait été trouvé écrasé sous le tunnel des Batignolles.

Cet homme aux grandes mains, blond à Paris, brun à Asnières, dont la physionomie et l'air de domestique endimanché avaient frappé le beau-frère de Maxime, ne serait-ce pas le même ?

D'autre part, le nom d'Eugène Marloy était celui du prétendu représentant de commerce qui avait changé l'un des billets volés à la veuve Valph, billet donné en payement au maître d'hôtel de Berne. Blond roux aussi, celui-ci, ancien militaire, venant d'Égypte. Ces signalements correspondent entre eux!

— Cependant, se dit-il, il me semble avoir vu aussi cette figure. Où ça? A Mazas ou au dépôt? Non! ce n'est pas là!

Oscar se dépitait intérieurement.

Il lui semblait qu'une figure, concordant avec la description d'Eugène Marloy, avait été devant ses yeux.

Tout à coup il se frappa le front.

— Suis-je bête, se dit-il. J'y suis; c'est le domestique de mon ami Mathieu-Boulare. Et oui! c'est bien cela : ce gaillard qui découpe si bien les faisans... les femmes peut-être aussi. Il avait servi chez la veuve Valph. Il l'a dit à l'audience. Il connaissait la maison. Il était camarade avec Prosper Lami, que Létang désignait comme complice du véritable assassin.

Un éclair de triomphe illumina soudain les yeux d'Oscar.

— Oh! oh! fit-il, tiendrais-je une piste sérieuse? Il faut m'en assurer tout de suite.

Un fiacre passait. Oscar le héla :

— Rue d'Aumale! Au galop, dit-il.

C'est qu'il n'y avait pas de temps à perdre!

Si ce domestique était encore chez le député, il importait de l'appréhender sans retard et de l'interroger à brûle-pourpoint. On verrait quelle contenance il garderait.

Au moment où la voiture d'Oscar s'arrêtait devant la porte de Mathieu Boulare, une autre voiture à la galerie chargée de malles y arrivait en sens contraire.

Mathieu Boulare en descendit.

En apercevant M. Oscar, il s'élança vers lui épanoui, radieux.

— Ah! cher ami! dit-il, quel plaisir de vous voir.

Et lui serrant la main il ajouta triomphalement :

— Ça y est!

— Quoi? demanda Oscar.

— Sénateur!

— Comment, sénateur?

— Eh! oui! me voilà du Sénat! Ça a été dur, mais ça y est tout de même, et je me fiche un peu du scrutin de liste à présent.

Il l'entraîna dans la maison, le fit monter chez lui.

Là, avant de pouvoir placer un mot, Oscar dut subir l'odyssée de l'élection.

Quelle bataille acharnée, mes amis! Ce n'était pas un duel à coups de discours, mais à coups de fourchette. Les discours ! usé jusqu'à la corde, ce moyen-là ! Bon tout au plus pour les radicaux, qui n'ont pas le sou. Bien plus pratique de prendre les électeurs par le ventre et le gosier.

Aussi, entre les deux rivaux, ç'avait été un assaut de banquets, de dîners, de déjeuners. Mathieu Boulare n'avait pas dessoûlé de huit jours. La tête lui tournait encore. Il était *échigné*, moulu, brisé, mais victorieux !

Oscar le félicita et parvint enfin à mettre le domestique en question sur le tapis.

— Ah ! je ne l'ai plus à mon service, fit le sénateur en baîllant, il m'a quitté pour se marier. Très moral ce garçon !

— Ah ! il se marie et où ?...

— En Bretagne, je crois : attendez, il a dû me laisser ça par écrit.

Nonchalamment, M. Mathieu Boulare fit une courte recherche dans son secrétaire.

— C'est drôle, fit-il tout à coup. Ce papier a disparu, j'étais pourtant bien sûr de l'avoir mis là-dedans.

Piqué au jeu, l'ex-député continua sa perquisition, mais sans plus de résultat. Pour une bonne raison : Francis n'avait eu garde de laisser cet autographe aux mains de son patron. Il l'avait adroitement subtilisé et détruit avant de partir!

— Mais au fait, dit tout à coup le sénateur, pourquoi diable prenez-vous tant d'intérêt à ce domestique, mon cher Oscar ?

— Il ressemble à un de mes clients que je cherche.

— Possible qu'il lui ressemble ; mais ce n'est pas votre client. Trop probe pour cela ! Honnête garçon, moral, intègre. Je vous réponds de lui parfaitement.

— Votre caution me suffit, dit le chef de la sûreté, sentant bien qu'il perdait son temps. Permettez-moi de vous serrer la main en vous félicitant de nouveau.

Le sénateur n'insista pas pour le retenir.

— Au revoir, fit-il. Venez me voir un de ces jours au Luxembourg, n'est-ce pas ?

— C'est entendu:

Espérant mieux, Oscar entra dans la loge des concierges. La portière et une bonne de la maison étaient occupées à jouer au bésigue.

— Pardon, mesdames, dit Oscar, je voudrais un renseignement.

— Deux, monsieur, fit la concierge d'un air affable.

— Je sors de chez M. Mathieu Boulare...

— Le sénateur, souligna la brave dame.

— Justement. Son ancien domestique désire entrer chez moi...

— Monsieur ne pourrait mieux tomber.

— C'est le modèle des domestiques, renchérit la bonne. Exact, probe, honnête et discret.

— C'est ce que m'a dit M. Mathieu Boulare...

— Le sénateur !

— Comme vous dites. Et je suis satisfait de voir que tout le monde s'accorde à vanter ce garçon. Mais, pardonnez mon indiscrétion...

— Commen donc, monsieur, vous-avez raison de bien vous informer. On est si souvent trompé qu'on se méfie...

— Précisément. Or, on m'a fait craindre qu'il soit un peu trop coureur.

Les deux femmes se regardèrent, et sourirent malicieusement toutes deux.

— Lui !...

— Le pauvre cher homme !

— Lui, coureur? Ah ! bien, monsieur peut être tranquille sur ce chapitre-là.

— C'est au point qu'il n'a pas fait un brin de cour aux bonnes de la maison, fit la petite domestique que cet oubli semblait scandaliser.

Puis avec un petit rire méprisant :

— Les femmes, lui !... au contraire !

M. Oscar fut frappé de l'observation.

— Connaissez-vous son pays d'origine? demanda-t-il encore.

— Il est de la banlieue, je crois.

— Vous ignorez l'endroit?

— Ma foi !... il était si discret !

— A-t-il de la famille ?

— Je ne sais pas. Personne ne venait le voir ici ! Après ça, il n'a peut-être pas de parents. Il s'appelle Francis-Antoine, tout court. Ce n'est pas un nom ça.

— Il est sans doute enfant naturel, insinua M. Oscar.

— Peut-être bien. D'ailleurs y a pas de mal à ça : c'est pas sa faute...

— Bien sûr, dit M. Oscar, qui glissa une pièce blanche entre les doigts de la concierge. Je vous remercie, madame !

Décidément, l'écheveau s'embrouillait.

— Trop de pistes ! pensait le policier.

En effet, les deux derniers renseignements l'avaient mis sur des voies différentes. La remarque de la petite bonne, sorte d'accusation de dépravations honteuses, au sujet des mœurs du domestique, lui rappelait un client de son prédécesseur : la Belle Joséphine !... Un blond aussi, selon les rapports qu'Oscar avait étudiés.

D'autre part, le nom de Francis-Antoine lui faisait se demander si ce domestique ne serait pas parent de la vieille ivrognesse dite : *Mère Licharde?*

De son véritable nom, sous lequel elle avait subi diverses condamnations pour ivresse et vagabondage, elle s'appelait : Veuve Autoine.

Ces différentes données formaient un ensemble décousu, compliqué, qui eût pu intimider un autre esprit. Mais Oscar était doué, et puis il comptait sur deux choses : la volonté et le hasard.

— Je m'en tirerai ! se dit-il.

S'en tirer, voulait dire :

1° Le souteneur, prostitué masculin, surnommé : La Belle Joséphine ;

2° Le domestique de l'ex-député devenu sénateur, soupçonné de goûts contre nature ;

3° Le blond à moustaches roussâtres, Eugène Marloy, qui avait violé et volé Augustine, tué la portière de la maison ;

4° Le blond à moustaches rousses, Marloy aussi, qui avait changé un billet de la veuve Valph, à Berne ;

5° Le brun à favoris, à Paris, devenu blond, sans favoris à Asnières, que Firmin avait signalé lors du meurtre du *Sacristain* sous la voûte du chemin de fer de l'Ouest.

Tous ceux-ci n'étaient-ils pas un seul et même individu ?

Si oui, ce seul et même individu, n'était-il pas fils, petit-fils, neveu, ou parent à un degré quelconque de la *mère Licharde* ?

Et si, oui, encore, ce même parent de la *mère Licharde* n'était-il pas le principal, si non l'unique assassin de la tante de Maxime ?

A vrai dire, convaincu du triple meurtre de la rue de la Pépinière, il était couvert par la « chose jugée ». Mais pardon ! Ni l'affaire du Sacristain ; l'affaire de la portière de la rue de la Folie-Méricourt n'étaient éteintes !

Or, condamné pour l'une d'elles, la coupable n'aurait plus de raison de désavouer le triple meurtre attribué à Létang. Il s'en vanterait plutôt, et ainsi la justice serait forcée de réhabiliter le mari d'Adèle.

— Eh bien, se dit Oscar, à l'œuvre !...

FIN DE LA PREMIÈRE PARTIE

LES ERREURS DE LA GUILLOTINE

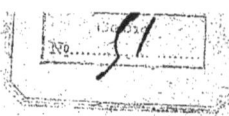

Et, lui entourant les épaules de ses bras, elle l'embrassa.

DEUXIÈME PARTIE

LA REVANCHE DU POLICIER

I

L'AMOUR D'UN ASSASSIN

La petite Eulalie était sauvée. Après trois longs mois de souffrance, un mieux sensible s'était déclaré : le médecin lui avait permis de quitter le lit.

Que ce jour est beau pour les malades !

Il semble qu'on renaisse à une nouvelle vie. Avec quelle émotion exquise on essaye les premiers pas sur le tapis de la chambre !...

Eulalie, vêtue d'un peignoir, faible et toute pâle, s'était levée. Ces premiers pas, bien chancelants encore, elle les faisait au bras de Francis, s'appuyant avec une confiance pleine de gratitude sur le bras de celui qui l'avait soignée avec un dévouement inébranlable.

Au loin, une fanfare éclatante se faisait entendre.

— Oh ! mon Dieu, fit-elle en portant la main à son cœur.

— Qu'y-a-t-il ? s'écria le faux Eugène Marloy. Eulalie ! êtes-vous souffrante ?

— Non, dit-elle.

Puis avec une exaltation fiévreuse :

— Vite ! vite ! Allons à la fenêtre !

— Doucement ! doucement ! Vous êtes si faible, ma pauvre amie !

Arrivée à la fenêtre elle respira avec délices. La fanfare se rapprochait.

— Entendez-vous, monsieur Eugène, dit l'enfant en essayant de se soulever sur son fauteuil.

— Oui, j'entends bien.

— Vous ne reconnaissez pas ?...

— Quoi donc ?

— Cette musique?
— Non!
— C'est le cirque! s'écria-t-elle avec une joie enfantine.

La petite ne se trompait pas. Bientôt on vit déboucher dans la rue la cavalcade du cirque américain. Les chevaux, les éléphants, les girafes, la musique! Que ça lui parut beau!

Quand la tête du cortège fut devant la fenêtre, la convalescente n'y put résister. Elle se souleva, au risque de se blesser si Francis ne l'eût retenue, et toute à sa joie de revoir ses camarades, elle leur envoya un joyeux bonjour.

On la reconnut! Le cortège fit halte, la musique se rangea sous la fenêtre, et aux applaudissements des anciens compagnons de la reine du trapèze, elle commença une sérénade.

— Quels braves cœurs! balbutiait Eulalie. Voyez, ils ne m'ont pas oubliée, monsieur Eugène. Oh! que je voudrais être riche pour les rendre heureux tous, tous!

A défaut de richesses, elle leur envoya des baisers comme autrefois aux spectateurs enthousiasmés.

Le cortège ne pouvait indéfiniment demeurer là. Après la sérénade, les camarades saluèrent. Puis ils reprirent leur route.

La convalescente les suivit longuement du regard. Elle aurait voulu avoir des ailes pour aller avec eux. Lorsque le dernier char eut disparu au tournant du carrefour, il lui sembla que quelque chose mourait en elle.

Francis s'aperçut que des larmes perlaient sur les joues d'Eulalie.

— Pourquoi pleurez-vous? lui dit-il avec douceur.

Elle se cacha la tête dans ses mains. Les paroles lui manquaient pour dire son chagrin. Quel crève-cœur! il lui fallait renoncer à son art. Plus de force dans les bras! Plus de souplesse ni d'élasticité.

Dans ce rude métier d'acrobate la bonne volonté ne peut suffire.

Adieu! les triomphes! les enivrants bravos enlevés à force d'adresse. Adieu les palpitantes émotions du trapèze. Plus de maillots étincelants, plus d'éclatantes fanfares! Ah! la triste chose que ce réveil!

Eulalie avait le cœur gonflé d'un indicible chagrin. Francis le comprit sans qu'elle eût besoin de parler.

— Courage, ma pauvre Eulalie! lui dit-il affectueusement. Vous êtes jeune, vous vous referez une autre existence!

Elle secoua la tête.

— Ah! sans vous, dit-elle, je n'hésiterais pas à en finir!
— Quelle pensée!
— Que voulez-vous, seule au monde, n'ayant personne...

— Et moi ? dit Francis.

Elle lui serra silencieusement la main.

Le meurtrier de la veuve Valph était singulièrement ému ! Décidément il ressentait pour cette petite quelque chose d'étrange.

C'était un sentiment d'une indéfinissable volupté.

L'amour pur, le véritable amour était entré dans cette âme pourrie de vices. Ce misérable, dont le cynisme ne pouvait être dépassé, devenait tout autre. Lui que rien n'avait apitoyé, lui qui tuait en ricanant, se plongeant dans le sang avec délices, il se sentait petit, timide, presque craintif devant cette jeune fille, si chaste, en dépit de son étrange profession.

Une chose lui avait arrêté mille fois sur les lèvres l'aveu de son amour. C'était une épouvante causée par le souvenir.

Quand il contemplait la jeune fille qui dormait souriante, il lui revenait en mémoire le meurtre de la mère.

Entre Eulalie et lui, une ombre sanglante se dressait, et le misérable n'osait franchir l'abîme qui les séparait.

Avec toute autre, il se fût bien moqué de cela ! Mais près de celle-ci il n'y avait pas moyen de faire le cynique.

— Je l'épouserai, s'était-il dit en la voyant guérie.

Une voix sinistre lui avait crié dans sa conscience : « Et le passé ? »

Bah ! le passé, il le tuerait à son tour, il l'étoufferait comme une de ses victimes. Désormais son idéal était l'honnêteté. Pourquoi pas ! Il lui semblait que cet amour subit, amour encore inconnu à ce monstre, amour d'où la passion brutale était bannie, l'épurait, lui enlevait toutes ses souillures, effaçait les stigmates sanglants de ses crimes.

Le chourineur était mort en lui. C'était une nouvelle incarnation. Il faisait absolument peau neuve, oubliant les faits accomplis, se berçant de la chimérique espérance d'une réhabilitation complète, dont le premier élément serait son mariage avec Eulalie.

A force de soins, de bontés, de tendresses pour l'enfant, il réparerait son atroce action. Il arrangeait cela à sa façon, croyant de bonne foi cette expiation possible !

C'est une loi de la nature qui veut que le vice ait des défaillances comme la vertu a les siennes. Il se berçait de cette chimère, comme si jamais le mal pouvait amener rien de bon pour personne. Du reste, ses rêves de retour au bien étaient brusquement coupés par des hallucinations d'un moment, qui lui montraient le spectre de la portière sous son talon de botte, dans cet escalier lugubre. C'est ce qui lui arriva cette fois encore.

Près d'Eulalie, il vit en imagination la mère assassinée.

Il retira sa main, qui était restée dans celle de la jeune fille.

Elle en fut surprise.

— Pourquoi devenez-vous si sombre, monsieur Eugène? dit-elle. Cela vous arrive souvent depuis que je vous connais. On dirait que vous avez un chagrin que vous voulez cacher à tout le monde, même à moi. Ce n'est pas bien.

Puis se faisant câline :

— Allons, dites-moi ce qui vous fait de la peine. Je vous dis, moi, ce qui me désole et vous me consolez. Laissez-moi essayer d'en faire autant.

— Chère petite, répondit Francis, je n'ai rien, absolument rien.

Plusieurs fois encore, il lui fit cette réponse évasive, bien qu'à mesure sa préoccupation fût plus visible.

C'est que la guérison marchait maintenant à grands pas. Déjà elle avait permission de quitter la chambre. On sortait en voiture, on faisait des excursions sur le lac. Et Francis voyait approcher le moment où force serait de prendre un parti définitif.

L'alternative était simple pour lui : quitter Eulalie, ou l'épouser.

La quitter, impossible. Il la voulait de toutes ses forces, cette petite femme, qui peu à peu retrouvait un charme dont il sentait toute la violence de fascination.

L'épouser, il n'y avait, en effet, pas d'autre moyen de la posséder. Elle avait son idée arrêtée sur ce point, et sous son aspect délicat, il y avait des énergies surprenantes, une volonté inébranlable, appuyée sur un sens très droit.

Parbleu! les anciens instincts du bandit n'étaient pas sans se réveiller parfois chez Francis. Quand le désir charnel le prenait, le tourmentait, le torturait, il avait des tentations aveuglantes de se jeter sur cette enfant et, de force, d'assouvir ses appétits violents.

Que de fois, dans l'étroite intimité des soins à lui donner, ses yeux voyant dans l'entre-bâillement de la camisole des charmes purs et juvéniles, ses mains serrant, pour la porter, le corps tiède de la convalescente, se grisant des parfums de jeunesse qu'elle répandait, le sang était monté au cerveau du misérable, une ivresse, un éblouissement lui avait mis au cœur des soifs ardentes de déflorer cette vierge confiante.

Et puis, en songeant aux suites, il s'était dompté chaque fois, quelque effort qu'il eût dû faire. Peut-être serait-il obligé de la tuer pour étouffer ses cris, et mener l'infamie jusqu'au bout. Quand bien même il ne la tuerait pas, profitant de l'évanouissement qui la lui eût livrée, quoi ensuite? Elle porterait plainte. Adieu la sécurité dont il jouissait! D'ailleurs, il lui ferait horreur, et il ne l'aurait plus.

C'est cela surtout qui l'arrêtait. Il la voulait, non pour une fois, mais encore, et toujours. Il voulait se l'attacher. Pour cela, il fallait l'épouser.

Eh bien ! soit ! Il l'épouserait, et l'on s'établirait ensemble, quelque part; en France de préférence, dans un coin ignoré. On s'aimerait; on serait heureux !

Voilà le rêve ! Il le trouvait charmant, facile à réaliser.

C'est pourquoi son idée bien arrêtée, comme Eulalie lui demandait une fois de plus de lui confier ses préoccupations, il réfléchit un moment, puis, résolument, il s'engagea dans la voie des aveux :

— Est-il bien sûr, dit-il, qu'en vous en faisant ma confidence vous ne le regretterez pas ensuite ?

— Oh ! fit-elle avec un reproche muet dans les yeux.

— Écoutez-moi donc, poursuivit Francis, vous me comprendrez : vous voilà rétablie. Jusqu'ici ma présence près de vous était justifiée. J'étais le seul être qui vous connût dans ce pays, rien de plus naturel que mon intervention...

— C'est vrai ! Que serais-je devenue sans vous !

— Aujourd'hui tout change. Guérie; désormais en état de vous diriger seule, il n'est plus convenable qu'un simple ami reste près de vous...

— Un simple ami ! interrompit-elle ; que dites-vous ?

— La vérité... Vous n'êtes point ma parente. Comment légitimer ma présence constante à vos côtés ? Vous avez voulu savoir ce qui m'attriste, je vous l'ai dit : c'est la prochaine obligation de nous séparer.

— Nous séparer ! répéta la jeune fille avec émotion.

— Sans doute, à moins...

Étrange chose, cet être avili, ce meurtrier, ce monstre cynique, qui, sous le nom de « la Belle Joséphine » s'était prêté à des lubricités gomorrhéennes, il tremblait, il s'intimidait au moment d'avouer le seul sentiment propre qui lui fût encore venu : l'amour régulier, légitime.

— A moins ?... fit la jeune fille, en pâlissant.

— A moins, reprit le faux Eugène Marloy, que vous ne consentiez à devenir ma femme.

Eulalie leva ses beaux yeux sur lui, et son gentil visage d'enfant s'éclaira d'un sourire.

Puis, elle tendit sa mignonne main à cet homme qui l'avait assistée, soignée comme un frère depuis des mois.

— Ai-je besoin de vous répondre, Eugène ? fit-elle. En êtes-vous à ignorer que cette vie, que je dois à votre dévouement, je suis heureuse de vous la consacrer ?...

Francis était à ses genoux avant qu'elle n'eût prononcé le dernier mot.

Environ six semaines après, une noce traversait Genève. Les témoins et les invités avaient des figures étranges, leur faciès glabre trahissait des gens en dehors de la bourgeoisie. C'étaient les camarades du cirque qui assistaient leur *étoile* dans ce nouveau début.

La cérémonie fut très simple. Un dîner réunit tout le monde dans un restaurant au bord du lac. Réunion bizarre en sa gaieté, ne fût-ce que par l'accent fortement britannique des clowns qui faisaient le désespoir des garçons à la grande joie des convives. Ils jonglaient avec les bouteilles, faisaient mille contorsions, farces, folies, un bruit d'enfer.

On eût dit que tout ce tintamarre attristât le marié, qui, sorti de table, s'était réfugié dans un coin, perdu dans ses pensées.

Doucement, Eulalie se dirigea vers lui sans qu'il y prît garde et, lui entourant les épaules de ses bras, elle l'embrassa.

Ce baiser produisit en Francis une commotion terrible. Le vin aidant, il lui sembla que c'était le cadavre livide, décharné, décomposé, puant de la portière de la rue Folie-Méricourt qui l'embrassait, et, égaré, il poussa un cri d'épouvante.

— Qu'as-tu? lui demanda Eulalie inquiète.

Cette voix dispersa les fantômes, il contempla sa femme.

— La surprise! dit-il.

Alors elle lui tendit sa joue, disant tout bas :

— Et toi?...

Avec une frénésie sauvage, de passion, de luxure, Francis la saisit de ses puissantes mains, et colla ses lèvres sur la bouche de la mignonne, terrifiée d'une si violente et si nouvelle caresse.

Mais elle n'eut pas le temps de s'en plaindre. Dans la pièce voisine, l'orchestre du Cirque américain donnait le signal de la danse. Étourdie, Eulalie se sentit entraînée, enlevée par son mari qui ouvrit le bal avec elle par une valse qui avait quelque chose de vertigineux, de fantastique! . . . .

. . . .

A quelques lieues de Bourges, en descendant plus encore vers le centre de la France, dans cette province du Berry, si monotone et silencieuse, est une petite ville, appelée Sauvenières.

Ville, en ce pays, peu peuplé ; un bourg plutôt, trois mille habitants, cultivateurs, fermiers, éleveurs ; gens paisibles et routiniers, ignorants et nécessairement superstitieux.

Peu de mouvement à Sauvenières sauf les jours de marché.

Beaucoup d'animation alors, sur la place, dans les rues, dans les auberges qu'encombrent les paysans des alentours, venus d'Issoudun, de Châteauroux, d'Ardentes, de La Châtre, et même du Blanc. On arrive ainsi à des milliers de personnes qui vendent ou achètent dans la fournaise.

Un seul homme, citoyen de Sauvenières, qui manquait rarement de paraître sur le marché, n'achetait ni ne vendait jamais rien.

Ses concitoyens l'appelaient « le Sorcier »; son vrai nom, était Thomas Cadenet.

Qu'était-ce que cet homme?

Un vieillard d'une quatre-vingtaine d'années. Il habitait tout à l'extrémité du pays; veuf depuis longtemps; seul au monde. Ses trois enfants étaient morts, à courte distance.

Bien qu'il vécût chichement, certaine gens prétendaient qu'il n'était pas sans avoir un gros magot. Des on-dit; car on ne savait rien de précis là-dessus.

Maintenant, pourquoi l'appelait-on « le *Sorcier?* »

C'est qu'ayant la coutume de disparaître du pays, parfois une semaine, parfois des mois entiers, le père Cadenet, au grand étonnement de tous, reparaissait tout à coup chez lui sans crier gare!

Attendez! ce n'est pas tout.

Le bizarre, c'est qu'il était au courant des moindres faits et gestes accomplis en son absence et qu'il savait mieux que personne la chronique du pays.

Expliquez-moi ça?

Il n'y a qu'un suppôt d'enfer pour être si bien renseigné. C'était clair! Le diable contait tout à son ami Cadenet, qui en serait quitte pour griller dans les flammes éternelles jusqu'à la consommation des siècles.

Pour peu qu'on y réfléchisse, cependant, on pourrait se demander quels autres avantages le vieux pouvait tirer d'un pacte de ce genre. En tous cas, ce n'était pas, comme Faust : gloire, puissance, jeunesse ou fortune ; confortable royal! En effet, ne fût-ce qu'au point de vue du logement, on eût pu supposer que le sorcier avait fait un marché de dupe. Tout humblement, il habitait le pavillon de portier d'une propriété modeste qu'il cherchait à vendre; car, à vrai dire, il en était propriétaire.

C'était simple, assez gentil. Deux étages, une cour sablée, un jardin bien entretenu, et magnifique vue sur la campagne.

Le tout offert par lui contre trente mille francs. Un bon prix. Ah! dame! ce n'est pas encore sur le vieux Cadenet qu'il fallait compter pour faire prendre la mode d'attacher les chiens avec des saucisses.

Les gens du pays trouvaient, eux, que c'était beaucoup trop cher. De sorte que l'écriteau restait suspendu à la grille depuis pas mal d'années; présomption, en tous cas, que le diable et Cadenet n'étaient déjà pas si bien ensemble, sans quoi Satan aurait eu la galanterie d'envoyer son homme d'affaires acheter ladite maison pour son compte. Qu'est-ce que c'est que 30,000 francs pour lui! Il y a tant de

LES ERREURS DE LA GUILLOTINE

Et, faisant un effort, il se trouva à califourchon sur le mur.

juifs richissimes en enfer! Quoique le sorcier dut voir qu'il n'y avait pas plus à compter sur le démon que sur ses compatriotes, il ne se désespéra pas.

Le célèbre Scipion, repoussé par les siens, s'écriait sur la terre d'exil :
« Ingrate patrie, tu n'auras pas mes os! »

Les ingrats voisins de Cadenet n'auraient pas davantage sa maison.

Elle finirait par passer aux mains d'un citadin, d'un bourgeois, tant pis pour eux.

En conséquence, Cadenet fit mettre des annonces dans les journaux de Bourges. Puis il attendit tranquillement.

Enfin, un acquéreur ou plutôt un amateur se présenta. Par exemple, il jouait de malheur! Cadenet s'était précisément absenté de la veille sans prévenir suivant son habitude.

— Revenez la semaine prochaine, dirent les voisins.

Le septième jour Thomas Cadenet rentrait dans sa propriété.

Un de ses voisins l'appela :

— Hé! père Cadenet!

— Plaît-il? fit le sorcier.

— Il y a du neuf.

— Je sais, dit flegmatiquement Cadenet. Il est venu un amateur le lendemain de mon départ. Il a été contrarié de ne pas me trouver.

— Ah! c'est trop fort, dit le voisin ahuri.

— Ce n'est pourtant pas difficile à deviner.

— Voyons un peu.

— Vous me dites qu'il y a du neuf, ça ne peut-être qu'un amateur. « Or, si un amateur est venu ne me trouvant pas, il n'a pu être que très ennuyé.

— Tiens! dit bêtement le voisin, c'est vrai c'que vous dites là.

— Heureusement que je serai là demain pour le recevoir, ajouta le *Sorcier*.

Pour le coup, le voisin resta effaré.

— Expliquez-moi aussi comment vous savez qu'il viendra demain.

— Vous êtes trop curieux, voisin, ce sera pour une autre fois.

Le lendemain, vers dix heures, on sonna à la grille. C'était l'amateur attendu.

Cadenet examina son client. Ce devait être un homme solvable : sa mise était soignée; ses cheveux blonds et ses moustaches de même nuance étaient soigneusement arrangés. Il était jeune encore, ce qui fit plaisir au *Sorcier*.

Un jeune homme ayant moins d'expérience qu'un homme mûr ne marchande pas tant.

Celui-ci visita la maison de fond en comble. La vue le charma. Le bon entretien de la cour et du jardin semblèrent l'impressionner favorablement. Il n'entama pas de discussion sur le prix.

Thomas Cadenet se réjouissait. Sans doute l'affaire allait se conclure.

— La maison me plaît, dit le jeune homme. Je vous fais mon compliment, elle est fort bien tenue. Toutefois, je ne me déciderai guère avant deux ou trois jours. Vous recevrez ma réponse d'ici là.

Cadenet salua satisfait, bien que visiblement le visiteur le prît pour le portier. En effet, il lui avait glissé une pièce de cent sous dans la main. Ça humiliait bien un peu le propriétaire; mais cent sous, c'est cent sous!!

Le troisième jour, comme il l'avait annoncé, le personnage blond revint.

— Ah! ah! fit Cadenet en lui ouvrant la grille, vous vous êtes donc décidé not' bourgeois. J'en étais sûr. Plus vous avez réfléchi, plus l'affaire a dû vous sembler bonne.

Le sorcier, mis en verve par le plaisir que lui causait la perspective d'une vente assurée, ne tarissait pas. Il priait le monsieur de visiter encore le rez-de-chaussée, le jardin, etc. Il y avait des avantages qu'on ne pouvait juger du premier coup.

Le visiteur coupa au court.

— Je suis décidé à acheter la maison, dit-il. Il ne nous reste plus qu'à nous entendre.

— Ça va, dit Cadenet. Monsieur sait le prix que j'en demande. Pas moyen de diminuer un centime.

L'acquéreur regarda son interlocuteur bien en face.

— Allons, soyez raisonnable, dit-il, je veux bien faire l'affaire avec vous. Mais il faut y mettre chacun du sien. Voyons, votre dernier prix.

— Trente mille.

— Allons donc!

— Tout ce que je puis, c'est de n'exiger que le tiers en espèces. Vous me payerez le reste en quatre ans, je me contenterai de trois signatures de garantie.

L'acquéreur secoua la tête.

— Non! dit-il, je désire payer comptant; c'est un grand avantage pour vous. Mieux vaut tenir que de courir, vous savez. Voici mes conditions : Vingt-huit mille écus sur table et les « clefs dans la main ».

Cette dernière phrase fit bondir le vieil avare.

Quoi! l'acquéreur voulait le réduire de deux mille francs et lui laisser à charge les droits du fisc.

— Impossible! gémit-il.

— Réfléchissez, reprit l'autre, que d'ennuis évités! Pas de crainte pour l'avenir. Et puis vingt-huit jolis billets de mille à palper tout de suite ! Vous savez, ça ne se trouve pas sous le pas d'un cheval par le temps qui court !

Cette dernière considération produisit son effet. Le « Sorcier » ne se défendit plus que mollement. L'appât de l'argent comptant finit par l'emporter. On traita à vingt-neuf mille, et Cadenet s'engagea à régler les droits fiscaux.

L'affaire conclue, l'acquéreur remit sa carte au vieillard. Elle portait :

« *Eugène Marloy* »

Il ajouta au crayon son adresse provisoire :

A Bourges, hôtel du Lion d'argent.

L'acte ne pouvait être dressé qu'après l'expiration des délais légaux pour la purge d'hypothèques ; aussi les deux hommes se quittèrent en se donnant rendez-vous dans une quinzaine chez le notaire de Sauvenières.

Francis se frotta les mains. Tout marcherait à souhait. Jusqu'au délai exigé par la loi, qui lui évitait des explications gênantes, il aurait le temps d'aller prendre de l'argent à Paris. On sait où, et quinze jours n'étaient pas de trop, étant donné les précautions à observer.

Il rentra à Bourges le soir même. Après avoir mis sa femme au courant de l'affaire, il lui annonça son prochain départ pour Paris. Elle aurait bien voulu qu'il l'y emmenât, mais Francis, qui ne s'en souciait guère, la paya de raisons spécieuses. Eulalie l'attendrait à Bourges, où le hasard les avait mis en relation avec une honnête famille de négociants, qui lui tiendraient société en l'absence de son mari.

La séparation fut triste. Pourquoi ? N'importe ! Eulalie pleurait ; quant au faux Marloy il se sentait impressionné.

Ce voyage lui semblait avoir des côtés périlleux, s'il allait lui arriver malheur ! si c'était la dernière fois qu'il embrassait la pauvre petite femme ! Non ! influence du passé, qui l'intimidait au moment de reparaître sur le lieu de ses abominables exploits. Mais il le fallait.

Le lendemain matin, à cinq heures, le train s'arrêtait en gare de Paris. Francis descendit de wagon, se mêlant autant que possible aux groupes, afin qu'on le remarquât moins.

Au dehors, il faisait un brouillard triste. Bien qu'on ne se vît pas devant soi, Francis se sentait mal à l'aise, le moindre pas résonnant derrière lui le faisait frissonner.

Suis-je bête, pensait-il, à la fin. Je suis comme les gens qui ont le coude de leur habit éraillé ; il leur semble que tout le monde le remarque. On m'a perdu de vue ; j'ai modifié ma physionomie d'autrefois, rien à craindre !

Cependant, autour de lui, la rue s'éveillait. Balayeurs et balayeuses commen çaient leur besogne. Des voitures de laitières passaient à grand fracas. Par moments, il croisait des ouvriers, marchant à grandes enjambées et soufflant dans leurs doigts. Un allumeur de réverbère allait de candélabre à candélabre et éteignait le gaz pâlissant.

L'ancien bandit avisa un hôtel modeste.

— Là, pensa-t-il, je serai en sûreté.

En effet, dans une rue aussi populeuse que la rue du Cadran, un homme est perdu dans la foule. Il est difficile de le filer sans qu'il vous échappe. Francis s'y connaissait, et son choix était logique.

On le conduisit dans une assez belle chambre du second, donnant sur la cour.

Là, Francis, après avoir fait allumer un bon feu et s'être fait servir du café au lait, pria le garçon de ne pas le réveiller avant l'heure du déjeuner. Après quoi, il se coucha. Malgré sa fatigue, il dormit mal, par hâte de revoir Paris.

Ce sentiment bizarre, qui perd tant de criminels, s'emparait impétueusement de lui. C'était plus fort que sa volonté. Il ne pouvait résister à cette curiosité fiévreuse qui l'attirait vers certains points de la capitale, où il pourrait jeter un regard furtif, notamment à la rue de la Pépinière.

Comme l'avait dit Oscar à Firmin Cognais, l'assassin de la veuve Valph, si malin qu'il fût, devait faire comme les autres, quitte à se trahir.

Il revenait voir.

Lui, si fort contre la tentation de l'or ; lui, qui se dominait si bien, évitant toute dépense compromettante, il était sans force contre cet entraînement.

Cependant, il se contint encore assez pour attendre l'heure qu'il s'était fixée. Vers midi, il déjeuna dans le quartier. Puis, en flâneur, les mains dans les poches, le cigare à la bouche, il descendit tranquillement la ligne des grands boulevards.

Après une aussi longue absence, la vie de Paris le charmait, le transformait, le rajeunissait ! Ce qui l'amusait aussi, c'était la rencontre des sergents de ville, se promenant deux par deux, sans s'inquiéter de lui !

— Braves sergots ! se disait-il, s'ils savaient !

Il les regardait avec commisération. Ces envies de bravade le prenaient : jouer avec le feu, avec le danger !

— Après tout, pourquoi ne pas se passer cette fantaisie. Il avisa deux agents, dont un brigadier.

— La rue de la Pépinière, s'il vous plaît ? demanda-t-il en saluant.

Le brigadier toucha légèrement son képi.

— Suivez jusqu'à l'Opéra. Vous prendrez à droite jusqu'au Printemps. Là, vous irez tout droit à une gare que vous apercevrez, et une fois devant la gare tournez à gauche la rue de la Pépinière, qui est au bout de celle Saint-Lazare.

Ce n'était pas fort clair, mais peu importait à Francis. Il savait suffisamment le chemin ; mais ça l'avait amusé de parler à un policier. Des gens de « son monde » après tout, bien qu'ennemis jurés.

Il remercia et, arrivé rue de la Pépinière, il s'arrêta regardant de loin « la maison » où il avait si bien *travaillé*, fait son affaire.

Elle était calme avec son apparence aisée, riche même, ses élégants balcons, ses hautes croisées et sa grande porte massive. En imagination, Francis revit l'intérieur de l'appartement, la chambre bouleversée, la veuve étendue sur le lit, les yeux hagards, avec une large plaie béante à la gorge.

Dans la pénombre, à terre, il entrevoyait la femme de chambre les cheveux épars, noyés dans une mare de sang.

Et cet idiot de Prosper Lami, gardant dans la mort un air d'épouvante étonnée, comme s'il ne croyait pas lui-même à la couaillerie de son complice !...

Francis revoyait tout cela avec une âcre délectation d'orgueil. L'orgueil d'un dramaturge qui sourit au souvenir de la *première* d'une pièce à succès. Dame ! c'était un chef-d'œuvre dans la partie. Et se sentir libre dans cette rue qu'il avait traversée cette nuit-là avec l'inquiétude du lendemain. Vrai, n'y-a-t-il pas de quoi être fier ?

Rassasié de cette contemplation, le misérable entra dans un café et prit son mazagran avec le calme de l'innocence.

Il n'avait qu'à traverser la place pour être à la gare Saint-Lazare.

Au guichet, il allait demander un billet pour Clichy-Levallois, quand il se ravisa. Mieux valait ne pas traverser le pays. D'Asnières au cimetière la distance n'est pas énorme et la route est presque déserte.

Francis prit un billet pour Asnières. A peine eut-il pris place dans le train qu'un nouveau souvenir se raviva en lui. Il allait refaire le trajet durant lequel il s'était débarrassé d'un autre gêneur : cet imbécile de Sacristain. Il croyait bien le tenir, celui-ci, le faire chanter ! Eh bien, allez-y voir maintenant. Pauvre Sacristain. Encore un naïf, celui-là ! Peut-être était-ce dans ce même wagon que le drame s'était accompli.

Ça serait drôle, se dit-il en riant.

En passant sous le tunnel des Batignolles, Francis revit la scène comme dans un panorama fantastique. Il avait si bonne volonté, le malheureux camarade ! Comme il s'était prêté à la circonstance ?

Francis en avait presque un regret affectueux. Quelque chose comme ce qu'avait dû ressentir Abraham en levant le couteau sur son fils Isaac. On n'est pas godiche à ce point.

Ainsi qu'on le voit, l'air de Paris le retournait. A Genève, il souffrait de se rappeler ses meurtres ; ici, il en tirait vanité en face de lui-même. L'impunité lui donnait haute idée de lui-même.

Comme ce soir-là Francis descendit à Asnières. Ainsi qu'il l'avait prévu la route était à peu près déserte. Une seule chose l'ennuyait et le tracassait un peu. Il aurait voulu trouver un moyen de ne pas entrer dans le petit cimetière par la grande porte où se tenait le vieux mendiant le Levallois : ce Barabouin, qui avait apporté un témoignage spontané le jour du jugement de Maxime.

Ce drôle inquiétait Francis.

Il lui faisait l'effet de ne pas avoir « ses yeux dans sa poche ». Malheureusement, il n'y avait pas d'autre entrée. Force était d'en passer par là.

Francis avançait donc, les yeux baissés, relevant le collet de son pardessus, guignant du coin de l'œil si le mendiant le dévisagerait, quand, à sa grande satisfaction, il vit que la place était libre.

Barabouin n'était pas à son poste.

C'était de bon augure.

— Peut-être qu'il est crevé, pensa le bandit.

Rassuré, Francis s'engagea dans l'allée bien connue qui conduisait à la tombe de la petite. En deux temps, il aurait fini.

Soudain il s'arrêta terrifié.

Le fait est qu'il n'y avait pas de quoi le faire rire.

A deux pas du trésor, trois ou quatre ouvriers étaient en train de travailler à un monument.

Francis envisagea la situation.

Le mausolée qu'on prenait fantaisie d'élever là, à en juger par le travail commencé, ne serait pas terminé avant un mois ou deux. Les sculptures seules pouvaient exiger ce temps-là. Impossible de prendre son argent.

Francis sacrait intérieurement, vouant au diable la famille et le défunt. Mais fureur n'avançait à rien. Que faire ?

Il restait là, hébété, stupide.

Les ouvriers commençaient à le regarder curieusement.

Il continua sa route.

— Il faut pourtant trouver un moyen, se dit Francis. Voyons, si je revenais demain à l'heure où les ouvriers déjeunent ?

Il haussa les épaules.

— Non, dit-il, c'est trop chanceux !

Pendant que je fouillerais la terre, l'architecte ou les parents n'auraient qu'à venir pour voir si la construction est en bonne voie. Je serais propre.

— Allons ! ajouta-t-il, il faudra escalader le mur cette nuit. L'idée le fit sourire. Ça, c'était un retour à son ancien métier. Il était curieux de voir s'il n'avait rien perdu de sa souplesse et de ses énergies.

Restait à brûler le temps jusque-là.

Avant tout, il fallait s'éloigner.

Inutile de se faire remarquer aux environs du cimetière, avant l'exécution du projet.

Ne pas rester à Levallois, non plus. Trop d'anciennes connaissances, capables de le trop dévisager.

Heureusement, Asnières est si peuplé qu'on ne remarque pas les étrangers.

Il traversa le pont, se promena dans la partie déserte du pays, en attendant d'aller dîner dans un caboulot.

Et de bonne heure, pour se montrer le moins possible aux clients.

Il faisait froid, personne ne s'attardait à l'examiner, et il allait d'un pas pressé pour se réchauffer d'abord, et se donner l'aspect d'un habitant qui rentre chez-lui.

Loin du centre du pays, il aperçut un marchand de vin, dont la salle sombre, contenait des ouvriers, éreintés du labeur de la journée; ils mangeaient en silence, ne regardant guère que leur assiette. Ça le décida.

La question était après dîner de tuer le temps, jusqu'au moment de *travailler*.

Allait-il de nouveau arpenter le terrain ? C'eût été diminuer les forces dont il aurait grand besoin, pour escalader le mur vers deux heures du matin, quand le dernier train de Paris a passé.

Et puis, quoi qu'il fit, il aurait froid.

En sortant du bouchon, il avisa une affiche. Il y avait bal à Asnières. Voilà son affaire. Il se dissimulerait dans la cohue, et il aurait chaud.

En effet, il en sortit à minuit, réchauffé et reposé. Tout va bien !

L'heure propice sonnée, il se dirigea lentement vers la berge. Tout était morne et solitaire. L'eau roulait, noire, battant la rive de son clapotement sinistre. Au loin une forte lueur ; la réverbération de Paris sur les nuages bas. Un coup de sifflet. Le dernier train traversait le pont. Il fallait attendre encore une bonne demi-heure.

Qu'elle s'écoula lentement au gré du malfaiteur ! Tout à coup, un tintement sonore vibra dans l'espace.

Deux heures !

Il était temps d'agir.

Francis franchit rapidement le chemin, tressaillant au moindre bruit, prêt à tout. Malheur à qui se fût trouvé sur son passage. Il n'aimait pas les indiscrets

LES ERREURS DE LA GUILLOTINE

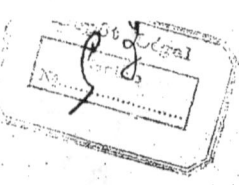

— Je désirerais visiter la maison, dit M. Liétard.

Le trajet n'était pas long. A mesure qu'il avançait sur le pont, Francis apercevait les points blancs, qui marquent les pierres tombales, et que de ce côté on voit s'étager en amphithéâtre.

Au plus fort de la Commune, en 1871, il y avait juste, contre le mur de ce cimetière, une batterie, installée par les Fédérés, pour défendre le cours de la Seine et battre en brèche la batterie de l'armée de Versailles placée, celle-ci, au Château de Bécon, sur la côte de Courbevoie.

De cette batterie, mitoyenne du cimetière, il subsiste encore les épaulements.

Sans doute, les pluies en ont arrondi les arêtes; mais le monticule reste, creusé en différentes places par ce qui fut les embrasures.

Or, une fois sur ce monticule, un homme agile en s'élançant atteint aisément la crête du mur. Il ne reste plus qu'à s'élever à la force du poignet.

Le seul danger est d'être aperçu par un aiguilleur du chemin de fer, qui est là en permanence.

Francis n'avait pas négligé ce détail. Pour avoir étudié l'itinéraire avec soin, il savait que le dernier train de voyageurs venant de Paris passe là à minuit cinquante-trois minutes.

Ensuite, durant deux heures, il ne s'engage plus sur le pont que trois trains de marchandises.

Donc, il y avait deux heures, durant lesquelles l'aiguilleur n'avait pas à s'occuper des aiguilles ni des disques.

Si la température eût été douce, on eût pu craindre qu'il veillât au grand air. Mais il faisait très froid. L'homme resterait donc dans sa cahute, près de son poêle.

N'importe! La cahute est vitrée de trois côtés. De là, il pouvait voir au dehors. Oui, s'il était éveillé!

Mais Francis, pour s'être enquis, savait encore que ce poste permanent a nécessairement deux titulaires. L'un qui prend le service à 7 heures du matin, jusqu'à 7 heures du soir, heure à laquelle son camarade le remplace jusqu'à 7 heures du matin.

Seulement, tous les huit jours, ils changent cet ordre. Celui qui la semaine dernière avait le service du jour prend le service de nuit et *vice versa*.

Toutefois, pour opérer ce changement, il faut que l'un des deux reste de garde vingt-quatre heures, tandis que son remplaçant a vingt-quatre heures de repos. C'est forcé.

Ce changement s'opère tous les samedis.

Et c'est justement un samedi que Francis avait choisi pour mener à bien son entreprise.

Dès lors, il raisonnait ainsi :

— L'homme qui est là a déjà dix-huit heures de service; service très pénible. Il s'ensuit que depuis le passage du dernier train de voyageurs et le premier de marchandises, s'il se tient fatigué dans une cahute étroite surchauffée par un poêle ronflant, il ne pourra manquer de faire comme le poêle c'est-à-dire de ronfler.

Et puisque aussi bien on ne peut ronfler qu'en dormant, et que pour dormir il faut fermer les yeux, cet homme ne me verra pas.

C'était exactement déduit. C'est pourquoi il prit son élan et, faisant effort, il se trouva à califourchon sur le mur.

Son regard parcourut le cimetière. Rien d'insolite. Tout était silencieux et calme dans la demeure des morts.

Francis se laissa glisser à terre.

Bien que le saut fût peu dangereux, le mari d'Ulalie pensa s'être blessé grièvement en tombant contre l'angle d'une grille entourant un tombeau.

La douleur fut atroce.

— Mille tonnerres! fit-il avec épouvante, j'ai la jambe cassée!

Il y avait de quoi être épouvanté. Impossible de sortir de là ensuite. Pris à son propre piège. Tout se découvrait!...

Il se voyait déjà à la Roquette, dans la cellule où l'avait précédé Létang!

Mais c'était une fausse alerte. La douleur se calma peu à peu, l'engourdissement cessa et Francis s'aperçut qu'il en serait quitte pour une simple courbature.

— Je me rouille! se dit-il.

Cependant il se mit en marche vers la tombe de la petite Céleste.

Autour de lui, les croix et les monuments découpaient leurs silhouettes. La nuit mal éclairée leur donnait des aspects fantastiques.

Malgré son cynisme, le scélérat éprouvait un malaise indéfini. Il y allait sans enthousiasme. Et puis, il se perdait dans l'ombre des arbres, ne sachant plus de quel côté tourner.

Le monument en construction lui servit de point de repère. Il y était enfin.

A cette heure de nuit, la petite tombe lui produisait une impression qui le fit frissonner. On a beau être cuirassé contre la peur, il y a des choses mystérieuses que l'on n'ose approfondir. Francis s'était découvert involontairement. Il demeurait immobile, vaguement inquiet, n'osant commencer son travail funèbre.

Si la petite morte allait se réveiller au bruit? S'il allait entendre sa voix sortir de la tombe.

— Allons! Enfantillages que tout cela! se dit-il en se faisant violence.

N'importe! il en subissait l'horreur et l'angoisse.

D'un pas mal assuré il alla prendre la binette.

Au moment de s'agenouiller pour creuser la terre, le vent fit gémir les cyprès et secoua l'échafaudage du mausolée voisin. Ce fut une seconde horrible.

Le bandit, pris d'une terreur folle, resta courbé, n'osant faire un mouvement, tandis qu'une sueur froide lui ruisselait du visage.

— Je n'en finirai pas! pensa-t-il.

A la fin, la peur et la rage lui rendirent une énergie fiévreuse. Il se mit à creuser les yeux fermés, marmottant une chanson d'argot pour s'étourdir.

Bientôt il sentit le couvercle de la boîte. Cela le remit tout à fait.

Il poussa un soupir de soulagement.

— Suis-je bête! se dit-il.

Il tira le paquet de billets, puis, frottant une allumette, il s'assura que c'était bien son trésor. Il allait mettre le tout dans sa poche. Une hésitation lui vint.

— Cent mille francs! se dit-il. Voyons! faut-il prendre tout! Ça m'éviterait des désagréments comme celui d'aujourd'hui.

Oui; mais ne se laisserait-il pas entraîner à de folles dépenses, s'il se sentait en possession d'une aussi forte somme?

On se promet d'être sage, de conserver une réserve, une poire pour la soif, et ces diables de billets vous démangent. L'argent file, file à toute vapeur et un beau jour on se trouve gros Jean comme devant.

Non! la cachette était sûre. La somme qui attendrait dans ce coin de terre, à l'abri de cette sépulture, ne risquerait rien. Francis se contenterait de prendre 40,000 francs pour payer la maison de Sauvenières, et vivre en attendant de trouver un placement sûr et avantageux, c'est-à-dire à 5 0/0; ce qui lui donnerait 3,000 francs de rente: une fortune en Berry!

Oui, une fortune; car avec 3,000 francs de rente et une maison à soi, en province, on vit aisément, considéré dans sa localité. Soit donc! Francis prit une liasse de quarante mille francs, et la fourra dans sa poche. Puis il replaça le surplus dans la boîte, qu'il ferma soigneusement, et tout fut de nouveau recouvert de terre.

Oh! l'ouvrage était proprement fait; pas le moindre vestige de l'opération. La vue de son trésor avait produit une réaction sur son esprit, dissipé la terreur et la crainte. Il se sentait fort à présent. Les morts pouvaient se relever au besoin, il les recevrait si bien qu'ils n'auraient plus envie d'y revenir.

Francis secoua la terre qui souillait ses genoux, et se dirigea vers le mur. Le franchir était plus facile, grâce à une échelle, prise au mausolée en construction. Une fois en haut, il la repoussa du pied, qu'elle tombât comme elle voudrait; ce n'est pas à lui qu'on s'en prendrait bien sûr!

— Ouf! fit-il, retombant sur l'épaulement de la batterie des Fédérés, ça y est tout de même! C'est égal ça m'a donné le trac! Je ne me serais pas cru si superstitieux que ça!

A présent, il s'agissait de rentrer chez soi. Chose bizarre! Ce voleur avait peur de rencontrer des personnes de la même profession. Mauvais quartier quand on a quarante mille balles dans la poche.

Ce n'est pas qu'il redoutât les mauvaises rencontres en elles-mêmes. Il avait son couteau et son revolver était bien chargé. Mais ça ferait du bruit; *la rousse* pourrait intervenir, et c'est cela surtout qu'il voulait éviter.

Par chance — son étoile! — aucun de ceux qu'il croisa ne prit garde à lui, et il rentra dans Paris sans accident, mais las, harassé, moulu.

Ce n'était pas tout, il s'agissait de regagner l'hôtel à présent.

Au rond-point de l'avenue de Villiers, Francis aperçut un fiacre qui retournait au départ de Levallois.

Moyennant dix francs le cocher consentit pourtant à charger.

Francis n'eut garde de marchander, et une demi-heure après il dormait du plus profond sommeil, *ses* quarante mille francs sous l'oreiller.

Dans la journée, bien reposé, lesté d'un bon repas, remis de toutes ses émotions, il repartait pour Bourges.

Cinq jours après, M. de la Ville-Viquier recevait de son ami, le secrétaire général de la Banque de France, un mot ainsi conçu :

« *Cher ami,*

« *Un nouveau billet (de mille francs cette fois), le n° 1147. Série L. de la liste de M*^{me} *Valph vient de rentrer à la Banque.*

« *Je n'apporte aucun retard dans cet avis, sachant combien cette affaire t'intéresse.*

Au-dessous de la signature un *post-scriptum*.

« *Il nous est adressé par la succursale de Bourges.* »

M. Oscar relut plusieurs fois ce billet.

— Tiendrais-je enfin la bonne piste? se dit-il.

Laissant de côté les dossiers qu'il parcourait, il frappa le timbre placé sur son bureau.

Le domestique accourut :

— Envoyez-moi Liétard.

L'agent demandé ne tarda pas à se présenter.

— Êtes-vous prêt à partir? demanda le chef.

— A vos ordres, patron.

— Bien, vous allez vous rendre à Bourges. Vous irez à la succursale de la

Banque de France. Voici le numéro d'un billet qui y a été remis il y a deux ou trois jours. Il faut en retrouver l'ancien possesseur. Dès que vous saurez la moindre chose, avisez-moi.

— Est-ce tout ?

— Oui. Voici pour le voyage et les frais de séjour.

L'agent s'étonna. D'ordinaire, ces dépenses sont soldées administrativement.

— Ceci, dit Oscar, est une affaire à part.

L'agent ne répliqua pas et partit :

A Bourges, il n'eut aucune difficulté à se renseigner. Le billet venait de l'hôtelier du *Lion d'argent*. Liétard se rendit à l'hôtel de ce nom, et sur sa demande le patron de l'établissement consulta son registre.

— Voici votre affaire ! Lisez vous-même.

Ce disant il lui montra le détail de la dépense payée par le client qui lui avait remis ce billet.

L'agent ne s'attacha qu'au nom : *Marthinot, rentier à Sauvenières*.

— Qu'est-ce que Sauvenières ? demanda-t-il.

— Un bourg des environs.

— Loin ?

— Non ! Une demi-journée de chemin à pied ou trois heures en voiture.

— Merci.

Liétard se hâta d'écrire à son chef.

La réponse était courte, une dépêche d'un seul mot :

« *Suivez*. »

Pour ne pas éveiller l'attention de l'intéressé, Liétard se fit une tête de bon bourgeois, se donnant l'allure d'un bonhomme nouvellement retiré des affaires.

Le service des messageries de Bourges à Sauvenières avait lieu quatre fois par semaine. Le lendemain était un jour de départ. Liétard attendit en s'arrangeant de manière à occuper la place voisine du conducteur afin de le faire jaser.

Les messagers connaissent tout le monde et sont naturellement bavards. Aussi Liétard, avant même d'arriver à sa destination, fut-il convaincu de la fausseté de la piste quand le nom de Marthinot eut été prononcé par lui.

— Il n'y a personne de ce nom à Sauvenières, dit le conducteur.

— Et aux environs ?

— Jamais connu quelqu'un qui s'appelât ainsi.

Tant pis ! mais puisque aussi bien il n'y avait pas moyen de revenir sur ses pas, Liétard resta dans le lourd berlingot et descendit à la meilleure auberge du bourg, se mettant en quête aussitôt.

Pas plus de Marthinot que sur ma main.

Non seulement personne de ce nom, mais personne dont le signalement se rapprochât de celui donné par l'hôtelier de Bourges.

Dans un petit pays comme celui-ci, la présence d'un étranger pique la curiosité ; curiosité défiante, dont les autorités locales ne sont pas exemptes. Aussi l'envoyé d'Oscar s'aperçut-il vite que c'était lui qu'on filait ; il ne pouvait faire un pas sans qu'une dizaine de badauds fussent à ses trousses, le regardant d'un mauvais œil. Il convenait de modifier cette impression.

Liétard, résolu à passer au besoin un mois dans le bourg plutôt que de revenir bredouille, comprit qu'il n'obtiendrait rien de personne, tant qu'on ne saurait à quoi attribuer sa présence ; qu'à cela ne tienne. Il fit comprendre à son hôte qu'il venait pour acquérir un immeuble dans le pays.

— Je crois que vous arrivez trop tard, fit l'aubergiste.

— Cependant, j'ai vu une annonce dans le journal de Bourges.

— Oui, oui. La maison au père Cadenet.

— C'est cela même.

— Eh bien, vous n'avez vraiment pas de chance. Il est en pourparlers depuis quelque temps et je crois que c'est conclu.

— Serait-ce avec M. Marthinot?

L'hôtelier le regarda.

— Marthinot? répéta-t-il, connaissons point de Marthinot.

N'importe. Liétard alla visiter tout de même la propriété Cadenet.

Au coup de sonnette le bonhomme parut.

— Je désirerais visiter la maison, dit Liétard.

— Monsieur a l'intention de l'acheter?

— Oui, j'ai lu l'annonce dans les journaux du pays.

— Vous vous êtes levé trop tard, fit le sorcier en souriant, car le contrat de vente est prêt. Il n'y a plus qu'à signer, sitôt les quinze jours de purge légale expirés.

— Tant pis! fit l'agent. D'après ce qu'on m'en a dit, je m'imagine que ça m'aurait convenu. La ville aussi me plaisait. Vous savez! on a fait une petite fortune à Paris en trimant dur. La femme s'est donné du mal aussi. Tant qu'on avait ses enfants avec soi, on avait encore le cœur à la besogne; tant que ce ne serait que pour leur donner l'exemple. Mais le fils s'est établi en Angleterre. La fille s'est mariée et vit avec la famille de son mari. Pour lors, on est tout seul, les deux vieux, et on cherche un endroit tranquille pour se reposer un brin, des tracas du commerce, avant de s'en aller tout à fait.

Liétard débitait ce boniment avec l'air d'un bourgeois qui n'y met pas de malice, tout en se disant :

— Ma foi! il n'est pas si sorcier qu'on le dit, car il paraît avaler la pilule sans douleur.

C'était vrai, Cadenet n'y voyait que du feu, gobant l'histoire, s'intéressant au faux négociant retiré.

— Dame! dit-il, je ne sais pas si mon acquéreur ne serait pas tenté par un gain de quelques mille francs, si faciles à réaliser. Demandez s'il voudrait vous passer son marché.

L'agent avait mis son homme au point voulu.

— Faudrait le connaître au moins, dit-il.

— C'est pas malaisé! Je l'attends. Attendez-le aussi. Il a l'air arrangeant.

— Je ne dis pas non. Seulement, dans ce cas-là, autant éviter les doubles droits du fisc pour deux ventes successives.

— C'est bien dit. On voit que vous savez faire les affaires!

— C'est mon état! Il n'y aurait qu'à substituer mon nom au sien sur le contrat. Mais pour ne pas perdre du temps il faudrait lui proposer la chose avant l'expiration des quinze jours de la purge. Où demeure-t-il? Je vas y aller.

— Pas possible! Il n'est pas du pays d'ici. Ecoutez voir un conseil.

— Volontiers.

— V'là ce que c'est : quand il va revenir, il ne peut descendre qu'à l'auberge. Or, comme il n'y en a qu'une de propre, vous le verrez arriver.

— Comment qu'il est fait?

— J'vas vous le dire : un beau gars, cheveux blonds, moustaches tirant sur le roux; plutôt jeune : la trentaine, et quelque chose de son ancien métier.

— Qu'est-ce qu'il faisait?

— Il était officier.

— Bon, ça me suffit.

— Attendez donc! fit le père Cadenet. Y a rien qui ressemble a un blond comme un autre blond, et pas mal de blonds ont des moustaches rousses.

— Ça c'est vrai.

— Et puis, on n'attendait pas après lui, bien sûr, pour qu'il y ait des blonds dans l'armée.

— Vous avez encore raison.

— C'est pourquoi, continua le vieillard très flatté, si vous voyez quelqu'un de fait comme lui à l'auberge, avant de lui conter votre histoire, il faudra lui dire : Pardon, excuse, monsieur, c'est-y vous qui s'appelle Marloy?

— C'est votre acquéreur?

— Lui-même.

— Merci! Je n'y manquerai pas.

Liétard savait ce qu'il voulait. Toutefois, s'éclipser là-dessus avait de l'in-

LES ERREURS DE LA GUILLOTINE

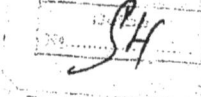

— Vous êtes bien la fille Célestine Antoine?

convénient. L'acquéreur ne voyant pas celui qu'on lui donnerait pour souhaiter de se substituer à lui, pour la vente, prendrait peut-être l'éveil, et disparaîtrait. Il fallait éviter cela.

Aussi, ayant paru réfléchir.

— Au fait, dit-il, c'est par Bourges qu'il doit venir. J'aurai plus vite fait d'aller au-devant de lui.

— Faites à votre idée, dit le sorcier.

Deux heures après Oscar recevait un télégramme ainsi conçu :

« *Expédiez deux cents sacs conserves Marthinot; prix de commission inconnu—. Mais annoncez retour le onze y compris. VI, X bons, 17 nul. J'ai acquéreur XXV.* »

Oscar supprima les cinq premiers mots, mis là pour embrouiller les curieux : soit « *Marthinot* », puis le 10°, soit « *inconnu* ».

Donc Marthinot était inconnu à Sauvenières. Donc le voyageur qui avait donné un billet de la veuve Valph à l'hôtelier de Bourges avait donné un faux nom.

Mais pourquoi avait-il donné la localité de Sauvenières pour lieu de résidence ?

— Pris de court, pensa Oscar, il a écrit le premier nom que sa mémoire lui fournit.

Donc le faux Marthinot tenait à Sauvenières pour quelque chose.

— Suivons-le, dit le policier en revenant à la dépêche.

Les deux barres transversales indiquaient un autre truc. Il ne fallait plus compter les mots, mais relever les premières lettres de chacun des mots qui suivait. Soit :

Mais
Annoncez
Retour
Le
Onze
Y.

En les mettant à la file, on avait M, A, R, L, O, Y.

« Marloy !... »

Après l'*y*, il y avait bien « *compris* ». Mais il y avait : « *17 nul* ». Donc, « *compris* », ne comptait pas; car « *compris* » était le 17° mot.

Le télégramme ajoutait :

« *J'ai acquéreur* ». Plus le chiffre *XXV*; ce qui voulait dire que « *J'ai* » était à négliger; car « *acquéreur* » était le 25° mot.

En sorte que la dépêche se résumait ainsi :

« *Marthinot inconnu. Marloy acquéreur.* »

Jamais l'employé du télégraphe de Sauvenières n'eût deviné le véritable sens! d'autant que le tout n'était pas adressé à la préfecture de police, mais bien à un *Monsieur*, établi à dessein pour cet office.

— Ma foi! se dit la Ville-Viquier, je crois que, si je ne tiens pas encore mon homme, je l'emboîte demain. Qu'il se fixe là, le reste sera facile. Tous les mêmes; fit-il encore; se *terrer* quand on fait cet état-là! Plus de sécurité à coucher sous les ponts!

La lettre de Liétard, suivant de près son télégramme, confirma Oscar dans sa conviction, et il arrêta son plan.

Pensant que Marloy et Marthinot ne faisaient qu'un, l'acquisition serait payée à Cadenet en billets volés à la veuve Valph.

Il n'y aurait plus qu'à attendre.

— Ce vieux Cadenet, se dit l'inspecteur général, changera un jour ou l'autre l'un de ces billets. En le tracassant, il dira de qui il tient celui-là et les autres et... ça ira tout seul.

Sur quoi Oscar envoya les instructions suivantes à son subordonné :

« Laisser Marloy prendre possession de la maison en toute sécurité. Aller trouver le commissaire central de Bourges. Lui demander d'indiquer quelqu'un qui pût *filer* le *Sorcier* à Sauvenières, en envoyant des rapports quotidiens.

Muni de ces ordres, Liétard revint à Bourges. Le commissaire central indiqua le portier de la mairie de Sauvenières, assurant que c'était un malin, qui vous surveillerait le vieux comme pas un.

— Je m'en remets à vous, dit Liétard au commissaire. Pouvez-vous faire venir cet individu? Dès qu'il aura été mis au courant de sa mission, je m'en retournerai à Paris.

Tandis que Liétard, le commissaire central et le portier de la mairie de Sauvenières s'entendaient pour établir une surveillance de tous les instants autour du père Cadenet, M. et Mme Marloy prenaient possession de leur nouvelle demeure.

Grâce aux 12,000 francs qui lui restaient après le règlement du prix de son acquisition, Francis pouvait se présenter sous un aspect respectable.

Une voiture de remise à deux chevaux, s'il vous plaît, les avait déposés sa femme et lui à la grille de la propriété, laissant tout Sauvenières aux portes, ébahi d'un tel luxe.

L'arrivée de gens de si bonne apparence ne pouvait que faire plaisir aux fournisseurs du pays, et de leur côté les nouveaux arrivants étaient satisfaits.

Eulalie particulièrement ne pouvait croire à la réalité des choses. Quoi! cette jolie maison, ce jardin, ces fleurs, ces grands arbres étaient à eux!

Quelle effusion de joie.

— Que tu es bon! disait-elle à son mari. Comme nous allons mener une gentille existence! Va, je ne regrette plus le passé, je ne vis plus que pour toi, pour te rendre en dévouement, en caresses le bonheur que tu m'as donné!

Francis se laissait doucement aller, bercé par la tendresse exquise de la charmante enfant.

A tout cela, à sa satisfaction d'époux heureux, de propriétaire à l'abri du besoin, se joignait sa considération du pays.

Monsieur et madame, en gens bien élevés, avaient, dès leur installation, été faire visite au maire, au curé, au percepteur, etc.

Ceux-ci, flattés, avaient rendu cette première politesse.

De là des invitations à dîner, d'aimables relations qui faisaient oublier la monotonie de cette vie retirée.

La considération allait chaque jour grandissant. Tout y aidait. Le notaire faisait leur éloge de son côté. Pensez donc! Un homme qui avait payé 28,000 francs rubis sur l'ongle. Quand tant de gens chicanent sur les prix, réclament des échéances échelonnées d'année en année et vivent de pain sec et d'eau claire pour y faire face! A la bonne heure, monsieur Marloy!

Une saignée de 28,000 francs ne l'empêchait pas de vivre largement, en homme qui a derrière lui une fortune assise.

Francis, aimé, honoré, estimé, prenait goût à cette vie. Il lui semblait que rien ne troublerait plus son honnête aisance « d'assassin retraité ».

C'était bon de vivre sans inquiétude, de pouvoir dormir, manger, se promener sans avoir peur de son ombre. C'était bon de ne plus sentir le couperet de la guillotine suspendu sur sa tête! Décidément la canaillerie ne valait rien.

Francis se faisait foncièrement honnête. Si une réminiscence du passé lui venait par hasard à l'esprit, il la chassait d'un haussement d'épaules :

« L'assassinat de la mère d'Eulalie?

« Le triple meurtre de la rue de la Pépinière?

« La mort du pauvre Sacristain?

« Erreurs de jeunesse! »

Il n'y attachait pas plus d'importance qu'un académicien à sa première tragédie.

Certaines natures sont ainsi faites. Francis, sanguinaire d'instinct, pouvait avoir des terreurs, jamais des remords. Le tigre ne pleure pas sur la proie égorgée. En tuant, il a obéi à sa nature, voilà tout.

Il en était de même de Francis!

Nos lecteurs s'imaginent peut-être que le père Cadenet n'attendait que la vente de sa maison pour se remettre de son régime de pois chiches et d'eau claire. Pas du tout !

C'est du moins ce que constatait le rapport du portier de la mairie de Sauvenières. Rapport transmis à M. Oscar par le commissaire de Bourges, ainsi qu'il avait été convenu.

— Cadenet s'était retiré dans une bicoque qui ne tenait presque pas au bourg. Elle bordait un petit cours d'eau rapide, froide et claire, sous une voûte épaisse de saules, et, par-derrière le jardin, ouvrait sur un petit bois.

Rien n'était changé dans sa manière de vivre. Ses maigres dépenses étaient payées en sous.

Ses absences continuaient, et malgré la surveillance exercée on ne parvenait toujours pas à savoir où se rendait le « Sorcier ».

Peu de chose sans doute à attendre de ce côté pour Oscar.

Restait le ménage Marloy. Comment réglaient-ils leurs dépenses ?

Le rapport du portier le lui apprit : « En écus sonnants. »

Singulière affaire ! Alors qu'on croyait au point d'aboutir, les cartes se brouillaient tout à coup. Force était d'attendre. Attendre toujours !

Sans se lasser, le policier était pris de découragement parfois. Un doute sur la réussite de la poursuite lui venait. Il se disait :

— Que de peines ! Que de temps perdu pour aboutir à quoi ? Supposons même, que ce Marloy possède les billets signalés. Qu'il les met en circulation. A quoi cela servirait-il ? Pourrais-je obliger cet homme à m'en avouer l'origine ? A me dire par quel moyen ils sont en sa possession. Non ! Rien ne m'y autorise. Personne ne se plaint. Le parquet ne s'émeut pas. La justice, satisfaite, se contente de la tête qu'elle a fait tomber. On ne peut plus poursuivre un autre assassin de la veuve Valph ! Tout au plus pourrait-on établir une mince culpabilité et punir cet homme comme receleur ! Et encore faudrait-il des ordres !...

Oscar ne se faisait pas illusion là-dessus. L'ordre en question ne sortirait jamais de la plume du procureur général. L'État, s'instituant héritier de la veuve Valph, avait encaissé les cinq millions ; son concours, indispensable pour la réhabilitation de Maxime, serait implacablement refusé.

Que tout cela était difficile, compliqué, chanceux ! Pourtant la défaillance ne fut que passagère. Oscar se rappela la grandeur de la cause, la supérieure humanité du but poursuivi.

— J'ai ma part de responsabilité, pensa-t-il ; aux mains une tache de ce sang ! Si mince que soit ma participation à ce meurtre juridique, elle me condamne à la lutte, et seul le triomphe de « l'innocent réhabilité pourra m'absoudre à mes propres yeux ! »

Le chef de la sûreté mit le dossier augmenté des nouveaux renseignements dans son tiroir à secret.

— Si Dieu est juste, murmura-t-il, ces pièces, inutiles aujourd'hui, deviendront un jour des preuves accablantes pour le véritable criminel.

A Sauvenières, la *villa Eulalie* (comme les gens du pays avaient baptisé la demeure des Marloy) s'embellissait à vue d'œil. Francis avait fait restaurer la vieille façade. Un maître jardinier de Bourges avait changé du tout au tout l'agencement du jardin. La maison neuve, pimpante, coquette avec une grille aux barreaux dorés, prenait une apparence quasi princière.

Ça avait coûté cher, par exemple ! Cinq ou six mille francs avaient passé à ces embellissements, mais Francis ne les regrettait pas.

Par surcroît, il avait acheté à leur compte un cabriolet et un cheval.

Pour le cabriolet, il fallait un hangar. Pour le cheval une écurie. Sans compter les harnais, provision de fourrage et d'avoine, etc. Total : quatre autres mille francs !

Cela faisait une somme rondelette de dix mille francs.

Avec les deux mille autres, monsieur et madame avaient vécu près de trois mois et demi.

Or, un jour, en ouvrant le tiroir aux louis, Francis aperçut le fond de la caisse. Dame ! à y puiser toujours ça diminuait.

Il fit le compte de ce qui restait. Douze pièces, deux cent quarante francs.

C'eût été à peu près le mois assuré, s'il n'avait fallu défalquer de ce chiffre le prix du voyage à Paris, afin de se pourvoir.

Il était temps d'aller à Levallois !

— Je partirai après demain, se dit-il avec une indicible contrariété.

A ce moment, il regrettait de n'avoir pas pris son trésor la nuit de l'escalade du cimetière. Revenir de nouveau à Paris lui était une préoccupation latente nuancée de terreurs confuses.

D'ailleurs, cette obligation le remettait fatalement dans le courant d'idées qui lui étaient pénibles. Déguisé en honnête homme, jouissant de sa sécurité, très orgueilleux des égards qu'on lui accordait dans le pays, il souffrait à se voir forcé de dépouiller pour quelques jours son honorable travestissement, et de faire acte de *pègre*, de se retrouver à la fois : la Belle-Joséphine, la Limace, Pince-le-Pante, et même le valet de chambre de l'ancien député, comme de la veuve Valph.

Malgré lui ses hauts faits se retraçaient à sa mémoire. Il revoyait les cadavres de ses victimes. Ça l'incommodait maintenant.

Tel un ancien démocrate renégat qui a passé avec armes et bagages dans le camp de la réaction, il n'aimait pas se rappeler sa première incarnation.

Cependant, il n'y avait pas moyen d'éluder sa corvée. Comment vivre sans cela; comment continuer de faire figure et de jouer son personnage de notable habitant du bourg de Sauvenières ?

D'ailleurs, pas de surprise. Il avait toujours été entendu qu'il se constituerait des rentes en plaçant à 5 pour 100 les 60 mille francs de réserve. Bon ça, qui ne l'exposait pas, pensait-il.

Mais retourner à la tombe de sa nièce, la petite Céleste, pour prendre le reliquat de la somme volée, voilà ce qui le chiffonnait.

C'est pourquoi, sans doute, il parut étrange à sa femme durant le déjeuner. Elle le questionna inutilement. Il se dérobait sous différents prétextes et, absorbé dans ses réflexions, il quitta la table machinalement.

Restée seule, Eulalie se sentit lentement envahie par une impression qui s'imposait sans qu'elle en eût conscience.

Ce n'était pas la première fois que pareille chose lui arrivait. On se souvient que le jour même de ses noces, recevant le premier baiser d'amour de celui à qui elle venait de s'unir, un trouble indéfini, où il y avait de la répulsion, de l'horreur instinctives, l'avait suivie.

Depuis, cela s'était reproduit de temps en temps, avec plus ou moins d'intensité. Mais aujourd'hui la crise prenait un caractère de révolte inexplicable.

« Inexplicable? » Est-ce bien sûr ? Qui dit qu'un jour le magnétisme, mieux étudié, mieux connu, n'expliquera pas ces mouvements spontanés, occultes de tout notre être, qui, sans raisons formulables, nous éloignent invinciblement de tels et tels individus, ou nous invitent à aller à eux! Les animaux sont doués de plus de perspicacité.

Il est un fait facile à expérimenter. Si vous avez un chien et qu'il ait fait une sottise qui vous porte à le châtier, avant même que votre voix, votre geste traduise votre intention, il *sent*, il flaire votre disposition, et prend du large.

Essayez de le tromper — c'est là l'expérience. — Prenez une voix douce, souriez-lui en l'appelant : Serviteur ! Il n'approchera pas de vous; de votre peau s'exhale une odeur, un fluide qui le renseigne, lui dit :

« N'y vas pas : il veut te battre. »

Chez lui, être d'instinct, plus près de la nature, le fait est certain. Chez l'homme, c'est moins clair, plus vaguement ressenti ; il y a doute; défiance tout au plus. Mais, en somme, il y a *quelque chose* que la science spécifiera un jour, un *flair* imparfait qui, peut-être, en se développant, produira des générations supérieures à la nôtre, en les douant d'un sens de plus, d'un sixième sens, ce *flair* des animaux, et, par cela même, bouleversera de fond en comble l'ordre social d'aujourd'hui, puisque Tartufe deviendra impossible, puisque le *flair* suffira à reconnaître l'ennemi, le trompeur, le bandit.

Ce *flair* rudimentaire indique son existence à tout propos. Enfermé dans une pièce, occupé, attentif à un travail, vous pensez tout à coup à une personne. Quelques instants après, on sonne, on entre : c'est elle. Vous l'avez sentie, *flairée* sans vous en rendre compte.

Eh bien! sans s'en rendre compte non plus, Eulalie sentait, *flairait* l'ennemi, le menteur, l'être odieux, en Francis, et ce matin-là plus vivement que jamais.

Mais elle s'en défendait, elle rougissait de son trouble, voulait y voir du dérangement d'esprit, disposition maladive. Il fallait cela, sinon, pensait-elle, c'eût été noire ingratitude. Un homme qui l'avait soignée, sauvée! Un homme qui l'adorait, la comblait de prévenances, de caresses !...

Pourquoi donc ces caresses et ces prévenances la faisaient-elles souffrir?

Rien à se répondre. Affaire de constitution peut-être, absence de tempérament; elle n'avait pas de sens. Voilà l'explication qu'elle se fournissait.

Pas moins les baisers de son mari la glaçaient, et parfois, à le contempler, elle frémissait, serrée à la gorge par un dégoût haineux, souverain.

Le faux Eugène Marloy lui avait annoncé son départ pour Paris, où le soin de leurs affaires l'appelait. Eulalie en avait été heureuse. Pendant son absence, elle n'aurait pas à subir les embrassements qui lui répugnaient jusqu'à la douleur.

Pendant ce temps Francis s'était raisonné.

— Suis-je bête de me tracasser ainsi? s'était-il dit; tout va bien au contraire!...

Il avait avancé son fauteuil tout contre la fenêtre. Il fumait un bon londrès, il avait le parfum des fleurs, le chant des oiseaux, la chaude volupté d'une bonne digestion.

— Quel homme heureux! pensa le facteur en traversant la cour pour lui remettre le courrier du jour.

Francis n'eut qu'à tendre la main par la croisée.

L'homme de la poste lui remit deux ou trois brochures, et le *Figaro* auquel Francis s'était abonné.

Béatement, il jeta les brochures sur la cheminée, déchira la bande du journal et le déplia avec nonchalance.

Par une habitude dont il n'avait pu se défaire, Francis allait d'instinct aux *Faits divers*.

Une rubrique en grosses lettres attira son attention sur la seconde page.

— Voyons ça! dit-il.

Tout à coup, le journal s'échappa de ses mains, et il eut un éblouissement.

Son visage horriblement décomposé, ses yeux hagards le rendaient méconnaissable.

— Non! balbutiait-il! Non! c'est impossible!

LES ERREURS DE LA GUILLOTINE

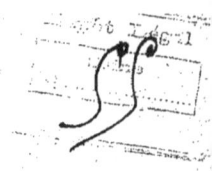

Il s'ennuya consciencieusement quatre grandes heures.

Il fit deux ou trois pas chancelants, ses mains avaient des gestes de fou.

Il alla à la table et prit un verre qu'il remplit d'eau.

Puis avec le coin d'une serviette qu'il mouilla, il se bassina les tempes dont les veines semblaient près d'éclater.

La fraîcheur de l'eau le rétablit. Il se tâta le front en bégayant :

— C'est un mauvais rêve. C'est cette idée fixe qui m'obsède. J'aurai mal lu. Voilà tout.

Il reprit le journal et lut avec anxiété :

« *L'accident du cimetière de Levallois* ».

« Un accident terrible a jeté la consternation dans les communes de Levallois-Perret et d'Asnières.

« Concédé en 1873, l'emplacement du cimetière de Levallois avait été affecté, durant la Commune, à un bastion d'artillerie destiné à contrecarrer les batteries de Versailles installées au château de Becon.

« De là échange de projectiles entre les deux positions.

« Le bastion démoli, tout le monde avait oublié ces détails, qu'une épouvantable catastrophe vient de remémorer cruellement.

« Dans la journée d'hier, des ouvriers terminaient la pose de l'entourage d'un mausolée en construction.

« Un d'entre eux piochait la terre, lorsque tout à coup une explosion retentit.

« Les trois ouvriers furent littéralement enterrés sous les débris du monument funèbre.

« Deux d'entre eux ont été tués sur le coup ; on désespère de sauver le survivant, affreusement blessé et mutilé.

« Il n'y a pas de doute sur la cause de cet accident.

« Un coup de pioche a fait éclater un obus enfoui là depuis l'époque dont nous parlions.

« Outre la mort des deux malheureux ouvriers, les mutilations du survivant et du gardien du cimetière violemment projeté au dehors, les dégâts sont épouvantables.

« Une dizaine de tombes ont été bouleversées, broyées, pulvérisées.

« Rien ne saurait donner une idée de l'aspect de ce désastre.

« Au milieu des monceaux de débris informes, des excavations, des blocs de marbre jetés pêle-mêle, des éclats de bois, des bières dont les couvercles ont été violemment arrachés, des cercueils aux planches disjointes laissent voir les cadavres mutilés.

« Mais ce qu'il a d'étrange, c'est que parmi les décombres, un assez grand nombre de billets de la Banque de France étaient éparpillés dans toutes les directions.

« Deux de ces billets ont été retrouvés dans une boîte de fer-blanc qui devait les contenir tous.

« On se perd en conjectures sur cette singulière trouvaille.

« Est-ce le trésor de quelque avare qui a voulu emporter sa fortune dans l'autre monde?

« Est-ce un dépôt confié par prudence à l'asile des morts par une personne craignant les prodigalités d'un membre de sa famille?

« Est-ce tout bonnement une somme appartenant aux premiers propriétaires du terrain, ou le produit d'un vol ou d'un assassinat?

« Toutes ces hypothèses sont admissibles.

« Comme si tout devait être mystérieux dans cette affaire, trois de ces billets portent des taches équivoques. On dirait qu'une main ensanglantée les a maniés.

« Il est impossible, vu le bouleversement de cet endroit du cimetière de présumer quelle tombe recélait ce trésor. Les intéressés réclameront sans doute.

« En attendant une enquête est ouverte. Les autorités locales assistent au déblayement. A la première nouvelle de l'événement, le préfet de police, le procureur de la République et M. Oscar de la Ville-Viquier, inspecteur général de la sûreté, se sont rendus sur les lieux du sinistre.

« A demain de nouveaux détails. »

Quant Francis lâcha le journal pour la seconde fois, il vit tout tourner autour de lui. C'était la ruine!

Le spectre de la misère ricanait à ses yeux, dans une vision fantastique, étendant ses bras maigres comme pour y engouffrer la maison pleine de parfums, de chant d'oiseaux et de soleil.

Mais à l'anéantissement succéda la fureur. Francis alla à la fenêtre et menaçant du poing le ciel impassible, il s'écria :

— Canaille!

C'était une révolte contre Dieu qui lui *volait* son argent; une rage folle.

Les rentes, le repos, le bonheur, la vie paisible! Au diable tout cela! Un stupide coup de pioche et tout s'écroulait. Que le hasard était bête et méchant!

Soixante mille francs perdus.

Francis parcourait la chambre, répétant d'un air égaré :

— Soixante mille francs! Soixante mille francs!

Il divaguait.

A force, cependant, l'éminence du danger réveilla l'instinct de conservation, qui lui montra la situation claire et nette.

Pas d'espoir à conserver : les soixante mille francs étaient à jamais perdus, lui échappaient. Pas moyen de les réclamer. A quel titre? Difficile d'avancer d'où il les tenait. Ne pensons plus à cela. C'est fini ; perdu, encore une fois !

— Bon ; mais quelles ressources?

Travailler? Ah! ben, non! A quoi du reste? Et puis sous quel prétexte, puisqu'il s'était posé en rentier?

Au surplus, il n'avait pas d'état, et à moins de se refaire valet de chambre...

A cette idée le sang de la honte lui montait au front. « Larbin ! » lui, le mari d'Eulalie? Vous n'y pensez pas ! Qu'en penserait-elle ? Elle rougirait de lui bien sûr ; elle ne l'aimerait plus !

Et c'est cela qui lui tenait au cœur : la pensée d'Eulalie; d'Eulalie, qu'à mesure il adorait davantage ; comme un fou !

Sans cela, parbleu ! il n'eût pas été embarrassé. D'un coup de volonté, il eût envoyé au diable tout son rêve d'honnêteté paisible ; il eût revendu sa maison à vil prix, et se serait rejeté dans la *pègre*. Dieu merci, pour un garçon intelligent, il n'y a qu'à ouvrir les yeux pour trouver un bon coup à faire.

Mais, il adorait Eulalie !

Et parce qu'il adorait Eulalie, il fallait garder les apparences d'un honnête homme, conserver la maison, et continuer de paraître un rentier. Si elle eût flairé de l'équivoque, c'en eût été fait. Elle serait partie !

Partie, elle ! Le misérable était pris de frisson à cette pensée. Vivre sans elle lui semblait désormais impossible; autant mourir !

Mais quel dommage qu'elle eût ce caractère, ces préjugés bourgeois ! Comme avec des idées plus larges, on aurait pu manigancer quelque joli coup de chantage grâce à elle !

On serait allé dans un bain de mer, à une ville d'eaux, où il y a un coin fréquenté par des richards *chics*. Elle eût aisément empaumé quelque vieux sale, ou quelque naïf fils de famille. Après avoir fait des manières, elle eût accordé un rendez-vous, et lui, le mari, le justicier survenant au bon moment, le revolver au poing, le *pante* n'en eût été quitte qu'en *dansant* d'une centaine de mille balles !

Et trop heureux de garder sa peau encore ! Et pas de poursuite à craindre ; l'honneur du « Monsieur » éviterait tout scandale.

Mais voilà ! Eulalie avait des préjugés, elle ne se prêterait pas à pareille combinaison. Quel dommage !

Regret stérile, hélas ! Il fallait aviser à autre chose. Quoi?

Comme il se le répétait, appuyé à la rampe de la fenêtre, une voix le salua.

— Bonjour, monsieur Marloy. Vous ne regrettez toujours pas notre marché? C'était le père Cadenet.

Francis ne répondit pas aussitôt. L'œil démesurément ouvert comme braqué sur le vieillard; il semblait un épagneul en arrêt sur le gibier, et une voix intérieure lui criait :

— Cet homme a *tes* vingt-huit mille francs !

Cependant, il se secoua, afin de répliquer quelque chose. Mais il n'était pas à ce qu'il disait. Une tentation vertigineuse l'avait saisi, réveillant tout le vieil homme : l'assassin!

Il voyait rouge! Gare !!

Avec une lucidité effrayante, le bandit embrassa l'affaire d'un seul coup, et se résuma ainsi :

— Ce vieux a *mon* argent. Il en a d'autre. Il me le faut!...

C'était net, du moins.

Restait la question des voies et moyens. Eh bien! examinons. Cadenet vit dans une bicoque, presque sous bois, près d'un cours d'eau rapide. On peut le laisser mort, chez lui un certain nombre de jours, sans provoquer de l'inquiétude, car il a l'habitude de disparaître durant un temps variable. Le mieux serait de le faire disparaître tout à fait. Est-ce possible?

— Il faut voir! se dit Francis.

Durant ce temps l'explosion du cimetière de Levallois causait dans Paris une émotion d'autant plus grande que le côté mystérieux subsistait toujours.

La police était sur pied. Oscar de la Ville-Viquier, commis à l'effet de s'entendre avec le commissaire de Levallois, avait maintenant tout le poids de l'enquête. En examinant les numéros des billets, il avait retrouvé une grande partie de ceux de la liste de Mathurin Binet.

Tenait-il enfin la bonne piste ? Après tant de cruelles désillusions il n'osait se bercer de cet espoir.

En attendant, il avait relevé dans les archives du cimetière les noms des personnes enterrées dans les tombes bouleversées ou détruites.

Cela fait, il avait envoyé aux familles des lettres d'avis les priant de se présenter à son cabinet.

Le nom de Célestine Antoine le frappa. Avant tout autre, la sœur de Francis fut convoquée.

La lettre du chef de la sûreté fit pâlir celle-ci. Elle jouait aux cartes chez la portière. Ses partenaires la virent chanceler. Dame! quand on avait eu comme elle des rapports un peu tendus avec la police, ça n'était pas plus rassurant que ça. Elle avait beau être convaincue de sa parfaite innocence en matière criminelle, elle avait le frisson. Pourtant pas moyen de se dérober.

Au jour dit, elle fit une toilette solennelle. Il fallait être belle, qui sait? Ce terrible M. Oscar se laisserait peut-être attendrir.

Elle embrassa ses amis en pleurant. Un peu plus, elle aurait fait son testament. C'est qu'aussi, la pauvre fille n'avait pas déjà la tête très forte, l'accident de Levallois l'avait encore bouleversée, la lettre du chef de la sûreté lui portait le dernier coup !

Quand on l'introduisit dans le cabinet de M. Oscar, elle alla droit à lui :

— Je vous remercie de m'épargner la honte d'être amenée par les agents, dit-elle avec volubilité. A la bonne heure, vous êtes un galant homme, vous !

Le chef de la sûreté n'y comprenait rien.

— Que voulez-vous dire ? fit-il.

— Dame ! puisque vous m'arrêtez, n'est-ce pas ?

— Qu'est-ce que vous avez fait ?

— Moi, rien.

— Eh bien asseyez-vous.

— Plaît-il !

— Asseyez-vous !

Elle lança une œillade brûlante de remerciement au policier.

— Vous êtes bien la fille Célestine Antoine ?

— Oui, monsieur. Couturière, ajouta-t-elle en minaudant.

Le chef de la sûreté parut se payer de cette monnaie.

— Vous aviez une parente inhumée à Levallois.

— Oui, monsieur, ma fille.

— Alliez-vous quelquefois au cimetière ?

— Oh! monsieur, si j'y allais! le plus souvent possible. Tous les mois au moins. Je n'y aurais pas manqué pour un million.

— Ce sentiment vous fait honneur.

— Bien obligée, monsieur.

— Alors, cette tombe était bien entretenue.

— Mieux que moi, dit-elle naïvement.

— Vous n'y avez jamais remarqué rien d'insolite ?

— Comment ?

— Que sais-je ? Des couronnes déplacées, les feuilles des plantes arrachées, la terre fraîchement remuée ?

Célestine rougit.

Le fard qu'elle avait aux joues atténua de beaucoup cette rougeur subite.

Une lueur venait de se faire dans son esprit :

Les interrogations d'Oscar, l'étrange trouvaille des soixante mille francs au cimetière de Levallois, les billets tachés de sang, en réunissant à cela les remarques qu'elle avait faites : la binette déplacée, les mauvaises herbes arrachées, le fait que son frère et la Licharde connaissaient seuls cette tombe, tout cela lui valut l'intuition de l'énigme.

— Bien sûr c'est un coup de mon gredin de frère, pensa-t-elle. Il aura dévalisé quelqu'un, peut-être même assassiné, et sera allé cacher le magot dans la fosse à Céleste. Canaille ! qui déshonore la famille !

Célestine resta très perplexe. Il lui fallait pourtant dire quelque chose. Mais de sa réponse dépendait le sort de Francis. Si elle avouait le déplacement de la binette, le policier lui tirerait le reste de la vérité, elle n'oserait pas mentir. Alors Francis serait perdu !

Un gredin peu intéressant, Francis ! Elle ne le portait pas dans son cœur, on le sait. Mais enfin c'était son frère.

— Je n'ai jamais rien remarqué, monsieur, répondit-elle.

M. Oscar regarda son dossier et feuilleta quelques notes. On l'a dit, ce nom de « Célestine Antoine » l'avait frappé. La Licharde s'appelait aussi Antoine. Puis, dans le procès Létang il y avait un témoin de ce nom. Un homme blond au sujet duquel il avait interrogé dernièrement le député Mathieu Boulare, dont cet Antoine avait été le valet de chambre ; comme il l'avait été aussi chez la veuve Valph.

— N'avez-vous pas de parents? demanda brusquement le chef de la sûreté à Célestine.

Elle s'y attendait et comme, en tout état de cause, elle se souciait peu de se vanter de liens de parenté avec la mère Licharde, elle répondit négativement.

M. Oscar fouilla ses notes.

— Je croyais, dit-il, que vous aviez un frère, ou un cousin.

— J'ai eu un frère, fit Célestine.

— Vous voyez !

— Mais, reprit-elle. Il est mort.

— A Paris ?

— Non ! il était militaire. En Cochinchine !

— Et sa mort date de longtemps ?

— Oh ! oui. Dix à douze ans.

— C'est bien, dit Oscar, vous pouvez vous retirer. Si j'ai besoin de vous, je vous ferai appeler. Ne changez pas de domicile sans m'avertir.

Ma foi ! Célestine ne se fit pas prier.

Derrière elle, Oscar sortait se rendant au ministère des colonies, afin de consulter les états des soldats morts en Cochinchine à l'époque indiquée par la sœur de Francis.

Ce qu'il trouva le déconcerta tout à fait.

Sur une liste, il y avait :

« *F. Antoine, caporal disparu.* »

On sait ce que ça veut dire : surpris par des pirates chinois ou annamites le pauvre diable avait été mutilé, tué, cuit, peut-être !

Donc la fille Célestine avait dit vrai. En ce cas, ce F. Antoine n'avait aucun rapport avec le Francis Antoine de Mathieu Boulare, ancien valet de chambre de la veuve Valph.

Tout à coup le regard du policier tomba sur un autre nom :

« *Eugène Marloy, sergent-major libéré disparu avant le rapatriement.* »

Oscar ne chercha pas longtemps. Procédant avec cette sûreté d'induction que lui valait sa spéciale expérience, il reconstruisit ainsi les probabilités :

Pour une raison quelconque, les deux hommes, avec ou sans escorte, se rendant on ne sait où, étaient tombés dans une embuscade de pirates.

Il y avait eu bataille. Le vrai Marloy avait succombé. Plus heureux, ou plus agile et plus fort, Francis Antoine avait échappé.

Alors, celui-ci, qui devait avoir un casier judiciaire fâcheux, s'était emparé des papiers de son camarade, à tout hasard, afin de se créer un refuge dans une personnalité d'emprunt.

Puis, il s'était dissimulé, de telle sorte qu'on le fît figurer parmi les morts, ou disparus.

Restait à quitter la Cochinchine pour rentrer en France.

Comment s'y était-il pris ? Il importait peu. Les moyens ténébreux ne manquent pas en ces pays lointains, où l'administration est sans autorité, comme sans contrôle. Sous un faux nom, il avait pu s'embarquer dans l'équipage de quelque sabot marchand, italien, allemand, espagnol, faisant route vers l'Europe avec de la marchandise de contrebande peut-être ? Les patrons, sujets à caution, ne sont pas bien regardants sur la catholicité de leurs hommes.

C'est ainsi, probablement, qu'il avait pu se donner à Augustine et à sa mère comme militaire libéré, venant d'Égypte.

De même à l'hôtelier de Berne à qui il avait donné en payement de sa note, un billet de la veuve Valph, en se donnant en surplus la qualité de voyageur de commerce.

Tout simple qu'il eût repris son nom d'Antoine, au service de celle-ci et à celui de Mathieu Boulare.

Ayant sur la conscience le viol d'Augustine, plus l'horrible assassinat de la rue Folies-Méricourt sous le nom d'Eugène Marloy, il avait momentanément abandonné la personnification de son ancien camarade.

Puis voyant l'absence de poursuite pour ces trois crimes, et ayant *réussi* l'opération de la rue de la Pépinière, il se refaisait Marloy, rentier cette fois, propriétaire et marié.

Tout cela, qu'Oscar improvisait comme un roman était la vérité presque au complet.

« Presque », car il y manquait toutes sortes d'autres méfaits, se rattachant ou

LES ERREURS DE LA GUILLOTINE

Devant la grille, Cadenet et l'inséparable barbet passaient, traînards, toujours aussi malpropres l'un que l'autre.

non à la principale affaire ; le meurtre du *Sacristain* notamment, et combien d'autres !

Oscar le sentait. Et il en venait à se demander si, au lieu de tomber dans une embuscade, là-bas en Cochinchine, avec son sergent libéré, le vrai Marloy, Francis Antoine ne l'avait pas tout simplement assassiné pour lui voler son état civil et l'argent qu'il pouvait posséder de son fait, ou de celui de la maraude dont certains ne se faisaient pas scrupule à l'égard d'une population hostile et sanguinaire?

Mais ceci pouvait rester dans le vague jusqu'à nouvel ordre. On verrait à y regarder de près, une fois le gaillard aux mains de la police.

Le meilleur était ceci :

Un Eugène Marloy, qui en Suisse avait changé un billet de la veuve Valph, s'était établi en Berry, à Sauvenières, près Bourges.

Jusqu'ici, à vrai dire, il n'avait pas donné prise. Aucune raison de s'occuper ouvertement de ses agissements.

N'importe ! Demain est à tout le monde ! Or, si les billets de banque trouvés dans le cimetière de Levallois avaient été enterrés par Antoine, pour servir à Marloy, celui-ci dépossédé allait avoir l'obligation de se pourvoir ailleurs.

Voyons un peu ce qu'il allait faire !

Le tout était de le surveiller de près, en lui laissant la bride sur le cou.

C'est le mot d'ordre que reçut le concierge de la mairie chargé de filer le nouveau venu. Il s'étonnait bien un peu, cet humble fonctionnaire.

— Pourquoi filer M. Marloy? se demandait-il. Il n'y a personne de plus régulier dans la commune.

Pourtant, il observait, afin de gagner son argent.

Eh bien! faisons comme lui, et constatons que si Francis était observé, il observait attentivement, lui-même. Et qui ? Le vieillard qui avait reçu son argent !

En quittant la loge de portier qu'il occupait autrefois dans la maison vendue à Francis, le sorcier, on l'a dit, s'était réfugié dans une cahute, on ne pouvait dire une maison, éloignée d'environ 200 mètres des premières habitations de Sauvenières.

Cet isolement plaisait au caractère taciturne du vieillard. Personne n'y venait et ne pouvait épier son existence mystérieuse.

Il vivait là, en ermite retiré du monde, n'ayant d'autre compagnie que celle d'un vilain barbet, crotté par tous les temps, qui ne le quittait pas plus que son ombre.

Ce qui isolait encore plus cette demeure, c'est qu'elle ne se trouvait pas au bord de la route. Pour y parvenir, il fallait suivre un petit sentier mal entretenu bordé à gauche par une haie vive, tandis qu'à sa droite coulait sur un lit de cailloux un petit cours d'eau rapide dans lequel se miraient des nénuphars et des herbes aquatiques.

Ce torrent minuscule était très peuplé. De petits poissons agiles frétillaient à sa surface, des araignées d'eau gambadaient auprès d'eux, au fond, une colonie d'écrevisses s'ébattait dans les creux pleins de vase, et durant les soirs d'été, il y avait là de jolis concerts donnés par les grenouilles, au clair de la lune.

Le site était triste, on y respirait l'ennui, l'inquiétude.

La nuit surtout, la masure solitaire avait un air désolé au milieu des arbres rabougris d'un méchant verger dont le sorcier ne prenait nul soin.

Les arbres avaient des maigreurs de squelettes, le printemps ne parvenait pas à faire bourgeonner leurs rameaux de végétaux poitrinaires.

D'ailleurs des herbes vénéneuses, des végétations empoisonnées, des insectes rongeurs les achevaient.

Ce piteux enclos aboutissait à un bois de taillis sous futaie, bien communal où les pauvres venaient ramasser le bois mort.

L'endroit devait avoir été autrefois le refuge des lépreux de Sauvenières à en juger par l'insurmontable répulsion qu'il inspirait aux gens du bourg.

On savait (quelques gamins hardis ayant visité la maison lorsqu'elle était abandonnée) que cette masure se composait d'un rez-de-chaussée formé de deux pièces et d'une cuisine ; puis d'un grenier et d'une cave que l'eau du petit torrent envahissait les lendemains de grandes pluies.

Quant à l'ameublement de ce palais, bonsoir ! Les mouches et les araignées en savaient seules l'agencement. Mince, sans doute. Ce qu'il fallait, sans plus. Cadenet n'était pas précisément d'une hospitalité écossaise, n'invitait aucun mortel à franchir le seuil de son antre.

Tous les jours le vieux et son chien allaient à la ville, faire ce qu'on appelait par euphémisme « leurs provisions ».

Cadenet achetait à bas prix des déchets de toutes sortes, le pain trop rassis, les rognures de viande, des légumes défraîchis et autres splendeurs à extrême bon marché. En voilà pour la semaine. Et si, au marché suivant, on ne le voyait pas, on ne s'en inquiétait pas autrement. On avait l'habitude de ses éclipses, comme nous l'avons dit.

Ça durait ce que ça durait, on n'y prenait plus garde.

D'ailleurs l'arrivée de Marloy avait éteint en grande partie la curiosité locale au sujet du vieux. Les nouvelles figures priment tout en province.

Tous les soirs, Marloy, qui maintenant venait régulièrement faire sa partie de billard au café, jouait la poule avec le maire, le lieutenant de gendarmerie, le receveur d'enregistrement et quelques notables commerçants du pays.

Que deviendrait-on bon Dieu! dans de semblables trous sans le café? A Paris on a les théâtres, les concerts, les bals, les cercles, voire les salles de conférences. En province le café tient lieu de toutes ces distractions, il est à l'ordinaire, le cercle du pays. C'est là que gens mariés et célibataires du même monde se rencontrent chaque soir autour du billard.

Celui que fréquentait Marloy était, le rendez-vous du high-life de Sauvenières, il fallait être fonctionnaire, conseiller municipal ou tout au moins propriétaire, pour que les habitués daignassent admettre les nouveaux. Marloy y avait été reçu d'emblée.

La salle où se réunissaient ces messieurs était la plus commode et la plus spacieuse.

Il y avait en outre une salle commune, une salle de bal qui se transformait en théâtre avec un peu de bonne volonté de la part des spectateurs, les jours où venaient y échouer quelques acteurs en rupture d'engagement. Mais pour le moment, on en était réduit aux péripéties de la poule.

En attendant son tour on causait.

— On n'a pas vu le père Cadenet, hier au marché, dit un de ces messieurs.

— Le diable l'aura invité a quelque rigolade.

D'ordinaire les plaisanteries à ce sujet n'allaient pas bien loin. Cette fois, au contraire on s'y étendit quelque peu.

— Bah! fit le maire il n'est pas plus sorcier que moi; c'est tout simplement un maniaque qui se complaît dans sa passion d'avarice. Il doit avoir quelque industrie singulière, pour exploiter la superstition des ignorants et des simples du Berry. Il doit fabriquer et vendre des amulettes, des breuvages, et sa tournée finie, il rapporte dans un trou de sa masure les quelques sous qu'il a subtilisés aux paysans. Voilà tout le mystère à mon sentiment.

— Savez-vous bien que s'il fait ce métier-là depuis une soixantaine d'années et que sa vie ne lui coûte pas plus cher qu'aujourd'hui, il doit y avoir autre chose que des sous dans le trou de sa masure, qu'en pensez-vous monsieur Marloy?

Francis qui semblait absorbé par la lecture d'un journal releva lentement la tête.

— Excusez-moi, fit-il, je n'ai pas entendu. Vous disiez?

— On ne chante pas deux fois la messe pour les sourds, répliqua plaisamment le capitaine de gendarmerie.

Francis n'insista pas. Il était établi que ce qu'on avait dit du trésor de Cadenet lui avait échappé. C'est ce qu'il voulait.

En fait, il avait parfaitement entendu, écoutant de toutes ses oreilles. Il se remit à sa lecture.

— A vous, monsieur Marloy, à vous de jouer lui cria-t-on. Il s'excusa encore.
— C'est donc bien attachant ce que vous lisiez? lui dit le maire.
— Par exception, oui, répondit-il. C'est un avis du chemin de fer pour un train à prix réduit sur Paris, et je vois si je pourrais profiter du bon marché.

A tout hasard, il se préparait un alibi!

Et l'on continua de jouer au billard, lui plus appliqué que personne.

Cependant il ne prit pas part à la dernière poule.
— Pourquoi?
— Ça me ferait coucher trop tard.
— Êtes-vous donc si couche-tôt?
— Pas à l'habitude. Mais je veux essayer d'aller taquiner le goujon, dans le ruisselet, et, comme vous me l'avez dit, capitaine, il faut prendre possession avant le jour.
— Bonne chance en ce cas.
— Ça ne vous tente pas, capitaine?
— Tout de même. Mais une autre fois. J'ai une tournée d'inspection demain.
— A une autre fois, capitaine. Bonsoir, messieurs.
— Bonne nuit, monsieur Marloy.

Quelques heures après, c'est des bonjours qu'il échangeait avec les rares paysans qu'il rencontrait, en se rendant au ruisselet.
— Bonne pêche, monsieur Marloy, lui disaient ceux-ci.

Chemin faisant, il ne pouvait s'empêcher de réfléchir aux bizarreries du sort. N'était-ce pas le destin qui le poussait, qui préparait à point les circonstances les plus favorables?

Les derniers louis fondaient dans les besoins du ménage, et le hasard arrivait juste au moment précis pour le tirer d'affaire; la disparition du sorcier ne pouvait mieux tomber à son gré. Décidément le ciel était un peu son complice.

Tout en réfléchissant Marloy avait atteint le point d'intersection de la route et du petit sentier. Il examina les alentours. — Personne. Alors, il s'engagea le long du cours d'eau chercha un endroit pour pêcher, et y déposa ses lignes et son chapeau.

Puis sondant une fois encore la solitude qui l'environnait et bien convaincu de sa parfaite sécurité, il se dirigea vers la maison de Cadenet.

Le premier obstacle était la porte de la haie. Mince obstacle en réalité : un gamin l'eût escaladée sans difficulté. Mais, le faux Marloy était d'une prudence attentive.

Son habileté, sa science, son *génie du mal* qui, jusqu'alors, l'avait sauvé du châtiment consistaient dans cette observation des plus petits détails.

Une escalade, une effraction si habilement conduites qu'elles soient laissent toujours quelque trace. Des riens, une branche cassée, des feuilles arrachées, une empreinte à terre. La police s'empare de ces riens-là et certains limiers n'ont que de semblables points de départ qui arrivent à en faire jaillir la vérité. Non, non? Pas d'escalade, pas d'effraction!

Marloy tira un trousseau de clefs de sa poche.

Sans plus de gêne qu'un brave propriétaire qui rentre chez lui, il les essaya une à une dans la serrure. La clef de sa remise allait à peu près.

Il avait eu soin de joindre au trousseau une lime et un flacon d'huile. Il lima la clef et la graissa. Au troisième essai, la porte s'ouvrit.

Marloy pénétra dans le verger, non sans précautions, car le vieux pouvait être rentré à l'improviste.

Il en fut pour ses craintes, pas un aboiement, pas un bruit dans la maison. On pouvait agir sans crainte.

Le scélérat examina à loisir le verger et en grava les détails dans sa mémoire. Jamais général à la veille d'un combat décisif ne nota plus soigneusement la topographie du champ de bataille choisi. Désormais on pouvait le mener là les yeux bandés, il était sûr de s'y reconnaître comme en plein jour.

Restait la maison.

Il se dirigea vers elle. Une fois à la porte d'entrée, il recommença ce qu'il avait fait pour la clôture du verger.

Il se trouva de même une clef allant à peu près. Marloy reprit la lime, graissa la clef et à sa grande satisfaction, il ouvrit la porte sans efforts.

— En voilà assez pour aujourd'hui, se dit-il.

Il referma soigneusement, traversa le verger à pas de loup, sortit et vint occuper la place choisie avant l'exploration.

Il s'ennuya consciencieusement quatre grandes heures.

A le voir, l'air bonnasse, la ligne à la main, n'attrapant que du frétin, on l'eût pris pour l'homme le plus candide et le plus inoffensif de la terre. Les pêcheurs à la ligne ont une si bonne réputation!

M. Marloy prit trois petits poissons pour tout potage. Tant mieux ça se saurait, et il était bon que ça se sût! Chargé de ce maigre butin il reprit le chemin de sa demeure.

En le voyant passer l'air penaud et déconfit les voisins souriaient avec malice.

— Pas de chance! lui disait-on.

Quand le soir il parut dans l'encadrement de la porte du café, ce fut une fusée d'éclats de rire.

— Le voilà, s'écria-t-on, le voilà ce grand pêcheur. La terreur des anguilles et des carpes!

— Eh bien! les avez-vous fait empailler vos trois victimes?
— On les retient pour le Muséum.
— Fallait les mettre dans votre vivier ils auraient fait des petits.
— Ah! ce pauvre M. Marloy!

Lui, les laissait dire enchanté de ces railleries. Vraiment ces gens-là faisaient tout ce qu'il souhaitait.

En le voyant prendre la plaisanterie comme elle venait on le trouva plus charmant que de coutume.

— Quelle bonne pâte d'homme, ce Marloy! disaient les camarades.
— Allez! allez! pensait-il. Vous ne vous doutez guère pour qui vous travaillez!

Le maire craignant d'abuser changea la conversation.
— A propos quand partez-vous pour Paris? lui demanda-t-il.
— Je ne sais, répondit Marloy.
— A peu près?
— Bientôt en tout cas. Si vous avez des commissions, je suis à vous.
— Merci bien. On profitera volontiers de l'occasion.

Le résultat de cette soirée satisfaisait Francis. Seulement, tout étant préparé, il fallait que le sorcier revînt, sans trop tarder. Il attendit.

Deux jours, trois jours, quatre jours se passèrent, Cadenet ne revenait pas. Ça dérangeait les calculs du malfaiteur.

— C'est que je suis au bout de mon rouleau, moi, se dit-il à la fin.

Effectivement, il voyait arriver avec terreur la semaine suivante, et le prix du voyage à Paris soigneusement mis de côté, il n'allait plus rien rester en caisse!

Cet argent du voyage était sacré. C'était la garantie du meurtrier, le gage de l'impunité, la base sur laquelle devait reposer l'*alibi* indispensable. A aucun prix Francis ne voulait avoir recours à un emprunt que personne ne lui eût refusé. Démasquer une gêne, si momentanée qu'elle fût était un danger sérieux. Aussi maudissait-il ce retard qui le mettait dans une cruelle situation.

Tant bien que mal on achèverait encore la semaine. Mais après? L'assassin de la veuve Valph frémissait à l'idée de voir ses plans anéantis.

Si cette affaire échouait que devenir?

Retourner à Paris reprendre le *surin*? Risquer le bagne ou l'échafaud à toute minute? Traîner la bohème du crime? Quelle déchéance! Francis se révoltait contre une semblable perspective.

Le dimanche vint. Tandis qu'Eulalie assistait à la messe, son mari parcourait à grands pas la salle à manger, éclatant en sourdes imprécations, maudissant Dieu, le diable, le hasard. Tout était perdu décidément.

Ne pouvant tenir en place il descendit au jardin.

Soudain un cri de joie lui échappa.

Devant la grille, Cadenet et l'inséparable Barbet passaient traînards, toujours aussi malpropres l'un que l'autre.

— Eh bonjour, m'sieu Marloy, dit le sorcier.

— Comment va, père Cadenet? répliqua Francis maître de lui.

— Couçi couça. Faites-vous toujours bonne pêche?

Cette raillerie inattendue fit blêmir le scélérat. Le vieux se douterait-il de quelque chose?

Domptant son émotion, le mari d'Eulalie sourit :

— Vous savez donc tout? demanda-t-il avec intention.

— Eh! eh! ricana le vieux.

— Nous verrons bien, pensa Francis.

Cadenet s'éloignait traînant la jambe.

— Au revoir! lui cria Francis. A mon retour de Paris.

L'autre se retourna et répondit avec un vilain sourire :

— Au revoir et amusez-vous bien!

— « Ouf! s'écria le faux Marloy, je respire! A l'œuvre maintenant.

L'approche du moment décisif l'enfiévrait.

En attendant qu'Eulalie fût de retour et pour ne pas perdre un temps précieux, Francis alla trouver le portier de la mairie.

— Je pars ce soir, lui dit-il, puis-je compter sur vous pour me conduire à Bourges?

— Comment donc! Le cabriolet sera attelé à l'heure qu'il vous plaira.

— Donc, à 5 heures. Nous dînerons là-bas.

— C'est pas de refus, dit le portier-mouchard.

Dès le retour d'Eulalie, il la pria de lui faire faire son sac de nuit. Ça lui suffirait pour la courte absence.

La jeune femme prit ce soin, elle-même, très troublée de sentir, malgré elle, une sorte de joie de sa solitude. Elle se raisonnerait à loisir; elle se demanderait pourquoi elle était ingrate envers lui qui l'aimait tant.

Après déjeuner ils se rendirent chez le maire, dont la femme avait fait prier Francis, de ne pas partir sans lui parler, puisqu'il avait la bonté de prendre ses commissions.

Il s'agissait de faire l'acquisition d'un tapis pour le salon de madame la mairesse. Le mari d'Eulalie s'en chargea galamment. Quelle aubaine! N'était-ce pas l'*alibi* qu'il fallait! Revenir, après le crime, avec le tapis demandé portant l'étiquette du magasin de Paris, quelle preuve plus convaincante pouvait-on désirer?

On prit la mesure du parquet, on convint des nuances; d'ailleurs la femme

LES ERREURS DE LA GUILLOTINE

Il tira de sa poche un morceau de viande soigneusement enveloppé et l'imbiba du contenu d'un petit flacon.

du maire s'en remettait au bon goût de son messager. En revanche, on soignerait Eulalie en son absence, on la dorloterait.

— Soyez tranquille, M. Marloy, elle ne s'ennuiera pas. D'abord nous la gardons à dîner ce soir.

Francis remercia, très touché.

A cinq heures, les adieux échangés, le portier de la mairie fouetta le cheval du cabriolet. En route pour Bourges.

De temps à autre Francis jetait un malicieux regard sur son conducteur. Trop fin pour s'en laisser imposer, il avait deviné le mouchard sous l'apparente bonhomie du personnage. C'est bien pourquoi Francis ne l'avait pas pris au hasard, pour le conduire à Bourges. Ne voulant se garantir qu'au moyen de témoignages sûrs, il faisait coup double, battant la « rousse ».

La conversation était forcée entre les deux voyageurs.

De fil en aiguille le portier vint à parler de Cadenet. Quel drôle de type que ce vieux ! On avait beau faire pas moyen de savoir où il allait.

— « C'est au point, conclut le portier, que s'il ne revenait pas tout le monde croirait que le diable l'a enlevé.

C'était vrai ! Si le sorcier disparaissait ça n'étonnerait personne. Qui sait même si on s'en inquiéterait !

On arriva à Bourges. Le train partait dans une heure.

— Nous avons le temps de dîner tranquillement, dit Francis.

Après avoir fait remiser le cabriolet, ils se mirent à table. Au dessert, Francis regarda sa montre.

— Je vais commander le café, dit-il à son invité. Pendant ce temps-là, je vous serais obligé d'aller me prendre mon billet. Le guichet doit être ouvert. Je réglerai la dépense.

Le portier prit l'argent et courut à la gare. Il n'avait du reste qu'à traverser la place pour s'y rendre.

C'était encore un trait de génie de Francis.

Qui donc oserait élever un doute sur sa présence à Paris, lorsque son commissionnaire témoignerait du fait.

— J'ai pris moi-même le billet ! dirait-il.

Quel argument serait plus certain ?

Le portier ne tarda pas à revenir :

— Vous avez encore un quart d'heure, dit-il.

Dix minutes après ils se séparaient.

Peu de monde dans le train. Francis prit intentionnellement le dernier wagon, à la première station, il attendit que le conducteur eût quitté le fourgon d'arrière pour descendre. Il était important que personne ne le remarquât.

Ayant vu le conducteur aller à son service, Francis descendit alors le plus naturellement du monde, et entra dans les lieux d'aisance de la gare.

Ce corps de bâtiment était un peu isolé. De plus, moins bien éclairé que le reste de la gare.

Francis s'y enferma.

L'arrêt du train était très court. Le coup de sifflet du départ ne tarda pas à se faire entendre. Le scélérat attendit que le bruit du convoi se fût éteint.

Alors, sortant avec précaution de son abri il jeta un coup d'œil sur le quai : Personne !

Le personnel peu nombreux de la petite halte était rentré dans les bureaux.

Francis s'engagea sur le quai et atteignit bientôt sa limite. Il n'y avait plus devant lui que la voie, séparée de la route par une haie vive. Personne non plus sur cette route :

Simplement le bandit se renversa sur la haie de façon à ce que tout son dos y portât, puis relevant les jambes, il les passa de l'autre côté, et, s'étant redressé, il était sur la route. Sur quoi il s'orienta.

Une route départementale tournant Bourges le conduisait directement à Sauvenières. Il y avait quatre bonnes heures de marche. Francis pouvait être chez Cadenet à minuit. L'obscurité profonde, la solitude de la campagne, tout semblait le favoriser. Il se mit en marche immédiatement.

Il traversa deux ou trois villages endormis.

Quelques chiens de ferme aboyèrent bien à son passage, mais les paysans ne s'inquiètent pas de ces aboiements que chaque passant attardé provoque de la part de leurs gardiens.

A mi-chemin environ de Sauvenières, le voyageur fit halte et s'assit au bord du fossé. Puis, commodément installé, il tira de sa poche un morceau de viande soigneusement enveloppé et l'imbiba du contenu d'un petit flacon.

— Le souper de M. le barbet, ricana-t-il.

Le flacon pouvait le trahir, il le cassa et le piétina jusqu'à ce que le verre fut réduit en une espèce de débris informe qu'il éparpilla du pied.

— Ne négligeons rien !

Ces préparatifs accomplis, Francis se remit en marche.

Deux heures après, il aperçut à la clarté de la lune la silhouette isolée de la cahute du vieux.

Il hâta la marche et silencieusement il s'engagea dans le sentier. Le bruit du cours d'eau couvrait celui de ses pas.

Légèrement ému par l'approche du moment suprême le misérable s'arrêta comme pour écouter et regarda autour de lui.

Le décor était en harmonie avec le drame qui allait se dérouler. L'endroit était lugubre. Derrière la maison à l'aspect de coupe-gorge, un coin de lune filtrait sa lumière blafarde entre les ais mal joints ! Les arbres du verger tendaient leurs maigres branches au-dessus de la haie comme des affamés tendent leurs bras vers le ciel. Tout autour, la plaine pareille à un grand cimetière. Un bruit de musique lointain arrivait. Francis se rappela : c'était dimanche, il y avait bal à Sauvenières.

Que faisait Eulalie à cette heure?

Il la vit, à la fenêtre, regardant dans la nuit de ses grands yeux songeurs.

Un attendrissement soudain l'immobilisait, le laissait pensif, presque effrayé.

— Si elle savait !

Une clarté qui illumina toute la campagne le fit tressaillir, il se secoua :

— Suis-je bête de me laisser aller à de sottes réflexions quand le temps est si précieux, murmura-t-il.

La lune s'élevant au-dessus de la maison et inondant les alentours, allait-elle révéler sa présence? Il regrettait les minutes perdues, où l'obscurité eût protégé sa marche.

Comme il s'arrêtait devant la porte de la haie, un hurlement plaintif et sinistre s'éleva.

Le barbet venait de l'éventer.

Francis, frissonnant malgré lui, jeta le morceau de viande qu'il avait emporté, par-dessus la clôture, et s'éloigna :

Le barbet était assurément mal nourri à en juger par la voracité avec laquelle il se jetta sur l'appât fatal.

Francis, dans l'impossibilité de voir ce qu'il en était, attendit un moment ; puis revint sur ses pas. Si le chien aboyait encore à son approche, le coup serait manqué, il faudrait aviser à autre chose.

Inutile ! Deux fois, il longea la haie. Pas un aboiement, pas un râle.

— Crevé ! se dit Francis. A l'autre maintenant !

Il introduisit la clef dans la serrure et pénétra dans le verger.

Le chien était étendu, inerte, les yeux blancs, les pattes roides, les mâchoires horriblement serrées.

L'assassin le poussa du pied dans le taillis.

Puis, rampant dans l'ombre de la haie qui allait jusqu'au petit bois, il se dirigea vers la maison non sans avoir refermé avec soin la porte de clôture.

Tout était redevenu silence. Assurément le vieux n'avait pas pris garde aux aboiements de son fidèle compagnon.

Le triste logis n'avait pas de fenêtre, mais deux espèces de lucarnes à hauteur d'homme. Francis colla son visage à l'une d'elle. L'intérieur de la maison était si obscur qu'il ne vit rien. Cependant un bruit inégal s'élevait : la respiration sifflante du vieillard. Il dormait bien dans la première pièce.

C'était tout ce qu'il voulait savoir. Quant à la disposition de la chambre, il la connaissait déjà y ayant jeté un coup d'œil suffisant le jour de sa première et courte visite à la masure.

Maintenant il ne s'agissait plus que d'ouvrir sans être entendu.

A tâtons, Francis trouva le trou de la serrure et y introduisit la clef avec une légèreté de main experte.

C'était un grand pas de fait.

Alors, lentement, lentement d'un mouvement imperceptible il la fit tourner, retenant lui-même son souffle crainte de se trahir. Une difficulté pouvait surgir. Oh ! peu de chose, un verrou ! un simple verrou ! Alors il faudrait enfoncer la porte, soutenir une lutte. Francis ne reculerait pas devant ces deux complications. La porte si bien verrouillée qu'elle fût céderait à un coup d'épaules. La lutte ? Cadenet était vieux, infirme, épuisé.

N'importe ! Francis préférait que les choses se fissent en douceur. Il se méfiait de la violence. Ça laisse toujours des traces, et ce n'est plus de l'art.

Ce n'est donc pas sans inquiétude qu'il continua de tourner la clef. La porte allait-elle s'ouvrir ou non ?

Elle s'ouvrit.

L'ombre emplissait la chambre.

Tout à coup, quelque chose de sinistre, un gémissement rauque s'éleva du fond de ces ténèbres.

Si brave que fût Francis, il sentit l'horreur le pénétrer. Cela lui rappelait la nuit passée au cimetière de Levallois.

Il devina plutôt qu'il ne vit le vieux réveillé en sursaut terrifié par la vague appréhension de la mort. Il ne se trompait pas. Cadenet s'était éveillé sans cause.

Un effroi qu'il ne pouvait expliquer mettait une sueur froide aux tempes du vieux sorcier. La peur le tenait cloué sur son lit.

Seulement ses deux yeux dilatés restaient attachés sur la porte. Sa langue et son palais se desséchaient, son cœur battait violemment, il restait sans force, plein de terreur, devinant sans doute la mort derrière cette porte.

Rien n'est plus horrible que ses effrois de la nuit que rien ne justifie souvent. Rêvait-il ? Il se le demandait. Il essaya de se soulever sur son séant. Mais non ! Impossible ! Cauchemar ou réalité c'était plus fort que lui. Il retomba paralysé, grelottant et poussa une seconde plainte.

Francis s'exaspéra, ce cri pouvait être entendu. Une lueur farouche brilla dans ses yeux, il prit son élan et bondit sur le malheureux vieillard.

Le vieux avait étendu instinctivement les bras. D'une main Francis lui saisit les poignets, de l'autre il chercha à le prendre à la gorge. Une lutte s'engagea dans l'obscurité.

Le sorcier essayait de mordre, Francis lui disloqua les mâchoires d'un coup de poing, et lui comprima le gosier avec rage. Mais Cadenet se débattait convulsivement, râlant, poussant des gémissement inarticulés. D'un violent effort il réussit à dégager une main et des ongles il laboura le bras de l'assassin.

Francis ne le sentait pas, se grisait à l'ouvrage, trouvant que le vieux avait la vie dure. Aussi sautant sur le lit, il appuya les deux genoux sur la poitrine de sa victime en lui ramenant l'oreiller sur la bouche.

Il attendit. Bientôt le vieux ne bougea plus.

— C'est fini, pensa Francis.

Il allait descendre du lit quand l'oreiller se souleva :

— Grâce ! fit la voix de Cadenet.

Francis eut peur cette fois ! Mais reprenant courage, sous l'action de cette peur même il revint au vieillard et s'acharnant sur lui, il lui enfonça de nouveau l'oreiller dans la bouche.

Cinq minutes s'écoulèrent dans une angoisse atroce.

— Cette fois, ça y est ! se dit Francis en essuyant les gouttes de sueur qui inondaient son visage.

Il sauta en bas du lit.

Un bruit métallique le fit tressaillir. Les clefs que le vieux mettait toujours sous son oreiller venaient de tomber à terre. Le meurtrier se pencha pour les ramasser.

A ce moment une voix retentit à la porte de la haie :

— Ohé ! Cadenet !

Le sang de Francis s'arrêta net dans ses artères, tant l'épouvante l'étranglait.

On entendait les conversations de trois ou quatre personnes qui stationnaient sur le chemin. Que voulaient ces gens ?

Cependant un rire rassura le bandit. Ce devait être des jeunes gens des environs, retournant chez eux, un peu *pompettes* après le bal de Sauvenières. Eh ! oui ! des farceurs.

— Bonsoir sorcier ! criaient-ils. Payes-tu un pichet ?

Quelques pierres jetées par-dessus la clôture frappèrent la porte.

Le faux Marloy immobile, terrifié n'osait souffler.

— S'ils allaient entrer, pensait-il.

Les gens qui stationnaient reprirent en chœur au bout d'un instant.

— Bonsoir vieux ! Nos compliments au diable !

On les entendit s'éloigner.

Il était temps : Francis malgré toute sa vigueur se sentait défaillir. Il y avait si longtemps qu'il n'avait « travaillé » que ces émotions le brisaient !

Le misérable n'osa se relever qu'au moment où le chant des paysans attardés ne fut plus qu'un imperceptible bruissement.

Alors, il se risqua à regarder au dehors. L'air lui fit du bien le remit tout à fait. Le cadavre du chien faisait une tache noire sur le sol du verger. Francis alla le chercher. Il fallait qu'il disparût, comme le maître.

En attendant il se contenterait de fouiller les meubles remettant à un moment où il serait plus maître de lui, le travail important de la destruction des deux victimes.

Il alla au bahut, et s'appliquant à ne pas déplacer l'ordre des objets qu'il contenait, il l'explora minutieusement.

Le bahut ne contenait rien.

Il ouvrit le tiroir de la table. Rien encore.

Il y avait un vieux fauteuil. Les avares cachent quelquefois entre cuir et bois leur magot. Rien non plus.

Ce meurtre aurait-il été accompli inutilement !

S'il était vrai comme le prétendaient quelques-uns que le sorcier ne fût qu'un pauvre diable ? Certains disaient même que la villa vendue à lui Francis ne l'avait été qu'au compte d'un tiers anonyme : En ce cas, les vingt-neuf mille francs payés au vieux ne se retrouveraient même pas !...

Toutefois, il ne fallait pas non plus se hâter de désespérer sur un examen superficiel, sur des recherches faites à tâtons dans les ténèbres.

Il fut sur le point d'allumer; la prudence le retint. Non, pas de lumière. Mieux valait attendre le jour.

Il s'y résolut.

Mais à rester silencieux inactif il constata bientôt qu'il était harassé, éreinté. Quatre heures de marche, les émotions, la lutte tout cela commençait à compter. Il n'était plus l'infatigable d'autrefois. Les délices de la vie tranquille l'avaient gâté, et là, près de ce cadavre tiède il tombait de sommeil.

Ma foi ! tant pis !

Il revint vers le lit et en tira le pauvre vieux qu'il posa à terre comme un paquet et roula deux fois sur lui-même pour l'éloigner de la couchette. Après quoi se jetant tout habillé sur le matelas, il eut une impression saisissante : le lit gardait de la chaleur de la victime; l'oreiller, avait des places humides des bavures du moribond !

Mais Francis surmonta ces répugnances. Sa sécurité avant tout ! Et pour sa sécurité, il fallait qu'il reprît des forces.

La volonté aidant, il s'endormit d'un sommeil profond.

Le bruit d'un cabriolet qui passait au loin sur la route l'éveilla au petit jour. D'abord, il eut peine à se retrouver. L'intérieur de cette chambre ne lui disait rien Il ne se souvenait plus. Quand tout à coup, ses yeux étant tombés à terre rencontrèrent ceux du mort.

Le pauvre Cadenet faisait une horrible grimace d'angoisse et son regard était encore d'une fixité d'une profondeur qui faisaient froid. C'était à le croire vivant.

L'assassin frémit d'abord; mais il haussa les épaules. Néanmoins il détourna la tête et regarda ailleurs.

En vain! On eût dit que ce cadavre le magnétisât, que ce regard le poursuivît.

La colère empoigna Francis.

Se levant par un brusque mouvement, il alla au cadavre, et baissa les paupières.

En vain, encore! D'un peu, elles se relevaient!

Alors, l'assassin furibond saisit l'oreiller et avec une insulte à sa victime, il lui couvrit le visage.

— Il m'embête! se dit-il.

Mais, il ne s'agissait pas de rager, il fallait découvrir le trésor, si trésor il y avait.

Il ouvrit tout, fouilla partout...

En vain, toujours!!

Un abattement souverain l'envahit ainsi, il aurait tué cet homme, tout risqué, en pure perte! Pour rien!!...

Et ce n'était pas fini.

Pour rien, encore, il restait une terrible besogne à mener à bien : faire disparaître la victime, se débarrasser de ce corps accusateur. Et pour rien!... pour rien!

Il en perdait la tête! Une fièvre violente lui séchait la gorge, lui donnait soif.

Mais voyons! C'était s'abattre trop vite. Avant de désespérer, il fallait explorer le reste de la masure. Allons!

La soif le tracassant, il commença par la cave, espérant trouver au moins de quoi boire.

Toujours prudent, il était descendu sans lumière, aussi il fut un moment avant de s'y reconnaître dans cette obscurité.

Mais, peu à peu, les choses prirent une forme.

Francis distingua la muraille, le sol, et dans le fond, une vingtaine de bouteilles couchées.

Le soupirail était comme bouché par d'innombrables toiles d'araignées, on

LES ERREURS DE LA GUILLOTINE

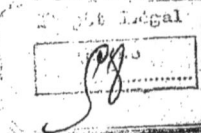

La fosse de Cadenet était prête, il n'y avait plus qu'à l'y descendre.

Liv. 58. 58

entendait gronder le petit cour d'eau avec un bruit de torrent. Il s'appliqua à dégager le soupirail. Un rayon de jour lui détailla toutes les sinuosités du sol humide, tous les détails de la cave.

Il n'y avait pas trace de cachette. Il eut beau sonder les murs, creuser la terre, — rien!

Il se releva furieux. La rage et la soif le torturaient. Il alla vers les bouteilles et en prit une. Elle était vide!

Francis en prit une seconde. Sa légèreté prouva qu'elle ne contenait pas plus de liquide que la première, et il allait la rejeter de même, lorsque cette légèreté l'intrigua. Il regarda cette bouteille plus attentivement.

Mais non elle n'était pas vide. Il y avait quelque chose à l'intérieur. Des papiers!...

Le misérable le cœur contracté retira ces papiers à l'aide d'un fil de fer.

Un cri de surprise et de joie s'échappa de sa bouche. C'étaient des billets de banque; ceux avec lesquels il avait payé l'acquisition de la maison!

Fiévreux, il examina les autres bouteilles.

Six autres encore renfermaient une fortune.

La joie, la fièvre de sa trouvaille, l'ardeur de la recherche avaient plus altéré la gorge déjà sèche du bandit.

Comme il jetait autour de lui un dernier regard, il entrevit une cruche debout dans l'angle le plus sombre de la cave. Le col en était bouché par un chiffon lié.

Francis enleva cette fermeture et poussa une exclamation : des pièces d'or emplissaient la cruche, jusqu'au goulot.

Du coup la soif fut oubliée.

Des billets de banque, c'était beau, mais de l'or!

Que d'avantages! Que de transes évitées ; plus besoin de recourir au change des billets de banque!

Affolé, il avait vidé la moitié du trésor à terre, et plongeant à pleines poignées dans l'or, il emplissait ses poches.

Hélas! les poches gonflées, débordant, menaçaient de se rompre qu'il restait encore plus des trois quarts du trésor.

Francis perdait la tête! Il se lamentait comme un enfant.

Enfin, il lui vint une idée. Il enterrerait cet or dans le petit bois et comme autrefois au cimetière de Levallois-Perret, il viendrait puiser au fur et à mesure de ses besoins.

Résigné mais désolé de ne pouvoir emporter tout de suite, toutes ces belles pièces étincelantes, les replaça dans la cruche.

En attendant, il s'agissait de ne pas donner prise aux soupçons.

Or, à en juger par la pâleur du jour, il était encore de bonne heure. En s'y prenant adroitement, il était possible de gagner une station quelconque de chemin de fer sans être aperçu et d'aller à Paris faire la commission de la femme du maire.

L'unique précaution à prendre était tout indiquée. Les habitudes du vieux justifiant son absence, Francis avait tout le temps de s'occuper au retour de l'anéantissement du cadavre.

Pour le moment, il se contenterait de l'enfouir dans la cave où personne ne viendrait le chercher.

Une fois de retour, Francis, sous prétexte d'une passion pour la pêche reviendrait chaque jour dépecer le défunt sorcier et s'en déferait en détail.

Tout en combinant ces sages mesures, le misérable avait creusé le sol peu résistant du caveau.

La fosse provisoire de Cadenet était prête. Il n'y avait plus qu'à l'y descendre.

Francis remonta, prit le cadavre sur l'épaule, enleva le chien et les enfouit tous deux dans la tombe improvisée sur laquelle il plaça les bouteilles empilées.

Cela fait il remonta, but un peu d'eau, se lava le visage et les mains, donna un coup de brosse à ses habits et se disposa à partir.

Au moment d'ouvrir la porte, la réflexion lui revint :

— Imprudent ! se dit-il.

En effet, il n'était guère pratique de sortir de la maison sans s'être rendu compte de l'état des alentours.

Un paysan dans un champ, un bûcheron dans le bois, et une charge terrible s'élevait contre lui. Terrible, oui, car dans le métier d'assassin, la moindre faute conduit à l'échafaud.

Celui-ci frémit de son imprudence et monta silencieusement au grenier.

De là haut, la vue s'étendait sur une vaste étendue des environs. On pouvait scruter le paysage même au delà du petit bois.

Malgré le peu de hauteur de ce grenier l'isolement de la maison en faisait un poste d'observation. Il regarda :

Personne du côté du petit bois, personne dans les champs.

Francis alla à la lucarne qui donnait sur le sentier et d'où le regard plongeait sur la route.

— Malédiction ! s'écria-t-il, impossible de sortir.

En effet, de là haut, on distinguait dans la verdure qui bordait le petit cours d'eau, juste en face de l'entrée du verger, les dos et le grand chapeau de deux pêcheurs. Ils échangeaient des observations entre eux, et comme ils étaient à certaine distance l'un de l'autre, ils devaient élever la voix ; de sorte que Francis put à la fois voir et entendre.

Une de ces voix le fit frémir. C'était celle du capitaine de gendarmerie.

Le misérable en chancela. Dans un éblouissement, il lui sembla que tout était perdu, qu'il était pris.

Il restait atterré, n'osant faire un mouvement, s'imaginant être en vue.

Cela ne dura pas. Mais le bon sens lui revenant, il n'en fut pas mieux à son affaire. Les pêcheurs étaient installés là pour longtemps. Impossible de partir, pour gagner Paris, faire l'achat de la femme du maire et revenir. Il était prisonnier jusqu'à une heure avancée de la nuit. Il fallait rester là, toute cette journée... et sans vivres !

Dépité d'abord, il entra bientôt en colère, injuriant ce gendarme, qui lui infligeait une pénitence cruelle. Jeûner. Et puis, que faire pour occuper ces heures?...

A force d'y réfléchir, une idée lui vint, et un étrange sourire plissa ses lèvres :

— Je vas découper le vieux ! se dit-il. Autant de fait !

Découper ce cadavre, à vingt pas d'un capitaine de gendarmerie !... Ça lui paraissait original.

Son idée était fixée.

Ah ! on le claquemurait entre les quatre murs ! Eh bien ! il emploierait le temps. Tant mieux au fait ! Il ne risquerait pas que la décomposition ne le trahît.

Sans plus tarder, avec une frénésie, une ivresse qui le reportait à l'époque de ses premiers exploits, il rejeta toute répugnance et, redescendant à la cave, il déterra le vieux Cadenet.

Mais, au moment de procéder à l'infâme besogne, il fit appel à son sang-froid, et se formula le problème.

L'obligation était : faire disparaître le moindre vestige de sa victime. Donc, il fallait s'arranger pour qu'il n'y eût nulle part, une tache de sang.

Il compta les heures. L'avare devait être à la période de la rigidité cadavérique. Le sang déjà coagulé dans les artères et les veines, ne coulerait pas. Allons !...

Il sortit le corps de la fosse et commença par le déshabiller ; puis tirant un couteau de sa poche, il commença l'opération, après avoir étendu sur le sol, un vieux tapis qu'il ferait disparaître de même.

Avec une habileté effroyable, et d'une main assurée, il désarticulait les membres, et à mesure en plaçait les fragments dans différents récipients trouvés dans la cuisine.

L'un suffisamment garni, il l'emplissait d'eau.

Le plus compliqué, c'était le tronc. Il le dépeça en détail, enlevant côte à côte, les brisant, comme il avait brisé les tibias, afin de les faire entrer dans les marmites et bassines, qu'il remplissait d'eau à mesure.

Les viscères, les intestins furent mis ensemble dans une chaudière à faire les confitures. Il y ajouta la tête, et les sections de l'épine dorsale.

C'est fini : ouf !

Tout cela, il l'avait exécuté d'une haleine, nerveusement, oubliant la faim ; oubliant l'heure.

Quand ce fut terminé, il se sentit épuisé.

Dans le lointain la cloche de l'église de Sauvenières, tinta l'angélus.

Il était midi.

— Seulement ! se dit-il.

Doucement, il remonta au grenier et regarda par la lucarne. Sa satisfaction fut grande. La capitaine de gendarmerie et son compagnon pliaient bagages.

Ils n'avaient pas perdu leur temps. Chacun emportait un filet garni de poissons.

Francis resta en observation, les vit partir, et les suivit du regard, avec envie. Dame ! ils allaient déjeuner.

Et lui ?

Lui, il crevait la faim !

C'est la seule chose qui le touchait maintenant. Comment manger ? Dire que ce vieux Cadenet n'avait pas la moindre provision !

Il se rappela le proverbe : — « qui dort dîne. »

Aussi bien, il était éreinté. Ma foi ! Laissant tout là, il se remit sur le lit du vieil avare, et s'endormit de lassitude.

Quand il rouvrit les yeux, le ciel rouge déclinait à l'horizon. Le moment d'agir approchait.

Se levant, il prit les deux matelas du lit, et en boucha les deux fenêtres de la cuisine. Puis il chargea les quatre fourneaux de charbon.

Le charbon ne fait pas de fumée.

En peu d'instants, ils furent allumés. Sur chacun, il planta marmite, bassine et récipient. Une heure après, ça bouillait !...

. . . .

En pleine nuit, une ombre sortant furtivement de la masure de Cadenet gagnait le bord du ruisseau, et y jetait de petits morceaux d'une sorte de gélatine, qui tombant au fond étaient happés par les écrevisses et les poissons de toutes grosseurs.

Cela fait, l'ombre tournant la haie s'enfonçait sous la ramure du petit bois, creusait un trou, dans lequel s'enfouissaient deux paquets ; l'un léger, l'autre très lourd.

Le premier c'étaient les os de Cadenet.
Le second, une masse d'or.

Puis l'ombre recouvrait le trou, et y amoncelait des broussailles après quoi, s'éloignant d'un pas pressé, cette ombre disparaissait au loin, dans la direction d'une station de chemin de fer.

On pouvait pénétrer quand on voudrait dans la maison du sorcier. Tout y était en ordre ; le lit fait ; toutes choses rangées, propres ; dans la cuisine surtout : un ordre parfait.

A cette station de chemin de fer, l'ombre prit un billet de troisième pour Limoges. Bien qu'il fût le seul voyageur, on ne le remarqua pas. Tout au plus Eût-on pu se rappeler qu'il portait toute sa barbe : une barbe noire et longue, un infirme qui s'appuyait sur un bâton, voûté, un peu bossu, traînant la patte, boitant.

Ce voyageur, c'était Francis. Il n'alla pas à Limoges. Mordant et avalant son billet, il se fit donner un supplément pour une ligne transversale, qui rattrapait un point du chemin de Lyon, et de brun à barbe, qu'il était, il se retrouva blond à moustaches en sacrifiant ses postiches.

Trois jours après, M. Marloy revenait de Paris, à Sauvenières.

Il expliqua à sa femme que des complications étaient survenues dans le règlement de ses affaires, de là le retard de son retour. Eulalie n'en demanda pas davantage.

La première visite de M. Marloy fut pour la femme du maire, à qui il rapportait le tapis qu'on l'avait chargé d'acquérir.

Mme la mairesse fut ravie.

C'était un tapis d'Orient. Quelque chose de distingué. Une merveille qui ferait pâlir de jalousie la femme du percepteur.

Si elle avait su, pourtant !... Mais qui pourrait jamais soupçonner un rapport quelconque entre ce tapis et la disparition du sorcier. Une absence de plus, voilà tout. Pas à s'en inquiéter.

D'ailleurs, il y avait bien une autre nouvelle à Sauvenières ! Digne assurément d'intéresser tout le pays.

L'embranchement de chemin de fer qui devait relier Sauvenières à Bourges et qui depuis un temps infini restait à l'état de projet dans les cartons de la Compagnie allait enfin entrer en voie d'exécution.

C'est ce que le maire apprit à Francis, en le priant de rester à dîner avec sa femme. Ils pourraient s'édifier complètement sur ce point où l'on en était, car le maire avait à sa table différents employés délégués pour le commencement des travaux.

Ce travail, ces nouveaux venus, tout cela en somme eût dû être assez indifférent au mari d'Eulalie. Pourtant une appréhension indéfinie, irraisonnée, irraisonnable le saisit. Quand on n'a pas la conscience tranquille, tout ce qui est changement inquiète, sans raison apparente.

Francis eût voulu qu'un prétexte lui permît de décliner l'invitation du maire. Mais pris de court, il ne trouva rien dans son imagination, et dut accepter la politesse.

Déjà les invités du maire se présentaient.

Tout à coup, Francis eut un poignant serrement de cœur. Le sang y refluant des extrémités, lui donna le vertige. C'est qu'aussi, le maire faisant les présentations, lui amenait un jeune homme, en disant :

— M. Firmin Cognais.

Francis salua, s'efforçant de dissimuler son inquiétude sous un masque de politesse indifférente.

Mais Firmin moins rompu aux roueries de la dissimulation n'avait pu réprimer un mouvement.

Dans ce M. Marloy il reconnaissait l'individu que lui-même il avait signalé à M. Oscar, lors de l'enquête de celui-ci au sujet de la mort violente du Sacristain, sous le tunnel de Batignolles.

Cependant il se garda de manifester de l'étonnement. Ce mouvement qui lui avait échappé était une faute, il s'agissait de ne pas en commettre d'autres.

Ce n'est pourtant pas, qu'à son égard, la mise en présence fût fortuite. Oscar l'avait suffisamment prévenu. Car, c'était Oscar, qui l'avait fait déléguer, grâce à des moyens à lui, près de ceux qui étaient chargés de donner le branle aux travaux.

Et Oscar l'avait édifié sur le but secret de la mission qu'on confiait au gendre de M. Honoré.

Elle était simple cette mission secrète : approcher de ce Marloy et voir s'il le reconnaissait.

Certes Francis reconnaissait cet homme !

A moins d'une de ces ressemblances qui sont un fait d'exception le propriétaire de Sauvenières devait être le brun devenu blond, entre Paris et Asnières de cette mystérieuse affaire du Sacristain.

Mais encore, Firmin était convaincu de l'avoir vu autre part. Où ? Il cherchait. Dans son imagination, il entrevoyait vaguement le facies de cet homme. sans moustaches, alors; dans un cadre sombre qu'il ne parvenait pas à se rappeler complètement.

Il ne l'avait pas vu ; il l'avait entrevu seulement, comme on entrevoit, sans s'y arrêter, la physionomie d'un serviteur, qui vous ouvre une porte, vous introduit et disparaît.

Avec plus de mémoire présente, le frère d'Adèle se fût souvenu de sa démarche près de Mathieux-Boulare, et n'eût pas hésité à se dire :

— Cet homme était le valet de chambre du député !

Francis était plus avancé que lui.

— Le nom aidant d'ailleurs, il savait se trouver en présence du beau-frère de Maxime Létang à qui on avait coupé le cou, à son lieu et place.

Un danger !

Dès qu'il s'en rendit un compte exact, le misérable retrouva tout son sang-froid. Flairant une mine, il n'eût plus qu'une idée en tête ; déjouer les recherches.

C'est pourquoi durant le dîner, et ensuite, au salon, il montra la plus grande liberté d'esprit.

Il lui fallait une grande puissance sur lui-même ; car, au cours de la conversation, il apprenait, coup sur coup, des nouvelles qui avaient de quoi le terrifier.

Le but de la délégation était de satisfaire à une réclamation des gens de Sauvenières, par une rectification de la ligne à construire.

Le premier projet établissait une gare à plus de trois kilomètres. Les autorités municipales avaient présenté un contre-projet, rapprochant cette gare à l'entrée même de la localité, offrant un subside pour l'achèvement des travaux, dans le sens désiré.

En principe, la Compagnie acceptait. En sorte que, modifiant le premier tracé, au moyen d'une courbe, on aurait à établir la gare, juste sur l'emplacement, dont la masure du sorcier Cadenet occupait une partie.

D'autre part, la courbe poursuivant pour rejoindre le point où la ligne revenait au premier projet, traversait le petit bois, où aboutissait l'enclos de la masure.

Les plans étaient étalés sur la table du salon, et Francis les examinait d'un œil avide, terrifié, en voyant que la ligne tracée à l'encre rouge passait sur l'endroit où étaient enterrés les os, et le reste de l'or du pauvre vieux qu'il avait coupé par fragment, dont il avait fait cuire les chairs, pour les donner à dévorer aux écrevisses du petit cours d'eau.

A tout prix, il fallait enlever cet or et ces os.

Et non, dans longtemps ! Tout de suite ; car on allait procéder à la prise de possession du terrain. Dès demain, les ingénieurs, planteraient les jalons propres à mesurer les distances.

Une seule difficulté : Cadenet n'était pas présent dans la localité. On s'était présenté le matin à la masure. Visage de bois. Le chien n'avait pas aboyé ; signe certain que le vieux sorcier était en tournée.

LES ERREURS DE LA GUILLOTINE

A quelque distance, deux silhouettes noires s'approchaient. Le meurtrier épouvanté saisit le tronc du premier arbre et grimpa comme un singe.

— Malgré moi, dit le maire, j'ai quelque inquiétude, sur la nouvelle absence du père Cadenet.

— Pourquoi, cette fois, plus qu'une autre ? demanda le capitaine de gendarmerie.

— D'ordinaire, après une éclipse, il reste parmi nous un temps assez long, avant de repartir. Et voilà qu'il a disparu le lendemain même de son retour.

« D'ailleurs, continua le magistrat municipal, il se fait très vieux, ce brave homme ; ses privations volontaires ajoutant à sa faiblesse, je crains qu'un beau jour, on ne le trouve mort dans son lit.

— A moins qu'il ne succombe, qui sait où ? durant le cours d'une de ses tournées.

— C'est encore possible.

— Mais, en supposant, continua le capitaine, que cette fois la mort l'ait surpris chez lui, le chien serait toujours là.

— Ce n'est pas sûr.

— Pourquoi donc ?

— Les animaux flairent la mort ; ils en ont horreur instinctive et s'éloignent.

— En effet.

— Du reste, il se peut aussi que cette bête abandonnée, soit crevée de faim.

— Eh bien ! monsieur le maire, conclut l'officier de gendarmerie, si on y allait voir ?

— Je ne vous en empêche pas, capitaine.

— Pardon ! objecta celui-ci. Je ne puis rien sans une réquisition.

— C'est juste.

— Et je suis à vos ordres.

Le maire se consulta.

— Eh bien ! dit-il, attendons encore quarante-huit heures. L'absence du vieux Cadenet n'a rien d'anormal jusqu'ici. Alors seulement, nous aurons quelque raison d'aller voir par nous-mêmes ce qu'il en est.

On imagine par quelles émotions passait le meurtrier durant ce dialogue. Il lui venait des doutes. Avait-il bien tout remis en ordre chez le vieux ? N'avait-il vraiment laissé aucune trace dénonciatrice de son horrible opération ?

Il se le demandait, secoué par des angoisses abominables. Et il fallait paraître dégagé, indifférent, tranquille ! Une torture morale contre laquelle il n'était pas armé.

Et ce qui y ajoutait, c'est que — qu'en était-il en réalité ? — il lui semblait que le frère d'Adèle le tenait sous son regard, comme s'il eût voulu pénétrer le fond de sa pensée, comme s'il guettait le moindre mouvement des muscles du visage, la moindre défaillance de l'attitude, pour confirmer le soupçon dont Francis le sentait préoccupé.

La conclusion du maire fut un soulagement pour le bandit. Deux jours encore! Deux nuits surtout! Cela permettait d'agir pour sa sécurité.

Durant ce temps, Oscar, recevant la lettre de Firmin, prenait toute confiance.

Du moment que Firmin reconnaissait en ce vrai ou faux Marloy l'homme brun-blond du chemin de l'Ouest, le policier voyait se débrouiller bien des choses.

Le billet de cent francs trouvé sur le Sacristain faisant partie de la somme payée par le caissier Binet, pour l'acquisition de la villa d'Étretat, permettait de relier cette affaire toujours ouverte à d'autres, où des billets de même provenance avaient été changés ici et là.

Et le parquet n'avait à s'opposer à rien. La base, étant le meurtre du Sacristain; le reste serait conséquences, qu'il n'y aurait plus moyen d'éluder, et ainsi, on reviendrait forcément sur l'affaire de la rue de la Pépinière.

Restait à savoir si ce Marloy-ci était le Marloy d'Augustine, et le Marloy des billets changés en Suisse.

Patience! on le saurait bientôt!

Oscar y comptait du moins, quoique le portier de la mairie ne dît pas grand-chose de l'homme en question. Toutefois, faute de parler de Francis, un rapport nouveau, sur le vieux Cadenet fit dresser l'oreille au policier.

Sous une forme maladroite et bête cet agent secret, cédant peut-être à une intuition inexplicable disait avoir *le pressentiment* que la nouvelle absence du sorcier n'était pas *comme les autres*. Il *parierait* qu'on ne le reverrait plus; qu'il avait dû *lui arriver malheur*.

Tout cela, encombré de réflexions saugrenues, qui, au point de vue policier, n'avaient aucune valeur, mais auxquelles, pourtant Oscar ne resta pas indifférent.

« C'est arrivé, disait le rapport, dans des circonstances particulières. Le vieux Cadenet était revenu de la veille; du moins, on l'aperçut le matin, en ville. Je me proposais de voir un peu plus clair à ses affaires afin de vous renseigner sur la véritable raison de ses absences. Mon plan était de le régaler, de le griser, de le faire bavarder et, en le reconduisant le soir, de pénétrer dans sa cahute, où, j'en suis sûr, quelque chose me le dit, il cache une fortune.

« Mais voilà qu'un habitant du pays, dont je vous ai déjà parlé; M. Marloy, ayant affaire à Paris, me demanda de le conduire en cabriolet, à Bourges pour prendre le train. Ça me faisait un petit profit, j'acceptai, remettant à endoctriner Cadenet au lendemain.

« Le lendemain, plus personne. Le vieux avait encore disparu. Ça m'a semblé bizarre. J'ai rôdé tout le jour et une partie de la nuit, autour de l'enclos. Personne. Cependant, il me semblait parfois, entendre des bruissements sourds; je croyais voir des lueurs bizarres, à travers les fentes des volets. Et puis, j'aurais juré que par la cheminée, il sortait non pas de la fumée ; mais comme une vapeur incolore, comme on voit quelquefois, quelque chose danser au-dessus d'un verre de lampe allumée, et qui n'a pas de couleur.

« Faut croire que mon impression est partagée par d'autres, parce que, après-demain, si Cadenet n'est pas revenu, le maire et les gendarmes iront voir un peu dans quel état est sa bicoque, qui, du reste doit être abattue, pour l'établissement du chemin de fer.

« J'y assisterai, et vous écrirai aussitôt la visite terminée.

C'est en sortant de la réception du maire, que le portier, qui avait aidé au service rédigeait ce rapport.

Il était onze heures du soir. Francis était resté avec sa femme jusqu'au moment du départ général. On se sépara à la porte, et chacun vit le ménage Marloy rentrer chez lui.

— Je ne sais pas ce que j'ai, dit Francis à Eulalie. J'ai senti quelques frissons, chez le maire. Tu serais bien gentille de me faire une tasse de thé.

— Volontiers, fit la jeune femme.

Elle s'en occupa, allant ici et là. Ce fut comme à l'habitude leur seule servante qui servit.

Brave femme, cette veuve ; un seul défaut : la boisson ! C'était plus fort qu'elle ; un fond de bouteille, une lapée de liqueurs, elle n'y tenait plus.

Son confesseur avait beau lui dire que si elle ne se corrigeait elle n'irait pas en paradis, elle avait beau promettre, rien n'y faisait. Le liquide alcoolique la fascinait.

Francis demanda le flacon de rhum, pour donner du goût à son thé.

Eulalie ne voulait rien prendre. Son mari insista.

— Pour me tenir compagnie, dit-il.

— Soit !

Seulement, sa tasse emplie, Francis s'aperçut qu'il n'avait pas de mouchoir, et Eulalie s'absenta un moment, pour lui en apporter un.

Le thé fut bu alors, et on laissa la servante ranger.

Il restait un peu de rhum, au fond du flacon. Ce peu de liqueur la tentait. Elle résista d'abord ; mais, bah !... si l'on s'apercevait que le fond manquait, elle dirait que par maladresse elle avait renversé la fiole.

Et d'un seul coup, elle avala ce qui restait.

— Un drôle de goût, ce rhum ! se dit-elle.

Déjà, en buvant son thé, Eulalie avait dit de même :

— Ce thé a un goût bizarre.

Depuis quelque temps, le mari et la femme ne couchaient plus dans le même lit. Chacun avait sa chambre : Francis, au rez-de-chaussée, Eulalie au premier étage.

C'est Eulalie qui avait provoqué cette modification, un jour qu'elle était malade. Crainte de la gêner, Francis était descendu.

Ce devait être provisoire. Pourtant, ni l'un ni l'autre n'avait parlé de réhabiter la même chambre.

Eulalie, parce que, malgré son remords, le reproche d'ingratitude qu'elle s'adressait, elle ne parvenait pas à dompter complètement ses répugnances.

Certes! elle ne refusait pas de satisfaire aux droits conjugaux de son mari. Sous quel prétexte? Lui, toujours épris, plus fanatique que jamais de la possession de cette femme, n'y eût point consenti d'ailleurs. Mais quand il la tenait dans ses bras, quand elle subissait son contact, ses caresses, ses baisers, ce lui semblait une sujétion plus odieuse.

De son côté, Francis s'était volontairement maintenu à l'étage inférieur, par vague prudence. Un homme dans la position de celui-ci, quoi qu'il fasse, reste sous le coup d'une inquiétude latente. L'esprit est perpétuellement tendu. Tel événement peut éclater, qui l'oblige à décamper sur l'heure. Or, on saute plus aisément par la fenêtre d'un rez-de-chaussée, que par celle d'un premier étage.

Ce soir-là, donc, chacun, le thé pris, regagna sa chambre.

Presque en même temps, Eulalie et la vieille servante se disaient, accablées toutes deux :

— Qu'est-ce que j'ai donc ce soir?

Elles avaient toutes deux, la même chose : une envie de dormir insurmontable. C'est qu'à Eulalie, dans son thé, à la vieille, dans le flacon de rhum, Francis avait versé un narcotique qui les empêcherait de rien entendre durant quelques heures.

A travers le plafond, il suivait les mouvements de sa femme.

— Elle se déshabille, se disait-il. Elle découvre son lit. Elle y entre... Elle dort!

Restait la vieille servante.

Avait-elle ou non bu le reste du flacon de rhum? Si oui, il n'y aurait plus à s'inquiéter d'elle.

Il alla voir, ouvrit le buffet. La fiole était vide.

— Bon! se dit-il. Je suis tranquille!

Il rentra dans sa chambre, éteignit sa lumière comme s'il se couchait, puis attentif au moindre bruit, il attendit.

Après une demi-heure, il jugea le moment venu.

— Allons! se dit-il résolument.

Tout était endormi dans le village. Par mesure de précaution Francis changea d'habits, se coiffa d'une casquette et sortit prudemment de la maison, par les derrières.

En peu de temps il fut hors de Sauvenières. Alors tournant à travers champs, il gagna le petit bois.

La maison maudite se détachait en noir dans la plaine: Il osa à peine jeter un coup d'œil. Par le souvenir il avait la désagréable sensation de l'aboiement du barbet et il revoyait le regard fixe de sa victime.

Deux pénibles impressions qu'il tâchait d'éloigner de lui, le plus possible.

Le petit bois semblait désert, une obscurité profonde y régnait. Mais il y avait si peu de temps que les événements sinistres s'étaient passés, que Francis retrouva la cachette du premier coup.

L'y voici. Rien n'était dérangé. Le trésor était toujours dans le morceau de toile qui l'avait enveloppé.

Francis le recouvrit encore d'une serviette qu'il avait emportée.

L'obscurité l'empêcha de voir quelques pièces d'or échappées de la première enveloppe.

Maintenant, il s'agissait de déterrer les ossements.

Cette besogne s'achevait et Francis allait recouvrir de terre le petit trou béant, lorsqu'un craquement de branches le fit tressaillir.

A quelque distance deux silhouettes noires s'approchaient.

Le meurtrier épouvanté saisit le tronc du premier arbre et grimpa, comme un singe.

Il était temps.

Deux personnes, un paysan et une paysanne, des amoureux, n'étaient plus qu'à deux pas de la petite excavation.

La femme poussa tout à coup un petit cri, en glissant dans le creux qui se trouvait sous ses pas.

L'homme la retint dans ses bras.

Ils s'arrêtèrent :

— C'est-y drôle. On dirait qu'on a creusé un trou là, dit la femme.

— Oui, dit l'homme en tâtant du pied avec prudence.

— Dis donc, s'il y avait quelqu'un par ici? fit-elle d'une voix tremblante.

Son compagnon se prit à rire :

— Qui ça? Le diable peut-être.

— Allons-nous-en, j'ai peur, reprit la belle.

Francis, penché sur le vide, les entendit s'éloigner à grands pas.

Il descendit silencieusement de l'arbre, inquiet de cet incident, vouant au diable les amoureux qui roucoulent la nuit dans les bois.

Ce fait, qui n'avait l'air de rien au premier abord, pouvait avoir des conséquences. Leur témoignage établirait qu'à cet endroit un trou avait été creusé. Cependant, et cette considération rassura Francis, ces jeunes gens avaient sans doute autant d'intérêt que lui à ce que leur présence dans le bois à pareille heure restât ignorée. Dans ce cas, ils ne diraient rien. Néanmoins, fallait-il combler la petite fosse ou la laisser dans l'état où elle se trouvait?

Francis demeura perplexe.

La combler? Mais si ces amoureux parlaient, on constaterait le passage d'une personne après eux. On chercherait.

La laisser telle que? Autre danger. Ceux qui, le lendemain, passeraient par ici ne manqueraient pas d'en être intrigués et donneraient l'éveil. De nouveau, on chercherait.

A tous risques, Francis préféra combler la cavité. Du moins, il le fit avec les plus grands soins. Puis, redoublant de précautions, chargé de l'or et des os du vieillard, il revint sur ses pas et parvint à regagner sa maison sans avoir été aperçu.

Aussitôt rentré dans sa chambre, il alluma du feu et y jeta une certaine partie des ossements, pensant avoir le temps, jusqu'au matin, de consumer le surplus. Quant à l'or, il le serra dans son secrétaire, puis brûla les enveloppes des deux paquets.

Au petit jour, tout était en ordre. Il poussa un soupir de soulagement, défit ses habits et se coucha.

Personne, dans la maison, ne s'était aperçu de quoi que ce fût d'anormal. Seulement, le lendemain, Eulalie ne s'éveilla qu'à l'heure du déjeuner. Elle sonna la vieille plusieurs fois. Pas de réponse.

— Elle se sera encore grisée, pensa-t-elle. Pourvu que monsieur ne s'en aperçoive pas!

Pour tâcher de l'éviter, Eulalie se leva en hâte, trouva la servante endormie, hébétée et, tout en la grondant, la jeune femme remplit son office, de façon à ce que le premier repas fût servi à peu près à l'heure habituelle.

— Qu'il fait chaud, chez toi! dit Eulalie en entrant dans la chambre de son mari, qu'elle trouva au lit.

— Toute cette nuit, répondit-il, les frissons ont persisté. J'ai tenu le feu allumé.

— Je ferai enlever les cendres.

— Non, répliqua vivement Francis. Je m'en charge.

Eulalie n'y fit pas objection. La vieille ivrognesse était déjà assez en retard.

— Tu déjeuneras sans moi, reprit le faux Marloy. Un bouillon me suffira ce matin. Je me lèverai plus tard, tout à fait remis, j'espère.

Il savait que sa femme avait à sortir tantôt. En son absence, il vérifierait les cendres, et, s'il y restait quelques fragments du vieux sorcier, il les ferait brûler tout à fait.

Quand la jeune femme rentra de ses courses, l'œuvre de destruction était achevée.

— Sais-tu, dit-elle, on s'émeut sérieusement en ville de la disparition de notre vendeur.

— Que dit-on ?

— On dit qu'il doit être mort.

— Le diable l'a enlevé, fit Francis en riant.

— Il y en a qui le croient, dit Eulalie. Mais beaucoup d'autres pensent qu'il a été assassiné.

— Allons donc ! Par qui ?

— Oh ! il y a de mauvais drôles dans le pays !

— Bah ! Cadenet était un gueux. Nous lui donnions nos restes, il nous mendiait jusqu'aux vieilles croûtes de pain.

— Oui, mais il y a des personnes qui le croyaient riche et avare. La maison était à lui.

— Je ne crois pas.

— On en est sûr, à présent. Et puis il y a une espèce de petit bois derrière la maison de Cadenet.

Francis pâlit, malgré sa volonté et l'empire qu'il avait sur lui-même.

— Ah ! dit-il négligemment. Eh bien ?

— Des laboureurs, en allant aux champs, y ont trouvé trois ou quatre pièces d'or.

— Qu'est-ce que ça prouve, fit le misérable en se raidissant.

— On suppose qu'un malfaiteur les a laissées tomber de sa poche en s'enfuyant après avoir fait un mauvais coup.

— C'est possible, dit Francis. Au fait n'est-ce pas demain que l'on doit aller voir à sa cahute ?

— Demain, oui. Le maire l'a dit devant nous, à dîner, chez lui.

Désireux de suivre par lui-même toutes les phases de cette affaire, Francis annonça l'intention de se joindre à la justice le lendemain.

La jeune femme s'en étonna.

— Oui, dit-elle. Je trouve cette curiosité malsaine. Du reste, tout ce qui touche de près ou de loin au crime m'inspire une horreur physique, qu'aucun raisonnement ne peut maîtriser. Quand je pense que, parfois, j'ai pu, sans m'en douter, frôler un voleur, un meurtrier, c'est comme si j'avais affronté une bête fauve ; le cœur me manque, et j'ai le cœur sur les lèvres, tant mon dégoût est insurmontable.

LES ERREURS DE LA GUILLOTINE

— Cadenet! cria par trois fois le maire; l'écho seul répondit.

Francis l'écoutait terrifié! Mon Dieu! si elle savait, elle aussi!

Quoi qu'il en soit, le lendemain, Francis, soucieux de sa sécurité donnait suite à sa décision. Toute la ville était en émoi. Sur la place de la mairie se tenaient les gendarmes en grande tenue, revolver au côté.

Bientôt on vit sortir de la maison commune le maire ceint de son écharpe, le juge de paix, le greffier et le capitaine de gendarmerie.

Le portier-mouchard arriva d'un autre côté accompagné de Francis et du serrurier du pays qu'on avait requis pour le cas où il faudrait forcer la porte.

La troupe se mit en marche.

A l'entrée du petit sentier l'ingénieur et les délégués de la compagnie se joignirent aux autorités.

Le garde champêtre posté à cet endroit arrêta la population de Sauvenières qui menaçait d'envahir le domaine du sorcier avant la justice. Ordre venait d'être donné de ne plus laisser passer qui que ce soit.

Arrivé devant la porte de la haie, le cortège s'arrêta.

— Cadenet! cria par trois fois le maire.

L'écho seul lui répondit.

— Ouvrez cette porte, dit-il au serrurier.

L'ouvrier obéit, se mit à l'œuvre et la porte ne résista guère. Alors, la petite troupe s'engagea dans le jardin, laissant un des gendarmes en sentinelle à la porte du verger.

Tout en s'acheminant vers la maison, les autorités échangeaient des réflexions sur l'état d'abandon de cet enclos qui eût pu produire quelque chose. Vraiment on n'avait pas idée d'une semblable manière d'entretenir une propriété.

A la porte de la masure tout le monde fit halte.

Le maire faisant fonction de commissaire de police frappa fortement.

Rien ne répondit.

Les assistants se regardèrent. Un silence de mort planait sur la maison. On y sentait le froid de la tombe. Quant à Francis resté en arrière, il était pris d'un trouble violent.

Le maire frappa de nouveau en ajoutant :

— Ouvrez au nom de la loi !

Pas de réponse.

— Regardez par la lucarne, dit le juge de paix.

Le maire hésita ; mais le capitaine s'approchant de l'ouverture, jeta un coup d'œil dans la pièce.

— Je ne vois rien, dit-il.

Francis respira.

— Vous avez eu tort de sortir, lui dit obligeamment le portier.

— Pourquoi? demanda machinalement l'assassin.

— Vous êtes mal remis de votre indiposition d'avant-hier.

— Vous savez donc que j'ai été indisposé ?

— Oh! moi, je sais tout!

Francis eut peur malgré lui.

— Voyez-vous continua le portier, on dirait que vous allez vous évanouir.

— Ce ne sera rien, balbutia Francis en rassemblant ses énergies.

Cependant le juge de paix, le maire et le lieutenant s'étaient concertés. Puisqu'il fallait pénétrer dans la maison de par la loi, le serrurier fut sommé de nouveau d'ouvrir la porte.

Il passa un crochet dans le trou de la serrure et la porte céda.

Cette fois Francis regretta d'être venu. Il se sentait défaillir. Une épouvantable appréhension s'emparait de lui l'aveuglait.

S'il avait oublié d'effacer toute trace. Si on allait retrouver un objet lui ayant appartenu, un indice qui le trahît!...

Le portier lui avait offert son bras pour le soutenir.

— Merci, dit Francis en faisant effort sur lui-même.

Et crânement il suivit les autorités dans l'intérieur de la masure.

L'état de la première pièce le rassura.

Tout était en ordre. Pas de vestige de lutte ni d'effraction. Le lit était fait!

On passa dans la seconde pièce, puis dans la cuisine. Pas plus de traces ni de vestiges qu'ailleurs. Les marmites, les casseroles, en parfait état.

Rien autre chose qu'une odeur de mauvaise graisse qui brouillait le cœur.

— Pouah ! fit le juge de paix.

— C'est là que le sorcier fait sa cuisine du diable, c'est bien le cas de le dire, ajouta le maire.

— Voyez-vous quelque chose de suspect? reprit le premier.

— Non, monsieur le juge de paix et vous?

— Absolument rien.

Le maire se tourna vers les autres assistants.

— Si quelqu'un d'entre vous remarquait quoi que ce soit, il serait de son devoir d'en faire part à la justice.

Le portier de la mairie s'avança :

— Il me semble, dit-il, que ça sent comme si on avait fait brûler un cadavre.

— Canaille! pensa Francis devenu blême.

Par bonheur on s'occupait peu de lui.

— A votre place, monsieur le juge de paix, dit encore le portier, et sauf le respect que je vous dois, je saisirais le fourneau et je ferais analyser ça.

L'assassin l'aurait volontiers étranglé.

Cependant, le juge de paix interrogea du regard ses acolytes.

Le greffier prit la parole à son tour.

Tout le monde sait que le sieur Cadenet se nourrissait de viandes de rebut qui pouvaient avoir une odeur de ce genre.

— Qu'en dites-vous, docteur? demanda le juge en se tournant vers un personnage que personne n'avait encore remarqué dans le groupe.

— La remarque de monsieur le greffier est judicieuse, fit le médecin.

— Ainsi il n'y a pas lieu de s'y arrêter?

— Je ne crois pas!

Francis respira.

— Brave docteur! se dit-il; tâchant de se raffermir en raillant. Quelles braves gens que les imbéciles tout de même!

— Allons messieurs. Je crois que tout est fini. Il ne nous reste plus qu'à partir.

Le portier qui, en sa qualité de mouchard, voulait paraître en savoir long, s'approcha de nouveau.

— Pardon, messieurs, dit-il. Il y a encore le grenier et la cave.

— Marchons, dit le juge de l'air résigné d'un homme qui n'agit plus que par acquit de conscience.

On monta au grenier. Là comme ailleurs tout était dans un état normal.

Restait la cave.

Francis ressentit un nouveau malaise. Mais c'était le dernier assaut; courage! Et se tendant de toutes ses forces; il descendit comme les autres.

On avait allumé une lanterne.

Francis retrouva la cave telle qu'il l'avait laissée. Au fond les bouteilles vides, empilées. Dans un angle la cruche de grès. Le sol ne portait plus la moindre trace de l'enfouissement provisoire du vieux; car l'humidité avait égalisé le sol, mieux que ne l'eût fait un habile terrassier. Le plus fin limier de police n'y aurait vu que du bleu, et le capitaine n'était pas de force.

Un conciliabule s'établit. Selon le juge de paix l'enquête était finie. Il n'y avait plus qu'à dresser procès-verbal. A son avis Cadenet ne tarderait peut-être pas à revenir. En tous cas, il ne s'était rien passé d'extraordinaire dans cette maison.

Le maire partageait cette opinion. On convoquerait le conseil municipal au sujet des mesures relatives à l'expropriation, puisque l'ingénieur de la Compagnie du chemin de fer désirait vivement que cette solution fût hâtée. De concert avec ses collègues, il allait en aviser son administration et faire procéder judiciairement au civil, maintenant que l'immeuble était examiné.

— Remontons messieurs, dit le juge.

On ne demandait pas mieux, car les quelques instants passés dans cette cave avaient refroidi le zèle des fonctionnaires et des assistants. On était désillusionné.

Tout à coup le portier qui fermait la marche poussa un cri de surprise, quelque peu triomphante.

— Monsieur le juge! Monsieur le maire, revenez s'il vous plaît, s'écria-t-il.

On s'empressa de redescendre, intrigué, presque ému.

Francis devinant le sens de cette exclamation n'osait paraître moins zélé que les autres, il ne pouvait reculer. Mais ne sachant de quelle nature était la découverte faite, il passait par toutes les tortures de l'angoisse.

Les deux magistrats revenus aux premières marches de l'escalier examinaient un objet brillant que le portier leur désignait.

— C'est un louis, dit le maire, en ramassant l'objet.

Effectivement, c'était un des louis que Francis avait laissé tomber en remontant, le lendemain du crime.

— Diable! diable! fit le juge de paix, voilà qui change la thèse.

— Le père Cadenet n'était pas un gaillard à semer pareille graine, ajouta le greffier.

— Ces messieurs doivent se rappeler qu'on a déjà retrouvé des louis dans le bois, fit remarquer le portier de la mairie.

Francis sentit le sol manquer sous ses pieds. Il lui semblait que tout était perdu, qu'on allait le démasquer, lui porter la main au collet, lui mettre les menottes, et l'entraîner.

Mais ça ne dura pas. Le danger produisit une réaction soudaine. L'effronterie du malfaiteur de profession prit le dessus. Voyons la fin.

— Il y a quelque chose là-dessous, conclut le maire.

Puis se tournant précisément vers Francis.

— Qu'en pensez-vous, monsieur Marloy? lui demanda-t-il.

— Ma foi, monsieur le maire, répondit celui-ci, je suis de votre avis. Il y a anguille sous roche, c'est certain. Mais on peut s'en fier à vous et à ces messieurs, pour trouver le mot de l'énigme.

— Je vais apposer les scellés, dit le juge de paix.

Puis au capitaine :

— Il faudra avertir le parquet de Bourges.

C'était tout.

Les magistrats et les assistants s'éloignèrent et regagnèrent le pays, en attendant qu'un ordre du tribunal obligeât à des recherches plus minutieuses.

Tandis qu'ils rédigeaient leurs procès-verbaux, le portier mouchard en envoyait un autre, plus détaillé que le leur, au commissaire central de Bourges. Il y appuyait sur l'impression que lui avait produite l'odeur qui régnait dans la cuisine du sorcier. Il insinua même que les magistrats avaient paru (à son humble avis, et toujours sauf le respect dû à M. le commissaire central !) agir avec assez de mollesse ou d'inexpérience. Pour lui, il concluait hardiment à un crime.

C'est ce rapport qui avait fait dresser l'oreille à Oscar. Sur l'heure, il envoya de nouvelles instructions au commissaire central et lui ouvrit un crédit pour qu'on ne fût pas entravé par des formalités bureaucratiques.

Désormais, sa conviction était faite : le Marloy de Sauvenières était un faux Marloy; c'était le violeur d'Augustine, l'assassin de la portière de la rue Folies-Méricourt, l'assassin du Sacristain, le Marloy de Suisse, et qui plus est, le triple assassin de la rue de la Pépinière; en un mot, c'était Francis Antoine, l'ancien valet de chambre de la veuve Valph et de Mathieu Boulare, aux mœurs anti naturelles, prostitué masculin connu sous le vocable de *la Belle-Joséphine*. Pas de doute, pour Oscar.

Et comment en arrivait-il là?

Bien simple :

Les billets trouvés à l'explosion du cimetière, manquant, le bandit avait tué le vieil avare, pour parer à l'accident et continuer de tenir son personnage de rentier.

Le Marloy de Sauvenières et le F. Antoine, de Levallois, étaient le même individu.

Tous deux avaient des billets de Binet; donc, le véritable assassin de la tante de Maxime, c'était ce gredin-là.

Seulement, on le répète, impossible de revenir sur cette triple boucherie, comme base d'action.

L'affaire du Sacristain était bien vague.

Mais l'affaire nouvelle, celle du sorcier Cadenet, permettait de tout mener à bien.

Une seule obligation : trouver Cadenet vivant ou mort, à tout prix. Oscar l'ordonnait.

On eût dit que Francis devinât l'orage qui se formait. Dans l'air, il respirait l'impression de vagues menaces.

Cette enquête quasi-inutile, qui aurait dû le rassurer, l'épouvantait, au contraire.

Il avait une peur bête, une peur qui l'empêchait de dormir, de manger, de respirer à l'aise. Il ne vivait plus.

Son instinct lui disait qu'il n'était plus en sûreté à Sauvenières.

Il profita des visites que lui firent des amis inquiets de sa santé pour annoncer qu'il se décidait à partir pour Paris, afin de consulter quelque grand médecin.

On l'y encouragea vivement.

— C'est cela! lui dit-on; allez à Paris et revenez-nous frais et pimpant comme autrefois.

Il ne tarda pas à mettre à profit ces conseils, qui cadraient avec ses désirs et lui fournissaient une porte de sortie honorable.

Paraissant céder à cette amicale pression, il quitta Sauvenières environ huit jours après l'ouverture de l'enquête.

Il emmenait Eulalie, cette fois.

— Bon voyage! lui crièrent ses amis, en le mettant en voiture.

— Merci bien, fit-il; à bientôt.

II

L'INSTINCT FÉMININ

Lors de l'entrevue de Brignol et d'Oscar avec Augustine, il avait été arrêté, entre ces messieurs, qu'après avoir conféré seul avec la jeune fille, la Ville-Viquier rejoindrait ses parents, chez Brébant, et qu'en dînant ensemble, dans un cabinet, il leur dirait ce qui se serait passé entre lui et l'infortunée.

Le temps parut long à Félix. Son père s'efforçait de le distraire, en le promenant sur les boulevards.

Peine perdue. Le cœur gros, le jeune homme ne voyait pas ce qu'il regardait.

Enfin, le moment venu, on se retrouva.

Le temps de commander, de se faire servir aiguisait l'impatience du père et du fils.

Ils avaient hâte de pouvoir causer à cœur ouvert sans être dérangés par les garçons.

— Servez le café et laissez-nous, dit M. Oscar, on vous sonnera pour l'addition.

Tranquilles désormais, et à l'abri de toute indiscrétion, Brignol et son fils laissèrent échapper cette question qui leur brûlait les lèvres :

— Eh bien?

— Eh bien, répondit Oscar, j'ai réconforté de mon mieux la pauvre enfant après votre départ. Elle a beaucoup pleuré... Ça lui a fait du bien. Elle était désespérée, car elle aime Félix et cet aveu, qui prouve sa probité, l'avait comme écrasée de honte.

— Écoute, Oscar, dit alors le père, tu sais que je suis un homme simple qui n'entend pas grand chose dans toutes les affaires d'honneur. C'est pourquoi j'ai besoin de ton avis, pour m'éclairer.

« A mon idée le malheur de cette enfant n'est pas de nature à la condamner à une honte de toute sa vie. Qu'en dis-tu ?

— Cela me paraît généreux du moins, fit Oscar, en observant son jeune cousin.

— Nous connaissons assez Augustine pour croire à sa sincérité, continua Brignol. Il est certain que le misérable qui a abusé d'elle a usé de ruse et de violence. Elle n'est ni coquette ni dépravée. Sa conduite à notre égard en est la meilleure preuve.

— C'est juste, dit encore M. Oscar.

— Elle pouvait accepter nos propositions d'entrer dans la famille le jour où Félix a demandé sa main sans craindre la révélation du passé ? Qui pouvait jamais dévoiler ces événements ? Personne ! sa mère était morte, l'enfant n'a pas vécu. Quant à l'auteur de cet acte abominable, son intérêt est de garder le silence sur ce fait, de le nier au besoin.

— Tout ce que vous dites est vrai cousin.

— Or, où il n'y a pas faute, il y a malheur, un grand malheur voilà tout ! Eh bien ! Nous y avons réfléchi, Félix et moi. De son côté Félix l'aime assez pour oublier ce passé, pour consacrer sa vie à l'effacer, à réhabiliter Augustine à ses propres yeux.

— Est-ce vrai Félix ? demanda Oscar, au jeune homme.

Pour toute réponse, celui-ci serra vivement la main de son père.

— Quant à moi, reprit Brignol, tu sais neveu, que j'ai toujours considéré la chère et pauvre fille comme mon enfant. L'infamie dont elle a été victime ne m'inspire que plus de tendresse et d'amitié pour elle. En conscience et en qualité de parent, te semble-t-il que nos idées soient fausses et que la malheureuse n'ait pas le droit d'entrer dans notre famille ?

— Non ! répondit nettement M. Oscar. Je crois qu'on lui doit estime et respect.

Félix se jeta au cou de son cousin.

— Eh bien ! résumons-nous, reprit la Ville-Viquier. Il faut qu'Augustine devienne ta femme, mon ami. Je me charge de la persuader. En attendant, retournez chez vous. Dès que je trouverai le moment propice, j'entreprendrai de convaincre cette jeune fille, et je vous écrirai le résultat de mon ambassade.

Le surlendemain, Oscar faisait demander la convalescente au parloir de l'hôpital, et coupant court à l'émotion, il lui dit ce qui s'était passé avec ses parents.

LES ERREURS DE LA GUILLOTINE

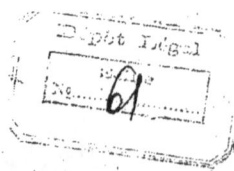

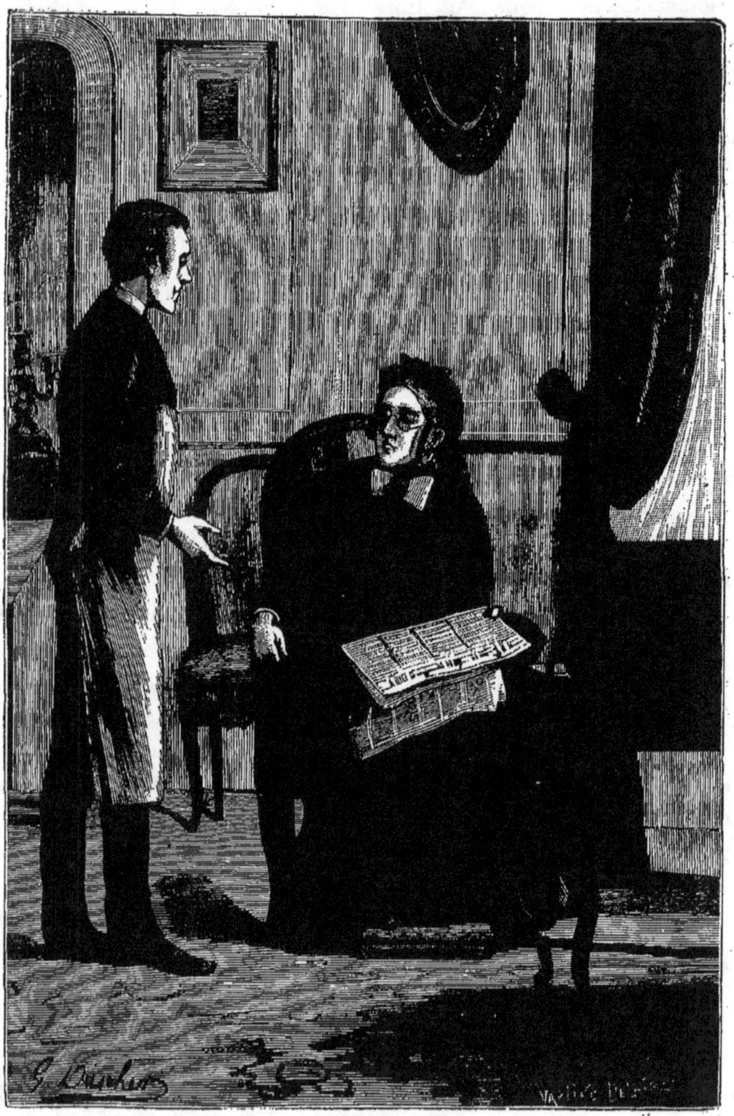

Il rentra dans la maison et, venant trouver la patronne.

— Félix vous aime, plus que jamais et met le passé en oubli.

— Mais... je m'en souviens, moi; je m'en souviendrai toujours... pour mon malheur, répondit Augustine cachant son visage dans ses mains.

Oscar les lui écarta doucement.

— Non, dit-il, l'amour d'un honnête et brave garçon vous fera une vie nouvelle, vous transformera, en vous créant de nouveaux devoirs. Ah! tenez mon enfant, lui dit-il paternellement, permettez-moi de vous dire que vous allez trop loin dans vos scrupules. Écoutez-moi tranquillement, au lieu de vous désoler ainsi. Croyez-vous que si vous étiez coupable le moins du monde cette famille vous ouvrirait ses bras?

— Vous avez raison, monsieur, répondit la jeune fille, en maîtrisant son émotion. D'ailleurs, l'aveu que j'ai fait rassure ma conscience, à moi aussi.

— Alors, vous consentez?

— En principe, oui, monsieur. Je crois le devoir. Cependant, j'ai le devoir aussi, de prémunir Félix et son père contre l'excès de leur grandeur d'âme.

— Que voulez-vous dire?

— Un regret peut naître plus tard...

— Vous les méconnaissez, mademoiselle.

— Je me violente, soyez-en sûr, monsieur de la Ville-Viquier; mais il faut qu'il en soit ainsi; ma probité exige que je prévoie ce regret si contraire à leur caractère.

Ah! fit-elle attendrie, je sais bien que, leur vînt-il, je n'en saurais jamais rien. Ils ont l'âme trop haute pour le laisser percer. N'importe! Pour mon repos, je mets une condition à mon consentement.

— Laquelle? Dites!

Elle réfléchit un moment, comme pour se donner courage; puis d'une voix ferme :

— Si dans un an, dit-elle, M. Félix et sa famille n'ont pas changé de sentiment, je serai la plus heureuse des créatures de Dieu!

— Eh bien! répliqua Oscar, dans un an donc, mademoiselle, nous vous ferons la même demande.

— Vous en êtes sûr?

— Soyez franche! dit le policier avec une malice bienveillante; vous en êtes aussi sûre que moi!

Elle baissa les yeux.

Et Oscar, lui prenant la main, l'attira doucement à lui pour l'embrasser au front.

— En attendant, dit-il, soignez-vous bien... cousine!

Comme il sortait de l'hôpital, se disposant à rendre compte de sa mission à ses parents, son attention fut brusquement éveillée par un fait qui lui parut étrange, et qui, pourtant pouvait n'être que le fait du hasard :

Un homme, assez grand, convenablement couvert, n'ayant rien d'insolite en soi, venait dans sa direction, d'un pas tranquille.

Il semblait réfléchir, tenant le regard baissé.

Tout à coup, il leva les yeux et vit Oscar.

Il sembla, à celui-ci que le promeneur pâlissait. Ce qu'il y a de certain, c'est que changeant brusquement de décision, il traversa la rue, prenant la direction opposée, puis, arrêtant un fiacre, il y monta et, le cocher sur un mot de son client, prit le grand trot.

Rien de bien extraordinaire en somme. Fait de hasard, comme nous l'avons dit. Pourtant Oscar en fut intrigué.

— Quelque paroissien qui craint la reconnaissance, pensa-t-il.

Son flair ne le trompait pas. Ce passant capricieux, c'était le mari d'Eulalie ; c'était Francis, le faux Eugène Marloy.

Il y avait déjà quelques mois qu'il avait quitté Sauvenières, laissant les enquêtes se poursuivre sans grand résultat sur la disparition du sorcier.

Pour lui, il s'était logé avec sa femme, rue Racine, à l'hôtel de ce nom. Quartier perdu, peu surveillé. Le misérable y avait bien pris garde, car sa dernière affaire, peut-être, l'avait profondément modifié. Il était d'une inquiétude insurmontable, il s'assombrissait, devenait bizarre.

Eulalie constatait des modifications de caractère, d'allures, qui l'amenaient à se demander s'il n'était pas atteint d'une maladie cérébrale. On eût dit qu'il fut frappé de ce dérangement d'esprit qu'on appelle, la monomanie de la persécution.

C'est ainsi qu'à diverses reprises, dans les promenades qu'ils faisaient ensemble dans Paris, Francis refusait tout à coup de passer par certaines rues. Une autre fois, c'était tel quartier où il ne voulait pas aller, le lendemain il en évitait un autre par des détours considérables.

Cela devint si visible, quand Eulalie commença à connaître Paris, qu'à différentes reprises, elle ne put s'empêcher de lui dire :

— Pourquoi ne prenons-nous pas cette rue?

— Parce que, disait Francis.

— Il me semble que c'est plus court.

— C'est une idée.

— Mais non, je sais bien. Nous sommes obligés de redescendre si nous allons d'un autre côté.

— N'importe!

— Mais enfin...

— Enfin, cette rue me déplaît, je n'y passerai pas.

Parfois, poussé à bout, il donnait des raisons pitoyables.

Oh! ils étaient bien loin les jours de folle bravade où il allait *voir*, rue de la Pépinière!

Ce qui confirmait Eulalie, dans ses craintes, c'est qu'à certains jours au milieu d'une promenade, elle sentait tout à coup le bras de son mari agité d'un tremblement nerveux.

Il l'entraînait en hâte comme si quelqu'un était à leurs trousses.

Le premier fiacre qui passait était hélé :

— Monte vite, lui disait-il presque brutalement.

Il arrivait même qu'il y montait le premier.

— Qu'y-a-t-il donc? mon Dieu, demandait-elle une fois en voiture, et toute surprise encore.

A quoi il répondait invariablement :

— J'ai eu un éblouissement! Un peu plus je tombais. Il était temps. A présent ça va mieux!

— Alors dis au cocher d'aller au bois.

— Non rentrons! répliquait-il, j'ai peur que ça me reprenne.

Cela arrivait assez fréquemment pour impressionner davantage Eulalie et lui donner à songer ; car, en dehors de ces accès, il montrait une lucidité parfaite.

Elle était très inquiète, à son tour, et elle eût voulu consulter un médecin.

Un jour qu'ils devaient assister à la représentation du Vaudeville, comme Francis était allé prendre les billets, la maîtresse de l'hôtel dit à Madame Marloy.

— Ainsi vous allez au théâtre ce soir?

— Oui, répondit Eulalie d'un air ennuyé.

— On dirait que ça ne fait pas plaisir à madame. C'est moi qui serais heureuse à sa place.

— Si vous croyez que ça m'amuse d'y aller toujours dans une baignoire, sans jamais voir la salle ni sortir pendant les entr'actes!

— Ah! vous y allez toujours comme ça?

— C'est une idée de mon mari.

Elle ajouta, comme à elle-même :

— Vraiment on dirait que nous nous cachons!

Francis revint. Il avait loué une baignoire.

— Encore! dit Eulalie.

— C'est bon pour les parvenus de s'étaler au balcon, répondit Francis. Et puis il y a là tant de sale monde; des cocottes, des gourgandines, que sais-je?

Il fallut que la jeune femme se payât de cette monnaie.

Le soir, après le dîner ils prirent un fiacre et se firent conduire au théâtre.

Francis venait à peine de payer le cocher que jetant un regard inquiet sur le péristyle il s'écria précipitamment :
— Rentrons !
Cette fois Eulalie protesta.
— Ah ! par exemple ! fit-elle ; c'est inconcevable.
— Rentrons, reprit Francis d'un ton qui n'admettait pas de réplique.
Elle le regarda : il était devenu livide. Elle le crut malade et obéit.
Ils reprirent un autre fiacre et rentrèrent chez eux.
Tout cela amena Eulalie à observer son mari, à chercher s'il n'y avait pas une autre cause à la conduite de son mari.
Un dernier détail mit le comble au désorientement de la jeune femme :
Francis qui portait depuis son arrivée à Paris un pince-nez à verres bleus, bien qu'il eût habituellement la vue excellente, se mit à laisser croître toute sa barbe et si tôt qu'elle fut assez longue, il la teignit en brun.
— En voilà une idée ! dit Eulalie.
— Laisse-moi tranquille, répondit le faux Marloy, j'ai mes raisons pour ça.
« Des raisons ! » Quelles raisons ?
Les femmes ont des intuitions bizarres. Dans l'impossibilité de préciser les « raisons » qui engageaient son mari à se travestir, elle abandonna un moment la supposition qu'il eût du dérangement d'esprit. Une peur instinctive lui vint : Eugène avait-il dans sa vie quelque action blâmable qui le sollicitât à se dissimuler à qui en avait souffert ?
Sinon, pourquoi ces allures inexplicables ?
Elle le surprenait, tressaillant à la vue de certaines personnes qu'ils croisaient dans la rue ?
Le regardait-on en face ? Il se détournait en dépit de son pince-nez et de sa barbe.
Les muscles de son visage continuellement en jeu par l'inquiétude le ridaient, lui donnaient une physionomie fatiguée, le vieillissaient.
Cette obsession, ces terreurs du dehors l'épuisaient.
Un jour, devinant l'étonnement de sa femme, il lui annonça que désormais il renonçait à l'accompagner.
Eulalie n'insista pas. Elle sortit seule pour ses promenades et ses emplettes.
De son côté Francis sortait seul aussi. Presque toujours le soir. Il rentrait tard ces jours-là, sans un mot d'explications, ne répondant qu'évasivement aux questions de sa femme.
Ces sorties tardives commencèrent à inquiéter celle-ci. Ce n'était pas de la jalousie, loin de là.
Son mari semblait l'adorer chaque jour de plus en plus ; il avait des instants

de passion folle, des attendrissements que donne seul l'amour frénétique; ce qui, à mesure incommodait davantage la jeune femme.

Non! ces sorties tardives, ces terreurs, ces épouvantes ne sentaient nullement l'infidélité. Mais que signifiaient-elles? Qu'en fallait-il supposer; conclure?

Elle ne savait à quoi s'arrêter, et faute de rien se définir, elle en revenait à la supposition d'un état maladif des nerfs; supposition qui souffrait qu'elle plaignît cet homme, dont elle avait reçu des soins, qu'elle voulait payer de reconnaissance. Une maladie. Le sommeil agité de rêves effrayants durant lesquels il prononçait des paroles incohérentes, la confirmait dans sa conviction.

Un jour qu'ils étaient à déjeuner, Eulalie demanda à brûle-pourpoint à son mari :

— Qu'est-ce que c'est donc que Barabouin?

Françis devint blême, il prit son verre avec un tremblement nerveux et but puis il essaya de prendre une voix assurée pour demander.

— Comment dis-tu?

— Je dis Barabouin, reprit Eulalie.

Il n'y avait pas de doute possible ; sa femme prononçait sans faute le nom du vieux mendiant du cimetière de Levallois. Où l'avait-elle appris?

Francis eut une minute d'angoisse.

— Je ne sais pas ce que tu veux dire? balbutia-t-il.

— En tout cas c'est quelqu'un dont tu t'inquiètes fort la nuit, dit-elle.

Et s'efforçant de paraître plaisanter :

— Voilà trois ou quatre fois que tu rêves de lui, poursuivit-elle, et d'un tas de gens qui ont des drôles de noms.

Francis quoique fort troublé était parvenu à maîtriser son émotion.

— Par exemple? demanda-t-il en essayant de sourire.

— Attends que je me rappelle, oui. Il y a : *Crève la gueule!*

— En voilà un nom!

— Oh! ce n'est pas tout, il y a : la *m'man Licharde*.

— C'est plus drôle.

— La *Limace!* Le *Grand Jules!*

Intérieurement frappé Francis, estima qu'il y avait danger.

— Ce n'est pas fini, reprit Eulalie, tu dis aussi des phrases incohérentes en grinçant des dents, qui me font peur.

— Tu t'en souviens?

— Dame! ça t'arrive souvent, tu sais. Je ne t'en ai pas parlé jusqu'ici, mais ça dure tant, que je ne sais plus que penser.

— Voyons un peu ces phrases? fit le misérable avec anxiété.

— Tu cries qu'il faut « *suriner le pante* » tu as dit plusieurs fois ces mots que je n'ai pas compris «*raccourcir la Sorbonne* ».

— Et puis?

— Ah! je ne sais plus!

— Ne t'en inquiète pas, fit vivement Francis, ça ne signifie probablement rien. Ce sont des mots qui viennent dans les cauchemars; des mots que j'aurai lus dans les comptes rendus des tribunaux.

— C'est égal! tu devrais bien voir un médecin qui te donne quelque chose de calmant.

— Ah! pensa Francis en soupirant, il n'y a pas de calmants pour ces choses-là. Quand j'étais enfant, mes parents lisaient le journal tout haut près de mon lit pendant que je m'endormais. Les procès de cours d'assises m'impressionnaient profondément. Ça m'est resté, et quand j'ai le sommeil pénible, ça me revient.

C'était une explication plausible. Il y donna du poids, en avouant que depuis quelques temps, il éprouvait du malaise, de la lourdeur de tête, une espèce de sourde migraine chronique. Mais inutile d'appeler un médecin. Il avait, dit-il, déjà subi cette crise, ça se passerait tout seul.

Seulement, de ce jour-là, Francis résolut de faire lit à part.

Il craignait quelque résistance de la part d'Eulalie. Non!

— Comme tu voudras dit-elle, nous aurons chacun notre chambre.

La facilité avec lequel l'ancienne gymnasiarque accepta cette modification dans les habitudes conjugales ne surprendra pas le lecteur. Il sait quelles répugnances irraisonnées, elle éprouvait au contact de son mari. Ne plus l'avoir près d'elle, ne plus le sentir à ses côtés, lui était comme une délivrance. Pourtant, cette fois encore, elle se le reprocha, et durement.

— Je suis une misérable, en vérité, se dit-elle. Quoi! voilà un homme qui m'a soignée, sauvée au moment où j'allais être sans ressources, abandonnée de tous. Cet homme m'a épousée, moi pauvre malheureuse, infirme, sans état, sans avenir. Il satisfait mes moindres caprices, il est plein de bonté pour moi. Jamais un reproche, rien que des caresses, des amitiés. Et je reste indifférente, froide, ingrate, presque mauvaise à son égard! Qu'ai-je donc? Que se passe-t-il en moi? J'ai pourtant du cœur et de la probité!

Une grande tristesse l'envahit.

— Cependant, dit-elle encore, c'est plus fort que moi, plus fort que ma volonté. J'ai fait tous mes efforts pour l'aimer comme il m'aime; rien ne sert. On dirait qu'il y a quelque chose d'insurmontable entre nous.

« A Genève, quand je m'éveillais, le trouvant au chevet de mon lit, si tardive que fût l'heure, je me disais que je l'aimais. Quand il m'a demandée en mariage, j'ai cru que j'étais heureuse pour la vie. Je croyais que lui seul pouvait être chéri de moi. Hélas! pourquoi ce beau rêve s'est-il écroulé!

Elle s'interrogea encore.

— Pourquoi? Pourquoi? se répéta-t-elle, en proie à une sorte de rage douloureuse.

Avec une persistance violente, elle voulait voir en elle-même, se rendre un compte exact de ce qu'elle éprouvait.

Effort stérile. Aucune cause formulable à ses impressions. Mais désormais, elle ne pouvait se donner le change sur leur nature. Pleine d'épouvante, elle en convenait en face d'elle : ce garçon en qui elle aurait dû voir un époux, un amant; à tout le moins un bienfaiteur ; cet homme, n'éveillait en elle, et malgré elle, qu'un seul sentiment : l'*horreur!*

La pauvre femme en sanglots répétait en se tordant les bras :

— Mon Dieu! ce n'est pourtant pas ma faute! J'ai fait tout le possible pour l'aimer... Je ne peux pas, mon Dieu! mon Dieu! je ne peux pas!...

Une pensée soudaine la fit tressaillir :

— Au fait! c'est peut-être moi qui suis malade! Comment expliquer autrement les idées qui me poursuivent et me torturent, jusque dans mon sommeil?

Ce qu'Eulalie appelait ses idées, étaient des presciences fantastiques qui la faisaient frissonner dans l'obscurité, lorsqu'elle s'éveillait la nuit, et qu'elle sentait Francis près d'elle.

De véritables accès de terreur, ces idées! Il lui semblait qu'elle haïssait cet homme, elle s'écartait de lui comme d'un objet immonde, haletant des heures entières, surveillant ses mouvements comme si elle eût craint qu'il la salît.

Une fois, elle avait été prise d'une peur et d'une répugnance telles qu'elle avait failli se lever et fuir n'importe où. N'était-ce pas le fait d'un cerveau troublé? Car enfin, comment expliquer cela? A quoi l'attribuer?

Elle l'eût compris près d'un homme brutal comme il s'en trouve, près d'un de ces ivrognes abjects que tant de femmes sont obligéees de supporter, mais près d'Eugène, sobre, prévenant, amoureux; cette impression était incompréhensible.

N'importe! la perspective de dormir seule la tranquillisait.

La séparation les satisfaisait également tous deux, bien qu'à un point de vue tout différent.

Chez la jeune femme, elle produisit un grand bien. Elle se retrouva peu à peu en paix avec sa conscience. Il lui devint moins difficile de faire bon visage à son mari. Elle le traitait gentiment, voulant lui procurer, à lui aussi le repos moral dont elle jouissait, s'efforçant de lui rendre un peu des soins qu'il lui avait prodigués à Genève.

Cependant, une préoccupation restait à l'état latent, dans son esprit. Pour-

LES ERREURS DE LA GUILLOTINE

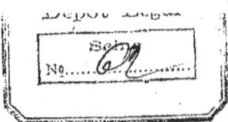

— Ah! pardon! fit-il d'un air niais.

quoi prolongeait-on le séjour à Paris? Pourquoi ne retournait-on pas à Sauvenières?

Elle en recevait des nouvelles. La femme du maire, qui l'avait prise en affection, lui écrivait de temps en temps. Ce n'était pas bien intéressant en soi. Les faits et gestes du petit cercle de la première société du cru, des bavardages. Que voulez-vous qui se passe d'extraordinaire dans un petit bourg perdu, dans ce Berry d'une tranquillité si morne?

Si fait, pourtant! Il paraît que certains indices donnaient à supposer que le vieux Cadenet avait eu une fin tragique.

Sur quoi établissait-on cette supposition. La correspondante d'Augustine eût été bien embarrassée de le dire. Le secret le plus strict était ordonné. Et si M. le maire en savait quelque chose, il se défendait d'en souffler mot; même à sa femme!

Mais l'enquête n'était point abandonnée. Au contraire! Les recherches se poursuivaient avec persistance. Et l'on s'attendait, à voir arriver un jour ou l'autre, à Sauvenières, différents membres du parquet de Bourges.

On prétendait même que de fins limiers de la police de Paris étaient mandés, et que l'inspecteur général, M. de la Ville-Viquier; le célèbre « Monsieur Oscar » les amènerait bientôt.

Quand Augustine lut ce passage de la lettre à Eugène, elle fut frappée de la subite altération des traits de celui-ci. Il devint affreusement livide.

Mais aussitôt, son visage prit une expression de raillerie indéfinissable, et haussant les épaules,

— Ils sont stupides! dit-il avec dédain.

Néanmoins, il restait d'une pâleur extrême, et ses mains tremblaient dans les goussets de son pantalon.

— Pourquoi? se demanda la jeune femme.

III

COMME ON SE RETROUVE!...

Augustine, complètement remise, avait quitté l'hôpital. Grâce à l'indemnité de la compagnie des omnibus, elle put suivre le conseil de se rétablir tout à fait, en passant un grand mois à la campagne. Oscar qui ne l'abandonnait pas, lui avait trouvé, près de Fontainebleau, une famille de braves et honnêtes gens qui l'avaient prise en pension. Et non seulement la guérison physique s'était accentuée; mais encore, le moral s'était raffermi.

Aussi, est-ce bravement et le cœur léger, qu'au retour, elle avait repris l'exercice de sa profession. En cela encore Oscar lui avait été d'un bon secours. Il lui avait procuré des leçons plus convenablement rétribuées. Et cela, juste quand elle en avait moins besoin, grâce encore à l'indemnité.

Il en est presque toujours ainsi dans la vie, Augustine en faisait la réflexion :

— Lorsque je manquais de tout, je ne trouvais que des leçons d'un prix dérisoire, que parfois, on me faisait attendre, et maintenant que je puis patienter c'est le contraire. Aux affamés, les miettes ; à ceux qui n'ont qu'une faim modeste, un bon ordinaire ; aux repus les bons repas !

Délivrée des tracas d'une existence au jour le jour, elle reprenait à mesure force et santé, ce qu'elle écrivait à la sœur de Félix, et qui en retour lui envoyait les félicitations affectueuses de la famille.

Or, parmi ses élèves, Augustine avait la fille d'une couturière assez en vogue, installée rue Louis-le-Grand. La clientèle étant *très chic*, madame occupait un appartement en conséquence : Salon d'attente, salon d'essayage avec de hautes glaces aux quatre panneaux, sans compter la glace en pied, mobile sur son cadre ; enfin salon-bureau lequel communiquait par une autre sortie à l'antichambre.

Il résultait de cet agencement que l'institutrice n'avait que cette dernière pièce à traverser pour passer dans les appartements privés de sa cliente, ce qui lui était agréable, attendu que la plupart du temps les salons d'attente et d'essayage étaient bondés des maris ou amants des « dames » qui venaient faire leurs commandes.

Jeune et jolie, Augustine eût attiré leur attention ; ce qu'elle était bien aise d'éviter.

Un matin que la leçon venait d'être terminée, Mlle Maccadier traversait ce salon-bureau comme de coutume, saluant la mère de son élève et une dame dont on acquittait la facture.

Elle n'avait pas pris garde à cette dernière et déjà elle tournait le bouton de la porte lorsque ces paroles vinrent jusqu'à elle.

— Ayez la bonté d'envoyer ces objets chez moi : Madame Eugène Marloy, Hôtel Racine, rue Racine.

L'institutrice en demeura toute émue. Cependant, elle n'osa se retourner. Mais si le visage de cette dame ne l'avait pas frappée, elle ne la reconnaîtrait pas moins à la sortie.

Elle voulait la revoir. Non qu'elle se doutât de la vérité. Plusieurs personnes pouvaient porter ces deux noms ; fait de hasard, sans doute. Pourtant, une curiosité poignante l'agitait.

Descendue, elle attendit sur le trottoir feignant d'examiner l'étalage d'un magasin du rez-de-chaussée.

L'attente ne fut pas longue. Eulalie sortit bientôt de la porte cochère.

Les deux femmes se regardèrent un instant.

Tout à coup Eulalie poussa une petite exclamation de surprise.

— Je ne me trompe pas! dit-elle, vous êtes bien mademoiselle Augustine, qui teniez un fonds de lingerie rue des Folies-Méricourt.

— En effet, madame, répondit l'institutrice, avec un étonnement craintif. Mais comment ai-je pu être connue de vous?

Eulalie sourit gentiment.

— Vous ne me remettez pas, dit-elle. C'est tout simple. J'étais une gamine, en ce temps-là, et les grandes personnes ne faisaient guère attention à moi. Vous non plus, quoique vous ne fussiez pas beaucoup plus âgée que moi. Assez pourtant, pour être déjà une demoiselle!

« Mais, continua l'ex-gymnasiarque, rappelez-vous. Il y avait une portière à cette maison; une brave femme, morte d'un terrible accident, si vous vous souvenez. Cette portière, avait une petite fille, qui allait à l'école des sœurs, polissonnait avec les gamins du quartier, et, parfois, faisait les commissions des locataires. Avez-vous mémoire de cela?

— En effet, fit Augustine, très attentive.

— Eh bien! cette fillette, c'est moi.

— Attendez! reprit l'institutrice... Oui; je retrouve des souvenirs de cette époque, dans votre regard. Le timbre de votre voix les rappelle aussi.

— Pourtant, reprit Eulalie, vous ne me traitez plus, comme en ce temps-là.

— Que voulez-vous dire?

— Je vois, avec peine que votre parole est brève, et votre attitude froide. J'en devine la raison.

— Expliquez-vous.

— Vous aurez appris que je suis devenue la femme de la personne qui vous recherchait en mariage, en ce temps-là.

— Je l'ai appris, c'est vrai, répondit Augustine. Mais ne croyez pas que ce soit un sentiment de jalousie, qui domine mes impressions. Ce mariage ne s'est pas fait. Tout le monde était libre d'agréer la recherche de celui qui ne donnait pas suite aux projets formés à mon égard.

Il y avait dans l'accent de l'institutrice quelque chose de singulier qui frappa Eulalie.

— Permettez-moi une question, fit-elle d'une voix très douce. Aimeriez-vous encore votre ancien fiancé?

— Oh! non! dit nettement Augustine.

— Alors pourquoi affectez-vous tant de réserve avec moi?

Augustine était mise au pied du mur. Elle hésitait à continuer l'entretien, car, elle ne savait pas ce qu'était devenue moralement la fille de l'ancienne concierge. Si elle ne valait pas mieux que son mari, elle n'avait qu'à s'en éloigner. Mais qui sait, si, à son exemple, Eulalie n'était pas une dupe du gredin qui avait abusé d'elle.

L'air honnête et doux de cette petite femme, sa franchise, son accent naïf, faisaient pencher Augustine vers elle.

— Écoutez, reprit Eulalie, il faut que vous sachiez comment il se fait, que je suis madame Marloy.

Et simplement, elle exposa la situation, racontant en quelles circonstances le mariage s'était fait : la rencontre à Genève, l'accident du cirque, le dévouement d'Eugène, le mariage, le départ pour la France et l'installation à Sauvenières.

Ce récit était fait avec tant de spontanéité qu'Augustine ne put garder de défiance.

— La pauvre enfant a été dupée comme moi, pensa-t-elle.

Mais combien plus était terrible, pour Eulalie, sa situation d'épouse du meurtrier de sa mère !

Augustine lui tendit la main.

— Pardonnez-moi ma froideur, dit-elle. Je vous jugeais mal et je m'en repens.

Le ton dont l'institutrice avait prononcé ces paroles, l'éloquence muette de son serrement de main n'échappèrent pas à Eulalie.

— Oh! dit-elle, il y a quelque chose qui n'est pas naturel, dans vos paroles, mademoiselle. Vous ne me dites pas ce que vous avez sur le cœur. Je suis pourtant franche avec vous.

— Écoutez, répondit enfin Augustine, vous ne vous trompez pas. Il se peut que j'aie à vous parler plus librement ; mais, remarquez, l'endroit est mal choisi pour une confidence.

« Si vous voulez venir demain chez moi vers dix heures, je vous promets d'éclaircir ce qu'il y a d'obscur dans mon attitude envers vous. Mais d'ici là, je vous prie de ne parler à personne de notre rencontre, pas même à votre mari ; à lui surtout!

— Je vous le promets, mademoiselle, répondit Eulalie très impressionnée, à demain donc. Il me tarde de retrouver en vous la bienveillante personne d'autrefois.

Elles se quittèrent aussi émues l'une que l'autre.

Eulalie se forgeait mille idées éloignées de la vérité; tandis qu'Augustine réfléchissait à l'engagement pris et au moyen de savoir à quoi s'en tenir sur l'intéressée.

Tout à coup, elle se souvint de M. Oscar.

Le policier lui donnerait un bon conseil, et comme il lui avait témoigné grand intérêt, elle ne pouvait manquer de trouver chez lui aide et protection.

Après s'être assurée qu'Eulalie ne la suivait pas, la jeune fille se hâta vers la Préfecture.

M. Oscar la fit introduire tout de suite.

— Bonjour chère enfant, lui dit-il. Enfin vous vous décidez à me rendre visite.

Augustine s'excusa.

— Je vous pardonne, dit l'inspecteur général, à condition d'être moins rare à l'avenir. Mais vous paraissez troublée. On dirait que vous avez quelque chose de difficile ou de désagréable à dire. Auriez-vous reçu de mauvaises nouvelles de Galets-les-Fécamp, car on me néglige aussi là-bas ?

— Non, monsieur. Toutefois j'ai en effet une grave communication à vous faire.

— Parlez, chère enfant.

Augustine lui raconta sa rencontre. Son dialogue avec Eulalie, l'histoire du mariage en Suisse.

La physionomie de la Ville-Viquier s'éclaircissait à mesure, prenait une expression de satisfaction qu'il ne cherchait pas à cacher.

— C'est grave, en effet, dit-il quand la jeune fille eut terminé en lui faisant part de sa promesse à Eulalie. Mais n'en prenez pas souci; d'ici à demain, je serai renseigné sur ce que vaut cette personne : dupe ou complice, et dès lors vous saurez quelle conduite tenir.

— Merci, monsieur. Mais comment serai-je informée?

— De la façon la plus simple. Je serai chez vous demain et je vous mettrai au courant.

— Vous n'oubliez pas, que demain, j'attends précisément la personne en question ?

— J'arriverai bien avant elle. Allez sans crainte.

Dès qu'elle eut franchi la porte, Oscar fit appeler un de ses hommes, et lui donna ses instructions.

— Compris, patron, fit celui-ci. J'y vas. On saura ce qu'il faut savoir.

— J'en suis sûr. Seulement, il faut être édifié tout de suite.

L'agent sourit.

— J'y vas, que je vous dis patron. Je connais l'endroit. J'en fais mon affaire. Un mot seulement.

— Parle.

— Oùs-que faudra vous porter la réponse, si c'est dans la nuit?

— Ici jusqu'à une heure du matin. Chez moi, jusqu'à cinq.

— Suffit patron !

Et sans se presser, l'agent s'éloigna en se dandinant.

C'était un jovial, celui-ci. Un gars, qui faisait le métier par vocation. Depuis peu, il avait fait un héritage qui lui eût permis de vivre de ses revenus, en se tournant les pouces. Pas de danger !

« J'creverais d'ennui, se disait-il. J'ai pas envie d'avaler ma langue ! »

Parisien, fils de parisien, enfant du pavé, il avait fait tous les métiers honnêtes de ceux qui n'en ont pas. Adroit de ses mains comme un singe, il ne disait jamais :

« Je ne sais pas faire ça. »

Pourquoi l'eût-il dit, puisqu'il n'avait pas essayé ?

— « Peut-être que je sais, sans le savoir. »

Et il s'y mettait.

Ce qui lui eût plu davantage, c'eût été d'être acteur. Mais, il n'avait jamais pu être autre chose que figurant. Tant qu'il n'y avait rien à dire, ça allait bien. Il se maquillait avec un art extrême. Pas un comme lui pour « entrer dans la peau du bonhomme » comme on dit dans les coulisses.

Mais s'il fallait parler, là, devant deux mille visages qui le regardaient, flûte ! plus personne. La sueur lui venait, plus de salive, il tremblait comme la feuille.

Un jour, à l'Ambigu, il avait voulu se violenter.

Dans un grand drame, il y avait, à un moment, une princesse persécutée qui, pour se dérober à son martyre se jetait du haut de la plate-forme de la tour où elle était séquestrée.

Le chef des gardes accourait annoncer le suicide au traître, et devait lui dire :

— « Monseigneur, la princesse s'est précipitée du haut de la tour ! »

Ce n'est pas bien difficile.

C'est ce que se dit le bon garçon, quand on lui confia, ce bout de rôle, que dans l'argot du cru, on appelle : « une panouffe ».

Aux répétitions, parbleu ! ça allait tout seul.

Accourant, haletant, il disait avec l'émoi de la situation :

— « Monseigneur, la princesse s'est précipitée du haut de la tour ! »

Il vibrait. On était content de lui, de la façon dont il jetait l'annonce de ce malheur dans le trou noir de la salle vide.

Mais le jour de la première représentation, autre affaire.

Très bien costumé, sa tête artistiquement faite, il s'élance en scène, et au lieu du trou noir, un trou ruisselant de lumière ; des paires d'yeux à n'en plus finir. Il sent le terrain lui manquer ; mais voulant parler quand même, il s'écrie en « bafouillant », — autre mot de l'endroit :

— « Monseigneur, la princesse s'est *pressipicée*... non! s'est *prissicipée*; non! s'est *prépissipée*, non !...

Sur quoi, sentant qu'il n'en pouvait sortir, et voulant terminer son supplice :

— « Enfin hurle-t-il, elle s'est *foutue* du haut de la tour ; voilà !

On imagine la gaieté des spectateurs. Il ne savait où se mettre ; il eût voulu; mourir. L'auteur furieux voulait le faire arrêter; le directeur parlait de l'étrangler. Il en fut quitte pour être flanqué à la porte, et il se jura de ne pas renouveler l'épreuve qui lui avait si mal réussi.

Pas moins, il garda le goût des transformations, et l'expérience du théâtre le doua de quelque habileté.

En gamin de Paris, singe par nature, donc observateur, il imitait l'accent des étrangers, et des provinciaux à s'y méprendre.

C'est pourquoi, le garçon de l'hôtel Racine, ayant causé quelques instants, sur le trottoir avec un homme sans caractère distinct, rentra dans la maison, et venant trouver la patronne :

— On m'apporte une nouvelle fâcheuse, dit-il. Mon père vient d'avoir un coup de sang. Il demande à me voir c't homme, j'peux pas y refuser ça. Pour lors, je vous prie de me laisser aller tout de suite, hein ?

La patronne parut contrariée.

— Où est-il votre père ?

Il demeure à Lagny.

— Vous ne pourrez pas être revenu pour le service de la table d'hôte.

— Ah ! dame, non. Mais ça ne fait rien.

— Si fait, qui est-ce qui servira, si vous n'y êtes pas ?

— Vous inquiétez pas. Celui qui m'apporte la nouvelle est mon cousin du côté de défunte ma mère. Il sait servir, ce garçon ; il me remplacera, si vous voulez :

Je vous dis, que tout peut s'arranger, continua-t-il. Mon cousin Ferdinand sert à table, une supposition. Après, il dessert, il lave la vaisselle, range tout. Puis, il monte dans les chambres, fait la couverture, vide les eaux, descend les bougies, et veille à la loge jusqu'à minuit, prêt à exécuter les ordres des locataires. Après quoi, il s'en va; parce qu'il a son ouvrage, lui aussi, dès le patron-minette, à son atelier. Il est emballeur, de son état, après avoir été garçon de café aux boulevards.

Quand il part, la fille de chambre, qui aura pu dormir jusque-là, si elle veut, le remplace à la loge, et moi, je reviens par le premier train, à six heures du matin.

— Si c'est comme ça, dit la patronne, je ne dis pas non.

— Vous voyez bien que ça peut s'arranger.

LES ERREURS DE LA GUILLOTINE

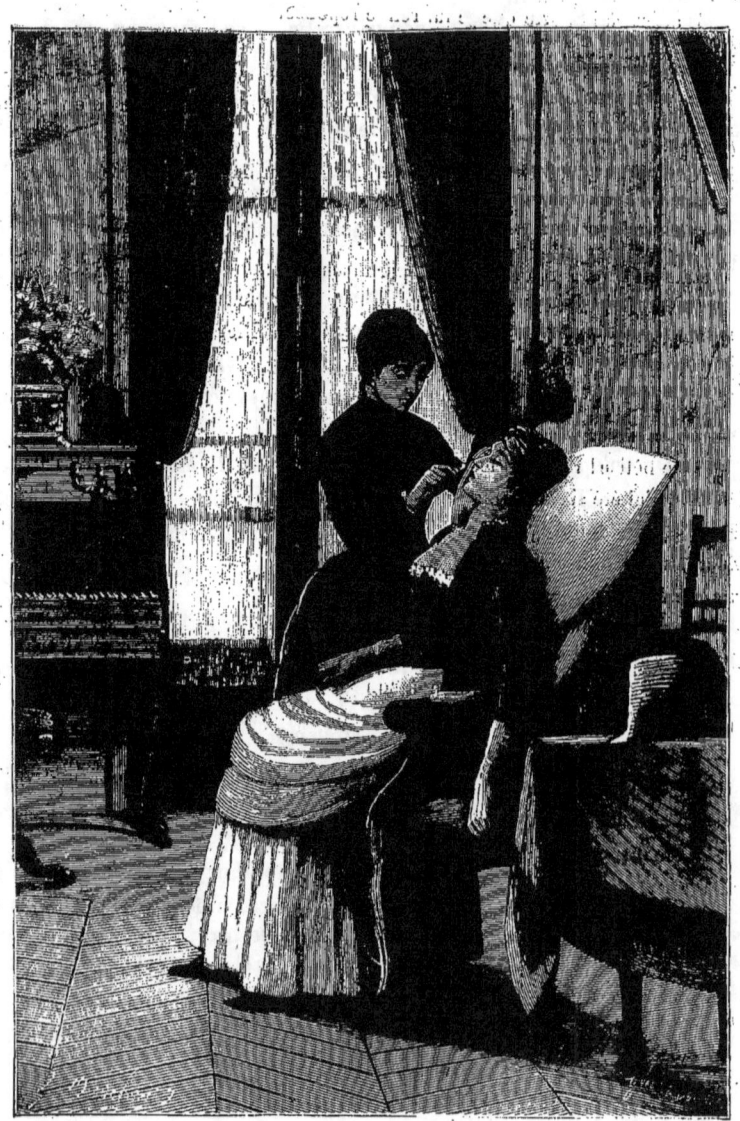

Elle est encore plus à plaindre que moi, pensa Augustine en lui prodiguant ses soins.

— Soit! Mais où est-il votre cousin Ferdinand?
— Il attend à la porte que je lui rende réponse.
— Faites-le venir.
— J'y vas.

Ce disant le garçon d'hôtel, sortit dans le couloir, et appela d'un signe celui avec qui il avait causé sur le trottoir.

Comme celui-ci le rejoignait, le premier lui souffla vivement.
— T'es mon cousin, et tu t'appelles Ferdinand.
— Bon, dit l'autre, en clignant un œil.

C'était un gros garçon bien bâti, portant un costume d'artisan.

Bon visage rougeaud; l'œil bleu, un peu bête; rien d'extraordinaire qu'une tignasse de cheveux crépés, qui rejoignaient un collier de barbe, le tout noir comme de l'ébène.

Il plut à la patronne.
— Vous savez le service? lui demanda-t-elle.
— C'te bêtise! répondit le cousin du garçon d'hôtel, avec un air de parfaite niaiserie. J'ai été six mois du service de nuit de la Maison-d'Or, et j'ai fait deux saisons à l'hôtel d'Angleterre à Nice. *English spoken, se habla espanol, parlo italiano*, au besoin. J'ai même été garçon coiffeur à Marseille, mon pays, sans vous commander.

Il n'avait pas besoin de le dire. Crédié, quel accent! Et puis il empoisonnait l'ail.
— En ce cas, dit la patronne à son garçon, habillez-vous vite, Pierre, et partez. Je vous donne congé jusqu'à demain matin.
— Merci la bourgeoise, dit Pierre.

En deux temps, il passa son tablier au cousin Ferdinand, endossa une veste et fila comme un trait:

Seulement, au lieu de gagner le chemin de fer, il prit l'omnibus, et descendit à Clignancourt.

Là, il entra chez un rôtisseur, dîna copieusement, acheva sa soirée à un bastringue de l'ancien boulevard extérieur, et, demanda l'hospitalité de nuit, à une de ses danseuses, qui n'était peut-être pas jolie, jolie; mais qui avait, — comme il disait avec admiration, — « *des estomacs* à allaiter un régiment.

Pierre, — c'était son faible, — aimait les boulottes. Chacun son goût, n'est-ce pas?

Comme on le devine, il n'y avait pas un mot de vrai, dans ce qu'il avait raconté à sa patronne, relativement à la santé de son père. Et son cousin, n'était pas son cousin. Et celui-ci ne s'appelait pas Ferdinand, et n'était pas Marseillais.

La vérité était que Ferdinand était l'agent de M. Oscar, et que Pierre cumulait les fonctions de garçon d'hôtel avec celles *d'indicateur* de la police. Un bon mouchard.

En deux mots, le faux Ferdinand lui avait dit ce qu'il voulait, et comme Pierre se sentit glisser un louis dans la main, il comprit tout de suite.

Bien facile ce qu'on attendait de lui, et ma foi ! pas désagréable du tout !

Pendant ce temps, son remplaçant faisait son double office de garçon et de policier.

Très contente du garçon, la patronne. Tout à fait au courant, et malin !... Sur vingt-sept dîneurs, il en avait amené douze à faire de l'extra.

Mais si le domestique faisait merveille, le mouchard ne perdait pas son temps.

Sous prétexte de vider les eaux, il était entré dans le petit appartement du ménage Marloy. Ah ! aïe, aïe ! deux chambres; deux lits? La lune de miel est passée. A moins que l'un des deux ne fût malade.

Sans s'arrêter aux répugnances, — le métier a des côtés déplaisants ! — il inspecta le linge sale : Rien.

Puis il fouilla les meubles ; pas de fioles de pharmacie.

Donc, bien portants tous deux. Alors quoi? Pour quelle raison ces deux mariés ne couchaient-ils pas ensemble?

Ils ne dînaient pas à la table commune. On les servait à part, dans un coin de la salle à manger.

Le faux Ferdinand, sans paraître s'occuper d'eux, ayant l'air même de les négliger, ne les perdait pas de l'œil.

— Y a quelque chose ! se dit-il.

Ce jour-là, c'était plus visible qu'à aucun autre.

La jeune femme principalement avait des allures étranges. Elle parlait à peine, ne mangeait pas. Parfois ses yeux se fixaient sur son mari, quand il ne la regardait pas, et l'on eût dit qu'elle eût voulu percer son enveloppe charnelle pour lire au plus profond de son cœur.

Tantôt pâle, tantôt rouge subitement, il semblait qu'elle fût sur le point de dire quelque chose qui l'étouffait, l'opprimait. Et puis un effort, et elle rentrait en elle-même.

C'est qu'aussi la rencontre d'Augustine l'avait bouleversée. Qu'allait-elle lui apprendre, lui révéler le lendemain? Quelque chose de terrible, sans doute. Elle le sentait.

Oui, elle se sentait arrivée au point culminant d'une crise aiguë, où toute sa vie, tout son être étaient en jeu.

Que de fois, elle était tentée de dire au faux Eugène, qu'elle avait vu Augustine, son ancienne fiancée, qu'elle lui avait parlé, et que celle-ci lui avait promis de lui révéler le lendemain la cause de la rupture du mariage convenu rue des Folies-Méricourt.

Qui sait? Eugène lui eût-il tout appris de lui-même.

Mais qui sait aussi, si elle ne lui eût point donné l'éveil, et s'il ne lui eût pas défendu d'aller chez la jeune fille?

Non. A tout hasard, il fallait se taire. Mais que c'était pénible pour elle!

Deson côté Francis montrait un visage soucieux. Une correspondance de Sauvenières, publiée dans les journaux, confirmant les présomptions de crime, à l'égard du vieux sorcier, ajoutait qu'on croyait être sur les traces du coupable, lequel avait quitté le pays peu après les premières recherches et semblait se croire à l'abri de toute poursuite, par ses relations avec les notables et les autorités du bourg.

— C'est de moi qu'il est question! pensait le meurtrier.

Toutefois, il ne craignait pas d'être finalement convaincu. « L'ouvrage » était trop « proprement » fait. Comment prouver la mort du vieillard? Comment établir que lui, *monsieur* Marloy avait tué le pauvre homme? Allez donc prétendre que les pièces d'or et les billets de banque de l'un avaient été volés à l'autre? Est-ce que toutes les pièces de vingt francs ne se ressemblent pas, ne sont pas identiques? Rien à craindre d'un tribunal.

Mais tout à redouter d'une instruction : arrestation, prison, prévention, recherche des antécédents, impression sur l'opinion publique, plus de considération, et, pour comble, que penserait Eulalie?

Cette dernière question lui était plus pénible que les autres, car, on avait beau faire deux lits, la passion d'amour ne faisait que grandir chez le misérable. Il ne se relâchait pas de ses droits de mari; il était insatiable de cette femme, qui n'osait se refuser, quelque déplaisir qu'elle en éprouvât, si passive et si désintéressée qu'elle se fît, alors que les transports de Francis l'exaspéraient.

Et c'était cette passivité, cette inertie, cette insensibilité physique, qui lui montaient la tête à lui. Il rêvait de l'émouvoir cette statue soumise, d'éveiller l'amour, le plaisir en ses sens. Il s'y acharnait avec l'idée fixe d'un amoureux indomptable.

Qu'arriverait-il, s'il était arrêté préventivement?

Voilà ce qui le rendait soucieux, et le faux Ferdinand qui l'observait du coin de l'œil se disait :

— Toi!... tu as des cheveux dans ton existence!

Le dîner terminé, le jeune ménage se sépara. Marloy avait affaire en ville. Eulalie le laissa partir et remonta chez elle.

Le garçon d'hôtel fit son service, dans la perfection. La patronne en était enchantée. Ayant dîné, lui aussi, il monta dans les chambres pour une dernière inspection.

— Voilà ce que Pierre devrait faire, se dit la patronne. S'il venait à me quitter, sacristi, oui ! je prendrais bien son cousin.

Le faux Ferdinand était monté, à l'appartement des Marloy. Il se tint coi un moment, écoutant ce qui pouvait se passer dans la chambre de la jeune femme.

Nul bruit qui dénotât du mouvement. Elle devait être sur un siège, occupée à lire ou à coudre.

Non. Il eût entendu tourner les feuillets du livre ; il eut perçu le mouvement du bras tirant l'aiguille, celui de l'étoffe changée de place sur les genoux de la travailleuse, des ciseaux qui glissent de la robe jusqu'à terre. Rien de semblable ne se produisait.

Il essaya de regarder par le trou de la serrure, et crut d'abord que quelque chose masquait. Mais peu à peu, il aperçut la demi-clarté de la fenêtre. Donc il aurait pu voir quelque chose, s'il y eût eu de la lumière.

Or, puisqu'il ne distinguait rien, c'est que Mme Marloy restait dans l'obscurité. Elle s'était endormie peut-être. Non encore. Quand on dort habillé ou assis, on dort mal ; la respiration s'en ressent, est plus ou moins bruyante. Et ce que le faux Ferdinand entendait, c'était comme un léger hoquet, irrégulier.

Ah ça ! voyons, que faisait cette petite femme ?

Sans bruit, il alla chercher de la lumière et revint avec plus de précaution encore. Puis brusquement, il ouvrit la porte et entra.

Eulalie, le visage enfoui dans ses mains, pleurait à chaudes larmes. Les hoquets étaient des sanglots.

Sur l'entrée du garçon, elle s'était levée et détournée pour cacher ses pleurs. Trop tard. L'agent savait ce qu'il voulait savoir.

— Ah ! pardon ! fit-il d'un air niais. Je ne savais pas que madame était là, et je venais voir, s'il y avait du sucre dans le sucrier.

— Oui, mon ami, dit-elle ; oui, il y en a. Allumez les bougies de la cheminée, seulement. Je m'étais assoupie. Mais cela est mauvais pour ma santé. On me le défend. N'en dites rien, je vous prie : vous me feriez gronder par monsieur.

Donc elle pleurait à l'insu de monsieur ; donc c'est à cause de monsieur qu'elle pleurait !

A deux heures du matin, le faux Ferdinand s'étant débarrassé de sa perruque et de son accent marseillais, disait à son chef :

— Moi, v'là mon opinion : ou elle sait qu'elle est la femme d'une *fripouille*, et elle en gémit, n'osant le lâcher par peur ; ou bien, elle a une méfiance vague de la chose, et elle est malheureuse. Mais quant à être une coquine... là vrai ! je ne crois pas patron. Faudrait en ce cas, que je sois devenu bien gobe-la-lune.

— Rassure-toi, répondit Oscar en riant. Selon ton habitude, tu y as vu clair, et ton flair ne t'a pas trompé. Tiens ! ajouta-t-il, voilà de quoi confirmer ton jugement.

Il lui présentait un torchon de papier, où des caractères informes étaient tracés au crayon.

— Crédié ! s'écria l'agent, je reconnais ces pattes de mouche-là. C'est un rapport de File-au-Vent, hein?

— Tu y es. Peux-tu lire?

— Pas bien !

— Dame ! il a écrit çà, sur son genou, dans une baraque de la foire de Noisy-le-Sec, à la lueur d'un quinquet fumeux. On n'a pas toutes ses aises.

— Vous l'avez donc repris dans le service patron ?

— Oui et non ! Oui, puisque tu vois par ce papier qu'il retravaille pour nous ; non, parce que sa manie de se pocharder le rend impossible dans une administration régulière. Mais, il est trop fin, quand il n'est pas *paffe*, pour que je me prive entièrement de ses services.

Or, continua Oscar, hier, après ton départ, il est venu me voir, et ma foi ! lui ayant conté l'affaire, il m'a dit connaître un saltimbanque qui avait été de la famille Loupard, quand la petite Eulalie en était, et je l'ai envoyé courir après ce garçon.

Tu vois qu'ils l'a dénichée, en sorte que maintenant, je suis tout à fait édifié sur cette bonne créature qui semble se douter, sans tout savoir, en quelles sales pattes elle est tombée. Va te coucher, mon bon garçon. Je crois que ce Marloy-là, nous occupera bientôt plus sérieusement.

Augustine, après une nuit presque aussi agitée, s'était levée, et comptait les heures avec impatience. Enfin, un coup de sonnette la fit tressaillir. Elle courut à la porte et fit entrer Oscar avec empressement.

— Je vois, dit celui-ci, que vous m'attendiez.

Il jeta un coup d'œil sur le petit salon. L'ameublement en était simple, bien que, grâce à l'amélioration de sa situation, Augustine y eût ajouté. Le piano était neuf, une gentille table de travail aussi, et puis une petite bibliothèque montrait quelques livres reliés.

M. Oscar félicita Augustine sur le bon goût de son petit salon. Mais voyant qu'elle avait hâte d'en venir au but de la visite, il lui apprit le résultat de l'enquête qu'il avait fait faire.

— C'est une dupe de plus à mettre à l'actif de ce scélérat, dit-il. J'ai lieu de croire que cette Eulalie est une très honnête fille.

Ce qu'elle vous a conté de son mariage est vrai. Elle s'est trouvée dans une telle situation à l'égard de ce misérable, que la reconnaissance lui a fait illusion.

Elle a cru l'aimer. Elle a cru devoir répondre à la passion qu'il lui témoignait. Et ce lui a été d'autant plus facile qu'elle ignorait et qu'elle ignore encore absolument les antécédents de son mari.

— Tant mieux pour elle ! Je le préfère ainsi, répondit Augustine. Mais quelle tristesse quand elle va savoir ! Quel coup porter à cette malheureuse. J'hésite maintenant. Que va-t-elle devenir en apprenant que sa vie est irrévocablement liée à un pareil homme !

— Attendez, attendez, dit Oscar. Tout comme vous je serais embarrassé, si en lui révélant l'horrible de sa situation je n'avais pas les moyens de l'en délivrer.

— Que voulez-vous dire?

— Je veux dire que le nom qu'il porte n'est pas le sien, qu'il a usé de faux papiers, que dès lors il y a erreur sur la personne, d'où suit que ce mariage est nul comme l'eût été le vôtre, s'il vous eût épousée.

— Ah ! le misérable ! le misérable ! fit Augustine.

— Vous comprenez donc qu'il y a intérêt pour la pauvre dupe, à l'éclairer sur cet état de choses.

— Certainement.

— Vos scrupules n'existent plus?

— N'ayez crainte. Je dirai tout.

— A la bonne heure ! Je vous promets du nouveau sous peu et vous verrez que la Providence n'abandonne pas toujours les innocents.

— Je serais bien aveugle ou bien ingrate d'en douter, répliqua la jeune fille. Son intervention n'est-elle pas manifeste dans ce qui arrive pour moi-même. Qui, sinon la Providence, m'a conduite dans votre famille, m'a fait vous rencontrer, monsieur ; vous qui m'honorez de votre sollicitude ?

Oscar lui serra la main sans répondre.

— Vous voilà édifiée, dit-il, revenant à l'objet principal de sa visite. Pour cette jeune femme elle-même, faites ce que le devoir vous commande, mademoiselle. Je me charge du reste.

Il rappela qu'Eulalie allait bientôt se présenter ; il fallait qu'il lui cédât la place.

En effet, peu après le départ du policier, Eulalie sonna. Augustine, la fit entrer, et sans préambule.

— Vous avez tenu votre parole n'est-ce pas ? lui demanda-t-elle ; votre mari ne sait rien.

— Soyez-en sûre, Augustine.

— Excusez-moi d'insister. Vous comprendrez l'importance de ma question, quand vous saurez qu'il y va de notre vie à toutes deux.

— Vous m'épouvantez.

— Rien n'est plus vrai cependant. Aussi répondez-moi, je vous prie, en toute franchise. C'est une amie qui vous interroge.

— Je le vois bien, dit Eulalie en lui prenant la main. Parlez.

— Aimez-vous votre mari ? demanda nettement la jeune fille.

Eulalie regarda l'institutrice avec de grands yeux étonnés.

— La question vous étonne, n'est-ce pas ? reprit celle-ci. Il faut y répondre cependant la main sur le cœur. Ce n'est ni la curiosité ni la jalousie qui me dictent cette question ; c'est votre propre intérêt.

Eulalie parut embarrassée, gênée.

— Allons ! faites effort : l'aimez-vous ? répéta Augustine.

— Je le devrais, répondit Eulalie d'un ton troublé.

— Alors, vous ne l'aimez pas ?

— Que voulez-vous ? J'ai fait le possible pour cela ! Il a été si bon pour moi ! Il l'est encore, et malgré tout, malgré ma volonté... je ne peux pas. Je ne comprends rien à ce qui se passe en moi. Il est jeune, il n'est point laid; il me met au-dessus de toutes choses, et moi... moi, je ne sens que répulsion près de lui.

— Je comprends, dit Augustine d'une voix sourde.

— Comme vous dites cela ! fit Eulalie. Tenez, ajouta-t-elle prise d'un besoin de s'épancher, après avoir tu si longtemps son secret, je me suis mille fois reproché ma froideur envers lui ; mais plus j'ai voulu la combattre, plus elle s'est accusée en mon cœur. Il y a des moments où il me fait peur, il y en a où je le hais sans raison : on dirait qu'un pouvoir mystérieux m'interdit, me défend de répondre à sa tendresse ; ses paroles me blessent, son affection me fait horreur.

Augustine secoua la tête :

— Il est heureux, dit-elle, que vous ne l'aimiez pas. Ce que j'ai à vous révéler vous fera moins de peine. Eh bien ! rassemblez tout votre courage, si épouvantable que puisse vous paraître mon récit, je vous jure devant Dieu, Eulalie, que pas un mot ne s'écartera de la pure vérité.

Eulalie l'écoutait haletante.

— Vous vous souvenez qu'à l'époque où votre mère était concierge de la maison que j'habitais avec la mienne, cet homme nous faisait de fréquentes visites. Il était mon fiancé, cela était tout naturel. Tout à coup on ne le revit plus.

— Je l'ai appris, en effet, interrompit Eulalie, et l'on m'a dit que cela coïncidait avec le jour où l'on trouva ma pauvre mère morte, au bas de l'escalier.

Augustine n'insista pas, jugeant que le moment n'était pas venu de révéler à la pauvre femme ce qui avait provoqué cette mort.

LES ERREURS DE LA GUILLOTINE

Puis, se trouvant en face de Francis, il devint violet de rage.

Elle resta sur les faits qui la concernaient.

— Peut-être, dit-elle, avez-vous oublié que ce jour-là même, celui en qui je voyais un fiancé vous pria d'aller commander au café voisin des rafraîchissements.

— Si fait! Je me le rappelle. J'étais bien gamine, et ce n'était pas la première fois que M. Marloy me faisait faire des commissions. Mais, à mon retour, il me donna vingt sous, une belle pièce blanche!

En ce temps-là, continua Eulalie, vingt sous me paraissaient une grosse somme. J'étais toute fière, et je l'apportai à maman, qui la mit dans une tire-lire, disant que ce serait pour payer le cierge de ma première communion.

Pauvre maman! conclut-elle, elle ne se doutait guère que ce seraient des saltimbanques qui me la feraient faire, cette première communion, la chère Mme Loupard, qui a été ma bienfaitrice.

Mais, fit encore Eulalie, je vous interromps avec ces souvenirs qui ne sauraient vous intéresser. Poursuivez mademoiselle.

Augustine reprit.

— Ce jour-là donc, M. Marloy, qui avait dîné avec nous, fit venir, par vos soins, des rafraîchissements. Lui-même alla les recevoir de la main du garçon de café. Il nous sembla qu'il tardait à les apporter. Pourtant, le voyant venir, on n'y prit pas garde. On les but, hélas!...

— Que voulez-vous dire?

— Ecoutez avec calme, je vous en prie.

Eulalie, tout en pâlissant se raidit.

— Achevez, dit-elle, je ne faiblirai pas.

— Eh bien!... ce qu'il nous fit boire, à ma mère et à moi, contenait un narcotique.

— Un narcotique?... Dans quel dessein?

— Dans le dessein de voler le peu que nous possédions.

Eulalie tressauta.

— Vous voler! s'écria-t-elle.

— Dès que nous fûmes endormies d'un sommeil factice et d'autant plus profond.

Comment en douter, quand au réveil, nous aperçûmes le secrétaire où ma mère serrait ses valeurs, forcé, brisé, à l'aide d'une pince-monseigneur, que, dans la précipitation de sa fuite, il avait oubliée sur la cheminée.

— Ainsi, dit Eulalie, d'une voix brève, l'œil sec et les traits contractés, l'homme que j'ai épousé serait un malfaiteur?

Augustine ne répondit pas, inquiète de l'impression que faisait sur la jeune femme ce qu'elle venait de lui apprendre.

— Je vous fais du mal, dit-elle, cependant, après un silence.

— N'importe ! reprit l'ancienne gymnasiarque. Je vous remercie de m'éclairer. Parlez, mademoiselle; dites-moi tout! Je veux savoir. Que lui avez-vous dit ensuite ?

— Ce que nous lui avons dit? Dieu merci, nous ne l'avons jamais revu !

— Vous avez porté plainte?

— Non !

— Pourquoi donc ?

Augustine blêmit à son tour. Puis, d'une voix douce et triste, le regard voilé de honte :

— Pour répondre à votre question, dit-elle, il faut vous faire un aveu pénible. Mais, je vous le dois, ma pauvre enfant, et je n'hésite pas à vous livrer mon secret.

Eulalie la regardait avec surprise.

— J'étais grosse de ses œuvres, dit la jeune fille en devenant écarlate.

— Malheureuse !...

— Un jour, me surprenant seule, il avait voulu obtenir de bonne volonté ce que j'entendais n'accorder qu'à l'époux. Je refusai. Il me pressa. Je résistai. Alors abusant de sa force, sous l'empire d'un transport de passion, dit-il ensuite, il usa de violence, quand brisée, demi-morte, je tombai évanouie en son pouvoir.

Meurtrie, insultée, continua l'orpheline, sitôt revenue à moi, je le chassai. Mais pleurant, se roulant à mes pieds, dans un accès de désespoir, il montra un tel repentir que je gardai le silence.

— Oui! fit Eulalie, comme à elle-même, il fallait vous attendrir, car son œuvre n'était pas finie, il restait à vous voler.

Ah! tenez! s'écria la malheureuse femme, vous jetez la lumière dans mon esprit, mademoiselle. Je comprends maintenant pourquoi, malgré ce que je croyais devoir de reconnaissance à cet homme, il m'a été impossible de lui porter de l'affection, pourquoi dans ses bras, je frémissais de répugnance et de dégoût. C'est qu'un instinct mystérieux me disait qu'il est un bandit !

— Attendez, reprit vivement Augustine. Vous ne savez pas tout.

— Est-il possible?

— Hélas ! ce que j'ai à ajouter est plus épouvantable encore.

— Pour qui?

— Pour vous, femme infortunée.

Eulalie ouvrit des yeux hagards. Puis faisant un violent effort sur elle-même :

— Soit! dit-elle, dites.

— Votre mère n'est pas morte d'accident, dit Augustine.

— Hein?

— Elle a été assassinée.

— Assassinée !... ma mère ? Par qui ?...
Elle ne laissa pas la jeune fille répondre.
— Ah ! je devine ! s'écria-t-elle, avec égarement. Lui !... c'est lui qui a tué ma mère ?
— Lui ! dit Augustine.
— Comment ?
— Le voici.

Et l'orpheline lui rapporta, le dire de la bonne qui, du haut de l'escalier avait vu Francis effondrer la poitrine de la portière à coups de bottes.

Quand elle eut fini, Eulalie resta inerte, les yeux fixés dans le vide, comme insensible.

Cela dura un moment. Augustine se prenait de peur.

— Ainsi, reprit lentement Eulalie, je suis la femme de l'assassin de ma pauvre maman !...

— Non ! répliqua Augustine.

La jeune femme la regarda.

— Non ? répéta-t-elle. Je ne vous comprends pas.

— Celui qui m'a violentée et volée ; celui qui vous a trompée et épousée ne s'appelle pas Eugène Marloy.

— Que voulez-vous dire par là ?

— Je veux dire qu'il a volé les papiers d'un mort, or, dans ces conditions, votre mariage est nul.

Elle s'attendait à voir Eulalie pousser un soupir de soulagement. Il n'en fut rien. Elle fondit en larmes.

— Eh ! dit-elle, que le mariage soit nul au point de vue légal, il n'en est pas moins réel en fait. J'ai subi les baisers de ce malfaiteur ; j'ai été salie par les caresses d'un monstre, qui, de son pied, a brisé la poitrine de ma mère ! Que peut-on à cela ? Dieu lui-même, qu'y pourrait-il. Je reste souillée...

Elle avait prononcé ces derniers mots d'une voix faible. Elle voulut se lever, fit un pas, chancela et tomba en syncope.

— Elle est encore plus à plaindre que moi, pensa Augustine, en lui prodiguant ses soins.

IV

BAS LES MASQUES !

On s'habitue à tout. Le temps use les impressions les plus tenaces, c'est pourquoi Francis n'entendant plus parler de l'enquête de Sauvenières relative à la disparition de Cadenet, reprit peu à peu possession de lui-même.

— J'étais bête de m'inquiéter, se dit-il finalement : que peut amener cette enquête? Que prouvent ces deux ou trois pièces d'or, trouvées ici et là? La chair du vieux sorcier, réduite en gélatine a été avalée par les poissons. Les écrevisses s'en sont engraissées, et si le capitaine de gendarmerie en a pêché, c'est dans son estomac qu'il doit chercher les vestiges du brave homme. Quant aux os, je suis bien sûr de les avoir brûlés, on ne peut rien retrouver de Cadenet. Donc, je suis une bête de me donner du souci à cet égard.

Il se promit de reprendre ses allures ordinaires ; d'autant qu'il n'était pas sans avoir remarqué la fâcheuse impression de sa femme.

Il n'allait pas jusqu'à supposer qu'elle se doutât de quelque chose. Toutefois, elle était, pensait-il, plus qu'intriguée. Il fallait y couper court.

Ce qui l'y engageait encore, c'est qu'il avait dans sa malle ou plutôt dans ses effets la forte somme volée au sorcier ; tous les billets de banque trouvés en bouteilles. Certes ! ils étaient bien dissimulés. Bon nombre étaient inserrés entre les feuillets de différents bouquins, et d'ailleurs, il ne quittait pas la clé de la malle qui les recélait.

Mais il était trop du métier de voleur pour ne pas savoir qu'un vol est facile à commettre dans un hôtel.

Si quelque *grinche* subtilisait la malle? Voyez-vous, la belle affaire ! Il fallait mettre cet argent en lieu sûr. Il le gênait, il le préoccupait.

Toutefois pour le placer solidement, il était indispensable qu'il fût seul deux bonnes heures, dans l'appartement. Oter ces billets des bouquins exigeait du soin, et de la tranquillité.

Aussi, quand Eulalie lui dit que, le lendemain, elle sortirait de bonne heure le matin, il ne demanda pas pourquoi.

— Je vais essayer un corsage chez la couturière, dit-elle. Or, elle est très achalandée, j'attendrai sans doute longtemps. Ne m'attends pas à déjeuner.

Ne fut-ce que pour la forme, il lui demanda si elle passerait ce premier repas.

— Sois sans crainte, répondit la jeune femme. Je mangerai une tartine de plus dans mon chocolat avant de partir, et si j'ai faim dans la journée j'entrerai chez un pâtissier, prendre une brioche ou un sandwich, avec un doigt de bordeaux.

Il la vit partir avec joie. Puis il s'enferma, ouvrit la malle et tira les billets de banque de leurs différentes cachettes.

Quand il eut tout récolté, il en fit des liasses, les fourra dans sa poche, et prenant son chapeau, il se mit en route vers la rue Bergère.

Vers le milieu, s'élève un grand bâtiment assez laid qui fait face à la rue Rougemont. Du boulevard on aperçoit cette construction de mauvais goût.

C'est l'établissement financier qu'on appelle le Comptoir d'Escompte. Et c'est à cette maison de crédit que le malfaiteur voulait confier *sa* fortune, pour la plus grande partie.

Un homme qui paye tout, en tirant des billets de sa poche, étonne en ce temps-ci. Il n'y a guère que certains boursiers, toujours prêts à filer en Belgique, ou des étrangers venus pour s'amuser à Paris.

« M. Marloy » n'était des uns ni des autres. Il convenait donc qu'il agît comme un bourgeois régulier. Eh bien ! la somme déposée, mise en compte-courant, il payerait les petites dépense de sa poche ; les grosses, à l'aide d'un chèque à vue sur cette banque réputée l'une des plus solides de Paris.

Il avait fait mauvais temps toute la nuit. La pluie n'avait cessé de tomber. Malgré le monde de balayeurs vivants ou mécaniques, dont dispose la municipalité parisienne, il y avait des endroits très boueux, surtout, dans les petites rues.

Ces petites rues, Francis les prit, par un reste de précaution, dont il ne se défaisait pas tout à coup.

Si bien, qu'il était pas mal crotté, en arrivant au boulevard. Pour comble, au tournant de la rue du sentier, un cheval de camion, lancé au trot, mit le pied dans un tas de boue, et en fit jaillir une pluie sur les pantalons de notre homme.

Il ne jugea pas bon de se présenter dans cet état au Comptoir d'Escompte, en venant y déposer beaucoup d'argent.

Il se promena un peu, afin que les éclaboussures séchassent, et se rappelant qu'il y avait un cireur en boutique, dans l'un des passages voisins, il s'y rendit tranquillement.

Tranquillement de même, il entra dans la boutique. Il y avait plusieurs clients.

Cependant une place était libre.

Francis y grimpa et s'assit.

— Je suis à vous Monsieur, lui dit celui qui paraissait être le patron.

En entendant cette voix, le misérable eut un tressaillement pénible ; une peur intense le saisit. Il connaissait cette voix.

Il engloba l'homme d'un regard inquiet.

Mais celui-ci occupé à faire reluire les bottes d'un client, tournait à demi le dos, ne montrant son visage qu'en profil perdu.

C'était un homme âgé. Cheveux blancs. Blancs aussi les petits favoris qui encadraient sa figure.

Et puis, le dos voûté ; mais, en dépit de l'âge, une carrure de reins remarquable, et des bras solides, à en juger à la façon adroite et très vive dont-il maniait la brosse.

Dans un petit comptoir, se tenait une femme, à qui l'on payait le service reçu. Une vieille, elle aussi. La patronne, sans doute.

Francis, faute de voir la physionomie de celui qui lui avait parlé regarda celle-ci, et il perdit toute contenance sur le premier moment.

— La mère François! se dit-il.

Pas à en douter. Et pour sûr, l'homme qui avait dit : « Je suis à vous » était son mari; le père François, que, tous deux il avait connus concierges à l'hôtel de la veuve Valph.

C'était le mari et la femme en effet.

Après l'assassinat de leur maîtresse, ils étaient restés en place, comme gardiens de l'immeuble. Puis le procès jugé, le neveu de « Madame » guillotiné; l'État avait pris possession de l'héritage, et l'avait mis en vente.

Une société immobilière s'en était rendue acquéreur. Naturellement, cette société avait son monde, ses agents, ses protégés. Le père et la mère François avaient été remerciés, avec une indemnité honorable du reste.

Cela, ajouté à leurs économies, leur avait permis d'acheter ce fond de cireur. Et ils étaient là, contents, tranquilles, gagnant pas mal d'argent, tant par la clientèle flottante, que par la vente de différents articles d'un bon rapport : cirage, brosses, vernis, semelles de liège, et aussi des produits de parfumerie.

Pas changés, ces deux bonnes gens, Francis les avait reconnus tout de suite.

Mais, en ce cas, il était probable qu'il en serait de même pour eux, à son égard.

Comment leur expliquer la transformation? Et si, malgré tout, il survenait quelques anicroches, ces deux vieux diraient en justice :

« — Tout Marloy que prétende être ce garçon, c'est Francis; nous le connaissons bien. Il a été valet de chambre de notre ancienne « bourgeoise », la pauvre Mme Valph.

Le malfaiteur les entendait par avance. Mais que faire? Rien; car déjà le mari lui tenait un pied et le brossait ferme.

— Quel chien de temps! dit tout à coup le père François.

Francis ne répondit pas, crainte de se trahir.

Le père François aimait bien causer. Il reprit :

— Monsieur doit venir de loin?

— Oui, répondit Francis en changeant sa voix du mieux qu'il put, de la Bastille.

— Il y a beaucoup de boue sur les boulevards?

— Beaucoup.

— Nous ne nous en plaignons pas, nous autres, continua l'ancien concierge. Faut bien que tout le monde vive, pas vrai monsieur?

— Assurément!

— Le laconisme de son client le décourageant, il s'en tint là, s'appliquant à l'ouvrage. Quand il eut terminé.

— Ça y est, dit-il.

Il se releva et regarda son homme.

Francis en avait la chair de poule, attendant un mouvement d'étonnement, une exclamation de reconnaissance. Non. Rien que la phrase banale ;

— Un coup de brosse, n'est-ce pas monsieur ?

Le coup de brosse donné, Francis passa au comptoir.

La mère François le regarda à son tour.

— Elle, du moins, va me reconnaître, pensa Francis.

Il se rappelait les nombreuses stations qu'il faisait jadis dans leur loge. Que de fois il avait pris le café avec eux ! Et les innombrables parties de bésigue, les après-midi où son service ne le retenait pas. Ces gens-là n'avaient pu l'oublier !

Terreurs vaines, appréhensions sans objet. Le vieux ni la vieille ne firent mine de retrouver en lui une ancienne connaissance. Ils durent pourtant s'excuser de le retenir plus que de raison.

— Excusez, monsieur, la monnaie me manque.

— J'en vais chercher, dit le mari, pardonnez monsieur.

Et la monnaie trouvée, nouvelles excuses, comme à une personne qu'ils n'eussent jamais entrevue.

Il faut dire aussi que dans cette boutique, il passait plus de cent hommes par jour, cent visages, qu'ils regardaient sans les voir, indifférents d'ailleurs, sauf à la besogne à exécuter et à la recette.

Francis sortit de là, très ferme et rassuré. Si ceux-ci ne le reconnaissaient pas, il devait en être de même pour la majorité des autres : les *roussins* y compris, et surtout, les anciens *camarades* ; les plus dangereux, ces derniers.

Moins à présent, pourtant que du temps où il était au service de Mathieu Boulard. Il était indépendant aujourd'hui. Moins facile l'entreprise de le faire *chanter*. Un bonheur ; car il ne pouvait pas recommencer souvent, le procédé par lequel il s'était débarrassé du polonais de la *Famille Loupard*, cet imbécile de *Sacristain*.

C'est ce qu'il se disait en se rendant au Comptoir d'Escompte.

Il y entra hardiment, tenant haut la tête, devant le sergent de ville qui était de planton à l'entrée.

En homme qui a l'habitude, et sait son affaire, il prépara son bordereau, et opéra son versement.

Après quoi il sortit satisfait. Ce n'était plus le même homme. Il ne redoutait plus rien. Fort de son carnet de chèques, en poche, il se sentait les coudées franches.

Il n'avait pas fait vingt pas, qu'il se sentit horriblement bousculé par derrière.

— Imbécile ! cria-t-il.

LES ERREURS DE LA GUILLOTINE

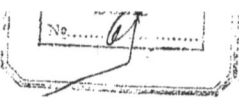

Celui-ci se carra son monocle dans l'œil et lorgna Eulalie des pieds à la tête.

Et par un mouvement instinctif, il riposta à la bourrade, par une bourrade à fond, telle que le maladroit, perdant l'équilibre, tomba sur les genoux et s'étendit dans le ruisseau.

Alors seulement, Francis entendit des voix qui criaient :

— Au voleur ! arrêtez-le ! Au voleur !

Il tressaillit. Troublé par la surprise, la bousculade, le mouvement de riposte, et ce mot « voleur » qui lui sonnait mal aux oreilles, il se demanda ingénument si ce n'était pas lui qu'on poursuivait ; si tout à coup, une de ses victimes, frappée de ses traits, ne voulait pas le faire arrêter.

Et, par un mouvement inopiné, il fut tenté de se mettre à courir, à se sauver.

Mais la raison lui revenant aussitôt, il comprit son erreur.

Au surplus, une dizaine de passants s'étaient élancés sur l'individu qu'il avait fait tomber.

On le tenait, en attendant l'arrivée des agents, qui accouraient à toutes jambes.

L'homme incriminé se débattait comme un diable dans un bénitier, tapant dans le tas, des poings et des pattes.

En vain ; car un rassemblement se formait, et les agents venus à lui, l'empoignèrent comme ils savent le faire, pour paralyser les résistances.

Les moyens ordinaires n'étaient pas suffisants avec ce gaillard-là, qui paraissait doué d'une certaine force.

Ce que voyant, un des agents, tirant un couteau de sa poche, pendant que ses collègues tenaient ferme les bras de l'individu, lui coupa le bouton de son pantalon.

— Plus mèche, de nous sauver, mon garçon, lui dit le sergent de ville.

En effet, si se frayant passage, l'arrêté entreprenait de courir, force lui serait de tenir sa culotte à poigne main, sinon, elle fut tombée aux cuisses, aux genoux, aux chevilles, et eût fait effet d'une entrave.

Et Francis admirait la vivacité, comme l'intelligence du procédé.

— C'est égal ! se disait-il, c'est des malins, les *roussins*, ils savent travailler ; faut être juste !

L'homme se sentant vaincu, ne se débattait plus ; mais en revanche, il dégoisait des ignominies à pleine gueule contre les policiers.

Puis se trouvant en face de Francis, il devint violet de rage.

— C'est toi, sale rosse, bougre de muff, qui m'a fait piger, en me foutant par terre. Je te repincerai, cochon ! Et ce jour-là, j'te ferai ton affaire. Ça traînera pas, eh ! marlou !

Francis restait cloué sur place, atterré, non de la menace, mais parce qu'en ce voleur vulgaire, il venait de reconnaître un de ses anciens complices, un de la bande de Levallois, qu'il avait eu sous son commandement, alors; un mauvais gars dont nous avons déjà parlé, dans ce récit; le nommé *la Demoiselle*.

Ah! c'était bien lui. Francis ne s'y trompait pas, retrouvait bien son visage. Mais *la Demoiselle* semblait ne l'avoir jamais vu.

Toutefois, c'était peut-être la rage qui, dans le moment, le rendait aveugle. Mon Dieu! si tout à coup, y voyant plus clair, il allait s'écrier :

— Tiens! c'est toi *la Limace!*...

Mais non. Se méprenant toujours *la Demoiselle* voyant la pâleur de son ancien chef, il ajouta :

— Ah! tu blanchis, tu canes; t'as raison; car si je te retrouve, je te promets de te soigner proprement, espèce de salopiau!

Francis respira, *la Demoiselle* le prenait pour un bourgeois. Quel poids de moins sur la conscience!

Cependant un des agents sans uniforme s'approcha vivement de lui, et Francis se sentit frissonner; car ce mouchard-là ne lui était pas inconnu; un gaillard qui le connaissait bien aussi et qui l'avait filé, lorsqu'il était souteneur et *tapette* du côté de Clichy-Montmartre.

— Ça y est, pensa-t-il!

Le pis est qu'il n'y avait pas moyen de déguerpir au milieu de ce tas de gens qui formaient un rassemblement compact.

Eh bien, non! Ça n'y était pas.

L'agent le pria poliment de lui donner son nom et son adresse, afin qu'il pût être cité comme témoin, devant le juge d'instruction et le tribunal.

Francis rassuré feignit de chercher sa carte :

— Sapristi, dit-il, j'ai oublié mon portefeuille.

— Dites seulement votre nom et votre adresse, fit l'autre agent en tirant son carnet.

Francis demeura surpris : quoi! ni celui-ci, ni celui-là ne le reconnaissaient.

Complètement tranquillisé, Francis obtempéra à la demande.

— Je me nomme Morel, négociant à Valenciennes, dit-il. Mon adresse à Paris est rue des Prouvaires, 120, chez M. Arthur Morel mon cousin.

L'agent le remercia. Et heureux d'en être quitte à si bon marché, Francis continua sa route, lentement, se laissant à dessein dépasser par la kyrielle de badauds qui faisaient une bruyante conduite à *la Demoiselle*. Celle-ci se débattant toujours et on ne l'emmena au poste qu'avec les plus grandes difficultés.

Le mari d'Eulalie ne se sentait pas de joie, il se délectait du sentiment de sa sécurité. Dans ses moments de fièvre, où mordu par le désir de voir il s'était laissé entraîner à des bravades; mais jamais il n'avait rêvé une aussi complète certitude d'impunité.

Ça le grisait! Ah! comme il avait raison ce matin en se trouvant godiche de se priver d'aller et de venir comme tout le monde.

Il n'y avait rien à craindre après des épreuves aussi convaincantes. Plus d'inquiétudes désormais.

M. Eugène Marloy (plus que jamais) pouvait aller partout le front haut et intérieurement fier.

Libre et cossu, il allait prendre une toute autre existence! On allait s'amuser avec Eulalie. Dès ce soir, on irait faire une de ces parties comme en font les amoureux.

Il lui devait bien ça, à la pauvre fille qu'il inquiétait depuis des mois, avec des précautions dont elle ne devait savoir que penser.

Vers six heures, il revint à l'hôtel. Eulalie n'était pas rentrée. Il en fut surpris. D'ordinaire, elle était toujours revenue une grande heure avant le dîner de la table d'hôte.

Il prit un journal et lut en attendant.

Il s'écoula une demi-heure, une heure, deux heures, rien!

— Mon Dieu! mon Dieu! où peut-elle être? s'écria-t-il, très troublé.

Il sonna le garçon et s'informa.

— Madame a-t-elle dit où elle allait?

— Non, monsieur.

— Demandez au bureau.

On n'en savait pas davantage.

Ces réponses accablèrent Francis, Eulalie ne l'avait pas habitué à ces absences. Mille suppositions lui venaient à la pensée. L'amour, l'inquiétude, la jalousie le rendaient fou.

Mais où était-elle? Pourquoi ne revenait-elle pas?

Sur le coup de dix heures, il n'y tint plus et prit son chapeau.

Malgré l'imprudence qu'il y avait à cela, il se décidait à aller à la Préfecture s'informer, questionner, savoir; à tous risques. Tant pis!

Cependant une fois dans la rue, il lui sembla être observé, il eut peur de son audace. N'était-ce pas tenter le destin, se jeter dans la gueule du loup? Pourtant, il avait affronté les regards des époux François, de *la Demoiselle*, du *roussin* qui avait pris son nom. C'est égal; il eut peur et rentra.

Eulalie allait peut-être revenir. Inutile de s'exposer gratuitement.

Tandis que son mari l'attendait en souffrant les plus cruelles angoisses, Eulalie étendue sur un matelas du poste de police, recevait les soins d'un médecin appelé en toute hâte, qui aidé de deux sergents de ville la frictionnait vigoureusement. Elle était là, inerte, toute nue, les lèvres violettes, les yeux sans regards, demi-clos; un cadavre.

Comment se trouvait-elle là?...

En quittant Augustine, qui ne l'avait laissée partir qu'après l'avoir réconfortée de son mieux, la malheureuse s'était retrouvée dans la rue, comme assommée.

Elle sentait dans la tête une douleur atroce.

Ses idées étaient confuses, péniblement embrouillées. Elle avait du vertige, il lui semblait voir les maisons et les gens danser une ronde fantastique devant elle; elle entendait des bruits insolites, et terribles, et tout tournait si vertigineusement qu'elle dut s'arrêter un instant, s'appuyer au mur pour ne pas tomber. Et puis, elle avait envie de pleurer et de rire en même temps.

Pourtant, ces phénomènes nerveux se calmèrent bientôt. Mais cette amélioration physique fut loin d'être un bien pour elle, au contraire!

Quand elle put penser sans trop d'effort, sa situation lui apparut dans toute son horreur.

Un frisson de dégoût la secoua de la tête aux pieds en se rappelant qu'elle avait subi les caresses de l'assassin de sa mère. Quelle ignominie!

Voilà donc pourquoi cet homme lui répugnait. Ce qu'elle prenait pour de la folie, c'était cette double-vue, cette divination magnétique qu'on n'a pas encore expliquée; elle lui avait fait deviner instinctivement le monstre sous son masque d'époux épris.

Elle! elle! avoir épousé cet assassin, ce violeur de filles, ce faussaire, ce gibier de bagne et d'échafaud! Des nausées lui montaient à la gorge. Elle se faisait horreur à elle-même, l'effet d'un être souillé, avili!

Tout en marchant droit devant elle, avec affolement, elle parlait tout haut sans s'occuper des gens qui pouvaient la regarder.

— Que faire? disait-elle, que faire à présent? M'adresser à la justice? Le dénoncer au premier commissariat?

« Mais non! Je n'en ai plus le droit. J'ai accepté ses soins à Genève. Il n'y a pas à dire, ce misérable m'a sauvée. Je ne peux pas le livrer, ce serait ignoble, je ne veux pas.

« Revenir à lui? Le revoir seulement? Jamais! Jamais! Plutôt la misère, la mort, n'importe quoi!

Elle marchait toujours.

Tout à coup elle s'arrêta et se laissa tomber sur un banc, lasse de tout, écœurée, incapable d'aller plus loin, brisée, vaincue au moral comme au physique.

Elle regarda machinalement autour d'elle. Elle se trouvait aux Champs-Élysées.

Des voitures sillonnaient la grande avenue croisant leurs feux multicolores entre les deux grandes lignes lumineuses des becs de gaz.

Les étoiles s'allumaient au ciel. Au loin, la haute silhouette de l'Arc-de-Triomphe se découpait massive, surmontée du groupe de Falguières dont les détails et les figures se noyaient dans l'ombre.

Des bouffées de musique arrivaient des cafés-chantants.

Dans les bas-côtés pleins de ténèbres on voyait passer des ombres marchant à pas lents : chercheurs et... chercheuses de bonne fortune.

Peu de promeneurs dans la grande allée.

Elle regardait sans voir, immobile et muette sur le banc, prise d'un anéantissement qui lui semblait un repos, un soulagement.

La brise du soir se jouant dans ses cheveux épars, rafraîchit sa tête brûlante. Elle s'accouda au dossier et resta les yeux noyés dans le vague, ne s'apercevant même pas qu'elle pleurait.

Tout à coup, quelqu'un s'arrêta à quelques pas d'elle.

C'était un vieux, un de ces libertins ravagés qui sous prétexte d'être restés soi-disant jeunes de caractère et de cœur, s'exposent à toutes les entreprises de chantage en courant ce qu'ils appellent « les aventures » en veston étriqué et pantalon collant, par les nuits perfides d'automne.

Celui-ci se carra son monocle dans l'œil et lorgna Eulalie des pieds à la tête :

— Très chic, cette petite ! pensa-t-il. Tiens, elle pleure ! C'est quelque cocotte en dèche ! Je l'aurai à bon compte.

Sur quoi le vieux monsieur s'assit près d'elle et se mit en devoir d'entamer la conversation.

— Vous pleurez, mademoiselle, dit-il, avec un sourire bête.

Sans répondre, Eulalie se leva brusquement et s'éloigna. Elle alla droit devant elle.

Brusquement elle se trouva devant le quai.

Alors elle s'arrêta, et, penchée sur le parapet qui domine la berge, elle regarda.

L'eau coulait lentement, pareille à un large ruban d'ombre zébré de teintes d'écume. Les fanaux des pontons et les réverbères du pont de la Concorde y mettaient de grandes taches rouges.

De temps en temps, un bateau-mouche s'avançait, jetant au pontonnier son appel plaintif et s'éloignait en jetant des bouffées de vapeur.

Puis le calme se refaisait.

Le fleuve se refermait sur le sillage du bateau, reprenant sa monotone chanson, faite de clapotements sinistres.

La contemplation de l'eau est fatale aux désespérés.

Ce rythme les berce perfidement, les invite au repos éternel, les attire par je ne sais quelle fascination.

Qui sait ce que leurs yeux y voient, ce que leurs oreilles y entendent?

Eulalie céda comme beaucoup d'autres à ce mirage.

Lentement elle descendit sur la berge et s'assit sur une pierre dans un recoin plein d'ombre.

Devant elle se trouvait un ponton.

Il n'y avait plus de voyageurs. Seul, le gardien se promenait mélancoliquement de long en large.

A quelle heure s'en irait-il ?

Telle est la question que se posait maintenant Eulalie.

Elle ne le quittait pas des yeux.

Toutes les autres idées étaient parties ; en voyant couler le fleuve, la seule pensée de la mort lui restait.

Maniaque comme tous ceux qui se suicident, tout en ayant résolu de mourir, elle s'était butée sur le choix de ce ponton.

Elle ne voulait se jeter à l'eau ni du pont, ni de la berge, mais de là, en plein courant, sans bruit, en se laissant glisser, tout doucement. Pourquoi ces préférences ? Elle ne savait.

Un dernier bateau-mouche stoppa.

Personne n'en descendit, personne n'y monta.

Le pontonnier et le conducteur du bateau échangèrent un « bonsoir » cordial ; puis, dès que le bateau se fut remis en marche, l'homme du ponton fit une ronde avec sa lanterne, s'assura qu'aucun ivrogne ne s'était endormi dans la cabine d'attente, ferma les bureaux et partit.

Il passa devant Eulalie sans l'apercevoir.

Elle attendit qu'il eût disparu au tournant de la rampe. Alors elle se leva, secouant ses cheveux avec un sourire plein d'égarement.

Certaine que personne ne la voyait, elle s'engagea rapidement sur la planche du ponton et là, une vision du passé lui fit modifier son programme. Elle renonça à se laisser glisser. Elle se revoyait en son heureux temps, quand elle était clown. Et au souvenir de ses beaux jours, elle prit son élan, et comme du tremplin du cirque, elle s'élança dans l'espace au plus loin...

Durant le court instant où elle fut suspendue entre le ciel et l'eau, un cri frappa ses oreilles.

Une voix criait, avec un juron :

— Ah ! nom de Dieu ! au se...

Elle n'entendit pas le reste ; la tête disparaissait sous le niveau.

Une trouée s'était faite sous son poids ; un jaillissement d'écume s'était produit, puis un grand rond, à la surface. C'est tout !

La voix qu'elle avait entendue était celle d'un garçon de bateau-lavoir, amarré à la berge, quelques pas plus loin.

La besogne terminée, le souper avalé, il s'était mis à l'extrémité de l'édifice flottant, les jambes pendantes, à côté d'une tasse à demi pleine encore de « petit noir » et dégustant une pipe à court tuyau, dont il tirait de lentes bouffées.

Il n'avait pas vu la jeune femme sur le ponton. La baraque du gardien masquait. C'est en l'air qu'il l'avait aperçue mais assez imparfaitement encore — en si peu de temps ! — qu'il ne savait pas s'il avait affaire à une femme ou à un homme.

Un homme plutôt, à son estimation. Une femme n'aurait pas eu les jarrets assez solides pour sauter si loin et si haut. Et puis une femme aurait crié quelque chose : une exclamation de peur rétroactive, ou une parole de prière.

L'être qu'il avait vu n'avait rien proféré.

En tous cas, si la surprise lui avait arraché un juron, il avait appelé au secours ; jetant à ses camarades, ce mot dont Eulalie n'avait pu entendre que la première syllabe.

Tout en répétant son appel, avec un redoublement d'énergie, il démarrait la barque de l'établissement, s'embrouillant un peu dans les nœuds, car tout rude qu'il fût, le cœur lui battait, il avait de l'émotion et ses grosses mains tremblaient.

— Vite donc ! fit-il encore, en voyant arriver trois camarades. Il y en a un qui vient de s'flanquer dans la limonade. Aux avirons, vous deux. Toi, prends la *camouffe*.

La *camouffe*, c'était la lanterne-fanal, qui la nuit indique aux bateaux de passage, qu'il y a un obstacle à éviter.

— Ous qu'il est le *machabée* ? demanda l'un.

— Dirige au large sur la gauche : hardi ! Il doit se faire vieux, le pauvre diable ; hardi !... Tiens la *camouffe* au ras de l'eau.

En un clin d'œil ces braves gens avaient saisi les avirons. Ils tiraient dur.

Arrivés un peu au-dessous de l'endroit où l'eau s'était refermée ils se laissèrent aller à la dérive. Celui d'entre eux qui avait appelé au secours fouillait le fleuve avec une gaffe ; longue perche munie d'un croc, tandis que celui qui tenait le fanal en projetait la lumière dans tous les sens.

Soudain celui qui tenait le croc fit un signe :

— Halte !

Les rameurs maintinrent la barque dans une immobilité relative.

— Éclaire à gauche, reprit l'homme au croc.

Il allongea le bras, c'était un morceau d'étoffe.

— Tu tiens le machabée?

— J'lai touché. Il entrait dans le remous. Éclaire bien; il va remonter.

On attendit des minutes. Des minutes longues, qui pour ces hommes habitués aux noyades, savent juste à quel nombre c'est fini pour les malheureux.

Et, mentalement, ils comptaient. Beaucoup de minutes déjà! Gare!

Enfin, l'homme à la gaffe, se jeta tout à coup à plat ventre à l'avant du bateau. Il avait vu flotter quelque chose. Il allongea le bras. C'était un morceau d'étoffe.

— J'le tiens, dit-il. C'est une femme; je sens des jupes. Un coup de main.

Les rameurs quittèrent les avirons. Déjà la tête était sortie de l'eau, le visage était enfoui sous les cheveux qui s'étaient dénoués et se plaquaient en mèches ruisselantes.

Un autre attrapa les jambes; le troisième avait empoigné la ceinture. Mais c'est lourd un corps inerte; plus lourd une femme dont les habits sont imbibés comme de l'éponge.

— Ensemble : une, deux, hisse... Ça y est!

La pauvre Eulalie était au fond du bateau. Le corps était rigide, elle semblait morte.

— Peut-être pas encore, dit celui qui avait dirigé la manœuvre. Hardi les enfants!

En quelques coups de rames on fut à la berge.

Les sauveteurs prirent la pauvre fille à bras et, le plus rapidement qu'ils purent, ils la transportèrent au poste du palais de l'Industrie.

Là tous secours sont préparés en permanence. Les agents savent que faire en attendant le médecin.

Quand celui-ci arriva, en toute hâte, le cadavre ne paraissait laisser aucun espoir.

N'importe! Le docteur accomplit sa besogne. Qu'il eût du dégoût ou non, il colla sa bouche sur les lèvres glacées de la noyée, sentant la langue tuméfiée, et soufflant doucement de l'air chaud dans les poumons, tandis qu'en opérant de légères pressions sur les côtes, il simulait une respiration factice.

C'est long, difficile, pas toujours ragoûtant. Tant pis; ça ne fait rien. Tout comme les bateliers les médecins se disent :

— Hardi! Il ne faut reculer devant rien pour sauver une créature humaine.

Pourtant, est-ce toujours lui rendre service, que de la remettre en présence des douleurs qui l'ont désespérée au point de trouver le courage, — nous l'avons déjà dit, à propos du suicide de Mathilde Kœrhuen, — il en faut! — le courage de se tuer?

N'importe encore! pour le médecin.

Il est comme le terre-neuve qui trouve un voyageur évanoui sur la glace; quel qu'il soit, il gratte la neige, le lèche et aboie pour appeler.

A force d'efforts prolongés, un peu de chaleur revenait.

— Je crois que nous la ranimerons, la malheureuse, dit le médecin; frottez ferme, messieurs; le cœur bat légèrement; je sens un léger souffle. Faites chauffer des couvertures de laine.

C'est vrai qu'Eulalie revenait un peu à la vie. Du nez, de petites gouttes d'eau s'épanchaient lentement.

Chose étrange! Ces agents, dès que le docteur eut signalé le premier signe d'existence, couvrirent les nudités secrètes de la malheureuse, par un sentiment de décence, dont la délicatesse semblerait jurer, aux esprits superficiels, de la part d'hommes qui exercent des fonctions rudes le plus souvent.

Ce n'était plus un cadavre pour eux; c'était quelqu'un; quelqu'un dont les pudeurs devaient être respectées.

Le commissaire prévenu, arriva sur ces entrefaites, et avec son secrétaire, procéda aux constatations légales, recueillit la déposition des sauveteurs, du médecin, des agents.

Pendant ce temps Eulalie r'ouvrait les yeux.

Le docteur lui parla doucement.

— Ce n'est rien, mon enfant; vous voilà hors d'affaire, laissez-vous bien soigner.

— Où suis-je? demanda Eulalie après un long soupir.

— Avec des gens qui ont soin de vous, mon enfant.

Elle se tut, n'ayant pas repris toute possession d'elle-même.

— Puisqu'elle parle, dit le commissaire, je puis l'interroger.

— Je vous l'interdis formellement, répliqua le médecin: avant qu'elle soit en état de vous répondre, sans une émotion qui pourrait lui être funeste, il se passera du temps.

— Cependant, elle n'a pas de papiers dans ses poches.

— Tant pis. Mais, pour être revenue à elle, elle n'est pas hors de danger. Il faut voir ce qu'amènera la réaction.

— Elle ne peut pourtant pas rester ici.

— Qu'on la porte à l'hôpital.

— Je vous répète qu'elle n'a pas de papiers. Il faut au moins son nom et son domicile. Ses vêtements montrent qu'elle n'est pas pauvre.

— Quand vous les lui demanderiez, elle serait probablement incapable de vous entendre, et sûrement de faire l'effort intellectuel nécessaire pour vous donner satisfaction.

— Au fait! je vais télégraphier à la Préfecture, dit le commissaire.

Il le fit, en donnant le signalement de la noyée.

Une heure après, Oscar accompagné de File-au-vent qu'il avait remis en observation, rue Racine, et qui lui avait signalé la disparition de la jeune femme, arriva au poste.

Après un coup d'œil, le subordonné se tourna vers La Ville-Viquier.

— C'est bien elle, dit-il tout bas.

— La femme du faux Marloy?

— Elle-même. Et vous voyez, M. Oscar que j'avais flairé juste, en vous assurant que ce n'était pas une fripouille comme son mari.

— Je la reconnais, mon garçon. La preuve en est, qu'apprenant à qui elle s'est mariée, elle a préféré mourir. Je n'avais pas prévu cette terrible conséquence, et j'en ai la conscience lourde. Si elle en meurt, la pauvre fille, je ne m'en consolerai pas!

— Elle n'en mourra pas, patron. Le médecin en répond, si elle est bien soignée.

— Elle le sera, fût-ce à mes frais.

Oscar était très sincère. Toutefois, rassuré sur son scrupule, l'instinct policier reparut.

— Attends, attends, dit-il. Il me semble que sans s'en douter, elle nous fournit l'appât nécessaire à piger son gredin de mari, et de voir clair dans ses cartes.

— Je vous devine, dit File-au-vent, avec un clignement d'œil.

— Qu'est-ce que tu devines?

— Vous allez l'envoyer à l'infirmerie du Dépôt.

— Puisqu'elle n'a pas de papiers, je ne puis l'envoyer autre part.

— Comme de juste. Alors, l'autre la cherchera, la découvrira; viendra la réclamer, et vous vous verrez nez à nez.

— Tu y es, mon garçon! fit Oscar.

Alors, appelant le commissaire:

— Ayez-moi un fiacre, dit-il, vous m'accompagnerez avec le médecin. Nous la transporterons sur un matelas du corps de garde.

— Et moi? demanda File-au-vent.

— Toi, tu vas aller m'attendre à mon bureau.

— Y aura à travailler?

— Tu peux en être sûr.

— Tant mieux, patron.

— File.

— Au vent. N'ayez peur patron.

Et il fila en effet.

Pendant ce temps, le fiacre amenait Eulalie à l'infirmerie. Elle n'avait pas conscience de ce qui se passait.

Les yeux demi-clos, emmaillotée, comme un poupard dans des couvertures de laine, elle se laissait aller, ne cherchant pas à savoir où elle était, où on la menait, ne faisant nul effort pour savoir même qui elle était; car elle avait perdu la notion de son individualité.

A l'infirmerie, des femmes se chargèrent d'elle, lui passèrent une chemise, la mirent dans un lit bassiné, lui firent boire un cordial pour amener la transpiration.

Comme un enfant elle obéissait à ce qu'on lui disait, ne répondant rien, montrant plutôt de la satisfaction, surtout quand les cheveux essuyés avec des serviettes chaudes, on la coiffa. Tout d'un coup, elle s'endormit.

A minuit seulement elle rouvrit les yeux.

Longtemps, elle regarda les objets, puis ses yeux se portèrent sur Oscar resté attentif à son chevet.

Il faut croire que le visage du policier ne lui déplut pas, car il lui vint une espèce de sourire.

— Vous sentez-vous mieux, madame ? lui demanda doucement celui-ci.

— Elle se dressa sur son séant, effarée, balbutiante, et d'une voix vibrante elle demanda, comme au corps de garde :

— Où suis-je ?

— Ne craignez rien, répondit affectueusement Oscar, remettez-vous, vous êtes en sécurité entourée de gens qui ont le devoir de vous soigner.

Elle regarda de nouveau autour d'elle, et passa la main sur son front cherchant à se rappeler :

— Ne vous fatiguez pas, reprit l'inspecteur-général. Vous venez d'être retirée de la Seine où vous vous étiez jetée volontairement.

— Ah ! oui, dit-elle.

— Voulez-vous me dire qui a pu vous pousser à cet acte de désespoir ? Elle ne répondit pas.

M. Oscar lui prit la main avec bonté.

— Quelque enfantillage ? dit-il, vous êtes si jeune ! Je parie que c'est un gros chagrin d'amour.

— Non ! dit Eulalie.

— Ce n'est pas la misère non plus, reprit-il en jetant un coup d'œil sur les vêtements d'Eulalie, qui séchaient près de là.

— Non plus, répondit celle-ci.

— Alors, quoi donc ?

— Rien, Monsieur, fit-elle en baissant les yeux.

Il y eut un instant de silence.

M. Oscar le rompit.

— Vous consentirez peut-être plus tard à répondre à des questions qui vous sont faites dans votre intérêt. Jusque-là vous voudrez bien me dire qui vous êtes et où vous demeurez.

Eulalie hésita, puis elle dit :

— Je m'appelle Eulalie Vernon.

— Votre profession ?

— Gymnasiarque.

— Où habitez-vous ?

— Je suis sans domicile.

M. Oscar aurait pu répliquer en lui montrant qu'il savait son adresse, mais son tact et sa délicatesse lui firent comprendre à quel sentiment Eulalie obéissait en cachant la vérité.

En réalité, le nom et la qualité qu'elle se donnait étaient presque vrais, puisque lui-même avait dit à Augustine que son mariage était nul.

Il n'insista pas.

— Maintenant, dit-il, reposez-vous, et remettez-vous au plus vite. Personne ici ne vous tourmentera.

Eulalie balbutia quelques mots de remerciement et se rendormit avant même qu'il eût quitté la salle.

A son cabinet, il trouva File-au-vent.

— Demande une voiture, dit-il en entrant.

Sur quoi, s'asseyant à son bureau, il griffonna quelques lignes. Puis quand l'agent rentra :

— Tu vas filer à l'*Officiel*, dit-il. Tu feras composer cela, sous la rubrique : Information. Tu en feras tirer une trentaine d'épreuves que tu porteras à tous les autres journaux de ma part.

— Compris, patron, dit File-au-vent. Une *souricière*. Je saisis. Ça sera fait.

Le lendemain, on lisait à peu près partout :

SUICIDE MYSTÉRIEUX

« *Hier soir, une jeune femme élégamment vêtue, se jetait dans la Seine, du ponton 174 de la Compagnie des bateaux-mouches, près du pont de la Concorde.*

« *Par bonheur les employés d'un bateau-lavoir voisin l'ayant vue se précipiter, se hâtèrent de détacher une barque, et non sans peine, parvinrent à la retirer. Bien qu'ayant perdu connaissance, on réussit à la rappeler à la vie.*

« *La malheureuse n'étant munie d'aucune pièce d'identité, a été transférée à l'infirmerie du Dépôt.*

« Elle a déclaré se nommer Eulalie Vernon, gymnasiarque, sans domicile.

« On attribue cette tentative désespérée à un accès d'aliénation mentale accidentel.

« Nous tiendrons nos lecteurs au courant des suites de ce mystère. »

— Une *souricière*, avait dit File-au-vent. On va voir qu'il ne s'était pas trompé.

On devine la nuit que Francis avait passée, livré aux tortures de l'angoisse d'une attente toujours déçue.

Il ne s'était pas couché.

Tantôt il avait marché de long en large, tantôt il s'était jeté sur un canapé pour sangloter comme un enfant, mordant son mouchoir à pleines dents. Tantôt allant à la fenêtre, l'ouvrant, écoutant les bruits de pas, sondant l'obscurité d'un regard affolé. Il était déchiré par l'indécision. S'il sortait pour aller à sa recherche et qu'elle rentrât; si rentrant, blessée peut-être, évanouie, ramenée par de bonnes âmes, ou par la police, et qu'il ne fût pas là?

Mais il avait beau écouter, regarder. Rien! Rien encore; rien jamais!

Chaque personne qui montait l'escalier lui faisait battre le cœur; mais chaque nouvel espoir amenait une nouvelle déception.

Il cherchait à s'y reconnaître, examinant toutes les probabilités.

Eulalie était-elle morte? Avait-elle un amant qui l'avait enlevée? Était-elle victime d'un de ces mille accidents que l'encombrement des voitures rend maintenant si fréquents?

Toutes ces hypothèses se battaient dans son cerveau, faisant passer le misérable des douleurs de la jalousie à celles du désespoir.

Il ne pouvait se résoudre à la croire morte. Il se révoltait à l'idée d'être quitté par elle : Tout lui semblait probable et impossible, à la fois.

Il se donna un délai :

— Si elle n'est pas rentrée demain matin, j'irai à la préfecture coûte que coûte! à tout risque, se dit-il.

Et brisé, vaincu par l'épuisement des forces, il s'assoupit au petit jour.

Le garçon l'éveilla. Il apportait le journal.

D'abord Francis le repoussa sans y donner un regard. Puis une idée lui vint subitement.

— Il y a là dedans les accidents; qui sait? se dit-il.

Il courut aux *faits divers*.

Rien.

Tout à coup, la rubrique de la note dont nous avons parlé le frappa.

« UN SUICIDE MYSTÉRIEUX » Oh! mon Dieu! fit-il, saisi d'un pressentiment.

Il lut avidement et poussa un cri de joie.

— C'est elle ! C'est elle ! Oh ! quelle joie ! Vivante ! Eulalie !

Quand les larmes eurent coulé, abondantes et fièvreuses, il relut plus posément.

— Elle a déclaré se nommer Eulalie Vernon, sans domicile, se dit-il, redevenu grave ! C'est bizarre ! La note aurait-elle raison ? La pauvre fille aurait-elle perdu l'esprit et la mémoire ; la notion de sa personnalité et de son état ? C'est possible, continua-t-il en relisant encore la fin de l'article qui attribuait la tentative d'Eulalie à un accès de démence subite.

Francis réfléchit avec un grand sang-froid, qui eût paru étrange si l'on eût ignoré sa situation délicate. Il fallait bien peser le pour et le contre. A la fin, il fit un geste décidé :

— J'irai ! Qu'ai-je à craindre ? Un homme que rien ne force à venir au Dépôt ; rien, qu'un motif aussi légitime ne peut être suspect. Réclamer ma femme est tout naturel.

D'ailleurs, il se rappelait que la veille des mouchards ne l'avaient pas reconnu, eux ni le père et la mère François, pas plus que « la demoiselle » son ancien complice.

— Allons !...

Cette résolution prise, Francis se hâta de s'habiller convenablement, de se donner un air de banal bourgeois.

« *Deux prudences valent mieux qu'une* »,

dit le bon la Fontaine.

« *Et le trop en cela, ne fut jamais perdu* »

Il parut satisfait du coup d'œil jeté à sa glace. Puis il écrivit un mot qu'il laissa ouvert sur la table, disant où il allait.

Cela fait, il prit ses papiers, son acte de mariage et se munit d'un revolver dont il examina la batterie.

Comme on le voit, l'amour ne lui faisait pas oublier les précautions, pour sa sécurité. Toutefois, ça lui faisait quelque chose, d'aller de lui-même, dans cette antre si terrible pour les criminels.

Arrivé au Dépôt, Francis se nomma. On le conduisit à un bureau.

— J'ai lu dans les journaux, dit-il à l'employé, le sauvetage d'une personne nommée Eulalie Vernon.

— Cette personne est ici, à l'Infirmerie, dit l'employé. Avez-vous quelque communication à faire à son sujet ?

LES ERREURS DE LA GUILLOTINE

Elle se dressa sur son séant, effarée, balbutiante, et d'une voix vibrante elle demanda, comme au corps de garde : — Où suis-je ?

— C'est ma femme, Monsieur. Son nom de dame est : Marloy ; son domicile, ou plutôt le nôtre, est à Sauvenières, près Bourges. Nous sommes actuellement de passage à Paris.

— Et vous venez la réclamer ?...

— Et la ramener chez moi, parfaitement.

— C'est bien, Monsieur, donnez-vous la peine de passer chez le chef de service.

L'employé précéda poliment Francis.

Après lui avoir fait traverser un corridor, il ouvrit une porte :

C'était une porte vitrée, une vulgaire porte de vieux bâtiment, Francis y entra sans méfiance.

Le bureau avait une seconde porte intérieure, tout aussi bonasse et rassurante. On était là, dans la partie des simples gratte-papier. Rien à redouter de ces rond-de-cuir.

D'ailleurs, eût-il eu la moindre crainte qu'elle fût tombée au seul aspect du personnage titulaire de l'emploi.

C'était un de ces bons vieux types de sous-ordres infimes qui ont gagné leur retaite à trifouiller des paperasses imbéciles, qu'ils numérotent et classent machinalement, sans y rien comprendre, ni s'y intéresser ; qu'est ce que ça leur fait ce qu'il y a d'écrit là-dessus, ça ne les regarde pas.

Une figure bête, encadrée d'une vénérable barbe poivre et sel surmontée d'une petite calotte en arrière sur la nuque, avec cela des manches de lustrine au poignet.

Un honnête et honorable crétin dans toute l'acception du mot.

— Monsieur désire ? demande ce débonnaire personnage.

Francis renouvela sa déclaration.

— Donnez-vous, je vous prie, la peine de vous asseoir, reprit le vieil employé. Je vais remplir « l'exeat » c'est-à-dire le bulletin de sortie de madame votre épouse.

— Il est complet, pensa Francis, ravi que ça allât tout seul.

L'homme aux manches de lustrine prit un imprimé et après avoir consulté un dossier, il commença à en remplir les blancs.

— Votre nom, s'il vous plaît, Monsieur.

— Eugène Marloy.

— Profession ?

— Rentier, domicilié à Sauvenières.

— Près Bourges, si je ne me trompe, n'est-ce pas ?

— Oui, Monsieur : près Bourges.

— Actuellement à Paris ?

— Oui. Pour quelques semaines encore.

— Et à quelle adresse? Excusez monsieur toutes ces demandes...

— Comment donc! dit Francis, c'est votre règlement. Je demeure hôtel Racine, rue Racine. Voici notre acte de mariage.

— C'est parfait, Monsieur, il ne vous reste qu'à signer.

— Est-ce indispensable? fit le faux Marloy.

— Oh! absolument, Monsieur, c'est notre garantie, dit le vieux en souriant.

Francis prit la plume qu'on lui tendait et signa son faux nom au bas de l'imprimé.

— Voilà tout, reprit l'employé.

Francis respira en voyant que bon gratte-papier allait lui remettre la pièce nécessaire, quand tout à coup, sur un coup d'œil jeté à un des documents du dossier, le bonhomme parut surpris.

— Tiens! dit-il.

— Quoi donc, Monsieur?

— Vous avez sans doute un homonyme! Un parent peut-être?

Francis en le regardant, crut saisir dans les yeux du bureaucrate une puissance extraordinaire de pénétration, qui l'inquiéta.

— Pourquoi? demanda-t-il.

— C'est que je rencontre par hasard dans le dossier, cette feuille qui porte cette mention :

Eugène Marloy, né à Montagnac, comme vous, soldat au 25° chasseurs coloniaux comme vous, tué à l'ennemi le 23 mars 18...; pas comme vous, cette fois!

L'employé avait dit cela d'un ton si naïf que Francis reprit en souriant :

— Coïncidence, probablement. En tout cas vous voyez par vous-même qu'il y a erreur, puisque je ne suis pas mort.

— En ce cas vous devez avoir votre congé?

C'était un coup droit reçu en pleine poitrine. Toutefois, démonté dabord, le malfaiteur se remit promptement, et payant d'assurance il sourit de nouveau, comme si l'autre lui faisait une question naïve.

— Certainement, dit-il, mais vous supposez bien que je ne l'ai pas sur moi.

— C'est bien naturel; mais en ce cas, permettez, dit l'employé en étendant la main vers la sonnette!

Francis se tut, croyant à quelque formalité sans importance qui le dispenserait de produire la pièce en question.

La porte s'ouvrit.

Francis se retourna instinctivement, et un terrible serrement de cœur le saisit Celui qui venait d'entrer était Firmin Cognais.

Que venait-il donc faire? Dans quel but était-il appelé? Est-ce qu'il avait quitté le chemin de fer, pour s'enrôler dans l'administration de la Préfecture de Police?

C'était possible! Le frère d'Adèle était capable d'être devenu ce que Francis appelait un roussin, pour venger son beau-frère.

Quoi qu'il en fût Firmin, après l'avoir examiné, échangea quelques mots à voix basse avec le gratte-papier.

Alors, celui-ci releva la tête et s'adressant de nouveau à Francis :

— Une question s'il vous plaît. N'étiez-vous pas dans le train de Saint-Germain, le jour où un pauvre diable a été écrasé sur la route ?

— Quel pauvre diable? La Compagnie en écrase assez pour qu'il soit bon de préciser.

— Vous aimez rire, monsieur Marloy, fit l'employé, en paraissant goûter la plaisanterie, pourtant le sujet n'y prête guère. Ce pauvre diable, figurez-vous, était un de nos pensionnaires. Depuis peu, il avait purgé une condamnation de cinq ans à Poissy.

— Si vous croyez me le rendre intéressant !...

— Vous aller voir! Depuis peu, il s'était engagé, comme musicien, dans une troupe de saltimbanques, bien connue, qu'on appelait « la famille Loupard ». Vous avez peut être vu leurs exercices dans les foires des environs de Paris.

— Je ne me souviens pas. Mais qu'importe.

— Attendez donc. Ce musicien, avait un drôle de nom dans le monde des voleurs. On l'appelait : « le Sacristain » parce que, son principal talent était d'aller faire le dévot dans les églises et, à l'aide d'une baleine garnie de poix, de pêcher les offrandes déposées dans les troncs.

« Or, continua l'employé, le métier de polonais, — musicien, — dans la famille Loupard, ne lui rapportait guère, et dame ! quand il reprenait sa tenue de ville, — sa tenue bourgeoise, — il n'était pas précisément bien mis.

« Et voilà que le jour de sa mort, on le relève mis comme un gentleman ; tout battant neuf, avec des habits achetés au magasin qui porte l'enseigne de : A la Place Clichy.

« Tout neufs, ses vêtements, à cela près, d'un petit trou, fort mince, disposé en fente comme une boutonnière, remarqué dans le dos, juste à la hauteur du cœur.

« Mais ce n'était pas seulement ses habits qui avaient cette boutonnière. La peau l'avait de même, et, le cœur, que les roues des wagons n'avaient pas touché, avait lui aussi d'arrière en avant et de part en part, ce même trou disposé en fente.

« Qu'en pensez-vous, monsieur Marloy ?

— Que voulez-vous que j'en pense, répliqua Francis, avec aplomb.

— Eh bien! je vais vous le dire. On pense, c'est à dire, on est sûr, car l'autopsie le démontre, que ce malheureux a été tué d'un coup d'épée, ou de canne à épée, dans le dos avant d'être jeté, hors du compartiment, sur la voie, où trois trains lui ont passé dessus.

— C'est possible, dit encore Francis, mais pourquoi me racontez-vous ça?

— C'est que voilà un monsieur, répondit l'employé, qui était précisément dans ce train là.

— Eh bien?

— Eh bien! ce monsieur qui vous a aperçu récemment, s'imagine reconnaître en vous un voyageur du même train, qui devant lui, au guichet prit un billet pour Ruel.

— Quand même?

— Il ajoute qu'au guichet de Paris vous aviez des cheveux et des favoris noirs, avec une canne à la main, et que vous êtes descendu à Asnières, blond, sans favoris et sans canne.

— Monsieur est un de vos hommes, sans doute.

— Peut-être oui, peut-être non. Ça n'y fait rien.

— En effet. Le principal est qu'il n'a pas mis ses lunettes quand il a cru me reconnaître récemment.

— C'est encore possible. Mais en entrant à l'instant, il vous reconnaît de nouveau.

Francis, se sentant serré d'assez près, impressionné d'ailleurs par le souvenir du Sacristain, pensa se tirer d'affaire en se montrant quelque peu susceptible.

— Ah çà! dit-il, pourquoi tout cela? Je ne sais pas ce qu'on veut dire, et encore moins où tend cette histoire, qui m'est étrangère.

— Pardonnez, monsieur Marloy. Déjà, par une singulière coïncidence, comme vous dites, vous portez le même nom que celui d'un mort.

« D'autre part, nouvelle coïncidence! il se trouve que vous avez épousé une des actrices de la famille Loupard, Mlle Eulalie Vernon, fille de la concierge; troisième coïncidence, remarquez! d'une maison de la rue Folies-Méricourt, où un nommé Marloy courtisait, pour le bon motif, une jeune lingère établie qui a été volée, le jour même où la concierge, mère de votre femme mourait soi-disant d'accident, ce que dément une domestique de la maison, laquelle, retrouvée depuis peu, dit avoir vu dans l'escalier, un homme effrondrer la poitrine de cette femme, à coup de talons de botte.

« Franchement, monsieur Marloy, devant tant de coïncidences, il est bien permis à un fonctionnaire de la police, de vous demander si vous n'auriez pas quelque renseignement à nous donner obligeamment sur ces différentes affaires, afin d'éclairer nos recherches.

Francis se sentait mal à l'aise. Pris de court, ne sachant si cet employé était niais ou retors, il hésitait à adopter un rôle.

— Ma foi! dit-il, j'en conviens, monsieur, ces coïncidences sont étranges. Mais le plus étrange est que je ne puisse nullement vous éclairer.

« Expliquez cela comme vous voudrez. Mais moi qui n'ai connu ni Sacristain, ni jeune lingère, et qui ne sais pas bien où est la rue des Folies-Méricourt, je ne puis assurer qu'une chose, c'est qu'en effet, je savais que ma femme, avant d'appartenir à un cirque américain avait travaillé dans les fêtes publiques. Sauf cela...

— Bizarre, alors!... fit l'employé.

— Quoi bizarre?

— Vous allez voir! Bien plus bizarre que vous n'imaginez, la quatrième coïncidence que je vais vous signaler.

— Encore une?

— Eh oui! Vous voyez bien ce monsieur?

— Qui croit m'avoir vu blond et brun, le même jour?

— Justement. Eh bien! il est le frère d'une dame dont le mari avait une tante : Mme veuve Valph. Peut-être en avez-vous entendu parler.

— Il me semble! dit Francis, en ayant l'air d'en appeler à sa mémoire.

— Rappelez-vous! Une ancienne marchande de tabac, un peu farceuse, enrichie par son mariage avec un de ses amants. Elle demeurait rue de la Pépinière, dans un brillant hôtel.

« Un jour si vous vous souvenez, on la trouva assassinée, elle et sa femme de chambre et un domestique nommé Prosper Lami. Le procès a fait assez de bruit, et il s'est terminé par une exécution capitale. Ce n'est pas déjà si loin.

— Je me le rappelle en effet, dit Francis, qui commençait à souffrir le martyre et faisait des efforts surhumains pour garder bonne contenance.

— J'en étais bien sûr! fit l'employé. Je poursuis, avec votre permission.

— Poursuivez, monsieur.

— Or donc, cette veuve, qui venait de vendre une villa à Étretat, à un nommé Binet, homme d'ordre, avait dans sa caisse des billets de la Banque de France, dont celui-ci, — homme d'ordre, je vous le répète! — avait pris les numéros.

Et voilà-t-il pas que, dans les poches du « Sacristain » il se trouvait un billet de cent francs, portant précisément un de ces numéros!

— C'est lui qui était l'assassin? demanda Francis, en essayant de l'effronterie.

— Oh! oh! vous allez trop loin, monsieur Marloy. On voit bien que vous n'êtes pas du métier, vous concluez trop vite. La possession d'un de ces billets ne prouve rien; sans quoi, on pourrait vous accuser vous-même...

— Moi? fit le bandit en pâlissant sous le regard de l'employé. Moi, Monsieur?

— Sans doute, puisqu'à Berne notamment, à l'Hôtel de l'Ours, vous avez changé mille francs provenant de la même source.

Du coup, Francis perdit pied, et eût balbutié, pataugé, se fût livré, s'il eût articulé une parole.

Il le sentait, et il s'estima heureux que l'autre le lui évitât.

— Moi-même, poursuivit-il, je pourrais, d'après votre théorie, être mis en cause. Car j'en possède deux de ces mêmes billets de banque, que M. Binet a donnés en payement à la veuve Valph, et qu'il avait numérotés sur son agenda.

Ce disant, l'employé tira deux billets de sa poche, et les étala, sous les yeux de Francis.

— Remarquez M. Marloy, dit-il, remarquez ces taches ici, et là. L'une semble l'empreinte d'un doigt sanglant. Et c'est justement cela. A la loupe on voit parfaitement les hachures de la peau d'un pouce qui se serait trempé dans le sang. Un pouce large et long,... avec une petite raie transversale formée, disent les médecins experts, par la cicatrice d'une blessure refermée depuis au moins trois ans.

Chacun de ces détails était comme un coup de couteau dans la poitrine du misérable.

Cette empreinte, c'est lui qui l'avait laissée; ce sang était celui de la tante de Maxime le guillotiné. Mon Dieu! s'il on examinait ses mains, peut-être retrouverait-on des hachures identiques, et même la cicatrice d'une blessure qu'il s'était faite, il y avait un peu plus de trois ans, en effet.

Malgré lui, malgré les dangers que l'habileté de la police lui faisait courir, il lui rendait un hommage épouvanté à cette habileté.

Longtemps, il avait dit en son langage d'escarpe :

— « Les *roussins*, c'est des *rosses;* pas malin de les foutre dedans. »

Bigre! qu'il fallait en rabattre! Pas du tout des *rosses!* Des gars, au contraire; des adversaires sérieux en tous cas.

Tout à coup, le sentiment de sa sécurité lui revint, vivace et solide, lui rendant présence d'esprit et aplomb.

Et pourquoi? Parbleu parce que un homme avait été guillotiné pour cette affaire Valph. En guillotiner un second, serait avouer qu'on s'était trompé sur le premier, que la justice avait commis une méprise infâme. Pas si bête, dame Justice. Elle tenait trop à son prestige!

Toutefois, comment ce diable d'employé avait-il en sa possession ce billet maculé de sang qu'il se revoyait dans la main; le premier sur une liasse de dix. Il le reconnaissait, il revoyait la scène, la nuit du crime, les cadavres, les péripéties.

Prosper-Louis vivait encore à ce moment. Cette liasse faisait partie de son lot. Il disait à Francis de le lui garder, et de se dépêcher de l'attacher.

Au fait, ce sang était peut-être celui de Prosper. Après lui avoir enfoncé le couteau à découper dans la gorge, Francis avait repris cette liasse et les autres, et avait taché ce billet sans s'apercevoir que de la blessure du valet de chambre une artériole lui avait giclé sur les doigts.

L'employé lui dit d'où lui venait ce billet.

— Vous savez bien, l'accident du cimetière de Levallois-Perret? Cet obus oublié, qu'un coup de pioches fit éclater, et qui bouleversa quelques tombes.

L'une d'elles, figurez-vous M. Marloy, était celle d'une petite fille, nommée Céleste Antoine, fille d'une prostituée nommée Célestine Antoine.

Or, cette Célestine avait un frère mort, dit-elle, en Cochinchine, comme votre homonyme, Marloy Eugène, et justement de votre régiment. Seulement, ce frère, nommé Francis Antoine, est porté sur les états, non pas comme tué, mais comme disparu.

Et, dernière coïncidence, il se trouve que dans la défroque, les haillons du Sacristain, jetés à l'égout, après l'achat des habits neufs, à la place Clichy, on a découvert un sale lambeau de papier portant :

« Francis, larbin, rue d'Aumale, l'avant-dernière maison à gauche. »

Le misérable ne s'attendait pas à cette botte. Pourtant il ne se déconcerta pas. Au contraire, avec une grande lucidité, il apprécia la gravité de sa situation.

Pas à s'illusionner. Le gratte-papier loin d'être une fichue bête, était un malin qui lui tendait piège sur piège, espérant qu'il se trahirait, à peu près sûr et certain d'être en face d'un « cheval de retour. »

Inutile de finasser. Il fallait attendre, se taire, et à un moment s'évader, quitte à brûler la cervelle à ces deux hommes. En tirant à bout portant, un coup de revolver ne fait pas de bruit.

— Pour vous finir, continua l'employé, il se trouve précisément que dans cette maison habitait un député, devenu sénateur, M. Mathieu Boulare, qui avait un domestique du nom de Francis Antoine, lequel avait servi chez la veuve Valph, lequel enfui a introduit Monsieur que voici, chez son maître, et même encore a servi tout un déjeuner à M. Oscar de la Ville-Vicquier, qui l'a complimenté sur sa façon de découper.

L'employé se tut, et un silence suivit.

— Eh bien? demanda Francis.

— Eh bien, mon garçon, reprit l'employé, je suppose que vous pourrez donner des éclaircissements sur plusieurs, sinon sur tous ces faits...

— Moi? Comment?

— Vous verrez ça.

LES ERREURS DE LA GUILLOTINE

Deux coups de feu retentirent.

— Quand?
— Bientôt.
— Où?
— Où je vais vous envoyer; car provisoirement je vous arrête.
— Vous n'en avez pas le droit, dit tranquillement Francis en prenant son revolver dans sa poche.

D'un mouvement rapide, l'employé dépouilla travestissement, perruque et calotte, montrant une écharpe de commissaire, à sa ceinture.

— Au nom de la loi! dit-il.
— Qui êtes vous donc?
— L'inspecteur général de la sûreté.
— Eh bien! fais ta prière! hurla Francis, jetant le masque et mettant son arme au clair.

Mais son mouvement fut arrêté net.

Derrière lui, trois agents entrés sans bruit depuis un moment, lui avaient saisi les bras, et le renversant à demi, d'un brusque mouvement, le désarmaient, en le maintenant dans l'impossibilité de nuire.

— Tenez-le bien, dit tranquillement Oscar. Il est agile et musculeux.

Puis à lui, qui grinçait des dents, hideux de fureur :

— Mon garçon, dit-il, vous êtes assez intelligent pour comprendre que vous êtes pigé, pour de bon, cette fois. Il y a assez longtemps que je vous suis. Je vous tiens; je ne vous lâcherai pas. Jouer au plus fin serait inutile : je vous *sais* sur le bout du doigt, et je vais vous en donner la preuve. Ça vous rendra docile.

« Vous êtes en réalité Francis Antoine, né à Levallois-Perret; votre père et votre mère sont morts. Il ne vous reste de parents que *La mère Licharde*, qui purge un an pour bris de devanture d'un cabaret, et la fille Célestine votre sœur, sortie de Saint-Lazare, il y a peu.

« A dix-huit ans vous étiez chef de bande sous le nom de *La Limace*. Plus tard, vous étiez souteneur, et pis encore, sous le sobriquet, d'abord du *Grand Jules*, puis de *La Demoiselle*.

« Tombé au sort, vous avez servi en Cochinchine. Là, vous avez volé des papiers, et quelques mille francs à un mort, dont vous avez pris le nom : Eugène Marloy.

« Revenu en France, vous avez courtisé une honnête fille que vous avez violée, après quoi vous avez forcé le secrétaire de sa mère, dont vous avez emporté les pauvres économies.

« Le soir de ce dernier attentat, surpris dans l'escalier, par la portière, vous l'avez assassinée à coup de talons de bottes. Puis vous avez changé de nom et de peau.

« On vous retrouve valet de pied, notamment chez Mme Valph. Vous la quittez en lui faisant prendre un de vos complices: Prosper Lami, avec qui vous combinez le meurtre de cette femme, et surtout des indices pour détourner les soupçons, de telle sorte qu'on accuse son neveu, à quoi vous avez réussi pleinement.

« La femme de chambre vous gêne, vous l'égorgez.

« Puis cet imbécile de Prosper se fait lier par vous, bâillonner avec un mouchoir du neveu de sa patronne, et, pour garder tout le vol à votre profit, comme pour supprimer une dénonciation possible, vous le tuez.

« A ce moment vous étiez valet de chambre de M. Mathieu Boulare. Je vous reconnais.

« Or, un de vos anciens camarades de prouesses de *marloux* vous retrouve, veut vous faire chanter, et vous lui passez votre canne à épée à travers le cœur, après lui avoir proposé un *coup* à la Jouchère, après quoi vous le jetez sur les rails sous le tunnel des Batignolles.

« Ah! fit Oscar, vous avez raison de sourire; tout ça est habilement combiné, et proprement exécuté! Vous n'êtes pas un bandit vulgaire.

« Seulement... Ah! seulement, je ne suis pas non plus un imbécile, et j'imagine que vous vous en apercevez à présent.

« Continuons...

— Pas la peine, fit Francis; je me rends.

— Vous y avez bonne grâce; mais j'ai besoin d'aller jusqu'au bout.

— Pourquoi ça?

— Parce que vous gardez une dernière espérance de m'échapper. Il faut vous l'ôter, afin que vous ne perdiez pas votre temps à chicaner avec moi, pour me disputer votre tête.

— Il vous la faut donc?

— Ah! oui! s'écria Oscar avec énergie. Tant qu'elle restera sur tes épaules, misérable, je ne m'accorderai pas le droit de respirer en paix ; d'étouffer les cris de ma conscience.

Oscar, ému outre mesure, passa sa main sur ses yeux. En les rouvrant, il vit que l'autre riait d'un air gouailleur. Ça le remit et reprenant avec calme :

— Tout vous réussissant, reprit-il, vous vous transformez en bourgeois rentier. Vous voyagez. Sous un faux nom, vous épousez la fille d'une de vos victimes. Puis vous devenez propriétaire.

« Alors, il arrive un accident : l'obus! qui éparpille votre trésor, caché sous la tombe de votre nièce. Plus le sou!

« Qu'à cela ne tienne. Vous assassinez Cadenet.

— C'est pas vrai! s'écria Francis.

— Bêta! répliqua Oscar en haussant les épaules. Dans l'inventaire fait chez lui, on a trouvé entre les pages d'un vieux bouquin, un état de soixante-seize pages manuscrites, portant, en détail, l'état de sa fortune et l'indication d'une marque, presque imperceptible qu'il avait la patience d'imprimer sur ses billets de banque et de graver sur ses pièces d'or, pour les retrouver, si on les lui dérobait.

« Eh bien, mon garçon une partie de ces billets, vous les avez versés au Comptoir d'escompte. Et le dernier payement de votre note à l'hôtel a été fait avec des louis gravés par le sorcier de Sauvenières. De même, ces mêmes louis ont été retrouvés chez la couturière de la pauvre fille qui se croyait votre femme.

« Ah! vous ne riez plus à présent.

« Je vous tiens, je vous dis, et vous y passerez.

« Il importe peu que l'affaire Valph et celle de la rue Folies-Méricourt m'échappent, celles-ci et d'autres, soit qu'il y ait chose jugée, soit qu'il y ait prescription, absence de plaintes, etc.; le *Sacristain* me reste d'une part...

— Ouiche! fit Francis. Et des preuves?

— J'ai ta canne à épée, brigand; j'ai ta perruque et tes favoris bruns.

— Qu'est-ce qui dit que c'est à moi?

— Monsieur, d'abord, répondit Oscar, et puis ceux qui t'ont vendu ces objets. D'autre part, j'ai Cadenet...

— Ouiche! fit encore le meurtrier. Qu'on l'ait volé, ça se peut; mais je vous défie bien de prouver qu'il est mort.

— Tu l'avoueras, mon garçon! Je me charge de t'y amener.

— Toi, sale *roussin?* fit Francis hors de lui, devant la provocation.

Ce fut au tour d'Oscar de sourire.

— Tu vois bien, bêta, qu'on te fait tourner comme on veut. Voilà que tu te trahis déjà, en montrant le bout de l'oreille.

— C'est vrai! dit le bandit en se calmant. C'est une leçon. Merci. Mais quant à ma tête, vous ne l'aurez pas, monsieur Oscar. Tout ce que je risque c'est *la Nouvelle*, on sait son code, et l'on connaît son jury!

— En attendant, sois sur tes gardes, car je ne te ménagerai pas.

— Bon! j'ai eu la première manche; vous avez la seconde. Voyons qui gagnera la belle.

— Emmenez-le, dit Oscar, en lui jetant un regard d'écrasant mépris.

Autrefois, alors que Francis, vulgaire escarpe, n'avait pas tâté de la vie bourgeoise, finissant par se croire un homme comme tout le monde, cette insulte muette l'eût diverti. Il eût ri au nez du *Roussin* et lui eût envoyé quelques grossièretés injurieuses en dialecte des maisons centrales.

Mais, le matin encore, il était « un Monsieur » à ses propres yeux, les habits qu'il portait le rangeaient, en apparence, dans une classe égale à celle de La Ville-Viquier, l'impression ne fut plus la même.

Il souffrit de ce regard, il en éprouva de la colère.

— Ne le prenez pas de si haut, riposta-t-il, le sourcil froncé, car vous n'êtes pas encore de taille à m'intimider, et si je me le mets en tête, j'aurai votre peau avant que vous n'ayez la mienne.

— Emmenez donc ce Jocrisse! répéta Oscar.

— A revoir, mon bonhomme! fit Francis, en suivant les agents.

Puis à ceux-ci :

— Tenez-moi serré, vous autres; car à la moindre distraction je vous tire ma révérence, mes garçons.

Comme il traversait une espèce d'antichambre, il aperçut un homme qui, la jambe repliée, lisait un journal.

— Je connais c'tte gueule-là, dit Francis.

L'homme leva les yeux sur lui et sourit. Puis avec un accent accentué de l'Auvergne :

— Bonchour Mouchier Mareloy, dit-il.

— Le suppléant du garçon de l'hôtel Racine! fit Francis.

— Pour vous servir, répliqua celui-ci, en reprenant sa lecture.

Cet homme, c'était File-au-Vent.

Resté seul avec Firmin, Oscar le regarda.

— Eh bien? lui demanda-t-il; croyez-vous que nous touchions au but maintenant?

— Dire que c'est pour cet abject coquin que le pauvre Maxime a été guillotiné, que ma sœur est folle, et leurs enfants ruinés et orphelins.

Oui, je crois que nous le tenons ! continua Firmin. Mais...

— Je vous entends, mon cher ami; le tenir ne rend la vie, l'honneur, la fortune ni la raison à ses victimes. Hélas!

C'est égal! c'est tout de même une consolation que d'écraser la tête du reptile qui nous a mordus.

V

COMME QUOI, M. OSCAR DE LA VILLE-VIQUIER NE TENAIT PAS ENCORE L'ASSASSIN DE LA VEUVE VALPH

Depuis quinze jours, Francis était à Mazas. Après un premier interrogatoire, il y avait été mis au secret.

L'interrogatoire avait été étrange, à vrai dire. Aux questions du juge, le malfaiteur redevenant ce qu'il était naturellement, avait répondu, une fois pour toutes :

— Mon bon juge, je ne sais pas si tu as de gros appointements pour le sale métier que tu fais là ; mais, si peu que ce soit, faut gagner ton argent, mon ami.

Tu veux savoir qui je suis et ce que j'ai fait. Eh bien ! t'as qu'à chercher. Si tu crois que j'te vas fournir de quoi me faire couper le cou, t'es encore de ton pays, ma vieille. Vrai ! faudrait que M. Oscar eût raison de m'appeller Jocrisse.

Baye ta salive, juge de mon cœur ; j'te gobe ! T'as une bonne trompette de fouine, tu trouveras peut-être bien. Mais quant à Bibi, il n'a qu'une réponse à ton service :

« Zut !... »

Le juge l'avait laissé dire. Sachant qu'il avait affaire à un sujet en dehors de l'ordinaire, il voulait l'étudier, voir en quoi et comment il se distinguait du commun des criminels ; jusqu'où il était capable de pousser la bravade.

— Ainsi, dit-il, vous refusez de répondre ?

— T'as deviné, malin !

— C'est un système bien banal.

— Quand, après, on se laisse entortiller à bavarder, tout de même. Mais, si jusqu'au dernier jour on tait son boc, c'est plus si banal que ça.

« Qu'est-ce que tu mettras sur ton rapport ? T'es embêté, tout de même, pour motiver ton ordonnance de renvoi à la chambre des mises en accusation.

« Tu diras bien que je te tutoie. Tu peux même ajouter que j'me fous d'toi. Mais c'est pas des crimes, ça, dis donc mon vieux frère. T'as que les rapports de police. C'est pas du nanan, ça. C'est bien maigre.

« Oh ! j'sais bien ! j'n'en passerai pas moins aux assises. Mais, faudra rudement trimer pour convaincre le jury, et l'avocat général aura beau suer, j'aurai des atténuantes.

« J'veux pas autre chose ! J'aime les voyages. J'aime la vie rurale. Je deviendrai agriculteur. Je serai sage ; on me mariera. Je ferai des enfants, et sur mes vieux jours, je serai peut-être plus heureux que toi, qui t'embêteras, comme un rat mort, sur ton siège de conseiller.

« Voyons, ma vieille bringue, c'est-y pas bien raisonner ?

Le juge avait poursuivi quand même, tranquillement, systématiquement, paraissant absolument indifférent aux familiarités ignobles du bandit.

Et à tout, Francis répondait, avec un sourire railleur :

— J'te gobe ! T'es beau ! On doit t'adorer dans ta famille ! J't'embête, hein ? Ah ! ben ! t'es pas au bout !

A la fin, le juge le fit emmener.

— Quand vous voudrez reprendre la conversation, cher monsieur, lui dit le malfaiteur; vous gênez pas. Enchanté et au plaisir.

Si le juge n'y revint pas, ce n'est pas qu'il en fût découragé. « Le métier », comme avait dit Francis, oblige à affronter toutes les répugnances.

Mais c'est pour l'affaire Cadenet qu'il était poursuivi. Le parquet de Bourges évoquait la cause, et le juge n'avait agi qu'en vertu d'une commission rogatoire.

En attendant, on avait mis l'inculpé au secret.

Une nuit, comme il dormait, il entendit qu'on approchait.

— Parions qu'on vient me chercher? se dit-il.

Il ne se trompait pas!

La porte s'ouvrit. Le gardien entra avec une lanterne.

— Levez-vous et habillez-vous, dit-il.

Sans répondre, Francis s'exécuta docilement. A quoi bon parler? Il connaissait la consigne des gardiens. A quoi bon résister! Il n'eût pas été le plus fort, et n'en aurait eu que du désagrément. D'ailleurs, cette facilité lui valait, sinon des égards, du moins la paix.

Quand il fut prêt :

— M'y voilà, dit-il.

— Venez, fit le gardien.

Trois des camarades de celui-ci attendaient devant la porte.

On marcha. Pas un bruit dans ces couloirs maussades, qui, en soi, n'ont de lugubre que ce qu'y attache l'imagination.

On était descendu.

Entrer à Mazas entraîne des formalités.

En sortir n'en exige pas moins. N'y eût-il que la levée d'écrou.

On pénétra dans le greffe.

Quatre hommes et des gendarmes de la Seine attendaient avec le greffier.

Parmi ces hommes, Francis reconnut File-au-Vent.

Gentiment, il lui fit de l'œil, un petit bonjour amical, que l'autre le lui rendit, sans fierté du reste.

Puis, tout en règle, l'accusé monta dans la voiture cellulaire qui était entrée dans la cour.

Il n'y en avait pas pour longtemps. Le chemin de fer d'Orléans n'est pas loin, il n'y a qu'à traverser l'eau.

Dans la boîte étroite où Francis était enfermé et attaché, ça lui fit quelque chose de se sentir dans la rue.

Il était tard, cafés et cabarets se fermaient peu à peu. Mais un certain murmure de la vie libre ne se percevait pas moins. Un bruit de voix confus. Des fiacres qui roulaient. Des volets accrochés aux devantures, avec le bruit de la barre de fer qui les relie, et qu'on boulonne à l'intérieur. Le claquement des portes cochères que pousse le locataire attardé ! Un mouvement enfin, de gens qui sont leur maître ; maître d'agir à leur idée...

— Sont-ils heureux ! pensait Francis.

Il les enviait. Il les voyait en imagination, aller, venir, rentrer dans leur appartement ou dans leur chambre, tournailler, se deshabiller, se fourrer au lit, et « souffler la camoufle » sans avoir à se dire :

« — Tout de même !... Si j'allais me faire coller... Si l'on allait me couper le cou ?... »

Malgré tout, il se le disait, lui. Mais non, il connaissait son affaire. Pas de preuves suffisantes. C'est « la Nouvelle » je vous dis !

C'est égal, pouvoir à cette même heure, restant le dernier à la terrasse d'un café, prendre un bock, en fumant une cigarette, quelle jouissance délicieuse, immense !

Il n'en prendrait plus des bocks, à Paris. Est-ce qu'on prend des bocks, à la Nouvelle ?

Un trio de pochards qui hurlaient : *la digue digue don*, lui creva le cœur.

— Sont-ils heureux, ces poivrots-là ! se répéta-t-il avec mélancolie.

La voiture avait pénétré dans la cour de la gare, en face d'une porte interdite au public. On le fit descendre.

Il jeta un regard autour de lui, et se reconnut.

Pas d'erreur ! C'était le chemin d'Orléans ; on allait le conduire à Bourges.

Sa tristesse s'en accrut.

Pourquoi ?

Vous êtes bon, là, vous ! Etre jugé à Bourges ; un procès criminel en province ? Qui est-ce qui y ferait attention. Quatre lignes dans les journaux. Personne n'en parlerait au boulevard.

Pas un *camaro* à reconnaître dans le public, le jour de l'audience. Pas d'effet à produire. Pour qui poser, faire le malin, engueuler le ministère public, et *épater* le tribunal ?

Pas de chance !

Il avait envie de faire un coup, qui forcerait bien à prendre garde à lui, à le ramener à Paris, pour être jugé devant du monde intelligent.

Il avait envie, dès le début de l'audience, de dire aux juges :

— Vous êtes des rosses. Au lieu de m'embêter, pour la disparition d'une vieille loque d'avaricieux, vous feriez bien mieux de vous constituer prisonniers vous-mêmes ; parce que, vous aussi, vous avez assassiné un être inoffensif et innocent : ce pauvre Maxime Létang que vous avez *raccourci*, tandis que c'est

LES ERREURS DE LA GUILLOTINE

Francis s'en approcha, et examina ces défroques.

moi qui ai *crevé* sa tante, la p'tite bonne, et c'tte fichue bête de Prosper Lami !...
C'est de c't'affaire-là, qu'il en éclaterait un sacré *potin*, mes amis !

Il en jubilait en pensée, se voyant l'objet d'une curiosité intense. Et sachant son Paris, il voyait l'effet de la dépêche qui annoncerait la révélation inattendue.

Un vrai *chahut* aux kiosques du boulevard ; des ovations dans les centres de la *Pègre*. Tous *ces messieurs* et toutes *ces dames*, les souteneurs et les filles, dans les brasseries et les caboulots, ne parlant que de lui.

Le malin des malins !

— Et puis, se disait-il, la gueule du ministre, du procureur général, des juges, des jurés de Létang !

Tout en faisant ces réflexions, il se laissait conduire dans l'intérieur de la gare déserte, vers un point reculé, où se trouvait un wagon, à vasistas simulés, n'ayant qu'une porte au milieu, et sur lequel on lisait :

SERVICE DES PRISONS

Machinalement, il y monta, et de nouveau fut bouclé, dans une cellule étroite, où il resta bientôt en pleine obscurité.

Ce noir dissipa son rêve.

— Tout ça, se dit-il, c'est joli ; ça serait un coup de chien, à se faire une place dans la postérité ; mais ça aboutit tout droit à *la veuve*[1]. Il doit y avoir autre chose à faire de moins retentissant, mais de plus pratique, pour sauver sa *sorbonne*[2].

Et quoi donc ?

— Parbleu ! se répondit-il, à lui-même : *se tirer les pattes*[3] !

Oui, s'évader, changer de peau, encore une fois, être libre, aller par les rues, la cigarette au bec, prendre un bock à la terrasse des cafés, et pas coucher seul !

Sa situation lui faisait voir, là, le souverain bien, la suprême jouissance.

En se disant :

— « Ne pas coucher seul !... »

Il se souvenait des premiers temps de son mariage. Il se rappelait Eulalie.

Pourtant, il lui en voulait. Elle était cause de son arrestation.

— C'te dinde ! qui va *se fiche dans la limonade* !...

Il l'aimait tout de même, encore un peu, au physique. Elle était si bien faite !

Il se délectait à la revoir dans son esprit ; il la détaillait avec complaisance.

---

1. La guillotine
2. Sa tête.
3. Se sauver.

Et puis, il l'avait eue vierge... Comme Augustine ! et de bonne volonté ! Ça le flattait. Ça le mettait au-dessus de ses camarades qui, pour trouver des virginités, sont obligés de violer des filles de dix ans, qui crient, et qu'il faut étouffer ou égorger !

C'est pas de l'amour, ça !

Lui, à la bonne heure ! il savait ce que c'était que l'amour !

Tant pis, s'il le savait. Il fallait y renoncer à cette heure et ça lui était plus dur qu'à un autre.

Oh ! s'il pouvait se tirer les pattes !...

Dans cette boîte où il était sanglé, il se demandait s'il n'y aurait pas moyen de filer, en démolissant quelque chose.

Pendant le trajet le bruit des roues empêcherait le gardien d'entendre.

Oui ; mais crânement difficile !

La paroi extérieure était blindée. Rien à faire.

Le toit, blindé de même, pouvait peut-être être soulevé par un homme fort. Oui, mais une fois là-haut, comment descendre ? Pas moyen de sauter du toit sur la voie, à une marche de quinze lieues à l'heure. On se tuerait net ! Pas pratique non plus.

Et puis, de sa cahute, le conducteur du train l'apercevrait, le signalerait.

— Non ! Il fallait renoncer à ça.

Restait le plancher. Oui encore, avec force et adresse, il pourrait en arracher une planche. Mais, de là, on tombait juste sous le rail, entre les deux roues, ayant celle de derrière à soixante centimètres, et roulant plus vite que le vent.

Un jeu à se faire couper en deux.

Pas ça, encore.

Il y avait bien, à enfoncer la porte de la cellule : pas malin ; non. Le gardien arrivait, il l'étranglait, et ouvrant la portière, il se laissait glisser dans l'entrevoie. Adieu !

— Parbleu ! facile à dire. Mais ce gardien, pour sûr, il était armé ; il avait un revolver. Le combat n'était pas égal.

Allons ! encore une fois, rien à faire !

Tant qu'il serait dans le wagon cellulaire, il n'avait qu'à prendre son mal en patience.

Une fois à Bourges, on verrait !

Son intelligence se fixa là-dessus : voir, à Bourges, s'il n'y aurait pas moyen de s'envoler.

La prison de Bourges ne devait pas être sur le nouveau modèle. Une prison vieux-jeu. Eh ! eh !

Son imagination galopa.

A ce moment, il sentit que le wagon était mis en mouvement. Des hommes d'équipe, le poussaient, le faisaient virer sous les plaques tournantes, afin de l'aiguiller sur le train qui devait l'emmener.

Pour le service, ces hommes parlaient. Francis les entendait.

— Où l'accroche-t-on le panier à salade?

— Mets-le en queue.

— Après les troisièmes?

— Oui. De cette manière-là, les gars qui sont là-dedans seront juste en face de la sortie qui leur est réservée.

— Ils ont une sortie réservée?

— Comme des princes alors!

— Dépêchons-nous. L'heure avance.

Sur ce dernier mot, Francis sentit un choc; puis, un bruit de chaînes, et celui de la barre d'attelage qu'on vissait.

— Pressons-nous, pressons-nous! dit la voix d'un chef.

— Nous y v'là! répondit l'homme qui commandait l'équipe. Il n'y a plus qu'à accrocher le fourgon à bagages.

Cette manœuvre, le bandit la suivait dans ses détails, l'attention tendue, avec la puissance nerveuse de tout être pris au piège qui cherche, d'instinct, à profiter de la moindre occasion de s'en tirer.

Tout à coup, il lui vint une idée, qui l'éblouit, l'étourdit un moment.

Puis il fit appel à sa lucidité, et réfléchit profondément. Il connaissait la ligne, pour l'avoir parcourue plusieurs fois, de Sauvenières à Paris. Il s'efforça de se rappeler les détails du parcours; la distance entre les arrêts.

Le train roulait depuis une demi-heure déjà, sans qu'il y eût pris garde, tant il était absorbé.

Il faut croire que son idée s'était pleinement formulée, car il se résuma en se disant mentalement :

— « Peut-on soulever une planche du parquet? Tout est là?

Par malheur pour lui, il n'était pas le premier qui se le fût dit, ni qui l'eût tenté. En sorte que ceux qui construisent ces wagons pénitentiaires ont pris leurs précautions.

Toutefois, l'œuvre humaine si solidement établie qu'elle soit, subit l'action du temps, qui la détériore plus ou moins. L'humidité, puis le chaleur, ont action sur le bois plus encore que sur d'autres matières.

D'autre part, la trépidation de ces boîtes roulantes aide à l'action des causes extérieures et permanentes. Il peut se produire un défaut.

A vrai dire, il y a des ateliers de réparation pour y remédier et rétablir l'imperturbable solidité.

Oui, mais il faut constater l'avarie. Ceux qui sont chargés de l'inspection sont des hommes, et comme tels, loin d'être impeccables.

Dame! la besogne est maussade en somme. Tout travail qui se fait par nécessité, sans comporter un plaisir en soi, n'absorbe pas celui qui l'accomplit. Des pensées agréables, des soucis, des préoccupations multiples amènent de la distraction, rendent l'action machinale. Que de choses échappent!

Bah! ça ira comme ça, cette fois-ci!

Et puis, faut-il pas s'exterminer, pour une administration si chiche, si rapace, si dure envers ses employés.

Au diable! Et le défaut, la détérioration subsistent un certain temps.

Ce n'était pas le cas du wagon où se trouvait Francis.

S'étant rendu libre de ses mouvements, il explora le parquet, de ses mains, cherchant un point de disjonction quelconque, qui permît d'y mordre.

Rien! Tout en ordre; tout solide. Pas le moindre élément à une espérance, si fragile fût-elle!

Il se releva découragé, reprit sa place et fut triste.

Le train filait éperdument. Tout rentré en lui-même qu'il fût, le misérable faisait, de temps à autre, un mouvement de la tête, comme pour se préserver de quelque chose de gênant, d'agaçant. Mais il ne s'y arrêtait pas.

Bientôt, il sentit poindre une douleur légère, du côté droit; une impression qui semblait présager du mal de dents, qui intéressait l'oreille, les muscles de la face et du col.

Il y fit attention malgré lui.

Un courant d'air; un vent coulis.

Mais alors?...

Alors, il fallait que ce vent passât par quelque part; par une fente, une fissure; quelque chose.

Il chercha, haletant, n'osant croire à la vérité, voulant que ce fût une illusion.

Mais non; mais point du tout! Le vent venait d'en haut; de biais. Ici, tenez!

Il y porta la main, et sentit. Il se mouilla un doigt de salive, et sentit mieux encore. Il écouta... Ça sifflait!

C'était vrai. Dans le haut, à la jonction de la paroi extérieure et du toit, il s'était produit un léger écart.

Francis eût une lueur d'espoir. L'émotion lui faisait battre le cœur, le rendait tremblant.

Il fit un effort, et rappela son sang-froid. Il en fallait, et beaucoup. Sa volonté le lui procura, et il examina attentivement.

Et bien! voici ce que c'était:

Une planche longitudinale était quelque peu disjointe, en effet. Mais la couverture de zinc la maintenait pourtant.

De plus, elle était extrêmement adhérente aux poutrelles transversales; la charpente du toit. Pas moyen d'ébranler celles-ci qui étaient retenues, fixées par des boulons probablement.

Eh! diable! terriblement rapprochées ces poutrelles!...

En admettant, ce qui restait un problème, qu'il parvînt à soulever la planche et le zinc, pourrait-il passer entre les pièces de la charpente?

Il se le demanda avec anxiété.

Mais, c'était un esprit méthodique. Il était de ceux qui croyent que le plus sûr est de commencer par le commencement.

Souvent, le premier résultat obtenu, produit des facilités imprévues pour poursuivre.

Or, le commencement consistait à lever la planche et le zinc, si possible.

Essayons, ne fût-ce que pour nous rendre compte.

D'un mouvement rapide, il ôta sa jaquette, la roula, en fit un tampon, et le posa sur sa tête, en le maintenant de la main.

Cela fait, il monta debout sur la planche qui lui servait de siège, et se dressa, appuyant le tampon contre la partie du plafond qu'il s'agissait de soulever.

Alors, se plantant les poings sur le torse, dans l'attitude d'une cariatide, il rassembla ses forces et poussa.

Impression presque terrifiante! Pas besoin d'un tel effort, vraiment. La planche cédait, si bien, qu'il se produisit un craquement.

Il eut peur! Si le gardien avait entendu, tout était perdu, c'était à refaire. Et que ce serait plus difficile désormais. On aurait l'éveil, on se méfierait; il serait surveillé de près.

Que voulez-vous! Tant pis!...

Résigné, il attendit. Rien ne bougea! On n'avait pas entendu le craquement:

Seulement, il s'aperçut d'une chose fâcheuse. Ses oreilles étaient écorchées, lui faisaient mal. Le rapprochement des poutrelles en était cause. Entre elles, il y avait la largeur de sa tête, pas plus. Les oreilles étaient de trop!

Que serait-ce pour les épaules?

Il fut consterné un moment. Puis il se moqua de sa consternation : les épaules se plient aux circonstances, se mettent de biais, en travers; n'importe comment. Le ventre et le reste aussi.

Il n'y a que les oreilles. Comment passer les oreilles? Ma foi! tant pis encore! Tant pis pour elles. Elles seraient écorchées, voilà tout! Hardi!...

De nouveau, il fit une poussée. Mais cette fois, il s'aida de ses mains. Besogne plus facile qu'il ne l'aurait soupçonné. En quelques minutes, le passage était praticable. Il apercevait les étoiles!... Le ciel! La liberté!!...

Eh bien, oui! les oreilles s'écorchèrent, et ferme! Mais les épaules s'écorchèrent aussi, et les reins, par dessus le marché.

N'importe! Il était hors de la boîte. Ouf!

Avisons au surplus maintenant.

A plat ventre sur la voiture, il ne délibéra pas longtemps. Ayant lu, à la lueur d'un disque, le nom d'une station que brûlait le train, il estima qu'il avait une demi-heure devant lui, pour achever son œuvre, avant que le train ne s'arrêtât.

C'était plus de temps qu'il n'en fallait!

En rampant, il gagna l'arrière du wagon. Là, à la force des poignets, il se laissa pendre, cherchant à poser le pied, sur un des tampons!

Bigre, c'était tout juste. De l'équilibre, à présent!

Quel était son projet? Simple et compliqué à la fois. Il s'agissait de détacher le fourgon à bagages.

La vitesse acquise le ferait rouler assez longtemps, puis il ralentirait et resterait en panne, alors que le reste du train filerait à la vitesse réglementaire.

Quand le conducteur s'apercevrait de l'affaire, il croirait à une rupture d'attache par accident, et crainte qu'un train suivant ne heurtât le fourgon abandonné, il se porterait au loin derrière, pour interrompre la circulation sur cette voie.

Et d'un! Ce fut vite fait.

Alors, se glissant, par le marche-pied, à l'avant de la voiture cellulaire, Francis entreprit la même opération.

Il l'accomplissait en riant, comme lorsqu'on est très certain du succès de ce qu'on entreprend.

A cheval sur la gaîne du tampon, penché en avant, il dévissait la barre d'attelage.

Un coup de sifflet de la machine le fit frémir. Pourtant, on devait être encore loin de la gare du premier arrêt à venir. Ah! oui! quelque passage à niveau!...

Un danger. Un garde est à ce passage, avec un drapeau et une lanterne. Ce garde pouvait l'apercevoir, ou tout au moins remarquer, que contre la règle inévitable, le train n'avait pas de fourgon à bagages en queue; donc, pas les trois feux rouges qui y sont obligatoirement.

Encore une fois, le bandit fut pris de frayeur et de désespoir! Le garde dispose d'un appareil télégraphique. Il préviendrait le garde plus loin, qui ferait les signaux d'arrêt. Adieu! la liberté!!

Et que de peine, que de génie, en pure perte!

Le voilà le passage à niveau. Allongé sur les tampons, Francis aperçoit la lanterne qui l'indique.

— Ah! seigneur!... Personne! La barrière est ouverte! Le garde ne s'est pas réveillé!!...

On a passé : travaillons!

C'est ce qu'il se dit. Aussitôt, il tira à lui une des chaines d'attelage, en défit les crochets.

A l'autre maintenant! Ça y est!

Il n'y avait plus qu'à attendre. Pour ça, il revint au marchepied et s'y allongea, surveillant l'effet de sa tactique.

Tout comme avait fait le fourgon à bagages, le wagon cellulaire continua de rouler, par le fait de l'impulsion acquise.

Mais celle-ci ne persévérant pas, il ralentit légèrement, puis un peu plus.

Bientôt, il y eut la distance d'un wagon entre la dernière voiture du train qu'entraînait la locomotive, et celle qui en était détachée.

Un autre danger à présent!

Si le gardien des prisonniers veillait, il allait peut-être s'apercevoir de quelque chose, s'inquiéter, examiner.

Or, le wagon-prison roulait encore trop vite, pour qu'on pût en descendre sans risquer de se casser les reins.

Mais le gardien pouvait voir ce dont il retournait, chercher le fuyard, l'apercevoir.

Pas de lutte possible. Il était armé, le gardien; il avait un revolver!

Pour comble de malheur, le ciel jusque-là chargé de nuages s'éclaircissait. La lune, presque en son plein allait éclairer assez les objets, pour que le gardien pût user de son arme avec précision!

Ah! ma foi! tant pis! il fallait sauter sur la voie.

Sitôt dit, sitôt fait.

Il se mit debout, tendit le regard, et se renversant le plus possible, il piqua à terre du pied gauche, dans l'entrevoie.

La vitesse était trop forte. Sous l'action de la secousse, le jarret plia, et il tomba en avant, raclant le sol de ses mains et de ses genoux.

Plus de peau aux mains; pas davantage à la rotule, et le pantalon dans un bel état!

N'importe! Il avait bien fait de sauter!

Car, en relevant la tête, il put voir, debout sur le marchepied, le gardien du wagon, qui enfin! mais trop tard, avait découvert ce qui se passait.

Deux coups de feu retentirent, sans résultat, il est vrai.

Francis ne demanda pas son reste.

Bondissant, comme un chat en dépit de ses écorchures, il passa par-dessus la haie, en y couchant son dos, de façon à passer les jambes de l'autre côté.

LES ERREURS DE LA GUILLOTINE

— L'abbé s'approcha et doucement dit : mon frère, puis-je quelque chose pour vous.

Là, il s'accroupit et regarda.

Le wagon cellulaire roulait toujours, à mesure plus éloigné du train, qu'on entendait siffler au lointain.

Le malfaiteur avait craint une chose : c'est que le gardien ne sautât à terre lui aussi, et ne se mît à sa poursuite le revolver au poing.

Non. Il n'en était rien. Il avait charge d'autres *voyageurs* de même sorte, et il n'avait pas osé les abandonner.

Eh bien ! la farce était jouée. Francis était libre !

Bon ; mais sa situation n'était pas merveilleuse. Des vêtements en lambeaux, des blessures, tête nue et pas le sou !

Que faire de sa liberté ?

Paraître dans le moindre village, c'était se faire arrêter sûrement.

Pourtant, il ne pouvait rester en pleins champs.

Le pis est qu'il fallait se décider vite ; car à l'horizon, des teintes claires annonçaient la toute prochaine apparition de l'aurore.

Cela, du moins, permit au fugitif de s'orienter.

Il regarda autour de lui et aperçut à quelque distance, une masse d'ombre, tranchant sur le ciel dont le bleu s'éclairait.

— Un bois, se dit-il.

Il se dirigea de ce côté, Il pensait pouvoir s'y cacher tout le jour.

Mais il fallait qu'il s'y cachât bien !

Il pressentait de quelle chasse il allait être l'objet.

A la prochaine station, on ne verrait que trop l'absence des deux wagons détachés par lui.

Ne fut-ce que pour la sécurité des voyageurs, on allait courir après ces deux wagons. Le premier qu'on rencontrerait serait le wagon cellulaire. Le gardien dirait ce qui s'était passé : l'évasion du prévenu. Et aussitôt le télégraphe de marcher ; d'où ordre à la gendarmerie de traquer l'évadé.

Renseigné sur le point de la ligne où il avait pris la clé des champs, tout se concentrerait là, et le bois serait battu de fond en comble.

Pourtant Francis, connaissait la façon d'être de l'administration. Il estimait que les formes bureaucratiques, retarderaient la transmission des ordres.

Au plus tôt, les gendarmes ne se mettraient en mouvement qu'à trente ou trente-deux heures de là.

Eh bien ! en utilisant convenablement le temps, possible était de leur faire la nique.

— Gagnons toujours le bois, se dit-il encore. Nous verrons après.

A mesure qu'il en approchait, la lumière grandissait. Et il fit la grimace.

C'est que près de ce bois la culture changeait. Plus de blé, ou d'avoine, ou de luzerne, etc.; c'était des plantes potagères; la culture maraîchère.

Donc le bois avoisinait un centre de population.

Que voulez-vous! Tant pis. Il n'avait pas le choix. Du reste, il y avait une consolation à cela.

Dans un bois isolé, il n'eût guère trouvé à manger le long du jour. Tandis qu'ici on pouvait cueillir quelque chose.

Oh! pas de quoi se régaler : des carottes crues, une betterave, des fruits. C'est maigre. N'importe! c'est plus que rien.

Il fit sa provision.

Tout à coup, il jeta un petit cri de joie.

Dans un champ, nouvellement ensemencé, trois épouvantails étaient plantés, dans l'espoir d'effrayer les oiseaux, et les empêcher de manger la graine.

Ces épouvantails étaient formés avec de la paille, laquelle bourrée dans de vieux vêtements avaient un faux air d'homme.

Francis s'en approcha et examina ces défroques.

Eh! eh! pas à dédaigner! Il y avait entre autres pièces, un pantalon de toile bleue qui, ma foi, n'avait ni trous, ni pièces voyantes. Bonne aubaine! Mais, surtout il y avait des coiffures; l'embarras du choix : un vieux chapeau de paille, un bonnet de coton, et une casquette de drap noir.

C'est sur ce dernier objet que Francis jeta son dévolu. Et voyez la chance, cette casquette le coiffait à peu près!

Il fit un paquet du tout et gagna le bois.

Là, sous la feuillée épaisse, il respira.

Malgré tout, jusqu'à ce moment, il avait été agité, fébrile. Tout cela, aussi, ne s'accomplit pas sans une dépense excessive de fluide nerveux.

Maintenant, il se sentait las.

Le somme interrompu à Mazas le rendait lourd, à présent qu'à tort ou à raison, il s'estimait à l'abri d'un danger imminent.

Il y avait paré en partie. Grâce aux légumes volés, il était sûr de ne pas mourir de faim.

Grâce aux vêtements dérobés, il pouvait masquer ses principales blessures, et les déguiser plus ou moins.

Restait à prendre un peu de repos, afin que les forces revinssent et qu'il pût reprendre sa route.

Sa route! assurément, il ne pouvait pas rester là indéfiniment. Mais quelle route prendre? Où aller? dans quel but?

Voilà, par exemple, ce qu'il ne savait pas.

Échapper à la *rousse*, rien de mieux. Mais quoi de possible ensuite?

Et remarquez : de possible à un homme traqué par la police, dont le signalement et la photographie seraient dans les mains de tous les commissaires de France, dans la plupart des brigades de gendarmerie. Et, qui sait, peut-être reproduite, en gravure sur bois, dans les journaux populaires, qui pénètrent jusque dans le dernier des villages!

Et cet homme, seul, contre tous les habitants de son pays, n'avait pas un rouge liard à sa disposition!

Franchement, pouvait-il se proposer le moindre projet?

Bah! Francis n'était pas un homme à s'abandonner. Lui, aussi, il croyait à son étoile.

Un honnête homme, doué de son tempérament se fût dit :

— Le ciel m'inspirera!...

Mais, vraiment, il n'avait pas compté sur le ciel, — ce qui était bien gentil de sa part.

Mais, à défaut du ciel, restait le diable. Par malheur, il n'y croyait pas. Non! Il comptait sur lui, sur lui seul!

Seulement, il fallait qu'il reprît possession de toute sa lucidité, et pour cela il fallait se reposer, dormir!

Où? Comment?...

S'il eût connu ces bois, il eût peut-être avisé quelque refuge. Mais, il n'en savait ni l'étendue, ni les accidents topographiques.

Le plus sûr était d'aviser un arbre, offrant, dans la hauteur, une fourche qui permît de s'y installer au plus épais du feuillage.

Cherchons!

Le jour en s'accusant davantage, lui facilitait l'examen. L'œil au guet, l'oreille tendue, il se glissa dans le fourré, ayant soin de ne point briser les petites branches qu'il dérangeait, pour ne pas laisser derrière lui une sorte de sillage qui mît sur sa piste au cas où l'on organiserait une battue.

Bientôt, il trouva son affaire. Un chêne très haut, dont la cime s'enchevêtrait avec celle d'autres arbres élevés.

Péniblement, il y grimpa. Ses genoux étaient sensibles. Les habits et les comestibles volés le gênaient dans ses mouvements. Et puis le tronc était si large qu'il n'était pas commode de l'enserrer, surtout à la base.

Néanmoins, il atteignit la première branche.

Il l'enfourcha, et souffla un moment. Pas longtemps, car aux différents clochers voisins, on commençait à sonner l'angélus du matin. Les paysans devaient déjà être en route pour les champs; les bûcherons, pour les bois.

De nouveau donc, il grimpa.

Ouf! le voilà à l'endroit désiré. Trois branches s'élançant du tronc en diverses directions formaient comme une plateforme; d'autant que l'une d'elle, brisée vers le milieu, par un coup de foudre, sans doute, avait produit un rejeton respectablement solide, qui coupait les autres en travers.

Il regarda autour de lui : des feuilles et rien que des feuilles, en haut, en bas, et sur tous les côtés.

On ne pouvait pas mieux tomber.

Sans plus attendre, il gratta la pelure d'une carotte, et s'en fit un semblant de déjeuner, en y mordant à pleines dents.

Après quoi, il choisit sa place, et tordant en corde, les deux jambes du pantalon de toile bleue, il s'attacha à l'une des branches.

On peut rêver, faire un faux mouvement, dégringoler ! Pas de bêtise !...

En sorte qu'il se trouva à demi assis, à demi couché sur la fourchette de deux branches, la tête appuyée sur le rejeton transversal.

Dur, cet oreiller ! Attendez un peu !

Otant sa jaquette, il la roula en tampon, et à l'aide de son mouchoir, il l'assujettit au rejeton.

Ma foi ! il n'était pas trop mal. Les jambes pendaient, c'est vrai ! Mais le moyen de faire autrement. A la guerre comme à la guerre !

Le vent qui s'élevait doucement, le berçait dans l'espace, et les feuilles agitées murmuraient une chanson monotone.

Cinq minutes durant, il resta éveillé, prenant plaisir à se sentir libre, à écouter le gazouillement des oiseaux, les cloches lointaines, le bruissement de la vie végétale au sein de laquelle il se réfugiait ; puis tout devint vague, se brouilla ; bonsoir la compagnie, le voilà parti pour le pays des songes.

VI

À TOUT PÉCHÉ MISÉRICORDE

Non loin de Montmorillon, en plein Poitou, est un village, dont les habitations, qui longent la route, en la bordant des deux côtés, semble un des faubourgs de la petite ville.

On est très dévot en Poitou.

On l'est plus encore à Montmorillon.

C'est pourquoi, ce semblant de faubourg, formant une commune, si pauvre qu'elle fût, avait une église.

Or, s'il y avait une église, il y avait un curé ; car on peut rencontrer un curé sans église ; mais non pas une église sans curé. Et cela, par la bonne raison, qu'à l'église sont attachés des appointements, minimes sans doute ; mais c'est toujours plus que rien, n'est-ce pas ?

Donc, il y avait un curé à l'église de ce semblant de bourg.

Un brave homme, ce curé. Par chance, on avait découvert avant lui le fil à couper le beurre, le cuir à faire couper les rasoirs et la poudre, sans quoi, l'humanité eut risqué fort de n'en avoir jamais connaissance, tant à le fréquenter quelque peu, il était visible qu'il ne fallait pas compter sur lui.

En somme, il n'y voyait pas plus loin que le bout de son nez, et, malheureusement, il l'avait très court.

A cela près, le meilleur fils du monde; bel appétit, grande soif et indulgent à l'égard du pécheur.

Sensible aussi, à preuve :

Un jour, à vêpres, l'église pleine, il était monté en chaire et prêchait. Il prêchait sur les peines éternelles qui attendent, comme chacun sait, ceux qui commettent des péchés mortels.

Et ces peines, il en faisait une peinture effroyable, qu'il avait lue dans des livres très saints.

C'était affreux, horrible à faire trembler.

Tellement, que son auditoire ému, impressionné, en frémissait. Les hommes du moins. Mais les femmes, c'était bien pis ! La figure enfouie dans leur mouchoir, elles pleuraient, geignaient comme une vache à qui l'on a enlevé son veau. Et malgré le respect du saint lieu, elles poussaient des sanglots de terreur.

L'abbé Ferréas, — c'était notre curé, — en fut troublé, à la fin. Il s'en voulait de désoler ces pauvres femmes, qui ne lui avaient rien fait à lui.

Aussi, coupant court à la description.

— Mes frères, dit-il, et vous surtout, mes très chères sœurs, je vous en prie, ne vous lamentez pas comme ça. Ce que je vous en dis, moi, c'est sur la foi de ceux qui, probablement, en savaient le fin mot, et il faut croire qu'il en était ainsi de leur vivant. Mais il y a si longtemps, si longtemps !... que ça n'est peut-être pas vrai. Pour moi, je ne veux pas mentir, et je vous confesse que je n'en sais rien du tout !

D'ailleurs, ajouta-t-il ingénument, ça me semble un peu fort tout de même qu'un Dieu, dont l'essence est la suprême bonté, ait eu le cœur d'inventer des tourments pareils.

Cependant, c'est écrit; n'en doutons point; mais ne nous en faisons pas une affaire et, attendons, pour nous effrayer, que quelqu'un soit revenu de là-bas, et nous dise ce qu'il en est au juste.

On voit par là que le bon abbé Ferréas était bon diable, à tout considérer.

Or, un matin, après sa messe, l'abbé rentré à la sacristie, se débarrassa de ses ornements, puis de sa soutane. Il faisait un temps très lourd, un temps d'orage ; trente-cinq degrés à l'ombre.

Cependant ce n'était pas pour cela que Ferréas se mettait en bras de chemise.

C'est que depuis huit jours, son sacristain était mort, pour avoir bu un coup de trop ! Ça arrive. Et, bien qu'il fût tombé comme par un coup de foudre, sans avoir reçu les sacrements, l'abbé l'avait enterré en cérémonie tout de même.

C'était le mieux du monde. Mais en attendant qu'il se procurât un successeur du défunt, si le curé ne voulait pas que son église fût un chenil, dame ! force lui était d'y donner et coup de balai et coup de plumeau, pas vrai ?

Il avait sa servante, il est vrai. Mais c'était une vieille bonne femme qui avait des varices. Trop de fatigue, et elle tombait malade. Plus moyen de rien faire du tout !

C'est pourquoi, l'abbé pestait volontiers contre les canons. Sans ces sacrés canons, il eût pris une servante jeune.

Les servantes jeunes n'ont pas de varices, ordinairement du moins. Elles vont, elles viennent alertement.

Et puis, c'est agréable de voir un jeune visage.

Mais va te promener ! Les canons exigent que les curés aient une vieille servante ! C'est stupide !

C'est pourquoi, M. le curé Ferréas, s'étant mis en bras de chemise, se disposait à donner un coup de balai et un autre coup de plumeau à son église.

Seulement, il n'eût pas été digne d'être vu de ses ouailles en telle occupation. Aussi, avant d'y procéder, entendait-il aller fermer la porte du porche.

Comme il sortait de la sacristie, il faillit lui échapper un petit juron ; oh ! un juron bénin ! Tout simplement :

— « Sac à papier !... ».

Il s'en retint toutefois ; mais il n'en fut pas moins contrarié.

C'est que du premier coup d'œil, il avait aperçu quelqu'un dans l'église. Un fidèle assurément. Une âme très pieuse ; car l'abbé l'avait vu se jeter tout à coup à deux genoux à terre, cacher son visage dans ses mains, et s'absorber dans une méditation profonde.

Contrarié, l'abbé ; contrarié à cause du coup de balai, qui, par là, se trouvait retardé.

Mais touché aussi, très touché de l'attitude de ce pécheur.

Pas un pécheur du bourg, par exemple. Ferréas les connaissait tous ; aussi bien que ceux de Montmorillon, dont celui-ci n'était pas non plus.

Tant pis ! car avec un paroissien de l'un ou autre endroit, c'eût été affaire de courte durée. Un *pater* et un *ave*, c'eût été fini.

Tandis que celui-là méditait. Ça pouvait être beaucoup plus long ! Le diantre l'emporte !

Tout en se faisant ces réflexions, l'abbé était rentré à la sacristie et avait remis sa soutane, afin de parler au pénitent s'il dépassait la mesure.

Bien lui en prit, puisqu'à sa rentrée dans l'église, il retrouva son homme. Non plus à genoux ; mais debout, appuyé à une colonne et le regard un peu effaré, preuve que la méditation continuait.

L'abbé s'approcha, et doucement, dit :

— Mon frère, puis-je quelque chose pour vous ?

— Oui, mon père, répondit résolument l'inconnu.

— Et quoi ? Dites-le en confiance.

— Le pain de l'esprit et du corps.

— De l'esprit, mon frère ?

— Oui, monsieur le curé, car je suis un grand coupable, et je voudrais me confesser.

— C'est facile, mon enfant, reprit le prêtre.

— Et quant au pain du corps... voilà douze jours que je vis de légumes arrachés des champs que j'ai traversés.

L'abbé l'examina.

Cet individu avait mauvaise mine. Misérable son costume ; sale son visage, avec une barbe à demi poussée.

N'importe !

— Venez avez moi, mon ami, dit-il. Nous allons déjeuner ensemble, vous vous laverez après, puis vous dormirez si vous en avez besoin, et vous me conterez vos péchés, pour finir. Nous verrons ensuite.

En bonne logique, et ne fût-ce que par précaution, l'abbé eût dû dire :

— Vous vous laverez ; nous déjeunerons ensuite, etc.

Mais si besoin que le pénitent parût avoir de prendre quelques soins de propreté, il avait les joues si creuses, le ventre si plat, les dents si longues, que, visiblement la faim dominait tout le reste.

La seule précaution à prendre était de surveiller l'affamé pour qu'il ne se jetât pas sur les plats de façon à se rendre malade.

C'est pourquoi le curé dit à la servante de servir tout doucement.

Elle en parut contrariée.

— Quelle drôle d'idée, fit-elle, avec brusquerie, d'héberger un gars de cette espèce.

— Prenez garde, ma bonne, fit l'abbé.

— Prendre garde à quoi, monsieur le curé.

— Prenez garde de porter un jugement téméraire sur votre frère !

— Ça, mon frère ? reprit la vieille. Dieu merci ! j'ai la confiance de ne pas descendre du même fils de Noé que ce galvaudeux-là. Il est de la race maudite. Et je ne serais pas étonnée que ce fût quelque malandrin.

— Taisez-vous ! répliqua sévèrement le prêtre et servez comme si c'était un roi.

La vieille ne se trompait pas.

LES ERREURS DE LA GUILLOTINE

— Voilà mon crime, mon père, dit Francis en forme de conclusion; voilà le misérable que vous avez recueilli, reçu chez vous, admis à votre table.

Le pêcheur que recevait son maître était pis qu'un malandrin.

C'était Francis ; ce qui est tout dire !

Francis vaincu ; Francis réduit à cet état d'impuissance et de désespoir par la faim et l'épuisement que si l'abbé ne l'eût pas recueilli, il se fût livré aux gendarmes, pour obtenir un morceau de pain et un verre de vin.

C'est droit à la brigade qu'il se rendait, — qu'il se traînait plutôt.

Quand voyant l'église déserte, il y était entré, non pour prier, non pour se confesser ; mais dans l'espoir de trouver des sous dans le tronc des pauvres.

Armé d'une tige de fer, qu'il avait ramassée dans un tas de fumier sur les routes, il l'avait redressée, puis recourbée à l'extrémité, de façon à en faire un rossignol.

Grâce à cela, et à une habileté acquise par l'expérience, il n'avait pas eu de peine à crocheter la serrure du tronc.

Mais décidément, le diable était contre lui ! Rien, là dedans ; pas un sou ; pas un seul !

Il poussa un juron terrible en refermant le tronc, et c'est à ce moment que l'abbé parut en manches de chemise.

Par un reste d'instinct de conservation, le misérable se jeta à genoux et simula un chrétien en prière.

On sait le reste.

A mesure qu'il mangeait, à la table du curé, un très frugal déjeuner, d'ailleurs : une friture et une omelette, suivie d'un bout de fromage de chèvre, et d'une grappe de gros raisin, Francis reprenait quelque force physique et morale.

Morale surtout !

Plus du tout envie d'aller se constituer prisonnier à la gendarmerie. Le goût de l'existence lui revenait.

Que ces poissons frits lui semblaient bons ! Que cette omelette lui paraissait délicieuse.

Jamais il n'avait mangé de fromage de chèvre aussi fin et aussi exquis.

Quant au raisin, non, d'honneur, il fallait venir à Montmorillon, pour en rencontrer un aussi succulent !

Et le vin, donc !... Un petit clairet, de l'année dernière, puisé par pichets au tonneau. De l'ambroisie tout simplement.

Est-ce qu'on a de ces choses délectables en prison ?

Alors, pourquoi donc faire, se livrer aux gendarmes ?

Ah ! mais voilà un comble !...

La vieille servante apportait du café ! ! !...

Francis n'en revenait pas.

— Fumez-vous, mon ami ? lui demanda le prêtre.

Le bandit, suffoqué ne trouva qu'un mot à répondre :

— Volontiers !... ah ! bien volontiers, monsieur le curé.

— Tant mieux ! répliqua celui-ci. J'en ai contracté l'habitude par hygiène, au temps où j'étais au séminaire dans les Indes. L'air sans cesse imprégné des vapeurs des marais et du sel de la mer, en rend la pratique indispensable, ne fût-ce que pour se préserver du scorbut. Et monseigneur m'a autorisé à continuer, sur l'avis du médecin.

Ce disant, l'abbé avait tiré d'une armoire un vaste pot à tabac et des pipes, toutes neuves, sauf une, admirablement culottée.

— Merci, monsieur le curé, dit Francis, quand il eut tiré la dernière bouffée. Je ne puis vous dire la reconnaissance qui m'emplit le cœur.

— C'est bien, c'est bien, mon enfant. Venez avec moi, maintenant.

Et prenant les devants, Ferréas conduisit son hôte, à l'extrémité du bâtiment.

Là, se trouvait une chambre proprette, avec un bon lit, et des meubles de bois blanc, noircis au brou de noix.

Un large lavabo était fixé au mur, près de la fenêtre. Grande cuvette en grès, du savon, un peigne de corne, des serviettes.

La couverture du lit, était faite, et, — délicate attention, — une chemise de nuit était dépliée sur le dossier d'une chaise.

— Vous reposerez, je pense à votre aise, ici, dit le curé. Mettez vos habits dehors. Je vois qu'il y faut quelques reprises et réparations. Ce sera prêt à votre réveil, mon ami. En cas où le tout ne serait pas achevé, vous trouverez un de mes pantalons à mettre en attendant. Bon sommeil, mon frère, et le Seigneur soit avec vous !...

Si éreinté que fût Francis, sa toilette faite, il ne s'endormit pas sur le coup.

Se laver !... C'était si bon ! Ne plus sentir la faim ; se trouver dans une grande chemise de grosse et fraîche toile, parfumée de la senteur des foins verts, où elle avait séché, après la lessive, et se trouver étendu sur un lit douillet, tout blanc !... L'ensemble de ces délectations tournait la tête au misérable.

Il lui prenait des étourdissements. Il était touché, attendri. Le bon curé ! L'excellent homme !

C'est en répétant ces exclamations qu'il céda enfin au sommeil, rêvant de rédemption, se transformant en ange.

A sept heures du soir seulement, il se réveilla.

En sursaut, l'oreille aux aguets, comme s'il fût poursuivi, traqué par une meute de gendarmes.

Où était-il ? Le cerveau encore congestionné ne fonctionnait pas, n'était pas dans la plénitude de son équilibre.

Il ne se rappelait pas ce qui s'était passé le matin. Le curé, le déjeuner, la toilette, tout cela était oublié.

Il ne reconnaissait pas les objets dont il était entouré. Sans savoir pourquoi, il avait peur.

Cependant la sensation du bien-être dont il jouissait le rappela à la réalité. Toute l'hospitalité dont il était l'objet lui revint en mémoire.

Mais alors, une préoccupation le prit.

Ce n'était pas le tout que d'avoir mangé, de s'être lavé, d'avoir dormi. Le programme comportait aussi une confession.

— Que diable vais-je dire à ce brave homme? se demanda-t-il, avec inquiétude.

Inquiétude et scrupule vraiment singuliers de la part d'un bandit de cette sorte.

Ça le chiffonnait d'avoir à tromper ce prêtre. Non que ce fût difficile. Au contraire.

Et c'est bien pour cela qu'il était chiffonné. C'était trop facile. Il avait peur d'en abuser. Il ne voulait pas le payer d'ingratitude; lui mentir effrontément.

Non ! pour rien au monde, il ne se moquerait de lui. Non ! il ne le traiterait pas comme une dupe.

Cependant, faute d'une bourde, que lui dire ?

Il y songea mûrement. Puis, tout à coup, il trouva son affaire : une histoire qui conciliait tout, vraisemblable, qui aurait pu lui arriver à lui, qui était peut-être arrivée à d'autres, et contenant des parties de la vérité.

— Eh bien ! c'est ça ! se dit-il.

Et sa détermination prise, il se sentit fort.

Il se leva, d'un seul mouvement.

Ses effets n'étaient plus là. Ah ! c'est juste ! L'abbé lui avait annoncé qu'on y ferait quelques réparations.

Doucement, il entre-bâilla la porte, cherchant au dehors.

Sur une chaise, placée à côté de la porte, il y avait des habits. Les siens ?... Il n'en eût pas juré, tant ils étaient propres. Du moins, ils lui étaient destinés. C'était visible.

Il entra la chaise dans la chambre.

Oh ! merveilles accumulées !

Une chemise blanche ; des bas de coton ; un pantalon de drap noir, et cela ?...

Une redingote, ma foi ! Pas à la mode par exemple ! Très longue, avec une seule rangée de boutons ; beaucoup de boutons, et un collet droit.

Pas une redingote ; mais une lévite ; un de ces vêtements qu'endossent les prêtres quand ils croient se mettre en bourgeois ; quelque chose comme la redingote des quakers.

Rien ne manquait, ma foi ! Pas même la coiffure ; un chapeau noir de haute forme !

Assurément rien de tout cela n'était dans son neuf ; mais si méticuleusement brossé, correct !

Restait un point : ça lui irait-il ?

Il pouvait être tranquille. Avant de le mettre à sa portée, Ferréas et sa gouvernante avaient comparé les mesures.

Seul le chapeau s'était trouvé large.

Mais l'abbé était ingénieux. Déchirant des pages de la *Semaine Religieuse* de Poitiers, il les avait pliées et insérées sous la coiffe, en ajoutant jusqu'à ce que l'ouverture du chapeau eût les dimensions de l'ouverture de la casquette.

Tout était pour le mieux.

Seulement, impossible de porter un pareil costume avec une barbe longue d'un mois.

Attendez !

Sur la table de la toilette, il y avait deux rasoirs et une savonnette.

En deux temps, il se rasa. Dès ce moment le visage et le costume ne juraient plus ensemble.

Quand il fut prêt, il sortit de sa chambre. Le jour tombait. Il faisait sombre dans l'intérieur.

Il faut croire qu'on l'avait entendu.

Une voix cria :

— Par ici ; par ici.

Francis se dirigea du côté de la voix et bientôt aperçut de la lumière par l'entre-bâillement d'une porte.

Il poussa celle-ci, et trouva le curé, lisant la prière du soir, près de la table, où le couvert, pour le souper était dressé.

— Eh bien, demanda le prêtre, êtes-vous reposé, mon ami ?

— Oui, mon père, répondit le meurtrier, très sincèrement remué. Reposé et profondément ému des bienfaits dont votre extrême bonté me comble.

— « Fais à autrui, ce que tu voudrais qu'on te fît » répondit doucement Ferréas.

— Mais mon père, vous ne me connaissez pas.

— Quel mérite aurais-je, si j'étais sûr que vous méritez de l'intérêt ?

— Mais, je suis un coupable.

— Vous me l'avez dit. Mais je vous répondrai encore par une parole chrétienne : « A tout péché miséricorde ! »

— Cependant si j'étais un criminel ?

— La bonté de Dieu est infinie pour qui se repent.

Rien n'est complet dans la nature humaine. Comme nous l'avons déjà dit, le mal, tout aussi bien que la vertu a ses défaillances.

Et cet assassin, ce monstre, par je ne sais quelle faiblesse, avait les larmes aux yeux en entendant l'abbé.

Il était tenté de tomber à genoux devant lui ; de lui baiser les mains.

— Écoutez, reprit Ferréas, ma gouvernante, qui n'a pas très bon caractère, me ferait la mine, si je retardais le moment de servir le souper.

Mettons-nous donc à table.

Puis quand on aura desservi, là, seul à seul, vous me ferez votre confession, en homme !...

Ainsi fut fait.

Puis, le moment venu, l'abbé se mit dans un fauteuil de paille près de la fenêtre close, et plaça une chaise près de lui.

— Mettez-vous à genoux pour le *Confiteor*, dit-il à Francis. Puis vous vous assiérez, pour me dire vos péchés.

Le *Confiteor* ! On pense si le bandit s'en souvenait.

L'abbé en sourit.

— Dites avec moi, fit-il.

— Dites, mon père, répondit Francis.

Et le prêtre commença :

— « Je me confesse à Dieu... etc.

Mot à mot, l'autre répéta jusqu'au bout, trouvant je ne sais quel charme à « faire comme tout le monde » à parler à ce Dieu des catholiques, qui croient que l'Être suprême les entend, s'occupe d'eux, sait qu'ils existent, dans cet univers infini, où, pourtant ils tiennent si peu de place !

Alors, d'une voix ferme, Francis, se confessa ; c'est-à-dire raconta ce qu'il avait imaginé :

— Mon père, dit-il, lorsque vous m'avez surpris en prière dans votre église, je comptais, sur le dernier signe de croix, aller me livrer à la gendarmerie.

— Se peut-il !

— Le remords n'était pas seul à m'y pousser, j'en conviens, mon père.

— La faim aussi, la misère ?

— Oui, le dénûment où vous m'avez trouvé.

— Et que fût-il arrivé, mon enfant ?

— Il fût arrivé mon père, qu'après avoir vérifié ce que j'aurais déclaré, on m'eût reconduit en Allemagne, où les juges m'auraient probablement condamné à mort.

— Qu'avez-vous donc fait ?

— Mon père, j'ai aimé une jeune fille. Je la croyais sage et pure. Je lui donnai mon nom. Durant six mois, je fus le plus heureux des hommes ; car je croyais qu'elle était sensible à mon amour, et qu'elle y répondait de bon cœur.

— Eh bien?...
— C'était une illusion.
— Elle ne vous aimait pas ?
— Comment m'eût-elle aimé, puisqu'elle en aimait un autre !...
— Qui était-ce cet autre ?
— Un garçon que les parents de ma femme avaient repoussé. En sorte qu'elle m'épousa pour s'affranchir de leur tutelle.

Même en me jurant fidélité et affection devant les autels...
— Devant le pasteur ?
— Non, mon père. Elle était catholique romaine. La partie de l'Allemagne où elle est née est de la Confédération du Sud, sous la suprématie de l'Empire d'Autriche.
— Poursuivez, mon enfant.
— Même devant les autels, continua François, elle mentait, elle était parjure, sacrilège ; elle mentait, oui, elle mentait, gardant son cœur à celui que sa famille lui avait refusé.

Elle spéculait sur la tendresse que je lui manifestais.

Elle se disait que cette tendresse me rendrait myope, et qu'ainsi, elle pourrait voir, aimer, posséder le garçon qu'elle me préférait !...
— C'est fort mal, dit l'abbé. Mais est-ce bien certain ?
— Elle me l'a effrontément jeté au visage, comme une injure ; comme une bravade, le jour où je la surpris dans les bras de son amant !...
— Vous les avez surpris ?
— Il y a six semaines.
— En Allemagne ?
— Oui mon père.
— Je tremble, dit Ferréas, tremblant en effet, je tremble en croyant deviner ce que vous avez fait.
— Vous avez raison de trembler, mon père !
— Vous vous êtes vengé ?
— Je les ai tués.
— Mon Dieu !
— J'étais fou de rage. Et d'abord, j'ai plongé un couteau dans le cœur de mon rival.

Un autre, épouvanté de son action, se fût peut-être calmé.

Moi, non ! Ce sang me grisait !

La contemplation de ce cadavre me mettait au cœur une joie sauvage ; je riais comme un cannibale.

Je lui criais, à elle :

« — Il râle ; tu ne l'auras plus dans tes bras ! C'est moi seul, qui te posséderai désormais !

« — Toi ? s'écria-t-elle, je te déteste ; c'est lui que j'aime et que j'aimerai toujours !

— Seigneur ! Seigneur !... murmura l'abbé.

— Cela vous fait horreur, mon père, dit Francis en tombant à genoux. Je n'ose achever.

— Il le faut, mon enfant. Mon devoir est de tout entendre. Dites...

— Eh bien ! mon père, ivre de fureur, je la frappai de mon couteau à son tour.

Oh ! fit-il, jouant l'effroi, et la honte de lui-même, je la revois, s'offrant plutôt à mes coups, m'exaspérant par ses bravades ; me disant avec un sourire :

« — Merci, de me délivrer de toi, de ton horrible personne !

« Merci de mêler son sang au mien, sur la lame de ton poignard. Je vais le rejoindre... oh ! merci !...

Et comme je frappais toujours, pour ne plus l'entendre, elle rassembla ses dernières forces, pour me provoquer, me narguer encore, disant d'une voix étranglée :

— « Tu vois bien que tu ne me souilleras pas de tes baisers odieux !...

— C'est épouvantable ! fit le curé frémissant.

— Hélas ! mon père, ce n'est pas tout.

L'abbé tressauta.

— Pas tout ! répéta-t-il. Ce n'est pas possible.

— C'est vrai pourtant !

— Qu'imaginer de plus ?

— Ce que l'orgueil blessé jusqu'au délire, jusqu'à la frénésie, jusqu'à la plus ignoble folie, peut faire commettre au plus grand criminel du monde.

— « Tu ne me souilleras pas de tes baisers, m'avait-elle dit ; je t'échappe, tu ne me posséderas pas !...

Eh bien ! si, mon père ! Dans une hallucination effroyable, je l'ai fait mentir ! Ce corps tiède encore a reçu mes baisers ; sur lui, en dépit du sang qui nous inondait tous deux, j'ai assouvi la plus monstrueuse des passions !...

Voilà mon crime, mon père, dit Francis, en forme de conclusion ; voilà le misérable que vous avez recueilli, reçu chez vous, admis à votre table.

Ce disant, il se laissa couler à terre, comme épuisé par l'effort, haletant, écrasé, abîmé à jamais, murmurant :

LES ERREURS DE LA GUILLOTINE

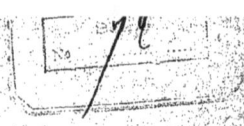

Ils suivirent la même direction, ayant l'air de faire escorte au cabriolet.

— Faites justice, mon père; appelez les gendarmes!... Je ne mérite nulle pitié!!...

Le prêtre pleurait.

Il garda le silence un long moment, puis joignant les mains et levant les yeux au ciel :

— Seigneur! murmura-t-il, inspirez votre serviteur!...

Et il cacha son visage dans ses mains et fit des prières mentales.

Francis, assis sur ses talons l'observait avec anxiété.

Pourvu que Ferréas n'allât pas prendre au pied de la lettre, ce qu'il lui disait au sujet des gendarmes! Pour sûr, il ne le laisserait pas faire; mais ça l'ennuierait de tuer ce bonhomme ; d'autant qu'il faudrait régler aussi le compte de la servante. Que d'embarras!

Pourtant se livrer aux gendarmes n'était plus du tout de son goût. Bon quand épuisé, mourant de faim, il se fût procuré, par là un soulagement momentané ; quelques heures de franc sommeil et un morceau de pain.

Mais, à présent, reposé, nettoyé, repu, pas de bêtises! C'est la liberté qui lui était chère : le premier besoin.

Et malgré la reconnaissance, si l'abbé avait fait un pas pour le remettre à l'autorité, il lui faisait son affaire.

Pas bien difficile! Un coup de poing pour l'étourdir, et avec un des couteaux de table, une entaille dans le cou. Ça ne pèserait pas une once!

De même pour la bonne. Moins même. Comme à la mère d'Eulalie, un coup de botte dans l'estomac. Ce serait suffisant.

Telles étaient ses pensées, pendant que le curé priait.

— Pourvu que le Saint-Esprit l'inspire convenablement! se disait l'assassin. Si je savais encore mes prières, je prierais avec le bon abbé. Ça l'étonnerait le Bon Dieu.

Il n'en eut pas besoin.

— Mon fils, reprit Ferréas, en montrant des traits altérés, je ne saurais me rendre à vos vœux. Ce que vous avez dit au confesseur, au ministre de Dieu, l'homme ne le sait pas. Le secret de la confession est sacré. Notre Saint-Père le pape seul pourrait m'en relever.

Je ne dirai donc rien aux gendarmes.

Je ferai plus. Je vous fournirai les moyens d'échapper à la vengeance des hommes, pour vous permettre de vous repentir, et d'effacer votre monstrueux péché, par une conduite de mortification réparatrice.

— Mais, c'est un ange! pensa Francis.

— Seulement, mon fils...

— Ah! voilà les restrictions!

— Seulement, je ne puis vous donner l'absolution.

Le bandit eut envie de sourire, tant le prêtre avait l'air navré.

— Si tu savais ce que je m'en fiche ! se dit l'assassin.

— Avant de laver votre conscience, mon fils, il faut avoir fait pénitence, et donner des gages de votre retour à Dieu.

Était-ce bien difficile, cette pénitence ?

Le curé n'en dit rien.

Mais il avait visiblement un projet, car ayant fait relever Francis :

— Suivez-moi dans le jardin, dit-il.

Et précédant le pécheur, il sortit avec lui.

La nuit était venue ; nuit claire. Sous la voie lactée où scintillaient des myriades de mondes lumineux, le bandit par une habitude *professionnelle* explorait du regard la topographie de cet enclos feuillu supputant les chances de s'en évader.

Bien facile. Les murs n'avaient pas deux mètres, et le fond fermé par un simple treillage, vermoulu, communiquait avec un autre jardin.

Il y avait du monde, dans celui-ci ; des hommes et des femmes qui prenaient le frais.

Comme on en approchait en silence :

— Bonsoir monsieur le curé, dit une grosse voix.

— Bonsoir brigadier, répondit l'abbé. Vous voilà donc de retour.

— Et bien fatigué, je vous assure.

Pourquoi le brigadier était-il fatigué ?

Il le dit : — Depuis quinze jours sa brigade et celles du voisinage avaient battu le pays sur plus de vingt lieues carrées.

Déjà au mot « brigadier » Francis avait frémi.

Et il avait battu le pays ! Parbleu ! le malfaiteur savait bien dans quel but ! C'était à son intention que les brigades s'étaient donné tant de mouvement et de fatigue.

C'est lui qu'ils avaient recherché, traqué !

Brouh ! il lui en passait des éblouissements de peur rétrospective.

Quel miracle de leur avoir échappé !

Et dire que le gibier inutilement poursuivi était là, à deux mètres de ce brigadier.

S'il eût fait jour, qui sait si le gendarme n'eût pas reconnu l'homme dont on lui avait fourni le signalement et peut-être la photographie.

On continuait de causer. Sans dire exactement l'objet de son expédition, — l'autorité est discrète, — le brigadier laissait entendre qu'il s'agissait d'une chasse à l'homme.

— Et nous rentrons bredouille ! fit-il avec dépit.

Mais ajouta-t-il, je ne voyais pas que vous avez quelqu'un avec vous, monsieur le curé : Excusez de vous avoir interrompu. Bonsoir monsieur le curé.

— Le Seigneur vous bénisse, vous et les vôtres, brigadier.

On passa. Puis quand on fut assez éloigné :

— Vous n'êtes pas en sécurité ici, reprit le prêtre. Cela lève mes dernières hésitations. Écoutez-moi bien, mon fils.

Il n'avait pas besoin de le recommander ! Francis, inquiet malgré tout d'un voisinage si dangereux, attendait avec anxiété que le bonhomme lui fournît les moyens d'échapper.

— Il faut vous faire une personnalité nouvelle, reprit Ferréas. De même que la rédemption purifiera votre âme, de même, les soins qui seront pris à votre sujet, vous permettront de dépouiller l'homicide qu'une passion aveugle a fait de vous, dans un moment de folie.

Je n'en ai pas le pouvoir, à moi seul. Mais, demain, je vous conduirai à des personnes en meilleure situation de vous sauver, si par votre repentir et votre conduite, vous méritez leur intérêt.

Reposez-vous donc encore cette nuit, mon fils, et demain au petit jour, nous monterons dans un cabriolet, qu'on me prête, quand j'en ai besoin, et je vous conduirai à Poitiers.

Le lendemain, en effet, le cabriolet, en question, était attaché à la porte du presbytère.

Ferréas ayant dit une messe basse que Francis servit tant bien que mal, tous deux montèrent dans la voiture.

Le curé prit les guides, et l'on commença de rouler, quand deux gendarmes, tout flambant astiqués, le bicorne en bataille, sortirent de la gendarmerie, sur leurs chevaux au poil luisant.

Ils suivirent la même direction, ayant l'air de faire escorte au cabriolet.

Mais à l'extrémité du bourg on se sépara.

— Bon voyage, monsieur le curé. Et si vous entendez tirer des coups de carabine, ne vous effrayez pas. On nous a signalé un gars qui n'est pas d'une trempe ordinaire, et que nous n'aurons, peut-être s'il nous tombe sous les yeux, qu'à la condition de lui endommager une patte ou une aile.

Sur quoi, piquant des deux, ils partirent au grand trot, sous la partie boisée du pays.

Le curé ne dit rien. C'était bien inutile. Lui et son compagnon s'étaient compris.

Tous deux pensaient :

— On n'entendra pas de coups de carabine !

VII

LE PIEUX M. BENOIT LARJUZON

Au centre de la ville de Poitiers, se trouvent de vastes bâtiments noirâtres, dont la porte massive s'ouvre, sans bruit, sur des cours pavées où pousse l'herbe.

C'est un ancien couvent. Mais il n'y a plus de religieux, du moins, de religieux officiels.

Ce pourrait être appelé une maison de recueillement.

De fait, on a toute liberté de se recueillir. Un silence de plomb règne sur l'ensemble.

Des hommes habitent là, vont, viennent, et, s'ils se parlent, c'est à mi-voix.

Ils sont vêtus de grandes redingotes noires, qui semblent toutes taillées sur le même modèle.

Leurs souliers, carrés du bout, laissent voir, sous le pantalon, noir de même, des bas bleus, achetés sans doute, à la grosse.

Que font-ils là ?

On ne sait.

On dit dans la ville :

— C'est les Jésuites.

Est-ce une corporation de congréganistes laïcs, une pépinière à professeurs, une maison de refuge ?

Tout cela à la fois, peut-être. Mais on ne peut rien préciser.

Si vous entrez, — c'est aisé, on ouvre à tous coups de sonnette, — un portier discret se présente.

— Que voulez-vous, Monsieur ? demande-t-il poliment.

— Parler à Monsieur tel ou tel.

— Veuillez me suivre, s'il vous plaît.

Et le portier vous introduit, au rez-de-chaussée, dans un salon, très convenable et modernement meublé.

Pas de luxe voyant. Mais un confortable réel.

— Attendez, je vous prie, un moment.

Comme par hasard, — chaque fois, pourtant, — un monsieur entre au bout d'une minute, paraît surpris de vous trouver là, s'excuse de venir prendre un livre dans la bibliothèque, et, tout en le cherchant, engage une conversation banale.

C'est le directeur, ou un inspecteur délégué.

Il n'a besoin d'aucun livre; ce dont il a besoin c'est de vous observer.

Si votre extérieur et vos réponses lui agréent, il sort et bientôt arrive la personne que vous demandez.

Si vous ne l'avez pas satisfait, le portier prévenu par un fil électrique dont le bouton est dissimulé dans la bibliothèque, rentre et annonce que cette personne demandée par vous est sortie depuis le matin.

Il vient des dames, dans cette maison; des dames d'aspect respectable.

Que viennent-elles faire là?

Mystère!

Or, un matin, par un froid très vif, un landeau de louage s'arrêta devant la porte massive de la maison en question.

Une femme couverte d'une pelisse sombre, doublée de fourrure non apparente, descendit de la voiture.

Sous son voile épais, on voyait un visage marbré par le froid.

De beaux traits cependant, et dans la démarche, quelque chose de hautain, qui distingue les personnes aristocratiques de province.

Là encore, et surtout dans cette partie de la France, il reste des gens qui pour appartenir à de vieilles familles nobles, par une filière de légitimité plus ou moins douteuse, — la noblesse des deux derniers siècles, plus particulièrement ne s'étant pas précisément piquée de bonnes mœurs, — se croient sincèrement fabriqués d'un limon supérieur et affectent de regarder le reste de l'humanité du haut de leur orgueil, bien que parfois ils descendent du cocher de madame leur aïeule.

Cette dame-ci était du nombre.

Elle sonna. On ouvrit. Elle dit deux mots au portier, qui s'inclina profondément.

Il ne l'introduisit pas dans le salon banal.

La casquette à la main, il mena la visiteuse à l'extrémité de la cour, où l'herbe poussait, et monta, devant elle, un étage, d'un vaste escalier de pierres froides, enchassées dans de hauts murs nus, blanchis à la chaux.

Sur le palier, le portier enfila un couloir sombre, plus glacé que le reste, et, sans frapper, ouvrit une porte étroite.

Alors, s'effaçant, il laissa passer la dame d'aspect aristocratique.

La porte donnait accès dans une cellule exiguë.

Rien au mur; rien qu'un crucifix de bois noir, pendu par un clou, au-dessus d'un lit de fer, où l'on voyait un mince matelas, posé sur une planche de chêne.

Deux chaises de paille, une table en bois blanc; c'était tout le mobilier.

La dame pénétra et fut enfermée là.

Du moins, elle put se réchauffer. Une bouche de calorifère rendait l'atmosphère tiède.

Elle releva son voile.

Certes! les traits étaient altérés, tirés, le teint plombé, et les paupières rougies ; mais, malgré cela, il y avait sur cette figure, je ne sais quel caractère de beauté énergique, qui avait de quoi surprendre.

Une femme d'un peu plus de quarante ans.

Les beaux cheveux, d'un noir superbe étaient parsemés prématurément de fils d'agent.

On devinait qu'il y avait un secret pénible, douloureux dans le passé de cette femme.

Elle s'assit sur une des deux chaises de paille et attendit patiemment.

Elle ne paraissait pas surprise de l'étrange réception.

Étrange en cela qu'une personne de sa qualité, — ou de ses prétentions ; c'est la même chose, — n'est pas habituellement conduite ainsi à une cellule si peu confortable, quand il y a dans la maison, un salon meublé avec un certain luxe.

Mais, visiblement, il ne s'agissait pas d'une visite ordinaire. La politesse et les relations mondaines y étaient tout à fait étrangères; car deux ou trois sanglots nerveux secouèrent silencieusement les épaules de la pauvre femme.

Un quart d'heure durant, elle resta là, plantée sur son siège, immobile et muette.

Bientôt, un bruit de pas se fit entendre dans les couloirs.

Puis la serrure grinça, et la porte s'ouvrit, donnant passage à un homme d'une quarantaine d'années tout au plus.

Un beau cavalier ce personnage, en dépit de son costume de cuistre clérical.

Glabre, avec des cheveux châtains, réfractaires au démêloir, c'est-à-dire, frisant naturellement.

Expression de physionomie avenante, gâtée par une affectation de douceur angélique.

Douceur évidemment voulue, car son nez droit, ses lèvres minces, sur de très belles dents, et un pli profond entre les deux sourcils épais, sous lesquels un œil noir, vif, scrutateur, lançait des éclairs involontaires, dénotaient une puissance extraordinaire de fermeté, capable d'aller jusqu'à la cruauté.

Sans même saluer, il vint droit à la dame, approcha l'autre chaise tout près de la sienne, s'y assit, et prenant d'autorité les mains de la visiteuse :

— Avez-vous réfléchi? lui demanda-t-il en la tenant sous son regard perçant.

Cette dame était la comtesse de Puygouey.

L'homme était M. Rubard, chef reconnu des jésuites de robe courte de toute la France méridionale, qui s'étend de la Loire aux Pyrénées et à la Méditerranée.

L'une descendait, — au moins légalement, — d'une famille qui avait eu les différents honneurs de fournir des princes régnants à l'Italie et à l'Allemagne catholique, et des maîtresses à plusieurs monarques, sans compter leurs pages et domestiques.

L'autre était le fils d'un charcutier de Moulins.

Et cette femme qui comptait des altesses sérénissimes dans ses parents, presque des rois, se laissa glisser à genoux aux pieds de ce fils de plébéien, né dans une boutique infime, sombre et puante, d'une ville de troisième ordre.

Là, suppliante, fondant en larmes, le front appuyé sur la cuisse de cet individu quelconque, elle resta humiliée, pâmée.

Le jésuite la laissa pleurer un moment.

Puis de sa voix la plus douce :

— Il faut conclure Madame; il faut dire oui ou non.

— Mais, dit-elle, ma fille est innocente; elle ne sait rien. Pourquoi l'englober dans le châtiment?

— Il n'y a pas de châtiment, madame. Il ne m'appartient pas d'ailleurs d'en infliger un à personne. Il s'agit d'une réparation juste, aussi bien devant Dieu que devant les hommes; et j'ai le droit et le devoir de la poursuivre, par tous les moyens humains. C'est vous dire que je ne saurais faire de concessions.

« Oui, votre fille est innocente; elle est simplement la victime d'un grand forfait, d'un horrible malheur.

« Mais elle n'en est pas moins dans une situation dangereuse, puisqu'il serait difficile, sinon impossible, qu'elle n'ait rien vu, rien su, de ce qui s'est passé.

« Cette situation, il faut la changer, et elle ne peut changer qu'à la condition de se marier.

« Or, qui pourrait-elle épouser, sans s'exposer à des découvertes terribles, par d'épouvantables conséquences?

« Frappée par la fatalité, elle doit comprendre qu'elle ne peut être la femme que d'un homme qui accepte les faits accomplis.

— Quelque homme taré ! répliqua la dame qui s'était relevée lentement.

— Voilà votre erreur.

— Allons donc ! Est-ce qu'un honnête garçon souscrirait un marché pareil !

— Si c'était par intérêt personnel, ce serait sans doute se faire suspecter d'infamie.

« Mais s'il n'agit que dans l'intérêt d'un ordre, à qui Dieu a donné la mission de réformer les infâmes mœurs modernes, de rétablir l'ordre et la droiture dans les institutions humaines, pour la plus grande gloire de l'Eglise et de la très

LES ERREURS DE LA GUILLOTINE

— Allons! fit brusquement le jésuite avec une autorité souveraine, il faut que ce mariage soit conclu, ou bien. — Pitié! gémit la malheureuse.

Liv. 73.

Sainte-Trinité, cet homme, en se prêtant à un semblant de mariage, qui n'aura de réel que la légalité; cet homme, dis-je, fait acte d'abnégation, de sacrifice et de dévouement à la plus sainte cause.

« Croyez-vous donc, madame, que, sans cela, cet homme, ce chrétien, le pieux M. Benoît Larjuzon, pour l'appeler par son nom, serait bien flatté de s'unir à une fille indignement violée, sans doute; mais pas moins flétrie par les baisers, les attouchements, les lubricités criminelles enfin d'un scélérat.

« Mais lui aussi, il sait bien qu'il n'y aura qu'une apparence de mariage, qui, jamais, ne sera effectivement consommé, ce que sa délicatesse lui rendrait impossible.

« Allons! fit brusquement le jésuite, avec une autorité souveraine, il faut que ce mariage soit conclu, ou bien!...

— Pitié! gémit la malheureuse.

— Pitié? répéta-t-il durement. Mon vœu me l'interdit. En entrant dans mon ordre, j'ai pris mon cœur d'une main virile, et je l'ai arraché, afin d'être tout entier aux intérêts du ciel!...

Le surlendemain, une voiture relativement élégante, pénétrait par la grille d'honneur, dans un château d'assez belle apparence, aux environs de Poitiers.

Deux hommes en descendaient devant le perron.

L'un était le général des Jésuites.

L'autre un homme jeune, sans être un jeune homme.

Grand, bien bâti, on sentait la vigueur et la souplesse de ses membres bien proportionnés.

La figure n'était point laide ; mais l'expression restait vague. Le regard avait quelque chose de fuyant à l'habitude, comme si la timidité, ou la réserve excessive était le principal caractère du personnage.

Pourtant, ce regard, lorsqu'il se faisait direct et droit surprenait par sa puissance de pénétration.

Une extrême mobilité alors. D'un mouvement circulaire il semblait explorer avec soin tout ce qui l'entourait.

Était-ce de la crainte, ou de la curiosité ?

On n'eût pu prononcer.

Cette faculté d'exploration rapide se remarque chez les artistes peintres, les hommes de lettres, et aussi, ce qui n'est pas précisément flatteur pour ceux-ci, chez les voleurs et les agents de police.

Quelle que fût la vocation innée du compagnon du Jésuite, il avait bon air, à l'aspect général. Que ce fût naturel ou par observation étudiée, la tenue, les mouvements étaient d'un homme qui « a du monde », d'un gentleman.

Une seule chose jurait avec ces dehors aristocratiques : les mains qui étaient relativement énormes, à doigts courts, à ongles plats et épatés.

Mais, on le répète, les dames de la noblesse n'ont pas toutes été bien fidèles à leurs maris, et si, devant les autels, elles ont regardé à déroger, plus d'une a introduit du sang de *vilain* dans la lignée.

Au domestique qui se présenta, le jésuite remit deux cartes.

L'une portait :

« Le P. Marinoff. »

L'autre :

« J. Benoît-Larjuzon »

« *Comte romain de Saint-Lourdes.* »

Le domestique les conduisit devant une porte, l'ouvrit et annonça les deux noms, les introduisant dans un grand salon, richement arrangé.

Dans ce salon, se tenaient trois femmes.

D'abord, la dame voilée que nous avons vue pleurer aux pieds du général des Jésuites. En toilette mauve, sévère, elle était ce jour-là d'une pâleur sépulcrale, qui lui valait une grande majesté de beauté.

Près d'elle se tenait une jeune fille blonde, aux yeux bleus, d'aspect mélancolique et craintif.

Une enfant encore, par la physionomie.

Mais très développée corporellement ; très femme.

Elle portait une robe bleu-clair, sans grands ornements.

Enfin, un peu à l'écart, la dame de compagnie : Mme Gudule, qui représentait exactement le type de la veuve éprouvée qui s'est jetée dans la religion, et lasse de vivre par elle-même, s'est mise à la merci des prêtres, comme un humble instrument, soumis aveuglément à leurs instructions.

On allait dîner ensemble. C'était un repas de fiançailles ; car il était définitivement arrêté que la jeune fille, Mlle Louise d'Esespart, épouserait, dans les délais légaux, le personnage amené par le Jésuite : M. Jules Benoît-Larjuzon, créé comte romain par un bref récent du pape.

Or, le fiancé n'était autre que Francis Antoine, l'ancien époux d'Eulalie, l'ancien fiancé d'Augustine Marcadier, celui que la police connaissait sous le nom de Eugène Marloy, la Limace, le Grand Jules, Pince le Pante, la Belle-Joséphine, et autres surnoms.

L'assassin de la veuve Valph, de la mère d'Eulalie, du père Cadenet, etc., etc., avait fait peau neuve.

Ou plutôt on lui avait fourni une peau nouvelle.

Est-ce donc que les Jésuites passassent l'éponge sur les ignobles crimes de ce bandit?

Non. Les Jésuites ignoraient son véritable passé.

Ils n'en savaient que le conte que Francis avait improvisé, en se confessant à l'abbé Ferréas.

Certes! cela le constituait meurtrier tout de même. Mais ce meurtre d'un mari devenant furieux par jalousie amoureuse, avait un caractère de folie passionnelle, qui, la contrition et la pénitence aidant, leur paraissait remissible.

Il y avait bien aussi l'épilogue de ce meurtre : cet homme assouvissant sa luxure, sur le cadavre pantelant de sa victime.

Mais, c'était de même l'effet d'une sorte de congestion cérébrale. Et puisque, après les mortifications prescrites, le pécheur avait obtenu l'absolution, il n'y avait pas à y revenir.

Désormais, il était en état de grâce.

Le hasard d'ailleurs avait servi Francis.

S'il avait raconté cette boucherie au curé du bourg de Montmorillon, c'était que, avant son arrestation, il avait lu quelque chose d'analogue dans la chronique judiciaire d'un journal à un sou.

Les Jésuites, qui ont des ramifications partout, s'étaient enquis secrètement.

Un fait mystérieux s'était bien produit dans des conditions de ce genre, au pays qu'avait indiqué le pénitent.

On s'était convaincu que l'homme présent était bien le mari outragé devenu assassin, lequel, disaient les renseignements, avait disparu.

Donc, lavé, blanc comme neige, Francis avait été adopté par la Compagnie.

On tenait cet homme par son secret. On pouvait s'en servir pour les hauts desseins du ciel, que, paraît-il, ces messieurs connaissent parfaitement bien.

Il obéirait, lui aussi. Seulement il fallait lui créer une individualité, un état civil.

Pour les jésuites, ce n'est pas un embarras.

D'ailleurs, comme on l'a dit, le sacristain du curé Ferréas était mort récemment.

Personnage obscur, sans parenté, sans attaches, vagabond misérable, recueilli par le curé, nul ne savait seulement son véritable nom, et, puisqu'il était mort, il ne pouvait trouver mauvais qu'on se servît de ses papiers.

Cela ne lui faisait pas tort.

Du reste, par surcroît de précautions, on les avait quelque peu modifiés, ces papiers.

Le sacristain s'appelait réellement.

« *Juste Bénard-Harpigo.*

Par d'habile grattages, et surcharges, on en avait fait :

« *Jules Benoît-Larjuzon*

Puis, à la curie romaine, on avait enregistré ce nom, donné des pièces diverses qui le portaient, et orné le tout d'un titre de comte de Saint-Lourdes, qui écrit en italien, puis francisé et enregistré de nouveau dans les consulats dérouteraient assez complètement les recherches, s'il s'en produisait, pour qu'on pût avoir toute sécurité.

Restait le service à rendre, en compensation à la compagnie.

Ce service était simple, et n'avait rien de bien héroïque pour un gaillard tel que Francis.

Il s'agissait d'épouser Mlle Louise, fille de feu le marquis d'Esespart, ancien sénateur du second empire, embassadeur de Napoléon III, devenu légitimiste après 1870, puis victorien, et peut-être encore autre chose, si les excès de toute sorte ne l'avaient enlevé à la malédiction de sa femme qu'il avait ruinée et rendue abominablement malheureuse.

Cependant, épouser Louise n'était pas tout, et voilà où le service commençait.

Il fallait en outre signer, en bonnes formes, le reçu d'une assez jolie somme de sept millions huit cent mille francs, dont, en réalité, il ne toucherait pas un rouge liard.

Quel tort ça lui causait-il? Aucun, puisqu'il était réduit à la dernière des misères.

C'était reconnaître les bontés qu'on avait eues pour lui.

Et puis, il y avait une récompense à cela ; récompense qui en valait la peine.

Sur la signature du contrat, on lui octroyait une pension viagère de douze mille francs.

Et, on lui mettait dans la main, sans papiers, sans reçu, cinquante billets de mille francs, qui ne devaient rien à personne, et dont il faisait ce qu'il voudrait, sans avoir à rendre compte d'un centime, à quiconque.

Enfin, le mariage célébré, il partait avec sa femme, sa belle-mère, et la dame de compagnie et, durant un an, on voyageait de compagnie, en Italie, en Autriche, en Russie et l'on revenait au château d'Esespart, pour cinq ou six mois ensemble.

On recevait alors, à l'occasion des chasses.

Après quoi, M. le comte Benoît Larjuzon, ainsi que tous les maris du grand monde, vivait à sa guise, à Paris, ou autre part avec ou sans sa femme, à son gré.

Seulement, il était bien entendu qu'il n'était époux que pour la forme, et que jamais il n'en réclamerait les droits, qui du reste, lui seraient refusés, fût-ce avec intervention de la Compagnie de Jésus, qui conservait les moyens de lui faire entendre raison.

Peu probable, au surplus, ce mari *in partibus*, ne voulut jamais s'émanciper à batifoler avec madame.

Plusieurs raisons le donnaient à supposer.

D'une part, Benoît, disait avoir gardé tout son amour à l'infidèle épouse qu'il avait soi-disant tuée par jalousie et possédée morte.

D'autre part, on lui avait fait la confidence que Louise, violée par un régisseur criminel, avait eu un enfant.

Lequel enfant n'était pas venu à terme, n'avait pas vécu, il est vrai.

Mais, un homme si délicat et si pieux serait-il jamais tenté de s'approcher d'une femme souillée par un misérable qu'on avait fait filer en Amérique, où il avait été pendu, pour un coup de revolver tiré sur un magistra.

Tout le nœud de cette malpropre affaire était là ; mais il y avait des dessous que Francis ne connaissait pas.

Si noble que fût Mme la marquise d'Esespart, elle avait un gros péché sur la concience.

À la mort de son mari, elle avait aperçu tout à coup le gouffre où ce *gouapeur* de marquis l'avait précipitée, elle et sa fille Louise.

Plus un sou ; mais des dettes, en veux-tu, en voilà !

Château, propriétés, fermes, prés ; tout hypothéqué au delà de la valeur.

Il n'y a pas à dire, la malheureuse femme était à la mendicité.

Dans six mois, le temps accordé à une veuve pour se retourner, si elle voulait manger, il faudrait qu'elle travaillât.

Travailler ? Une femme comme elle ? Une dame de noblesse !

Horreur !... Trois fois horreur ! ! !

D'ailleurs, elle n'aurait pas su.

Pour les hautes classes, le travail était *ignoble ;* c'est-à-dire : non noble, au sens primitif du mot, une jeune fille, tout autant qu'un jeune homme croirait déchoir en gagnant son pain.

Cela n'est honorable que pour le peuple.

Ce qui est honorable, pour les nobles gens, c'est de faire travailler les autres à leur profit et de manger le pain qu'ils leur gagnent.

Donc, la marquise, ne sachant rien faire, à peine se coiffer et fabriquer une tarte, — pour s'amuser, — elle était menacée de la noire misère.

Mais elle avait un vieil ami de son père, qui était fort riche.

Ce bonhomme était à la fois, libertin et religieux.

Ça ne s'exclut pas, en principe, d'ailleurs.

Marié, père d'une demoiselle, qui avec sa mère, le détestait, à cause de son libertinage épouvantable, il leur rendait la pareille.

Comprenez aussi! Ces deux femmes n'avaient-elles pas le mauvais goût de se scandaliser parce qu'il leur amenait ses maîtresses!

En voilà des bégueules!

N'avaient-elles pas le ridicule de trouver mauvais qu'il fît l'amour avec toutes les domestiques de son intérieur!

Tout lui était bon, jusqu'aux maritornes. Pourvu qu'il y eût un cotillon, il ne regardait pas s'il était sale.

Et mainte fois, on l'avait surpris jusque dans la cuisine.

Ces deux mijaurées, — à son sentiment du moins, — voyant trop qu'il ne les respectait pas, ne le respectèrent pas non plus, et un matin, firent leur paquet et le plantèrent là.

Arrange-toi, saligaud!

Saligaud, oui; mais fort exact à remplir ses devoirs religieux. Ça répare tout, comme vous savez.

Son confesseur le lui assurait du reste.

Il ne manquait pas la messe, se confessait et communiait souvent; ce qui est exemplaire.

Mais aussi, de temps en temps, il faisait des largesses aux prêtres, et à des œuvres pieuses; c'est le meilleur!

Le meilleur, pour éviter, paraît-il, d'aller rissoler dans la chaudière du diable, ce dont l'animal avait une peur bleue.

Car il avait fait un enfant, à une femme mariée. Un garçon.

Ce petit, mal venu, chétif, malingre, ne pouvait pas hériter de lui.

Pourtant il voulait lui laisser sa fortune; car le mari de la femme adultère, découvrant, à peu près le pot-aux-roses, avait exilé le moutard.

Parbleu! s'il n'eût tenu qu'à lui, il en eût fait autant de sa femme.

Mais, fonctionnaire haut perché, tout scandale lui était défendu.

Ses chefs eussent fait la grimace. Son avenir eût été entravé, et il était fort ambitieux.

Or le vieux libertin attaqué d'une honteuse maladie qu'il avait mal soignée, sentit approcher sa fin.

Il fit appeler la marquise d'Esespart sa nièce, et lui dit:

— Je vais paraître devant la face du Seigneur.

« J'ai quelques petites choses à me reprocher, et je voudrais les racheter, afin d'obtenir rémission dans l'autre monde.

« Pour de fausses obligations, je m'arrange de façon à ce que toute ma fortune soit mise entre tes mains.

« Tu es riche, — il le croyait ; la marquise cachait son désastre, — tu en disposeras ainsi :

« Tu constitueras une dot de 500 mille francs, à celui qu'on appelle mon filleul, — en réalité, son fils, — et tu donneras le reste : c'est-à-dire : 7,800 mille francs, à la compagnie de Jésus, pour fonder une œuvre charitable en mon nom, où l'on dira des messes à mon intention. Il n'y a rien de meilleur, pour vous tirer du purgatoire, chacun sait ça.

La marquise avait écouté son oncle, avec des frémissements de joie instinctive, pensant déjà à s'approprier le magot, sans savoir encore comment s'y prendre ; mais s'en fiant à son intelligence, pour trouver un bon moyen.

— Tu le comprends ma chère enfant, c'est un fidéicommis.

— Je comprends, mon oncle. Et vous pouvez être en paix ! La volonté d'un mourant est sacrée.

— Embrasse-moi, reprit le libertin-bigot ; et prends les titres de fausses créances dans mon secrétaire ; tu les produiras à ma mort.

La marquise ne les prit pas ; elle sauta dessus.

C'était le salut, le moyen de rester une grande madame, et de ne pas travailler.

Ils étaient parfaitement en règle, ces faux titres, en sorte qu'au décès de l'oncle, on ne releva nulle difficulté.

Sa femme et sa fille, riches par elles-mêmes, n'en souffriraient pas de diminutions de position.

Elles non plus n'auraient pas besoin de *s'avilir* à travailler.

Tout fut aisément liquidé.

En apparence, un seul legs fut fait aux Jésuites : la bibliothèque du défunt, qui était très fournie de livres anciens.

Eh bien ! voyez si la marquise était équitable !

Elle pouvait tout s'approprier, sans s'inquiéter du fils adultérin de son oncle.

Mais elle eut un scrupule de laisser le pauvre jeune homme dans la situation précaire où son père réel l'avait placé, s'arrangeant pour qu'il n'eût pas un sou de lui.

Il était devenu un méchant commis aux écritures, dans une maison de commerce.

La marquise le fit venir, et libéralement l'installa au château, en qualité de régisseur. C'est gentil, n'est-ce pas ?

LES ERREURS DE LA GUILLOTINE

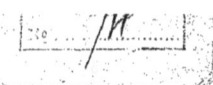

D'un mouvement rapide, elle sortit ses bras blancs des épaulettes de son dernier vêtement qui, glissant le long de son corps, tomba sur le tapis de verdure.

C'était un drôle de garçon.

Repoussé de celui qu'il croyait son père, repoussé de toute la famille, sans mère, — la sienne était morte de chagrin, — il était haineux en dedans; haineux contre toute l'espèce humaine, envieux, farouche; mais lâche et hypocrite.

Après quelque temps de séjour au château, il lui vint une idée féroce :

Sortir de sa condition médiocre en devenant, fût-ce malgré elle, malgré tout, malgré tous, le mari de Louise d'Esespart.

Il se garda bien d'en rien laisser paraître.

Très respectueux, doux et facile avec ces dames. Très dégagé et libre d'esprit, avec « mademoiselle ». Pas à se méfier de lui !

Un jour, Mme la marquise fut appelée chez le notaire, à Poitiers.

Elle partit avec sa voiture, conduite par le cocher.

Il faisait un temps d'orage, très lourd.

Louise, qui s'était réfugiée dans un petit salon, un livre à la main, étouffait. Elle sortit de l'habitation, gagnant le parc, s'enfonçant sous la ramure, gagnant un point, où l'on n'allait pas d'habitude, et qui restait abandonné aux caprices de la végétation.

Au plus épais du fourré, un ruisselet d'eau claire et fraîche chantait sur les cailloux polis et blancs, formant, par un effondrement du terrain, une sorte de lac de mince dimension et sans profondeur.

A peine, au centre, avait-on de l'eau jusqu'au creux de l'estomac. Au bord, un kiosque rustique, à demi en ruines, s'élevait.

La jeune fille s'assit là et reprit sa lecture.

Mais elle était distraite.

La chanson des eaux, le bruissement mystérieux des feuilles agitées et des insectes la détachaient du sujet traité dans son livre.

Et puis l'endroit avait un cachet quasi sauvage, qui l'impressionnait.

Le volume tomba de ses mains.

Elle contempla cette eau si fraîche et si pure.

Une envie singulière la prit de s'y baigner.

Pourquoi pas ? Elle était seule, là, à l'insu de tout le monde. Les domestiques, accablés par la chaleur, faisaient la sieste dans les chambres du château.

Les ouvriers de la ferme étaient retournés aux travaux des champs.

Nul inconvénient !

Avec une joie d'enfant qui fait l'école buissonnière, elle courut au kiosque et se déshabilla.

Cependant, au moment d'enlever sa chemise, elle hésita.

Certes ! aucun être humain ne la verrait. Mais les arbres, les oiseaux, l'herbe, ces muets et insensibles témoins, la gênaient.

Elle prit un moyen terme.

Les pieds nus, elle sortit en chemise du pavillon et avança doucement au bord de l'eau.

Elle prêta l'oreille, sonda les alentours du regard...

Rien !

Elle était bien seule !

D'un mouvement rapide, elle sortit ses bras blancs des épaulettes de son dernier vêtement, qui, glissant le long de son corps, tomba sur le tapis de verdure.

Alors, s'avançant de quelques pas, elle se laissa aller en avant, et, sans qu'il en fût besoin, nagea.

Que c'était bon, cette fraîcheur !

Gaiement, elle battait l'eau de ses pieds blancs et fins, de ses bras encore fluets, que l'eau rendait luisants comme de l'agate.

Et puis, lasse de s'agiter, elle se rapprocha de la rive en pente.

Son idée était de se coucher sur le dos, la tête appuyée sur les premières touffes d'herbe de la berge, tout le reste de son corps sous l'eau.

Elle s'établit ainsi, les bras étendus de chaque côté, en crucifiée.

Elle s'apercevait vaguement, en raccourci, et elle se trouvait belle, et son regard, perçant la voûte des arbres, se perdait dans le coin de ciel bleu qu'on voyait comme au centre d'une hutte de sauvages, entraînait sa pensée, son rêve, en des régions imaginaires, où le sentiment de l'espace infini grise le cerveau.

Puis, elle ferma les yeux, envolée dans les cieux...

Brusquement, elle les rouvrit.

Il lui semblait avoir entendu un bruit inaccoutumé.

Quelque gibier de poil, sans doute, qui foulait le tapis de mousse et de feuilles sèches tombées à l'automne dernier.

N'importe ! Sa nudité l'embarrassa à ce moment.

S'étant redressée, elle rougit de se voir ainsi sans voile, et, se levant, elle gagna l'endroit où sa chemise était tombée, formant un cercle blanc.

Elle ne put y atteindre.

Un homme parut à ses yeux, surgissant du fourré comme un sanglier en rut, le visage congestionné, hideux de désirs ardents et furieux, ouvrant les bras pour la saisir.

Par un mouvement de terreur pudique, elle s'était accroupie, se ramassait sur elle-même, se cachant, se voilant de son mieux.

Mais l'homme était déjà près d'elle.

Le régisseur ! Elle le reconnaissait.

Les yeux brillants, l'écume aux lèvres, il lui disait :

— Tais-toi ! Surprise ainsi, tu es perdue si l'on vient à ton appel.

Car, par un cri strident, elle avait appelé.

Elle allait crier de nouveau, en se sentant enveloppée, touchée, palpée, caressée par les mains brûlantes de cet homme, dont la bouche cherchait ses lèvres ; mais un baiser luxurieux étouffa le cri de la malheureuse.

Une lutte s'engagea, terrible, éperdue, désespérée, où les forces de Louise, quintuplées d'abord, s'épuisaient à mesure.

Et la tête lui tournait, la respiration se faisait haletante.

Aux injures du premier moment, succédaient la plainte, la prière, la supplication, les larmes.

Rien ne faisait.

L'infâme, surexcité en raison de la résistance, redoublait d'efforts, tant qu'à la fin la renversant sous lui, l'écrasant de son poids, il la tint immobile.

Et elle pâlit, et ses yeux se fermèrent à demi.

Elle avait perdu connaissance !...

. . . .

Quand la marquise d'Esespart rentra au château, il était l'heure de dîner.

Selon la coutume, le régisseur attendait au salon.

La marquise s'étonna de n'y pas voir Louise.

— Où est Mademoiselle ? demanda la mère.

— Je ne sais, répondit très tranquillement le régisseur.

La marquise sonna.

A la femme de chambre, qui se présenta, la marquise renouvela sa question.

— Mademoiselle est dans sa chambre, répondit la domestique.

— Elle aura oublié l'heure. Prévenez-la de mon retour.

Et en attendant, Mme d'Esespart parla de différents détails d'intérieur, à celui qui était son neveu sans le savoir.

Il répondait sans embarras.

La femme de chambre revint.

— Mademoiselle prie Madame de permettre qu'elle ne descende pas à table. Elle souffre d'une forte migraine.

On dîna sans elle.

Mais avant même la fin du repas, la veuve monta à la chambre de sa fille.

Louise était couchée.

— C'est la migraine, dit-elle, rassure-toi, maman.

Elle mentait volontairement.

Non qu'elle suivît un plan arrêté.

Un plan ! Hélas ! il lui était impossible d'en former un. Ce qui dominait en elle, l'annihilait, c'était une consternation insurmontable.

Elle ne se possédait pas, était privée de ses facultés mentales. Elle était comme frappée d'un coup de foudre, ne s'indignant pas, ne trouvant pas de pleurs, sans colère, écrasée sous une honte universelle.

Elle se revoyait toute nue, couchée sur l'herbe, à la merci d'un être, qui lui faisait l'effet d'un fou dangereux, et il lui reprenait des envies de crier, de se sauver.

A présent, pourquoi faire ?

Mais à quoi allait-elle se résoudre ?

Ah ! cela, c'était impossible à formuler. A cette question qui se posait incessamment dans son esprit, tout y devenait noir. Un mur sombre se dressait d'une pièce ; la vie cérébrale s'arrêtait.

Mais au fait, était-ce bien vrai ? Cette horreur s'était-elle produite ?

Elle n'en était plus certaine.

— Laisse-moi dormir, maman, dit-elle, ça se passera.

Mme d'Esespart l'embrassa et la quitta.

Pendant ce temps, le jeune régisseur repassait le rôle, qu'il s'était tracé.

A son estimation, la marquise saurait tout en descendant de la chambre de sa fille.

Une explication suivrait.

Il endurerait injures, reproches, cris, menaces, larmes, etc., et quand la veuve serait à bout, il offrirait de réparer son action, en épousant la victime.

L'honneur serait sauf, et il serait riche enfin !

Aussi quelle déception, quand Mme d'Esespart revint au salon, disant d'un ton tranquille et rassuré :

— Ce n'est rien !

Quoi ! Louise ne s'était pas plainte, n'avait pas avoué le malheur, n'avait pas crié vengeance ?

Ah ! çà, que s'imaginait-elle ?...

Dans son évanouissement, avait-elle perdu la mémoire des faits ?

Dans son innocence, se croyait-elle encore vierge, mariable à un autre ?

Selon les préjugés, elle devait se croire déshonorée. Il fallait qu'elle le sût, que sa mère l'apprît.

Sans cela, jamais elle ne donnerait sa fille à un employé, qui, bien que mangeant à sa table, n'était à ses yeux, pensait-il, qu'un subalterne, un salarié, un serviteur, une espèce de domestique.

Autre chose, si elle était au courant.

Dès lors, l'idée de la réparation rapprochait les distances, et le serviteur devenait un gendre, un rentier.

Il ne voulait pas autre chose, ce bon garçon.

Si Louise se taisait, on l'a dit, c'est qu'elle n'avait pas repris possession d'elle-même; c'est qu'elle ne savait que résoudre.

Et quand, dans la nuit, sa lucidité lui revint, elle décida de se taire encore et toujours!

Pourquoi ?

Par sentiment filial : pour ne pas affliger sa mère.

Oui, elle se taisait.

Mais ne pensez pas qu'elle accueillit la pensée de tromper personne. Non. Elle ne se marierait jamais.

Elle se condamnait au célibat, quitte, si elle perdait sa mère, à se cloîtrer, dans un couvent de recluses.

Voilà à quelle conclusion elle en arrivait, seule dans sa chambre, tandis que les heures sonnaient dans la nuit silencieuse.

Par la fenêtre laissée ouverte, elle regardait de son lit, les étoiles scintiller, et, dans un autre sentiment que celui de tantôt, elle aspirait à ce que son âme, dégagée de son enveloppe souillée, errât dans ces immensités paisibles, où nos misères comptent si peu, si tant est qu'il en reste le moindre souvenir.

Tout à coup, la clarté douteuse s'obscurcit, comme si un nuage sombre passait entre ses yeux et les étoiles.

Une ombre se dessina, grandit, prenant une forme humaine.

Un homme!...

Elle ne chercha pas. C'était le même ! C'était le monstre qui l'avait violentée.

Cette fois du moins, elle n'était pas isolée, sans défense.

Elle l'en prévint.

— C'est vous, dit-elle, d'une voix ferme. Seul ! Entrez. Je tiens à la main le cordon de la sonnette des domestiques.

Si vous me menacez, j'appelle et je vous fais chasser comme un laquais. Le bruit ne m'épouvante pas maintenant.

Puisque vous vous introduisez chez moi, comme un malfaiteur, je vous ferai traiter comme tel.

Et vous aurez beau dire, vous vanter du crime que vous avez commis. Si je nie, personne n'hésitera entre la parole de Mlle d'Esespart, et celle d'un misérable qui escalade une fenêtre.

Je ne vous crains donc pas. Approchez, et répondez.

Que voulez-vous de moi ?

Il prit un air de Roméo transi.

— Je vous aime ! fit-il.

— Tant pis ! répliqua vivement la jeune fille. Moi je vous hais, je vous méprise, et vous m'inspirez le dégoût d'un reptile.

Mais, je ne vous crois pas.

Non, je ne crois pas que l'amour vous ait poussé à vous salir de l'infamie, dont vous vous êtes rendu coupable tantôt.

Il y a un calcul là dedans; un intérêt de valet ; quelque basse espérance d'exploiter le scandale que vous voudriez provoquer.

Vous avez voulu me compromettre, voilà tout.

Vous vous êtes dit que la honte que vous m'avez infligée m'intimiderait ; que j'aurais peur de votre indiscrétion, et que je vous aiderais à triompher des répugnances de ma mère à vous accepter pour beau-fils.

Vous vous êtes trompé, monsieur.

Cette honte, je ne la mérite pas et je la repousse.

Après comme avant votre forfait je suis et reste une honnête fille, et j'aimerais mieux mourir, me tuer de ma propre main, que de vous appartenir de bonne volonté.

Non ! vos calculs sont déjoués ; vous ne serez jamais mon mari. Je me ferais l'effet d'avoir épousé un galérien ; car ce sont les galères que vous avez méritées.

Ne me dites donc pas que vous m'aimez. C'est faux et c'est inutile.

Pourtant comment sortir de l'impasse où vous vous êtes aventuré ?

Voulez-vous de l'argent ? Parlez, combien ?

Le misérable ne s'attendait pas à une telle attitude. Il en fut décontenancé d'abord.

Mais l'infortunée avait dit une parole qui le rassurait.

« — Je tiens le cordon de la sonnette des domestiques, et si vous approchez, j'appelle ! »

Que voulait-il? Pas autre chose.

Elle disait ne pas craindre le scandale ; soit.

Sa mère en jugerait autrement.

Qu'il se produise donc ce scandale ; on verrait bien ce qui en résulterait !

Aussi, prenant son élan, il se rua vers la malheureuse, et il allait l'atteindre, quand une voix lui cria :

— Misérable !

Quelqu'un lui barrait le passage.

C'était Mme d'Ésespart.

Elle aussi, elle avait rêvé, en contemplant le ciel, de sa fenêtre, près de laquelle elle s'était assise.

Elle avait vu une ombre se glisser le long de la façade, puis disparaître à l'intérieur d'une croisée.

Une intuition occulte l'avait fait se lever sur le champ, et traversant les appartements, malgré l'obscurité, elle s'était dirigée vers la chambre de sa fille.

On ne l'avait pas entendue entrer, et là, invisible dans l'ombre, elle avait tout écouté.

Au mot qu'elle avait prononcé, son neveu anonyme s'était rejeté en arrière.

Affolé, éperdu, une pensée de meurtre lui avait traversé l'esprit.

S'il eût eu une arme à sa portée, il eût supprimé l'obstacle, sans réfléchir aux suites, sans s'apercevoir qu'il se perdrait, et qu'il ne resterait rien du projet qu'il avait formé et poursuivi.

C'est que la possession de la jeune fille avait excité ses sens jusqu'à la folie. Nature dévoyée, pervertie, il était pris d'un désir de luxure qui le rendait aveugle et bestial, à ce moment.

Par bonheur ce ne fut qu'un éclair.

L'instinct de conservation reprenant aussitôt le dessus, il oublia tous ses calculs, ne voyant plus que le danger de se faire arrêter, jeter en prison, condamner au bagne pour une tentative de viol.

Qui pouvait prouver qu'il fût effectif?

Nul témoin à son infamie de tantôt.

La victime lui échappait.

Naturellement la peur le rendit lâche.

Il tomba à genoux, les mains jointes, criant :

— Pitié !...

Pendant ce temps, Louise se glissant dans la ruelle, avait passé un peignoir. Elle alla à la cheminée et alluma vivement une lumière.

Puis, d'une voix ferme :

— Non, dit-elle, pas de pitié, ma mère. Cet homme est un criminel !...

— Taisez-vous ! fit le régisseur.

— Je l'aurais pu, sans la tentative présente. Oui, ma mère, je t'aurais à jamais caché le malheur qui m'a souillée à jamais, perdu ma vie, quitte à te donner des prétextes, pour me refuser au mariage.

Mais, tu en sais trop pour ne pas tout savoir. Ton repos ne serait pas complet, maintenant.

Arme-toi donc de courage et écoute !

La marquise frémissante lui saisit la main.

— Parle, dit-elle.

Et Louise, dominant les répugnances de sa pudeur, conta ce qui s'était passé au bord du petit lac.

— Est-ce vrai? cria la mère, en se tournant vers celui qu'elle savait être son neveu.

LES ERREURS DE LA GUILLOTINE

Elle saisit l'enfant par un bras, et le lança à l'eau.

— C'est vrai! fit-il accablé.

On sait le reste.

Placé devant une dénonciation, ou la soumission aveugle aux conditions de la veuve, le misérable ne pouvait hésiter.

Il s'embarqua pour l'Amérique, et trouva la fin qu'il méritait, en se faisant pendre, pour avoir tiré un coup de revolver sur un magistrat qui lui donnait tort contre sa partie adverse.

. . . .

Quatre mois s'étaient écoulés depuis le départ de cet homme.

Louise ne se sentait pas bien.

Pâle, sujette à des vertiges, elle n'avait ni force ni attrait à rien.

C'était bien naturel, après les drames ignobles dont elle avait été victime.

Pourtant, sa mère s'inquiétait en secret de cette langueur, de cet état maladif qui loin de s'atténuer, s'aggravait au contraire.

Une terreur profonde la glaçait.

Un jour, Louise se leva vivement de table, prise de vomissements.

La marquise ne douta plus de l'horrible vérité.

Sa fille était enceinte !...

Sur le premier moment, c'est l'accablement qui domina.

Mais, par une réaction subite d'orgueil, la femme noble retrouva une énergie extraordinaire.

Cette grossesse n'était pas admissible.

Non! Il ne se pouvait pas qu'on sût, qu'on dît que mademoiselle d'Ésespart avait un enfant.

Cependant, c'était bien vrai. Dans cinq mois elle mettrait un enfant au monde.

Eh bien ! cet enfant, on le supprimerait.

Et qui ?

La marquise elle-même !

C'est ce qui arriva.

Seulement, elle n'attendit pas cinq mois.

La délivrance s'annonça dès le septième mois de la grossesse.

N'importe ! toutes les précautions étaient prises. Elle-même accoucha sa fille, reçut l'enfant.

Il était vivant, quoique petit et délicat.

La marquise n'hésita pas !

Le fourrant entre deux oreillers, avant qu'il n'eût poussé son premier vagissement, elle l'étouffa sans que Louise s'en aperçût.

Malgré tout, la mère subsistait en celle-ci. Mais la marquise coupa court à ses questions par un mensonge.

— Ton enfant était mort-né, lui dit-elle.

Le soir, vers minuit, tout le monde endormi au château, Mme d'Ésespart, pénétrant furtivement dans un cabinet attenant à sa chambre, y prit un paquet, rigide, enveloppé d'un drap de toile, et, sans lumière, s'orienta dans les vastes couloirs de l'habitation.

Sans bruit, elle parvint à une petite porte qui ouvrait sur le parc.

Elle l'ouvrit, regarda prudemment dans la nuit, à laquelle son regard s'habitua peu à peu.

L'oreille tendue, elle écouta, reconnaissant chacun des vagues bruissements qui font sentir le silence nocturne.

Rassurée, elle avança d'un pas résolu vers les massifs boisés qui formaient un bois épais dans l'éloignement.

Parfois, un tronc d'arbre, relativement éclairé, la faisait tressaillir, lui donnant l'illusion d'un être vivant aux aguets.

Mais, se rassurant aussitôt, elle s'enfonçait plus avant sous la futaie.

A l'extrémité du parc, un cours d'eau rapide fermait la propriété.

La marquise s'arrêta.

Elle était haletante. Une sueur glacée inondait son visage. Elle grelottait.

Pourtant il fallait en finir. L'honneur du nom passait avant tout dans son esprit.

D'ailleurs, elle avait bien eu le courage de tuer cet être si frêle, faiblirait-elle, quand il ne s'agissait plus que de se débarrasser d'un cadavre insensible?

Non! Et déroulant le drap, elle saisit l'enfant par un bras et le lança à l'eau.

Le bruit qu'il fit en s'y enfonçant l'affola un moment. Quelques gouttes d'eau éclaboussées lui avaient sauté à la figure.

Par un nouvel effort, elle surmonta l'impression terrifiante qui l'avait saisie.

Elle songea.

Quel risque? Aucun.

Le courant avait déjà entraîné le cadavre au loin.

Il était nu. Qui le reconnaîtrait, s'il s'échouait aux bords? Et qui aurait jamais l'idée de porter un soupçon sur le château?

Le plus probable était que charrié entre deux eaux durant un long espace, si on recueillait la lugubre épave, elle serait en décomposition complète.

Nul danger.

Persuadée d'avoir accompli son devoir, elle rentra, et trouvant sa fille qui, vaincue par la fatigue, dormait, elle se retira dans sa chambre, et, en bonne chrétienne, se mit à genoux et pria le ciel de faire, qu'on ne sût jamais rien de ce qui était arrivé.

Il faut croire qu'elle n'était pas dans les petits papiers du ciel, car, dix jours après, une rumeur de la ville arriva jusqu'à elle.

A quelques kilomètres, des paysans avaient tiré de l'eau le cadavre d'un enfant nouveau-né.

Le maire avait dressé procès-verbal et prévenu les gendarmes.

Une enquête fut ouverte.

Elle établit la distance à laquelle le petit être avait dû être jeté à l'eau.

Un commissaire se présenta au château

La marquise se crut perdue.

Mais, dès les premiers mots, elle reprit confiance.

Le magistrat venait lui demander si parmi ses servantes, quelqu'une pourrait fournir un soupçon.

Mme d'Ésespart, les passa toutes en revue, offrit de les appeler.

Toutes étaient d'un âge à ne donner aucun sujet de suspicion.

Elle les choisissait mûres, sinon vieilles, à dessein.

Veuve, elle eût craint que la promiscuité de serviteurs des deux sexes n'engendrât des intrigues coupables, dont sa fille eût été blessée.

Très prudente, Mme la marquise.

Le commissaire la félicita plutôt, et se retira, en la remerciant, après s'être vivement excusé.

— J'en suis quitte! pensa Mme d'Ésespart.

Elle se trompait.

En rentrant dans sa chambre, elle trouva Louise debout, d'une pâleur effrayante, qui l'attendait.

On eût dit un spectre

— Cet enfant, dit-elle, en tenant sa mère sous un regard ardent, c'est le mien, n'est-ce pas? C'est toi qui l'as jeté à l'eau?

— Que dis-tu?

— J'ai tout entendu, répliqua la malheureuse fille.

Puis tombant épuisée sur un siège:

— Je n'ai rien à te dire, fit-elle en pleurant. Tu as agi selon ton droit de chef de famille, gardienne du prestige de notre nom. Mais, un mot seulement.

— Parle, que veux-tu savoir?

— C'est bien vrai qu'il était mort-né?

La marquise sentit que si elle hésitait, si elle pâlissait, si elle baissait les yeux, sa fille prendrait une détermination désespérée.

— Je te le jure! s'écria-t-elle avec force.

Puis, jouant la douleur :

— Ah ! mon Dieu ! ajouta-t-elle, en cachant son visage dans ses mains, de quelle crime ma fille m'accuse-t-elle !

Louise se jeta à ses pieds,

— Pardon !... Pardon, maman ! fit-elle, en lui baisant les mains.

La noble dame s'en crut quitte.

Elle se trompait.

Très fervente, elle avait élevé sa fille dans les habitudes de pratiques catholiques rigides. Elle allait en subir les conséquences logiques.

Louise avait de la peine, ce qui est très compréhensible. Où chercher la consolation, sinon dans la religion, qu'on lui avait appris à considérer comme le suprême refuge ?

L'horreur de sa situation la troublait trop, ce qui se comprend encore, étant donné son âge, et son inexpérience de la vie. A qui demander une règle de conduite, sinon à ces prêtres, qu'on lui avait donnés pour représentants de Dieu sur la terre.

Louise, enfin, avait des scrupules de conscience. Avait-elle fait tout ce qu'elle avait dit ? N'avait-elle pas péché par ignorance ou omission ? Qui pourrait le lui dire, la rassurer, lui donner l'absolution, sinon son confesseur ?

C'est pourquoi, la première fois qu'elle en trouva l'occasion, elle dit tout au prêtre qui recevait habituellement la confidence de ses péchés.

Aucun risque. Le secret du confessionnal n'est-il pas sacré ?

En principe, oui ; certainement.

Mais la théorie des Jésuites admet d'autres principes aussi. L'un d'eux est que le but justifie, sanctifie les moyens.

C'est pourquoi, le père Marinoff, connut le malheur de la jeune fille ! car le confesseur de Louise appartenant à « la Compagnie » avait informé son supérieur.

La révélation lui venait juste au moment où il faisait une importante découverte.

Dans un des livres, légués à la maison de Poitiers, par l'oncle de la marquise d'Ésespart, on trouva fixé par une épingle, entre deux feuillets, un papier de l'écriture du donataire.

Sa signature était en bas, avec la date.

En tête, il y avait :

« *Ceci est mon véritable testament.* »

Et dans ce testament, il était dit que Mme d'Ésespart était son fidéicommissaire, pour une somme de sept millions huit cent mille francs, au profit des bons Jésuites.

On devine ce qui suivit.

Toutefois, il était difficile d'invoquer la loi, puisque tout cela allait contre ses prescriptions.

La marquise pouvait espérer se dérober.

Mais la confession de sa fille était là.

D'autre part le cadavre de l'enfant l'accusait, mettait sa liberté, son déshonneur, sa vie en jeu; car les médecins commis à l'autopsie établissaient que le nouveau-né avait vécu.

En effet, ses poumons plongés dans l'eau avaient surnagé ; donc le petit être avait respiré.

Donc on l'avait assassiné!

Comment?

Les médecins n'hésitaient pas.

— On l'a étouffé, disaient-ils.

Que vouliez-vous que fît Mme d'Ésespart ?

Devant les menaces d'une dénonciation, elle dut plier.

— Ah ! tout au monde ! s'était-elle écriée. Mais que jamais Louise ne sache ce que j'ai fait.

— Cela dépend de vous.

— A quelles conditions, dites ?

On a vu ce qu'étaient ces conditions. Il fallait que Louise se mariât, ou plutôt fît semblant.

— Jamais elle n'y consentira.

— Nous nous chargeons de l'y amener, répondit le général des Jésuites.

Il ne préjugeait pas de son ascendant sur l'esprit de l'infortunée.

Une fois dans les mains du clergé, les fidèles, vraiment fidèles, sont rompus à la soumission aveugle.

Et c'est ainsi que Francis, voleur, assassin, repris de justice, contracta mariage, sous un faux nom, avec la fille violée d'une famille de haute et vieille noblesse.

VIII

LE GRAND PRIX DE PARIS

A l'époque où l'on court le grand prix de Paris, la capitale est pleine d'un beau monde qui, dès le lendemain, partira pour ses châteaux, les bains de mer et les villes d'eaux.

Le grand prix est toujours une solennité.

Toutes les classes y sont représentées.

L'aristocratie, la finance, l'industrie, le commerce, puis les employés, les boutiquiers, des ouvriers en masse, les filles, et tout ce qu'il y a d'interlope dans la grande ville.

Ce n'est pas que l'amélioration de la race chevaline, — le prétexte de ces réunions, — intéresse personne.

Tous s'en moquent pas mal !

D'ailleurs, en quoi faire courir des pur-sang, qui ne sont bons qu'à ça, améliorerait-il nos chevaux de fiacre, d'omnibus ou de l'armée ?

L'attrait n'est pas là.

Le seul attrait, c'est le jeu.

Grâce aux bookmakers, on peut gagner une somme relativement forte, contre une petite, si tel cheval arrive premier, si tel jockey ne triche pas, et surtout si le bookmaker ne file pas avec la recette.

Voilà bien des « si ». N'importe ! l'âpreté au gain facile, sans travail, éblouit les plus sages.

Aujourd'hui tout le monde y vient.

Au grand prix, du reste, un intérêt s'ajoute.

Les Anglais prennent part à la lutte.

Et nous avons la niaiserie de mettre de l'amour-propre à ce qu'un cheval français galope plus vite qu'un cheval anglais en cette rencontre.

Que voulez-vous ! C'est comme ça.

Or, c'était le jour de cette niaiserie-là.

Beaucoup d'étrangers étaient venus à Paris.

Les hôtels regorgeaient de locataires ; les restaurants et les cafés étaien bondés.

Et l'on entendait sur nos boulevards, baragouiner tous les idiomes des Deux-Mondes.

Dès le matin, des chars à bancs monstres, attelés de quatre six chevaux, conduits par un cocher déguisé en postillon, stationnaient sur nos promenades.

Des hommes, avec une sacoche en bandoulière, criaient à assourdir les passants, offrant des places pour les courses du grand prix au Bois de Boulogne.

Au chemin de fer Saint-Lazare, qui conduit à Suresnes, porte en face de l'entrée de l'hippodrome de Longchamps, on se bousculait pour monter dans les trains.

Il en partait toutes les dix minutes, archi pleins à l'intérieur, débordants à l'impériale, et sur les escaliers qui y conduisent.

Une cohue du diable !

Dans les Champs-Élysées, fiacres, voitures de maître, grimpaient côte à côte la grande avenue, se frôlant, risquant de s'accrocher à chaque tour de roue.

Et sur les bas-côtés, une masse de piétons suivaient la même direction, tandis que tramways et bateaux-mouches convoyaient, eux aussi, des sportmen de toutes les conditions.

Le champ de course était comble.

Sur la pelouse, des milliers d'équipages.

Dans les tribunes, un amas noir de têtes en escalier.

Et derrière la tribune, vers le pesage et au delà du betting, deux cents bookmakers, hurlant leurs offres de chevaux engagés.

Très peu avant l'heure fixée pour le premier signal, on vit arriver le monde officiel.

Le Président de la République.

Sa maison civile et militaire, avec ses invités, ministres et ambassadeurs étrangers.

Les courses commencèrent.

A ce moment, on vit arriver sur la piste une calèche à huit ressorts, traînée par deux magnifiques chevaux d'un noir superbe, tels qu'on en voit aux traîneaux russes.

Le cocher, d'une tenue parfaite, était visiblement un sujet de la reine Victoria.

Derrière, un valet de pied raide comme la potence.

Dans la voiture, trois personnes.

Deux femmes en toilette d'un goût infiniment distingué.

Toutes deux, grand air, sans morgue, sympathiques et belles.

Mais belles autrement l'une que l'autre.

Cela tenait à la différence d'âge.

En effet, l'une avait la grâce de la première jeunesse.

L'autre, la beauté de la maturité en tout son éclat.

Un air de parenté entre elles.

La mère et la fille, probablement.

On en jugeait ainsi.

En face d'elles, assis sur la banquette de devant, un homme, mis avec une recherche discrète.

Rien de voyant.

Visage agréable. Regard ferme et bienveillant à la fois, tenant la tête très droite.

Beaucoup d'aisance dans les mouvements, et des façons qui sentaient l'habitude des fréquentations du grand monde.

Il ne semblait pas prendre garde à la foule.

Tranquillement, il causait avec les deux femmes, — les dames! — qu'il accompagnait.

LES ERREURS DE LA GUILLOTINE

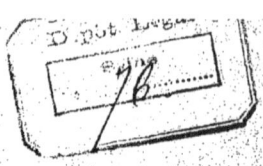

A ce moment, on vit arriver une calèche à huit ressorts traînée par deux magnifiques chevaux d'un noir superbe, tels qu'on en voit aux traîneaux russes.

Et entre eux, il y avait des sourires familiers, qui faisaient supposer que ce « Monsieur » était en face de sa femme et de sa belle-mère.

La calèche arrêta près d'un passage qui permet de traverser la piste pour se rendre aux tribunes.

L'homme descendit, aida ses compagnes à mettre pied à terre, et, offrant le bras à la plus jeune, il se présenta au passage.

Ce passage était gardé par deux agents en tenue, et un autre en bourgeois, qui paraissait leur supérieur.

On ne pouvait traverser en ce moment, on allait donner le signal du départ aux jockeys.

L'un des agents en fit l'observation, puis, les chevaux passés, il leva la consigne, sur la vue des cartes qu'on lui présenta.

De l'autre côté, même empressement à ouvrir la communication.

Les dames passèrent d'abord.

Comme leur cavalier pénétrait derrière elles, dans l'enceinte des tribunes, deux personnes eurent un léger mouvement de surprise.

Deux personnes de conditions bien opposées!

L'une, au faîte des grandeurs, était l'ambassadeur d'un des États allemands de l'Empire d'Autriche.

L'autre, était ce qu'on appelle en administration de police un « indicateur. »

Un « mouchard », dit tout le monde.

De son nom, — nos lecteurs ne l'ont pas oublié, — le seigneur File-au-Vent.

De l'air le plus affable, l'ambassadeur salua les dames, et resta découvert.

En même temps, il tendait amicalement la main à celui qu'elles accompagnaient.

C'est pourquoi File-au-Vent, qui connaissait l'ambassadeur, resta bouche béante.

— J'ai la berlue! se dit-il.

Le groupe passa. File-au-Vent suivit de l'œil d'abord.

Puis ses gens se mêlant à la foule, il planta là son poste, sa consigne, la préfecture, le diable et tout le bataclan.

Ah! bien! tant pis!

Ce qu'il voyait était renversant, en somme.

Pour lui, le cavalier de ces deux dames, c'était un de ses clients, un gaillard qu'il avait pincé, tenu de près.

C'était Francis Antoine, dit la belle Joséphine, dit la Limace, dit Pince le pante, etc., l'assassin de la mère de sa femme, la portière de la rue Folies-Méricourt, le triple meurtrier de la rue de la Pépinière, et le bandit, qui avait supprimé Cadenet, le vieux sorcier.

Rien à lui dire, à File-au-Vent !
Il n'aurait pas voulu entendre.
Ses yeux, son flair de limier, tout lui disait :
« — Quand bien même ce cadet-là passerait, aux yeux de tous, pour le pape, je vous dis et je vous répète que c'est ma fripouille, qui s'est évadé du wagon cellulaire qui le conduisait à Bourges pour être jugé et, — enfin ! — *raccourci!*

Objectez ce que vous voudrez, parlez jusqu'à demain matin, File-au-Vent n'en eût pas démordu.

— C'est lui ; c'est ma fripouille !
Voilà ce que vous en auriez toujours obtenu.
Il savait son affaire, que diantre !

Le lecteur sait s'il y voyait clair ! Ce « Monsieur » si distingué, en compagnie de dames si respectables ; ces heureux de la terre, dont un ambassadeur paraissait honoré de serrer la main meurtrière, c'était bien Francis en effet.

Mais pour tous autres, pas ça du tout.
Tous autres avaient l'honneur et l'avantage de voir en lui
« M. le comte Benoît Larjuzan. »
File-au-Vent l'apprit, en se faufilant à sa suite.
L'ambassadeur le présentait ainsi à des collègues.

Et, pendant que sa femme et sa belle-mère prenaient place, il présentait le mari de l'une, le gendre de l'autre, sous cette qualité à ses collègues, et aux hauts fonctionnaires de France.

Pour un peu, on l'eût amené à M. Grévy.
Voyant cela, File-au-Vent qui était un homme juste, resta coi et pensif.

— Ma foi ! se dit-il, le bougre est d'une trempe supérieure, et nous n'avons pas fini avec lui. Il nous donnera décidément du fil à retordre !

— Qu'est-ce que vous faites là ? demanda sévèrement une voix à l'agent secret.

File-au-Vent se retourna.
— Vous, monsieur Oscar ? fit-il.
— Moi, oui, qui vous ai assigné un poste, que vous avez quitté sans permission.
— Ça, c'est vrai, monsieur Oscar. Mais...
— Quoi ?
— J'ai une excuse.
— Laquelle ?
— Regardez, dit File-au-Vent, en lui indiquant du regard celui qui le préoccupait, et lui avait fait rompre la consigne.
— Regarder, où ?

— Dans la tribune du corps diplomatique.
— Nous n'avons rien à voir par là.
— Regardez tout de même. Voyez-vous ce gentleman, qui tourne à demi le dos, en ce moment?
— Oui. Eh bien?
— Attendez, qu'il fasse volte-face.
— Vous le connaissez?
— Vous le connaissez aussi, monsieur Oscar.
— Qui est-ce?
— Regardez, vous dis-je ; il se retourne.
— Ah! fit Oscar, cloué sur place.
— Hein?
— Francis Antoine !
— C'est lui, pas vrai ?
— Certes !
— J'ai pas la berlue, alors ?
— Non, mon ami. Va me chercher deux camarades, je vais l'arrêter.
— Parmi les ambassadeurs ?
— Au fait; comment est-il là?
— C'est un de leurs amis.
— Tu plaisantes !
— Pas du tout. Voyez, il les quitte pour retourner à sa femme et à sa belle-mère, et leurs Excellences lui serrent la main jusqu'au coude.

Oscar n'en revenait pas.

— Où prends-tu sa belle-mère et sa femme? File-au-Vent.
— Regardez, par ici, à cette heure.

Et il lui indiqua les deux femmes avec qui le bandit était venu aux courses du Grand-Prix.

De nouveau Oscar jeta une exclamation.

— Ce sont aussi des *connaissances?* demanda l'agent.
— Non ; mais... mais... Ça me renverse.
— Pourquoi ça?
— Sais-tu qui cause avec elle, chapeau bas, souriant, empressé ?
— Attendez donc ! J'ai vu cette figure-là quelque part.
— Tu l'as vue, siégeant en robe rouge.
— Un magistrat?
— Le procureur général de la Seine.
— Ah! mais doux Jésus! s'écria à son tour File-au-Vent, de qui, comme on dit, les bras tombaient. Ah! Seigneur Dieu! c'est la fin du monde. Je rêve,

j'ai le cauchemar. Pincez-moi, monsieur Oscar. Je vais avoir un coup de sang !

C'est que le brave agent voyait une chose qui renversait toutes ses idées, le retournait, lui semblait impossible.

Le chef du Parquet faisait mille politesses à celui, qu'il appelait sa fripouille, causait, badinait avec lui, et, comme les ministres étrangers, serrait cette main qui avait coupé la gorge à un nombre encore inconnu de victimes !

Oscar avait repris son sang-froid, lui.

— De deux choses l'une pensait-il.

Ou File-au-Vent et moi, nous sommes le jouet d'une ressemblance surnaturelle ; ou, mon coquin a changé de peau, une fois de plus.

Seulement, si cette dernière supposition est la vérité, il va falloir jouer le grand jeu, pour le pincer !

Eh bien ! tant mieux, conclut-il.

Dans ces conditions, ça devient amusant.

File-au-Vent le laissait réfléchir.

Il semblait attendre des ordres. Il fut satisfait.

— Suis-moi, lui dit Oscar.

Et il l'entraîna à l'écart.

Puis seul, à seul dans un coin

— Écoute, dit-il, il faut savoir ce que ça signifie !

— Ça, oui, patron.

— Ça sera difficile.

— Guidé par vous, j'y arriverai.

— Toi ?

— Mais, il te connaît.

— Il connaît File-au-Vent, le *roussin*. Mais je sais me faire une gueule qui n'y ressemble pas.

— Es-tu sûr ?

File-au-Vent sourit.

— Monsieur Oscar, dit-il, vous souvenez-vous qu'on est venu, avant-hier dans votre cabinet, pour vous offrir des services délicats et discrets ?

— Il m'en vient tous les jours.

— Vous avez dû remarquer celui dont je parle.

— Dis voir.

— Une espèce de boyard, se disant prince, du côté du Danube.

— Un brun, avec un accent terrible.

— C'est cela même.

— Bon. Après ?

— Vous étiez seul avec lui ?

En effet.

— Ce que vous avez dit, tous deux, est resté entre les quatre murs de votre cabinet?

— J'en réponds.

— Eh bien! monsieur Oscar, je vais vous le répéter mot pour mot.

— Tu aurais entendu?

— Sans peine, puisque c'est à moi que vous vous adressiez!

— Que veux-tu dire?

— C'est moi qui étais le boyard.

Oscar fronça le sourcil.

— Tu t'es moqué de ton chef?

— Non, patron. Seulement, trouvant que vous n'appréciez pas assez mes talents, j'ai voulu vous en faire juge.

— Achève, dit Oscar.

— Eh bien! si j'ai pu vous donner le change, à vous, qui êtes payé pour vous méfier, si vous ne m'avez pas reconnu, il est probable que ma fripouille s'y trompera de même.

L'affaire est importante, monsieur Oscar. Chargez-moi-z-en.

— Peut-être! répliqua l'inspecteur général de la sureté. Mais il faut que je me consulte d'abord ; que je réfléchisse, en toute liberté d'esprit.

Viens me voir cette nuit à mon domicile particulier. J'aurai pris un parti.

Mais en attendant...

— Soyez tranquille patron. Je ne lâche pas mon bonhomme et, à minuit, je vous dirai comment ça se fait, qu'il soit où nous le retrouvons.

— Surtout, pas d'imprudence...

— Ayez pas peur!

— Le drôle a mis entre sa tête et nous une barrière, qu'il n'est pas commode de franchir.

— En sautant par-dessus, c'est vrai; mais...

— Mais quoi?

— En creusant par dessous?... hein?

— Allons! fit plaisamment Oscar, tu vaux encore mieux qu'on ne croit. Sois à minuit à la maison.

Eh bien! tous comptes faits, Francis était un gaillard.

Son mariage avec Louise d'Ésespart n'était rien qu'un marché, pieux sans doute, mais malpropre bien plus certainement.

On se rappelle quelles en étaient les conditions :

Mariage apparent, qui ne serait jamais consommé.

Cela c'était bien entendu ; entendu avant tout.

On partait en voyage en Italie ; on venait se montrer à Paris, — montrer que Louise avait un mari, — puis le comte Benoît-Larjuzan avait toute liberté de faire comme tant de maris aristocrates : délaisser sa femme et mener la bombance du mari garçon ; le cercle, les soupers, les femmes, etc. ; en un mot : la noce.

La bénédiction reçue on s'était mis en route.

Il y a un proverbe très vrai, pour certaines natures :

« Qui se frotte au vernis en attrape. »

Il est exact dans tous les sens, et le protégé du général des Jésuites, le P. Marinoff, était de ces natures privilégiées qui, sans nul effort, se mettent au ton de leur entourage.

Introduit dans une famille noble, qui faisait passer avant tout la tenue extérieure et le décorum, il devint d'une distinction parfaite.

Et cela sans être obligé de s'observer.

Il était comme ces acteurs de génie, qui, selon l'expression du métier, « se mettent dans la peau du bonhomme ».

Ils jouent le rôle d'un roi ; Dieu ! quelle majesté d'allures, de langage, de mouvements.

Le lendemain, ils jouent un paysan ; les voilà rustres.

Ont-ils à représenter une canaille,—le traître,—ils se font vulgaires, communs, crapules.

Près de ces dames, l'assassin, se faisait gentleman.

Et de bonne foi !

Avec une conviction profonde.

Il finissait par croire que « c'était arrivé. »

Le passé, — son passé : ses ignominies, ses crimes, — lui paraissait lointain, problématique, incertain.

Il se souvenait des faits.

Mais qui donc les avait accomplis ?

Qui donc avait tué, coupé la gorge de telle et telle, étouffé un vieillard, coupé les membres de celui-ci, fait bouillir les chairs, pour en jeter la gélatine aux poissons ?

Était-ce vraiment lui ?

Il en voulait douter.

C'est fini, tout cela ; passons l'éponge.

Qu'a de commun cet assassin, ce meurtrier vulgaire, avec M. le comte Larjuzan de Saint-Lourdes, je vous prie ?

C'est pourquoi Louise et sa mère éprouvèrent de la surprise et de la satisfaction à être tombées sur un homme de si correcte et circonspecte tenue.

Il ne s'imposait pas à elles.
Tant qu'on était en public, il tenait son emploi de mari.
Dès qu'on était seuls, autre aspect.
Après une phrase ou deux, li se retirait.
Où allait-il ?
D'abord on ne se soucia pas de l'apprendre.
Mais les femmes sont curieuses.
Cet individu, dont elles partageaient la vie apparente, avec qui elles prenaient leurs repas, qui couchait sous le même toit, sous la même clé, dans les hôtels, que faisait-il, quand il les quittait ?
Elles le surent aisément.
Rien de répréhensible.
Dans le jour, il allait voir les curiosités de la ville, le pays aux environs.
Le soir, il fumait un cigare, à la terrasse d'un café, en prenant une glace, ou bien, il entrait dans un théâtre, entendre de la musique.
D'ailleurs, il ne manquait jamais la messe, le dimanche. Et, plusieurs fois, allant elles-mêmes visiter les monuments, dans la journée, elles l'avaient surpris, dans une église, debout contre un pilier, ou agenouillé, priant.
Elles prirent confiance.
Le dégoût qui d'abord, s'attachait à cet homme qui s'était *vendu* s'atténua.
Elles supposèrent que son mobile était peut-être excusable. Et peu à peu elles le retinrent dans leur compagnie.
— Vous sortez ce soir ? Monsieur.
— En effet, mesdames.
— Puis-je vous demander où vous comptez aller ?
— Entendre un acte du *Trovator*.
— Ne vous déplairait-il pas de nous y conduire ?
— Trop heureux, mesdames, de vous procurer une distraction.
Une autre fois, à Naples, il annonça l'intention de monter au Vésuve.
Elles parurent envier la liberté qu'il en avait.
— Qui vous empêche d'y monter aussi, mesdames ?
— Des femmes seules !...
— Si vous permettez que je sois votre cavalier...
De même pour le dimanche.
Puisqu'il allait à l'office, elles lui proposèrent de s'y rendre tous trois ensemble.
Une sorte d'intimité s'établit.
Il se montra d'une courtoisie, d'une prévenance réservées qui les rassura pleinement.

LES ERREURS DE LA GUILLOTINE

Longtemps ils gardèrent le silence. Puis, le prétendu comte s'aperçut que Louise pleurait.

Un jour vint où, après dîner, le temps étant mauvais, elles l'engagèrent à passer la soirée près d'elles, au lieu d'aller s'enfermer dans sa chambre, puisqu'il ne pouvait sortir à cause de la pluie.

On causa paisiblement, comme si l'on était vraiment mariés, comme s'il eût été le beau-fils de la marquise.

Louise se rappela qu'il fumait, et lui en donna permission.

Comme il résistait, elle insista, d'accord avec sa mère, et frottant une allumette, elle lui donna du feu.

Maintenant, on faisait mieux que causer; il arrivait qu'on plaisantait ensemble.

Tout se tassait. On prenait l'habitude de la vie commune. On devenait presque amis.

Un dimanche matin, c'était à Cannes, ils revenaient sur Paris après cinq mois; la marquise prise de migraine dut renoncer à se rendre à la messe.

— Demande à M. Benoît de te conduire, dit-elle à sa fille. Je vais me rendormir. Ne fais pas de bruit en rentrant.

— Veux-tu que, pour te laisser reposer, nous déjeunions dehors, après un tour de promenade?

— C'est cela, dit Mme d'Ésespart.

Les mariés partirent.

— Si au lieu d'aller à la paroisse, proposa Francis à sa pseudo-femme, nous allions assister à l'office de la Villa Sombrosa?

— On y dit la messe?

— Dans la chapelle du château.

— Les étrangers y sont admis?

— Tout le monde.

— Eh bien! allons!

La chapelle était pleine avant même qu'on ne commençât. Le comte, — puisqu'aussi bien, le petit-fils de la mère Licharde l'était devenu, — et la comtesse, ne purent trouver place, que dans un coin obscur.

Pieusement, ils firent leurs dévotions.

Puis, on sortit.

Le parc de la villa Sombrosa est fort beau.

On a liberté de s'y promener.

Ils en profitèrent.

Elle à son bras, Francis la conduisit, et bientôt ils arrivèrent à un endroit ombreux, o'où le panorama est splendide, féerique.

Le bleu de la mer, le bleu du ciel, le bleu des montagnes de l'Esterelle, qu'on aperçoit sur la droite, la silhouette des îles Sainte-Marguerite qui rompt la ligne d'horizon, tout, sous ce radieux soleil, dans cette végétation, qui répand des senteurs pénétrantes d'oranger, frappe l'imagination, pousse au recueillement attendri.

Un banc était là. Ils s'y assirent.

Longtemps ils gardèrent le silence. Puis le prétendu comte s'aperçut que Louise pleurait.

— Je n'ose vous demander ce que vous avez, madame, dit Francis; je n'en ai pas le droit. Pourtant, je ne parviens pas à être insensible à votre émotion.

Louise hésita un moment, puis se tournant à demi :

— Me demander pourquoi je pleure, répliqua-t-elle; est-ce bien utile vraiment si, comme j'en ai fait une condition, vous savez pourquoi j'ai consenti au semblant de mariage qui nous lie.

— J'ignore si vous avez fait quelque condition que ce soit. Ce qui est certain, c'est qu'on ne m'a fait aucune confidence.

— Est-ce possible ! dit-elle.

— Je vous le certifie.

— Alors, que supposez-vous, monsieur ?

— Rien, madame.

— Comment?

— J'ai juré de me l'interdire.

— Pourquoi ?

A son tour, le faux comte parut se consulter.

— Tenez, dit-il, je vois que vous ignorez de même, les raisons, qui m'ont fait accepter de paraître votre mari.

— En effet, monsieur.

— Eh bien ! poursuivit Francis, réfléchissez-y bien, madame. La situation, qui nous a été faite, est devenue, grâce à votre bonté, supportable, sans que nous soyons forcés de tendre notre volonté pour partager la vie commune. Qui sait ce qu'il adviendrait, si nous éclaircissions cette situation ?

— C'est juste, dit-elle. Pourtant, ne serions-nous pas plutôt amenés à nous plaindre, réciproquement, à nous prendre en pitié ?

— Vous, c'est probable, puisque vous êtes charitable et bonne.

— Et vous ?

— Oh ! moi, moi ! fit-il, je n'ai à prendre pitié de personne.

— Que voulez-vous dire ?

— Je veux dire que je suis pis qu'un malheureux.

— Quoi donc?

— Un coupable !

La jeune fille eut un frémissement.

— Oui, reprit son mari, un coupable, à qui Dieu, par le ministère de ses prêtres, a pu pardonner, qu'il a pu laver de son péché, mais qui ne saurait oublier son crime, et qui, pour l'expier, a fait abnégation complète de son être, par une sorte de suicide moral, se remettant aux mains des ministres du Seigneur, pour qu'ils disposent de moi, comme d'un esclave docile et inconscient.

Ils ordonnent. Je ne juge pas. J'obéis.

Ils m'ont dit :

— « Vous épouserez Mlle d'Ésespart. »

Je n'ai pas demandé pourquoi, dans quelle intention ? J'ai dit :

— « Je suis prêt. »

— Eh bien ! ce qu'on vous a tu, monsieur, je veux, moi, que vous le sachiez. Consentez-vous à m'entendre ?

— Oui, mademoiselle. Je suis à vos ordres ; presque fier de vous paraître mériter votre confiance ; touché et reconnaissant, que vous me l'accordiez, en dépit de ce que je vous ai avoué de mon indignité.

— L'Église vous a donné l'absolution. Me sied-il d'être plus inclémente qu'elle ? Je n'en ai pas le droit.

— Écoutez-moi, monsieur.

Et d'une voix basse, le visage rouge de honte, elle lui conta son malheur ; le viol, dont elle avait été victime, et ce qui s'en était suivi :

Mais elle ne pouvait dire que ce qu'elle savait ; ce que sa mère lui avait juré, à l'égard de l'enfant.

— Il vint au monde, mort, dit-elle.

— N'est-ce-pas cette enfant qu'on trouva sur la berge, il y a...

— Oui ! fit Louise. Ma mère avait jeté son cadavre à l'eau.

Tel fut le double aveu du mari et de la femme.

Sincère, de la part de celle-ci.

Faux de la part de Francis.

Mais qui pouvait éclairer Louise ?

Elle crut tout, et une sympathie attendrie germa dans son esprit.

Benoit Larjuzan, lui parut, comme elle, un éprouvé ; un malheureux.

Elle le plaignit, et d'autant plus, qu'elle l'avait méprisé d'abord, croyant sa complaisance payée.

En voyage, la vie est bien intime.

Tant qu'on est dans les grandes villes, les hôtels luxueux permettent de se retirer chacun chez soi.

Pourtant, on se donne le bras, — pour le monde, — on se frôle. On reste longtemps en présence.

Et puis, on va voir ce qu'il y a d'intéressant. On gravit des pics. Les mains se touchent.

On passe des endroits difficiles.

Un cavalier aide les femmes, les soutient. Parfois les prend dans ses bras.

Or, la nature est la nature. Suivant aveuglément son but de prolongation des races. Ça lui est bien égal que cet homme, ce mâle, soit un bandit.

Qu'est-ce que ça lui fait que cette femme ait perdu sa virginité par un viol? Ils sont jeunes tous deux. Voilà tout ce qu'elle veut savoir.

Et elles les pousse délibérément à s'unir, à se confondre, à créer un être nouveau.

Elle ignore la morale, la nature, et les préjugés mondains lui restent de la dernière indifférence.

« Croissez et multipliez. »

C'est tout ce qu'elle comprend. Rougissez après. Ah! voilà par exemple ce dont elle se moque.

Louise et le faux Benoît en venaient à se rechercher. Leur contact les troublait.

Mais on n'allait pas que dans les grandes villes.

En certaines excursions, où l'on passait deux ou trois jours dans la montagne, il fallait bien s'accommoder de la même auberge qui se trouvait.

Une seule chambre pour les époux, les autres étant occupées dans les mêmes conditions.

Allait-on provoquer les commentaires des autres voyageurs, en mettant la mère et la fille ensemble, tandis que monsieur coucherait seul?

Une fois; deux fois passe.

Mais toujours? Impossible sans donner à penser; sans donner à supposer qu'il y avait quelque chose de louche, entre le comte romain et les dames d'Ésespart.

Un jour, on se trouva de nouveau devant le même embarras.

La mère prit son pseudo-gendre à part.

— Que faire? lui demanda-t-elle. Il y a ici des Français, des Parisiens. Je crains de fournir sujet à des remarques, qui seraient colportées, et confirmeraient des bruits qui ont déjà couru dans mon monde.

— Rassurez-vous, madame, répondit le faux Benoît. Je laisserai Louise se coucher, et je dormirai à peu près sur un fauteuil.

Ainsi fut fait.

Francis n'entra dans la chambre commune, que lorsque sa femme fut au lit. Il n'y avait pas de lumière.

Pas un mot ne fut dit.

Le mari de Louise trouva le fauteuil à tâtons, et s'y installa de son mieux, décidé à ne pas broncher.

Pourquoi ? Ce bandit, cet assassin était-il pris, tout à coup, de délicatesse ? La femme innocemment souillée du fait d'un homme ignoble, lui inspirait-elle du dégoût ?

Pas du tout !

Deux choses déterminaient Francis à se contenir.

Il voulait garder son prestige, aux yeux de cette fille noble, et, par là, se confirmer la protection supérieure de la Compagnie de Jésus.

Certes ! il la voulait bien, cette femme, jeune, fraîche, distinguée, attrayante à tous égards ; il la désirait ardemment. Mais il la voulait dans certaines conditions.

Il fallait qu'elle se livrât, que, d'elle-même, elle s'offrît, par entraînement, par élan, par amour.

Il le fallait ; car ensuite, elle n'aurait point à dire, qu'il l'avait poursuivie.

Et si elle devenait grosse, elle dirait au père Marinoff :

— C'est moi qui le lui ai demandé, comme une grâce, qu'il m'a accordée par générosité de cœur.

Comme on voit, il était habile.

Habile et gourmet.

Il se délectait par avance du combat que Louise aurait à supporter, pour en venir là.

Et quelle délectation alors !

En l'aidant à passer un torrent, il avait senti ses chairs frémir, alors que ses formes se moulaient sur lui.

Il avait aperçu ses jambes, si fines et provoquantes, en la suivant dans des sentiers ardus.

Il avait vu ses épaules à deux ou trois fêtes où ces dames avaient dû assister en toilette de bal.

Louise était une créature parfaite et si enviable !

Certes ! S'il n'eût pu se dominer, il sentait qu'il n'eût pas trouvé de résistance.

Fût-ce par résignation, il l'aurait eue sans combat.

Et puis, elle se serait imaginé que, par là, lui aussi l'absolvait, effaçait la tache subie.

Toute soumise dès lors.

Mais, on le répète, ce n'était pas assez pour Francis. Le meurtrier de M*me* Walph, l'ex-*Belle Joséphine*, exigeait davantage. Il fallait le prier

Un certain instinct de la nature humaine, lui disait qu'il n'était pas présomptueux en cela.

L'heure, il ne la prévoyait pas; mais il était persuadé qu'elle viendrait.

Or, on n'attache de prix aux choses, qu'en raison de ce qu'elles nous ont coûté.

Si Louise surmontait ses décences, pour céder à l'élan de son âme abusée, aidée des incitations de la chair, ce qui n'était pas impossible de la part d'une fille bien faite et richement constituée, elle poétiserait assez celui, à qui elle se donnerait, pour s'attacher à lui par des liens étroits et puissants.

Tout pourrait advenir, ensuite.

Révélations de la vérité même, de l'horrible, de la hideuse et criminelle vérité; Mlle d'Ésespart défendrait son mari, se mettrait entre lui et la société.

C'est ce qu'il se répéta en entrant dans la chambre d'hôtel, où la jeune femme était couchée.

Il ne lui parla pas.

Il affecta d'éloigner son fauteuil, mettant plus de distance entre eux.

Puis, s'arrangeant de son mieux, en allongeant ses jambes sur une chaise, il parut vouloir sommeiller.

Les yeux de Louise s'habituant à l'obscurité; elle l'apercevait vaguement dans la clarté relative de la croisée.

Dormait-il déjà?

Elle, point.

D'étranges agitations lui tenaient l'esprit attentif.

Et puis, ses membres se crispaient; il lui montait des bouffées de chaleur, comme il arrive, quand un orage se prépare ou approche.

Nul repos.

Tout à coup elle frémit.

La violente lumière d'un éclair l'avait forcée de fermer les yeux.

Peu après, un sourd roulement se fit entendre.

Elle était de ces êtres nerveux que l'orage épouvante.

Elle tâcha de se dominer pourtant.

Mais cet orage appréhendé grossissait horriblement. Les roulements du tonnerre gagnaient en intensité, se suivaient de près.

Elle claquait des dents.

Sur un éclat strident de la foudre, elle poussa un petit cri d'oiseau effrayé.

Francis se leva d'un bond.

— Vous avez peur? demanda-t-il.

— Oui, répondit-elle, bien peur.

Il y avait de quoi, les décharges d'électricité avaient un bruit strident, immédiatement après l'éclair aveuglant; presque en même temps!

Et chaque fois, les vitres tremblaient.

— Je vais allumer, dit Francis.

En effet il frotta une allumette et la porta à la bougie.

La lumière factice, était trop faible, pour atténuer celle des éclairs qui se multipliaient.

— Venez près de moi, dit Louise d'un ton de prière.

Il approcha.

Elle lui saisit la main, et l'attira vers elle, et se dressant un peu, elle cacha son visage dans la poitrine de son mari.

L'épouvante lui faisait oublier à elle, les précautions à prendre, et, à la lueur de la bougie, le regard de Francis se promenait sur ce qui paraissait de ce corps charmant de jeune fille, que la maternité n'avait pas privé de ses fraîcheurs de vingt ans.

Longtemps, ils restèrent ainsi ; tant que l'orage s'éloignant le bruit diminua d'intensité.

Alors Francis vit que les épaules de sa femme étaient secouées convulsivement.

— Qu'avez-vous Louise? lui demanda-t-il.

Elle se tut.

Il insista et, se reculant, il la regarda.

Elle avait le visage inondé de larmes.

C'étaient des sanglots silencieux, qui secouaient tout son être.

— Mais qu'avez-vous, enfin? répéta celui qu'elle croyait son mari.

— Hélas! fit-elle, en redoublant de pleurs. Je vois bien que mon malheur m'a rendu un objet de dégoût.

— Taisez-vous, Louise. Vous vous trompez.

— Oui, vous avez pitié.

— Vous vous trompez, vous dis-je! répéta Francis, en jouant son rôle. Vous ne pouvez savoir ce qui se passe en moi.

Elle le contempla, l'englobant d'un regard, qui était une supplication, l'attirant faiblement.

Il se pencha avec une lenteur calculée, et chastement l'embrassa au front.

On eût dit que ce fut l'étincelle qui met le feu aux poudres.

Par un élan de passion désespérée, elle lui jeta ses bras autour du cou, et colla ses lèvres à celles de ce pieux M. Benoît de Larjuzan, dont il lui semblait que l'amour pouvait la purifier, être pour elle comme une rédemption.

Et lui parlant les yeux dans les yeux.

— Prends-moi, ou je me donne la mort.

— Toi, mourir! s'écria-t-il, en l'étreignant avec force. Oh! non, vis au

LES ERREURS DE LA GUILLOTINE

Il se faisait traverser le fleuve qui est, a été et sera finalement la frontière naturelle et définitive de la France.

contraire; vis, sois heureuse, ma bien-aimée; je t'aime, au-dessus de tout, je t'adore, comme on adore la vierge Marie!...

. . . .

Il ne s'agissait plus des conditions premières de cet étrange mariage.

Rien à simuler maintenant. On s'aimait, on ne voulait, à aucun prix, vivre séparés.

Au contraire. Ils ne pouvaient se passer l'un de l'autre.

La marquise en fut surprise d'abord.

Mais, il fallait bien accepter le fait accompli.

D'ailleurs, ça valait mieux ainsi.

Puisque Louise était heureuse de ce dénouement, sa mère ne pouvait rien souhaiter de plus.

Et dès lors, on pouvait venir à Paris, se montrer dans la haute société, à laquelle elle appartenait par sa naissance, sa parenté, et la condition de feu son mari.

Il y a plus, elle était reconnaissante envers son gendre et elle songeait à le récompenser.

Le moyen?

Facile, pour elle, qui avait des relations puissantes.

Il fallait pousser M. de Larjuzan aux honneurs.

Si le père Marinoff accordait son concours, il n'y aurait guère de difficultés.

Elle le mit au fait de la nouvelle situation.

Il répondit, en annonçant qu'un des dignitaires de la Compagnie lui était délégué.

Que bientôt, il irait la voir à son hôtel à Paris et exposerait la pensée du général de l'ordre.

En attendant, il lui indiquait les quelques salons où elle devrait introduire, présenter le mari de sa fille.

Elle obéit ponctuellement.

On eût dit qu'elle fût attendue.

Dès le premier jour, des personnages officiels du plus haut rang semblèrent adopter le gendre de Mme d'Ésespart.

Ministres étrangers, ambassadeurs, l'attirèrent.

C'était comme l'exécution d'une consigne, d'un mot d'ordre.

Et bientôt, le bandit se trouva presque familier avec des fonctionnaires français, d'une situation quasi souveraine.

On l'a vu, le jour du grand prix, l'échappé de la voiture cellulaire avait été admis dans la tribune du corps diplomatique.

Sénateurs, députés, ministres vinrent saluer ces dames, serrant familièrement la main de M. Benoît de Larjuzan.

Entre deux courses, File-au-Vent faillit tomber à la renverse, en rencontrant au pesage, son homme à qui un monsieur donnait le bras, en l'appelant :

« Mon cher. »

— Le grand patron ! s'était dit l'agent.

Quel grand patron ? Si vous le lui aviez demandé :

— Eh ! donc ! le préfet de police !... aurait-il répondu, avec un ahurissement bien légitime.

Le soir, le jeune ménage dînait chez la fille d'un maréchal de France, qui avait épousé un ancien prince régnant d'Italie, que Garibaldi avait détrôné et chassé de ses États, pour en faire présent à Victor-Emmanuel.

Assemblée hors ligne, où toutes les sommités du parti catholique de tous les pays, brillaient par leur présence.

On y fit presque fête au gendre de la marquise.

Et un de ces mouchards du grand monde qui font figure, grâce aux fonds secrets, envoyait une note à Oscar, qui le jeta dans une perplexité difficile à décrire.

Elle était ainsi conçue :

« *L'homme filé, a été accaparé durant deux heures, par le légat du Saint-Siège.* »

— Diable ! se dit l'inspecteur général de la police, s'il en est ainsi, nous aurons du fil à retordre. Les jésuites sont pour lui !...

Quand, à minuit, File-au-Vent se présenta au cabinet d'Oscar, celui-ci lui dit :

— Mon garçon, nous avons affaire à forte partie.

— Je sais, patron.

— Tu sais ? Quoi ?

— Que notre gaillard a le diable dans sa manche.

— Le diable ! Au contraire !...

— Les curés, patron. C'est la même chose. Le nonce du pape le traite en Benjamin.

— Comment sais-tu ça ?

— Je l'ai vu.

— Où ?

— Chez l'ex-princesse régnante.

— La fille du maréchal de *** ?

— Chez elle, oui, patron.

— Tu t'es glissé dans les salons ?

— En qualité de domestique d'extra. J'ai même passé des sorbets au calotin et à son ami.

— Allons! fit Oscar, tu es un lapin, toi!

XXXIII

OLGA DOLSKOÏSKA

Quand Oscar eut pris tous les renseignements, appris comment le mariage s'était fait, et ce qui était advenu, il se dit délibérément :

— Allons! c'est le grand jeu, cette fois!

Un autre se fût peut-être découragé.

On voit qu'il en était loin.

Un autre se fût peut-être entouré d'auxiliaires.

Lui, pas!

Il entreprit d'arriver à ses fins, tout seul.

Surtout, ah! surtout! ne mettre personne dans la confidence de ses actes et de ses intentions.

Préfet, ministres lui eussent ordonné de se tenir en paix.

En paix? Lui? Vous ne le connaissez pas.

L'affaire prenait une tournure, des proportions qui l'enthousiasmaient.

A la bonne heure! Voilà qui vaut la peine.

Il y fallait plus que de l'habileté et du talent!

Il y fallait du génie!

Eh bien! il en aurait!

Il se donna huit jours pour y réfléchir.

Puis, son plan arrêté, il retourna ses manches, et sans plus tarder, d'un bond, en pleine pâte.

D'abord, il inventa un crime, et s'adressa à lui-même de fausses dénonciations.

En effet, on lut dans les journaux :

« *Un vol, d'une audace inouïe, a été accompli, il y a trois jours. Un malfaiteur s'est introduit la nuit, dans les bureaux d'un de nos plus importants banquiers.*

« *A moins de dix mètres du lit, où dormait le gardien, il a forcé le coffre-fort, s'est bourré les poches de billets de banque, et s'est retiré sans qu'on ait eu l'éveil.*

« *Une seule personne a aperçu le voleur. C'est une fillette de treize ans, qui, faute de domicile, passait la nuit dans l'encognure d'une porte cochère.*

« *Grâce au bec de gaz, tout voisin de la maison de banque, elle a vu celui qui s'esquivait, et a pu donner son signalement.*

« *Une piste a été presque aussitôt découverte. Il y a lieu de croire que le coupable a gagné la frontière.*

« *Nous en restons là, pour ne pas entraver l'action de la justice.* »

Pas un mot de vrai dans ces quelques lignes.

Mais, le lendemain, M. Oscar de la Ville-Viquier demandait quelques jours de congé à son chef.

— Le voleur est en Allemagne, dit-il. Je vais m'en assurer.

— Bonne chance, mon cher Oscar, fit le préfet.

Deux heures après, le policier prenait ostensiblement, à la gare Saint-Lazare, le train de marée qui correspond à Dieppe avec un paquebot anglais, à destination d'un railway, dont le point d'arrivée est Londres.

Son embarquement à Paris avait je ne sais quoi de tapageur, qui fit réfléchir File-au-Vent.

— Le patron nous la baille belle, jura-t-il. Je ne serais pas étonné que ce ne fût pas lui qui « allât en bateau! »

Ça lui semblait louche qu'Oscar, partant à la recherche d'un malfaiteur, se fît accompagner au quai du chemin de fer, par son secrétaire, et différents chefs de service.

Tout à point, il se trouvait là trois reporters de grands journaux parisiens.

Ils le questionnèrent comme de juste.

Et lui, avec des façons mystérieuses, il leur confia, en les priant de garder le secret, qu'il était sûr de pincer à Londres le cadet, qui avait forcé le coffre-fort du banquier parisien.

Allons! Oscar n'était pas assez de son pays, pour s'imaginer que ces hommes d'information ne se feraient pas quelque revenu, par la divulgation du secret, — ou prétendu tel.

Il faut bien vivre.

— Je parierais ma part du paradis, pensa File-au-Vent, que le patron leur pose un lapin! Il va à Londres, comme je me dispose à aller à la messe. C'est un fier roublard, tout de même.

Néanmoins, le lendemain, il fut ébranlé dans sa conviction.

C'est que les journaux de quatre heures, *la France* en tête, donnaient une dépêche reçue par leur fil particulier, rendant compte de l'arrivée à Londres de M. Oscar.

Le chef des détectives l'attendait à la gare de Charing-Cross.

On l'avait accaparé.

Il avait été l'objet d'un banquet, avec toasts et speechs.
File-au-Vent se rendait à l'évidence.
Pas à en douter, le patron était à Londres.
— Mais c'est égal, se disait-il, quelle drôle de manière de piger un filou, que de faire tambouriner son arrivée !
Eh bien ! si pose de lapin il y avait, File-au-Vent en était victime tout le premier.
Oscar n'était pas du tout à Londres.
Qu'y fût-il allé faire, puisque le vol du banquier n'existait pas, et que par suite, il n'y avait pas de filou à piger en Angleterre.
Néanmoins, il avait poussé jusqu'à Londres.
Mais il y avait séjourné une heure.
Juste le temps de faire constater sa présence et d'envoyer une fausse relation au *Times*.
Après quoi, changeant de peau, de nom, d'aspect, d'allures, de barbe et de cheveux, il s'était embarqué pour Ostende.
Là, il était monté en chemin de fer, payant comme un simple particulier, et avait rejoint la grande ligne d'Allemagne à Liège.
Suivant l'itinéraire, il avait brûlé Aix-la-Chapelle et s'était arrêté à Cologne.
Ereinté, ma foi ! il s'était couché à l'hôtel.
La première fois qu'il eût ôté ses bottines depuis le départ de Paris.
Il dormit de tout cœur, à vrai dire.
Et dès le petit jour du lendemain, il montait sur le bateau qui remonte le Rhin.
Au milieu du jour, il descendit à Bône.
Puis, ayant déjeuné, il se faisait traverser le fleuve qui est, a été, et sera finalement la frontière naturelle et définitive de la France.
A l'autre berge, il se procura une voiture, qui le conduisit assez loin, à travers plaines, bois et montagnes, à un château délabré, près duquel s'élevait une villa, de médiocre apparence.
C'est à la grille de cette dernière habitation qu'il sonna.
Une gretchen vint lui ouvrir.
— Qui demandez-vous ? fit-elle en allemand.
— La comtesse Olga, répondit-il dans le même horrible idiome.
— Madame ne reçoit pas les inconnus.
Oscar tira son portefeuille, et sur un bout de papier, il traça un numéro :
« 3,084 — S. L. »
— Présentez cela, dit-il, et ajoutez que j'arrive de Paris.
La gretchen, le laissa dans le jardinet et pénétra dans l'habitation.

Ayant traversé un grand salon, d'assez pauvre apparence, elle gagna une sorte de boudoir.

Pas bien riche, non plus, le boudoir.

Une table, une chaise longue, des chaises en osier!

Pour le surplus, des plantes exotiques.

Sur la chaise longue, une femme était étendue, lisant un livre imprimé en caractères polonais.

C'était une créature étrange.

Le visage était d'une beauté extraordinaire.

La peau d'une blancheur laiteuse, à la façon des femmes du Nord, paraissait d'un marbre italien, tant la chevelure aile de corbeau, en rehaussait la matité!

Sous un peignoir de soie tissée en gaze, le corps se dessinait, presque trop, merveilleux, inouï!

Les seins d'une fermeté de roc, la courbe des hanches, les sinuosités serpenteuses de l'épigastre et du ventre, avaient la pureté de lignes de la statuaire antique.

Phidias eût signé ce chef-d'œuvre, qui eût fait damner un croyant de l'eau de Lourdes!

Apprenant la présence d'un étranger, elle tendit la main vers le papier, que lui présentait Gretchen.

Elle croyait à la carte d'un gentleman, sur laquelle le nom était imprimé.

Mais en voyant le chiffre et les initiales, elle devint livide et sursauta, comme si un serpent l'eût mordue.

Il y avait de quoi.

Ce chiffre était celui d'une fille soumise, enregistrée à la préfecture de police française, section des mœurs.

Les initiales S. L. voulaient dire :

« Saint-Lazare. »

Or cette femme avait été enregistrée sur le livre de la prostitution légale de Paris.

Et elle avait passé un mois dans la prison du faubourg Saint-Denis.

Il faut le reconnaître, si on lui avait infligé cette double honte, sans compter celle plus ignominieuse de la visite au dispensaire, ç'avait été un acte odieusement arbitraire.

Prostituée, elle l'était sans doute.

Mais de ces hautes prostituées, qui ne se livrent qu'aux gros bonnets du gouvernement.

Ce qu'elle était surtout et avant tout, c'était espionne.

Espionne de l'Allemagne, au service de Bismark.

Longtemps la police l'avait suivie, tâchant de l'empêcher de vendre nos secrets d'État.

Mais on n'avait pas osé la poursuivre ou l'expulser en sa qualité de moucharde.

Le ministère d'alors était un ensemble de traîtres ou de lâches, qui s'épouvantaient, à la pensée d'indisposer le chancelier de l'empire allemand.

Agir contre cette femme en tant qu'espionne, leur paraissait dangereux

Mais feindre de ne voir en elle qu'une fille publique, l'arrêter en plein jour sur la voie publique, l'incarcérer sur un rapport d'agent subalterne, prétendant qu'elle racolait des clients, c'était un tour à jouer au croquemitaine des Teutons.

En tous cas, c'était la discréditer en France.

Dès lors, plus rien à redouter d'elle.

On fit comme il est dit.

On la saisit sur le boulevard, où elle se promenait un soir.

On la fit passer la nuit au violon.

Le lendemain au dépôt.

Puis, à la visite.

Puis à la prison des filles, après l'avoir inscrite sur les registres de la police.

Si elle jeta les hauts cris ; on l'imagine.

Elle écrivit au Chancelier.

Que celui-ci fût dupe ou non de la comédie, il jugea que son agent-femelle était brûlé.

Et comme il n'a ni cœur ni entrailles ; comme il sait bien qu'en somme, la peur des gouvernants, ne fait pas que nous le redoutions aujourd'hui, qu'à tous risques, nous voulons une revanche, et qu'il n'est pas assez bête pour recommencer une partie qu'il a gagnée, par surprise, tandis qu'il aurait maintenant un partenaire qui a des atouts dans la main, il sacrifia sa moucharde, trouvant prudent de ne pas se compromettre à l'appuyer.

Et, elle, une fois remise en liberté, elle sortit de France avec un empressement terrifié.

Et c'est cette personne-là, qu'un Français venait voir !

Et ce Français avait l'audace de lui rappeler, par un numéro, l'ignominie qu'elle avait dû endurer !

Elle en suffoquait.

Mais se maîtrisant aussitôt :

— Faites entrer ! dit-elle les dents serrées.

— Ah çà ! fit-elle à Oscar, dès qu'il parut, que me voulez-vous, et qui êtes-vous ?

— Qui je suis importe peu, si ma démarche n'aboutit pas.

« Ce que je veux ? Le voici...

LES ERREURS DE LA GUILLOTINE

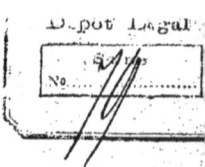

— Vous aviez le temps de fuir avec votre vengeur. Un traîneau vous emporta ensemble.

« Mais, voulez-vous m'entendre d'abord?
— Oui, je le veux. La preuve est que je pouvais vous laisser à la porte.
— En ce cas, écoutez-moi donc.
« Et, pour commencer, permettez-moi de vous prouver que, si vous ne me connaissez pas, je vous sais sur le bout du doigt.

Elle eut un sourire de doute.

— Voyons? fit-elle.
— Vous êtes une esclave russe...
— Ce n'est pas vrai ! s'écria la jeune femme.
— Vous êtes née à Smolensk. Votre père était moujik.

« Votre mère est morte sous le knout, pour avoir volé une cuiller d'argent à son seigneur, qui l'employait dans ses cuisines.

« Ah! fit Oscar, en coupant court à une protestation, j'ai votre dossier complet, dans un tiroir de mon bureau.

La jeune femme, livide de colère, se leva d'un brusque mouvement, tendant la main vers le cordon d'une sonnette.

Mais elle s'arrêta brusquement.

Oscar la tenait au bout d'un revolver.

— Si vous appelez vos gens, dit-il tranquillement, j'attends qu'ils entrent afin d'être dans le cas de légitime défense, et, avant d'en tuer un ou deux, je vous estropie, ou je vous défigure. Choisissez.

Elle retomba sur sa chaise longue, mordant son mouchoir à pleines dents.

— Continuez, dit-elle, d'une voix concentrée.

Et sans lâcher son revolver, Oscar poursuivit :

— Votre père s'étant sauvé, en vous abandonnant, périt gelé dans les steppes.

« Pour vous, élevée dans la domesticité du seigneur, qui avait fait mourir votre mère, vous devîntes si belle à quatorze ans, qu'il vous tira de l'office, vous décrassa, et, de force, fit de vous sa maîtresse ou plutôt l'une de ses maîtresses.

« Un soir qu'il était ivre, à un souper d'hommes, qu'il donnait chez lui, il voulut tirer vanité de votre possession. Et, malgré votre résistance, vous fûtes amenée, au souper, nue, sur un plat d'argent, au milieu de la table.

« Dans la nuit, il mourait

« Comment?

Les yeux de la jeune femme flamboyaient de haine.

— Ne le savez-vous pas?
— Si fait.
— Pourquoi le demander, en ce cas?

— Pour vous l'entendre dire, et voir si vous êtes toujours la lionne blessée, qui se venge de l'insulte reçue.

— Eh bien ! Soyez satisfait.

Et d'une voix fébrile, l'ex-esclave ajouta :

— Parmi les hommes, à qui il m'avait montrée ainsi, il y en avait un jeune, qui avait paru indigné.

« Il exigea qu'on me donnât un manteau pour rester au souper.

« A un moment, je me penchai vers lui, et lui dis à l'oreille :

« — Je me donne à toi corps et âme, s'il meurt cette nuit. »

— Il le poignarda dans son lit, à côté de vous, continua Oscar.

« On était en hiver. Le jour ne paraît que vers dix heures du matin.

« Vous aviez le temps de fuir avec votre vengeur.

« Un traîneau vous emporta ensemble, et deux semaines après, vous étiez à Vienne, où il vous faisait passer pour sa femme.

— Je l'étais réellement ; mais secrètement. Un pope nous avait unis en route, moyennant cent roubles.

— Vous étiez heureuse ?

— Je l'aimais !

— Et lui ?

— Ne parlons pas de lui !

— Si fait.

— Pourquoi ?

— Parce que pour ma conclusion, il faut qu'il ne reste rien de secret entre nous.

— Quelle est cette conclusion ?

— Vous le verrez.

— Un mot seulement.

— Dites.

— Vous avez besoin de moi ?

— C'est cela même.

— Où ça ?

— En France.

— Jamais !

— Si je vous y fais rentrer haut la tête ?

— Oh ! Si vous faisiez cela !...

— Je le puis.

— A quelles conditions ?

— La fortune.

— Vous êtes donc bien riche ?

— Moi ? Pas dix mille francs d'économie.

— Alors ? C'est le gouvernement de la République qui me récompenserait ?

— Le gouvernement de la République n'a pas un sou à donner à vos pareilles.

— Je ne comprends plus.

— S'il est vrai que vous puissiez prouver votre mariage, je vous remettrais un testament en votre faveur, de votre mari, que vous avez fait assommer dans les rues de Trieste, par des lazzaroni, parce que, lasse de lui, vous le trompiez avec un chanteur italien.

— Il avait fait un testament ?

— Qui vous institue sa légataire universelle !

— Quarante millions de roubles ?

— Plus les revenus accumulés depuis sa mort.

— Où est ce testament ?

— En mes mains.

— Sur vous ?

— Pas si bête !

— Où donc alors ?

— A Paris.

L'œil de la jeune femme, démesurément ouvert, jeta un éclair de convoitise, et tendant la main à Oscar :

— Faites de moi ce que vous voudrez. Je vous obéirai servilement.

— Eh bien ! prenez vos dispositions ; ce soir, je vous emmène.

— Si tôt ?

— Je suis pressé. Et puis, je ne veux pas que vous renouiez avec Bismark, pour espionner chez nous.

— Vous pouvez être tranquille. La police allemande est ignoble, je ne veux plus travailler pour elle.

— N'importe ! Donnez-nous à dîner, et partons aussitôt après ; je ne veux pas vous perdre de vue.

Elle rit de bon cœur.

— Vous vous y entendez, vous, dit-elle. Vous êtes plus fort que moi. J'aime ça. Je ne vous trahirai pas.

— D'autant que si je m'en aperçois, je brûle le testament.

— Mais au moins c'est bien vrai, il existe ?

— Il vous faut des preuves ?

— Ça ne ferait pas mal, avouez-le.

— Soit ! fit Oscar, en tirant son portefeuille. Je vais vous le montrer...

— Hein ?...

— ... En photographie !

— Ah! fit-elle gaiement, et non sans une nuance d'admiration ; ça, c'est bien joué; ça, c'est vraiment malin!

— En ce cas, demanda Oscar, vous acceptez définitivement?

— Je crois bien! Avouez que je serais trop bête de refuser!

« Aussi, continua-t-elle, vous pouvez me dire qui vous êtes.

— Connaissez-vous M. Oscar?

— De la Ville-Viquier?

— En effet.

— Inspecteur général de la sûreté?

— Comme vous dites.

— C'est vous?

— Moi-même, pour vous servir.

— Alors, vous me ferez rayer du registre des filles publiques?

— C'est fait.

— Topez là, dit-elle. Vous avez en moi une âme damnée.

« Pourtant, ajouta-t-elle, la mission que vous voulez me confier, est-elle politique?

— Pas du tout.

— Qu'est-ce que c'est donc?

— Je vous conterai ça en route.

— Eh bien! dînons vite, et filons.

— Vous êtes curieuse?

— Je suis femme.

Huit ou dix jours après, on se disait dans les cercles, dans les grands restaurants, partout où gravite ce qu'on appelle « le monde du boulevard », — les boulevardiers :

— Qui est-ce qui racontait donc que la Dolskoïska avait été expulsée de France?

— La belle Olga?

— Oui.

— C'est vrai. Elle espionnait pour le compte de l'Allemagne, on lui a fait faire ses paquets.

— Je l'ai rencontrée au Bois, tantôt, à l'heure du « persil ».

— Vous avez cru.

— Elle m'a rendu mon salut.

— Pas possible!

— Si fait, dit un autre. Je lui ai offert une tasse de lait au Champignon de Passy.

— Comment, elle est rentrée!

— On s'était donc trompé ?

— Ce n'est pas ça ! fit mystérieusement un de ces types, qui posent pour être mieux informés que personne, et donnent leurs suppositions pour des confidences de ministres et d'ambassadeurs.

— Qu'est-ce que c'est alors ?

— C'est que Bismark a fait des représentations au gouvernement.

— Pour qu'on r'ouvrît les portes à son espionne

— Et le ministère à « canné » ?

— Ah ! ces républicains ; quels lâches !

— Mon cher, nous ne sommes pas prêts.

— Pourtant les journaux...

— Des blagues !

— Où va le budget de la guerre ?

— Dans la poche des maîtresses des députés. C'est bien connu.

— Ça ne m'étonne pas !

— Tant que nous serons en république, ça sera comme ça, je vous dis.

On reconnaît là le patriotisme de cette aristocratie dorée, que 1870 a mise sur le pavé, et qui se venge, en dénigrant la France.

— Il paraît, dit l'un d'eux, que la belle Olga donne une fête samedi prochain.

— En effet, j'ai reçu son invitation.

— Vous irez, mon cher ?

— J't'e crois !

— Oh ! présentez-moi.

Pour eux, la Dolskoïska était la moucharde du pire ennemi de leur patrie, et ils brûlaient de parader chez elle.

— Très chic !

La belle Olga Dolskoïska était cette ancienne esclave russe, qu'Oscar avait menacée de son revolver.

On voit qu'ils s'étaient entendus.

Restait à exécuter le programme.

Quel était-il ?

La suite de ce récit le dira mieux que nous ne le ferions en quelques lignes.

Ce que nous pouvons dire, c'est que la bataille, qu'allait livrer la Ville-Viquier, pour tenir son serment de punir le véritable assassin de la veuve Valph, aurait, pour champ clos, les hautes sphères de la société parisienne.

Il ne s'agissait plus cette fois de poursuivre le criminel dans les bouges sombres, qui constituent le repaire des bandits de cette espèce.

Plus d'hôtels garnis borgnes, plus de caboulots, dont les patrons sont des indicateurs naturels.

L'intrigue allait se jouer dans les salons de l'aristocratie, entre personnages de haute volée.

Dans le nombre, beaucoup, sans doute, ne valaient guère mieux que les *escarpes* de la tourbe d'en bas.

Mais ceux-ci étaient mieux retranchés derrière une solidarité singulière, qui s'oppose à tout prix aux scandales, dont le retentissement pourrait diminuer leur prestige aux yeux des foules, qui, par un reste de naïveté respectueuse, derniers vestiges de siècles d'oppression, croient que ces gens-là, pétris d'un limon supérieur, véritables benjamins de la création, ont des vertus éblouissantes.

On n'en était plus à douter du retour de la belle Russe.

Les journaux parlaient d'elle et de ses succès à tous moments.

Un des reporters du *Times* l'avait interviewée, et le journal de la Cité britannique avait publié toute une colonne de son immense format, imprimé en minces caractères, pour lui faire une biographie infiniment louangeuse et intéressante.

On lui donnait des origines quasi augustes.

On insinuait qu'elle était née des amours d'un grand-duc moscovite et de la femme d'un ambassadeur d'une des plus grandes monarchies de l'Europe.

Élevée en secret, dans le voisinage d'un trône du Nord, on l'avait mariée à un Dolskoïskiewicht; c'est-à-dire un prince du sang impérial bâtard, de la grande Catherine qui, comme on sait, pondait des bâtards de tous les côtés, et bien rarement du même favori, quand ce n'était pas d'un laquais, d'un cocher ou d'un soldat, qui lui avait donné dans l'œil, malgré sa malpropreté, ou peut-être à cause de cela même!

Car cette fameuse Sémiramis du nord, une Allemande, avait les goûts les plus crapuleux qu'on puisse imaginer.

Mais que le bâtard impérial provînt des cuisines, de l'écurie, ou des nobles de la czarine, il n'en restait pas moins, lisait-on, que la belle Olga était aussi princesse qu'on peut l'être, par son mariage avec feu le Dolskoïski, qu'elle avait fait assassiner à Trieste, pour se donner plus librement à son artiste italien.

Tous ces beaux renseignements, forgés par Oscar, publiés par des moyens à lui, avaient suffi pour ouvrir les hôtels les plus collets-montés à la pseudo-princesse.

Un soir, il y avait bal à la Légation de Grèce. Le diplomate donnait cette soirée sur la prière du ministre des Affaires Étrangères, qui voulait rencontrer sur un terrain neutre l'Ambassadeur d'Italie. Les deux puissances ne pouvaient s'entendre au sujet d'un traité de commerce, et le ministre comptait sur cette entrevue pour ramener l'Italie à des prétentions moins exagérées.

Tous les ministres avaient accompagné leur collègue. Les ambassadeurs de tous les pays n'auraient pas non plus manqué, pour rien au monde, à ce bal, où allait se résoudre une question de si haut intérêt.

Pour le même motif, la plupart des représentants de la Presse parisienne y assistaient.

Le faubourg Saint-Germain n'était pas resté en arrière.

Les salons de la Légation étaient littéralement bondés !

On ne s'attendait pas à une pareille affluence ! Ce que peut la curiosité !

La fête, d'ailleurs, était splendide. Les toilettes ravissantes.

Une soirée comme celle-là ne pouvait se passer du comte et de la comtesse de Saint-Lourdes. Mᵐᵉ Benoît d'Arjuzan portait merveilleusement le nouveau titre que le pape venait de lui faire confirmer par son légat.

La comtesse avait une mise délicieuse qui rehaussait encore sa beauté. C'était elle la reine du bal.

Sénateurs, députés, journalistes, ambassadeurs, consuls, allaient lui présenter leurs hommages.

Le nouveau comte de Saint-Lourdes était entouré par les plus hauts personnages, qui l'interrogeaient sur ce qu'il pensait du résultat qu'aurait l'entrevue du ministre.

Lui pesait le pour et le contre et concluait en faveur du ministre des Affaires Étrangères ! On se rendait à son avis comme s'il eût été un des plus fins politiques du jour.

Sa femme ne le quittait pas, pendant le répit que lui laissaient ses danseurs, appuyant ce qu'il disait, et ravie de le voir briller, cherchait à le faire briller davantage.

Cette admiration pour son mari n'échappait pas à l'assemblée, qu'elle étonnait d'autre part par une sorte de soumission énamourée au comte, en ayant l'air de lui demander permission d'accepter les invitations par un regard souriant et plein de passion.

Tout le monde pensait :

— L'heureux comte de Saint-Lourdes !

Et on avait raison de le penser. A ce moment Francis était le plus heureux des hommes.

Qui aurait jamais pensé que *la Belle Joséphine*, dont autrefois la seule ambition était de faire la montre aux badauds et de voler le porte-monnaie aux naïfs, recevrait un jour les confidences des hommes d'État, et discuterait sur les intérêts de la plus puissante des nations !

Il possédait une femme qui faisait sensation, était reine partout où elle allait, et l'avait rendu un des personnages les plus influents auprès du gouvernement.

LES ERREURS DE LA GUILLOTINE

Oscar la tenait au bout d'un revolver.

De plus il était vraiment aimé de sa femme. Chose rare dans la société à laquelle il appartenait.

Louise adorait son mari. On l'a dit, il lui semblait le rédempteur, lui qui avait daigné en faire sa femme, en dépit de la souillure dont elle avait été victime.

Elle lui devait tout, pensait-elle : Il l'avait relevée à ses propres yeux, et l'avait empêchée de mourir de honte.

Qu'était à côté de cela la considération dont elle avait fait gratifier M. Benoît d'Arjuzan?

Rien !

Aussi son amour pour lui n'avait pas de bornes; elle croyait que jamais elle ne pourrait lui rendre ce qu'il avait fait pour elle ! Sa passion était donc si sincère et si forte que, loin de suivre l'étiquette des grandes dames, qui ne trouvent pas « comme il faut » de laisser voir qu'on aime son mari, elle ne cherchait pas du tout à la dissimuler.

Les amies trouvaient cela indécent ; mais la jalousie dictait un peu cette appréciation.

Il est si désagréable pour une femme de voir l'attention de tout le monde portée autre part que sur elle !

Le ministre des Affaires Étrangères était venu saluer Mme Benoît d'Arjuzan avant d'aborder l'ambassadeur italien, et c'est elle qui fournit l'entrée en matière à la conversation des deux diplomates.

— Quelle est donc cette jolie femme à qui vous venez de parler, monsieur le ministre? avait demandé l'Italien.

— Mme Benoît d'Arjuzan, comtesse de Saint-Lourdes. Vous ne la connaissez pas?

— Vous aurez la bonté de me présenter à elle, n'est-ce pas, monsieur? Je n'ai jamais vu de personne aussi jolie.

Comme il disait ces mots, tous les regards se tournèrent vers une personne qu'on avait annoncée.

— « Madame la princesse Olga Dolskoïska. »

— Voilà une princesse capable de vous faire revenir sur ce que vous venez de dire, répondit le ministre.

En effet, la princesse, au-devant de laquelle se précipitait l'ambassadeur de Grèce, était d'une beauté admirable.

Ses traits, d'une régularité extrême, son teint blanc comme l'ont les femmes du nord, ses yeux noirs encadrés de cils noirs qui donnaient à son regard un charme félin, sa taille, ses mains, la majesté de son port, tout en elle était d'une grâce excessive et la rendait vertigineuse.

Elle fit quelques pas au-devant de son hôte qui l'entraîna auprès de l'ambassadrice d'Allemagne qu'elle connaissait un peu.

Alors commença la série de présentations qui sont comme autant d'hommages rendus soit à la beauté, soit à l'esprit. L'ambassadeur d'Allemagne ne savait où donner de la tête.

— Mon cher ami, menez-moi auprès de la princesse.

— Faites-moi, je vous prie, connaître la princesse Dolskoïska.

Tout le monde voulait à la fois pouvoir parler de la belle Polonaise.

On trouvait que l'ambassadeur était trop lent. Lui d'ailleurs ne savait plus de quelle façon varier sa phrase d'introduction. Il était tout penaud d'être obligé de répéter toujours la même chose.

L'ambassadrice d'Allemagne qui à l'ordinaire était peu entourée à cause de son manque d'amabilité, se trouvait choyée et recherchée.

On préférait affronter sa froideur, être ennuyée par la banalité de sa conversation que de manquer l'occasion d'entretenir un instant la princesse, dont on vantait déjà l'esprit et l'affabilité.

Il n'y avait que quelques minutes qu'elle était entrée, et ses traits d'esprit passaient déjà de bouche en bouche.

L'ambassadeur italien tournait souvent les yeux de son côté, maudissant au fond l'entretien que le ministre avait avec lui, et envoyant au diable le traité de commerce dont il se moquait pas mal dans son for intérieur.

Ainsi les intérêts d'un grand nombre d'hommes se trouvaient, chez le diplomate italien, passer après l'envie qu'il avait de briller près de la princesse.

Inutile de dire qu'il était célibataire.

Le mariage, d'ailleurs, ne l'aurait peut-être pas embarrassé.

C'est la mode dans les hautes classes de donner des coups de canif dans le contrat : c'est du meilleur ton.

Et l'ambassadeur, s'il eût été attaché par des liens conjugaux, n'aurait pas manqué d'obtempérer aux lois de la mode.

Les Italiens sont si gaillards !

C'est dire combien la princesse avait d'attrait ! Elle n'avait pas la jeunesse de la comtesse de Saint-Lourdes, mais sa majesté et son fard lui permettaient d'éclipser toute rivale.

Voyant l'embarras dans lequel se trouvait son ami l'ambassadeur d'Allemagne, elle lui demanda son bras pour faire le tour des salons.

Le cercle formé autour de Louise attira l'attention de la princesse.

— N'est-ce pas Mme Benoît d'Arjuzan ? demanda-t-elle à son cavalier.

— Oui, princesse, la reine du bal. Ces messieurs se disputent pour la faire danser.

— Je me l'imaginais plus jolie qu'elle n'est en réalité. Sa réputation est un peu outrée.

— Il est vrai, princesse, qu'elle ne peut vous être comparée.

— Flatteur!

— C'est la pure vérité.

— Eh bien! j'accepte votre compliment, mais à condition que vous m'accompagniez auprès d'elle.

L'ambassadeur ne pouvait refuser, et quoiqu'il ne connût que très peu la comtesse, il se fit faire place et lui présenta la princesse.

Louise avait aperçu de loin Olga et à sa vue son cœur s'était serré, les interlocuteurs avaient saisi ce trouble, mais n'en avaient pu trouver la cause.

La comtesse avait senti passer dans son esprit comme un sombre pressentiment.

Comment analyser l'effet que lui avait produit Olga?

Une peur vague, inconsciente, une espèce d'affolement. Un flot de sang lui était monté au visage, tandis que son cœur battait avec violence.

Elle s'était senti défaillir.

Rien pourtant chez Olga n'était de nature à motiver cette espèce de crainte instinctive.

Quels rapports entre cette jolie femme et la prescience d'un malheur? Et quel malheur?

Pourquoi cette crainte inexpliquée?

C'est ce que se demandait Louise.

Elle réagit contre ce sentiment involontaire mais persistant. C'était absurde en effet de s'y laisser aller, sans aucun motif pour l'expliquer.

La princesse venait de son côté. Elle fit effort pour se remettre, esquissa un sourire et tendit la main à Olga qui s'assit à côté d'elle.

Au fond, l'ambassadeur n'était pas fâché de se débarrasser de la corvée que lui causait la princesse.

On en vint naturellement à parler de l'entrevue de la soirée.

Les jeunes attachés d'ambassade venaient tour à tour rendre compte de ce que l'on croyait savoir de l'entretien.

On se basait sur l'expression de visage du ministre pour affirmer tantôt qu'il avait gain de cause, tantôt qu'il reculait.

L'Italien semblait impatient d'en finir.

— Bon augure, avaient dit les diplomates; il accordera tout.

— La rente sera en hausse demain, disaient les financiers.

L'entrevue se termina enfin et le ministre prit le bras de l'ambassadeur italien et l'amena devant la comtesse, le présenta, et s'esquiva. Il courut au ministère.

L'ambassadeur, comme tout le monde, avait été frappé de l'inquiétude vague qu'on pouvait lire sur le visage de Louise.

Celle-ci causait avec Olga ; mais non avec cet entrain qu'elle apportait ordinairement dans la conversation. Loin de faire briller son esprit naturel et vif, elle était banale, froide.

On eût dit qu'elle pensait à autre chose qu'à ce qu'elle disait.

La princesse avait l'air de l'avoir fascinée comme les loups fascinent les agneaux.

Pourquoi encore?

Heureusement que les danses interrompaient la conversation. Louise se sentait bête devant cette femme qui la terrifiait. Elle avait beau réagir, elle ne pouvait faire usage de son esprit.

Les femmes, à ce qu'elles disent, ont le pressentiment de ce qui va arriver. C'est une superstition, disent les philosophes. Pourtant ces pressentiments se sont réalisés quelquefois. Et peut-être qu'un jour la science les expliquera. L'instinct des animaux n'est pas autre chose.

Pourquoi le chien suit-il son maître, quand celui-ci a l'intention de le battre?

Louise éprouvait un sentiment analogue à l'égard d'Olga; elle avait l'intuition que cette princesse serait la cause des plus grands malheurs pour elle et son mari.

C'est ce qui la glaçait.

L'ambassadeur italien l'invita ; elle fit bonne contenance et charma le diplomate par la grâce et la profondeur de sa conversation.

— Ce que c'est que la jalousie ! pensa-t-il.

Pendant ce temps Francis était en conférence avec un haut personnage.

On savait que l'Italie cédait et que les prévisions du comte de Saint-Lourdes s'était réalisées.

On était venu l'en féliciter. Mais le haut personnage l'avait attiré à l'écart; et après avoir causé quelque temps du fait de la soirée, il s'était fait reconnaître par Francis.

Ce haut personnage était dignitaire de la Compagnie de Jésus

Comment au milieu de tant de monde avait-il pu se faire reconnaître?

Les Jésuites sont des gens trop intelligents pour ne pas avoir prévu le cas et ils ont des signes mystérieux lorsqu'il se présente.

D'ailleurs qu'importe?

Les deux hommes s'étaient entendus, et personne autour d'eux ne se serait jamais douté qu'ils appartinssent à la compagnie.

— Savez-vous, monsieur Benoît d'Arjuzan, monsieur le comte de Saint-

Lourdes, que vous voilà arrivé à une bien haute situation, avait dit le haut personnage en attirant Francis dans l'embrasure d'une fenêtre.

— Certes je le sais, répondit Francis en baissant la voix.

— Mais savez-vous à quoi vous la devez?

— Ma foi non. La Compagnie a été très bonne pour moi et je ne sais à quoi l'attribuer.

— Vous n'ignorez pas que vos titres, votre réputation, votre influence, votre richesse, vous les lui devez.

— Je m'en doute bien.

— Mais vous n'êtes pas sans soupçonner que si vous avez à ce point attiré l'attention de notre général, que s'il vous a comblé ainsi, c'est qu'il attend quelque chose de vous. D'ailleurs vous connaissez les lois de l'ordre.

« Tout membre de la Compagnie de Jésus fait en entrant dans l'ordre abnégation de sa volonté. » Or vous allez bientôt être à même de prouver votre soumission.

— Je sais que je n'ai qu'à obéir, et je suis prêt.

— A tout?

— A tout; qu'attendez-vous de moi?

— Vous le saurez bientôt, mon frère.

Ce fut tout ce que Francis put arracher à son interlocuteur.

— Qu'on me demande ce qu'on voudra, pensa-t-il, je m'en moque. Je dois trop à ces bons pères pour manquer de leur obéir, quel que soit ce qu'ils exigent de moi. Sans eux je serais obligé d'attendre les voyageurs sur la grande route, en Espagne bien entendu; et je me serais peut-être fait repincer.

« Or, si je suis repincé, ça me coûtera cher. J'ai donc tout à gagner avec ces Jésuites et j'accomplirai tout ce qu'ils me commanderont, fût-ce un crime, à condition qu'ils me garantissent l'impunité. Un de plus, un de moins.

Francis fut tiré de ces sombres souvenirs du passé par un de ses amis qui lui dit :

— Monsieur le comte, vous n'avez pas encore dansé avec la maîtresse de la maison, et votre réserve a été remarquée. Le cotillon va commencer : vous devriez lui proposer d'être son cavalier.

— Certainement, mon cher ami, et avec plaisir.

— Encore un mot. Est-ce que vous étiez initié aux intentions de l'ambassadeur d'Italie?

— Moi? pas du tout.

— Avoir la manière dont vous avez prédit l'issue de l'entrevue, on l'aurait cru.

— Je connaissais les instructions du roi d'Italie. Un attaché d'ambassade était venu aujourd'hui chez moi me les faire lire.

— Vous êtes donc aussi influent à l'étranger qu'en France?
— Je ne fais rien pour ça, soyez-en sûr.
— Ce que c'est que d'avoir un grand nom, et d'être de la vieille noblesse de son pays.

Louise s'était peu à peu rassurée, elle s'était fait une raison.

Il était absurde en effet, comme elle l'avait pensé elle-même, de faire attention à ces voix intérieures qui vous trompent la plupart du temps.

Elle aussi avait été invitée pour le cotillon dès le commencement du bal par un neveu du Président de la République.

Sa beauté, assombrie un instant, était rehaussée par la gaieté qui lui était revenue.

Elle était parvenue à se faire admirer de la belle princesse qui l'avait entretenue assez longtemps.

Seulement, chose étrange, Louise avait remarqué que Olga avait, chaque fois qu'il était question du comte de Saint-Lourdes, changé de conversation.

Ç'avait été comme un parti pris,

Et l'on sait que l'amour de Louise pour son mari était trop grand pour qu'elle n'eût pas fait la remarque de ce qui avait échappé à tout le monde.

Elle en avait été étonnée d'abord, puis comme ça s'était renouvelé plusieurs fois, elle s'en était inquiétée ; mais bientôt, distraite par les plaisirs du bal, elle n'y avait plus pensé.

Olga elle, avait affecté de ne pas faire attention à Francis et s'était fait inviter pour le cotillon par l'ambassadeur italien, célibataire.

La maîtresse de la maison, l'ambassadrice de Grèce avait accepté avec empressement la proposition du comte de Saint-Lourdes.

— C'est égal, se dit Francis en prenant place avec sa danseuse, je voudrais bien savoir ce que dit le père Cadenet dans le ciel qu'ont imaginé mes excellents protecteurs, en me voyant en telle société.

On dansait. Louise se rassurait finalement.

Que lui avait-il passé par la tête? Une folie, un malaise cérébral.

Elle se souciait bien de cette Polonaise, après tout! quelque étoile passagère; de ces météores qui traversent la sphère parisienne, brillent d'un éclat éphémère, et, disparaissent sans qu'on s'en aperçoive.

— Au fait, qu'est devenue la princesse?
— Quelle princesse?
— Vous savez bien... son nom m'échappe. Olga, je crois.
— Dolskoïska?
— C'est ça : la Dolskoïska, qui fit tant de tapage.
— Ce qu'elle est devenue?

— Oui.

— Sais pas.

Et c'est tout.

Il en sera de même pour celle-ci.

D'ailleurs Louise, si jeune, si recluse longtemps, par les suites de son malheur, prenait un plaisir extrême à danser.

Ces luxes, ces élégances, la musique, l'atmosphère de plaisir distingué, qui l'environnait, tout la grisait.

Elle était heureuse comme un enfant, et se sachant aimée, se sentant amoureuse; elle avait la joie de la jolie femme dont le cœur était pris.

Si par instants, Francis oubliant son crapuleux et criminel passé, se figurait être dans son élément, la jeune femme oubliait tout de même.

Quand le hasard des figures du cotillon lui faisait faire un tour de valse avec son mari, elle éprouvait des sensations indicibles, qui la rendaient radieuse.

Elle se laissait aller sur la poitrine de celui qu'elle aimait, et tout bas, à l'oreille, elle lui murmurait :

— Je t'aime ! Je t'aime !

A une figure, qu'on appelle : les fleurs, l'ambassadrice de Suède prit deux cavaliers par la main et les présenta au choix de la Polonaise.

— Coquelicot ou bleuet? demanda-t-elle à celle-ci.

L'un des deux cavaliers était Francis.

Olga leva son regard fascinateur sur les deux hommes.

— Bleuet, répondit-elle.

Bleuet; c'était le nom de fleur qu'avait adopté le mari de Louise.

L'ambassadrice se laissa enlacer par l'autre cavalier, et l'on tourna.

Francis, lui, comme atterré, restait planté devant la Dolskoïska.

— Est-ce que vous ne savez pas valser, monsieur? lui dit-elle d'une voix qui le fit tressaillir, tant il y avait de raillerie dans son accent.

— Excusez-moi, madame, répondit l'assassin.

Et s'élançant à son tour, il l'enleva comme une plume, avec une fougue vertigineuse.

Il avait perdu la raison, la notion du lieu, de sa qualité d'emprunt.

La raillerie d'Olga lui avait été comme un coup de fouet en pleine vanité.

Plus de Benoist d'Arjuzan; plus de comte de Saint-Lourdes; plus de Jésuite; plus rien.

Francis Antoine se retrouvait tout entier, tel qu'au temps où faisant l'honorable métier de souteneur, en rouflaquette, la cravate cerise sous son col rabattu, il épatait la galerie dans les bastringues-rôtisseries de Ménilmontant ou de la Butte-Martyrs.

LES ERREURS DE LA GUILLOTINE

Et s'élançant à son tour, il l'enleva comme une plume avec une fougue vertigineuse.

Quels triomphes, alors!

Toutes les filles soumises le gobaient, se disant :

— Qu'il est chouette, la rosse!

— Et fort!...

— Et agile!

— V'là un marlou, pour faire honneur à une gonzesse!

A cet instant, là, dans ces salons officiels, où la foule était composée de dignitaires de tous les pays, le misérable se croyait revenu aux ébats de ce temps béni.

C'est en « gonzesse » qu'il serrait Mme Dolskoïska, ivre littéralement des senteurs troublantes qui s'élevaient de son corsage, des battements de sang qui agitaient ses seins.

C'est vrai, qu'il était ivre, qu'il était fou!

Une sorte de délire la rendait insensible à l'univers entier.

Cette femme... ah! cette femme!...

Il eût voulu l'emporter dans ses bras, la jeter palpitante dans un coin écarté, assouvir la passion surhumaine qui l'avait saisi, quitte à la forcer, à la tuer!

Tout à coup, il faillit s'évanouir, en sentant son souffle effleurer son oreille, si près qu'on eût dit que ses lèvres y touchaient.

Elle disait :

— Vous allez inquiéter Mme de Saint-Lourdes.

Et cela était prononcé d'un ton de moquerie terrible, dans un petit rire aigu, froid et sec, comme une lame de stylet de Venise.

Francis s'arrêta net, son sang-froid lui était revenu.

Il offrit le bras à sa danseuse pour la ramener à sa place. Et avec le calme d'un homme de haute éducation, il répliqua :

— Rassurez-vous, madame. La comtesse sait qu'elle seule dispose de mon respect et de mon amour.

Olga ne répondit point; mais le remerciant par un léger salut, elle l'engloba d'un sourire narquois, provocateur, et de suprême insolence, qui lui mit, à lui, de la colère plein les yeux.

C'est qu'elle débordait de son cœur, cette colère.

Colère brutale, colère du « marlou » d'autrefois.

Je ne sais qui le retenait de frapper cette femme — cette « gonzesse » de nouveau — au visage.

Il s'était éloigné, morne, la tête à l'envers.

Inquiet aussi, se demandant :

— Ah çà! est-ce que je deviendrais amoureux de cette femme?

Amoureux!... d'une créature, qui pour lui était une vraie princesse, une parente du tzar; lui, échappé de Mazas! lui, le galérien contumace, le condamné à mort! lui, le petit-fils de la mère Licharde, qui était peut-être encore à Saint-Lazare, si elle n'avait pas crevé comme un chien, noyée dans l'alcool du plus infime des mastroquets à *escarpes!*

Eh bien, si! Là, c'était vrai. Pourquoi se mentir à soi-même? Oui, il était amoureux de cette Polonaise.

Pourquoi, comment?

Est-ce qu'il savait!

Ça l'avait frappé comme un coup de tonnerre, comme dans les romans.

Il n'y pouvait rien. Il ne pouvait qu'une chose, hurler contre lui, s'en vouloir à mort, d'aimer, contre sa volonté, cette créature hautaine et persifleuse.

Ah! quelle rage! Oui, la rage de penser qu'elle était inaccessible, que jamais, quoi qu'il fît, il ne l'aurait; non, jamais!

Dans la voiture, qui l'avait ramené avec sa femme, il était resté silencieux et morne.

— Qu'as-tu? lui avait demandé Louise.

Il l'avait payée d'un prétexte banal.

L'excès de fatigue, la migraine...

La jeune femme l'avait plaint.

Malgré tout, il en avait été touché.

Malgré lui encore, une fois seul dans son appartement, il n'avait pu s'empêcher de la comparer à cette étrangère, qui, si brusquement, lui avait fait une impression terrible.

Eh oui! Mlle d'Esespart l'emportait sur tous les points.

Sa beauté à elle était régulière, réelle, imposante.

Plus jeune, Louise; des fraîcheurs respirant la jeunesse, ce charme si vite évanoui!

Plus distinguée aussi. Et si bonne, si éprise!

Et puis, quelle différence de voix, de tons!

La voix métallique et vibrante, Olga.

La voix sympathique et douce, Louise.

Ah çà! pourquoi donc celle-ci le laissait-elle si froid maintenant, quand l'autre le passionnait?

Eh! qu'importe de le savoir!

Est-ce que l'amour, le désir raisonnent?

Voilà le mot juste : le désir.

Mais, il est de la nature des instincts excessifs, d'amener des réactions brusques et violentes.

Un moment vint où le système nerveux de Francis se détendit. Il lui sembla qu'il sortait d'une crise, qu'il se réveillait d'un rêve douloureux.

Il en était comme étourdi.

— C'est une aberration, se dit-il. Ai-je trop bu de punch? Suis-je malade?

Non. Il se portait bien maintenant. C'est tout à l'heure qu'il avait la fièvre.

Il réfléchit posément, et il s'accusa d'injustice envers sa femme, cette Louise, cette fille noble, et cette noble fille, qui l'adorait.

De nouveau, comme il lui était arrivé plusieurs fois déjà à son sujet, il rentra en lui-même, revoyant défiler tout son passé.

Cela formait des tableaux imaginaires qui s'ajoutaient à mesure autour de lui, comme des médaillons fantastiques.

Seul au centre, en habit noir, semblant un prince de la terre, il se revoyait ici :

Ici, imberbe, chef d'une bande de voyous qui travaillaient aux environs de l'île de la Grande-Jatte.

Là, vêtu du veston de drap clair, en *gommeux* du boulevard extérieur, *guignant* sa *marmite*, dévalisant les *poivrots*.

Le voilà soldat ici, dérobant les papiers d'un compagnon, laissé pour mort, en Cochinchine.

Puis, le prétendu employé de commerce, fiancé de la pauvre Augustine, qu'il volait, le soir où, pour se sauver, il effondrait la poitrine d'une femme, la portière de la rue Folies-Méricourt, dont plus tard il devait épouser la fille, sous un faux nom, la malheureuse Eulalie, qui avait voulu se noyer, pour se dérober au honteux souvenir d'avoir subi ses baisers.

Le voici, *larbin* à présent, d'abord, chez la veuve Volph, puis chez le député, devenu sénateur, mais resté un imbécile.

Il s'arrêtait ici. Son esprit lui représentant la scène du triple assassinat de la Pépinière, il lui prenait des frissons.

Il l'entendait crier, la veuve; il sentait son couteau trancher le cou de la jeune femme de chambre, que son complice violait, et il le sentait encore, ce couteau à découper, s'enfoncer dans les chairs de ce même complice lié et bâillonné!

Un nom lui venait à la bouche alors :

« Maxime Létang!...

Le neveu de la veuve Volph, qu'il avait vu guillotiner, à sa place, là-bas, devant la Roquette.

A cette heure sinistre, le bandit n'avait pas bronché.

Maintenant, le pieux M. Benoît d'Arjuzan, comte romain de Saint-Lourdes, affilié aux Jésuites, compère et compagnon de ministres et d'ambassadeurs, sentait son sang se figer, à revoir ce qu'il avait vu, à entendre rétrospectivement le cri de la femme de l'innocent supplicié devenue folle!

Mais, en dépit de la souffrance morale qu'il éprouvait, il ne parvenait pas à se dérober à ces fantômes hideux et terrifiants.

Le voilà, dans le cimetière de Levallois-Perret, cachant les billets de banque, sous la croix du tombeau de sa nièce.

Le voilà, accroupi sur le vieux Cadenet, l'étouffant, le dépeçant, le faisant cuire...

Le voilà arrêté!!...

Il poussa un cri.

Une porte s'ouvrit aussitôt, et Louise en toilette de nuit, inquiète, parut, belle d'un éclat indicible, chaste et provocante à la fois, provocante sans le vouloir, par sa grâce et sa distinction innées.

L'hallucination cessa sur-le-champ.

Il crut voir accourir un ange consolateur.

— Tu souffres, dit-elle. Que puis-je pour te soulager?

Elle s'était approchée. Il l'attira dans ses bras, où elle se blottissait comme une chatte amoureuse.

Et il la contemplait, et une voix intérieure lui disait :

« — Toi, créature abjecte, souillée, gibier de bagne et de guillotine, toi, voleur et assassin, tu es aimé de cette fille de patricien, qui, si elle savait qui tu es, se suiciderait, pour t'avoir appartenu; toi, contumace, condamné au plus vil supplice, tu vas de pair, dans l'aristocratie, avec les puissants du monde, et tu n'es pas content!

« Et tu ne sens pas que le ciel t'oublie, par on ne sait quelle grâce involontaire.

« Misérable! prends garde à une réaction du sort.

Un sanglot le prit, et il tomba aux pieds de Louise, affolé, éperdu.

Elle n'y comprenait rien; mais son cœur se gonflait à le voir ainsi troublé.

Elle le releva, et lui jetant ses bras aux épaules, le couvrant de baisers ardents, s'offrant, se livrant, elle lui répéta la phrase du bal :

— Je t'aime!

. . . .
. . . .

Le lendemain, en arrivant à son bureau, Oscar trouva une lettre parfumée.

Il l'ouvrit et lut :

« *J'ai vu l'homme.*

« *Il est vulgaire. Je le conduirai où je voudrai.*

« *Cependant, je l'avoue, il me serait pénible d'aller jusqu'à en faire mon amant. Il me répugne assez.*

« *Toutefois, s'il le faut, à toute extrémité... soit!*

« Tenez donc que je puis agir. Le plus fort est fait.

« Il vous reste à me dire ce que vous souhaitez que je fasse de cet individu, ou ce qu'il faut que j'obtienne de lui.

« ELLE. »

Oscar eut bien envie de pousser un soupir de soulagement.

Mais tant de fois déjà, le succès, qu'il croyait tenir, lui avait échappé !...

Il se retint.

— Jouons serré au contraire! se dit-il.

Et prenant un papier, il répondit :

« M. O. de la Ville-Viquier a l'honneur de solliciter un moment d'audience, tantôt, de Mme la princesse Olga Dolskoïska, et la prie de permettre qu'il mette ses hommages respectueux à ses pieds. »

Allez donc supposer que ce fût le billet d'un chef de police à une moucharde!

XXXIV

L'HÉRITAGE DU GÉNÉRAL

Lorsqu'on va de Paris à Bordeaux, après avoir franchi de quelques kilomètres la station de Meung-sur-Loire, on aperçoit à gauche un magnifique château.

Il y en a une foule, comme l'on sait, dans cette partie de la Beauce qui confine avec la Sologne.

Ce château se fait remarquer entre tous par la bizarrerie de sa construction. A quelle époque appartient-il? Personne n'a jamais pu le dire. Il remonte si loin que la date de son édification se perd dans la nuit des temps.

Et quelle architecture! ou plutôt quelles architectures!

Le gothique flamboyant se trouve mêlé à l'architecture romane, l'ogive avec la ligne droite des Grecs.

On pourrait s'imaginer qu'un tel mélange doit rendre ce château horriblement laid; eh bien! pas du tout.

C'est ce qui le fait remarquer, au contraire, et lui donne un air grandiose. A première vue on est frappé de la majesté en même temps que de la gaieté de ce vieux manoir.

Tel est l'effet qu'il produit sur les voyageurs, qui de leur wagon peuvent facilement le suivre pendant assez longtemps.

Il est aussi admirable de près que de loin, grâce au site merveilleux au milieu duquel il s'élève.

Bâti sur une élévation de terrain, entouré de bois touffus, il voit couler au fond de son parc la Loire.

De petites rivières que dans le pays on appelle *Mauves* serpentent au milieu des prairies et des fourrés de la dépendance du château et vont se jeter dans le fleuve après avoir formé une charmante cascade.

Le domaine est entouré de larges fossés remplis d'eau, qu'ombragent des arbres séculaires.

En un mot, c'est une des plus belles propriétés des environs d'Orléans.

De hardis brigands devaient autrefois y avoir élu domicile, au temps où les seigneurs ne vivaient que de larcins, et du butin qu'ils faisaient en détroussant les voyageurs.

Sûrement le roi n'aurait osé aller les relancer au fond de leur retraite qu'avec le recours d'une armée, tant la défense avait été bien ménagée.

Et peut-être que quelques dizaines d'hommes auraient suffi à tenir tête à plusieurs milliers de soldats.

On voit combien devait être pittoresque ce domaine qui appartenait, à l'époque de cette histoire, au dernier rejeton de la branche aînée des de Valsfond, famille à qui le cardinal de Richelieu avait permis d'emprunter le nom du château.

Encore ce dernier rejeton n'était-il de la famille que par alliance.

C'était un vieux général qui dans sa jeunesse avait vu Napoléon.

Il n'avait que quinze ans, en 1813, ce qui l'avait dispensé d'aller se faire tuer à Waterloo.

En outre, il était l'unique soutien d'une vieille mère : Mme Carterier, à qui l'empereur avait eu la générosité de laisser son fils.

Le père Carterier, cordonnier à Tours, était mort quatre ans après la naissance de son fils, laissant sa femme et son enfant dans la plus pitoyable des misères.

Il est inutile de dire combien ils eurent l'un et l'autre à souffrir.

Mme Carterier gagna le peu d'argent qu'il leur fallait, à coudre des sacs dans une usine ; mais cet ouvrage était si mal payé qu'elle devait, en rentrant chez elle, travailler une bonne partie de la nuit à faire des robes, pour ne pas mourir de faim.

C'est à l'école de la misère que se font les hommes.

Le fils, Jean, dès l'âge de dix ans, ne voulut plus que sa mère travaillât pour vivre et se chargea de lui procurer l'argent nécessaire en entrant chez un orfèvre.

Il n'était âgé que de seize ans lorsque sa mère trépassa.

Se sentant seul au monde, n'ayant plus qu'un parent très éloigné qui, très riche, n'avait pas daigné le secourir pendant la détresse, il reporta tout l'amour qu'il avait pour sa mère sur sa patrie. Il s'engagea.

Le métier militaire, surtout sous les premières années de la royauté rétablie, n'offrait pas les mêmes facilités d'avancement que peut avoir aujourd'hui le soldat.

On restait soldat pas mal de temps avant de passer caporal.

La faveur faisait tout.

Les nobles passaient avant tout le monde; et comme il y avait énormément de cadets de famille à caser dans l'armée, les simples roturiers attendaient des années entières avant d'avoir l'espérance de monter en grade.

En outre, la paix qui suivit la défaite de Napoléon à Waterloo ne fournissait en aucune façon l'occasion de montrer sa valeur.

Il fallait attendre !

Et non pas son tour, mais que le colonel n'ayant plus de noblesse à pousser en avant, daignât s'occuper du brave simple soldat en qui seul résidait la force de l'armée française.

C'est dans ces conditions que Jean Carterier fut nommé au bout de cinq ans sergent, puis au bout de cinq autres années sous-lieutenant.

A vingt-six ans, c'était joli, pour un fils de cordonnier !

Jean le savait bien, et il savait bien aussi que le nombre de ses galons ne s'augmenterait pas de longtemps.

N'ayant aucune ambition, puisqu'il n'avait personne à qui pourrait profiter son élévation en grade, il avait pris son parti de cette vie monotone et peu lucrative.

A qui aurait-il fait plaisir en passant lieutenant?

Il n'y avait que lui que ça touchât.

Or, lui, il s'en moquait pas mal. Obéir sous-lieutenant ou obéir lieutenant, comme il fallait toujours obéir, il lui importait peu d'avoir tel ou tel grade.

Il n'avait aucun intérêt dans la vie.

Il végétait.

Il fut tiré de cette apathie, de cette marche insensible vers un abrutissement complet par la force même des choses.

Il eut le bonheur de se voir envoyé avec une partie de son régiment en garnison à Saint-Gaudens.

L'Espagne subissait une crise qui aboutirait peut-être à une guerre contre la France, et le roi cherchait à prémunir sa frontière du sud.

Le pays dans lequel avait été envoyé le sous-lieutenant Carterier, outre qu'il le changeait, contrastait énormément avec la Touraine d'où Jean n'était jamais sorti.

La ville est située sur un contrefort de la grande chaîne des Pyrénées et est pittoresque au possible.

Sous Charlemagne, et même avant, sous Charles Martel, elle avait longtemps arrêté les Sarrazins.

LES ERREURS DE LA GUILLOTINE

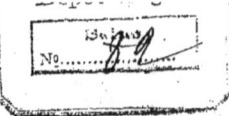

Le voilà soldat ici, dérobant les papiers d'un compagnon laissé pour mort, en Cochinchine.

Elle pouvait bien encore une fois arrêter les ennemis du roi de France, et c'est dans ce but que l'on renforçait le nombre de ses soldats.

Jean fut émerveillé par la beauté du site.

Les montagnes dont il ne se faisait aucune idée, la Garonne qui offre un aspect autrement beau et sauvage que la Loire, les glaciers de la Maladetta que l'on aperçoit au loin, un climat plus tempéré et des habitants exceptionnellement avenants et aimables pour le pauvre militaire firent paraître au jeune sous-lieutenant la monotonie de sa vie un peu moins triste.

Le destin voulut qu'il arrivât dans la ville juste au moment où un concours régional agricole venait de s'ouvrir.

Toute la noblesse des villes environnantes était venue à Saint-Gaudens à l'occasion de cette fête qui devait être suivie d'un bal donné par le sous-préfet du roi.

Jean Carterier y avait été invité malgré sa roture, grâce à un officier qui l'avait pris en amitié.

Certes, Jean la méritait bien, cette amitié. Franc de caractère et d'allures, beau, bien fait, d'une haute taille, il avait une âme généreuse et droite qui se reconnaissait au premier abord et qui lui avait attiré l'estime de ses chefs.

Formé sur le modèle de ces héros qui tinrent tête à l'Europe entière, il était digne d'une plus haute situation.

C'est ce qu'avait compris l'officier qui s'était attaché à lui, et ce n'était pas sans une arrière-pensée qu'il l'avait fait inviter au bal.

Il savait que Jean avait remarqué dans la ville une jeune fille noble et qu'à première vue il s'en était épris.

L'officier dont les origines étaient aussi obscures que celles de Jean, mais qui s'était allié à la noblesse, s'était demandé pourquoi Jean ne franchirait pas aussi bien que lui l'obstacle qui était devant son bonheur.

Il suffit au sous-lieutenant de quelques valses pour que Mlle de Valsfond s'emparât entièrement de son cœur.

La jeune noble n'avait pas non plus été sans remarquer le sous-officier.

Il lui paraissait mériter d'être aimé par la plus noble des jeunes fille.

Elevée dans des idées plus libérales que celles de ses parents, par un vieil oncle qui avait été membre des États généraux de 1789 et qui avait fait toutes les campagnes de l'empereur, elle ne connaissait en amour que la loi de son cœur.

Elle avait vingt et un ans, et il n'avait pas encore parlé, et elle s'était dit que la première fois qu'il parlerait, elle ne connaîtrait aucun obstacle.

Ses parents, le baron et la baronne de Valsfond, au contraire, préféraient pour leur fille le célibat à une mésalliance.

Songez donc : des nobles qui avaient suivi le roi dans son exil, qui avaient souffert tous les maux des émigrés !

Pouvaient-ils oublier tout à coup leurs principes ?

Non.

Et c'est ce qu'ils avaient donné à entendre à la future baronne de Valsfond.

Ils y tenaient, ah oui ! à leurs principes.

Néanmoins, dans une certaine occasion, pour une question d'intérêt, ils avaient su les faire taire.

Le marquis de Barbazan, le frère de la baronne, était immensément riche.

De plus, il avait des rhumatismes qu'il avait attrapés dans la neige de Moscou et après le passage de la Bérézina, et qui le faisaient fort souffrir.

On désirait son héritage et l'on s'était rapproché.

Bien plus, le baron et la baronne, pour avoir leur liberté et en même temps combler le vieux marquis célibataire, s'étaient débarrassés de leur fille à son profit en protestant que le climat du midi serait éminemment profitable à cette délicate enfant.

Ils ne la lui avaient réclamée qu'à l'âge de dix-huit ans.

Celui-ci, qui avait eu pendant dix-ans le temps de l'élever à sa manière et dans ses idées, ne l'avait rendue qu'à condition que ses parents et elle viendraient tous les ans passer deux mois au château de Barbazan.

On s'était bien gardé de contrarier le vieux soldat qui ne se décidait pas à mourir, bien qu'il souffrît énormément.

C'était chez lui que la famille de Valsfond était en villégiature au moment où avait lieu le concours agricole.

Le marquis avait pénétré les sentiment de sa nièce pour le jeune militaire et s'était informé si ce dernier était digne d'entrer dans sa famille.

Comme il avait appris qu'il avait affaire à une âme élevée, fière, et à un homme supérieur, il avait résolu de laisser aller les choses et même avait saisi toutes les occasions de faire briller le sous-lieutenant devant sa nièce.

Le surlendemain du bal de la sous-préfecture, les de Valsfond étaient à la veille de leur départ pour leurs terres.

Ils avaient accepté d'assister au dîner que donnait le sous-préfet pour clôturer le concours.

A ce dîner, les deux amoureux se virent, se recherchèrent.

Le marquis voulant précipiter le dénouement de ce commencement d'intrigue, fit savoir, par un moyen détourné, au jeune homme, dans la conversation, que sa nièce partait le lendemain pour Valsfond.

Jean supporta ce coup sans trop le laisser voir.

Toutefois, sentant son cœur succomber sous le poids de sa tristesse, il ne voulut pas plus longtemps prolonger son supplice de voir Mlle de Valsfond sans qu'il lui fût permis d'avoir la plus petite espérance.

— Tout est contre moi, pensa-t-il, mieux vaut que je cède. Ce départ précipité est encore une marque de plus que la fortune n'a jamais voulu me favoriser.

Il alla donc prendre congé de la seule personne pour qui son cœur se fût ému.

— Puisque vous partez demain, mademoiselle, permettez moi de vous dire adieu.

— Ah! ne dites pas « adieu », c'est un vilain mot que je n'aime pas et qui porte malheur. Dites plutôt « au revoir ». Qui sait si un jour il ne nous sera pas donné de nous rencontrer?

— Vous avez bien de la confiance dans le regard, mademoiselle, tout s'est toujours tournée à mon désavantage, et dans cette occasion-ci je suis sûr qu'il vous trompera comme il m'a toujours trompé.

— Malgré l'air sérieux avec lequel vous dites cela, je ne vous crois pas du tout, je suis certaine de vous revoir.

— Je vous assure, moi, que ce sera impossible.

— Et pourquoi, s'il vous plaît?

— Parce que je serai mort.

— Savez-vous que vous n'êtes pas gai du tout ce soir, monsieur; d'où vient ce sombre pressentiment? Croyez-vous à la guerre avec l'Espagne? Pensez-vous y avoir une blessure?

— Mes prévisions reposent sur des bases plus solides. C'est moi-même qui me tuerai. Je me brûlerai la cervelle.

— Mon Dieu! Que dites-vous là? Qui a pu vous pousser à une si terrible détermination?

— Vous.

— Moi!

— Oui! Je vous adore, et je sais bien que mon amour ne peut espérer toucher une belle jeune fille noble comme vous. Je suis fils d'un cordonnier sans fortune, destiné à croupir dans les bas grades. Je suis insensé de vous aimer et c'est pour cela que je me tuerai.

— Comment! un homme comme vous, qui ne tremblerait pas devant la mitraille, qui ne craint pas la mort, peut-il se laisser abattre par des obstacles qui ne sont pas infranchissables?

— Est-ce une espérance que vous me donnez? Ah! que vous êtes bonne, mademoiselle.

— C'est mieux, il me semble. C'est un aveu que je vous fais. Mais, mes parents m'appellent pour se retirer. Donnez-moi votre main, monsieur, et surtout vivez, je le veux.

— Mais !

— Faut-il que je vous dise que je vous aime ? Eh bien ! sachez-le, je serai votre femme coûte que coûte. Au revoir.

Jean Carterier était revenu ce soir-là à peu près fou à la caserne.

Il avait sauté au cou de son ami, sans respect pour son grade supérieur, et l'avait tenu longtemps étroitement serré.

Depuis on ne le reconnut plus.

Un changement total s'était opéré dans le caractère de cet homme.

Ordinairement il ne faisait son service qu'au pied de la lettre.

Le zèle était chose inconnue pour lui !

Mais à partir de ce jour, une ardeur nouvelle s'était emparée de lui ; ce n'était plus pour lui qu'il travaillait.

Lui, il était à l'habitude trop facilement satisfait.

C'était pour Mlle de Valsfond qu'il faisait ses efforts pour contenter ses chefs.

Il cherchait à présent à monter en grade, pour faire honneur à celle qui lui avait donné sa foi.

Certes, sans elle il n'eût jamais dépassé la position qu'il s'était faite.

Que lui importait ?

Or, quand on se donne beaucoup de mal, quand on a la volonté d'arriver à une chose, on réussit.

C'est ce qui arriva.

Au bout de six mois le colonel le fit venir.

— Qu'est-ce que vous avez donc, mon sous-lieutenant ? lui dit-il, on ne vous reconnaît plus. Est-ce que vous auriez de l'ambition, par hasard ?

— Mais, mon colonel, ce n'est pas défendu, il me semble.

— Je crois bien. Et c'est justement pour vous annoncer que vos vœux sont réalisés que je vous ai fait appeler.

— Comment ?

— Oui, vous êtes nommé lieutenant.

Pendant que Jean travaillait ainsi à se rendre plus digne de sa fiancée, Mlle de Valsfond avait posé ses batteries pour obtenir le consentement de ses parents à son mariage.

Elle, elle n'avait point réussi.

On avait jeté les hauts cris.

Prières, colères, malédictions, rien n'y avait fait.

On lui avait dit que si elle continuait à penser à un homme d'une position aussi humble que celui qu'elle avait choisi, on la mettrait dans un couvent.

Elle avait protesté.

Mais comme elle avait jugé qu'elle ne serait pas la plus forte en combattant pour sa cause ouvertement, elle résolut de forcer la main à ses parents par des moyens plus sûrs, mais moins délicats.

Elle attendit d'avoir vingt et un ans.

Ce qui arriva au bout de trois mois pendant lesquels elle avait entretenu une correspondance secrète avec le marquis de Barbazan qui l'avait encouragée dans la voie qu'elle s'était tracée.

La date de sa majorité venue, elle écrivit à Jean Carterier :

« Je sais que vous m'aimez toujours et que je puis vous demander tous les sacrifices.

« Peut-être ce que je vais exiger de vous va-t-il entraver votre carrière militaire mais mes parents m'y obligent.

« Ils ne consentiront jamais à nous unir.

« Il faut que vous demandiez six mois de congé et que vous veniez me prendre d'aujourd'hui en huit jours à la gare d'Orléans, où je me ferai conduire par un vieux serviteur, et que vous me meniez à Paris.

« Là nous nous marierons.

« Il faudra bien que l'on cède une fois que nous serons légitimement unis. »

Ainsi fut fait.

Carterier se trouva au rendez-vous.

Deux mois plus tard Mlle de Valsfond était sa femme.

M. et Mme de Valsfond avaient juré, le jour où ils avaient appris le mariage de leur fille (car justement lors de sa fuite ils étaient pour quelques mois en voyage), qu'ils ne la reverraient jamais.

Assez longtemps ils refusèrent de lire les lettres qu'ils savaient venir de la nouvelle Mme Carterier.

Puis enfin, M. de Valsfond se laissa aller à en lire une.

Mme de Valsfond n'y manqua pas non plus, mais le fit en cachette.

Leur colère à tous deux diminuait avec le temps qui sait tout vaincre.

Mais comme le temps n'allait pas assez vite au gré de Mme Carterier, elle employa un auxiliaire bien plus puissant.

Elle connaissait la cupidité de ses parents qui ne l'avaient jamais aimée.

Elle savait, d'autre part, que ce n'était que pour l'argent du marquis de Barbazan qu'ils avaient consenti à oublier sa trahison au roi.

C'était donc en excitant l'avarice de M. et Mme de Valsfond qu'elle parviendrait à rentrer en grâce auprès d'eux.

Le marquis de Barbazan, qui adorait Mme Carterier, qui était pour lui une espèce de fille adoptive, se mit de son côté.

Il se fâcha avec son beau-frère.

Ce n'était pas du tout l'affaire du baron et de la baronne qui couraient depuis plus de quinze ans après l'héritage de ce vieux rhumatisant, que ses rhumatismes semblaient conserver.

Bientôt on les vit tenter un rapprochement avec leur fille, se réservant de la punir après que le marquis leur aurait laissé toute sa fortune.

Quelques semaines plus tard le baron et la baronne de Valsfond recevaient à bras ouverts, et avec des démonstrations de tendresse infinie, M. et Mme Carterier, dans leur pittoresque château.

Le marquis de Barbazan assistait, lui aussi, à cette réconciliation qu'un grand repas devait fêter, et auquel étaient conviés la plupart des nobles de la Touraine, du Poitou et de l'Orléanais.

A la fin du repas, le marquis entraîna le baron à l'écart.

— Je commence à vieillir, lui dit-il, et il faut que je pense à mettre mes affaires en ordre.

— Ne dites pas cela, marquis, vous êtes encore un gaillard.

— Peut-être, mais je vais avoir quatre-vingt-deux ans et il se pourrait que la mort vînt me prendre un de ces jours. Ma décison est donc prise. J'ai fait mon testament et je veux devant vous le remettre à votre notaire. J'en conserve un duplicata dans mon vieux manoir de Barbazan, mais j'ai tenu à le remettre à votre notaire pour que vous ne doutiez pas qu'il est tout à votre avantage.

Le lendemain le notaire avait le testament en sa possession.

Le jeune ménage mena longtemps une heureuse vie à Saint-Gaudens où le lieutenant avait été obligé de retourner.

Le marquis de Barbazan était un père pour eux.

Retourné dans son château, il surveillait et voyait presque tous les jours sa nièce et son mari.

Inutile de dire que son crédit fit beaucoup pour l'avancement de Jean.

Quelques années après son mariage, il arrivait au grade de général.

Le marquis allait en rajeunissant, ce qui rendait furieux le baron et sa femme.

Pourtant un jour un coup de sang l'enleva.

On courut au testament.

En revenant de chez son notaire le baron était dans une colère extrême.

Ce fut à peine s'il put en expliquer la cause à sa femme.

— Après s'être moqué de nous pendant huit ans à ne pas vouloir se décider à trépasser, votre frère, lui dit-il, nous joue après sa mort un tour digne de lui.

« Sur son testament il exprime toutes les raisons qui l'obligent, dit-il, à ne pas nous permettre de disposer entièrement à notre gré de l'immense fortune qu'il nous laisse.

« Après une foule de considérants il finit par dire qu'il ne nous en laisse que l'usufruit, avec la charge de faire une assez jolie pension à votre fille, à qui tout le capital appartient.

« Il termine en disant qu'il aurait donné beaucoup pour qu'il lui fût possible de voir comment nous supporterons la nouvelle de ces décisions. »

Pourtant le baron n'avait pas à se plaindre.

Le revenu qu'il avait à dépenser chaque année montait à six cent mille francs.

Ce qui aujourd'hui équivaudrait au double.

Cependant il était furieux de ne pas avoir la faculté de tenir la dragée haute au général Carterier et à sa femme.

Il ne pouvait les déshériter, ce qu'il se promettait bien au fond pour tirer vengeance d'une mésalliance qui déshonorait sa famille.

On voit que le marquis avait été prévoyant.

Malheureusement pour le baron et pour la baronne ils n'eurent pas à jouir longtemps de leur richesse.

Une épidémie de choléra les emporta tous deux en même temps que leur fille, Mme Carterier.

Le général en eut une profonde douleur.

Il jura d'être fidèle à la mémoire de sa femme : de ne jamais se remarier.

Il tint son serment et vint, triste et seul, retiré au fond de son château de Valsfond, ne venant que quatre mois à Paris tous les ans.

Certes de beaux partis s'étaient présentés.

Il les avait tous refusés, pensant qu'il serait déshonoré à ses propres yeux s'il aimait une autre femme.

Il se serait fait l'effet d'un ingrat.

C'est ainsi que nous le retrouvons à l'époque où se passe ce récit, solitaire, et ne recevant que très peu de monde, bien qu'il fût très recherché.

A l'hôtel de Valsfond, à Paris, comme au château de Valsfond, en Orléanais, il ne voyait ceux qui venaient le visiter qu'à certaines heures.

Ceux qu'il invitait à son château ne l'apercevaient qu'à quatre heures de l'après-midi. Jusqu'à dix heures du soir il leur tenait compagnie.

Pendant le reste du temps :

— Qu'ils s'arrangent, disait-il, s'ils ne se plaisent pas chez moi, je ne les retiens pas.

Le général était devenu un peu bizarre, comme l'on voit.

LES ERREURS DE LA GUILLOTINE

— Qu'est-ce que vous avez donc, mon lieutenant? lui dit-il, on ne vous reconnaît plus...

Maintes fois on s'était basé sur cela pour tâcher de le faire interdire, dans le but de faire revenir toute sa fortune à un arrière-neveu du baron de Valsfond, Maximilien de Valsfond, qui s'était laissé entortiller par les Jésuites.

C'était, on pense bien, la Compagnie de Jésus qui avait cherché à donner au général un conseil judiciaire.

A tous les examens médicaux, il avait paru aussi sain d'esprit que de corps. Les Jésuites avaient perdu leur procès.

Ils avaient tenté la chose trois fois, et trois fois le général était sorti de la lutte à son avantage.

Il n'y avait donc plus à espérer que ce moyen réussît.

Pas plus que le général ne laissât sa fortune à Maximilien.

Il en voulait faire profiter l'armée française en faisant créer après sa mort des hôpitaux militaires, et donner au soldat devenu vieux au service, des asiles où il pût terminer sa vie en paix.

C'était le fait d'un noble cœur.

Mais ça n'allait guère aux Jésuites, ces gens qui n'ont pas de patrie, et dont le Dieu est l'argent !

Le Général des Jésuites comptait sur Francis, sur le comte de Saint-Lourdes pour faire rentrer Maximilien de Valsfond en faveur auprès de Carterier.

Francis fut donc appelé un jour secrètement à se rendre auprès de son chef.

Il s'y rendit, se demandant pour quoi ce pouvait bien être?

Le Général des Jésuites, sans préambule, lui raconta toute l'histoire du général Carterier dont nous venons de donner l'analyse dans le seul but de faire ressortir la beauté de la vie de cet homme, à côté des vilenies honteuses de ceux qui désiraient s'emparer de sa fortune, de ces gens sans foi, sans morale et haïssables au dernier point, qui font un commerce dégoûtant, poursuivent un but infâme à l'ombre de la religion.

Francis ne voyait pas où son chef allait en venir.

Quand il eut terminé :

— Pourquoi me raconter ça à moi, qui suis complètement étranger à cette famille?

— C'est pour que vous accomplissiez, mon frère, un acte pieux.

— Lequel?

— Comment ! vous ne comprenez pas?

— Pas le moins du monde, je l'avoue.

— Vous ne voyez pas dans quel but je vous ai raconté cette longue histoire?

— Non, mon frère. Je ne vois pas quels rapports il pourra jamais y avoir entre le général Carterier et moi.

— Un de vos frères ne vous a-t-il pas dernièrement annoncé que l'on allait mettre votre obéissance à l'épreuve?

— Oui, à la soirée de la légation de Grèce.

— Eh bien ! c'est dans cette affaire que vous allez nous être utile.

— En quoi donc?

— Il faut qu'à tout prix vous déterminiez le général Carterier à restituer sa fortune à son légitime possesseur, le baron Maximilien de Valsfond, dont je vous ai parlé.

— Comment pourrai-je y arriver? moi qui, non seulement n'ai aucune influence sur le général, mais même ne le connais pas.

— Ne vous inquiétez pas, on vous fournira les moyens d'entrer dans sa confiance.

— Mais.....

— Obéissez.

Francis avait été congédié ainsi.

Il devait quinze jours plus tard revenir prendre ses instructions.

En sortant du cabinet de son chef il s'était dit :

— Ils sont bien fins, ces messieurs les Jésuites, d'employer à leur capter une fortune un ex-voleur, qui ne faisait pas sans talent son métier. Ils m'ont lié; il n'y a pas, il faut que je leur obéisse. J'aurais pourtant mieux aimé que cette fortune fût pour moi. Je serais parti avec les millions en Amérique. J'aurais emmené Olga et tous deux nous aurions vécu là-bas en princes, sans inquiétude et sans remords.

En faisant ces réflexions il s'était dirigé vers l'avenue du Trocadéro, qui n'était pas encore l'avenue Henri Martin.

C'était là qu'était situé l'hôtel habité par la princesse Olga Dolskoïka.

Francis était arrivé à se faire bien voir d'elle.

Il l'avait rencontrée souvent depuis le fameux bal de la légation de Grèce.

Il s'en était épris de plus en plus.

Sa femme ne le reconnaissait plus. Ne sachant à quoi attribuer le délaissement à peu près complet dont elle était victime, elle en cherchait en elle-même la cause.

Elle était peut-être trop froide avec lui?

Elle s'accusait de ne pas savoir assez l'aimer.

Puis bientôt elle en venait à supposer que son mari ne lui avait pas complètement pardonné la souillure dont l'avait tachée l'intendant du château de la marquise.

A cette pensée elle avait des envies de se suicider.

Mais son mari revenait et elle espérait toujours qu'il l'aimait toujours, et qu'il ne fallait attribuer cet abandon qu'à une préoccupation quelconque, et qu'il lui reviendrait lorsqu'il aurait l'esprit libre.

Certes, Francis avait été préoccupé.

Mais ç'avait été à cause d'Olga.

Il avait cherché par tous les moyens possibles à se faire aimer d'elle et au bout de deux mois il n'était arrivé qu'à avoir la certitude qu'il ne lui était pas indifférent.

Il s'en donnait du mal !

Tous les matins, il allait en fiacre lui porter un bouquet.

Venait prendre de ses nouvelles dans l'après-midi.

Puis passait une heure de la soirée avec elle.

Mais malheureusement, il y avait toujours du monde dans ses salons.

Il ne pouvait la voir, lui parler en tête à tête.

D'autre part, devant le monde, il ne devait pas se permettre d'avoir l'air d'être amoureux de la belle princesse.

Sa femme, sa belle-mère en auraient été bientôt averties.

Et quel effet ça aurait-il produit dans son ménage ! sa femme se serait tuée, sa belle-mère, n'ayant plus sa fille bien-aimée, se serait peut-être accusée de l'infanticide qu'elle avait commis.

A l'audience de la Cour d'assises, on aurait su les clauses du mariage de Mlle d'Ésespart.

Monsieur Benoît d'Arjuzan comte de Saint-Lourdes serait, aux yeux des juges, redevenu tout bonnement Francis et aurait été obligé de filer.

Il y allait de sa tête, il l'avait compris.

Aussi depuis plusieurs jours ne négligeait-il plus tant sa femme, qui l'aimait encore plus qu'auparavant.

En sortant de chez le Général des Jésuites, c'était donc chez la princesse qu'il se rendait.

La veille elle lui avait donné des espérances, et il comptait la trouver seule ce jour-là et pouvoir lui exprimer sa flamme.

Il arriva devant l'hôtel de la princesse.

La maison dans laquelle habitait Olga Dolskoïska était un de ces jolis hôtels comme on en voit dans le quartier de l'Étoile, à Passy, à Auteuil.

Il était petit, mais merveilleusement agencé.

Entouré d'un jardin rempli de plantes exotiques, il tranchait sur le feuillage des grands arbres qui l'encadraient de chaque côté par la teinte rouge de ses briques.

Son toit, style Renaissance, semblait menacer le ciel avec ses quatre paratonnerres juchés sur le sommet de quatre tours, miniature, dont la toiture se terminait en flèche.

Ce qui donnait à l'hôtel l'aspect d'un vieux manoir fortifié en même temps que celui d'une maison de plaisance.

Ordinairement, de nombreux domestiques allaient et venaient dans le jardin et dans les appartements.

Une véranda magnifique abritait un perron garni de vases de la plus grande valeur; et chaque vase renfermait une plante aussi rare que belle.

Les marches du perron étaient en mosaïque, ses rampes étaient sculptées avec le meilleur goût.

Les murs de l'antichambre étaient recouverts de marbres rose et blanc venus exprès pour la princesse du fond des monts Ourals; du moins c'était ce qu'elle assurait.

Ce jour-là, avant de sonner, le comte de Saint-Lourdes remarqua que la maison n'avait pas son air accoutumé.

Les domestiques couraient de chambre en chambre, parlementaient, se disputaient, eux qu'on n'avait jamais entendus élever la voix.

— Il y a quelque chose d'extraordinaire, pensa Francis.

Il sonna néanmoins.

Il fut obligé de resonner, on n'avait pas fait attention à lui.

Une servante vint ouvrir.

M. Benoît d'Arjuzan la suivit.

Elle le fit entrer dans un salon où tous les meubles étaient dérangés.

Les chaises étaient groupées entre elles, les fauteuils étaient rangés les uns à côté des autres, le piano était au milieu de la pièce, les bibelots étaient pêle-mêle sur la cheminée.

La servante, après l'avoir fait entrer, lui avait dit :

— Dans celui-là au moins vous ne serez pas dérangé.

— Ils font la maison à fond, pensa-t-il.

Un remue-ménage extraordinaire à l'étage supérieur était venu le confirmer dans cette pensée.

C'était une drôle d'idée tout de même de lui avoir donné rendez-vous au milieu d'un pareil nettoyage.

La princesse n'aurait-elle pas pu lui assigner une autre heure ou un autre lieu ?

Pourquoi ne pas avoir retardé ce lessivage général?

Il la trouvait raide !

— Ce que c'est que de n'avoir pas les mêmes mœurs, les mêmes habitudes que ceux avec lesquels on est venu habiter !

« Une Française n'aurait jamais eu un pareil sans-gêne.

Une conversation entre deux domestiques vint le tirer de ses réflexions.

— Qu'est-ce que tu dis de ça, Gontran?
— Moi? Ça ne m'épate pas.
— Pourquoi donc qu't'en avais rien dit aux *camaros*.
— Parce que les *camaros* m'auraient peut-être fait flanquer à la porte.
— Tu nous embêtes, tu ne t'en doutais pas.
— La preuve, c'est que je me suis fait payer hier soir.
— T'es un malin; mais t'as mal agi.
— Est-ce que vous m'auriez cru?
— C'est vrai. Qui qu'aurait cru que c'te princesse nous poserait un lapin?

Francis n'y comprenait rien; quand tout à coup un troisième valet de pied entra furieux dans le salon voisin du sien en criant :

— Je m'en doutais bien que c'était une coquine, une aventurière.

« Nous ne serons pas payés.

« Mais puisque les huissiers saisissent, je saisis aussi pour m'assurer le montant de mes gages.

A ces mots Francis ouvrit la porte.

Il vit le valet s'emparer d'une statuette d'argent d'un très grand prix.

Alors il comprit tout : le langage des domestiques, le remue-ménage qu'on faisait dans la maison.

Néanmoins il se précipita sur le valet de pied pour le châtier de ses paroles aussi bien que pour lui faire rendre la statuette.

Celui-ci se voyant surpris gagna la porte.

Sur le seuil il s'arrêta.

Un coup de cravache lui avait coupé la figure.

Olga en rentrant, avait, elle aussi, tout entendu et réduisait, à la manière russe, ses gens au devoir.

Ses créanciers n'avaient pas voulu attendre et ils avaient fait saisir

Plusieurs huissiers ayant déjà fait l'inventaire dans les pièces du rez-de-chaussée, opéraient dans les chambres des étages supérieurs.

Olga les fit descendre.

— Vous avez agi, leur dit-elle, d'une façon honteuse.

« Mes créanciers, vous pourrez le leur dire, sont les derniers des lâches.

« C'est parce que je suis une faible femme qu'ils ont osé m'humilier par un pareil affront.

« Qu'est-ce que le monde va penser de moi?

« Parce que je suis en retard de deux heures à leur payer mes dettes, ils me font la dernière des infamies.

« Et vous, messieurs, qui leur avez strictement obéi, vous êtes méprisables au dernier point.

« Et je suis bien bonne de descendre jusqu'à vous parler.

« Si mon garçon de basse-cour n'était pas parti, et par votre faute, je m'en servirais d'intermédiaire avec vous.

« Vous avez les reçus de mes créanciers, donnez-les-moi : voilà l'argent ! »

Et comptant quatre-vingts billets de mille francs, elle les prit avec les pincettes de la cheminée et les tendit aux huissiers.

Ceux-ci s'excusaient ; mais elle les congédia avec un geste de mépris.

Francis avait assisté muet à cette scène.

La noblesse de la princesse l'avait subjugué. Qu'elle était belle alors ! La colère, en lui faisant monter le sang au visage, en faisant briller ses yeux, lui donnait un air d'impératrice en courroux.

Elle n'avait pas dégénéré.

Et quelle dignité ! Francis était rempli d'une admiration extraordinaire pour cette femme qui ne lui avait jamais paru aussi jolie.

Il la contemplait sans mot dire.

Après que les représentants de la loi furent partis et qu'elle eut congédié ceux de ses domestiques qui s'étaient montrés trop prompts à douter de son honnêteté, après les avoir payés en leur jetant des louis à pleine main, elle fit signe à Francis de la suivre.

Ils entrèrent tous deux dans un salon qu'on semblait avoir respecté.

On n'avait pu faire autrement, d'ailleurs : Olga en avait enlevé la clef après y avoir entassé ce qu'elle avait de plus précieux.

C'était son boudoir qui avait été garni avec un goût exquis. Chaque meuble représentait plusieurs centaines de francs.

Elle s'attendait à la visite des huissiers, connaissant le peu de délicatesse de ses créanciers.

Aussi avait-elle rangé dans cette pièce tout ce qu'elle n'avait pas voulu voir toucher par les estimateurs de son mobilier.

Elle savait aussi qu'elle arriverait deux heures trop tard avec les cent mille francs qu'il lui fallait pour désintéresser ceux à qui elle devait.

C'était ce qui l'avait poussée à fermer à clef son boudoir.

Elle fit signe à Francis de s'asseoir et lui dit :

— Vous avez dû être joliment étonné, monsieur le comte, de voir l'état dans lequel on vous recevait ce matin.

« Je vous ai paru bien méprisable, n'est-ce pas ?

« Vous n'avez pu comprendre comment une princesse qui avait ébloui tout Paris par son luxe, en était réduite à voir vendre ses meubles sur le trottoir.

« Vous avez pensé que je ne pouvais être qu'une aventurière.

« Eh bien ! oui, je l'avoue, je ne suis qu'une aventurière, en quête d'une fortune !

« Je suis par mon mari, il est vrai, du sang des czars, je suis princesse, mais j'ai gaspillé les immenses biens qu'il m'avait laissés.

« J'en suis arrivée à l'obligation de me procurer de l'argent en vendant mes diamants.

« Ce sont eux qui m'ont permis ce matin de renvoyer toute cette canaille ; mais il ne m'en reste qu'une petite partie.

« Combien de temps me permettront-ils de mener une vie dont je ne veux en aucune façon diminuer le luxe ?

« Je ne sais.

« Mais ce que je sais bien, c'est que je ne veux pas de la misère, et que si à mon dernier louis je ne suis pas près d'être millionnaire, je me tuerai.

« La fortune ou la mort.

« Vous voyez cette bague, ajouta-t-elle, je la porte constamment avec moi, elle me fournira le moyen de me débarrasser d'une vie qui me sera odieuse.

« Sous le chaton, elle renferme trois gouttes d'acide prussique. C'est plus qu'il ne faut pour foudroyer un homme.

Francis l'avait écoutée haletant.

Pendant qu'elle disait qu'il lui fallait une immense fortune, son entretien avec le Général des Jésuites lui était revenu à l'esprit.

Le général Carterier avait une grande fortune qu'il avait mission de capter au bénéfice des Jésuites.

Eh bien ! Pourquoi, au lieu de travailler pour les Jésuites, ne tâcherait-il pas de se faire donner les millions de Carterier ?

Cela lui serait aussi facile que pour ses confrères : et même plus facile, puisque le général Carterier avait voué une haine implacable à son petit-neveu Maximilien, et à ses protecteurs.

Il en était là de ses réflexions, lorsque la princesse eut fini.

Si expert en canaillerie que fût l'assassin de la veuve Walph, il ne se douta pas un instant, qu'en faisant l'aveu d'être une aventurière, la trop belle Polonaise, lui tendît un piège.

C'était la vérité pourtant.

Le sachant éperdument amoureux d'elle, et sachant par Oscar qu'il ne valait par la corde pour le pendre, elle se dit que s'il continuait de la tenir pour une véritable princesse, jamais il ne se démasquerait, crainte de perdre son prestige à ses yeux.

Il fallait donc qu'elle se rabaissât.

LES ERREURS DE LA GUILLOTINE

Et comptant quatre vingt billets de mille francs, elle les prit avec les pincettes de la cheminée, les tendit aux huissiers...

On voit si elle en avait saisi l'occasion.

C'était fait!

A une aventurière, un homme pis qu'aventurier ferait moins de façons, pour parler franc de ses projets.

En abondant dans son sens, et en lui tenant haute, la dragée de ses faveurs, elle l'amènerait à se trahir.

Alors, elle le tiendrait et le livrerait à Oscar.

Néanmoins, ce ne fut pas encore ce jour-là qu'elle atteignit son but.

Soit que Francis fût devenu timide, et se défiât, soit toute autre raison, il restait dans le vague.

— Ah ! faisait-il, si je trouvais moyen de faire que vous n'eussiez plus besoin de recourir à ces habiletés d'aventurière qui vous répugnent, Olga!

— En est-il?

— Peut-être!

— Si vous m'aimez, trouvez-les.

— Récompenseriez-vous mon amour?

— De quoi vous servirait ma parole?

— Qu'en savez-vous?

— La parole d'une fille comme moi, mon cher, est-ce que ça compte?

« Pourquoi pas un engagement signé d'être votre maîtresse ?

« Sur papier timbré, peut-être !

Elle lui riait au nez.

— Je vous vois plaidant, ajouta-t-elle.

« Plaise à la cour, dire qu'en raison du prix que je lui ai remis d'une canaillerie que j'ai commise, la fille Olga Dolskoïska couchera avec le comte de Saint-Lourdes.

« Ça serait amusant, vrai !

Elle se faisait cynique à dessein, le suivant du regard, sentant que sur la nature dépravée de cet homme, cette effronterie faisait un effet profond, éveillait des convoitises frénétiques.

C'était bien cela !

Certes ! sans la rencontre de cette femme, il eût continué de se repaître du triomphe d'orgueil d'être aimé de Louise, la patricienne.

Mais que devenait-elle, celle-ci, comparée à cette créature étrange, qui tenait du ciel et de l'enfer ?

Une bourgeoise, Louise.

Banale comme le pot-au-feu.

Plus d'attraits.

Pas surtout celui de raviver les instincts dégradés du misérable.

Quelle suprême jouissance !

Près d'elle il était comme ces comédiens vieillis, qui ont pris leur retraite, sont devenus étrangers aux choses de théâtre, leur regret éternel, et qui fortuitement tombent au milieu d'une troupe d'acteurs en tournée.

Oh ! la revoilà, la jeunesse.

Voilà, le langage entendu.

Voilà l'air longtemps respiré.

Les années s'effaçent !

Foin de l'existence maussade du petit rentier, qui va, le soir, faire son bête de domino, au café de la ville !

Mais, le printemps renaît !

Voilà les camarades !

Olga, c'était « la camarade » pour le meurtrier.

Elle était « du bâtiment » !

Oh ! posséder cette femme ! Que n'eût-il pas sacrifié ; que n'eût-il pas fait, pour y parvenir !

Il l'écoutait, buvait ses paroles.

— Voyez-vous, mon cher, conclut-elle ; vous n'avez qu'un moyen de ne pas perdre vos peines, en faisant de moi, une femme réellement riche, c'est de me rendre complice de la coquinerie que vous commettriez pour obtenir ce résultat.

« Mais, ma parole ?

« Mais ma reconnaissance ?

« Ah ! pauvre garçon ! que je vous plaindrais et que je vous mépriserais si vous comptiez là-dessus.

C'était une invite à l'as.

Il le sentait, et il était tenté, dans le moment, de vider son sac.

Elle était intelligente ; elle comprendrait du coup l'affaire du général Carterier.

Bien simple au surplus :

Se faire confier le testament, puis le détruire après la mort du général, et nier en avoir été dépositaire.

Mais en ce cas, la fortune revenait tout entière à Maximilien de Valsfond.

Les Jésuites achevaient de capter le niais.

Il entrait au couvent, et pour satisfaire au vœu de pauvreté, il abandonnait tout à la Société de Jésus, par des moyens extra-légaux, où ces messieurs sont passés maîtres.

Mais alors, lui, Francis, qu'avait-il de cet énorme magot ?

Rien. S'il n'en avait rien, il ne pouvait rien pour la Polonaise.

Aussi n'est-ce pas exactement ça qu'il se proposait.

Jusqu'à la moitié du programme, ça allait bien.

Capter la confiance du général, c'est au mieux.

Se faire confier le testament : oui encore.

Mais le détruire ?

Un instant !...

Une fois là, il conviendrait de réfléchir.

Deux combinaisons s'offraient :

Soit, le général mort, offrir à la Société de Jésus de partager.

Pourquoi pas?

Sur un refus, il livrait le testament ; la Société n'avait rien.

La moitié ne valait-elle pas mieux?

Le second moyen, c'était d'entortiller Maximilien, de l'arracher aux Jésuites, et d'en jouer comme d'un benêt qu'il était, en faisant naître en lui des passions avilissantes.

Puis l'entraîner à commettre quelque action tombant sous le coup de la loi : quelque viol sur une enfant, par exemple.

Alors, crainte du bagne, il *chanterait*.

— A moi « la galette ! » se disait le bandit.

A lui ; c'est-à-dire à Olga !

Mais Olga avait raison, pour qu'elle ne se dérobât pas ensuite, il fallait qu'elle fût compromise, complice.

C'est elle qui le lui avait dit.

Eh ! ma foi ! ça tombait fort bien !

Car, qui mieux qu'elle était capable d'entortiller le benêt de Maximilien de Valsfonds ?

Ce qu'elle venait de dire à Francis était comme un trait de lumière pour lui.

Certes ! tout cela paraîtra diablement compliqué au lecteur.

C'est que le lecteur n'est pas « du bâtiment ».

Non qu'il faille idéaliser les coquins de cette espèce.

Trop facilement, les littérateurs en font des héros d'intelligence, en leur prêtant la leur.

En réalité, c'est le contraire.

Ils sont bêtes.

Et si maladroits !

Voyez, comme ils se font pincer.

Comme c'est enfantin, leurs combinaisons !

La plupart du temps, ils se sont jetés eux-mêmes dans la gueule du loup, la souricière de la police.

C'est qu'ils ne sont encore qu'au début du métier.

Des cadets de dix-sept à vingt-deux ans.

Mais patience ! Qu'ils se fassent piger cinq ou six fois. Vous m'en direz des nouvelles !

Toujours aussi bêtes : oui !

Mais plus instruits dans la partie !

S'ils se font reprendre, ce ne sera plus de la même manière.

« Chat échaudé craint l'eau chaude !... »

Et puis, durant les années de prison, ils ont *appris* des camarades, plus expérimentés.

Car c'est bien connu : la prison est l'école du crime.

Francis avait acquis tous les genres d'expérience.

Il avait *étudié*. Il savait !

Aussi, ce n'est pas à lui que la trame que nous venons d'exposer paraissait compliquée.

Le compliqué, pour lui, c'était de savoir jusqu'où allait le cynisme d'Olga.

Etait-il vrai ou apparent ?

N'était-ce que forfanterie de femme qui veut de l'argent, et jette au ciel des imprécations quand elle en manque, se dit prête à tout.

Mais qui pourtant, ne passerait pas une certaine limite.

Or, pour que le second moyen réussît, il fallait qu'Olga devînt la maîtresse du séminariste Maximilien, le pervertît, l'abrutît et le dégradât.

Y consentirait-elle ?

Étrange chose ! cet homme qui était amoureux fou d'elle, qui allait compromettre sa position, s'exposer à la haine et à la vengeance de la redoutable Compagnie de Jésus, pour jouir de cette créature, ne souffrait pas du tout à la pensée qu'elle dût passer par les bras de Maximilien, avant de l'avoir dans les siens.

Eh bien quoi ! Comme au temps où il était « la belle Joséphine » après tout !

Olga serait « sa marmite » comme tant d'autres l'avaient été.

Il l'en estimait davantage.

Ah ! si Louise eût été de cet acabit !

Plus besoin d'emberlificoter le Maximilien.

Louise eût couché avec le général, et se serait fait tout donner.

Ou bien encore, guidée par son mari, elle eût monté au vieux troubadour le coup du flagrant délit d'adultère.

Francis survenant au bon moment, eût mis le général entre la succession et un revolver.

Mais pas de danger que Louise se prêtât à cela !

Une dinde, Louise !

Tandis qu'Olga...

Tout était là :

Pouvait-il, ne pouvait-il pas dévoiler son plan à la princesse polonaise ?

Il y arriva cependant.

Mais avec combien de ménagements procéda-t-il !

C'est dur aussi de dire à une femme, qu'on croit princesse authentique :

— Soyez la maîtresse d'une sorte d'idiot, afin de le dévaliser, en l'usant par toutes les lubricités imaginables.

Ce lui semblait terriblement épineux.

C'est qu'il n'était qu'un ignorant.

S'il avait su l'histoire, qui n'est en réalité que l'histoire des rois et des reines, princesses, etc., il se fût débarrassé du prestige populaire qui les transforme en demi-dieux.

Tel qu'il était, il les eût admirés, ces monstres en dehors de l'humanité qui, se croyant pétris d'une pâte de choix, placés au-dessus des lois, de la morale et des pudeurs des autres descendants de Noé, ont commis majestueusement, — avec la bénédiction de tous les prélats, curés, moines, cardinaux et papes, — les crimes et infamies qui, d'un simple particulier, eussent entraîné le gibet, la guillotine ou le bagne, tandis qu'eux n'en étaient que plus vénérés, honorés, et qui pis est, craints !

A mesure qu'il s'expliquait, Olga semblait prendre intérêt à l'aventure.

Se scandaliser, elle ?

Pour qui la prenez-vous !

— Parlez, disait-elle. Il me semble vous comprendre, une fortune est au bout.

« Ah ! tout ! oui tout pour être riche !

« Et si c'était à vous que je le dusse, mon cher d'Arjuzan, j'en passerais par où vous voudriez !

Francis n'hésita plus.

Il se déboutonna.

La princesse resta un moment songeuse, quand il eut achevé. Puis d'un voix ferme, en lui tendant la main :

— Marché conclu ! fit-elle, avec une ardeur de décision qui rassura le mari de Louise.

Décidément, cette femme était une femme forte !
Plus forte qu'il ne le soupçonnait.
Car, intérieurement, elle se déterminait à le jouer.
Lui, et même Oscar, s'il n'y avait pas trop de danger.
Et comment ?
Bien simple !...
Au lieu de capter Maximilien de Valsfonds au profit de l'association, de partager le bénéfice, elle le capterait pour elle seule.
Ça, c'était malin !
Et Oscar ? Au diable ! qu'il s'arrange avec le coquin qu'il la chargeait de compromettre et de lui livrer !
Il faut croire que nos sentiments transpirent, exhalent je ne sais quel fluide magnétique, qu'un sens inconnu perçoit, si imparfaitement que ce soit, — le pressentiment, disons-nous faute de mieux, — mais Francis avait une vague intuition des dispositions secrètes d'Olga.
Il y résista d'abord.
Puis, par prudence, il se dit :
— Elle a eu tort de me dire qu'on ne tient une femme comme elle que par la complicité ! Je ne l'oublierai pas ! Il faudra qu'il y ait du sang répandu entre nous !...

XXXV

LA FOIRE DE NEUILLY

Les choses marchaient le mieux du monde pour Francis.
Non seulement ses patrons de la Société de Jésus avaient préparé par les moyens dont ils disposent, la mise en relations du bandit avec le général Carterier ; mais encore, Francis sentit qu'à mesure, il était *travaillé* dans le sens favorable.
Le vieux brave lui marquait sympathie et bientôt amitié.
Puis une particulière confiance.
Déjà, il lui avait fait de demi-confidences.
— Quand un homme est mort, disait-il, s'il n'a pas un ami dévoué à toute épreuve, qui sait le respect qu'on a de ses dernières volontés...
— Il y viendra ! pensait Francis.
Mais de son côté, Olga ne perdait pas son objectif de vue.
On va en avoir la preuve :
C'était l'ouverture de la fête de Neuilly.

La foule s'écoulait lentement entre les deux files de baraques qui entouraient la longue avenue.

Toutes les boutiques des forains venaient de s'ouvrir, et chaque marchand beuglait, pour se faire entendre, son boniment.

— Allons, messieurs, criait une marchande, avec une voix de fausset, qui fait la jolie partie ? l'on s'amuse et l'on gagne.

— A la fraîche qui veut boire ? répondait un marchand de coco ; tandis qu'un autre marchand tirant dans ses doigts sales du sucre fondu criait :

— Chaud, chaud la pâte de guimauve !

La confusion était générale.

Là, on voyait un hercule qui, un poids de vingt kilos au bout de son bras droit, et désignant de son autre bras un tapis tout troué hurlait :

— Allons, messieurs, voici mon petit bureau de recette, ne m'oubliez pas s'il vous plaît.

Ici, c'était un clown qui, les deux mains posées à sa bouche, en forme de cornet et invitant la foule à entrer dans l'intérieur du cirque, beuglait :

— Au manège, au manège !

A tout ce bruit se mêlaient la musique des chevaux de bois qui jouait un air vieux comme le monde, le son aigu du cor des vélocipèdes, le tintamarre des cloches des balançoires et le sifflement désagréable des chemins de fer et des bateaux.

La foule, composée de toutes espèces de gens, s'arrêtait un peu partout.

Les bourgeois, tranquilles de nature, tiraient aux macarons et massacraient les innocents.

Les ouvriers, peu amoureux de ces sortes de jeux, se retiraient sous des tentes richement décorées pour se rafraîchir le gosier, ou bien un gros maillet à la main, faisaient parade de leur force en essayant de faire sortir de sa boîte Mme Angot, ou bien encore assistaient aux parades des lutteurs pour accepter un gant et lutter avec un gros monsieur ou une grosse dame.

Les soldats invitaient les bonnes d'enfants à faire une partie de balançoire ou un tour de chevaux de bois ; tandis que les filous, se faufilant dans la foule, en quête de porte-monnaie, fouillaient dans les poches des bourgeois qui ne s'en apercevaient pas.

Particulièrement en face de la baraque d'un dompteur une foule considérable affluait pour voir un éléphant, monté sur les tréteaux de la parade, danser au son de la musique et pousser des hurlements.

Dans cette foule, un jeune homme qui paraissait avoir dix-huit ans, quoiqu'il en eût vingt-deux, d'une physionomie naïve et un peu bête, écarquillait les yeux et regardait avec étonnement les travaux de l'éléphant.

LES ERREURS DE LA GUILLOTINE

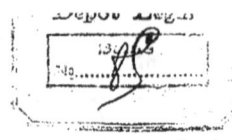

Il tomba, ayant sur le corps Marquiso qui lui enfonçait ses griffes dans les chairs.

Il avait une tournure timide et portait des habits riches, quoique mal portés. La cravate d'une très belle étoffe était chiffonnée et le nœud en était mal fait. En un mot il avait une tournure de provincial qui vient pour la première fois à Paris.

Il avait tout l'air d'un séminariste qui s'est échappé du cloître et qui fait l'école buissonnière; quoique curieux, il n'entrait pas dans les boutiques comme si s'amuser lui parût un péché.

C'était un séminariste, en effet : cet arrière-cousin de feue M¹ˡᵉ de Valsfonds qui avait épousé, contre vent et marée, le sous-lieutenant, depuis passé général, Carterier, à qui, par testament, elle avait laissé son immense fortune.

Orphelin de père et de mère dès l'âge de dix ans, et n'ayant reçu d'eux que la mince somme produisant trois mille francs de rente, il avait été recueilli par un ami de sa famille, l'abbé Sostène, vicaire à Montmorillon, qui l'avait fai entrer au séminaire de Poitiers. Là, pour lui faire une personnalité nouvelle, on avait changé son nom de Maximilien, en celui de Justin. — Justin tout court.

Abruti par l'éducation pieuse des Jésuites, par les prières, les jeûnes et les pèlerinages, il était devenu une sorte de crétin inoffensif et doux. Si peu intelligent que les bons frères jésuites avaient renoncé à faire de lui un prêtre.

Toutefois, ses maîtres sachant que si le général Carterier mourait sans testament les millions de feue sa cousine de Valsfonds lui reviendraient, loin de le renvoyer comme incapable, le gardaient et lui faisaient croire qu'il avait la vocation; de façon que s'il devenait millionnaire ils pussent l'entortiller grâce à son peu d'intelligence et à son esprit faible et l'amener à entrer dans un couvent en leur laissant tous ses millions.

Toutefois, en attendant, et pour se débarrasser un peu de lui, ils l'avaient envoyé à Paris.

Arrivé dans une pieuse famille amie des Jésuites, il tâtait un peu de sa liberté.

Pas de danger qu'il en abusât.

Il regardait donc l'éléphant avec curiosité, et avait une grande envie de voir les exercices des lions.

Quand une femme en maillot arriva sur le devant et dit :

— Accourez, messieurs, accourez, mesdames, venez sans plus tarder voir les exercices curieux des lions mangeurs d'hommes.

« Vous verrez d'abord les travaux étonnants de votre servante qui fait travailler l'éléphant, une troupe d'ours blancs et autres animaux féroces tels que jaguars et panthères.

« Ensuite et comme second exercice, vous verrez avec admiration votre serviteur (et elle montra du bout de son doigt un homme habillé en dompteur qui les bras croisés regardait la foule) faisant travailler des lions, non de jeunes lionceaux sans force ou de vieux lions abrutis, mais des lions adultes, des lions dans toute la force de l'âge, qui exécuteront devant vos yeux des sauts aériens et inimaginables, par-dessus des barrières, dans des cerceaux de papier et dans des cercles de feu.

« Ensuite, et pour finir, la célèbre lutte corps à corps entre un homme et une lionne, exécutée par votre serviteur (et elle montra un autre dompteur) et la lionne Marquise, surnommée à juste titre la Reine du désert.

« Cette lionne a déjà mangé trois fois son dompteur.

« Messieurs, n'hésitez pas à prendre vos places dans la première ménagerie de l'Europe et du monde entier.

« Soyez sans crainte, du reste, le dompteur entre dans la cage sans revolvers et sans gilets empoisonnés.

« Il a tout bonnement et comme unique arme un fouet.

« Les musiciens vont jouer un dernier morceau de musique et, après, les exercices commenceront à l'intérieur.

Sur ce, la femme fit un signe à la musique, qui se mit à jouer un morceau et vint s'asseoir au bureau.

Aussitôt un flot humain se précipita vers l'entrée, à qui arriverait le premier pour avoir les meilleures places.

Justin était resté immobile, coudoyé et bousculé par la foule qui voulait entrer de vive force.

Il hésitait à monter.

— Bah ! se dit-il, j'y vais, tant pis.

Et il fit un pas vers l'escalier; puis se ravisant :

— Si mes maîtres me voyaient?...

Puis, après avoir réfléchi encore quelque temps :

— Au fait, dit-il, ils ne me verront pas.

Et il monta l'escalier, en jetant toutefois un regard à droite et à gauche pour s'assurer qu'on ne le voyait pas.

Arrivé au contrôle :

— Première, dit-il.

— Voilà, monsieur, répondit la dame en lui présentant un billet où était imprimé le mot : places réservées.

— Combien ?

— Un franc.

Il paya et pénétra.

La musique, après avoir fini de jouer son morceau, entra à l'intérieur et commença un prélude.

Le prélude fini, la femme qui avait déjà fait l'annonce sur la parade avant d'entrer dans la cage des fauves dit :

— Vous allez voir des travaux étonnants auxquels nous allons attacher toute notre attention, car quand nous entrons dans la cage, nous ne sommes pas sûrs d'en sortir.

« Or je prie les spectateurs, un peu amateurs de ce genre d'exercices, de ne pas épargner les bravos.

« Ça ne vous coûte rien, et nous, ça nous encourage.

Ayant dit, elle entra dans la cage.

C'était le travail des éléphants.

Ils étaient deux et étaient très dociles.

Successivement ils marchèrent sur des ronds, sautèrent, et se mirent à table.

On leur mit autour du cou de grandes nappes, ils s'assirent par terre, et prirent très délicatement les mets avec leur trompe.

Le repas fini ils se mirent à faire de la musique.

L'un tourna un orgue tandis que l'autre soufflait dans un cor.

Ensuite vint le travail des ours blancs.

La dompteuse les fit sauter les uns par-dessus les autres et les fit danser.

Ensuite le premier dompteur, homme grand et sec, fit travailler les lions sans difficulté. Du reste, ces lions étaient entièrement abrutis par toutes les viandes mauvaises qui leur servaient d'aliment.

Enfin il finit l'exercice en mettant sa tête dans la gueule de tous les lions qui n'essayèrent même pas de la refermer.

Enfin c'était le tour de la lutte corps à corps.

La plupart des spectateurs de la ménagerie étaient venus pour voir cet exercice nouveau, et attendaient avec impatience que ça commençât.

On avait cru d'abord que c'était une tromperie, un attrape-nigaud.

Mais bientôt on vit arriver un gros homme trapu, petit et bien campé sur ses jambes ; c'était le second dompteur.

Un hurrah formidable salua son entrée.

S'inclinant pour remercier, il fit un signe à la musique.

Le chef d'orchestre en même temps que premier piston tapa trois fois avec son pied sur le plancher, et la musique commença.

Le gros dompteur entra dans la cage.

La lionne Marquise, ayant une mine peu endurante, ne tourna même pas la tête et continua de regarder la foule des spectateurs.

Le dompteur arriva jusqu'au milieu de la cage, et pour prévenir Marquise de son entrée, il fit claquer son fouet.

Marquise tourna la tête vers lui ; mais sans bouger de son coin.

Le dompteur, commençant à être furieux, se rapprocha de quelques pas et asséant à sa lionne un coup de manche de fouet :

— La lutte, Marquise ! dit-il.

Marquise ne bougeait pas.

Personne ne soufflait mot dans l'assemblée, attendant avec angoisse la fin de cet incident.

Le dompteur exaspéré s'approcha encore et envoya une grêle de coups de fouet sur la crinière de sa lionne.

Marquise s'était ramassée sur ses jambes.

Tout à coup, elle prit son élan, et d'un bond fut sur le dompteur qui, ne s'y attendant pas, n'eut pas le temps d'esquiver l'attaque et tomba, ayant sur le corps Marquise qui lui enfonçait ses griffes dans les chairs.

Les garçons de la ménagerie, armés de fourches, essayaient de retirer le dompteur des griffes de la lionne.

La dompteuse s'était élancée, dès le commencement de la scène et voyant un spectateur qui avec un revolver visait la lionne :

— Arrêtez, dit-elle, vous pourriez la tuer.

Elle entra dans la cage où, attaquant la lionne par derrière, elle força celle-ci à se retourner.

Le dompteur, profitant de cette seconde de répit, se retira et s'esquiva aussitôt suivi de la dompteuse qui le soutenait.

Pendant cette scène, les spectateurs s'étaient levés.

— Chic ! disaient les uns, v'là un spectacle !

D'autres, pris de peur, se cachaient la figure.

D'autres essayaient de tuer la lionne, pour épargner le dompteur.

Tous avaient été stupéfaits des paroles de la dompteuse.

Le tumulte était grand, tout le monde criait, donnait des conseils à toute voix, chacun essayant de se faire entendre criait plus fort que les autres.

— Prenez-la par les naseaux, criait l'un au dompteur.

— Tapez dessus, criait un autre aux garçons.

— Hardi ! Marquise, beuglaient d'autres, tandis que d'autres braillaient :

— Hardi ! le dompteur !

Bientôt sur l'air des lampions toute la salle se mit à chanter :

— Le tuera, le tuera pas, le tuera, le tuera pas.....

A tous ces cris se mêlaient les beuglements des bêtes fauves qui semblaient encourager leur camarade.

Les éléphants poussaient des mugissements sourds, soutenus par les ours.

Pendant ce temps la musique impassible continuait le morceau commencé.

Une fois que le silence se fut un peu rétabli, et que la dompteuse fut venue annoncer que le dompteur n'avait que quelques blessures sans gravité, les voisins de Justin s'aperçurent que celui-ci s'était évanoui.

Il fut transporté chez un médecin de l'avenue de Neuilly.

Après quelques minutes passées à lui faire sentir du vinaigre et à lui bassiner les tempes, il revint à lui et fut tout étonné de se trouver entre les bras d'une dame élégante, admirablement belle et qu'il ne connaissait pas.

— Comment vous sentez-vous, monsieur ? demanda-t-elle d'une voix harmonieuse qui vibra au plus profond de ce garçonnet.

Il balbutia des remerciements inintelligibles.

Un médecin avait été appelé.

Mis au fait des causes de l'accident, il dit espérer que cela n'aurait pas de suite.

Pourtant, faisant observer qu'il ne connaissait pas le tempérament, la complexion de ce jeune homme, il recommanda de prendre quelques précautions.

Il lui paraissait faible, anémique.

Le système nerveux devait être irritable aisément.

Il fallait éviter qu'il se frappât.

Sans rien dire de cela à Justin-Maximilien, il lui conseilla de ne pas rentrer seul chez lui.

— Il ne rentrera pas seul, docteur, dit Olga (car c'était elle). J'ai ma voiture, je le reconduirai.

Un flot de sang monta aux joues de l'adolescent.

Quoi ! il allait se trouver près de cette créature idéale qui, pour lui, prenait les proportions d'un ange exilé du paradis.

Il en frémissait de plaisir et de crainte.

— Vous sentez-vous assez fort pour marcher jusqu'à mon coupé ? lui demanda la princesse.

— Oui !... oui, madame, répondit le séminariste d'une voix entrecoupée.

Il se leva.

Mais, soit qu'il ne fût pas tout à fait remis, soit que l'émotion le galopât, il parut chancelant.

La princesse lui prit vivement la main, et lui passant le bras sous le sien :

— Appuyez-vous, dit-elle ; ne craignez pas, je suis forte.

Justin n'y voyait plus clair !

Son bras, qu'elle serrait contre elle, effleurait son sein et il lui semblait, à lui, éprouver des impressions de délices inouïes.

Il rêvait de septièmes cieux.

Il imaginait se transformer, subir des éclosions, auprès desquelles ses rêves devenaient des platitudes.

La créature d'hier avait disparu.

Il s'apercevait un autre individu ; quelqu'un d'infiniment supérieur à ce qu'il avait été jusqu'ici.

Tel un papillon, s'évadant de sa coque, méprise, renie la forme, le ver ignoble, abject, qu'il était à la minute précédente.

Lui aussi, Justin, se sentait pousser des ailes !

En face de la boutique du pharmacien, un coupé de maître stationnait.

D'un luxe discret, l'extérieur.

Dans les brancards, un cheval pur sang, que les passants admiraient à juste titre.

Sur le siège, un cocher d'une tenue superbe.

Culotte de peau blanche, bottes à revers.

Chapeau éclatant.

Et raide !... comme s'il eût été en bois.

Un Anglais, à ne pas s'y méprendre.

Mais rien que tout cela ! du *chic,* voilà tout.

C'est l'intérieur de la voiture qui était captivant.

Des coussins en soie brochée, d'une élasticité berçante. Des couvertures, des peaux de fauves.

Et quelle intimité élégante !

Quel parfum grisant aussi !

La princesse y fit monter le jeune homme, qui obéissait comme un sujet magnétisé.

Puis, elle prit place à son tour, l'envahissant de ses jupes embaumées.

— Au fait, dit-elle, où faut-il vous conduire ?

Il fut sur le point de répondre :

— Où vous vous voudrez ; nulle part plutôt... Je suis si bien ici !

Mais comme elle répétait sa question, il donna l'adresse des personnes pieuses où on l'avait mis en pension.

— Rue Monsieur-le-Prince, dit-il.

— A quelle heure vous attend-on ?

— Pour le dîner ; vers sept heures.

— On serait inquiet si vous tardiez ?

— Non, madame. On sait que je suis venu à la fête de Neuilly et l'on a prévu que je pourrais souhaiter assister à une représentation du soir.

— Eh bien ! reprit Olga, faites-moi un plaisir.

— Quoi, madame ? parlez !

— Nous allons faire le tour du Bois ; le grand air vous fera du bien, et je vous offrirai de partager mon menu solitaire ; après quoi la voiture vous déposera chez vous. Vous plaît-il ?

— Oh ! oui, madame !...

Elle baissa la vitre, donna ses ordres en anglais, et l'on roula.

Bien que Justin, — ou, réellement, Maximilien de Valsfonds — fût d'origine aristocratique, ce luxe était nouveau pour lui.

Une révélation, qui le grisait.

Dans ses extases de séminariste, il s'était forgé des délices inouïes à l'idée du paradis.

A ce moment, il croyait y être en plein.

Non qu'il se fût imaginé qu'il y eût des coupés, menés par des cochers anglais dans le séjour dont saint Pierre est le suisse !

Ni coupé, ni cocher ; mais des anges.

Et, dites-moi si la belle dame assise à ses côtés n'était pas un ange, un de ces êtres séraphiques ?

Elle était plus vêtue qu'on ne les représente, il est vrai.

Elle n'avait pas d'ailes ; c'est certain.

Mais il se dégageait de sa personne des parfums d'encens.

Sa voix était d'une mélodie troublante.

Tout en elle, et d'elle, enfin, produisait sur l'adolescent une impression qui le ravissait à des hauteurs sidérales, qui, pour sûr, étaient à tout le moins l'antichambre du séjour des bienheureux !

Ce qui ajoutait à son étourdissement, c'était la vitesse du parcours.

Par la vitre, il voyait défiler choses et gens, comme dans un tourbillon fantastique.

Touchait-on terre ?

Il ne savait, croyant monter dans les espaces.

Etaient-ce des humains, les êtres qu'il apercevait ?

Il n'en était pas bien sûr.

Elle parlait.

Et lui, les yeux demi-clos, le cœur agité, buvait ses paroles.

Il répondait un mot, une exclamation, un soupir.

Olga semblait ne pas s'apercevoir de l'effet prodigieux qu'elle produisait sur lui !

Était-elle donc myope ?

Que non pas !

Ne fût-ce que par communication magnétique, elle était fixée, elle se sentait la maîtresse, l'arbitre de ce pauvre petit.

Certes ! le rôle que Francis lui avait distribué dans le complot à mener était facile à tenir.

Mais, vraiment n'y avait-il pas mieux à faire ?

LES ERREURS DE LA GUILLOTINE

Il tomba à genoux et appuya ses lèvres sur le cou-de-pied qu'elle laissait pendre en dehors du divan.

Eh ! oui ! Ce M. Benoît d'Arjuzan ne lui donnait-il pas l'exemple au surplus ?

Il voulait jouer ses protecteurs, les Jésuites, à son profit à lui.

Malin, de le jouer lui-même ; c'est-à-dire, pour Olga, capter ce jeune homme, et en tout obtenir.

Tout s'arrangerait ainsi :

Francis, annulerait le testament du général.

Celui-ci décédé, Justin héritait.

Francis, s'apprêterait à agir pour ember lificoter celui-ci, qu'elle était chargée de préparer.

Doucement !...

N'ayant plus besoin de Francis, l'ayant amené au point de fournir des armes contre lui (elle y travaillait !), le moment serait venu de le livrer à M. Oscar.

Et le tour serait joué.

Et seule, elle disposerait de ce dernier des Valsfonds, impertinemment millionnaire !

Voilà ce qu'elle se disait, rencognée dans le capiton du coupé qui filait comme le vent, gardant un silence rêveur, interrompu, par intervalles, d'une phrase poétique et langoureuse, sur le pittoresque du bois, la pureté du ciel, les oiseaux qui jasaient.

Des balivernes, que Justin gobait avec joie.

Tout à coup, le cheval ralentit, puis la voiture s'arrêta.

Où était-on ?

L'adolescent n'en savait rien.

Le cocher cria :

— La porte, s'il vous plaît !

Un moment après les deux battants d'une grille en fer forgé, garnie de persiennes, s'ouvrit lentement.

Et le coupé, tournant à angle droit, traversa le trottoir.

On était dans un jardin merveilleusement meublé de plantes rares, époussetées, comme celles d'un salon.

Les roues grinçaient sur le sable des allées, grâces aux tournant desquelles Justin entrevoyait un petit hôtel style Henri IV d'une suprême élégance.

La voiture stoppa devant le perron.

Une femme de chambre se tenait debout sur la première marche, tandis qu'un nègre gigantesque, couvert d'un costume oriental, ouvrait la portière, tendant le poing à la façon des valets de pied britanniques, pour que sa maîtresse appuyât sa main sur la manche de soie du laquais exotique.

Elle se passa de ce secours, sautant du coupé comme un oiseau qui s'échappe de sa cage et, se tournant à demi :

— Venez-vous? fit-elle à Justin de plus en plus ébloui.

Il la suivit marchant comme dans un rêve.

Au haut du perron, s'ouvrait une antichambre qui ressemblait à un musée d'armes.

Un domestique, habillé en moujik moscovite, ouvrit les deux battants d'un salon princier.

Olga le traversa, poussant jusqu'à son boudoir.

Une véritable serre.

Des plantes, et des fleurs partout.

Des sièges de toutes sortes, couverts en étoffes de Perse.

Tout autour un divan bas, avec des coussins brodés en or, ayant à chaque coin l'écusson des Dolskoïski, avec la barre de bâtardise, surmonté de la couronne princière, dont le cimier portait l'aigle à deux têtes du tsar, ailes éployées.

Au milieu de cette pièce, un bassin creusé dans un bloc d'albâtre, avec margelle de stuc, mêlé de marbre rose, contenant une eau bleue comme celle des lacs alpesrets.

Des poissons de la Chine y jouaient, faisant bon ménage avec des lamproies du lac Ladoga.

L'atmosphère tiède, imprégnée d'émanations variées, produisait une sorte d'ivresse.

C'est là que la princesse s'arrêta.

— Attendez-moi un instant, dit-elle, que je me passe un peu d'eau sur les doigts.

Justin s'assit, sans répondre.

— D'ailleurs, ajouta-t-elle, nous pourrons causer, mon cabinet de toilette est là.

Là, c'est-à-dire à côté, séparé par une glace, dont le store était baissé.

Elle passa, laissant la porte ouverte.

Et par une glace de Venise pendue avec quelque inclinaison, le jeune séminariste put continuer de voir celle qui l'introduisait ainsi dans son sanctuaire.

Ce qu'il vit alors acheva de lui faire perdre la tête.

Se passer un peu d'eau sur les doigts n'était qu'une figure.

En effet, aidée par une servante chinoise, la Dolskoïska défit son corsage, laissa tomber ses jupons.

Et la servante lui passa une éponge imbibée d'essences odorantes sur les bras, et sur ce qu'on apercevait de ses épaules.

Puis, une autre, de même nationalité, apporta un peignoir de soie blanche, d'un tissu fin comme la pelure d'un oignon, et en revêtit la princesse.

On la déchaussa alors.

Et de même l'éponge rafraîchit ses pieds délicats, dont la blancheur était rehaussée par le rose du talon.

Après quoi, elle mit des bas noirs, dont les jours laissaient voir la peau.

Durant ce temps, on lui arrangeait les cheveux.

Alors, elle revint à Justin, et se jetant sur le divan circulaire, elle s'y coucha à demi, en attirant les coussins de-ci de-là.

Et dans ses mouvements, les lignes de son corps prenaient des courbes de serpent.

Et le bas de sa robe, se relevant quelque peu, montrait les fines attaches de ses chevilles, la naissance du mollet.

— Donnez-moi le coussin qui est près de vous, dit-elle à Valsfond qui restait muet d'admiration.

Il prit le coussin demandé, l'apporta.

Et là, tout près d'elle, il resta cloué sur place.

— Qu'avez-vous? lui demanda Olga.

Il n'aurait pas su le dire.

Et s'il l'avait su, il eût été découragé de le dire, tant il y en avait.

Et, d'ailleurs, il ne l'eût jamais osé !

Pourtant, il n'y a rien comme les timides pour devenir inconsciemment audacieux tout à coup.

Et comme elle répétait sa question, en tenant ses yeux souriants sur ceux de l'apprenti jésuite, il tomba à genoux, et appuya ses lèvres sur le cou-de-pied, qu'elle laissait pendre en dehors du divan.

Il fut comme terrifié de sa témérité.

Il s'attendait à ce qu'elle le fît mettre à la porte, chasser comme un insolent, un goujat.

Point !...

— Ah ! ah ! fit-elle avec une malice bienveillante, vous me rendez des hommages excessifs, mon jeune ami.

Et appuyant :

— Il n'y a chez nous que les esclaves qui nous baisent les pieds.

— Et si j'étais votre esclave ? repartit Justin, enhardi par la passion.

— Vous ?

— Moi, oui ; moi qui n'ai ni parenté, ni amitiés ; moi qui suis seul au monde...

« Ah ! madame, poursuivit-il, laissez-moi, là, agenouillé devant vous en contemplation, comme autrefois dans la chapelle du séminaire.

« Je ne demande rien ; rien à vous !

« Pour avoir permission de vous admirer, moi, comte, descendant d'une des plus illustres familles seigneuriales du Poitou, j'entrerai dans votre domesticité! Je me réduirai aux emplois les plus vils.

« Ah! madame... madame...

Il ne put continuer.

Il fondait en larmes.

Olga le laissa ainsi un moment.

Puis, étendant son bras blanc, elle lui prit les mains et l'attira vers elle.

En silence; doucement.

Puis elle lui entoura les épaules de son autre bras, lui posant la tête sur sa poitrine tiède et palpitante, comme elle eût fait à un enfant.

— Vous n'êtes pas tout à fait remis, dit-elle.

« L'émotion laisse du trouble dans votre esprit.

« Restez là, reposez-vous, et laissez dissiper le trouble qui persiste.

« Vous, parmi mes serviteurs!

« Qui serais-je! si je le permettais.

« D'ailleurs, à quel titre?

« Vous êtes seul au monde, dites-vous. Aucun lien de sang, peut-être, ne vous attache à quiconque.

« Mais vous êtes mineur.

« Vous devez avoir des protecteurs, qui ont des droits sur vous.

« Ils ne souffriraient pas que je vous gardasse près de moi.

« Et puis, je le répète, à quel titre?

« Songez-y, mon cher enfant.

« J'ai certainement six ou sept ans de plus que vous.

« Pourtant, je ne suis pas encore une assez vieille femme pour que votre attachement soit à l'abri des commentaires.

— Alors, vous me repoussez?

— Je le devrais, sans doute.

— Ah! ne faites pas cela, ou bien...

— Ou bien?

— Je me tue!

— Tais-toi! s'écria Olga, comme épouvantée. Tais-toi, méchant enfant! Ne vois-tu pas que tu me fais mal.

— Oh! pardon!... pardon! répliqua Justin, en redoublant de larmes.

Olga le regardait, essuyait ses yeux avec un mouchoir d'une batiste plus fine que la toile d'une araignée, répétant :

— Calme-toi, enfant; calme-toi, écoute.

« Oui, écoute, fit-elle, en plongeant son regard dans le sien.

Elle parut se recueillir, sentant bien qu'à mesure elle le fascinait davantage, par une puissance de charme magnétique, dont, par bonheur, elle ne connaissait pas elle-même toute la violence et l'étendue.

Puis d'une voix douce comme un luth :

— Je cherche en vain à m'expliquer l'insurmontable sympathie que vous m'avez inspirée, tout à coup, malgré moi, malgré la raison, et l'ignorance où je suis de votre personnalité.

« Car, enfin, je ne vous connais pas.

« Vous êtes comte.

« Vous descendez d'une illustre famille !

« Comment donc vous trouvé-je, seul, dans une foule où vous paraissez vous trouver pour la première fois ?

« Vous vous évanouissez, je vous donne des soins banals

« Je vous offre de vous reposer un moment chez moi, et vous vous conduisez comme un fou.

« Et, pourtant, cette sympathie vous me l'imposez

« Quoi que je fasse, quoi que je pense, je ne puis m'en défendre.

« Il faut m'y rendre, y céder.

« Voyez ! devant vos larmes d'enfant, mon cœur a tressailli.

« Moi aussi, je suis troublée.

« Au point de vous avoir tutoyé !...

— Ah ! parlez-moi, toujours ainsi ! s'écria Maximilien-Justin de Valsfond.

— Qui m'y autoriserait ? Je ne suis pas votre mère.

— Et pourtant, je vous aime avec la soumission d'un fils. En vous entendant m'appeler « cher enfant » je me sens fier et heureux.

— Fou ! dit-elle, vous êtes trop grand pour que je vous traite maternellement.

« Tout au plus, pourrais-je être pour vous une sœur aînée.

— C'est cela ! fit l'adolescent. Soyez ma sœur.

« Oh ! reprit-il avec éclat, soyez tout ce que vous voudrez, mais ne me repoussez pas, ne me chassez pas..

— Enfant !... répéta-t-elle, sans se prononcer.

C'est qu'elle entendait approcher un serviteur.

— Relève-toi, murmura-t-elle. On vient.

— Madame la princesse est servie, dit un valet.

Le domestique s'éloigna.

Olga tendit ses mains à Justin resté debout près d'elle.

Elle lui demandait de l'aider à se redresser.

Mais, le tenant, elle l'attira de nouveau sur sa poitrine

Et l'y retenant :

— Écoute, fit-elle. Je vais réfléchir; nous allons causer, peser les raisons, et puis... nous verrons !

« Mais, tu m'as donné un baiser d'esclave.

« Je veux te rendre un baiser de créature libre; le baiser que notre père le czar donne au premier de l'an à son peuple représenté par un fils de serf.

Ce disant, elle lui prit la tête, et colla ses lèvres sur les siennes.

— Viens, maintenant, dit-elle.

Et elle l'entraîna dans la salle à manger.

Diable ! qu'il y avait loin du menu de la princesse à la pieuse et maigre pitance du séminaire !

Un élégant carton satiné portait :

Huîtres de Douvres
Melon de serres
Potage à la bisque

HORS-D'ŒUVRE

Caviar, anchois de Sébastopol.

ENTRÉES

Langues de lièvres, sauce maréchal
Filets d'esturgeon, à la Tanger
Foies d'alouettes, en bouchées cracoviennes.

ROTIS

Cuisseau de gazelle de l'Atlas
Râble de kangourou.

LÉGUMES

Patates du Caucase, à la livonienne
Fèves d'Estramadure à la bonne femme.

ENTREMETS

Crème au lait de jument sauvage
Buisson de langoustes liliputiennes.

DESSERT

Pêches d'Étrurie
Noisettes confites au suc d'ébénier.
Confitures d'artichauts du Cap
Écorces de canne à sucre de Montevideo.

VINS

Côtes du fleuve Amour, 1834 (blanc)
Clos en outres, de Yokohama
Tisane de Ceylan (mousseux).

CAFÉ

Sumatra.

LIQUEURS

Cognac de 1776
Hydromel d'Australie
Gin d'Islande.

Eh bien! ce n'était rien que cet assemblage de mets délicieux et étranges.

Ce qui surpassait l'imagination d'un poète, c'était la façon dont cela était préparé, monté, servi.

Les plats, en argent, bien entendu.

Mais non point les assiettes.

En porcelaine, celles-ci. Mais quelle porcelaine!

Du Japon pur. Tout un service destiné au dernier taïcoun, commandé par lui.

Mais, victime de la révolution qui délivra le mikado de l'oppression sous laquelle le retenait l'usurpation taïcounale, il n'avait pu en prendre livraison.

Par quels moyens la princesse Dolskoïska avait-elle pu s'en rendre acquéreur?

C'était encore un de ces mystères dont cette créature singulière, extravagante, s'entourait.

L'extravagant roi de Bavière, qui devait se suicider, avait fait offrir à l'ex-esclave russe, deux cent mille thalers de ce service, soit environ six cent soixante-quinze mille francs de notre monnaie.

Une fortune!

Olga avait répondu en proposant d'en faire le don gracieux à cette fantasque majesté, qui se faisait bâtir des théâtres plus vastes que l'Opéra, afin d'assister seul aux imbéciles et endormants opéras de ce plat-pied qu'on appelle Richard Wagner.

La princesse avait dit :

— Nous causerons.

En effet, elle parlait à cœur ouvert à son trop jeune ami.

Elle abordait des choses bien intimes.

Elle traitait des sujets bien délicats.

Justin lui fit signe une fois, lui montrant six jeunes filles circassiennes d'une beauté de houris de grand harem.

Olga sourit.

— Elles n'entendent que le circassien, dit-elle.

Mais, il n'y avait pas besoin de leur parler.

Sur un signe, elles accomplissaient leur office, avec un empressement et une dextérité à confondre.

Ce menu, ces vins étrangers, ces liqueurs bizarres, avaient achevé de désorienter le séminariste.

Il en venait à croire vivre un conte de mille et une nuits, ou de Boccace.

Du moins, il n'y résistait plus.

Le lieu, le temps, sa propre individualité, tout devenait vague et incertain.

LES ERREURS DE LA GUILLOTINE

Pour cette fois, Olga lui donna sa main à baiser.

Mais qu'importe! Il était heureux!

Il nageait dans une béatitude indéfinie.

Il eût voulu s'endormir là, et mourir pendant son sommeil.

Où, et quand, jamais, retrouverait-il des impressions, des délectations comparables dans la vie réelle?

N'était-il pas destiné à entrer, à finir ses jours maussades dans quelque couvent, comme la Trappe!

A cet instant, cette destinée lui parut horrible.

Il devint agité, par une peur fébrile.

Et, comme on avait quitté la table, il supplia Olga de l'entendre une dernière fois, loin de toute oreille, car ce qu'il avait à lui dire pouvait lui attirer des choses affreuses, de la part de ceux qui s'attribuaient le droit de disposer de son sort.

Et qui donc?

Parbleu!... Les Jésuites!

Olga, saisie de sa pâleur, l'avait mené dans sa chambre

On ne pouvait y accéder que par un escalier d'ébène, qui partait d'un coin du salon, et en contournait la plus large paroi; escalier dont la rampe était cachée par des étoffes d'Orient, et les marches, par des fourrures du Nord, aussi variées que rarissimes!

Entièrement tendue de velours cramoisi, cette chambre.

Au beau milieu le lit, en bois incrusté de nacre.

Pas de colonnes, pas de baldaquin, ni de rideaux.

Il trônait là, seul, au centre.

Un lit bas; dont la couverture était faite déjà.

Mais on pouvait s'y méprendre.

Rien de blanc.

Les draps étaient de satin noir.

Et Olga y dormait nue.

Justin le devina, et son imagination surexcitée par l'événement du dompteur, le rêve qu'il suivait, le dîner, les vins, le baiser d'Olga, son imagination, disons-nous, lui faisait voir cette femme étendue là sans voile, éclatante de blancheur rosée, sur le noir luisant du satin.

— Ah! s'écria-t-il, hors de lui, il faut avoir pitié de moi, madame, ou c'en est fait, la folie me prend, et il faudra m'enfermer dans un cabanon de Bicêtre.

« Je ne le sens que trop!

« Ce qui était possible hier, ne l'est plus aujourd'hui!

« J'ai laissé à la porte de votre demeure ce qu'il y avait de mon moi antérieur.

« J'étais résigné ; je suis en révolte.

« Je me consacrais à Dieu !

« Je ne saurais plus ! Je le renierais si vous le demandiez.

« C'est à vous seule que je puis consacrer mes jours, ma pensée, mon âme, mon être tout entier.

Et il lui conta son histoire, si courte et si dépourvue d'intérêt.

— Voilà, reprit-il avec feu, ce que j'ai été.

« Voilà ce qu'on veut faire de moi :

« Ce qu'il y a de plus méprisable au monde : — Un moine !

« Si encore nous étions au temps de bouleversements politiques, de fanatisme religieux, je me sentirais l'étoffe, soit d'un Pierre l'Ermite, soit d'un inquisiteur, soit d'un Jacques Clément ou d'un Ravaillac.

« Mais, à notre époque, un moine est pis que rien.

« Je ne sais pas dans quel intérêt ténébreux on me pousse à ce suicide moral.

« J'y consentais hier.

« Je ne le veux plus aujourd'hui.

« Eh bien ! qui que vous soyez, sauvez-moi.

« Oui, intervenez, car vous devez être puissante.

« Sauvez-moi de la mort.

« Car, je vous le répète, si vous m'abandonnez, en sortant d'ici, je cours à la Seine et je m'y jette, en vous envoyant le dernier cri d'un cœur qui ne sera qu'à vous, même si vous le méprisez !

Essoufflé, il était tombé éperdu sur un sofa.

En attendant qu'il se reprît un peu, Olga lui caressait les mains qui brûlaient.

— Eh bien ! dit-elle, rassure-toi, enfant.

« Tu te donnes à moi ?

— Sans conditions, fit-il vivement.

— C'est bien ! je t'accepte...

— Ah ! soyez bénie !...

Et dans son ivresse ce fut lui qui à son tour la saisit, l'embrassant mille fois, sans savoir ce qu'il faisait, riant, pleurant tout à la fois ; fou encore, mais d'une joie qui lui donnait le vertige.

Elle le laissa faire, docile, inerte en ses mains qui la serraient, s'égarant dans les profondeurs des larges manches du peignoir qui moulait son beau corps de femme du Nord.

— Oui, reprit-elle, je t'accepte, et je te délivrerai.

« Mais, moi, j'y mets des conditions...

— Je m'incline devant toutes. Dites.

— D'abord, tu te tairas !

— Personne ne saura jamais que je connais votre existence. Je me couperai la langue plutôt que de prononcer votre nom.
— Le sais-tu ?
— Non ! Mais ne craignez pas de me le confier.
— Inutile !
— Vous vous défiez ?
— Tu pourrais le prononcer en rêve.
« Écoute, ce n'est pas fini.
« Ensuite, tu retourneras chez ceux à qui on t'a confié.
— Pourquoi ?
— Ceux à qui il faut t'arracher sont puissants.
— Je le crois.
— Sois en certain. Puissants et terribles...
— Vous les craignez ?
— Pour toi.
— Alors ?
— Je les vaincrai par la ruse.
« Seulement, il me faut du temps.
« Du temps et ton obéissance absolue.
« Si elle est complète, tu n'attendras pas ton affranchissement longtemps. Devrions-nous fuir...
— Ensemble ? oh ! tout de suite.
— Non. Ça ne servirait de rien. D'ailleurs, je ne suis pas prête.

Le surplus des instructions qu'elle donna à Justin, revenait toujours à cela :

« Soumission aveugle !... »

Il jura.

— Et maintenant, dit-elle, va-t'en.

Il n'y songeait déjà plus !

Des sanglots le saisirent.

— Il me semble que je vous perds, pleurait-il.

Elle jugea qu'il fallait cimenter l'attache. Et puis, cet être resté enfant, cette vierge, si l'on peut dire, la tentait.

Elle poussa la scène jusqu'à l'amener au délire.

Le désir, s'allumant en lui avec des fougues qu'il n'avait jamais ressenties, le transfigurait dans une progression qu'elle suivait attentivement, l'irritant par de demi-résistances, qui l'exaspéraient, lui, au point d'user de violence.

C'est ce qu'elle voulait.

Se donner l'eût calmé.

Se laisser prendre, comme par insuffisance de forces physiques, n'était pas se livrer.

Il l'aurait eue; mais il ne la posséderait pas, puisque la bonne volonté manquerait en apparence.

Et ainsi, il garderait un désir d'autant plus tenace.

Et elle garderait tout son ascendant sur lui.

Tant et si bien que Justin devenant furieux arracha le peignoir..

Quelques minutes après, il gisait évanoui sur le parquet

XXXVI

LA LETTRE

— Eh bien! avait dit Olga à Francis, nos affaires sont en bon chemin.

Et elle lui conta, à sa manière, qu'elle était parvenue à faire la connaissance de l'héritier des Valsfond.

— Je pense lui inspirer quelque confiance, conclut-elle.

— Seulement ? demanda le mari de Louise avec un peu de défiance.

— Le temps fera le reste.

Puis coupant court :

— Et vous, demanda-t-elle, où en êtes-vous avec le général ?

Il la regarda bien en face.

— Je ne fais pas les progrès que je voudrais, répondit-il

— Vous découragez-vous ?

— D'obtenir qu'il détruise son testament, oui, j'en conviens.

— Si vous y renoncez, prévenez-moi, dit indifféremment la belle Russe.

— Pourquoi ?

— Parce que, si c'est affaire manquée, je n'ai pas besoin de m'empêtrer de ce jeune séminariste, et encore moins de vous, mon cher.

Celui-ci, c'était par les duretés qu'elle le tenait.

Autant, elle se faisait d'intuition tendre « sœur aînée » avec Justin, autant elle malmenait Francis.

Raideur et cruauté pour lui.

— Vous allez trop vite, Olga, répondit-il.

« De ce que je désespère d'obtenir la destruction [de ce testament par le général, il ne résulte pas que je renonce à l'affaire.

— Comment ?

— Le détruire, voilà ce qu'il faut. Un seul objectif.

« Quant aux moyens, il y a du choix.
— Je ne vous comprend pas.
Le bandit se plaça devant elle.
— Olga, dit-il, je vous aime; je vous veux...
— Vous me rabâchez toujours la même chose.
— Pour prix de votre amour, vous avez mis la destruction de ce testament?
— Par mes mains.
— Par vos mains.
— Eh bien?
— Eh bien! par vos mains, il sera détruit... quand je devrais le voler...
— Belle avance! Le général n'aurait qu'à en faire une autre.
— Non!
— Qui l'en empêcherait?
— S'il était mort?
— Hein?
— Vous avez peur, Olga?
— Vous commettriez un meurtre pour moi?
— Je vous veux, vous dis-je! répéta sourdement Francis.
— Prenez garde pourtant! répliqua froidement la princesse.
— A quoi?
— Qui vous dit que je voudrais subir les caresses d'un assassin?
— D'un complice.
— Pas jusqu'au meurtre.
Francis garda un instant le silence.
Puis :
— J'ai voulu vous éprouver, dit-il.
— Vous n'y avez pas réussi, répliqua Olga.
— Parce que?
— Parce que je sentais que vous vous vantiez, en disant que pour me posséder vous iriez jusqu'à commettre un crime.
— Êtes-vous sûre?
— Vous?... Allons donc! Il faut être un autre homme que vous.
« Un Français? Bah!...
Francis, pensait :
— Si elle savait!...
Et il revoyait ses victimes, la veuve Valph, sa femme de chambre, son complice imbécile, la mère d'Eulalie, Cadenet et le reste, sans oublier le sacristain.
— Du reste, continua la princesse, vous avez beau sourire avec réticence,

comme si vous aviez passé par là, je ne vous croirais pas, si même vous le prétendiez.

« Dans votre pays, ces choses-là sont à peu près impossibles, car tout se découvre.

« Si vous aviez eu l'énergie de tremper vos mains dans le sang, vous ne seriez pas ici.

« Votre police est trop bien faite ! »

Et Francis, pour la deuxième fois, pensait :

— Si elle savait !...

Et il se revoyait, place de la Roquette, regardant Maximilien Létang avancer vers la guillotine, et se coucher sur la planche à bascule.

Un éclair lui montrait la tête tombant dans le panier.

Il se revoyait aussi chez Cadenet, assistant à la visite domiciliaire, en compagnie du maire et du capitaine de gendarmerie.

La police bien faite ! disait-elle.

— C' pauv'e M. Oscar !... pensait-il.

Mais Olga continuait :

— Dans nos pays d'Orient, à la bonne heure ! J'en puis parler.

— Comment ? demanda le mari de Louise.

— Ignorez-vous donc mon histoire? ma fameuse affaire, celle qui m'a fait une notoriété ?

— Oui.

— Tout le monde la dit tout bas cependant.

— Dites-la, en ce cas.

— Si ça vous amuse, soit !

Et tranquillement, elle continua.

— Demandez au premier venu, il vous dira :

« 1° Que je suis née esclave russe.

« 2° Que mon maître me trouvant belle me déflora.

« 3° Qu'il me montra nue, malgré mes pleurs, à ses amis.

« 4° Que l'un d'eux, le prince Dolskoïki, me vengea le soir même en le tuant et m'enleva, puis m'épousa secrètement.

« 5° Que las de lui, qui se saoulait et me battait, je devins amoureuse d'un ténor italien.

« 6° Et que, pour m'obliger, celui-ci assomma le prince dans une rue de Trieste.

« 7° Et que j'en fis mon amant.

« Ainsi, mon cher, j'ai déjà été la maîtresse de deux assassins. Ça me connaît !... »

Elle riait.

— C'est un roman, une calomnie ! demanda Francis.

— La pure vérité, au contraire.

— Je ne le crois pas.

Elle le regarda d'une façon équivoque.

— Vous êtes donc bête, vous ?

Francis comprit enfin.

C'était vrai. Et, par son affirmation, elle lui disait :

— Quitte à tuer le général, je veux le testament !

Crainte qu'il n'en doutât encore, elle ajouta :

— Mon mariage secret me valait huit cent mille roubles, et une mine de l'Oural estimée le triple.

« Je plaide ; mais le czar s'oppose à l'exécution du jugement.

« Il faudra attendre sa mort.

« Ce peut être long. Les nihilistes ont peur, pour le moment.

« Eh bien ! en attendant, je veux ma part de l'héritage Valsfond, que détient et veut détourner le général.

« Êtes-vous fixé maintenant ?

— Vous l'aurez, répondit Francis.

— Quand ?

— Quand j'aurai volé le testament.

— Que faut-il ?

— Une fausse clef.

— Peuh !...

— La fausse clef d'un coffre-fort.

— C'est plus difficile à faire.

— Patience !

Pour cette fois Olga lui donna sa main à baiser.

On sait que son plan, à elle, allait au delà.

Le crime commis, le testament détruit, elle se déroberait à Francis en le faisant arrêter.

Et Maximilien de Valsfond, prenant possession de la fortune, répudiait son nom pieux de Justin.

Alors, Olga épousait l'ancien séminariste.

C'est pourquoi elle s'appliquait à entretenir ce dernier en haleine, par de furtives entrevues en des endroits écartés, où elle se gardait bien de s'abandonner de nouveau à ses caresses. Et aussi par des billets, auxquels il répondait avec une passion déréglée.

LES ERREURS DE LA GUILLOTINE

La vieille apporta ce qu'on lui demandait et s'en alla.

Un jour, comme elle était en train d'écrire la suscription de l'un d'eux, Francis entra.

Elle lui cachait ses relations avec son jeune amant, comme de raison.

Si forte que fût sa puissance sur elle-même, elle se troubla légèrement, et fit un mouvement pour cacher la lettre.

Francis le remarqua, et sentit qu'elle lui cachait quelque chose.

Raison de plus pour savoir.

Olga, s'étant remise, paya d'audace, acheva d'écrire l'adresse et la sécha sur le buvard. Après quoi se levant, elle sortit pour ordonner à un serviteur d'aller jeter la lettre à la poste.

Aussitôt Francis, prit le buvard, et regardant à travers le papier, lut :

« *Monsieur Maximilien de Valsfond, ferme du Moulin, à Ermont, Seine-et-Oise.* »

— J'aurai cette lettre ! se dit Francis.

Ainsi, le jeune Justin était dans une ferme à Ermont.

Voici comment :

Depuis l'accident survenu chez le dompteur, où il avait été très ébranlé par l'émotion, Justin était souffrant, préoccupé, songeur et sans appétit.

Inquiet, on avait fait venir le médecin.

— Il a quelque chose, avait-il dit, après l'avoir examiné ; ce n'est pas au physique, mais c'est au moral qu'il est atteint.

— Au moral ? Mais qu'est-ce alors ?

— Je n'en sais rien, mais il conviendrait de faire beaucoup attention à lui ; car, s'il continue, je redoute la fièvre cérébrale.

— Mais que faire ?

— Rien du tout, l'égayer, tâcher de l'empêcher de rester seul et de songer à je ne sais quoi.

— Si on l'envoyait à la campagne ?

— Oui, le grand air lui fera du bien ainsi que les occupations champêtres.

Huit jours après, Justin était parti à la campagne, chez de braves maraîchers habitant dans une ferme entre Franconville et Ermont.

Là, on lui avait meublé une petite chambre au midi, très proprette et surtout très simple : un lit en fer avec des matelas moelleux, une table en bois blanc et deux chaises.

Le confortable.

Elle était gaie, la ferme, avec sa grande cour remplie de tas de fumiers où les poules et les canards fouillaient à leur aise ; avec les étables remplies de belles vaches normandes petites et alertes et avec les champs environnants.

Justin y était très bien; il allait faire des promenades aux environs ou passait ses journées à voir traire les vaches et à voir les maraîchers travailler aux champs.

Bref, son appétit était revenu, son front s'était déridé.

Il était presque gai.

Mais parfois il tombait dans des rêveries, d'où il ne sortait qu'après quatre ou cinq heures.

On était obligé de répéter ses phrases pour se faire entendre de lui.

— Bah! ça se passera, disaient les bons paysans chez qui il était; il est ainsi frappé parce que c'est le premier accident qu'il voit; au bout du troisième auquel il assistera, il n'y fera même plus attention.

On croyait que c'était l'émotion ressentie chez le dompteur qui l'avait rendu tel; mais pas du tout.

Qu'était-ce donc alors?

C'était l'impression étrange qui l'avait suivie, en revenant à lui, de se trouver dans les bras de cette femme.

Dans ses rêves, il la voyait devant lui le regardant, d'un air maternel, et ayant sur la tête une auréole de feu.

Son imagination de séminariste lui fait voir une sainte, une divinité protectrice une sainte Vierge à qui il vouait un culte pieux.

Un peu revenu à lui, il avait écrit à sa bienfaitrice une lettre dans laquelle il lui faisait tous ses remerciements; lettre brûlante d'un amour insensé, presqu'effrayant à certains passages.

La dame, à son grand étonnement et à son extrême ravissement, lui avait répondu dans des termes étudiés.

De ce jour, il était devenu gai, et à l'extrême suprise des maraîchers, il redemandait de chaque plat et faisait même des farces.

Plusieurs fois la fermière, en venant dans sa chambre le prévenir que le dîner était sur la table, l'avait surpris embrassant un scapulaire tenant à son cou par un cordon.

— Il est pieux, s'était-elle dit; il fait sa prière.

Mais non; ce que Justin embrassait, quand il était seul, c'était la lettre de la belle dame qu'il avait mise dans son scapulaire et qu'il gardait jour et nuit sur sa poitrine.

Or, on l'a vu, la belle dame, c'est-à-dire, celle qui pour le monde était la princesse Olga Dolskoïska, lui avait écrit. Francis avait vu partir la lettre, et il s'était juré de l'avoir à tout prix.

Comment faire pour avoir cette lettre?

Aller la réclamer au bureau où la belle Polonaise l'avait mise?

Sous quel prétexte?
Non, c'était impossible.
La dérober furtivement, cela valait mieux.
Le service de la poste à Ermont se compose de :
Une femme buraliste qui donne les timbres aux clients ;
Un courrier qui va au train chercher les sacs de lettres ;
Deux facteurs piétons qui desservent les lettres à domicile.
L'un vieux, le père Mattée, petit, gros, trapu, soixante-cinq ans ;
L'autre jeune, Charles, son neveu, grand, élancé, vingt-cinq ans.
Ce jour-là, le père Mattée partit pour distribuer les lettres. La nuit venait de tomber et un léger brouillard s'élevait de la terre.
— Restez, père Mattée, lui dit le buraliste, vous irez porter les lettres demain ; c'est pas pressé.
— Bah ! répondit le facteur, y a vingt-cinq ans que je travaille ici, j'connais les rues comme ma poche, j'me perdrai pas, allez, n'ayez pas peur.
Et il partit.
Ordinairement la tournée était vite faite, dix ou douze lettres, au plus ; mais, cette fois, il y avait une petite trotte à faire, une lettre à porter à la ferme une fois la tournée du village faite.
— Bah ! se dit-il, cette lettre pour la ferme ne presse pas, je la porterai demain matin.
Puis il s'avança du côté du bureau de poste.
Mais se ravisant :
— C'est p'-t'être des papiers d'affaires très pressés, et ça pourrait leur faire du tort, à ces braves gens.
« Mais, non...
« Au fait si ; et puis chaque fois que j'y vais, ils me donnent pour me ragaillardir, comme ils disent, un verre de vin délicieux.
Et le père Mattée fit claquer sa langue contre son palais.
Devenu plus courageux par la pensée d'un bon verre de vin qui l'attendait à la ferme des maraîchers :
— Bah ! un ou deux kilomètres à faire, c'est rien et leur vin m'empêchera de m'apercevoir de ma fatigue, allons-y.
Et le père Mattée fit un demi-tour en trois temps, demi-tour qui aurait fait horreur à un soldat, et s'avança dans la direction de la ferme.
Le père Mattée aimait le bon vin ; aussi à chaque mastroquet qu'il trouvait il entrait pour trinquer avec le patron.
Ce jour-là, il avait rencontré cinq ou six marchands de vin et tout le liquide qu'il avait pris l'avait mis en humeur ; il marchait vite pour être plus tôt revenu

chez lui, car il était incommodé par les choux qui lui étaient restés sur l'estomac.

Tout à coup, sur la route, il voit venir à lui une ombre.

— Pardon, m'sieur, lui dit une voix, la route de Franconville, s'il vous plaît?

— Vous y êtes, mais j' vais aussi par là; f'sons route ensemble.

— Volontiers.

L'homme qui s'était présenté ainsi au facteur était un ouvrier, grand, râblé, ayant une grande barbe rousse.

Comme ils passaient devant une gargote :

— J'offre une goutte, ça va-t-y? fit l'ouvrier.

— Ça y est.

Ils entrèrent et s'assirent.

Une vieille vint et d'une voix aiguë.

— Qu'est-ce qu'y faut?

— Un litre d'eau-de-vie et un flacon d'eau.

La vieille apporta ce qu'on lui demandait et s'en alla.

— C'est pas pour moi qu't'as demandé d' l'eau?

— Si.

— Oh! ben, tu peux faire remporter ça; l'eau n'me connaît pas.

— Vraiment...

— Et si tu veux, j'te parie que j'bois plus que toi.

— Soit; combien de petits verres?

— Jusqu'à ce qu'on puisse plus aller.

Si l'ouvrier avait fait apporter de l'eau, c'était pour lui, car on voyait bien que son intention était de griser le pauvre facteur.

Il remplit les deux verres, trinqua avec lui et but.

Au second verre le facteur était trop soûl pour s'apercevoir que pendant que son verre était rempli d'alcool celui de son compagnon était rempli d'eau.

L'ouvrier, pour lui faire accepter des verres le faisait parler, ce qui fait que dans le jeu de la conversation le facteur, sans faire attention, machinalement, vidait son verre, qui était aussitôt rempli et rebu.

— D'où qu' t'es?

— D'Pontoise.

— Qu'é que tu fais?

— J'suis ouvrier zingueur; j'vas à Franconville réparer l' toit au maire du village, qu'est défoncé...

— L' maire du village?

— Mais non, l' toit du maire.

Le père Mattée, gris comme trois Polonais, disait des phrases incohérentes, et son compagnon ne prenait même plus la peine de le faire causer, et s'étant fait apporter un mêlé-cassis il le délectait en rêvant.

— J' suis un honnête homme... Oui j' suis un honnête homme... j' devrais être riche... mais j' suis pas riche parce que j' suis honnête homme... Si j'étais pas honnête homme... j' s'rais riche... et comme j' suis honnête homme, j' suis pas riche.

— Je serais curieux d'entendre ton histoire, l'histoire de tes malheurs, dit l'ouvrier en feignant d'être aussi ivre que le facteur. Ça doit être tapé aux pommes, hein?

— Oui, j' suis honnête homme... et si j'étais pas honnête homme, eh ben!... j' s'rais riche... Oui, j' s'rais riche... et si...

— J' te d'mande pas ça.

— Quoi que tu d'mandes?

— Ton histoire.

— Mon histoire... j' te dirai pas qu' j'en ai pas... j'en ai une... une histoire... Oui, j'en ai une... et une vraie... j' vas t' raconter ça... J'aurais pu être ministre... député ou sénateur... mais, l' malheur voulut que mes parents soient rétameurs... rétameurs... ferblantiers quoi... A seize ans j' partis pour Paris... pour la capitale. Là, sûrement, j'aurais trouvé d' quoi vivre en prince... en aristo... si j' n'avais pas rencontré un homme... qui m' persuada que j'étais bon pour faire un métier chic... Comme j' lui disais que je voulais quéque chose où on r'mue, y m' répond :

— J'ai ton affaire, trouve-toi d'main ici, j' te communiquerai ça... L' lendemain y m'amena d'vant une boutique, y m' fit entrer là comme faiseur de courses... de courses.

« — T'auras d' la balade qu'y me dit.

« J' gagnais trente sous par jour... J' suis trop bon... J' valais plus... mais j'acceptai... Oui, j'y en avais, d' la balade.

« Un jour, comme j' demandais quarante sous par jour... on m' flanque à la porte... moi à la porte... à la porte avec des coups de pied et des coups d' manche à balai... des coups d' manche à balai à moi... presque un noble.

« J' m'engageais parce que j' trouvais pas d' places assez dignes pour moi... pendant l' temps qu' j'y restais, j' devins même pas caporal... on m' faisait tout l' temps vider l' baquet ou nettoyer les cabinets... Enfin à quarante ans j' pris ma r'traite et comme j'aimais beaucoup la balade... j' me fis facteur... Un métier noble quoi... digne de moi... digne de moi.

En faisant la narration de son histoire, le père Mattée buvait toujours pour se rafraîchir les idées... et la gorge.

— C'est bien, mon vieux, lui dit l'ouvrier, c' t' une histoire, ça!

— Digne de moi... Oui, digne de moi, continua le facteur ; puis il s'arrêta, assoupi, en collant ses deux coudes sur la table et sa tête entre ses deux mains, ses yeux erraient dans toute la salle sans avoir l'air de regarder.

— Un verre de plus et il est ivre-mort, murmura l'ouvrier, j' peux pas faire le coup ici : y a trop de monde ; faut m' dépêcher d' sortir. De plus son neveu peut l' chercher sur la route et m'empêcher de mettre mon projet à fin ; décampons.

Puis se levant :

— Ohé ! fit-il, j' suis vaincu ; t'as gagné, viens.

Puis appelant la vieille :

— Combien ? demanda-t-il.

— Six francs douze sous.

— Six francs une bouteille d'eau-de-vie ?

— Pas une bouteille, un litre !

— Six francs un litre ?

— Dame ! oui, c'est du meilleur.

L'ouvrier tira son porte-monnaie.

— Vous avez de la veine que ça soit aujourd'hui jour de paye ; sans ça j'aurais jamais payé si cher.

Il donna sept francs ; la vieille lui rendit huit sous.

— Voilà.

Il prit ses huit sous qu'il mit dans sa poche, et traînant son camarade par le bras jusqu'à la porte du troquet :

— Mais viens donc, hé ! rosse.

Le grand air rendit à peu près ses esprits au père Mattée.

— Raconte-moi ton histoire à ton tour.

— Mon histoire ?

— Oui.

— J'en ai pas.

— T'en as pas... c'est pas vrai, t'en as une... seulement tu veux pas la dire... tu veux pas la dire.

— J'en ai pas, que j' te dis.

— Tu te défies de moi.

— Non.

— Si.

— Non que j' te dis.

— Tu vas m' la raconter.

— J' peux pas, j'en ai pas.

— T'es une rosse.

— Toi une vieille bête.

— T'es pas un ami, t'es d' la rousse.

— Non.
— T'es un mouchard, tu viens m'espionner.
— Que t'es bête!
— Tu vas m' raconter ton histoire.
— Jamais.
— Tu menaces ?
— Moi! pas du tout.
— J' te crains pas, tu sais ; j'en ai battu de plus forts que toi... je ferais de toi qu'une bouchée... Viens-y... tu sais, si tu veux un homme, en v'là un... J' te ferai ton affaire, ça s'ra bien expédié... port payé.

L'ouvrier eut un ricanement.

Le facteur poussé à bout leva son bâton ; mais l'ouvrier faisant un bond sur lui, le saisit à bras le corps.

Une courte lutte s'engagea.

Le père Mattée renversé, se débattait, et l'ouvrier, les deux genoux sur sa poitrine, lui donnait une grêle de coups de poing sur la tête.

Bientôt le père Mattée ne fit plus un mouvement :

— Voilà qui est fait, dit l'autre.

Puis fouillant dans la boîte du facteur et en retirant la lettre :

— Ça y est ; nous allons déposer cet homme dans le fossé de la route ; il aura le temps de cuver son vin.

Puis il retira sa casquette, sa perruque et sa fausse barbe et on vit apparaître la figure de Francis. Puis il ôta son pantalon et sa veste et il apparut en costume à carreau en drap ; il sortit de sa poche un chapeau de même étoffe, une perruque et deux favoris blonds.

— Nous v'là passé Anglais à présent. Je donne cent sous à qui peut me reconnaître sous ce déguisement.

« Mais débarrassons-nous d'abord de cette défroque d'ouvrier ; il y a aux environs un étang ; v'là mon affaire.

Arrivé près de l'étang il fit un paquet dans lequel il mit deux grosses pierres, puis il jeta le tout dans l'eau.

— Voilà qui est fait.

« En avant les trois phrases d'anglais que je sais ; je vais les mettre à toutes les sauces.

Puis il s'avança sur la grande route.

Bientôt il entendit le son d'un pas.

— Est-ce que ça serait mon bonhomme de tout à l'heure ? se demanda-t-il. Bah ! il a son affaire. Attention.

En effet, bientôt il vit arriver une ombre qui s'avança vers lui.

LES ERREURS DE LA GUILLOTINE

Il avait à peine fermé la porte que le domestique saisit vivement le paletot.

— Pardon, monsieur, dit une voix, n'avez-vous pas vu par ici mon oncle le facteur? il doit s'être perdu dans ces parages.

Francis avec un imperturbable sang-froid, et prenant l'accent anglais :
— What? fit-il.

— N'auriez-vous pas, milord, reprit la voix, rencontré mon oncle le facteur qui s'est égaré dans ces parages ?

Francis sans broncher :
— Do you speack english, sir, if you please?

— Peste soit des Anglais! dit Charles, le neveu du père Mattée, faut-y être assez croûte pour savoir une langue si bête!

De son côté Francis se frottait les mains.

— Ça marche, se dit-il, je n'ai plus qu'à me retirer à Paris où je redeviendrai moi-même ; d'ici là, attention à nous.

« C'est pas nouveau, mais ça prend toujours, continua-t-il, c' pauvre facteur s'est-il laissé prendre facilement; j'en ai presque du remords.

Et il s'enfonça dans un chemin de traverse.

Francis par ce manège était arrivé à ses fins.

Il avait dit :
— J'aurai cette lettre !...

Il l'avait.

Ah bien! ma foi! ce n'était pas la peine de se donner tant de mal, c'était un mot banal, rien qu'un mot presque froid.

Olga disait :

« *Il faut être raisonnable, mon cher enfant. Le temps remédie à toute chose. De quoi sert de vous tourmenter? On vous a envoyé à la campagne pour vous remettre de la secousse cérébrale que l'accident du dompteur vous a occasionnée. Quel bien en tirerez-vous si vous n'êtes pas sage?*

« *Je n'ai point d'influence à exercer sur vous. J'en ai du regret. Peut-être parviendrai-je à vous rendre plus résigné. Il faut le prendre sur vous, et attendre qu'on vous juge assez bien remis, pour qu'on vous rappelle à Paris. Soyez sûr qu'alors votre visite me sera doublement agréable.*»

Elle signait :

« *Votre vieille amie.*
« Olga. »

On pense que ce n'était pas une affaire bien difficile pour un gars tel que Francis que d'ouvrir une lettre, et de la refermer sans qu'il y parût rien.

Pourtant, il ne jugea pas à propos de réexpédier celle-ci : Bah ! si Olga et l'adolescent s'en expliquaient, la non-réception serait attribuée à une erreur de la poste.

Mais le facteur parlerait peut-être ?
Non ! N'était-il pas en faute en se pochardant.
Il se tairait.
Tout à fait rassuré, le bandit se dirigea par la traverse du côté d'Argenteuil.
Dans un restaurant du port, il avait laissé un paquet.
Ce paquet contenait un paletot et un chapeau de haute forme à ressorts.
En fourrant sa coiffure d'étoffe dans sa poche, il se retrouva en bourgeois, et gagnant le chemin de fer, il rentra à Paris.
Il était seul dans son compartiment.
Que faire de cette lettre ?
Il fut tenté de la déchirer par petits morceaux, qu'il eût semés au vent.
Mais, non. Le feu détruit plus complètement.
Les morceaux d'une lettre déchirée voltigent.
Les voyageurs de l'impériale peuvent remarquer l'opération.
S'il survient quelque chose, ils se souviennent.
Il y a des gens qui, pour se mettre en avant, saisissent toute occasion, fût-elle fausse.
Et les voilà qui écrivent au commissaire.
S'il y a enquête, on en obtient un signalement.
La personne signalée est montée à tel endroit.
A cet endroit, on découvre un restaurateur qui dit avoir vu un *Monsieur* entrer chez lui, lequel Monsieur est ressorti ; puis rentré en anglais, après quoi il est ressorti en *Monsieur*.
Voilà un commencement de piste.
Brûler est plus sûr !
— Je brûlerai la lettre à la maison, se dit Francis.
On trouvera peut-être que cet effronté, cet audacieux devenait bien prudent.
Ce n'est pas assez dire
Il devenait craintif, poltron. Il en convenait.
— Quel fouinard je suis ! se disait-il parfois.
Il en rougissait un peu.
Pourtant, il se maintenait sur cette disposition.
C'était malgré lui ; un instinct.
Dame ! écoutez donc aussi ! Il n'était plus au temps où il n'avait guère que sa peau à risquer.
Sa peau, c'est-à-dire « sa sorbonne », comme il se disait en son argot de *grinche*.
Se faire pincer aujourd'hui entraînait la perte de bien des choses qui lui étaient chères.

La vie luxeuse d'abord.
Ce train de riche, que jamais, à ses débuts, il n'eût osé ambitionner.
Lui? Il se serait ri au nez.
Lui, manger dans de l'argenterie, dans de la porcelaine de Sèvres!
Lui, boire dans des verres de bohème!
Et manger quoi?
Des primeurs, du gibier quand il est prohibé.
Des choses délicates, truffées, glacées.
Et quels vins?
Des hauts crûs du Médoc et de la Bourgogne !
Et du champagne !
Lui! qui avait servi ces bonnes choses à des « maîtres », devenir le « maître » et être servi par des laquais?
Perdre tout cela, c'était vraiment beaucoup risquer.
D'autant que d'autres jouissances faciles s'y ajoutaient :
Chambre tapissée, lit moelleux, salon, que sais-je?
Voiture, aussi.
D'autre part, la place qu'il occupait dans la meilleure société.
Des relations aristocratiques.
Des poignées de main de princes.
Du crédit, de la considération.
Un rêve oriental, quoi !
Oui, un rêve, quand il se rappelait son point de départ, le milieu crapule où il avait pataugé si longtemps, les grabats où il avait couché, quand ce n'était pas sous les ponts, dans des bâtisses inachevées, les carrières d'Amérique, ou les bouges puants, sordides, où son sommeil était doublement agité par deux ennemis:
La vermine !
La *Rousse* qui pouvait le *piger!*
Diable ! il n'y a pas à dire, tout cela avait son prix.
S'exposer à s'en voir priver, méritait qu'on prît des précautions, sans doute.
Il fallait que le jeu en valût la chandelle.
Le jeu, ou plutôt, l'enjeu, c'était Olga.
A certains quarts d'heure, il se demandait si vraiment la possession de cette femme méritait qu'il fît des bêtises.
Mais ça ne durait pas.
A la pensée d'y renoncer, il avait des serrements de cœur à suffoquer. Des fougues terribles le parcouraient des pieds à la tête.
Cette princesse lui avait jeté un sort, bien sûr.

Il avait essayé d'en douter.

Il avait entrepris de rompre le charme.

Il s'était rejeté sur Louise, sur sa femme.

Une fille noble, Louise.

Quel triomphe d'amour-propre que de la posséder !

Plus jeune qu'Olga.

Belle, fraîche, et amoureuse !

Eh bien ! non !

Non ! il ne parvenait pas à se rattacher à elle. *Elle* — cette *Elle* de sa frénésie ! — c'était la Dolskoïska.

— Olga !... Olga ! répétait-il.

Olga l'insolente, la cruelle, la criminelle.

Olga ! en un mot qui disait tout pour lui !

Olga qui le repoussait, le méprisait, se moquait de lui, le faisait souffrir et s'amusait de sa douleur.

Olga qui mettait des conditions atroces à ses faveurs.

Un monstre !

Ça ne fait rien !

Olga, c'était le fruit défendu.

Défendu, jusqu'à ce qu'il eût rempli les conditions qu'elle mettait à subir ses caresses...

Sans les lui rendre peut-être.

Ah ! n'importe ! Il la voulait, il l'aurait.

La passion ne raisonne rien.

D'ailleurs, c'était plus que de la passion.

C'était le désir, la concupiscence, l'appétit de la chair, le rut du fauve !

Rien au monde n'était capable de le décider à renoncer aux baisers de cette créature inouïe !

Aussi, fallait-il être prudent, pour que des incidents extérieurs, accessoires, ne vinssent pas se dresser entre elle et lui.

Ne rien laisser au hasard.

Brûler la lettre.

Le feu ne laisse pas de trace.

Comme il arrivait chez lui, se proposant de s'enfermer pour réduire cette lettre en cendre, son domestique lui dit que M. Larinoff l'attendait depuis longtemps.

M. Larinoff !... le Général des Jésuites de France, le maître suprême.

Celui qui avait fait de lui ce qu'il était.

Le seul sous la dépendance de qui il fût !

Il n'y avait pas à se dérober.
Mais que venait-il faire à Paris?
Que lui voulait-il, à lui?
Ces questions le troublèrent.
— Où est M. Larinoff? demanda-t-il.
— Au salon.
— Seul?
— Non monsieur, avec ces dames.
— Bien. J'y vais.

Et oubliant tout, le faux Benoît d'Arjuzan défit son paletot, le jeta sur un siège et quitta la chambre.

Il avait à peine fermé la porte, que le domestique saisit vivement le paletot.

Il fouilla dans la poche de côté, y trouva un portefeuille, l'ouvrit et l'examina.

Du premier coup d'œil, il aperçut la lettre en question.

Il la prit et la serra sur lui.

Puis à l'aide d'un canif, il coupa quelques points au fond de la poche du paletot, qui parut décousue.

Puis encore, opérant de même, il détacha un peu la doublure du drap dans le bas du vêtement.

Après quoi, il glissa le portefeuille, veuf de la lettre, entre l'étoffe et la doublure, et remit le paletot en place, tel que Francis l'avait jeté.

Quand celui-ci chercherait sa lettre, il croirait que la poche était trouée et la doublure décousue, il avait dû la perdre en chemin.

Qu'en penserait-il?

Le valet ne s'en souciait guère.

XXXVII

LA MAISON A GROS NUMÉRO

Vers la partie basse de la rue de la Lune, au milieu des hautes maisons noires et enfumées, on en remarque une, qui n'a que trois étages.

Elle est fort exiguë.

Deux fenêtres de façade seulement.

Fenêtres dont les persiennes sont toujours à demi fermées.

En bas, une boutique, sur laquelle on lit :

« CURIOSITÉS.
Achats et ventes de mobiliers.
On fait des échanges.

Puis sur les vitres :
>Achat de reconnaissances du Mont-de-Piété.

Quand les volets sont ouverts, on aperçoit en étalage des objets de toutes nature.

Ecrins, bijoux vrais et faux, pendules, candélabres, chandeliers; figurines de porcelaine, de bronze, des portraits, des gravures polissonnes, des sabres, des clysopompes, des animaux empaillés, etc.

Un amalgame abracadabrant.

Le tout plus ou moins endommagé, et couvert d'une couche épaisse de poussière.

A l'intérieur, même aspect d'objets plus volumineux.

Des pianos, des bois de lit, des chaises, des armoires, tout aussi sales.

Et pas de place pour passer.

Là se tiennent, là vivent deux êtres incongrus, encore plus dégoûtants que leurs marchandises.

Le mari et la femme.

Tous deux enfants d'Israël.

Très riches, dit-on, si sordides qu'ils soient.

Industrieux par exemple.

Ce sont deux misérables qui exploitent les femmes galantes.

Ils les meublent, leur prêtent à 200 0/0, sur billets, les grugent et, au besoin, les procurent, en retenant une commission.

A côté de la boutique, une allée sombre et longue.

Au-dessus de la porte, rien que le numéro de la maison.

Mais quel numéro !

Les deux chiffres qui le composent ont trente centimètres de haut.

Ils sont jaunes, sur fond marron.

Sans qu'il soit besoin qu'une femme, sur le pas de la porte, aguiche les passants, on sait ce que c'est.

— Un *truccin!* disent les voyous en passant.

Autrement dit :

Une maison de prostitution.

Ah! mais pas pour princes ou ambassadeurs; non !

Si vous êtes amateur, enfilez l'allée.

Au bout est une porte vitrée, derrière laquelle s'ouvre un escalier.

Les marches, usées, sont grasses.

Un lumignon fumeux — je ne dirai pas l'éclaire — mais y répand une clarté relative, qui permet tout juste de ne pas se casser les reins, à la montée, comme à la descente.

A mesure qu'on monte, on y voit plus clair.

C'est que du « salon! » s'échappent les rayons de trois lampes à pétrole, pendues au plafond.

Le « salon », puisque salon il y a, est à plusieurs fins.

La principale est à l'usage du client, le soir.

Dans le jour, c'est la salle à manger.

Enfin, c'est le « foyer! » du couple qui tient l'établissement.

Quand c'est le « salon », c'est-à-dire à compter de huit heures du soir, il se tient, là, une dizaine de filles, de toutes les provenances.

Rarement bien jolies!

La plupart assez mal bâties.

Types faubouriens ou campagnards, aux abatis épais, mastoques.

Grosses mains, chevilles engorgées ; tout est gros, en elles, et sans tricheries possibles.

Aucun recours aux tournures, coton, etc.

Le seul vêtement qui les enveloppe, sans les couvrir, est une espèce de peignoir en mousseline grossière, qui les laisse voir des pieds à la tête, à travers la trame à fils espacés.

Il y en a de toutes petites et des colossales, des grassouillettes et des obèses, des brunes, des blondes, des rousses, et une mulâtresse pour la curiosité.

En attendant la clientèle, elles sont assises sur une banquette qui s'appuie au mur. En étalage.

— Faites votre choix, monsieur!

On cause posément, sur des sujets courants ; ce qu'on a lu dans le journal.

Point de cynisme.

Pourquoi faire? L'habitude du lieu, du costume, du métier, ne leur fait trouver rien d'extraordinaire à ce qu'elles font.

Elles sont là, comme seraient des demoiselles de magasin, à leur comptoir, attendant la pratique.

Seulement, ce qu'elles vendent, celles-ci, c'est elles-mêmes.

Pas à faire l'article.

En fermant les yeux, on se croirait, à les entendre, dans une loge de concierge qui donne le thé aux bonnes de la maison.

Ni dispute, ni gros mot.

Par exemple, tant qu'il ne vient personne, elles s'embêtent ferme, et bâillent à se décrocher la gargamelle.

Pour tâcher de se distraire, certaines font un bésigue dans un coin, l'autre relit le feuilleton d'un journal d'un sou.

Aucun caractère de l'orgie.

LES ERREURS DE LA GUILLOTINE

Un quart d'heure après, la porte se rouvrit, laissant passage à l'Espagnol...

Elles parlent à mi-voix.

Et si l'attente se prolonge, elles inventent des petits jeux, dits « de société ».

— J' te vends mon corbillon.

— Qu'y met-on?

— Un chaudron.

Ou bien :

— M. le curé n'aime pas les o ; que lui donnera-t-on?

— Du tabac.

« Pigeon vole », n'est pas dédaigné. Et l'on va jusqu'aux jeux compliqués :

— Comment l'aimez-vous?

— Qu'en faites-vous?

— Où le mettez-vous?

On croirait que ces créatures, en qui toute pudeur a disparu, — si elle a jamais existé — ces femmes nues, qui se montrent les unes aux autres sous toutes les faces, et qui exercent une industrie ignoble, répondent des saletés, des cochonneries lubriques à ces questions.

Pas du tout.

La lubricité, la saleté, c'est le métier. Choses sans attrait, à force de les pratiquer, le travail, la corvée.

Ça ne les amuse pas.

Non, elles répondent tout bonnement, comme tout le monde, comme si elles étaient décemment couvertes; comme si elles appartenaient à un monde honorable et laborieux.

L'effet est singulier, étant donné l'aisance avec laquelle elles s'offrent ainsi aux regards, sans rougir, ni baisser les yeux.

Et quand il s'agit de racheter les gages, même bizarrerie.

Pour pénitence, supposez-vous, il faut faire des horreurs.

En aucune façon.

Encore une fois, les horreurs, elles en sont saoûles. Le client les en dégoûte, puisqu'il en exige. C'est le gagne-pain, — quel pain!

Entre elles, Dieu merci, elles peuvent s'en dispenser.

Non! les pénitences, c'est comme dans les familles.

« La sellette, le dessous du chandelier, » etc.

Ou encore :

« Embrasser monsieur.

Monsieur? Quel monsieur? »

Eh bien! le patron.

Qu'il y ait un patron, passe. Mais pour l'embrasser, il faut qu'il soit là.

Eh! pourquoi n'y serait-il pas, cet homme?

Où voudriez-vous donc qu'il fût ?

Il est là, « Monsieur », bien tranquille, faisant face à « Madame » de chaque côté du poêle, à se chauffer, en fumant sa cigarette.

Le mari et la femme pour de bon, s'il vous plaît.

Eux aussi attendent la pratique, après avoir inspecté le personnel... La marchandise !

Il ne souffre pas, « Monsieur », qu'on se néglige. Est-on bien propre ?

Il y a l'œil !

Il ne s'agit pas de répugner aux amateurs.

Et quand ils vont venir, il ne s'en ira pas.

Il connaît les habitués, du reste. On se serre la main.

Des amis.

C'est lui qui a la clé de la cave, et commande le service des consommations.

C'est lui qui *fait la place*, quand il s'agit de remplacer un article avarié, ou fourré à Saint-Lazare, lui qui conduit au dispensaire.

Il recrute le personnel, et va chez les placiers.

Quant à Madame, elle a le département de la lingerie. Dans le jour, elle raccommode draps et serviettes, qui reviennent du blanchissage.

Ah ! Seigneur ! pas une petite affaire !

Il en faut de l'ordre, et de l'attention, quand on veut faire honneur à ses affaires et soutenir la bonne renommée de la maison !

Avec ça, deux domestiques à diriger.

A cinq heures du matin, elle est à la criée de la Halle.

Songez, si elle a du monde à nourrir.

Quinze becs, qui s'en fourrent, je vous assure.

Ah ! dame ! ces jeunesses, faut pas les faire pâtir ; elles maigriraient, se déprécieraient.

Et puis, il faut être juste ! Ça creuse, ce métier-là. Y a des cochons d'hommes qui sont si insatiables !

A toutes ces besognes-là, « Madame » ajoute la tenue des livres et la comptabilité.

C'est à elle qu'on paie.

Pas à s'amuser ; car jamais de dimanche dans la partie.

Au contraire, le dimanche, c'est le coup de feu.

— Y a guère qu'un jour dans l'année qu'on chôme à peu près, dit-elle à ses connaissances — car elle en a — c'est le vendredi-saint. Nous avons ça de commun avec les acteurs et les charcutiers.

Une maison bien. Jamais d'histoires, de batteries.

« Monsieur » y mettrait bon ordre. Deux *pantes* ne lui font pas peur !

Il n'est pas méchant avec les *poivrots*. Seulement, faut pas qu'ils gueulent à faire remarquer la maison.

Une, *deusse*, c'est pas long! Il vous les empoigne par le fond de la culotte et au collet, les descend, et toc, d'un mouvement, il vous les envoie au milieu de la rue.

Faire remarquer la maison?

Ah! ben, non, alors! Ça ne serait pas à faire!

On est des honnêtes gens

Et si paisibles!

Le fait est que dans le jour, si l'on pénétrait là dedans, on ne se douterait pas de l'endroit où l'on est.

Dans le jour, les femmes sont habillées.

Le matin, en camisole, elles descendent prendre le café au lait avec les patrons.

Puis elles vont faire leur chambre.

Si elles en ont le loisir, elles vont se balader, après le second déjeuner, voir leurs amies, leur parents ou l'amant de cœur.

Pas toutes; car parfois, y a quelque client qui monte. Voyez-vous, qu'il n'y ait personne pour le servir!

A tour de rôle, elles sont de garde.

C'est ce qui s'appelle, des: *En cas*.

Bonne aubaine, pour la plupart, les *michés* qui viennent dans le jour.

C'est des « monsieurs » établis, qui ont peur d'être reconnus le soir au salon, par ceux qui « font flanelle ».

Des marchands de Paris, qui ont des épouses toujours malades, ou des veufs qui ne veulent pas se remarier, ou des provinciaux qui n'osent s'aventurer avec les *roulées* des bastringues.

Pas des gobichoneurs ceux-ci.

Des hommes « d'un certain âge » qui font plus de besogne que de bruit, et qui ne traînent pas.

Ils ne marchandent pas non plus. Larges quant au « bouche l'œil ».

Celles qui sont sorties doivent être rentrées avant six heures, à cause du casuel des employés qui quittent le bureau, et sont empêchés de venir le soir, à cause d'un dîner de famille, un spectacle, une *tenue* de leur loge maçonnique, une poule au gibier, ou du travail supplémentaire.

Gens rangés, réguliers, qui, pour certains, ont un abonnement.

Ils ont leur jour, et tiennent volontiers à la même *gonzesse*.

Ça les embêterait d'attendre, si elle était occupée. C'est pour ça qu'ils ne viennent pas le soir.

Sur le coup de sept heures, on dîne.

« Monsieur » découpe ; « Madame » sert. « ces dames », on se cause des événements de la journée, jusqu'au moment d'aller s'habiller, ou plutôt se déshabiller, pendant qu'on enlève la table, afin que la salle soit propre.

A huit heures, toutes « ces dames au salon ! »

— V'là ce que c'est qu'une maison bien tenue ! dit Madame avec quelque orgueil.

Car, elle le dit. Elle ne rougit pas de la boue où elle barbotte.

Rougir ? de quoi ?

— Y a pas de sot métier ; y a que des sottes gens ! dit-elle encore.

Ah çà ! qu'est-ce que cette femme-là ?

Qu'est-ce que c'est que ce « monsieur » ?

Elle, mon Dieu ! c'est une ancienne femme entretenue de bas étage, tombée dans la prostitution en carte.

Pas à lui en apprendre ; elle le sait, par expérience, sur le bout du doigt, le métier.

Quand la maturité est venue, elle s'est demandé que devenir. Plus possible de plaire assez pour avoir un miché sérieux, qui donne des mille et des cent par mois.

Se retirer à la campagne ?

Non ! le pavé de Paris lui eût manqué.

Elle avait quelques économies, un mobilier, des bijoux.

Vendons tout ça, pour commencer.

Ça ne faisait pas lourd : douze mille francs environ.

Si elle eût eu plus de notoriété sur le marché galant, elle eût procédé à l'opération par ministère de commissaire-priseur, à l'hôtel des Ventes.

Durant deux jours, il y aurait eu exposition publique.

La haute gomme et pas mal de femmes du monde sont assez curieuses de passer en revue les instruments de travail des filles de joie.

C'est leurs outils.

Il y a des objets, vases, cuvettes, etc., qui montent assez haut.

Celle-ci ne pouvait user de ce truc, faute de notoriété suffisante.

En effet, aucun de ses amants ne s'était suicidé pour elle.

Pas un vieux polisson qui eût ruiné sa famille, réduit sa femme et ses enfants à la mendicité pour ses beaux yeux.

Elle n'avait cravaché personne en pleine rue.

Vulgaire, cette courtisane !

Pas les honneurs du commissaire-priseur.

Non ! Toute sa défroque vendue au « décrochez-moi ça »

Maintenant, que faire de ses douze mille *ronds*?

Il y en avait qui lui conseillaient de se marier.

Pour douze mille balles, elle pouvait trouver un *greluchon* qui ne la battrait pas trop.

Et en s'adonnant à la boisson, elle eût fini gentiment sa vie.

Mais non ; elle avait toujours *travaillé,* cette femme ; elle s'embêterait à ne rien faire.

Elle voulait encore travailler ; autrement que par le passé, par exemple, puisque la fraîcheur lui manquait et qu'elle avait bazardé ses accessoires.

Elle pensa à fonder une table d'hôte.

C'est gentil. On a de la société, et après le dîner, on taille un petit bac, avec une cagnotte, bien sûr.

Oui ; mais il y a du risque.

Ça ne serait rien qu'il vienne des filous parmi les pontes ; mais il se glisse des mouchards aussi.

Et un beau soir, toc ! V'là la rousse !

Raflés les enjeux, le mobilier.

Emballée la patronne !

Ah ! bien, non ! Elle y avait été une fois, à Saint-Lazare.

Elle n'en voulait plus !

C'est là qu'on s'embête, mes amis ! Et les sœurs ! En v'là des revêches, avec leur bon Dieu dont elles ont plein la bouche.

Mince de rigolade, Saint-Lazare !

N'en faut pas !

Elle songea aussi à tenir un hôtel garni.

Par malheur, il ne s'en trouvait pas à vendre dans ses prix.

Et puis, maîtresse d'hôtel, c'est quasiment être comme une concierge.

Pas de ça encore !

Elle avait sa fierté, sa dignité !

C'est là-dessus qu'on lui proposa d'acheter le *truccin* de la rue de la Lune.

Pas cher : cinq mille francs ; moitié comptant, le reste en six ans, et l'intérêt à trois du cent.

Pas cher non plus, le matériel : six mille, moitié comptant aussi, le surplus dans les mêmes conditions.

Bonne clientèle ; des gens comme il faut.

La titulaire se retirait, après fortune faite : quinze mille de rente en quatre et demi, et une belle villa à Meudon.

Ce n'est pas qu'elle était dégoûtée du métier, non ; mais elle avait deux raisons pour cesser les affaires.

Sa fille allait épouser un limonadier-restaurateur, qui avait des préjugés sur l'industrie de sa belle-mère.

Lui, il avait bien des cabinets particuliers, où l'on faisait à peu près comme à l'établissement de la rue de la Lune; mais ce n'était pas la même chose pour le public.

Et cet homme tenait à la réputation.

La seconde raison qu'avait la titulaire de prendre sa retraite, c'est qu'elle avait une fistule qui la gênait beaucoup pour se remuer, monter les étages, aller dans la maison, et vous savez si ça se relâche, quand « Madame » ne voit pas tout par elle-même.

Va comme il est dit; l'affaire fut traitée par devant notaire, bien en règle.

Du même coup, celui-ci fit le contrat de mariage de la demoiselle et du limonadier.

Il l'avait connue dans l'établissement de maman.

Non pas qu'elle fût du nombre de « ces dames ».

Pas de danger! Bien trop fière, elle aussi.

Et puis elle n'était pas jolie.

Mais ce qui avait séduit le limonadier, c'est l'activité avec laquelle elle remplaçait sa mère, quand celle-ci, tourmentée par sa fistule, était clouée sur son fauteuil.

Fallait voir la jeune fille mener « ces dames ».

Ah! ça marchait!

Y en a toujours qui font des manières, quand le client est un peu brutal et veut s'émanciper trop tôt dans « le salon ».

C'est la petite qui vous les relevait!

— Qu'est-ce que c'est que ça! Va-t-on pas renvoyer les abonnés, à c'tt' heure! qu'elle disait. Quand on fait un métier, faut le faire honnêtement. Croit-on pas qu'on va héberger ces rosses-là pour leur faire du lard. Qu'est-ce que ça fait qu'il sente fort, le « Monsieur ? » Son argent ne pue pas. Soyons aimables, ou filons !

Voilà comme elle était.

Très entendue! Et pas sa pareille pour pousser les clients à la consommation. Quand c'était elle qui présidait au salon, on pouvait être sûr que les liqueurs et même le champagne marcheraient.

Dieu! qu'elle savait entortiller la pratique, en la prenant par l'amour-propre !

Il casquait, le « monsieur », il en dépensait de la « galette » !

Une vraie commerçante !

Mais tout ce qu'elle souffrait, c'était qu'on l'embrassât un peu; pour rire, pour *aguicher* les habitués.

En dehors de ça, rien du tout. Bas les pattes!

Elle tenait à avoir droit aux fleurs d'oranger, le jour de son mariage.

Elle les eut, et les porta haut la tête. Le limonadier s'en rengorgeait.

Celui qui avait fait vendre le truccin était le porte-respect de la maison.

— Le marlou de « Madame », disaient les pensionnaires.

Des calomnies! Quand il n'y aurait que la fistule pour en témoigner, ça serait assez.

Par surcroît, « Madame » en donnait sa parole d'honneur aussi!

Cet homme, un peu marqué avant l'âge, était là pour le cas où des poivrots ou des poseurs de lapin auraient voulu tricher ou faire les méchants.

Marqué, oui, ce porte-respect; mais d'une poigne terrible.

Ce qui l'avait ridé, c'est qu'il avait passé, en différentes fois, sa belle jeunesse dans les prisons du gouvernement.

Qu'est-ce que vous voulez!

Tout le monde ne naît pas sur les marches d'un trône.

Tout le monde n'est pas élevé sous les lambris dorés.

Lui, il était né à l'infirmerie de la Préfecture.

Sa mère, grosse de sept mois, vendant des bouquets devant les cafés, s'était fait ramasser dans un fiacre avec un collégien en congé.

L'émotion, sans doute, avait fait avancer le terme.

Elle l'avait nourri dix-huit mois.

Mais la sacrée curiosité d'aller voir guillotiner le père de son fils lui avait tourné le lait, et elle en avait étouffé.

Alors, l'orphelin avait été recueilli par des chiffonniers.

A quatorze ans, comme on voulait le forcer à travailler, il se sauva, cet enfant!

Et, dame! comme il avait faim, il vola.

Tiens! pourquoi qu'il n'avait pas des rentes, comme un autre?

Des camarades l'embauchèrent dans une bande.

Et comme il avait une frimousse assez gentille, on l'appelait : « *La Demoiselle.* »

Une vieille connaissance pour nos lecteurs.

C'est un de ceux qui *travaillaient* jadis sous le commandement de Francis Antoine.

C'est un de ceux que Maxime Létang avait fait sauver, quand revenant d'Epinay, le jour de l'assassinat de sa tante Valph, il approchait du pont de biais de Levallois-Perret.

C'est lui, enfin, à qui le même Maxime, quelques jours après, au Dépôt,

LES ERREURS DE LA GUILLOTINE

Le paquet fut serré avec soin dans le tiroir d'un bahut...

avait envoyé un beau coup de poing par le bec pour l'engager à se tenir tranquille.

Un voleur !

Oui, mais pas plus ! Jamais, au grand jamais, il n'avait tué personne.

Ça le dégoûtait !

— *De la sale ouvrage!* comme il disait.

Feignant, mais pas méchant, pas cruel.

— C'est bon pour les gringalets, de jouer du couteau, disait-il encore. Si j'avais voulu *refroidir*, j'avais pas besoin de ça ! V'là qui suffit !

Et il montrait sa main, qui serrait plus dur qu'un étau.

A force, la prison l'avait embêté.

— C'est trop fripouille, l' mond' qu'on voit là ! répétait-il quand on lui en parlait. J'y ai jamais eu qu'un ami, mon pauv' vieux *sacristain* qui s'est fait écrabouiller par un train, sous le tunnel des Batignolles.

Toutefois, comment manger ?

« Par connaissance » il avait été proposé comme *marlou* au *truccin* de la rue de la Lune.

Bonne position : logé, nourri, chauffé, éclairé, trois francs trente-trois centimes par jour de fixe.

Et puis des pourboires des clients.

Et puis des profits de « ces dames » qui lui faisaient faire des commissions, des achats.

A la bonne heure ! Voilà une vie agréable !

Ça valait la peine de se ranger.

Un honnête homme à présent.

Pas du tout l'amant de la patronne à la fistule.

Très paternel avec sa fille.

C'est lui qui l'accompagnait dehors. Le dimanche à la messe, par exemple, et à l'école où elle allait achever ses études.

Il n'aurait pas fallu lui faire de l'œil à la petite.

Cré chien ! quel renfoncement !

Très heureux, là. Rien ne lui manquait, rien, car, dans la journée, si le cœur lui en disait, pas une de « ces dames » qui lui refusât, à l'œil, une petite calinette.

Comme on pense, il était de la noce, quand la fille de la dame à la fistule épousa le limonadier.

Très gai au repas. Plein d'égards pour la nouvelle patronne.

Elle en était touchée.

Tellement que, n'ayant pas de fistule, elle forma des projets sur lui.

Ridé « La Demoiselle » mais si fort !

Ma foi ! au bout d'un temps, elle l'avait épousé. Ça supprimait les trois francs trente-trois centimes par jour.

Il n'y a pas de petites économies, quand on veut faire honneur à ses affaires.

Et le nouveau ménage n'y manquait pas.

C'est pas pour dire ; mais la maison au gros numéro de la rue de la Lune était réputée dans le quartier, et achalandée comme pas un.

Ce qui surprendra, peut-être, c'est que des gens exerçant une telle industrie peuvent passer dans la rue sans être l'objet d'affronts renaissants.

Une erreur encore ; un préjugé, que la réalité des faits dément.

Les patrons de cette maison de tolérance étaient, au contraire, très considérés de leurs voisins.

Plusieurs raisons à cela.

D'abord — la principale ! — ils payaient rubis sur ongle.

Et ne se laissaient pas enfoncer.

Madame connaissait le prix des choses ; marchandait comme il faut.

Voilà qui inspire considération aux détaillants.

Ils méprisent leurs dupes.

Et Madame ne se laissait pas duper.

Madame disait que son argent valait celui d'un autre et qu'elle n'entendait pas le galvauder. Et d'une !

On la trouvait bonne pour le recevoir, elle tenait à des égards.

Si cet argent vous paraît sale, ne le prenez pas.

On le prenait à belle baise-main.

Et puis Madame était serviable.

Deux ou trois boutiquiers, embarrassés pour un billet, avaient eu recours à elle.

Quelques cents francs, pour quelques jours.

— Comment donc ! Les voilà.

— Quel intérêt ?

— Vous plaisantez. Pas d'intérêts. Entre *négociants* (!) on se doit de l'aide.

— Mais...

— Le plaisir de vous obliger, voisin.

C'est bien, ça !

Une autre raison : Tous les dimanches, Madame et Monsieur sortaient le matin.

Où allaient-ils comme ça ?

Pour le savoir, on les suivit.

Pas possible! Ils allaient à l'église Bonne-Nouvelle.

Et quoi faire?

Entendre une messe basse. Et très pieusement. Madame surtout qui vers Pâques, communiait.

Quoi! son confesseur lui donnait l'absolution?

Parfaitement bien! D'ailleurs, elle faisait des largesses aux pauvres, et quand arrivait le mois de Marie, elle envoyait pour des cent francs de fleurs, afin de parer l'autel.

Ce n'est pas tout.

L'année dernière, figurez-vous, dans une maison d'en face, une sale et noire maison, pleine d'ouvriers, y en a un — un couvreur — qui glissant d'un toit s'était fendu la tête.

Claqué sur le coup.

Pas le sou à la maison.

Eh bien! Monsieur et Madame avaient fait les frais de l'enterrement,

— J' vois c' que c'est, par ostentation.

— Tout le contraire : en se cachant. A preuve que ni l'un ni l'autre n'avait paru à la cérémonie.

Le couvreur laissait une femme et une enfant, une fillette de deux ans.

La femme révolutionnée, à un mauvais moment, devint folle. Il fallut l'arrêter, l'enfermer, la pauvre diablesse.

Madame donna de quoi la faire bien traiter.

Et la petite?

Dame! on ne savait qu'en faire.

Pas de parents qui la prissent à leur charge.

Ma foi! Monsieur et Madame la recueillirent.

Oui bien! Et tout simplement, tout bêtement.

Elle était anémique et étiolée, c'tte mioche.

Elle avait pas mangé son saoûl. Et des cochonneries qui ne lui profitaient pas, la rendaient malade, menaçaient de la crever.

Attendez voir!

Pour commencer, Madame fit venir le médecin, le consulta; ci dix francs de visite. Les v'là. Aïe donc!

Il conseillait de mettre l'enfant au vert, à la campagne.

Le lendemain, la moutarde avait sa place chez des braves gens à Brie-Comte-Robert.

Fallait de l'huile de foie de morue, du vin de quinquina, des viandes de première qualité.

En voilà à revendre.

Et puis, un trousseau ; du linge fin, des vêtements chauds.

Tout ça fut acheté sur l'heure.

Ah! tu as souffert, mignonne. Tu ne souffriras plus, va!

En effet! Aussi à sa première venue, elle n'était pas reconnaissable.

La belle mine, la bonne gaîté !

On se mettait sur le pas des portes, pour la voir passer.

Vous direz ce que vous voudrez! Monsieur et Madame avaient un drôle d'état ; mais, c'est bien, ce qu'ils faisaient là.

Combien, qui ont un métier plus propre, n'en auraient pas fait le demi-quart?

Ils avaient sauvé une existence, après tout.

V'là des braves gens, y a pas à dire mon bel ami !

Et croyez-vous que ce qu'on raconte là soit inventé à plaisir? Pas du tout. C'est bien plus fréquent qu'on ne croit.

Et qu'est-ce que ça prouve?

Ça prouve que la nature humaine est partout la même, partout semblable à elle-même, un composé de bon et de mauvais, de laideurs et de beautés, d'ignominies et de grandeurs.

Ceux-ci faisaient un trafic ignoble, infâme.

Mais, en dehors de leur métier, dont au surplus, il ne sentaient plus l'ignominie, ni l'infamie — effet de l'habitude — ils avaient de la sensibilité, tout comme s'ils eussent été des individus honorables.

C'est dans les romans que les types sont de toute pièce, agissent tout de go.

Pas vrai, dans la réalité.

Je l'ai déjà dit et je le répète, car c'est utile à retenir : ainsi que la vertu, la canaillerie a ses inconséquences.

Le soir du jour où le valet de chambre de Francis explorait si prestement les poches de son paletot, et, en en décousant la doublure, préparait une explication suffisante à la disparition de la lettre d'Olga, chipée au facteur d'Ermont, un homme entrait dans le *truccin* tenu par les femmes de *La Demoiselle*.

Il avait son chapeau mou rabattu sur les yeux, le collet de son pardessus relevé.

Quelque libertin honteux.

On connaît ça, dans ces maisons. Ils ne sont pas rares.

Ils n'entrent pas au Salon.

Ils ne veulent pas être vus des autres clients.

D'un pas rapide, ils grimpent à l'étage supérieur, et se font ouvrir une chambre.

Madame prévenue monte, et décrit le personnel, donnant un conseil.

— Affaire de confiance. Monsieur sera content !

Cette fois, comme les autres, Madame monta.
Mais en entrant dans la chambre, elle changea d'aspect.
— M. Oscar! fit-elle empressée et obséquieuse.
— Chut!...
— Bon Dieu! c'est pas au moins que vous venez arrêter quelqu'un. C'est ça qui nuirait à ma maison!
— Rassurez-vous, dit l'inspecteur général. Il n'y a pas d'arrestation sous jeu.
— Ah! bon!
— J'ai quelqu'un à voir, que je ne puis rencontrer nulle part en public.
— Ça va bien, monsieur Oscar, la maison est à vous. Quand viendra ce quelqu'un?
— Il doit être arrivé.
— Nous avons six messieurs au salon, qui font flanelle
— N'y a-t-il pas un étranger?
— Un espagnol... fectivement.
— Qu'est-ce qu'il fait?
— Il sommeille à demi, parce que, dit-il, il a mangé de la choucroute, qui lui reste sur l'estomac.
— A-t-il choisi une de vos pensionnaires?
— Pas encore. Il dit qu'elles lui sont toutes égales du reste, mais qu'il n'en veut que vers cinq heures du matin. Celle qu'on voudra. D'ici là, il dit qu'il se couchera seul dans une chambre, afin de dormir, pour faire passer sa choucroute.
— Bien! fit Oscar. Descendez, et sans prendre garde à lui, sans le regarder, dites dans la conversation : — « On dirait que le temps va changer, j'ai un agacin qui me taquine. »
— Ça va bien, monsieur Oscar. Et puis après?
— Après, il fera semblant de s'endormir tout à fait.
— Bon.
— Tapez-lui sur l'épaule, pour le réveiller. Il vous dira qu'il veut aller se coucher, et vous l'amènerez ici.
— V'là qu'est dit, monsieur Oscar.
— Seulement, chut!
— Plus silencieuse qu'une morue, monsieur Oscar. Comptez sur moi.
Elle sortit.
Un quart d'heure après, la porte se rouvrait laissant passage à l'Espagnol.
Quand elle fut refermée :
— Bonjour, patron, dit-il dans le plus pur accent faubourien.
— Bonjour, mon garçon, répondit Oscar en riant de la métamorphose de son interlocuteur. Tu es idéal! Je défie un Espagnol d'être aussi Espagnol que ça

Car cet interlocuteur n'avait jamais été Espagnol.

C'était tout simplement File-au-Vent.

Du diable si « le patron », lui-même, l'aurait jamais reconnu.

Si la jaquette était bourgeoise, la coiffure, un vrai boléro, sentait son *toréador* d'une lieue.

Le grand manteau à petit collet était drapé en *caballero* de Séville.

La cigarette menue, en papier jaune, avait été visiblement roulée par quelque brune Madrilène.

Il ne lui manquait qu'une mandoline et des castagnettes.

En bas, l'accent national, qu'il imitait parfaitement, joint à la perruque d'un noir de jais, aux minuscules favoris, en virgule renversée, le complétait.

Mais ici, son parler naturel faisait un contraste si drôle que l'inspecteur général n'avait pu s'empêcher de rire.

Cependant, il redevint sérieux.

— Ah çà ! dit-il, d'où t'es venue l'idée de me convoquer dans cette maison louche?

— A seule fin, patron, qu'on ne me vît aller ni chez vous ni à votre cabinet.

— Tu crois qu'on nous file?

— Je crois que la Compagnie se méfie.

— Quelle Compagnie?

— La Compagnie de Jésus.

— C'est possible.

— J'en suis sûr. C'est pourquoi j'ai voulu vous parler dans un endroit où ses pieux agents n'oseraient pas pénétrer.

— En es-tu bien sûr, File-au-Vent? demanda Oscar, en souriant de nouveau.

— Est-ce que j'aurais encore des illusions, patron?

— Comme tous les gens de génie, mon ami.

File-au-Vent rougit du compliment.

Néanmoins, il l'accepta... par déférence pour son chef, bien entendu.

Il n'aurait pas osé le démentir.

— Pourtant, reprit Oscar, si tu m'as fait venir ici, c'est que tu as une communication importante à me faire.

— Énorme, patron.

— Dis vite, en ce cas.

— Eh bien ! je crois que la Polonaise vous vole votre argent comme dans un bois.

— Oh ! prends garde !...

— Et qu'elle se fiche de vous, par-dessus le marché.

— Oh! oh! File-au-Vent.

— Et des Jésuites, qui pis est.

— Ça serait beaucoup de besogne à la fois. Mais après tout, ce n'est pas une créature ordinaire. Explique-toi, mon garçon.

— Eh bien ! voilà...

Et File-au-Vent conta à son chef ce qui s'était passé à la foire de Neuilly ; l'enlèvement du séminariste, l'envoi de celui-ci à Ermont, et la correspondance échangée entre la Moscovite et le jouvenceau, toutes choses que sait le lecteur, et qu'il est inutile de répéter.

Rien d'extraordinaire que File-au-Vent connût ces détails.

Spécialement chargé de cette affaire, il avait son monde dans la place.

Des sous-ordres chez Olga, comme chez M. de Saint-Lourdes.

Des domestiques des deux sexes, d'une tenue parfaite, qui, au besoin, eussent figuré le lendemain des comtes et des marquis.

Seulement, que contenaient les lettres d'Olga à Justin ?

Francis avait voulu le savoir.

On a vu qu'il y était parvenu.

Du moins, il le croyait.

File-au-Vent voulait le savoir aussi.

Mais, lui, il prétendait en découvrir plus long.

Cela, il le disait à Oscar.

— Voyons ! fit celui-ci, que ce garçon intéressait, comment t'y es-tu pris ? Car tout ce que tu me contes là sera vraiment combiné de main de maître, si tu n'as pas perdu ton temps à découvrir des balivernes.

— Raisonnons, patron.

— Raisonne, mon ami. J'ai le temps.

— Eh bien ! voilà :

« 1° D'abord, la servante qui me file la princesse m'a fait savoir que sa maîtresse a, dans son boudoir, un petit flacon de cristal qui contient un liquide incolore.

« A côté est une plume d'or, qui, une fois sèche, garde à la pointe un résidu minuscule qui forme une espèce de perle d'un blanc bleuâtre.

« Or, chaque fois qu'elle se sert de cette plume et de cette encre, il y a toujours une lettre à mettre à la poste, à l'adresse du jeune homme en question.

« 2° ensuite, le valet de chambre de M. de Saint-Lourdes, a vu, il y a deux jours, son maître rentrer avec un paquet sous le bras.

« Bizarre de la part d'un homme de cette qualité !

« Le paquet fut serré avec soin dans le tiroir d'un bahut dont le mari de Mme Louise enporta la clé.

LES ERREURS DE LA GUILLOTINE

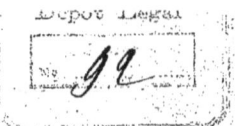

— N'auriez-vous pas, milord, reprit la voix, rencontré mon oncle le facteur...

« Pas malin !

« Mon valet de chambre n'eut qu'à tirer tout à fait le tiroir du dessus, pour avoir le paquet.

« Parole d'honneur, si ce Saint-Lourdes est vraiment notre fripouille de François Antoine, — et je n'en doute pas ! — il faut que la prospérité l'ait terriblement rouillé.

« Est-on bête à ce point-là, je vous demande !

« Pas moins, le paquet, sitôt pris, sitôt ouvert.

« Il contenait un complet de couleur caca-d'oie, un chapeau de même étoffe, avec une perruque et des favoris roux.

« Un attirail propre à se déguiser en faux Anglais.

« Mais, pas tout.

« Dans le premier paquet, un second paquet.

« Et dans ce second paquet, une cotte d'ouvrier et un bourgeron, avec une casquette à trois ponts.

« Compris, n'est-ce pas ?

« Il s'agissait pour mon gaillard de se mettre en Anglais puis en ouvrier.

« Pourquoi ?

« Parbleu ! pour jouer un tour de sa façon.

« Je ne le lâchai plus.

« Tout à coup, j'apprends qu'il a surpris Olga écrivant au séminariste.

« Sur quoi, la quittant, sur un prétexte, il est rentré chez lui en hâte, s'est enfermé et est remonté aussitôt, avec quelque chose dissimulé sous son paletot.

« Je le guette, et je lui vois le pantalon caca-d'oie.

« Je le suis. Nous allons à Argenteuil.

« Il entre dans un cabaret, en ressort en ouvrier, et prend une troisième pour Franconville.

« Là, il descend, et prend à travers champs.

« Il attend. Puis voyant le facteur, se dirige vers lui.

Ici File-au-Vent raconta ce que nous avons rapporté. L'un accostant l'autre, l'entrée ensemble au bouchon, la dispute sur la route, la bataille et le vol de la lettre.

— Quand il en eut pris connaissance, reprit le policier, j'ai eu une peur abominable qu'il ne la détruisît.

« Ça m'aurait rudement embêté d'en recueillir les fragments.

« Je ne le perdais pas de vue.

« En chemin de fer, j'avais le nez à la portière, pour voir s'il n'en semait pas les morceaux sur la voie, ou s'il ne les lançait pas dans la Seine.

« Ç'aurait été flambé :

« A recommencer tout simplement.

« Mais non, rien de pareil n'arriva.

« A Paris, je le devançai à la sortie, et passant sous les fenêtres de son appartement, en faisant le poivrot, je chantai le refrain de : *La digue digue don*.

« Le signal fut entendu, et le valet de chambre tambourina à la vitre *La Casquette au Père Bugeaud*.

« Un instant après, ma crapule arrivait.

« Je le signalai en imitant un chien à qui l'on marche sur la queue, et j'attendis.

« Pas longtemps ; c'est-à-dire, cinq minutes.

« Au bout desquelles la fenêtre s'ouvrant, quelque chose en fut lancé.

« Ce quelque chose, c'était la lettre.

— Et cette lettre ? demanda Oscar.

— La voilà, patron, répondit File-au-Vent, en la présentant à son chef.

— Ma foi ! c'est bien travailler, File-au-Vent. Tu es vraiment un gars. Voyons la lettre.

Il la lut.

Puis désappointé :

— Malheureusement, mon pauvre garçon, tu t'es donné bien du mal pour pas grand'chose.

File-au-Vent sourit.

— Pourquoi ris-tu ?

— Parce que... je vous fais un pari, patron.

— Voyons ton pari.

— C'est que la princesse vous met dedans.

— C'est possible. Mais comment le savoir ?

— Par cette lettre.

— Elle ne signifie rien.

— Pour vous, pour Francis, pour n'importe qui.

— Eh bien ?

— Comme ça ; mais...

— Mais quoi ?

— Patron, vous perdez de vue l'encre incolore et la plume d'or de la princesse.

— C'est juste. J'oubliais. Et tu crois ?

— Je crois que si le séminariste eût reçu le poulet, il ne se serait pas attardé à le lire ; mais que le faisant chauffer à la bougie...

— Tu es fou !

— Pourquoi ça ?

— Parce que le truc est enfantin ; vieux comme le monde, oublié...
— Pas pour les séminaristes.
— Eh! eh! ça se pourrait tout de même.
— Essayons.
— Approche la lumière.
Eh bien! File-au-Vent ne s'était pas trompé.

À mesure que le papier chauffait, des lignes apparaissaient entre les lignes.

Et c'était une enfilade de phrases passionnées, jusqu'au libertinage.

Elle rappelait la première entrevue.

Elle appuyait sur la demi-violence qu'il lui avait faite, s'oubliant à des descriptions, à des images, faites pour troubler les idées du pauvre niais.

Capables surtout de stimuler ses désirs charnels, de frapper son imagination, de se l'attacher, de le capter.

« Ah! disait-elle, quand nous serons mariés ; quand tu seras mon petit homme... »

Et elle s'étendait sur ce qui arriverait alors.

— Je vois son jeu, dit Oscar.

— Elle le tient en haleine, jusqu'à ce que l'autre ait subtilisé le testament du général.

— Après quoi n'ayant plus besoin de Francis....

— Patron, vous n'y êtes pas.

— Comment?

— Cette fille de moujik, qui a fait tuer deux hommes, est plus forte que vous ne pensez.

« Elle veut en faire tuer un troisième.

— Qui? Le général?

— Juste.

— Par Francis?

— Précisément, car dès lors, Justin hérite, et elle se débarrasse de Francis, en le faisant arrêter.

— C'est carré, en effet.

— Laissez-la faire.

— Ah! mais non...

— Pourquoi donc?

— Et le général?

— Il est bien mal portant.

— Tu es bon, toi!

— Pour ce qu'il a à vivre!...

— Oui, fit Oscar, en riant, tu en fais bon marché, toi, car ça ne te coûte rien.

— Et à vous, monsieur Oscar?

— Beaucoup, mon garçon, ça me coûterait le repos de ma conscience, et je t'avoue que je veux continuer à dormir tranquille.

— Mais alors?...

— Ne t'inquiète pas, mon garçon, et ne change rien à ton plan, tu as toujours carte blanche.

« Seulement, il n'y a pas besoin de la mort du général pour réussir.

« Demain tu recevras un complément d'instructions, et tu verras que nous sommes bien prêts de toucher au but.

Oscar s'était levé.

— Tu ne viens pas? demanda-t-il à l'agent qui restait assis.

— Non, patron, quand ce ne serait que pour la vraisemblance... je reste.

— Pour la vraisemblance! répéta Oscar en riant... adieu, libertin!

XXXVIII

LE TESTAMENT DU GÉNÉRAL

On a bien raison de dire que bien mal acquis ne profite jamais. Le juif allemand que nous avons vu, au début de cette histoire, jouer un rôle si agréable envers sa femme, la pauvre Mathilde qui s'était pendue, et surtout envers l'infortuné Maxime l'Étang qu'il eût pu sauver de la guillotine et de l'infamie, s'il avait parlé, l'odieux libertin Kœrhuen, puisqu'il faut l'appeler par son nom, n'avait pas fait florès finalement.

Ce n'est pas que le remords d'avoir laissé exécuter un homme qu'il savait innocent du crime dont on l'accusait, lui eût été trop pesant.

A l'heure présente, au contraire, il s'applaudissait encore de sa terrible vengeance de cocu récalcitrant, quoique pas un mari, plus que lui, ne l'eût jamais mérité.

Ce qui lui avait porté la guigne, c'était sa propre canaillerie, et sa dépravation de vieux malpropre, qui, loin de s'atténuer par l'abus ni par les années, n'avait fait que grandir et s'enraciner.

Lui, si malin en affaires louches, il avait trouvé plus crapule que lui :

Une fille entretenue, juive, et roublarde, qui avait pour ratichon huppé, un escroc de la plus belle eau, avait su le faire *danser* de sommes énormes, partageant « la galette » avec ce noble fils.

Comme de juste, le bon Kœrhuen avait voulu se rabibocher à la Bourse.

Mais il faut croire que ses amours séniles lui avaient détraqué la jugeotte, car le malheureux n'avait fait que bévues sur bévues.

Tant et si bien qu'il avait bu un bouillon terrible.

Le diable est qu'une nouvelle loi reconnaissait les opérations de la spéculation.

Plus moyen d'invoquer l'exception de jeu.

Pigé, Kerhuen !

Sans cette loi, parbleu ! il eût fait faux bond à ses créanciers, agents de change et coulissiers.

Forts de la loi, ceux-ci lui avaient flanqué du papier timbré.

En vertu duquel on avait vendu ses biens, meubles et immeubles.

Tout, jusqu'à ses culottes.

Sur quoi, la belle demoiselle l'avait collé à la porte, aidée par le ratichon qui le poursuivant, l'avait un peu fait dégringoler dans les escaliers.

Le pauvre !

N'ayant plus rien, banni, méprisé, moqué, il avait eu envie de faire un plongeon dans la rivière.

Mais il faisait huit degrés au-dessous de zéro.

Il eut peur de s'enrhumer.

Et après toutes sortes de tentatives, il s'était installé écrivain public, dans une échoppe de la place Maubert.

Quatre planches, pour se clore.

Une en travers, pour le bureau.

Une chaise de paille, pour s'asseoir.

Une autre en jonc (quel luxe) pour le client.

Au plafond, une lampe à pétrole.

Sous les pieds, un gueux.

Voilà l'établissement !

Mince de revenus !

Pour clientèle, des ouvriers, des voleurs et des filles publiques.

Quant à la besogne, pas du propre !

Lettres anonymes, injures épistolaires, dénonciations calomnieuses, et quelques faux de-ci de-là.

Son triomphe !

Pas son pareil, pour imiter une écriture quelconque.

Son rêve eût été d'imiter un billet de banque.

Il en aurait fabriqué pour des milliards, si l'on avait voulu.

Hélas ! il n'avait pas trouvé d'amateur.

C'est pourquoi, gagnant tout juste de quoi ne pas crever de faim, il ajoutait une petite industrie à sa profession avouée.

Histoire d'occuper ses soirées.

Et c'est pourquoi chaque soir, il se rendait dans un bouge de la rue de Bondy (nom du bois, au coin duquel on n'aime pas faire des rencontres inopinées).

Il venait prendre son « petit noir » dans cet endroit.

Seul, dans un coin, il attendait la venue de deux gaillards, avec qui il traitait assez souvent.

L'un était le chef de claque de l'Ambigu.

L'autre en était le chef figurant.

C'est pourquoi, tantôt claqueur, il prenait place au banc du parterre réservé, comme on dit en argot de coulisse à, « Messieurs les maquereaux sensibles ».

Et d'autres fois, il allait se costumer en seigneur, ou « en peuple », pour figurer dans le drame en représentation.

Un soir que le misérable avait fait chou-blanc, droguant toute la journée à attendre en vain la pratique, il quitta l'établissement en proférant des blasphèmes.

Ah ! il lui en disait de cruelles au bon Dieu !

Le pis, est qu'il l'injuriait en allemand.

C'est le comble de l'atroce.

Il faut dire aussi qu'il avait le ventre péniblement creux.

Pour tout potage, il avait trempé, le matin, un sou de pain dans un bol de café au lait.

Et quel lait !

Et quel café !

De la pure chicorée.

Le tout sucré avec de la cassonade.

C'est bon, si vous voulez, pour ceux qui aiment ça du moins ; mais pour bien nourrissant... dame ! y a mieux.

Il lui restait cinq sous.

Et pas de tabac.

Comment diable dîner et fumer sa pipe avec juste la fortune du Juif-Errant ?

Si encore, comme celui-ci, les cinq sous dépensés, il lui en eût repoussé cinq autres dans sa poche !

Mais non !

Le miracle ne pouvait s'accomplir, pour le bourreau de Mathilde, qu'à la condition que le chef de claque ou le chef du chœur de l'Ambigu l'embauchât ce soir-là.

Espérons !

Mais en cas de déveine, soyons prudent !

C'est-à-dire, gardons-nous quelque chose pour demain matin.

C'est pourquoi, il entra chez un boulanger et acheta un sou de pain.

Après quoi, il entra chez un buraliste et demanda deux sous de tabac de cantine.

Toujours du luxe.

Le superflu, plus cher que l'indispensable !

Tout en marchant, il grignotta sa miche.

Puis, il sortit de sa poche un brûle-gueule abominable, le bourra et l'allumant gratis à un bureau de tabac, il tira des bouffées de sa pipe.

Il restait deux sous pour le lendemain.

Il les noua dans le coin de son sale mouchoir.

Voyez-vous qu'un filou l'eût dévalisé !

Dame ! ces deux sous pour lui, c'était la fortune de Rothschild.

Du pain sur la planche en tous cas.

Vingt-quatre heures assurées.

Dites-moi donc ! combien de Parisiens n'en pouvaient pas dire autant à la même heure !

Quoi qu'il en soit, son pain lui semblait amer.

C'est qu'il se souvint de sa prospérité.

Hein ! du temps où il avait un immeuble à Épinay !

C'est alors qu'on s'en passait par le goulot, des bonnes choses.

La douzaine à déjeuner.

Un quoi que ce soit truffé.

Des fruits de primeur.

Et les jolis cigares de douze sous, qu'on grillait, en dégustant la fine champagne, après le surfin des mokas !

Excusez du peu ! En voilà de la rigolade !

Et c'est pas les femmes qui faisaient leur Sophie alors !

Vous souvenez-vous de la petite maison de Croissy-Chatou, où on dînait tout nu avec les plus chiques *gadoues*, pas habillées non plus !

Loin, ce temps-là, où pour le pot-au-feu, on avait cette dinde de Mathilde, qui s'était pendue, par remords de ne pouvoir sauver la vie à son amant M. Létang.

En v'là une dinde !

Ah ! les sacrées femelles !

C'est elles, voyez-vous, qui l'avaient perdu, ce brave homme !

A présent, il ne fallait pas y songer.

Plus pour lui !

Parfois, s'il essayait de se frotter à quelque cliente, quitte à écrire la lettre gratis, même en fournissant le papier et l'enveloppe, ce qu'elle vous l'envoyait *dinguer !…*

Un soir que le misérable avait fait chou-blanc, droguant toute la journée...

C'est rien que de le dire !

— C'est lâche, lui disait-elle. J' peux seulement pas vous arracher les cheveux. Vous n'en avez plus.

C'est vrai ; plus rien.

Pas trois cents.

Si encore ils avaient été ensemble. Il se serait fait une mèche, un toupet, n'importe quoi.

Mais plantés tout seuls, ici et là, loin les uns des autres, comme s'ils avaient peur de se donner la gale.

Si jamais il faisait une bonne affaire, il se paierait une *réchauffante*, un simple gazon.

Y a pas ! c'est pour ça qu'il était toujours enrhumé du cerveau.

Mais « une bonne affaire ! »

En voilà encore un rêve creux.

Guère possible dans ce sacré métier-là !

Il serait plus sûr de voler la somme voulue.

Ah ! voler ! S'il savait !...

Mais il ne savait pas. Il se ferait piger.

On le collerait en prison.

Belle avance !

Pour voler, faut avoir appris tout petit.

Vraiment, il n'avait pas de chance !

Tout en se rabâchant cela, et autres choses aussi peu gaies, il arrivait au bouge de la rue de Bondy.

L'établissement, au rez-de-chaussée sur la rue, est en sous-sol sur le boulevard.

Aussi, l'aspect d'une cave.

Deux pièces contiguës, froides, humides, suintantes.

Dans le coin de la principale, un comptoir — le zinc — avec les brocs d'étain de rigueur.

Quelques tables en fer battu, des chaises, c'est tout.

Contre les murs deux choses :

Une glace, faisant pendant à l'ordonnance de police, sur l'ivrognerie.

Je ne sais pas si la glace sert à quelque chose.

Mais quant à l'ordonnance, c'est vraiment du luxe ; je veux être pendu si personne en a jamais tenu le moindre compte.

Cette partie de l'établissement — puisque établissement il y a — c'est le mastroquet. Le côté des mufes.

C'est là, que viennent les candidats à la claque.

Ce qu'il y a de drôle, c'est qu'ils sont mieux nippés que les gens distingués qui vont dans la salle d'à côté ; la salle des aristos, des « artistes » les candidats à la figuration.

Plus un mastroquet, cette salle ; c'est le café ; restaurant à l'occasion.

Les tables sont en marbre, ou en verre, avec une annonce en dessous. Très chic.

Il y a une banquette contre un des murs.

Qu'est-ce que je dis, une banquette ! Le divan s'il vous plaît.

Et il est rembourré. Du moins, il a dû l'être.

Mais on s'est tant assis dessus, que du diable, s'il subsiste la moindre apparence d'élasticité.

N'importe ! C'est l'endroit réservé aux gens comme il faut.

On ne joue pas au tourniquet ici.

On fait son bésigue, son piquet, la manille, quand on est quatre, et le fin domino.

On ne prend pas de canons.

C'est le gloria, à cette heure-ci, avec le verre de « fine » qui n'en est pas moins raide, à vous enlever la peau de la gargamelle, si on n'est pas un habitué.

Et il faut voir les cartes avec lesquelles on fait la partie !

Collées les unes aux autres.

Si grasses, qu'on pourrait faire la soupe à un escadron de uhlans, qui s'en lècheraient les babines.

Quand Kœrhuen arriva, les deux salles étaient pleines.

Trop mal mis pour aller à la claque.

Il traversa le mastroquet, et gagna l'estaminet.

On le connaissait, là.

Il y avait des amis ; des cadets dans son genre, avec qui il avait déjà figuré.

Qui sait ! Il y en aurait peut-être un, plus rupin, par hasard, qui lui ferait la politesse d'un verre d'eau-de-vie.

Dans sa position les toniques n'étaient vraiment pas de trop.

Mais, voilà le diable !

Ceux qui font cet état-là, sont pour la plupart logés à la même enseigne.

Et quand, par hasard, il leur est tombé quelques sous dans la poche, la première chose qu'ils font est de se dispenser de figurer.

Non ! c'était encore un rêve, l'espoir d'un petit verre.

En effet, on lui disait bonjour ; mais on ne lui offrait rien.

Dieu me pardonne ! je crois que plus d'un espérait de son côté qu'il offrirait quelque chose.

Avec ses deux sous : ah ben, non alors !

En attendant le chef des chœurs, on causait.

— Et Chose ? Il ne vient pas ce soir ?

— Non, Machin non plus.

— Ils ont hérité ?

— Ou dévalisé un coche.

— Je crois plutôt que l'un a été arrêté.

— Quant à Machin, il est malade.

— Paraît qu'un ami l'a régalé. Ils se sont fichu une cuite, et le pauvre Machin, qui a fini par s'endormir dans le ruisseau, a reçu toute la pluie de la nuit dernière. Si bien qu'il a attrapé du mal, cet homme.

— Ça ne m'étonne pas. Il n'a pas de santé. J'y dis toujours : « Toi, il te faudrait la campagne, des viandes saignantes et des vins généreux. »

— J' serais malade tant qu'on voudrait à ce régime-là, moi.

— T'es pas dégoûté.

— Pas moins, ça fait des vides.

— Y en a des nouveaux.

— Où ça ?

— Ici. Regarde ce grand pâle, qui fume sa pipe en lichant son café dans le coin.

— C'est un nouveau ?

— C'en est un, oui.

— Le fait est que je ne l'ai pas encore vu, dit Kœrhuen.

Et intérieurement, il pensa :

— Un nouveau... qui prend du café !... Il offrirait peut-être bien un petit verre, quand ça ne serait que pour se faire bien venir.

Ainsi l'ex-mari de Mathilde en était là.

C'était pas la peine d'être si canaille.

Peut-être qu'à rester honnête homme, il aurait gardé sa situation, et mangerait son content à cette heure.

Néanmoins, sans avoir l'air de rien, il s'approcha du nouveau.

Nous savons déjà que celui-ci était un grand pâle.

En dépit de ses habits fatigués, il n'avait pas si mauvaise tenue que les autres.

Le peu de linge qu'on voyait était plutôt propre.

Pas de tache de graisse à ses hardes.

Des souliers assez fins.

Et puis les mains lavées ; pas de noir sous les ongles.

— Quelque marlou ! pensa Kœrhuen. Un souteneur que sa marmite a lâché, ou qui se repose, pour un temps à Saint-Lazare.

Un richard, relativement. Quelqu'un qui avec sa mine pouvait se tirer d'affaire et retrouver du pain sur la planche !

Kœrhuen l'enviait.

Trop vieux et trop vilain, lui, pour trouver une marmite.

Et penser qu'il avait tant donné d'argent aux femmes !

Si elles lui en rendaient la moitié seulement, il se ferait une petite rente, parole d'honneur !

Mais pas de danger qu'elles lui rendissent rien !

C'est à ces beaux oiseaux-là, qu'elles graissent le gousset.

Si le vieux sale manœuvrait pour entrer en conversation avec le beau marlou, celui-ci, qui s'en apercevait peut-être, ne faisait rien pour le décourager.

Au contraire.

Il regardait le vieux, comme pour l'engager à rompre la paille.

Kœrhuen s'y décida.

Après tout, on ne l'avalerait pas !

— Si vous voulez bien me faire une petite place sur le divan, je m'assoierai un moment. J'ai les jambes qui me rentrent dans le ventre.

— C'est facile, dit l'autre, et si vous voulez accepter une goutte de fine, nous trinquerons à ce que vous voudrez. Votre maîtresse, par exemple.

— Farceur ! fit le juif allemand. J' sais seulement plus ce que c'est.

« J' sais pas même ce que j'en ferais.

« Bon pour vous, jeune homme.

« A preuve que la vôtre doit avoir de l'agrément.

— Pas de ce moment ici, pour sûr.

— Qu'est-ce qu'elle fait ?

— Elle accouche.

— Chez vous ?

— Ah ben non ! Ça ne serait pas à faire. Du reste, j'en ai plus de chez moi, de ce moment ici.

« Sans un camaro qui me met un matelas par terre dans son garni, j' m'aurais été affaler sous un pont.

« Mais ma gonzesse sortira de « la Bourbe » lundi prochain, y a plus que patience à prendre.

— Ah ! elle... ?

— Elle a eu un gosse, et elle n'a pas fini ses neuf jours.

La connaissance était faite entre ces deux « messieurs ».

Le petit verre et la trinquade cimentèrent leurs relations.

Ils en étaient aux premières confidences.

— Moi, disait le plus jeune, j'suis ouvrier gantier. Mais y a une crise.

« Les sacrés traités de commerce inondent la place de gants allemands et suisses.

« Les rosses de patrons ont voulu abaisser le tarif.

« J'm'ai mis en grève.

« Et vous, père...

« Au fait, comment qu'on vous appelle, si c'est pas indiscret?

— Pas du tout. J' m'appelle Fritz, et je suis Hollandais de naissance.

« Mais dans mon quartier, et au théâtre, on m'a surnommé « papa Roufiat ».

« J'sais pas pourquoi. Mais ça ne fait rien.

« Appelez-moi comme ça.

« Et vous, comment qu'il faut dire?

— Natole. J' m'appelle Anatole Dufour.

— Joli nom!

— Bien honnête.

« Pour lors, p'pa Roufiat, dans quoi que c'est que vous turbinez, vous? Ça doit pas être des métiers fatigants, j' suppose.

— Non. Mais faut d' la tête.

« J' suis établi à la place Maubert.

— Établi! nom de nom!

— Écrivain public.

— Ah! pour sûr qu'il en faut d' la sorbonne!

« Et vous devez en écrire, hein? des poulets d'amour! vieux polisson! Ça doit vous faire rigoler en dedans.

— Des fois ; quand y en a.

— Ça ne va pas?

— Il fait trop froid. Bon quand l' printemps arrive.

« C'est mon coup de feu.

« Ce qui donne le plus dans ce moment-ci, c'est la lettre anonyme.

« Des bonnes, des larbins qui en veulent à leurs maîtres.

« Alors ils viennent, pour que je leur fabrique des compliments, vous m'entendez bien, où qu'ils disent au mari qu' sa femme le fait cocu, et à la femme, que son mari a des vilaines maladies.

« Y en a, des riches alors, qui me font recopier ça comme circulaire de commerce, pour en envoyer aux parents et aux amis d' la boîte dont ils sortent.

« J' me fais quelquefois mes six francs en deux heures, de c'tt' affaire-là.

« Mais c'est pas tous les jours.

« C'est pas trop cher, car faut pas se faire piger, comme de juste, et je suis obligé de déguiser mon écriture.

« Ah! dame, ça,... c'est mon fort.

« J' veux pas me vanter; mais y a pas à Paris, personne de mes confrères, pour imiter à s'y méprendre les caractères et la signature de n'importe qui.

Natole paraissait prendre un vif intérêt à ce dernier point.

Mais il se refroidit en entendant l'autre ajouter :

— Si on n'était pas un honnête homme, je serais fichu, voyez-vous, de fabriquer des billets et des lettres de change, à rouler voiture la semaine prochaine.

— Ah! ben! s'il est honnête homme, pensa Natole, j'en suis pour mes frais.

« Mais c'est-y pas des blagues?

« Faut voir d'abord.

— Ça, fit Anatole, c'est un talent ben curieux. Mais ça me semble ben difficile.

« Faudrait voir pour y croire.

— C'est pas malaisé.

— Vous me montreriez ça?

— Quand vous voudrez.

« Vous n'avez qu'à venir à ma baraque, avec un bout d'écrit de qui que vous voudrez.

« Et là, sous vos yeux, j'en ferai une copie telle, qu'après, vous ne sauriez plus quel est l'original.

Natole ne répondit rien, sur le moment.

C'est qu'un nouvel individu venait d'entrer.

M. Mathias, un vrai monsieur, celui-ci. Une redingote, un chapeau hauteforme, des bottines à élastiques.

Quelqu'un de rupin.

A l'aspect, on l'aurait pris pour un boucher qui a fermé sa grille, et va faire son piquet au café.

Pas ça du tout.

M'sieur Mathias, c'était un artiste, qui avait chanté le Veilleur de nuit des *Huguenots* à Lyon, à Marseilles et à Nantes.

Actuellement, chef des chœurs à l'Ambigu.

Seulement, comme on ne chante pas à l'Ambigu, il était chargé de recruter la figuration.

C'est lui qui embauchait « les peuples » et « les seigneurs » des mélos qu'on jouait là.

C'est lui qui les faisait agir aux répétitions, lui qui prenait la réplique pour leur faire crier :

« Vive monseigneur! — ou — « A bas les traîtres! »

Lui encore, qui donnait le signal des rumeurs de la foule : — « Hou ! hou !... »

Pas son pareil pour régler une émeute, et diriger un cortège.

Oh ! le jour où l'on monterait une féerie à l'Ambigu, c'est là qu'on verrait son talent, pour organiser les défilés.

Il avait ses premiers sujets des deux sexes.

Les femmes ne lui donnaient pas de tintouin. Toutes inscrites, exactes à l'heure de paraître.

Mais les hommes, un sacré chien renaissant.

En dehors des chefs d'emploi, le prix du cachet de la soirée n'était pas fait pour attacher la masse.

Un pis-aller pour la plupart.

Aussi, dame ! ceux qui avaient la flemme, ceux qui avaient bu, ou qui trouvaient un peu plus d'argent à faire autre chose, le lâchaient sans prévenir, au risque de réduire « la foule » à quatre pelés et un tondu.

Fallait veiller à ça.

Par bonheur, il y avait le lot des postulants pour boucher les trous.

Un tas de galvaudeux, à qui une pièce de quinze ou de trente sous, selon l'importance de l'office, n'était pas de trop, pour les empêcher de crever de faim, le lendemain.

Mais ils ne savaient pas le rôle.

Il était obligé de leur donner un raccord.

C'est rasant !

Et puis, d'où ça sortait-il, ces fripouilles-là ?

Plus d'un était bien capable d'emporter une partie du costume qu'on leur faisait endosser.

Plus d'un ne se serait pas fait scrupule d'estourbir un accessoire.

C'est là, qu'il en fallait, de la surveillance !

Ah bien ! il ne volait pas ses émoluments, m'sieur Mathias.

Du moins, s'il avait des ennuis, il les gardait en dedans, et son humeur ne s'en ressentait point.

Sur l'œil, oui ; mais poli avec ses « artistes ».

Dès son entrée on s'était groupé autour de lui.

Il fit une espèce d'appel nominal.

— Présent ! répondait chacun.

— Papa Roufiat ?

— Présent, fit à son tour l'écrivain public.

Mais trois ou quatre fois, il appela un nom qui resta sans écho, et il jurait un nom de Dieu.

LES ERREURS DE LA GUILLOTINE

— Si vous voulez bien me faire une petite place sur le divan, je m'assoierai un moment...

Signe de son mécontentement.

Quand il fut au bout :

— Il m'en faut deux de plus, dit-il. Si c'était que des « peuples », j'm'en battrais l'œil.

« Mais, c'tte rosse de Gargason me faisant la nique ce soir, — parions qu'il s'est piqué le nez, la vache ! — m' faut quelqu'un pour annoncer l'accident d' la princesse.

— Je sais le rôle, dirent plusieurs.

Mathias les toisa.

— Non, pas toi, t'es trop gringalet.

« Pas toi non plus, t'as l'air d'un pot à tabac ambulant.

« Pas toi encore, t'as pas la gueule d'un *chevayer*.

« Me faut un type distingoé.

— Eh bien ! dit-on, y a l' nouveau.

— Où ça, l'nouveau ?

— Le v'là.

On désignait Anatole.

— Approche, dit Mathias à celui-ci.

Il le dévisagea des pieds à la tête.

— Tu m'irais, fit-il. Mais sais-tu marcher ? Voyons voir, colle-toi là, dans le fond. Accours comme si que tu arrivais de Chaillot.

Anatole exécuta le mouvement.

— Pas mal ! fit Mathias.

« Mais parle voir, qu'on entende ton galoubet.

Anatole parla :

— Bonjour, monsieur Mathias, dit-il.

— L'organe est bon.

« Écoute à c'tt' heure, j' te vas dire ce qu' t'aurais à dégoiser.

— J'écoute, fit Natole.

— Pour lors, v'là c'que c'est :

« T'es l'écuyer du roi, une supposition, un seigneur de la haute pègre, un feudataire, t'entends bien.

« Dans c' temps-là, à ce qu'il paraît, les plus nobles ne se formalisaient pas d'être comme les domestiques de leurs suzerains.

« Sais-tu c' que c'est, un suzerain ?

— Ma foi, nom, fit Anatole avec un rire plus ou moins sincère.

— J' te vas le dire.

« Le suzerain, c'était comme qui dirait un préfet de département. Saisis-tu ?

— C'est pas malin.

— Bon. Alors, les feudataires, c'étaient les sous-préfets.
— J'comprends.
— Ça va bien. Écoute toujours.

« Pour lors, ton préfet t'a dit, une supposition :

« Déguise-toi en cerf, et va dire au roi, que la princesse sa fille, a été enlevée par un parti des Bourguignons.

« Dame ! toi, te v'là parti, plus vite que le vent.

« Comme ces imbéciles-là n'avaient pas eu l'idée si simple d'inventer les chemins de fer, tu es monté sur un cheval et « hi ! la Grise ! »

« Tu y as enfoncé tes éperons dans la bedaine.

« Tu y as caressé les côtes à coups de cravache.

« Et te v'là arrivé.

« C'est la Grise qui a galopé ; mais c'est toi qui es essoufflé !

« C'est absurde ; mais ça ne fait rien.

« Et sautant à bas de ta monture, tu t'élances, et interrompant les conversations, tu te précipites.

« T'aperçois le roi, t'ôtes ton toquet, et mettant un genou en terre, sans dire bonjour à personne, tu t'écries :

« Pleurez, sire ! un malheur est arrivé.

« Dis voir ça.

— Pleurez, sire ! répéta Natole. Un malheur est arrivé.

Mathias jura un nouveau nom de Dieu. Et invectivant le choriste :

— Eh ! chameau ! mets-y donc du cœur, de l'émotion, t'as l'air de lui demander l'heure qu'il est.

« C'est pas ça, espèce de moule !

« Frémis donc, crétin !

« Sois épouvanté, rossard !

« T'es donc une oie ?

— J'comprends ! répéta Natole.

— Recommence, alors.

Natole recommença.

— C'est mieux ! dit Mathias.

« Encore une fois. Et livre-toi, salopiaud ! Donne toute ton âme, foutue bête !

« Faut faire de l'effet, entends-tu !

Trois fois le choriste recommença.

— Tu y es ! dit à la fin Mathias. T'as trouvé. T'es dans le train.

« Mais ça n'est pas fini, veinard.

« Écoute toujours :

« Te v'là donc ; t'as lâché ton venin.

« Le roi tressaute.

« Un malheur!... » qu'il dit ; « j'en avais le pressentiment, et les pressentiments d'un père ne trompent pas. »

« Là-dessus tu fais un geste désolé.

« — Ma fille ? reprend le roi.

« Et toi, écrasé par la douleur, voulant le ménager, tu dis :

« — Hélas ! sire...

« Et tu te voiles la face.

« — Parle, oh ! parle, dit le roi. Je l'exige. Ma fille ?...

« Là-dessus, vaincu, succombant à l'émotion, espèce de rosse, tu laisses tomber tes bras, disant :

« — Enlevée par un parti de partisans !...

« — Ah ! fait le roi, qui défaille.

« Tu veux le retenir.

« Mais le traître Éginard, t'arrête :

« — Sortez ! dit-il.

« Et tu obéis, sortant de trois quarts, en tenant sur le fourbe qui a capté ton roi un regard empreint de haine.

« Oui, de haine ; parce que toi, tu es un malin ; toi seul, dans toute la cour, tu as deviné qu'Éginard est un jésuite.

« V'là l'affaire ; v'là ton rôle.

« Tu vas me le répéter cinq fois.

« J' verrai si ça va !

Natole s'exécuta.

A mesure M. Mathias était plus satisfait.

Il se prit d'intérêt.

— Qu'est-ce que tu turbines de ton état, mon garçon ? lui demanda-t-il.

La question parut embarrasser le choriste.

— De quoi ? fit Mathias. T'as pas d'état ?

« C'est pas que t'es *grinche*, au moins...

— Non, non, répliqua Natole qui avait eu le temps de se remettre.

« Seulement, mon état, c'est pas un état.

— Qu'est-ce que c'est alors ?

— Ça tient du menuisier, parce qu'on travaille le bois ; mais c'est pas menuisier, tout de même.

« J' travaille dans les bateaux.

« J'ai commencé avec le papa Picot, d'Asnières, qui construit des canots.

« Puis j'ai passé chez l' papa Fournaise, du Pont de Chatou.

« Et puis, j'ai fait la bricole, ici et là, d'autres fois.

« Seulement, j'ai un faible : les femmes.

« Pour lors, ces gonzesses-là m'ont entraîné à faire toutes sortes de choses.

« J' suis été garçon d'extra, dans les cafés.

« Et puis, j'en rougis, domestique, palefrenier, *officier* dans des gargots.

« Tant et si bien, que je sais un peu tout faire, sans avoir un état qui soit un état, car j' suis aussi gantier ; mais j' m'ai mis en grève.

« V'là la chose !

Certes ! c'était s'en tirer habilement ; car, on l'a deviné sans doute, cet Anatole, ce choriste, c'était tout autre chose qu'un ouvrier.

Et si quelque membre du corps diplomatique eût pu se trouver là, — par impossible, — il se fût écrié :

— M. de Saint-Lourdes !...

En effet, c'était le mari de Louise.

Le protégé des Jésuites.

C'était Francis Antoine.

Et que venait-il faire, dans un endroit pareil ?

La suite le dira trop clairement.

Quoi qu'il en soit, M. Mathias se satisfit de l'explication.

— C' que j' t'en dis, reprit-il, c'est pour deux choses.

« D'abord, on ne veut pas d' pensionnaires de Mazas, dans les chœurs.

« Et puis, t'as du chien ; là, vraiment !

« C'est pourquoi que j' te dis :

« Si t'avais le goût de te faire acteur, bien que tu ne sois plus de la première jeunesse, moi qui m'y connais, je t'engagerais à suivre ton idée.

« J' vas plus loin.

« J' me fais fort d' t'avoir un engagement à Belleville.

« C'est pas lourd payé ; mais on a des rôles.

« Un nouveau tous les huit jours.

« Et, des fois, y a des directeurs de Paris, qui viennent voir si ce qu'ils cherchent ne serait pas là.

« Enfin, bref, nous en reparlerons.

« Ce soir, s'agit d' figurer.

« Assez d' dit. Suivez-moi, vous autres. J'entends qu'on sonne en scène, pour le lever du rideau.

« Faut vous habiller, mes enfants.

Ce disant, M. Mathias ouvrit la marche, suivi d'une trentaine d'hommes qui, à la queue les uns des autres, s'enfournèrent dans le couloir qui mène aux loges réservées à la figuration.

Une seule pièce pour les hommes.

Une autre pour les femmes.

Pas riche, l'une ni l'autre.

Une tablette, le long des murs.

Des bouts de glace, entre des becs de gaz.

Des chaises de paille; quelques tabourets de bois, et des patères; voilà tout.

Là dedans, une odeur et une chaleur à faire évanouir un gendarme.

A un moment, tout ce monde-là défait de sa défroque, déchaussé, en chemise sale, c'est comme une antichambre de l'enfer du Dante.

Oh! les pieds noirs; les chaussettes pourries, les souliers boueux qui sèchent, les haleines qui empoisonnent l'ail, l'alcool et la salive imprégnée de la nicotine de la chique ou du jus du brûle-gueule, il n'y a pas à dire, l'atmosphère est à couper au couteau.

L'air est bleu, à force d'être chargé de miasmes délétères.

Une chambrée de troubades est comme un boudoir de femme entretenue en comparaison.

Il y en a qui ne se lavent un peu, que le jour où ils sont embauchés par Mathias.

Et, brochant sur le tout, cinq à six pots de chambre tous pleins dès la première heure, ajoutent un parfum d'acide urique à tous ceux que chacun répand naturellement.

La conversation est à l'avenant.

Ce qui se dit là sérieusement ou en blague, est à faire dresser les cheveux sur la tête.

Et à mesure, ça rend fou.

Tant qu'il sont en bourgeois, ça va encore.

Le costume est à l'unisson.

Mais quand c'est des *seigneurs*, qui dégoisent un pareil argot, on se demande si l'on est éveillé, si tout ça, ce spectacle et le reste, n'est pas un rêve atroce; un cauchemar étouffant provenant d'une *cuite*, d'une indigestion, ou d'une fièvre capable de vous faire crever tout à l'heure.

Depuis qu'il était devenu un *Monsieur*, François avait perdu l'habitude de ces ignominies.

Lui qui avait passé par le Dépôt, couché au violon, sous les ponts, dans des réduits d'une infection spéciale, il sentait, ce soir-là, le cœur lui danser.

File-au-Vent avait dit vrai.

« Sa fripouille » se rouillait.

Ce n'était plus ça!

Mais la volonté restait la même.

Et malgré le dégoût physique, il ne bronchait pas.

C'est qu'il fallait en passer par là, pour arriver à ses fins.

Et ses fins, il y était à moitié parvenu.

Il s'agissait de se faire prendre pour un homme du commun, par celui qu'il ne connaissait que par son surnom :

« Le papa Roufiat »

C'était fait.

Que demain au plus tard, Kœrhuen fût mis en face de M. de Saint-Lourdes, jamais il ne reconnaîtrait le figurant qui pour le moment était son camarade.

M. Mathias ne s'était pas trompé sur le compte du nouveau.

Il avait dit au régisseur :

— J'ai mis la patte sur un type chic, mon vieux.

— Lequel ?

— Celui qui annonce que la princesse a été enlevée.

« Vous m'en direz des nouvelles.

« Parole d'honneur, c'est un bougre à s'attacher.

« Vous allez voir ça tout à l'heure.

« J' vous fiche mon billet qu'il a un *effet* dans la salle.

Quand la scène approcha, M. Mathias se planta au manteau d'Arlequin.

Parce que lui, il faisait un *peuple* et que les « peuples » n'étaient pas de cette scène-là.

— Attention ! fit-il au régisseur.

Et Francis parut.

Ma foi ! les vrais acteurs furent surpris eux-mêmes.

Le protégé des Jésuites avait l'instinct du théâtre à tout le moins.

« Le sacré chien ! » comme disait M. Mathias.

Et c'est vrai, encore, qu'il décrocha un *effet*, dans la salle.

Pas sur ses paroles.

Mais, en s'en allant, l'œil tendu sur le traître Éginard.

Il avait une physionomie très expressive.

On sentait qu'il devinait la canaillerie de celui dont le roi et la cour étaient dupes.

Et puis, adroit, le geste large, le mouvement juste.

Un « cabot » fini, quoi !

Et Mathias traduisait son enthousiasme à sa façon.

— S'en tire-t-il bien, la vache ! disait-il au régisseur qui, connaissant son travers, le comprenait à merveille.

« Ah ! la rosse, la vadrouille, le sacré mufe ! continuait le chef choriste, est-il doué, la canaille !

« Ah! moi, si j'avais reçu ça du ciel, j'aurais voulu m'asseoir sur M. Dumaine, et ramasser les quilles à Frédéric Lemaître.

« Mais va te faire foutre!... Jaspiner, ça allait encore, gueuler mon sol dièze, bon là.

« Mais pour ce qui est de me trémousser en scène : zut!

« J' me marchais sur les pieds à moi-même, et si j'avais eu à entrer comme ça en courant, j' me s'rais étalé.

« En v'la une *tape*, hein, mon vieux, quand on s' fiche la gargamelle par terre dans une scène attendrissante!

« Pas de danger, pour ce coco-là.

Comme deux heures du matin sonnaient, deux hommes se séparaient, à l'entrée du Pont-Neuf.

— Bonsoir, Natole, disait l'un, d'un accent qui sentait le marchand de lorgnettes.

— Bonsoir, papa Roufiat, répondait l'autre, de la voix d'un homme qui a bu son saoul.

Ils se séparèrent, le premier titubant en conscience.

Le second titubant aussi, et peut-être davantage à l'apparence.

Mais quand il vit l'autre à la hauteur de la statue de Henri IV, il se raffermit et marcha droit d'un pas pressé.

Une demi heure après, le même homme, transformé, propre, élégant, comme s'il revenait de l'Opéra ou d'une réunion mondaine, jetait son riche pardessus au valet de chambre qui l'attendait et qui, prenant un flambeau, le précédait jusqu'à sa chambre d'un luxe infiniment aristocratique.

M. de Saint-Lourdes était rentré chez lui.

Du diable si M. Mathias aurait osé l'appeler *rosse*.

Depuis huit jours, Natole figurait dans la pièce de l'Ambigu.

Et chaque soir il décrochait son *effet*.

Chaque soir aussi il reconduisait papa Roufiat à mi-chemin, en le rafraîchissant, à tous les caboulots qu'on rencontrait sur la route.

Le neuvième jour, Natole attira son nouvel ami entre deux portants, en attendant sa scène.

— Dis donc, papa, lui dit-il, es-tu un homme à vouloir gagner deux cents francs ?

— J' te crois ! fit l'autre émerveillé.

« Pour moins qu' ça, j' ficherais l' feu au quatre coins de la terre.

— T'aurais du mal, reprit Natole en riant.

— Pourquoi ça ?

— Parce que la terre n'a pas de coins.

LES ERREURS DE LA GUILLOTINE

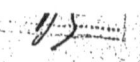

Le neuvième jour, Natole attira son nouvel ami entre deux portant, en attendant la scène.

— Qui qui l'en empêche?
— Puisqu'elle est ronde.
— C'tte bêtise! T'as raison.
— Mais j' veux dire que pour deux cents francs, je ferais n'importe quoi.
— Pas un mauvais coup?
— Tout d'même, s'il y avait des chances de n' pas se faire coller le grapin dessus.

Natole n'insista pas.

— Et qué'que t'en ferais de tes deux cents francs, si tu les avais?
— J' m'achèterais un complet tout neuf.

« J' me ferais raser.

« Et je me paierais une femme.

— A ton âge!
— Y a pas d'âge!
— Blagueur!
— Non. Tu n' me connais pas encore, toi.

« Pour les femmes, vois-tu bien, je commettrais des monstruosités.

« C'est ces oiseaux-là qui m'ont perdu.

« J' les méprise, et j' les adore.

« J'en ai eu, comme t'en auras jamais.

« J'ai donné des dîners de dix personnes, mélangés d'hommes et de femmes qui étaient tous tout nus.

« Les servantes n'étaient pas autrement habillées.

« Plus fort que ça, ajouta-t-il.

« Des femmes, j'en ai eu une à moi.

— T'es marié?
— J' l'ai été.
— T'as divorcé?
— Ça ne pouvait pas se faire alors.
— T'es veuf en ce cas?
— Oui; parce qu'elle m'a fait cocu.
— Tu l'as tuée?
— Non. Elle s'est tuée toute seule.

« Elle s'est pendue.

« C'est ça qui m'embête.

« J' la revois toujours accrochée au plafond, la langue pendante.

« Brouh! parlons pas d'elle.

« Pas moins, ça ne m'en a pas guéri, des femmes.

« Seulement, quand on prend de l'âge, faut les payer, et comme j'ai pas le sou...

« J' m'en fouts, soupira le vieux juif allemand, et c'est ce qui me fera crever de rage.

« C'est pour te dire que je suis prêt à gagner deux cents francs à toutes conditions.

« A moins qu'on ne se fasse sûrement emballeur.

« Alors, n'en faut pas.

« Parce que, c'est pas en prison qu' j'en pourrais trouver, des femmes, bien sûr !

— As pas peur ! répliqua gaiement Natole. Y a rien à risquer. J' suis pas plus amateur que toi de me faire mettre à l'ombre.

— Alors de quoi s'agit-il?

— Il s'agit de copier un papier.

— C'est mon état.

— J' sais bien ! Mais c'est pas le tout que de le copier.

— Ah ! bon ! Achève.

— Il faut que la copie soit faite, en imitant un modèle d'écriture.

— Si y a que ça, c'est facile, et pas dangereux. Le dangereux, c'est la signature. Mais du moment qu'il n'y a que le papier..

— Doucement !

— Quoi?

— Le papier, et... la signature.

— Ah ! diable !

— Qu'est-ce que tu crains?

— Parbleu ! j'crains que celui dont la signature serait imitée ne la déclare fausse.

« S'il la nie, on fait une enquête.

« L'enquête peut te faire pincer, toi.

« Et, toi, qu'est-ce que ça te fait ! tu dis que c'est moi qui ai commis le faux.

« Le v'là, c' que j' crains.

— Et s'il n'y avait pas d'enquête?

— T'aurais pas besoin de me dénoncer.

— Tu serais tranquille?

— Dame, oui !

— Y en aura pas.

— Qu'est-ce qui le prouve?

— Tu l'as dit toi-même :

« Pour qu'il y en ait une, il faut que quelqu'un déclare que ça n'est pas sa signature.

— En effet.

— Eh bien! si celui-là est mort?

— Ah! s'il est mort... c'est clair qu'il ne peut pas renier la signature.

« Au fait! ajouta le papa Roufiat, j' vois ce que c'est !

— Qu'est-ce que c'est

— Quelque testament.

— Tu y es. Oui, un testament à glisser dans les papiers d'un défunt. En sorte que ce défunt est bien incapable de se plaindre, pas vrai ?

— Fectivement! Mais dis donc, t'es pas large, toi.

— Pourquoi ça?

— S'il te faut un faux testament, c'est qu'il y a un magot important, et ça vaut plus de deux cents francs, mon garçon.

« Tu m'en donneras mille, sinon, flûte !

« Qu'après ce coup-là, tu roulerais peut-être équipage.

« Tandis que moi...

— T'emballe pas, papa Roufiat! fit Anatole en riant.

— J' m'emballe pas. Mais les affaires sont les affaires.

— J' dis pas non. Seulement...

— Seulement?

— C'est pas pour moi le testament.

— Pour qui que c'est alors ?

— Connais pas. Mais on me donne deux cents francs aussi, pour faire faire la chose.

« Et celui qui me les donne, c'est un gars qui s'en fait donner dix fois plus qu'à nous deux p't-être bien!

« Du reste, c'est à voir si ça te va, dans ces prix-là.

« J' peux pas t'offrir davantage. J' suis qu'un intermédiaire.

Papa Roufiat parut réfléchir.

— C'est tout de même pas grand'chose! se disait-il à lui-même.

Il hésitait.

— Écoute, reprit-il, v'là ta scène.

« Nous en recauserons après le spectacle, en nous en allant. D'autant que, peut y avoir de la *mouche* ici.

Ce qu'en disait papa Roufiat, ce n'est pas qu'il fût tracassé de scrupules. On verra bien que si quelque chose au monde le gênait, ce n'était pas ça.

Du reste, si l'on se souvient de tout ce qu'il avait fait sous son véritable nom de Kœrhuen, on avouera qu'il s'y serait pris bien tard !

A vrai dire, quand le diable se fait vieux, il se fait ermite.

Pas ce cadet-là. La fonction d'ermite entraîne l'abstinence, et l'idéal du vieux bandit allait précisément au contraire.

Mais, malgré la qualité d'intermédiaire que se donnait le brave Anatole, Kœrhuen flairait du louche.

Pas si intermédiaire qu'il voulait bien le dire !

On n'apprend pas à un vieux singe à faire la grimace.

Il avait les mains bien blanches, Natole ! Son linge était bien propre. Et pas seulement son linge !

On se déshabille les uns devant les autres, dans la loge de la figuration. On se voit de près. Parole d'honneur, il sentait bon, Natole. Ce gars-là devait se laver tous les jours avec de l'eau où il mettait de l'eau de Cologne.

Quelque fadard !

Et puis, ses chaussettes n'étaient pas rapiécées, et une fois qu'elles faisaient un pli qui le blessait, il les avait ôtées.

Pas des pieds de sa condition !

Les pieds blancs, dont les ongles taillés étaient nets.

Allons ! allons ! c'est pas naturel.

Quand on a des pieds comme ça, du linge propre, des chaussettes pas rapiécées, qu'on ne sent pas mauvais, et qu'on a les mains blanches, on ne *figure* pas par nécessité à l'Ambigu.

On est un gars qui a un but

Laquel?

C'est ce que papa Roufiat voulait savoir; non par curiosité, mais un par intérêt obscur, qui se dévoilera tout à l'heure.

Une intérêt ! Eh parbleu ! dans sa position plus que précaire, on fait flèche de tous bois. Faut pas être bégueule.

Après tout quoi ?

Comme on dit aujourd'hui, c'est la bataille pour la vie.

— J' veux pas crever de faim, se disait-il.

Et à ses différents métiers, il ajoutait celui d'*indicateur* de la sûreté

Il n'était pas mouchard si vous voulez.

Pas en titre du moins. Hélas ! il n'avait pas de traitement fixe.

Mais quand il savait quelque chose, et que la révélation en valait la peine, eh bien ! il recevait une prime *conséquente*, plus ou moins, selon le cas.

Quelque chose lui disait qu'Anatole lui en fournirait une bonne.

Seulement, il fallait l'*aguicher*, en douceur, afin de voir au fin fond de son sac !

Attention !...

Allons ! il faut le reconnaître, et le répéter une seconde fois, File-au-Vent avait raison.

Francis se rouillait.

Il le fallait bien, puisqu'il ne paraissait pas se douter des dispositions de l'écrivain public.

Sans quoi, voyons, lui aurait-il livré tout son secret et le soir même, en lui disant, sur le quai :

— En vérité, mon vieux, j'me déguise en « peuple », comme dit le père Mathias. Sans être un grand Monsieur, j' suis un peu « Monsieur ».

« Ma vraie situation, c'est porteur de contraintes, chez un huissier de Paris.

« Là ! tu vois que je joue franc jeu avec toi.

« Pour lors, j'ai fait la connaissance d'un individu, qu'on poursuit tant et plus, à mon étude.

« Quatorze fois, j'ai servi de témoin au patron, dans les saisies opérées chez ce jeune homme-là.

« Un jeune homme ; ce qui s'appelle un fils de famille.

« Pas méchant, pas canaille ; un noceur, v'là tout.

« Il est pas fichu de gagner dix sous en travaillant.

« Il n'a pas été élevé à ça ; qu'est-ce que tu veux !

« Trop distingué.

« Sans le flatter, il a croqué plus d'un million avec les femmes, et au baccara à son cercle.

« Tant et si bien qu'on l'a pourvu d'un conseil judiciaire. Tu sais bien ce que c'est ?

— Interdit ?

— Tu y es, ma vieille.

— Continue.

— Paraît que c'est des grigous, ses tuteurs.

« Ils lui font tirer la langue.

« C'est même pour ça qu'il nous donne si peu, t'entends bien, vieille branche ?

— J'entends bien. Mais pourquoi qu'il faut que je copie un papier, d'une certaine écriture ?

— V'là c'que c'est !

« Quand un garçon en est là, qu'il ne peut rien par lui-même, il n'en manque pas des *galoupiots* qui veulent le dévaliser tout à fait.

« Qu'est-ce qu' tu veux qu'il fasse ?

« En justice, un interdit, c'est pas intéressant.

« Et puis, il ne peut pas s' payer un chic avocat, qui attrape les adversaires, les dépiotte, et les fasse *casquer*, par peur d'être roulés dans le ruisseau.

« Qui qui le pairait, c't avocat, si son client perd ?

— Ça se comprend.

— Alors, ils lui ont monté un coup.

« Tu vas voir si c'est rosse !

« Not' jeune homme a encore un oncle, sans enfant, un veuf, qui a un sac énorme.

« Croirais-tu qu'ils l'ont embobiné à se fâcher contre son neveu, à le déshériter !

« Avant, il avait fait un testament, le vieux oncle.

« Par là, il laissait tout à son parent.

« Par crapulerie, les autres lui en ont fait faire un autre, par lequel il laisse tout son bien à je ne sais quoi :

« Une fondation, dont ils auraient la direction, qui leur permettrait d'en *estourbir*, de *la galette*, à leur profit !

« Des filous !

« Faut pas de ça ; c'est injuste, pas vrai ?

— Dégoûtant ! fit Kœrhuen.

— Eh bien ! tu vois de quoi qu'il retourne.

« Dans les affaires de testament, c'est pas comme pour le vin.

« Le vin, tant plus qu'il est vieux, tant plus qu'il est bon !

« Un testament, au contraire, c'est le plus jeune en date qui seul a de la valeur aux yeux de la loi.

« Faut donc qu'à la mort de l'oncle, on trouve un testament plus récent qui enfonce l'autre, et restitue toute la fortune au légitime héritier.

« T'as saisi ! Qu'est-ce que t'en penses ?

— Dame ! j'en pense que c'est malin.

— Malin, et juste.

« Pourquoi que ces *rossards* du conseil judiciaire veulent dépouiller notre jeune homme ?

« C'est de la sale ouvrage.

« Pain béni de les repincer au demi-cercle, pas vrai ?

« Et je peux te l' dire :

« A des fois, que l'oncle décédé de sa belle mort, le bon garçon de neveu rentrera dans son bien, c'est pas deux cents francs qu'il ajoutera à ceux du jour d'aujourd'hui, c'est...

— C'est ?... répéta papa Roufiat, avec avidité.

— Devine...

— Deux mille ?

— Plus que ça !

— Le double ?

— Monte toujours.

— Pas dix mille, hein ?

— Encore plus !...

— Tu blagues ?
— Ça serait pas le quart d'heure.
— Combien donc : vingt mille?
— Vingt-cinq mille francs, là, écus sur table.
— A toi?
— Et à toi !
— Pour partager ?
— Vingt-cinq mille à chacun, de la main à la main.

Kœrhuen se disait :
— Si c'était vrai pourtant !

Le somme l'éblouissait, lui donnait le vertige.

Et puis, non, c'était trop beau !

— Bah ! fit-il, on dit ça, avant ; mais après...
— T'es bête, papa Roufiat.
— Quelle garantie? Bon si on avait un papier.
— Oui! pour se faire coller au bloc.

« T'es pas fort, vieux décati.

« Les femmes t'ont ramolli *ta tourte* [1].

« A quoi qu'il servirait, ton papier, puisque si tu le produisais en justice, le juge commencerait par te fiche dedans.

« T'y penses donc pas, vieux zig ?
— C'est vrai. Tu sais ça, toi.
— Chez un huissier, on en apprend long.
— J'veux bien. Mais encore une fois, quelle garantie de la promesse?
— Te faut des lunettes, à ce que je vois, vieille branche! Ah! nom de nom! que t'es *gnole!*

« Eh! foutue bête, tu comprends donc pas qu'il aurait bien trop peur de nous indisposer, nous qui le tenons par son secret?

— Secret que nous ne pouvons divulguer.
— A cause?
— A cause qu'on nous collerait au bloc ; tu viens de le dire, à propos du papier.
— Ça, oui ! si nous restons là, comme des crétins.

« Mais, écoute ça, vieux baveux d'honnête homme!

« Une supposition qu'il veuille nous voler, après le coup fait ; qu'il se croie quitte envers nous, avec quelque misère de centaines de francs, et qu'il fasse le malin.

1. Ta cervelle.

LES ERREURS DE LA GUILLOTINE

En se retournant, les deux coquins se trouvèrent, nez à nez, avec deux sergents de ville...

— Bon, après ?
— Tu y écris, je suppose :

« *Monsieur,*

« *Si demain ce qui est promis n'est pas complété à mon ami Natole et à moi, je prends le train pour l'étranger, et de là-bas, j'écris au procureur général que le testament est faux.*

« *J'ai bien l'honneur de vous saluer.*

« *Celui que vous savez bien.* »

« Crois-tu, voyons, là, crois-tu, vieux dessalé, qu'il n'aboulerait pas la monnaie à bibi ?
— Ça, c'est vrai ! fit Kœrhuen émerveillé ! Ça, c'est fort, c'est mariole !...
Et, ébloui de nouveau, le mari de Mathilde recroyait à l'affaire.
— Et regarde ! ajouta Francis, sentant qu'il l'enpaumait, regarde, vieux zigue, que nous sommes, toi et moi, à l'abri de tout désagrément.
« Nous le tenons, et il ne nous tient pas.
« Nous, en filant, nous pouvons le dénoncer, sans risque.
« Lui, il ne peut jamais nous en faire autant.
« Pas plus de loin que de près.
« Car, même de loin, le testament est cassé, et il faut qu'il recrache ce que nous lui avons fait avoir.
« Comprends-tu, à la fin?...
— Oui, oui, fit Kœrhuen enthousiaste. Je comprends, bien... Si bien ! que même, une fois les vingt-cinq mille francs touchés, si on était gêné par exemple... si on avait besoin de quelque chose de plus... encore vingt ou vingt-cinq mille...
— Allons donc ! tu y es ; t'es dans le train. T'as quitté ta coquille...
Ça y est-il ?
« — Ça y est !... s'écria Kœrhuen.
— Quoi qu'y est ? demanda une voix rude.
En se retournant, les deux coquins se trouvèrent nez à nez avec deux sergents de ville, qui faisaient leur ronde.
Ils s'étaient dit tout cela, sur le quai, appuyés des coudes au parapet de pierre, regardant l'eau couler, scintillant sous les rayons de la lune.
Le clapotement des eaux, le bruit du vent dans les branches d'arbres qui monte de la berge en contre-bas, les avaient empêchés d'entendre approcher les agents.

Malgré eux, ils tressaillirent.
— On causait, répliqua papa Roufiat. C'est pas défendu.
— On ne vous le défend pas non plus.

« Seulement, comme vous regardiez l'eau, et que vous disiez « Ça y est! » on vous demande si c'est pas quelque accident qui se passe sous vos yeux?
— Non, rien de ça. Je vous le dis, on causait de nos affaires.
— C'est bon. Tout de même, vous feriez mieux de circuler.
— Le fait est qu'il n'est pas trop tôt pour aller coucher. Bonsoir, messieurs.
— Bonsoir, répondit l'agent en continuant sa marche avec son camarade.

Natole et papa Roufiat avaient enfilé le Pont-Neuf.
— Voyons, reprit le premier, si l'affaire te va, pourquoi qu'on attendrait pour la mettre à exécution?
— Quand voudrais-tu?
— Tout de suite, si c'est possible.
— Et les deux cents francs!
— J' les ai.
— Sur toi?
— Sur moi.

Ce détail remit Kœrhuen en défiance.
— Mais au fait, dit-il, pourquoi donc que tu t'adresses à moi plutôt qu'à un autre?
— Parce que tu m'as été indiqué.
— Par qui?
— Si j' te l' dis, ça va t'embêter.

Kœrhuen devint inquiet.

Dans des proportions moindres, il avait plus d'une fois exercé son talent de faussaire, notamment pour une fille-mère, une bonne qui, pour s'être livrée à son maître, un boutiquier, marié, l'avait fait chanter, avec une rouerie extrême.

Elle avait des lettres de lui.

Elle l'avait menacé d'en envoyer une partie à sa femme, et une à plusieurs négociants et boutiquiers voisins.

Le galant avait préféré racheter ses lettres.

Elle les lui remit, il les parcourut et se crut sauvé.

Pas du tout!

Ces lettres étaient fausses.

C'est l'écrivain public qui les avait fabriquées, et si bellement que l'auteur n'y avait vu que du feu.

En sorte, qu'il avait fallu que le patron de la bonne les rachetât une seconde fois.

C'était peut-être cette bonne-là qui avait indiqué Kœrhuen à Natole.

Il n'en douta plus quand l'autre lui rappela le « bon tour » par insinuation.

En fait, Francis savait la chose par le boutiquier, qui, devenu veuf, racontait l'aventure comme une farce bien jouée.

Il en riait à présent.

Il s'était même passé la fantaisie de reprendre, quelque temps, cette coquine, devenue fille entretenue.

Et, en riant elle aussi, elle lui avait dit qui était l'auteur des fausses lettres.

Tout cela, le boutiquier, veuf et retiré des affaires fortune faite, s'en vantait plutôt.

Il n'y a pourtant pas de quoi.

Il était d'un des cercles où M. de Saint-Lourdes faisait volontiers la partie de baccara, comme doit faire un homme du monde.

Il n'y a pas plus cancaniers que les hommes de cercle.

Ce qui concerne l'un d'eux, tous les membres le savent bientôt.

Toutefois, Francis ne pouvait pas dire la chose à papa Roufiat.

C'est pourquoi il procédait par allusions.

Ça suffit à Kœrhuen, qui se sentant morveux, n'insista pas.

— Pour lors, continua Anatole, quand j'ai su ce que tu es capable de faire, j'ai voulu me lier avec toi.

« Car, aller à ta boutique et te proposer l'affaire tout de go, ç'aurait pas été malin.

« Tu m'aurais fichu à la porte.

— Pour sûr !

— T'as pourtant bien travaillé pour la bonne.

— Une femme, c'est pas la même chose.

— C'est possible !

« Pas moins, continua le faux porteur de contraintes d'huissier, c'est pourquoi que je m'ai fait enrôler par M. Mathias, et que nous sommes devenus amis.

« Là ! te v'là renseigné à c'tte heure.

« Ton dernier mot ?

Kœrhuen se consulta encore.

Puis d'une voix déterminée :

— As-tu les papiers ? demanda-t-il.

— Je le tiens ! pensa Francis, au comble de la joie.

Et tout haut :

— Oui, que j' les ai !

— Sur toi, encore ?

— Dans ma poche.

— Eh bien ! allons-y ! conclut Kœrhuen, en prenant son parti.

« Seulement, n'allons pas à ma boutique.

« Pour ces affaires-là, faut des précautions.

« Nous allons aller chez moi.

— T'as un chez toi ? Un garni ?

— Pas si bête !

« La *rousse* a l'œil, là dedans.

« J' suis dans mes meubles.

« Dame ! c'est pas luxueux, et j'ai été mieux logé dans mon temps.

« Mais en revanche c'est commode.

« Viens par ici !

Et au lieu d'incliner vers la place Maubert, il tourna à droite, gagnant le dédale des rues du quartier des Écoles.

Près de l'encoignure de la rue Saint-Séverin, le trottoir se rétrécissait tout à coup, par une clôture en planches, sur laquelle des affiches se mangeaient les unes les autres.

Là, était une maison en construction.

Les pierres s'élevaient à peine à la moitié du premier étage. L'opération était visiblement abandonnée depuis longtemps.

Qu'était-il arrivé ?

Faillite de l'entrepreneur, peut-être.

Ou bien, décès subit du client propriétaire.

Il devait y avoir des difficultés.

Succession ou banqueroute, bien sûr, on plaidait.

Et c'est long, ces procès-là.

En attendant, la construction en restait là.

— Attends, dit papa Roufiat à son ami.

Et décollant une affiche, le vieil écrivain public ôta un clou, souleva à demi une planche et dit :

— Tu vas entrer par là.

« Une fois dans l'intérieur tu traverseras tout droit ce qui sera le vestibule quand ça sera fini.

« Tu tomberas dans une petite cour carrée.

« Avec tes mains, tâte le mur, tu sentiras une porte.

« Reste devant, et attends-moi.

« Moi je vais tourner le coin de la rue, sonner à ma maison.

« Je demanderai au portier, s'il n'y a rien pour moi, de façon à bien constater que je suis seul.

« Et puis je suivrai l'allée.

« Moi aussi j'arriverai dans une cour.

« J'irai à la porte derrière laquelle tu m'attendras. Je l'ouvrirai, et nous monterons à notre poulailler sans que personne au monde se doute de ta présence.

« Alors, nous pourrons travailler.

— Va, dit Natole.

Tout s'exécuta exactement.

Sans mot dire, Kœrhuen prit la main de son complice et le guidant dans l'escalier, lui fit gravir six étages.

Enfin, on arriva dans le logis du vieux.

— Pas riche !

C'est ce que pensa Natole, dès que son hôte eut allumé une bougie qui était enfoncée dans le goulot d'une bouteille.

Il le pensa au lieu de le dire, car dès l'entrée celui-ci lui avait soufflé :

— Parle par gestes. Les voisins couchent contre la cloison qui est mince comme une feuille de carton.

Pour tout mobilier dans ce réduit abominablement mansardé, un lit de sangle, une chaise dont la paille était remplacée par une planche de bois.

Puis une boîte, qui servait de second siège.

Un vieux buffet de cuisine, avec sa planche massive, servait de commode.

Dessus, une terrine de grès, contenant un pot à confiture rempli d'eau.

Un sale démêloir en corne plein de vieux cheveux.

Et une espèce de torchon troué.

Voilà la toilette et le réservoir au linge.

Près du lit, deux espadrilles déchirées figuraient des babouches.

Entre trois clous, un débris de glace, permettait de se mirer le bout du nez.

Et fiché dans le papier avec des épingles, le portrait du comte de Chambord.

Kœrhuen était légitimiste.

Le parti s'honorait-il beaucoup de cet adhérent ?

C'est douteux.

Quoi qu'il en soit, c'est là dedans que le misérable dormait.

Il y avait loin des luxes de la villa d'Epinay ; loin des somptuosités libertines de la petite maison de Croissy-Chatou.

Mais l'homme est ainsi fait qu'il s'habitue à tout

L'ancien boursier ne se déplaisait pas trop, là, et il disait :

— Chez moi !...

Le seul meuble qui valut plus de cent sous, c'était une table en chêne, comme en ont les commis de bureau.

Surchargée de papiers malpropres, de vieux journaux à images, il y avait au centre juste la place d'écrire sur une double feuille de papier à lettres.

Pour écritoire une bouteille.

Et cinq ou six porte-plume à deux railds.

Il ne faisait pas précisément chaud là dedans.

N'importe! L'écrivain faussaire s'installa à la table aussitôt.

La marche lui avait permis d'emmagasiner du calorique naturel.

Il fit signe à Natole de lui donner les papiers.

Pour stimuler son zèle, le faux gantier tira d'abord dix beaux louis de la poche de son pantalon, et les étala sur la pile de journaux.

Puis il donna la formule du testament.

La date d'abord, à la suite de laquelle venait :

« *Sain de corps et d'esprit, je révoque toutes mes dispositions testamentaires antérieures, et, en récompense des soins que j'ai reçus de mon ami M. Benoît d'Arjuzan, comte romain de Saint-Lourdes, je l'institue mon légataire universel, sans conditions ni restrictions d'aucune sorte.*

En dessous, la signature du général.

— Bien, mima Kœrhuen ; voyons l'écriture à imiter à présent.

Natole lui remit trois lettres.

Assez longtemps, le vieux les examina, les comparant, cherchant à découvrir les nuances de la calligraphie, les habitudes de l'auteur.

Très facile à imiter : jamais un point sur les *i* ; les accents rares, et toujours sur la lettre voisine.

Les mots le plus souvent coupés en deux.

Et certains, reliés entre eux par la continuation du trait de la plume qui ne quittait pas le papier.

Enfin, les *t* barrés trop bas, et absence de majuscules, encore que les double *s* fussent faits à l'ancienne mode, c'est-à-dire à peu près comme une double *f*.

— Attends, mima-t-il encore.

Et sur un papier, il s'exerça, avant de travailler sérieusement.

— J'y suis, dit-il à la fin, je la tiens !

Et d'une main sûre, il copia le modèle du faux testament.

Vraiment, c'était merveilleux !

Natole examinait, comparait, faisait des compliments par lignes

On laissa sécher l'encre, tandis que le faux ouvrier ramassait le modèle et les lettres.

De même, ensuite, il serra dans sa poche le papier qui lui assurait la fortune du général.

Puis, il défit de sa ceinture un long bout d'étoffe de laine.

Kœrhuen s'étonnait.

L'autre lui indiqua par gestes qu'il voulait s'en faire un cache-nez, car il avait froid.

— Très chaud ! murmura Francis. Essaie.

Et il le mit autour du cou de son ami, qui le laissa faire bonnement.

Mais tout à coup, celui-ci se sentit suffoquer.

Anatole l'étranglait.

Kœrhuen voulut crier. Pas moyen !

La main de Francis lui clôturait la bouche, tout en le maintenant debout.

Des yeux, des mains, l'autre suppliait, menaçait, appelait.

Impossible, le mari de Louise supportait le regard épouvantable de ces yeux à demi sortis de l'orbite.

Et il serrait toujours, sans se laisser ébranler par les mains de sa victime qui se débattait.

Puis, les yeux remontèrent, renversés en arrière.

La bouche qui cherchait à mordre devint molle.

Le corps se fit lourd en raison de l'affaissement graduel.

Et Francis restait immobile quand même.

Il était pâle; mais sans tremblement.

Enfin le vieillard devint inerte.

Tout doucement l'assassin l'étendit à terre.

Puis s'agenouillant il colla son oreille au cœur.

Plus rien.

Le vieux était mort.

Avec des précautions infinies, M. de Saint-Lourdes le déshabilla, posa les vêtements sur la chaise, et coucha le cadavre sur le lit, un peu sur le côté.

La bougie à la main, il examina le cou.

Nulle trace.

— Ça y est, pensa-t-il.

Alors, il reprit les dix louis, et ramassa le papier sur lequel Kœrhuen s'était essayé à imiter l'écriture du général.

Sur un dernier coup d'œil, le bandit souffla la bougie, et sortit de cette chambre.

L'escalier cria bien un peu sous ses pieds déchaussés.

LES ERREURS DE LA GUILLOTINE

Anatole l'étranglait. Il voulut crier, pas moyen!

Mais par les changements de temps le bois joue.
Dans la cour, il se rechaussa, et gagna la petite porte qui communiquait à la maison en construction.
Il la traversa. Écouta dans la rue...
Personne !
Il leva la planche, enjamba, et partit.
— Olga est à moi ! se dit-il.

XXXIX

LE TRIOMPHE DU CRIME

Une catastrophe effroyable avait causé des deuils et des ruines en Suisse.
Une partie de montagnes, minée par les infiltrations de plusieurs siècles, s'était détachée, et d'un seul bloc avait glissé dans la vallée, comblant le tiers d'un petit lac.
Sur cette partie de montagne, un village était établi.
Sur le chemin de l'avalanche, deux hameaux s'élevaient.
En un instant tout avait disparu, avec un bruit terrible qui, répercuté par les échos des Alpes, avait roulé plus d'un quart d'heure.
Pour comble, le petit lac avait débordé, submergeant d'un flot unique, mais plus violent que le mascaret, cent chalets plantés sur les bords.
Lesquels s'étaient écroulés sur les habitants et les animaux.
Un désastre irréparable.
Et d'autant plus que la Suisse n'est pas riche.
Ce canton-là était des plus pauvres.
Tout ce qu'on pouvait tenter de faire, c'était de soulager les survivants.
En France, on n'est jamais en retard pour secourir les étrangers.
A quoi ceux-ci répondent, le plus souvent, par l'indifférence parfaite quand il se produit un grand malheur chez nous.
Ça ne fait rien.
Pour venir au secours des éprouvés, on avait organisé toutes sortes d'affaires de charité.
Représentations théâtrales, où les acteurs — qu'on méprisera ensuite — se dépenseront en talent et en fatigue.
Bals à cinquante francs le billet.
Tombola, loteries publiques et privées.
Que sais-je ?
La mode s'en mêlant, c'était de la frénésie.

Tout, pour les victimes suisses !

Certains se faisaient des rentes à organiser tout cela.

Et dans le grand monde, on avait résolu de faire ce qu'on appelle : une vente de charité, au profit des victimes.

En quel endroit?

Dans les salons d'une ambassade?

C'est bien connu.

Il faudrait quelque chose qui en soi fût une curiosité.

Eh bien ! à l'Opéra.

Les théâtres, toujours.

On connaît l'escalier de Garnier le soir.

Mais le jour, hein?

Great attraction!

Va donc pour l'Opéra.

On établira la vente dans le foyer du public.

Qui fut dit fut fait.

A force de démarches ici et là, les plus enragés royalistes *daignant* solliciter les ministres républicains à ce propos — car leur nom serait mis dans le journal — on obtint ce qu'on voulait.

Et toutes les « chères Madames » des diverses aristocraties, filles de preux revenus derrière les Prussiens ; filles de maréchaux ralliés autrefois à la légitimité, dont les pères étaient savetiers; filles de tripoteurs sous la branche cadette ; et filles ou femmes d'épiciers, de boursiers, ou d'anciens marchands de lorgnettes ambulants, s'inscrivirent pour tenir un comptoir, ce qui, pour la plupart, les ramenait à leurs origines.

Ma foi ! le jour de l'ouverture, c'était superbe.

Des princesses versaient le champagne à un louis le verre. Des duchesses vendaient des photographies décolletées. Des comtesses tenaient boutiques de cigares, et frottaient une allumette pour le client. Des baronnes offraient des petits bouquets, et les marquises tenaient de la parfumerie.

Les demoiselles de ces dames-là circulaient dans la foule, abordant les messieurs, leur accrochant bon gré mal gré un gardenia à la boutonnière, en leur débitant un boniment; ci : « ce qui vous fera plaisir ! »

Mais si vous voulez passer pour un muf, vous n'avez qu'à donner cent sous.

Plaisantez-vous !

A de telles vendeuses, offrir moins d'un louis?

Vous n'êtes pas chic, pas gommeux, pas poisseux, pas grelotteux!

Un rien du tout ! Un muf, on vous dit!

Et qui vous dit cela?

Pas moi, bien sûr!

Non : ces demoiselles.

Ce n'est pas que le mot sorte de leurs lèvres quelque peu enduites de carmin.

Jamais!

Mais à la façon dont elles vous tournent le dos, votre affaire est claire.

Vous êtes toisé : un mufe, encore une fois.

Mme de Saint-Lourdes, sollicitée de vendre quelque chose, s'était excusée.

— Je ne saurais pas! avait-elle objecté.

Ce qu'elle ne disait pas, c'est qu'il lui répugnait de se donner ainsi en spectacle.

Demain, elle serait acheteuse.

— Me conduirez-vous? avait-elle demandé à son mari.

— Très volontiers, ma chère.

Et tous deux étaient venus.

On leur avait fait fête, dès le bas de l'escalier.

Ils connaissaient tout le monde, là-dedans. C'était plein de gens officiels.

Et depuis près d'un mois, on avait remarqué qu'ils n'étaient venus nulle part.

Cette éclipse avait même motivé une communication officieuse du général des Jésuites à M. Benoit d'Arjuzan.

Négligeait-il les affaires?

Que voulez-vous!

Il ne pouvait pourtant paraître aux bals des ambassades et figurer dans le drame de l'Ambigu!

Si habile qu'il fût, impossible de se dédoubler, n'est-ce pas?

Mais, Dieu merci! c'était fini.

Le faux testament avait été glissé en bon endroit, de façon à ce qu'on le trouvât à la mort du général.

Il s'y prenait de loin, dira-t-on.

Vous ne le connaissez pas.

Il entendait ne pas attendre longtemps.

Et comment?

Parbleu! était-il à un crime près?

Le général malade, atteint d'une maladie où les médecins déclaraient ne voir goutte, pouvait décéder subitement sans qu'on s'en émût.

Eh bien! Francis s'apprêtait à lui administrer la potion nécessaire.

Pourquoi tarder, puisque tout était prêt?

Eh oui, tout!

Quoi donc encore ?

Vous êtes bon, vous ! Ne fallait-il pas se mettre en garde contre la Société de Jésus, elle-même ?

Vous croyez qu'elle aurait envie de rire, la Société de Jésus, quand elle se verrait trahie par sa créature !

Quand elle apprendrait que ce faux Benoît d'Arjuzan, au lieu de travailler pour elle, en faisant hériter le petit séminariste d'Ermont, s'adjugeait le magot du général ?

Vous ne les connaissez pas non plus les messieurs de cette société.

Ils feraient une grimace de pendu d'abord !

Puis ils aviseraient, et se croiraient en situation de repincer le traître au demi-cercle.

Par un beau procès au nom du séminariste.

Par des contremines en dessous.

Par quelque machine qui intimidât le gaillard, le fît recracher les écus, sous menace de le démasquer et de le rejeter au ruisseau, son véritable élément.

Pas de ça, Lisette !

Francis y avait pensé !

Non seulement le faux testament était en due forme.

Mais encore, si ces messieurs de la jésuiterie bronchaient, M. de Saint-Lourdes, filé préalablement à l'étranger, les tiendrait en respect par l'annonce de son intention de publier la relation de la mission à lui confiée par eux, avec pièces probantes à l'appui.

Il était bien tranquille, d'ailleurs ; car à moins de ressusciter « papa Roufiat », comment prouver que le testament du général n'était pas du général ?

Rien à craindre !

Et sûr de lui, le pieux et honoré M. Benoît d'Arjuzan gagnait le foyer du public, afin de faire ses générosités à ces pauvres victimes suisses, dont il se fichait comme de ses premiers souliers, vous m'entendez bien !

Là encore, saluts et poignées de main.

Louise s'arrêta à plusieurs comptoirs, puis reprit le bras de son mari et l'on marcha, pour passer l'ensemble en revue.

Tout à coup, M. de Saint-Lourdes eut un léger tressaillement.

Pourquoi donc ?

C'est que, derrière lui, une voix étrange murmurait un nom :

— Natole !... Natole ! !... Natole ! ! !...

Il croyait rêver ; avoir un coup de sang.

Pourtant, mû par une peur irraisonnée, il se retourna brusquement, et cette fois un brouillard lui voila la vue le temps d'un éclair.

Devant lui, souriant, presque propre, amical, papa Roufiat lui tendait la main, disant :

— Eh bien ! Natole, t'es ben fier aujourd'hui : on ne reconnaît donc plus les amis, ma vieille branche ?

Francis était livide.

On s'était arrêté. On formait cercle.

— Que veut cet homme ? dit Louise.

Le bandit s'était remis, et jouant son rôle, en le prenant de haut, payant d'audace :

— Vous êtes fou ! dit-il.

Mais Kœrhuen ne s'émut pas.

— La même voix ! dit-il, c'est bien lui. Ah ! crapule !...

— Misérable ! s'écria M. de Saint-Lourdes, en levant la main.

Mais il n'eut pas le temps de l'abaisser.

Quatre agents en bourgeois l'étreignaient, tandis que deux autres lui liaient déjà les jambes et les bras.

— Allons ! lui dit File-au-Vent, déguisé en Ottoman barbu, couvert de décorations et coiffé d'un fez, et qui semblait commander, fais pas le méchant, Francis. T'avais gagné la seconde manche ; mais c'tte fois-ci, j'crois qu' t'as perdu la belle, mon garçon. T'es trop gourmand aussi ! Faut être raisonnable.

Ligotté, Francis fut hissé sur les épaules des agents, qui le traversèrent ainsi dans la foule du foyer, dans l'escalier, jusqu'à ce qu'on l'eût assis dans un fiacre.

File-au-Vent, assis en face de lui, tenait un revolver braqué sur lui.

Soin inutile.

Vraiment, le misérable n'était capable de rien entreprendre à ce moment.

Il se laissait aller de corps autant que d'esprit.

Le coup avait été trop prompt, trop dur.

Ah ! passer ainsi à travers tous ces gens, qui cinq minutes auparavant le tenaient pour un des leurs !

Ah ! tomber de si haut !

Ah ! manger dès ce soir l'ignoble ordinaire de la prison, lui qui le matin encore avait des huîtres, des truffes, du gibier, des fruits, des glaces, des vins fins à son déjeuner, servi comme on sert ces choses-là à un prince.

Eh bien ! ce n'était rien encore.

Le plus atroce, c'est qu'à côté de File-au-Vent, était assis papa Roufiat.

Papa Roufiat qui le regardait avec un sourire narquois.

Passe encore le sourire !

Mais il tenait la tête de côté, comme un homme qui a le torticolis.

Et Francis revoyait la scène dans la mansarde de l'écrivain public.

Il se revoyait, déshabillant ce qu'il croyait être un cadavre, le couchant, le tournant un peu sur le côté.

— Foutue bête ! se disait-il. J' l'ai cru crevé, et la rosse s'est tirée de là ! Mais à quoi bon ces regrets superflus ?

Il n'était pas homme à se faire illusion.

— Non ! se disait-il encore ; j' suis nettoyé !

Et par un revirement subit, il jeta tout par-dessus bord.

Louise, Olga, les millions, la considération, le luxe, les beaux habits, tapis, tentures, linge fin, odeurs, cigares de choix, tout, tout...

Eh bien !... zut !

A quoi servirait de pleurnicher sur tout ça !

Englouti ; c'est fini ; n'y pensons plus.

— Ma tronche y restera c'tte fois ! pensait-il pour conclure. J' m'en fouts ; j' me s'rai amusé.

« Si j'avais travaillé, quoi ?

« J' serais marié, père !... cocu, p't-être.

« J' me s'rais établi ; j' f'rais mon domino dans un estaminet de Levallois ; j'aurais rien vu, rien connu...

« J' s'rais une huître.

« J' m'en fouts ! j' m'en contre-fouts ; zut !

Et calmé, il se mit à rire.

— C'est égal, dit-il à Kœrhuen ; tu r'viens de loin, toi, mon p'tit père. Faut qu' t'aies la vie chevillée dans le ventre.

« Sois fier, tu sais ! T'es l' premier qui sort de mes mains.

« J' t'ai raté !...

« Tu peux brûler une chandelle au diable, qui est ton patron bien sûr !

— Faut pas y en vouloir, dit File-au-Vent ; j'te t'nais sans ça.

— Vantard !...

— T'es naïf ! fit le policier. Tu coupais donc dans la princesse russe ?

— Olga ?...

— *Elle en est*, mon garçon.

— Crée vache ! fit Francis.

— Et puis tiens ; regarde sur le siège, à côté du cocher, vois-tu les basques d'un habit qui pendent.

— Oui. C'est ma livrée.

— Ton valet de chambre.

— Quoi ?

— *Il en est* aussi.

— Salop !... fit M. de Saint-Lourdes.

— Ah bien ! écoute donc aussi, t'es pas du gibier vulgaire. Faut être juste. T'as du truc !

« Ton évasion de la voiture cellulaire, dans le train ; ça, c'est chouette !

« Non, vrai ! nous avons été épatés, à la boîte.

« C'est pourquoi qu'on t'a fait les honneurs du grand jeu.

« Mais je te tenais.

— Depuis quand ?

— Depuis le jour du grand prix de Paris.

« C'est moi qui t'ai laissé traverser la piste.

« Et j'ai dit à M. Oscar :

« — Le v'là r'pigé, patron.

— Au fait, comment va-t-il, M. Oscar ?

— Il va bien ; j' te r'mercie.

« Mais il ira encore mieux tout à l'heure.

« Parce que, tu le crois bien, n'est-ce pas ? tu ne nous fileras plus dans les doigts.

— Je n'y compte pas. Du reste, pourquoi faire ?

« J'ai peut-être pas vidé mon sac à la malice ; mais ça ne me sert à rien.

« J' suis brûlé à Paris.

« On me connaît trop : rien à faire.

« Et je m'embête à l'étranger.

« Non ! j' suis pris ; je paierai argent comptant.

« Seulement, j' m'amuserai à en embêter quelques-uns avant de renifler le son du panier.

— T'as à te venger ?

— Ah ! non. J' veux qu'embêter du monde. Ceux qui ont fait les malins avec moi.

« J' veux qui sachent que j' n'étais pas leur dupe.

« Les Jésuites, par exemple.

« Et puis les juges !

« Ah ! les juges ! J' vois leurs gueules quand je leur prouverai qu'ils ont coupé le cou à un innocent.

— Le neveu de la veuve Walph ?

— Pardine !

— Tu avoues donc ?

— A présent, qu'est-ce que ça me fait ?

« Elle et le reste, j'm'en toque le coquillard à c'tte heure, puisque mon compte est fait.

LES ERREURS DE LA GUILLOTINE

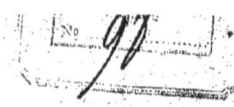

— Misérable! s'écria M. de Saint-Lourdes, en levant la main.

« C'est égal, j' vois leur nez !

« Faut pas en oublier, j' vas écrire mes mémoires à Mazas.

Le pauvre Kœrhuen, ne soufflait plus mot.

— Qu'est-ce que t'as donc, papa Roufiat? T'as pâli tout à l'heure, quand j'ai parlé du neveu de la veuve Walph.

Il se fit un silence.

— Tiens! au fait! j'y repense, reprit le bandit.

« N' m'as-tu pas conté tes splendeurs d'autrefois?

« Tu sais bien, le soir que t'étais si saoul.

« T'avais une cambuse à Épinay, que tu me disais.

« J'allais rigoler tout nu à Croissy-Chatou, que tu m'as dit, en t'en léchant encore les badigoinces.

« Et j' me rappelle que sur le banc des témoins, au procès de Maxime Létang, on a bavardé là-dessus, parce qu'un témoin manquait.

« Comment que tu t'appelles pour de vrai, dis, papa Roufiat?

« Attends, attends!... un drôle de nom.

« Ça sent le juif... le juif et l'Allemand.

« Kœven! Kœben...

— Kœrhuen? demanda File-au-Vent, très attentif.

— C'est ça, fit Francis, Kœrhuen! j'y suis.

« J'entends encore des témoins qui disaient que ce Kœrhuen, s'il était à l'audience, et s'il parlait, l'accusé serait acquitté.

« C'est toi, hein, papa Roufiat?

— C'est moi, oui, répondit celui-ci, très pâle.

« Mais, je ne savais rien.

— Tu étais ami de l'accusé.

— Oui.

— On se voyait, les deux ménages.

— Oui.

— Ta femme te faisait cocu.

— Non. On n'a jamais dit ça!

— Elle ne te faisait pas cocu avec Maxime Létang?

— C'est des mensonges.

— Alors, pourquoi qu'elle s'est pendue?

— Mais...

— Alors, pourquoi que tu t'es sauvé, pour pas témoigner au procès?

— Parce que...

— Parce que ça te vengeait de laisser raccourcir celui qui te faisait cocu.

« Et j' vois l'affaire :

« Pendant que je surinais sa tante, il faisait l'amour à ta femme.

« J'en suis sûr à présent.

« Soit que tu l'aies dérangé, ce garçon, soit autre chose, il a filé par Gennevilliers et Asnières.

« C'est lui qui a empêché mes anciens camaros La Demoiselle et Crève-la-Gueule, de saigner le mendiant du cimetière de Levallois, au pont de biais.

« Il est venu le dire au procès, le bon vieux !

« Et puis, si j'en doutais, j'aurais qu'à regarder ta trogne ; t'es vert, mon garçon ; tu trembles.

« Eh bien ! t'es encore un joli gniaf, par exemple, de laisser guillotiner un ami, parce que ta femme le trouvait plus ragoûtant que toi. »

Tout cela était dit avec une cruauté gouailleuse, qui torturait le mari de Mathilde.

Il s'épouvantait, celui-ci. Il se demandait si on n'allait pas le poursuivre.

Pourquoi ?

Il ne savait pas. Mais quand on a un passé ignoble, tout est sujet à terreurs irrésistibles.

C'est le châtiment, pour ceux dont les ignominies ne tombent pas sous le coup de la loi.

Et combien il est plus terrible parfois !

La prison, pour ces âmes de boue, est une vétille.

Ils sont insensibles à la honte.

Pour leur corps, ce n'est pas non plus une si rude affaire.

On mange, en prison, on dort tranquille.

Au lieu des haillons troués et puants qu'on traînait par les rues, on a des habits propres.

Au lieu de passer le jour et la nuit à tous les vents, on est clos. — On l'est trop même ! — On a chaud.

Et puis, pourvu qu'on ne fasse pas le malin, on n'est déjà pas si malheureux à Poissy ou à Mazas !

Mais, vivre comme un lièvre au gîte, à l'ouverture de la chasse...

Avoir le ventre serré par la venette.

Se sentir la colique de peur vous galoper tout le temps, à tout propos ; c'est plus embêtant que de tresser des chaussons de lisière.

C'était l'espèce de martyre qu'endurait Kœrhuen.

Si cynique qu'il eût été en découvrant le suicide de sa femme, il claquait des dents à cette heure.

Dans son imagination, il sentait sa tête frôler les jupons de la pendue.

Il la revoyait se balancer au bout de la corde.

Pourvu que File-au-Vent ne prît pas sur lui de l'arrêter pour le faire passer en cour d'assises ?

Comment prouver à présent que ce n'était pas lui qui l'avait pendue, cette malheureuse !

Une seule consolation lui venait : de quoi, pensait-il, le faire acquitter.

C'est que Francis assurait qu'il était cocu.

Eh bien ! il l'avouerait au juge.

— Oui, j'étais cocu, archi-cocu ! dirait-il.

Et tout le monde sait qu'un cocu peut tuer sa femme, sans être guillotiné.

Guillotiné, lui !...

Vraiment, il faudrait du guignon.

Pas la peine en ce cas d'avoir échappé à l'étranglement de Francis.

Il aurait été trop bête de ressusciter !

Il se faisait des monstres, bien à tort.

Certes, File-au-Vent ne perdait pas un mot de tout cela. Mais, s'il s'en préoccupait, ce n'était pas à l'égard de Kœrhuen.

L'attitude de Francis, le faisait réfléchir.

Il avait dit un mot menaçant :

« J'écrirai mes mémoires. »

Passe ! Comme il les écrirait à Mazas ou dans la cellule des condamnés à la Roquette — qui sait ! peut-être dans la même où Maxime Létang avait attendu le dernier supplice ! — on les ferait aisément disparaître.

Mais au procès, en audience, s'il allait débiter des choses compromettantes pour de grands personnages ?

S'il allait mettre les Jésuites en cause ?

S'il allait révéler des faits qui donnassent ombrage à cette puissante compagnie ?

S'il allait enfin blaguer tout haut la justice qui avait fait périr un innocent à sa place ?

Quelle série de scandales !

S'y opposerait-on ?

Et si l'on ne s'y risquait pas, comment réhabiliter la mémoire du malheureux neveu de la veuve Walph, rendre la fortune et l'honneur à ses enfants ?

File-au-Vent était perplexe.

Et le fiacre roulait toujours.

— Bah ! se dit-il, M. Oscar est de ressource, il arrangera tout ça.

Toutefois ce serait une chose curieuse que ce brigand en eût tant fait, qu'on n'osât pas le punir, crainte de ses révélations.

Quand on fut arrivé à la Préfecture, le fiacre entré dans la seconde cour, File-au-Vent dit à ses hommes :

— Ne le lâchez pas d'un cran. Vous connaissez le paroissien, il est solide et roublard.

« L'œil dessus, tout le temps.

« J' vas prévenir le patron.

C la dit, il grimpa au cabinet d'Oscar.

— J'. l'ai cueilli, patron, dit-il.

— Où est-il ?

— En bas, dans le berlingôt.

— Défie-toi !

— Ficelé, patron ; amarré des quatre pattes. Il ne peut pas bouger.

Oscar hésita un moment ; puis se déterminant :

— J'y vais, dit-il ; autant en finir tout de suite.

Et prenant son chapeau, il descendit.

— Est-il abattu ? demanda-t-il, en se dirigeant vers la cour.

— Abattu ? Pas pour deux sous patron.

— Il a jeté le masque ?

— Il sait que son affaire est faite, et il se promet de rigoler, avant de faire le grand saut.

— Rigoler ?

File-au-Vent s'expliqua.

C'est-à-dire qu'il rapporta à son chef, les propos tenus par Francis, durant le trajet.

A son tour, l'inspecteur général s'impressionna.

Il était payé pour savoir quelles difficultés rencontrerait un procès, où il serait question de l'erreur judiciaire commise à l'égard de Maxime Létang.

Sauvegarder le fameux prestige de la justice, constituait un terrible obstacle, en soi.

Cependant, en ce moment, le principal sentiment qui l'animait, c'était la colère.

Elle redoubla quand il aperçut le misérable.

Qu'il eût laissé un innocent payer pour lui, passe encore.

Il s'agissait de sa tête, après tout.

Il l'avait défendue avec les armes dont disposent les monstres de cette espèce.

Rien à dire !

Mais qu'il s'en vantât !

Mais que, retournant ses batteries, il s'en glorifiât pour *embêter* les juges, comme il disait !

Voilà ce qui exaspérait Oscar.

Et cet autre coquin, ce Kœrhuen, qui savait que Maxime n'avait tué ni volé sa tante, et qui, par vengeance, l'avait laissé mourir de la façon la plus ignominieuse !

Lui, cet homme sans mœurs, tripoteur d'affaires sales, il avait eu cet infâme courage.

Eh bien ! soit aussi, pour l'homme qu'il savait être l'amant de sa femme.

Mais celle du malheureux ?

Mais les pauvres petits jumeaux ?

Ils ne lui avaient rien fait, ceux-ci.

Et, il avait fait, par son silence, qu'ils devinssent orphelins et que leur mère fût enfermée comme folle !

Vraiment, Oscar ne savait pas lequel des deux lui inspirait le plus de dégoût.

Oh ! du moins, l'heure du châtiment sonnait.

A tout prix, il fallait que tous deux réglassent leur compte.

D'ailleurs, il n'entendait lâcher l'un ni l'autre.

L'étranglé livrait bien l'étrangleur.

Mais l'étrangleur livrait aussi bien l'étranglé, puisqu'étrangleur et étranglé étaient de complicité pour un faux.

C'est pourquoi Oscar appela d'un signe deux agents.

Puis, s'adressant à Kœrhuen :

— Descendez, dit-il.

— Ah ! s'écria Francis, vous n'allez pas lui donner de l'air, c'est lui qui a fait le testament, vous savez.

— Taisez-vous ! fit impérieusement Oscar.

— Me taire ? répliqua le bandit. C'est pas encore toi, mon petit Oscar, qui m'y contraindras. Y a pas de poucettes pour la langue, pas vrai !

« Et je veux que ce salop-là, en tête avec moi, puisqu'il m'a fait perdre ma position.

« T'as pas le droit d'y faire grâce.

« Quand tu me reluqueras avec tes boutes de loto !...

« Tu ne me fais pas peur, va !

« Du reste, c'est ta faute si j'en ai si long sur mon compte.

« T'as pas été malin, mon p'tit père !

« Dire que tu me tenais, chez papa Mathieu-Boulard.

« T'en souviens-tu, du jour où tu déjeunais chez lui, et que je te servais du faisan truffé.

« Mon habileté à le découper te tirait l'œil portant.

« C'est que j'ai un talent, pour ça !

« Tu ne peux pas le nier, sale roussin ; t'as vu ça, sur le faisan, et sur la veuve Walph, comme sur sa p'tite femme de chambre, hein ?

« Et le coup de pointe dans l'estomac de Prosper Lami ?

« Qué qu' t'en dis ? Ça aussi, c'était propre.

« Et le sacristain, dis voir ! Tu n' la's toujours pas trouvé celui qui lui a coulé la lame de sa canne en plein cœur ?

« Vous n'êtes pas forts, tas d'arsouilles que vous êtes.

« Vous volez vos appointements.

« Ah ! c'est pas des pantes comme moi, qui se laisseraient rater de si près !

« Est-ce que tu l'as retrouvée, la carcasse du père Cadenet ?

« Cherche, mon gros.

« J'ai qu'un regret : c'est de ne pas t'avoir fait manger du pot-au-feu qu' j'ai cuisiné avec.

« Mais le lieutenant de gendarmerie a dû en goûter tout de même, lui qui allait pêcher des écrevisses dans le ruisseau de là-bas. C'est elles qui l'ont bouffé, le père Cadenet.

« Y en a ben d'autres ! J' conterai ça au juge à la première occasion, quand ce ne serait que pour prouver que t'es-t-une mazette, et te faire destituer.

« Tu m'as tenu de si près !

« Si t'as du cœur, tu peux les avoir sur la conscience, les chourinages que tu m'as laissé faire, en ne me mettant pas le grapin dessus.

« T'es mon complice, malgré toi,

Oscar le laissait dire avec intention ; car tout cela était recueilli.

C'était autant de preuves de l'innocence de Maxime.

Si, à ce moment, les connaissances distinguées, au milieu desquelles on venait de l'arrêter, avaient entendu et aperçu M. de Saint-Lourdes, plus d'un eût eu peine à le reconnaître.

Bien que ses habits fussent ceux du plus correct gentleman, il était hideux à voir.

C'était le malfaiteur dans toute son horreur.

Le parler, si comme il faut encore ce matin, avait des intonations du pénitencier.

C'était l'ennemi de la société revenu à l'état de nature.

Vaincu, lié, renonçant par force à se dégager de l'étreinte, il ne ménage plus rien.

Sans la plus lointaine lueur d'espoir, il se laisse aller, et, par vengeance anticipée, il la raille, cette société dont il s'est fait l'antagoniste.

Il a orgueil du mal qu'il lui a fait.

Il se vante de ses crimes.

Et loin de s'amender, il la brave, comme un lutteur terrassé qui provoque encore son vainqueur.

Le vainqueur, c'était Oscar qui le personnifiait en cet instant.

Et Francis éprouvait une âcre joie à l'insulter.

Quand l'inspecteur général jugea en avoir entendu suffisamment, il donna un ordre à un brigadier, afin que la justice suivît son cours.

Puis, remonté à son bureau, il écrivit à Firmin :

« Cette fois, lui disait-il, nous le tenons bien. »

XL

LES FEMMES

L'arrestation publique de M. Benoît d'Arjuzan, comte romain de Saint-Lourdes, avait été un coup d'épouvante dans le monde aristocratique.

Dans les autres classes, le fait avait eu moins de retentissement, sur le premier moment.

Mais, jour par jour, les journaux ajoutant des révélations, l'événement prit des proportions extraordinaires.

Plus on en savait, plus on voulait en savoir.

Aussi tous les soirs, à quatre heures, les feuilles à un sou qu'on crie sur le boulevard, se vendaient-elles comme du pain, pourvu qu'on annonçât une découverte de plus.

Pourtant, on ne livrait pas tout à la publicité.

Le Parquet avait donné des ordres très sévères, quant à la défense de faire la moindre allusion à l'affaire de la rue de la Pépinière.

Interdiction de prononcer le nom de la veuve Walph, ni celui du guillotinné Maxime Létang.

Ce serait bien assez si, en audience, l'inculpé abordait ce sujet.

Il fallait aviser aux moyens d'éviter tout débat là-dessus.

L'enquête dût-elle durer plus d'un an, on userait de tous les expédients pour que ce scandale ne se produisît pas.

D'ailleurs, la question était en délibération plus haut.

Pour la seconde fois, elle venait en conseil des ministres.

Ces messieurs étaient d'accord sur ce point.

Pour rien au monde, il ne fallait que cette déplorable erreur du jury fût mise en lumière.

Mais, sur le reste, les opinions divergeaient absolument.

Et quand on avait bien discouru, on aboutissait toujours à la même question :

« Que faire ?... »

Il n'y avait pas que là qu'on était perplexe.

Dans la Société de Jésus, on n'était pas tranquille non plus.

A tout prix, il fallait empêcher que cette sotte affaire ne rejaillît sur la Compagnie.

En nombre de cas, il lui suffit de renier le frère défaillant, de chasser la brebis galeuse.

Mais cette fois, ça passait la mesure.

Un seul remède : étouffer tout !

Seulement, si puissante et habile que soit cette Société, il ne suffisait pas de vouloir, en cette circonstance.

Il fallait pouvoir.

Certes ! elle pouvait compter sur les bonnes dispositions de la magistrature à cet effet.

Mais elle savait avoir un rude adversaire en M. Oscar qui, depuis si longtemps, s'acharnait à réhabiliter Maxime Létang.

Le faire destituer était un moyen.

Lui faire faire défense de continuer dans cette voie était très possible aussi.

Mais c'eût été se découvrir, lui donner prise, à lui.

Rendu à la vie privée, à la liberté, il pouvait se servir des journaux, faire un livre, à l'exemple de plus d'un de ses prédécesseurs.

Non ! Non ! Tout eût été compromis, perdu.

Le rendre impuissant, oui, et coûte que coûte.

Mais pour cela, il convenait justement de le tenir, en le laissant en place.

Il fallait qu'il ne s'aperçût pas du travail entrepris pour stériliser ses efforts.

Ces Messieurs de robe courte, pensaient pouvoir y parvenir, à condition d'agir vite.

Ce que c'est que le hasard, et comme tout s'enchaîne dans la vie !

L'être le plus insignifiant de toute cette intrigue sombre, le séminariste d'Ermont, héritier du général, ce pâle et docile jeune homme qui s'était épris comme un fou de la princesse Olga, cet instrument méprisé, prit tout à coup une importance capitale.

C'est par lui, — sans s'en douter, bien sûr, — que les Jésuites estimèrent pouvoir parvenir à leurs fins.

En effet, on le fit venir, et on le confessa, un peu malgré lui.

Rien de plus facile : on lui montra qu'on savait tout son roman.

Il se frappa, et avoua tout ce qu'on voulut.

Il y était d'autant plus disposé, qu'un grand chagrin lui tenait au cœur.

Olga l'avait, tout à coup, mis au rancart. Et brutalement, en se moquant de lui.

Dame! Tout le complot de l'héritage du général étant manqué, par l'arrestation de M. de Saint-Lourdes, quel besoin avait-elle, désormais, de s'enganter de ce garçonnet, godiche et niais, ce qui n'eût rien été ; mais pauvre, ce qui était un crime.

Ah! Dieu! la pauvre princesse était dans de beaux draps!

Non seulement l'*affaire* du général ratait.

Mais encore, Oscar instruit du double jeu qu'elle avait joué, en trahissant la police, supprimait les émoluments et refusait de lui fournir les pièces qui établissaient son légitime mariage avec le prince qu'elle avait fait assassiner à Trieste, par son amant le ténor italien.

Rien dans l'avenir!

Et pour le présent, des dettes, dont le plus grand inconvénient était qu'avant peu, hôtel, chevaux, voitures, mobilier, tout serait vendu à la criée.

Quel fiasco!

Elle en était au point de se vendre au diable.

Or, un matin, un équipage s'arrêta devant la grille de la villa.

Le valet de pied, assis sur le siège, à côté du cocher, sauta à terre, et le chapeau à la main, demanda les ordres à une jeune et jolie femme, nonchalamment étendue, comme couchée sur la banquette du confortable coupé.

Les ayant reçus, il sonna, parlementa avec le suisse, qui sonna d'un timbre, et s'engagea dans les allées du jardin, vers l'habitation.

Au domestique qui se présenta, il remit la carte de sa maîtresse, le priant de la remettre à la sienne, ajoutant :

— Madame désire un moment d'audience.

Olga regarda la carte. Il y avait :

« OLYMPIA (COMTESSE PIAMBELLINI).

Et au-dessous :

« *Première danseuse du Théâtre Impérial de Vienne* (*Autriche*).

Etonnée d'abord, Olga demanda où était cette personne.

On le lui dit.

— Eh bien! fit-elle, ouvrez la grille, de façon à ce que le coupé approche au perron.

Ainsi fut fait.

Olga attendait dans son boudoir.

Le laquais annonça bientôt :
— Madame la comtesse Piambellini.
Et la danseuse entra.

Olga s'était levée pour la recevoir, et poussant la politesse jusqu'au bout, elle la salua en italien.

Pour n'être pas en reste, sans doute, la comtesse répondit en russe.

Ce furent d'abord des compliments, puis la visiteuse y coupant court, exposa avec grande simplicité l'objet de sa démarche.

— Madame, dit-elle, je viens en ambassadrice. Ne me demandez pas au nom de qui, il m'est interdit de le dire.

« Mais, ceux qui m'envoient, sans m'informer du but qu'ils poursuivent, m'ont chargée d'une négociation qui, à tout prendre, est un marché.

— Un marché! répéta Olga.

— Un marché! oui, madame. Je suppose qu'il n'a rien de blessant pour vous sans quoi j'eusse refusé mon office.

— Parlez donc, dit Olga.

— Dans un intérêt que j'ignore, on voudrait obtenir de vous la cession de la bague que vous portez habituellement à l'annulaire de la main droite.

— Cette bague? fit la fausse princesse, en la montrant à son doigt.

— Celle-là même, oui, madame.

— Pourquoi veut-on l'acquérir?

— Je n'en sais rien.

— Quel prix veut-on y mettre?

— Un million.

— Vous dites?

— Un million, en numéraire, et...

— Et?

— La quittance de toutes vos dettes.

— Quoi? Cette habitation, ces meubles, mes chevaux etc.?

— Tout, madame; tout, vous dis-je! De telle sorte que le million, en vos mains, soit intégralement à vous.

Olga se tut, regardant tantôt sa bague, tantôt la comtesse.

— Et si je refusais? dit-elle.

A son tour, la comtesse la regarda fixement.

— Si vous refusiez?... répéta-t-elle à voix basse, écoutez bien. Vous êtes étrangère ; c'est-à-dire que, soit au civil, soit au correctionnel, on peut vous incarcérer sur l'heure. Une plainte suffit.

— Plainte de qui?

— De vos créanciers. Et plainte... en escroquerie.

— Madame !...

— Vous me questionnez ; je réponds.

— Qui vous dit que mes créanciers porteraient plainte?

— Ceux qui ont racheté leurs créances.

— On les a rachetées?

— Pour vous rendre les titres, il fallait bien les acquérir. Raisonnez un peu.

— Je veux savoir à quel usage est réservée cette bague.

— Vous demandez l'impossible! répliqua la comtesse en se levant.

— Attendez, fit Olga.

Et tirant une épingle d'or de ses cheveux, elle ouvrit le chaton de cette bague, y trempa la pointe de l'épingle avec précaution, s'approcha d'un superbe lévrier qui dormait sur le tapis.

— Czar! appela-t-elle.

Le chien se dressa.

Olga lui prit la tête et piqua doucement l'oreille.

Le chien tomba foudroyé.

Et Olga embrassant la danseuse d'un regard inquisiteur :

— Quel crime veut-on commettre? demanda-t-elle.

La Piambellini avait pâli.

— J'ignorais cela, dit-elle. Et je comprends ce qu'on m'a caché. Mais rassurez-vous. Les gens qui m'envoient ne commettent aucun meurtre. Ils sont trop prudents. Je les connais de longue date. Ils me tiennent par un secret. Je les déteste; mais j'en ai peur, et je leur obéis, devinant parfois le mobile qui les pousse à se servir de moi.

« C'est le cas, à votre sujet. Et, je vous l'assure, loin de tuer personne, s'ils ont besoin de ce poison terrible, c'est pour sauver quelqu'un; eux-mêmes, peut-être.

— Je ne vous comprends pas, répliqua Olga.

— Je ne puis m'expliquer ici. Je puis être entendue.

— Non!

— N'importe! Venez; montez dans ma voiture, nous ferons le tour du lac, et là, seules, je vous dirai tout.

— Un chapeau, dit Olga à la femme de chambre qu'elle avait sonnée.

Dix minutes après, le coupé roulait, emportant les deux femmes.

Le soir même, à la nuit noire, dans un estaminet borgne de la rue Contrescarpe, cinq à six souteneurs de profession, jouaient, en se remplaçant à tour de rôle, un *misti* à un bout de table à côté de laquelle s'empilaient des consommations.

— C'est drôle! fit l'un, on a pas vu Rodo'phe, à c'soir. C' qu'il est au bloc?
— Non! le v'là.

En effet, un affreux gringalet, bichonné, pommadé, tiré à quatre épingles, venait d'entrer dans le café.

On eût dit un chétif tout grêle, un éreinté de naissance.

Pas du tout : un paquet de nerfs, solide comme un câble de ficelles entrelacées.

Une de ces épaisses tables de marbre vieux modèle, le gênant pour passer, il l'empoigna d'une main et la transporta un peu plus loin, avec autant de facilité que si elle eût été en zinc.

— D'où qu' tu viens? lui demanda-t-on. Est-ce que ta marmite est malade?
— Ma marmite, répliqua-t-il, elle est couchée... toute seule, ajouta-t-il, en appuyant. Elle a du chagrin, c'te fille.
— A cause?
— Des affaires de famille.
— La flème!
— Non! J' le sais. Et puis quand ça s'rait la flème; si ça me convient?
— Ça te r'garde, c'est vrai.

Rodolphe parut flatté d'imposer silence à ses confrères.

— D'ailleurs, ajouta-t-il, j' veux plus qu'elle travaille.
— T'as fait un coup?
— Pas besoin.
— T'aurais-t-il hérité?

Il hocha la tête.

Il voulait dire et ne pas dire.

Dire, lui était interdit, et pouvait avoir de l'inconvénient, pour « ce qu'il savait bien ».

Mais ne pas dire lui était pénible, à cause de la démangeaison.

Se taire l'empêchait de faire le malin.

Et cet honorable *marlou* était tout à la gloriole.

Oh! épater le monde!...

C'était sa suprême jouissance.

Tout lui était bon; tout le tentait.

Une fois qu'il assistait à l'exécution d'un assassin sur la place de la Roquette, il avait envié le supplicié.

Dame! cet homme, là, tout seul, que des milliers de personnes regardent!...

Je sais bien qu'elles ne le regardent pas longtemps, et que ce qui suit de près n'est pas drôle.

C'est ce qui le refroidissait.

Mais, au moins, il aurait voulu être le bourreau.

Celui-là aussi, on le regarde.

Et puis, il commande.

S'il avait été à sa place, Rodolphe, il aurait posé, en poussant le bouton de la sacrée mécanique.

Mais n'est pas bourreau qui veut.

— Faut des protections! disait-il.

Et lui, il était trop fier pour solliciter.

C'est pourquoi, ça le chiffonnait de ne pas pouvoir dire à ses collègues, pourquoi il ne voulait plus que « sa marmite *travaille* » selon ses expressions.

Du moins, il avait un autre moyen « d'esbrouffer » ses collègues en *marlouterie*.

Attendez un peu.

— J' régale, ce soir, dit-il. On peut consommer à discrétion.

Les autres commandèrent aussitôt.

Seulement, dans cet établissement, le patron, connaissant sa clientèle, avait la précaution, fort sage, de faire *éclairer*, en servant.

— V'là l'absinthe, allonge la *galette*.

— T't' à l'heure.

— T't' à l'heure l'absinthe.

— Mais...

— Connu!

Et fallait pas faire le méchant!...

Sur un gros mot, il tapait.

Et quand il tapait, ça marquait, pour quelque temps.

Il avait été abatteur aux abattoirs.

C'est lui qui donnait le coup aux bœufs.

C'était fait proprement, je vous assure.

Il n'avait raté qu'une fois.

Mais pas par sa faute! Oh! non.

C'est le maillet qui s'était démanché.

Et, voyez la guigne, ce maillet était venu dans l'estomac de son meilleur ami.

Il l'avait crevé, raide.

Ç'avait été un gros chagrin pour l'abatteur.

Il ne pouvait plus asséner le maillet sans voir son ami crevé.

Il y avait renoncé, et s'était établi.

Rodolphe, connaissant l'usage de la maison, s'y conforma d'autant plus, que c'était là l'occasion *d'épatarder* la société, et le patron avec.

— Tenez, dit-il à celui-ci, v'là un billet de mille ronds, quand on s'en ira, vous me rendrez la monnaie.

Ah! bien! Rodolphe avait réussi.

Pour épatés, ils l'étaient, les camarades.

Et le patron avec.

Tellement qu'il se méfia.

— Ah çà! fit-il, Rodo'phe, il est pas faux, vot' billet?

— Si vous voulez vous en assurer, repliqua Rodolphe, d'un ton sec, y a un changeur rue Dauphine. Allez-y, et puis, si ça ne vous écorche pas la gueule, vous pouvez dire « monsieur Rodo'phe » : j'ai pas gardé les cochons avec vous, p't-être, hein?

— Sufficit! On vous en donnera du. « monsieur ». Quelqu'un qui a mille francs ça vaut ça.

— Voyez-vous! reprit le client, en s'adressant à ses amis, si j' régale aujourd'hui, c'est que c'est comme qui dirait que j'enterre mon célibat.

— Pas possible!

— Tu te maries, toi?

— Faut faire une fin.

Et posant en philosophe :

— La jeunesse, c'est très bien. On rigole; c'est permis.

« Mais c'est les galvaudeux, qui ne pensent pas à l'avenir.

— Et qui que t'épouses?

— Célestine.

— Ta marmite?

— Elle est plus la marmite de personne. Elle va devenir une personne naturelle.

— Qu'est-ce qu'y est arrivé donc?

— Un grand chagrin, j' vous dis!

« Un membre de sa famille tombé dans le malheur.

« Il n'y survivra pas, le pauvre garçon.

« Avant deux mois, il s'ra guillotiné, pour sûr.

« Alors vous comprenez!... Elle a d' la peine. Finie la noce. On peut pas faire la retape les yeux rouges.

« Et puis, porter un nom flétri.

« Ça m'a décidé, j'y donne le mien. Des gens de la haute nous font une position. On voyagera; on ira s'établir dans les colonies.

« Elle tousse parfois, à batte le pavé par tous les temps.

« Les pays chauds lui f'ront du bien.

« A moi aussi. J'avais toujours rêvé les pays chauds.

« Même que, j'ai failli faire un coup, pour être envoyé à la Nouvelle.

« Ça me tirait l'œil. Et puis j'ai des amis par là.

« Mais ça s'arrange mieux comme ça.

Les camarades l'écoutaient avec le plus vif intérêt.

Il leur inspirait de la sympathie.

Une bonne action, de donner son nom à Célestine.

— Et peut-on savoir, sans indiscrétion, qui que c'est, ce membre de sa famille qu'on va raccourcir ?

— Il n'est pas de notre génération.

« C'est une de ces personnalités qui caractérisent leur époque, établissent la tradition, et font école. Un caractère enfin qui reste comme un exemple pour la postérité.

— Mais son nom ?

— Francis Antoine.

— Ah ! j' te crois ! s'écrièrent en chœur les autres souteneurs.

Leur exclamation avait quelque chose de fervent.

Un vieux soldat à qui l'on aurait parlé du « petit caporal » n'eut pas eu plus d'admiration.

— J' l'ai pas connu, disait l'un ; mais j'en ai entendu parler, par une gonzesse qui a été sa maîtresse.

— Moi je suis le cousin d'un garçon qui a *travaillé* avec lui, dans le temps.

— Qui ça ?

— Un nommé « Crève-la-Gueule » qui a fini bien malheureusement.

— Dis voir.

— Il s'est fait crever la sienne, de gueule, par un forçat de la Nouvelle.

— Une dispute ?

— C'est pas ça ! Mon cousin, qui était plein d'ambition, avait obtenu d'être garde-chiourme, au pénitencier...

— La rosse !

— Crapule !

Telles furent les aménités qui interrompirent le cousin.

— J' suis bien de votre avis, fit-il. Il s'est deshonoré.

« Mais vous allez voir s'il en a été puni.

« Pour se faire bien venir des chefs, il était d'un dur atroce avec les forçats.

« Il leur-z-y fichait des coups de trique, pour un oui pour un non.

« Une fois, il buche comme ça un gringalet, pas plus haut que ma botte.

« V'là-t-il pas que celui-ci ne fait ni une ni deux !

« Il vous lui arrache la trique des mains, et v'lan ! d'un coup de côté, il lui fend le crâne en tapant sur la tempe.

— C'est bien fait !

— J' dis pas non, fit le cousin.

— Mais, pour lors, reprit le fiancé de Célestine, mon beau-frère s'est fait piger, malgré tout, et comme il en a long à son dossier...

— J' te crois ! répéta le camarade qui avait déjà interrompu, j'ai su sa condamnation à mort par contumace.

« J'étais là, figurez-vous !

« Bon sens, quel chapelet !

« Croyez-vous qu'il avait fait cuire un vieux, et qu'il en avait fait manger le pot-au-feu par les écrevisses ?

« L' plus raide, c'est qu'il s'était amusé à épouser une fille dont, à coups de bottes, il avait crevé l'estomac de sa mère.

— Cré nom ! V'là un cadet, hein ?

— Un vrai caractère.

— Le roi des grinches !

— Ah ! je comprends qu'il est frit, puisqu'on l'a repincé.

Eh bien ! on n'exagerait pas en disant que Célestine était malade.

On a beau faire le métier abominable qu'elle exerçait, ça fait quelque chose de penser que son propre frère va être lié sur la planche fatale, poussé dans la lunette et puis !...

Jusque-là, elle était à cent lieues de se douter de rien.

Elle ne savait pas ce qu'était devenu son frère, et elle vivait bien gentiment avec son souteneur, qui était bien mignon pour elle, et si fort !

Elle en était fière et elle l'aimait.

Or, trois jours auparavant, comme elle se promenait, cherchant pratique, un individu à qui elle faisait des agaceries, s'arrêta.

— Passé devant, dit-il, je te suis.

Il enfila l'allée noire, monta à la chambre, et la bougie allumée, elle vit qu'il lui tendait cinq pièces de vingt francs.

Elle « en resta d' là !... », comme elle dit ensuite à son homme.

Cent francs !... à elle, qu'on avait pour cent sous.

— Prenez, dit le monsieur avec politesse. Cela payera le temps que je vous demande pour m'écouter ; car c'est tout ce que je veux de vous.

Elle crut que c'était quelque écriveur de romans, qui venait prendre des notes, pour faire concurrence à M. Zola.

Non. Il lui parla tout de go, de son frère, et lui dit ce qu'il en était de lui ; ce qui l'attendait.

Puis, ne lui laissant pas le temps de pleurer :

— Voulez-vous lui épargner l'infamie du supplice ? lui demanda-t-il.

— Ah ! qu'est-ce que j'y peux, moi !

— Vous pouvez lui fournir les moyens d'éviter la guillotine.
— Le faire évader de Mazas?
— Non! ce n'est pas possible. Sa vie est finie, dans tous les cas.
« Mais, mourir autrement que sur l'échafaud, n'est-ce pas un service lui rendre?
— Lui sauver l'honneur! s'écria sincèrement Célestine. Oui, vous avez raison, monsieur.
« Mais, objecta-t-elle avec ce bon sens instinctif, dont sont doués les gens du peuple; qu'est-ce que ça vous fait, à vous, qu'il y monte ou non, sur l'échafaud?

L'inconnu lui fit un conte.

Il se donna pour le mari d'une femme qui l'avait trompé avec Francis.
— Si c'était un gentleman, dit-il, je le tuerais en duel.
« Mais un assassin!...
« D'ailleurs, je ne puis l'atteindre.
« Et si les débats ont lieu, je suis l'objet d'un scandale qui m'écrase à jamais.
— J' comprends, dit la sœur du bandit.
« Cocu par un guillotiné, c'est pas possible!
« Pourtant, ajouta-t-elle, en pleurant; moi sa sœur, moi son sang, aller lui fournir l'arme de son suicide, c'est bien cruel aussi!
— Écoutez! reprit l'inconnu...
— Hélas! continua Célestine, qu'est-ce que je deviendrai après ce coup-là?
« Je ferai horreur dans ma société.
« Les autres femmes me tourneront le dos.
« J' s'rai obligée de déménager, ça coûte cher!
« Et puis reparaître en carte, de l'autre côté de l'eau, où l'on m'a connue dans ma splendeur!...
— Non! dit fermement le monsieur. Écoutez-moi, vous dis-je; si vous consentez!...
— J'oserai-t-il du reste?
— C'est un devoir.
— J' sais bien; mais...
— Mais je vous donne de quoi vous retirer où vous voudrez.
— Vous payez mon déménagement?
— D'abord!...
— Et le terme à courir?
— Je vous fais six mille livres de rente.
— En viager?
— En toute propriété.
— Le capital?...
— Je vous le donne, de la main à la main; cent quarante billets de mille francs.

Célestine resta assommée. Ça lui semblait trop beau. Et le bon sens reprenant le dessus :

— Mais pourquoi, lui demanda-t-elle, vous adressez-vous à moi, pour une commission pareille ?

— Parce que, vous, sa sœur, vous pourrez parvenir jusqu'à lui ; tandis que personne d'autre n'aurait permission de l'approcher, de lui parler.

— C'est juste. Mais, je serai peut-être fouillée, et si l'on trouve sur moi l'arme qu'il s'agit de lui remettre ?

— D'abord, consentez-vous ? Si vous consentez à sauver votre frère du bourreau, je vous prouverai qu'on ne peut rien trouver sur vous, même si l'on vous fouillait...

« Mais, ajouta-t-il, on ne vous fouillera pas !

« Réfléchissez, et si vous consentez, présentez-vous demain à dix heures du matin à cette adresse.

« En attendant, voici deux mille francs. Si vous refusez, vous me les rapporterez demain.

Il partit là-dessus.

On a vu que Célestine acceptait, puisque son amant changeait un des billets de banque pour régaler ses confrères.

Elle acceptait et lui aussi. Et même, il l'aida à se décider en la brutalisant un peu d'abord, puis en lui montrant le bel avenir qui les attendait avec six mille francs de rente.

Car, il en aurait sa part ; sa large part, puisqu'il se déterminait à l'épouser.

— Oui, disait-il aux camarades, je lui rends l'honneur !...

Le lendemain, vers midi, un fiacre l'arrêtait devant la porte principale de Mazas. Elle avait tous permis en main. On ne les examina même pas. On eût dit qu'elle était attendue.

En silence on la conduisit à la cellule de Francis.

Il écrivait, et il fit un mouvement d'impatience ; il était visiblement contrarié qu'on le dérangeât.

Mais quand il aperçut la visiteuse, ses traits se décomposèrent.

— Célestine ! s'écria-t-il, avec une sorte de stupeur.

Il lui ouvrit ses bras, et l'embrassa avec effusion ; deux larmes roulaient dans ses yeux.

La porte se referma sur eux.

Que se passa-t-il ? Que se dirent ces deux êtres immondes ?

Ce qu'on sait, c'est qu'en se retirant la sœur du bandit avait les épaules secouées par les sanglots. Au greffe, elle s'évanouit et tomba dans une violente attaque de nerfs.

En la déshabillant pour qu'elle respirât plus librement, on trouva des papiers fourrés dans son corset. C'était une sorte de manuscrit. A la première page, on lisait :

« MES MÉMOIRES,

« *Dédié à la Rousse.* »

On les confisqua ; mais il n'en fut point donné acte ; nulle trace, au rapport ; aucun procès-verbal.

Avant même que Célestine n'eût reprit ses sens, un homme, ces papiers en poche, quitta vivement la prison, sauta dans une voiture, et dit au cocher :

— Ministère de la Justice.

Introduit aussitôt dans le cabinet d'un haut fonctionnaire, il lui remit le manuscrit.

— C'est bien, fit celui-ci. Nous les aurions eus quand même. Mais... la bague ?

— Elle ne l'avait plus en sortant de la cellule, répondit l'homme.

Quarante-huit heures après, on lisait dans les journaux.

Nous avons conté, il y a quinze jours, l'incident scandaleux qui s'est produit, en plein foyer de l'Opéra, à la vente de charité des sinistrés de Suisse.

Dès ce moment, nous émettions des doutes sur les causes attribuées à l'arrestation brutale d'une des sommités du High-Life.

Nous nous en applaudissons ; car, aujourd'hui, il est démontré que M. Benoît d'Arjuzan, comte romain de Saint-Lourdes, a été victime d'une épouvantable machination.

Des dénonciations calomnieuses, trop bien combinées, hélas ! voulaient que ce parfait gentleman ne fût autre qu'un odieux malfaiteur qui, conduit à la cour d'assises de Bourges, pour répondre d'un meurtre accompli dans des circonstances exceptionnelles de cynisme, s'évada de la voiture cellulaire.

L'erreur vient d'être constatée, par l'acte de décès du misérable qui, après son évasion, errant dans les landes, réduit à l'impuissance par la faim et les privations était venu se livrer aux gendarmes d'un petit bourg de Sologne.

Mais il était dans un tel état que tous soins furent inutiles. Il mourut une heure après s'être livré. Il s'était confessé ; mais le secret confessionnel empêcha longtemps le curé de révéler ce qu'il savait de l'identité du misérable. Il a fallu que Monseigneur de Bourges lui donnât ordre de parler.

Le plus grand malheur est que M. le comte d'Arjuzan de Saint-Lourdes, frappé de l'iniquité qui s'abattait sur lui, a vu ses facultés mentales se troubler, et dans un accès de désespoir, il a mis fin à ses jours, dans cette prison de Mazas, dont le séjour lui infligeait une honte dont il n'a pu supporter le poids.

On a trouvé, dans ses déjections, le chaton d'une bague, qu'il était parvenu à dissimuler, et qui contenait un poison foudroyant, dont la composition fait actuellement l'objet des études des corps savants.

Le malfaiteur avec qui il a été confondu doit être content : c'est un crime posthume à lui imputer en surplus de ceux au châtiment légal desquels il s'est soustrait.

A la dernière heure, nous apprenons que l'infortunée comtesse de Saint-Lourdes, vient de se réfugier aux Carmélites.

En reproduisant cet article, un journal radical, ajoutait :

Ça sent le jésuite, tout ça !... Il doit y avoir du grabuge là-dessous. Et l'on assure qu'hier, au ministère de l'intérieur, il y a eu une scène d'une extrême violence entre un de nos gouvernants et M. de la Ville-Viquier, à la suite de laquelle celui-ci aurait posé un ultimatum, déclarant que faute d'y faire droit, il s'exilerait, afin de publier en Belgique ou en Angleterre, des révélations qui jetteraient un trouble effroyable dans la conscience publique.

Cependant, à l'heure où nous mettons sous presse, M. Oscar n'a point quitté son bureau. Est-ce qu'on s'est plié à ses exigences ?...

ÉPILOGUE

Le journal radical ne s'était pas trompé. L'ultimatum d'Oscar avait fait l'effet désirable.

Ceux que ça regarde avaient admis que pour sauver le prestige de la justice, il fallait qu'elle réparât, dans la mesure du possible, l'erreur judiciaire qui avait fait de si intéressantes victimes.

Réparation tardive, et malheureusement incomplète.

En effet : impossible de rendre la vie à l'infortuné Maxime Létang. Impossible aussi bien de rendre la raison à sa femme.

La moins à plaindre, celle-ci.

Elle avait perdu la mémoire. Mais elle restait calme à présent. L'irritation avait cédé au traitement de la maison de santé.

Plus de crises violentes.

Elle ne se croyait plus reine, et n'appréhendait plus les révolutions.

Elle sortait accompagnée.

Parfois, elle passait un ou deux jours chez son frère, à Franconville.

Les enfants, les deux jumeaux, Charles et Juliette, qu'elle prenait pour ses neveux, et qui l'appelaient « ma tante » lui faisaient plaisir à voir.

Ils avaient grandi, et comme on s'était appliqué à effacer tout souvenir de leur première enfance, ils se croyaient réellement les enfants de Firmin Cognais et de Blanche Honoré.

Un jour, Oscar arriva à la maison de Franconville.

Sa présence n'étonna pas. Il venait de temps en temps.

Cette fois, il s'enferma avec Firmin, et conféra avec lui une grande heure.

Le lendemain, Firmin venait le prendre à Paris, et tous deux se rendaient dans un ministère.

Là encore, on conféra.

Pas longtemps, Oscar avait tout préparé ! On signa des papiers par exemple, en quantité.

En sortant de là, Firmin était concessionnaire d'un chemin de fer en Tunisie.

Et séance tenante, il rétrocédait son privilège à une compagnie qui lui comptait, écus sur table, cinq millions.

Cinq millions : c'est-à-dire la fortune de la veuve Walph, avec les intérêts accumulés, que l'État s'était adjugée, en en dépouillant les enfants du faux coupable.

Par d'autres papiers, ces enfants changeaient de nom. La chancellerie leur accordait de répudier celui de Létang, qu'on ne pouvait pas réhabiliter, sans scandale, substituant celui de leur père adoptif : Firmin Cognais, dont l'adoption était légalisée.

C'est cela qui était l'ultimatum d'Oscar.

Tout obtenu, il demanda un congé, qui devait être définitif.

Il en avait assez.

Ce congé, marquant sa retraite, il alla le passer chez ses parents de Gilets-lez-Fécamp.

Que la ferme était gaie et sereine maintenant !

Augustine, devenue Mme Félix Brignol, avait donné un gros bébé à son mari, un garçon, devant qui toute la famille était en admiration, toute, jusqu'à Julie, l'ancienne élève d'Augustine, sa belle-sœur maintenant, et nouvellement mariée à un fermier voisin, qui était maire de la localité, et membre du conseil général. On vivait à peu près ensemble. Et si heureux !...

Cependant Oscar ne voulait pas se fixer chez ses parents. Pourvu d'un patrimoine suffisant, il voulait s'installer chez lui, dans quelque endroit champêtre ; mais voisin de ce Paris, qui manque à ceux qui s'y sont dépensés en activité et en intelligence.

C'est ainsi, que les froids apparaissant, il rentra dans la capitale.

Un jour, après des courses, surpris par l'heure du dîner, dans un quartier excentrique, il entra dans un modeste restaurant.

Au comptoir se tenait une jeune femme.

— Eulalie ! s'écria Oscar.

C'était elle en effet, employée là, à de très maigres appointements. Il l'aborda. Elle lui dit qu'elle ne se plaignait pas ; car du moins, elle avait la paix.

Plusieurs fois, Oscar revint. Puis, un soir, il lui dit :

— Écoutez, je viens d'acquérir une habitation à Étampes. Il faut qu'une personne de confiance dirige l'intérieur. Cela vous conviendrait-il ? Comme tant d'autres, j'ai un drame dans mon passé. Il en reste un orphelin que la loi me défend de reconnaître. Vous l'élèveriez. Et si je venais à mourir trop tôt, une assurance sur la vie vous mettrait à l'abri du besoin. Il y a là, pour vous, une bonne œuvre à accomplir.

Eulalie a accepté. Elle et Oscar vivent en amis, choyant l'enfant adultérin, qui pousse comme un charme, et les aime tousdeux, qui s'appliquent à en faire un honnête homme.

Dans les journaux d'hier, on lisait : — *Parmi les récidivistes, relégués à la Nouvelle-Calédonie, se trouve un ancien boursier du nom de Fritz Kœrhuen, coupable d'avoir violé une femme de quatre-vingts ans, mendiante alcoolique, connue sous le sobriquet de* la Licharde.

Et à une autre colonne : — *M. Mathieu Boulare, sénateur, vient d'être nommé sous-résident au Tonkin. Grâce à sa haute compétence, les choses, là-bas, vont prendre une tournure nouvelle.*

Quant à la sœur de Francis, Célestine Antoine, elle a obtenu, par les jésuites, un bureau de tabac à Blidah, qu'elle gère avec son mari. Ils sont heureux, mais ils n'ont pas d'enfants.

FIN

www.ingramcontent.com/pod-product-compliance
Lightning Source LLC
Chambersburg PA
CBHW061731300426
44115CB00009B/1176